ABITUR 2013

Prüfungsaufgaben mit Lösungen

Geschichte

Gymnasium
Bayern
2011–2012

STARK

ISBN 978-3-8490-0038-7

3. ergänzte Auflage
www.stark-verlag.de

Inhalt

Fortsetzung siehe nächste Seite

Autoren der Übungsaufgaben und sämtlicher Lösungen:

Matthias Ehm, Dr. Fritz Schäffer, Heinz Vierengel

Vorwort

Liebe Schülerinnen, liebe Schüler,

die Einführung des achtjährigen Gymnasiums in Bayern hat zu einer **Neugestaltung der Oberstufe und der Abiturprüfung** geführt. Geschichte (in Kombination mit Sozialkunde) als Fach aus dem gesellschaftswissenschaftlichen Aufgabenfeld ist Pflichtfach in allen vier Ausbildungsabschnitten. Sie können Geschichte oder Geschichte in Kombination mit Sozialkunde auch als Abiturprüfungsfach wählen, und zwar sowohl als drittes Abiturprüfungsfach (schriftlich) oder als viertes oder fünftes Abiturprüfungsfach (Kolloquium).
Der vorliegende Band unterstützt Sie bei Ihrer effektiven Vorbereitung auf die **schriftliche Abiturprüfung** in Geschichte sowie auf den Prüfungsteil Geschichte der kombinierten schriftlichen Abiturprüfung Geschichte/Sozialkunde.
Das einführende Kapitel „**Hinweise und Tipps zur schriftlichen Abiturprüfung**" fasst wichtige Informationen zu den Rahmenbedingungen, den Prüfungsinhalten und Leistungsanforderungen sowie zum Ablauf des Abiturs und zur Struktur der Aufgaben zusammen. Außerdem erhalten Sie hier **konkrete Tipps** zu den Anforderungsbereichen und Arbeitsanweisungen (Operatoren) sowie zur Auswertung von Materialien, die Ihnen in der Prüfung begegnen.
Der zweite Teil des Buches enthält **Übungsaufgaben** mit **Musterlösungen** zu allen abiturrelevanten Themen sowie das vom bayerischen Kultusministerium entworfene **Musterabitur** und die **Original-Prüfungsaufgaben** der Jahre **2011 und 2012**. Die in diesem Buch enthaltenen Aufgaben und Lösungen haben eine **doppelte Funktion**: Sie sollen Ihnen zum einen bei der **selbstständigen Wiederholung** Ihrer im Unterricht erworbenen Kenntnisse helfen und bieten Ihnen deshalb umfangreiche und ausführliche Musterlösungen. Zum anderen können Sie die **Bearbeitung der Aufgaben unter Prüfungsbedingungen** trainieren und optimieren.

Vor den Lösungsvorschlägen finden Sie zu allen Aufgaben auch **konkrete Bearbeitungshinweise**, die Ihnen ein gezieltes Vorgehen bei der Beantwortung der einzelnen Aufgaben vermitteln und Sie so zu einer optimalen Musterlösung hinführen.

Ein **Stichwortverzeichnis** erleichtert Ihnen die gezielte Nutzung dieses Bandes und ermöglicht einen schnellen Zugriff auf zentrale Sachverhalte.

Verlag und Autoren wünschen Ihnen eine gute Vorbereitungsphase und viel Erfolg in der Abiturprüfung!

Stichwortverzeichnis

Hinweise und Tipps zur schriftlichen Abiturprüfung

Die Anforderungen im Zentralabitur

1 Rahmenbedingungen

Wenn Sie Geschichte als schriftliches Abiturprüfungsfach gewählt haben, entscheiden Sie einige Monate vor der Abiturprüfung, ob Sie ein reines Geschichtsabitur oder aber die kombinierte Abiturprüfung Geschichte/Sozialkunde ablegen wollen. Bei Letzterer macht der Prüfungsteil Geschichte 2/3 der Gesamtprüfung aus und ist identisch mit einem Teil des reinen Geschichtsabiturs. Der Gesamtumfang von beiden Abiturprüfungen unterscheidet sich nicht.

Folgende Gegenüberstellung zeigt die Gemeinsamkeiten und Unterschiede von reinem Geschichtsabitur und der kombinierten Abiturprüfung Geschichte/Sozialkunde:

Geschichte	Geschichte/Sozialkunde
vollständige Bearbeitung einer Aufgabe	1. Prüfungsteil: Geschichte Umfang: 2/3 der Gesamtprüfung)
Anforderungsebene I bis III (vgl. S. VII f.)	Anforderungsebene I bis III (vgl. S. VII f.)
Auswahl einer von vier Aufgaben aus 11/1, 11/2, 12/1, 12/2 mit mehreren Teilaufgaben	Auswahl einer am Stoff der jeweiligen Halbjahre orientierten Aufgabe, die mehrere Teilaufgaben enthält.
	2. Prüfungsteil: Sozialkunde (Umfang: 1/3 der Gesamtprüfung) Anforderungsebene I bis III

Die Abituraufgaben gliedern sich in **Teilaufgaben**, die als **Arbeitsanweisungen** (Operatoren) formuliert und teilweise mit Materialien (Texte, Karikaturen, Plakate, Bilder, Statistiken) versehen sind. Beim reinen Geschichtsabitur ist zudem wichtig, dass in einer, wahrscheinlich der letzten Teilaufgabe, der **Bezug zu einem anderen Halbjahr** hergestellt werden soll. In den meisten Fällen haben Sie hier die **Wahl zwischen mehreren Epochen und Ereignissen**, anhand der Sie einen bestimmten Sachverhalt erörtern sollen. Hier sollen Sie Ihre Fähigkeit zu historischem Denken in einer gestaltenden, essayartigen sprachlichen und gedanklichen Form nachweisen.

2 Prüfungsinhalte

Der Geschichtsunterricht in der Qualifikationsphase setzt verstärkt auf einen wissenschaftspropädeutischen Zugriff und ein **mehrperspektivisches, methodenorientiertes Arbeiten an exemplarischen Themenbereichen**. Das in den vorangegangenen Jahrgangsstufen erworbene Grundwissen wird dabei ausdrücklich vorausgesetzt. Anhand von Längsschnitten, Querschnitten, Vergleichen und problemorientierten Fallstudien sollen typische Verfahren historischer Forschung erarbeitet werden.

Die Ordnung der Lehrplanthemen orientiert sich an **räumlichen Kategorien** und geht vom „Nahen“ zum „Fernen“: Zunächst stehen Land und Region im Mittelpunkt des Unterrichts (11.1), danach Deutschland (11.2), Europa (12.1) und zuletzt außereuropäische und internationale Vorgänge (12.2). Weitere Informationen zum Lehrplan finden Sie auf der **Homepage** des Staatsinstituts für Schulqualität und Bildungsforschung unter: www.isb-gym8-lehrplan.de.

G 11.1 Gesellschaft im Wandel (15. bis 19. Jahrhundert)

G 11.1.1 Leben in der Ständegesellschaft des 15. bis 18. Jahrhunderts

- Leibeigenschaft und Grundherrschaft, Genossenschaft und soziale Normen in der durch Adel, Klerus, Bürger und Bauern gebildeten Gesellschaft; Status von Minderheiten (insbesondere Judentum), allgegenwärtige Bedrohungen der Menschen: Hungersnot, Krieg und Seuchen
- Dorf- und Stadtgemeinde als soziales Netz für den Einzelnen: kirchliche, obrigkeitliche und genossenschaftliche Elemente der Sozial-, Kranken- und Armenfürsorge, z. B. Spitäler, Armenspeisung, Waisenhäuser
- vorindustrielle Arbeitswelten: agrarische Subsistenz, Zünfte, Verlag, Manufaktur
- familiäre Lebens-, Rechts- Arbeits- und Produktionsgemeinschaften mit festgelegten Rollen für Mann und Frau; Normierung und Kontrolle der Alltagswelt durch Kirche und Obrigkeit
- demographische Konjunkturen: Grundlinien der Bevölkerungsentwicklung vom 15. bis 18. Jahrhundert

G 11.1.2 Leben in der entstehenden Industriegesellschaft des 19. Jh.

- Liberalisierung und staatliche Reformen: Aufhebung der Leibeigenschaft, Agrarreformen, Abschaffung der Zünfte und Beseitigung der Heiratsbeschränkungen; Schaffung neuer Möglichkeiten individueller Lebensgestaltung, z. B. Freizügigkeit, Gewerbefreiheit
- Verringerung der äußeren Bedrohungen: längere Friedensphasen; Rückgang von Seuchen, verbesserte medizinische Versorgung, bessere Lebensmittelverteilung sowie staatliche Vorsorgemaßnahmen, z. B. Trinkwasserversorgung und Kanalisation
- veränderte Arbeitsbedingungen in den wachsenden Industriegebieten und Entstehung der sozialen Frage: Urbanisierung und Landflucht, Fabrikarbeit und Arbeitslosigkeit, Pauperismus und Proletarisierung
- familiäre Lebenswelten: bürgerliche Familie und Arbeiterfamilie als Lebensgemeinschaften der Klassengesellschaft; Infragestellung der Geschlechterrollen durch die Frauenbewegung
- demographischer Übergang am Ende der Industrialisierung: hohes Bevölkerungsniveau bei gesunkenen Geburts- und Sterberaten

G.11.2 Demokratie und Diktatur – Probleme der deutschen Geschichte im 20. Jh.

G 11.2.1 Die Weimarer Republik – Demokratie ohne Demokraten?

- demokratische Errungenschaften der Weimarer Republik
- Träger und Gegner der demokratischen Ordnung im Spiegel der Jahre 1929–32/33: Segmentiertheit von Gesellschaft und Parteienspektrum; Traditionslinien; Selbstverständnis und politisches Verhalten der Gruppen, auch unter Rückgriff auf Ergebnisse und Weichenstellungen 1918/19; Einfluss der wirtschaftlichen Krise auf die innenpolitische Entwicklung

G 11.2.2 Hitlers willige Volksgenossen? Die Deutschen und der Holocaust

- Stellung des jüdischen Bevölkerungsteils in der deutschen Gesellschaft seit dem Ersten Weltkrieg
- „Volksgemeinschaft“: Ideologie und inszenierte Lebenswirklichkeiten im NS-Staat als Pendant zum antisemitischen Feindbild
- NS-Antisemitismus im Verhältnis zum traditionellen Antisemitismus; Demütigung und Entrechtung, Verfolgung und Ermordung der jüdischen Bevölkerung; Umgang mit anderen Opfergruppen
- Frage nach Wahrnehmung der Judenverfolgung und Beteiligung an ihr seitens der nichtjüdischen Bevölkerung

G 11.2.3 Die frühe Bundesrepublik – Erfolg der Demokratie durch „Wohlstand für alle“?

- Erfahrung der Deutschen mit dem „Dritten Reich“; „Umerziehung“; „Lehren aus Weimar“; Verhältnis zu Israel
- die Rolle weltpolitischer Rahmenbedingungen des Kalten Kriegs für die Verankerung der Bundesrepublik im Westen
- wirtschaftlicher Aufstieg der Bundesrepublik nach dem Krieg: Ursachenfaktoren; sozialpolitische Integrationsklammern; Frage nach dem Zusammenhang mit der Akzeptanz des demokratischen Systems
- Stellenwert gesellschaftlicher Vorgänge“
- die „SBZ“ als Feindbild und Herausforderung: Gegnerschaft zum Kommunismus als Teilerklärung für die hohe Zustimmung zur parlamentarischen Demokratie

G 11.2.4 Die DDR – eine deutsche Alternative?

- Anspruch und Wirklichkeit im „Arbeiter- und Bauernstaat“ vor dem Hintergrund des Demokratie-Verständnisses in der Staats- und Parteiführung
- die DDR und der Westen: Entwicklung der deutschlandpolitischen Standpunkte zu Staat und Nation in West und Ost; sozialliberale Deutschland- und Ostpolitik der Bundesrepublik ab 1969 und ihre Bedeutung für die Entstehung von Spielräumen innerhalb der DDR-Gesellschaft in den 1970er- und 1980er-Jahren
- Bilanz der Wirtschafts- und Sozialpolitik in der Endphase der DDR und ihre Rolle für die Akzeptanz des Systems
- Grundgesetz oder „dritter Weg“? Konzepte für die Umwandlung der DDR in eine parlamentarische Demokratie im zeitlichen Umfeld der Wiedervereinigung
- Problematik der individuellen und kollektiven Geschichtserinnerung an die DDR

G.12.1 Historische Komponenten europäischer Kultur und Gesellschaft

G 12.1.1 „Volk“ und „Nation“ als Identifikationsmuster

- „Volk“ als Konstrukt eines Geschichtsbildes: Rom und die Germanen am Beispiel des Arminius/Hermann; Rolle historischer Ursprungsmythen bei der „Erfindung der Nation“ in späteren Epochen
- historischer Prozess der Ethnogenes am Beispiel der Franken in der Spätantike (Romanisierung; Christianisierung; fränkische Identität)
- die moderne Nationsvorstellung als neue, antiständische Integrationsideologie seit der Französischen Revolution; Probleme der Nationalstaatsbildung (Sprach- oder Territorialprinzip)
- nationale Fremd- und Selbstbilder: ihre Funktion und Wirkung am Beispiel des deutsch-französischen Verhältnisses im 19. und zu Anfang des 20. Jahrhunderts (insbesondere Vorstellungen vom „Erbfeind“; deutsches Sonderwegsbewusstsein)

G 12.1.2 Grundlagen moderner politischer Ordnungsformen in Mittelalter und Früher Neuzeit

- Trennung von weltlicher und geistlicher Gewalt als Wurzel des weltlichen Staats: priesterkönigliches Selbstverständnis des Monarchen als rex et sacerdos; Erschütterung des theokratischen Modells in den religionspolitischen Auseinandersetzungen des 11. und 12. Jahrhunderts
- Mitsprache als Grundlage der Gewaltenteilung: konsensuale Herrschaft an historischen Fallbeispielen aus dem Lehenswesen und aus dem ständischen Parlamentarismus (insbesondere am regionalgeschichtlichen Beispiel)
- Differenzierung von gesetzgebender, vollziehender und rechtsprechender Gewalt: das politische Denken der Aufklärung im Zusammenhang mit zeitgenössischen Menschenrechtsvorstellungen
- das föderalistische Prinzip der Gewaltenteilung als politische Ordnungsmodell: Struktur des Heiligen Römischen Reichs am Beispiel des frühneuzeitlichen Reichstags

G 12.1.3 Wurzeln und Traditionen europäischer Denkhaltungen

- Entstehung prägender Grundformen europäischen Denkens in der griechischen Antike: Empirie, Rationalität und Diskurs in Abgrenzung zu mythischen Welterklärungen (Beispiele für Themen und Inhalte aus dem Nachdenken über Mensch und Natur)
- historische Wirkungen des Imperium Romanum für die geistige Entwicklung Europas: Rolle des Christentums bei der Bewahrung antiken Wissens an Beispielen (z. B. Philosophie, Literatur); römisches Recht in der Spätantike als eine Wurzel europäischen Rechtsdenkens und europäischer Rechtskultur
- Wissensentstehung und Wissenstradierung im Mittelalter: Universität und Studium als spezifisch europäische Form
- Entwicklungen des frühneuzeitlichen Rationalismus als unmittelbare Vorbereitung moderner Naturwissenschaft: Experiment und Beweis als methodologische Grundlagen des Wissens an einem Beispiel (z. B. Schwerkraft, Blutkreislauf, Luftdruck)

G 12.2 Konfliktregionen und Akteure internationaler Politik in historischer Perspektive

G 12.2.1 Der Nahe Osten: Historische Wurzeln eines weltpolitischen Konflikts

- Widerstreit zwischen römischen Herrschaftsinteressen und jüdischem Selbstständigkeitsstreben im antiken Palästina
- religiöse und kulturelle Konfliktpotentiale zwischen Christen und Muslimen in der Zeit der Kreuzzüge
- imperialistische bzw. nationalistische Verwerfungen im nahen Osten: osmanisches Erbe, arabisches Unabhängigkeitsstreben, zionistische Bewegung, britische und französische Dominanz
- Gründung des Staates Israel – Kampf um Selbstbestimmung des jüdischen Volks gegen den Widerstand der arabischen Staaten und der Mehrheit der palästinensischen Einwohner
- Israel und seine arabischen Nachbarn im ideologischen Spannungsfeld des Kalten Kriegs
- „Intifada“ und „Roadmap“ als Beispiele für die Gefährdung und Gestaltung des Friedensprozesses im Nahen Osten

G 12.2.2 Die USA – von den rebellischen Kolonien zur globalen Supermacht

- Ausformung der Grundelemente des US-amerikanischen Selbstbewusstseins im Zusammenhang des Unabhängigkeitskampfs gegen England: Auserwähltheitsglaube, Patriotismus und republikanisches Sendungsbewusstsein
- der Schritt zum Imperialismus: handelspolitische Gründe für die Ausweitung des politischen Handlungsspielraums auf dem amerikanischen Kontinent und im pazifischen Raum in der zweiten Hälfte des 19. Jahrhunderts
- Intervention in Europa: Motive und Hintergründe des Eingreifens in den Ersten und Zweiten Weltkrieg
- weltweile Auseinandersetzung mit dem ideologischen Gegner in der Zeit des „Kalten Kriegs“: militärische, diplomatische und wirtschaftliche Mittel des Kampfs gegen den Kommunismus am Beispiel eines regionalen Konflikts (z. B. Korea-Krieg, Kuba-Krise, Vietnam-Krieg)
- Motive, Möglichkeiten und Grenzen der einzig verbliebenen Supermacht am Beispiel des amerikanischen Engagements in einem Konfliktherd nach 1990 (z. B. Jugoslawien, Sudan, Irak)

3 Anforderungen und Bewertungskriterien

In der schriftlichen Abiturprüfung im Fach Geschichte werden Ihnen **vier Aufgaben** vorgelegt, die sich überwiegend, aber nicht ausschließlich, auf die Lerninhalte eines Kurshalbjahrs beziehen. Sie müssen davon **eine auswählen und bearbeiten**. Dafür stehen Ihnen **210 Minuten** (einschließlich Auswahl- und Einlesezeit) zur Verfügung. Als Hilfsmittel sind ein Wörterbuch der deutschen Rechtschreibung und ein Geschichtsatlas zugelassen.

Folgende Kenntnisse und Fähigkeiten müssen Sie bei der **Bearbeitung der Abituraufgaben** nachweisen:

- **Inhaltsbezogene Kenntnisse und Fähigkeiten:** Stoffliche Grundlage der Abiturprüfung sind die vier großen Themen des Lehrplans der Qualifikationsphase (S. II–V). Bereiten Sie sich auf alle vier Themenbereiche des Lehrplans vor und setzen Sie dabei selbst Schwerpunkte.

  Tipp: Achten Sie bei der Vorbereitung auf die Abiturprüfung besonders auf allgemeine Prozesse und Strukturen, die auf andere Epochen übertragbar sind.

- **Methodenbezogene Kenntnisse und Fertigkeiten:** Sie sollten in der Lage sein, bei jeder Teilaufgabe alle wesentlichen Aspekte herauszuarbeiten und die Erkenntnisse in eine schlüssige Darstellung einzubauen.

  Tipp: Bei der Auswertung der Materialien ist es wichtig, dass Sie einer gedanklichen Gliederung folgen. Diese muss nicht notwendigerweise mit der Gliederung eines Textes übereinstimmen. Achten Sie auf entsprechende Arbeitshinweise in den Aufgabenstellungen.

- **Folgerichtige Gedankenführung und Argumentation:** Sie sollten Ihre Lösung im Stil einer sinnvoll aufgebauten und schlüssigen Argumentation aufbauen und einzelne Teile Ihrer Darstellung schlüssig miteinander verbinden.

  Tipp: Nehmen Sie sich die Zeit und entwerfen Sie auf einem Notizblatt stichpunktartig die Lösung. Notieren Sie dabei auch die Fachbegriffe, die Sie in den Lösungstext einbauen möchten. Dann erst formulieren Sie den zusammenhängenden Text.

- **Sachgerechte Darstellung:** Sie sollten in der Lage sein, sprachlich treffend zu formulieren und einschlägige Fachbegriffe korrekt zu benutzen.

  Tipp: Einen vorgegebenen Fehlerindex gibt es nicht. Es wird aber von Ihnen erwartet, dass Sie die Fachsprache beherrschen und Einzelaussagen logisch-syntaktisch verknüpfen können. Meiden Sie fehleranfällig Schachtelsätze.

Für jede Abituraufgabe werden die **Bewertungseinheiten** exakt ausgewiesen. Die jeweils erreichbaren Bewertungseinheiten sind auf dem Aufgabenblatt bei den einzelnen Teilaufgaben angegeben und für den Korrektor verbindlich. Die Bewertungseinheiten sind nicht einzelnen Begriffen, Fakten oder Einzelergebnissen zugeordnet, sondern geben das Gewichtungsverhältnis zwischen den verschiedenen Teilaufgaben an. Beachten Sie, dass eine höhere Gewichtung nicht zwingend bedeutet, dass die Lösung der Aufgabe besonders umfangreich ausfallen muss, sondern in erster Linie ein Hinweis auf die geforderten Anspruchsebenen bzw. Anforderungsbereiche ist.

Es gibt jedoch keine absolut verbindlich vorgeschriebenen Vorgaben für die Korrektur. Innerhalb gewisser Grenzen kann der Korrektor vom Lösungsschlüssel abweichen und entsprechend dem vorangegangenen Unterricht anders gewichten.
Neben der inhaltlichen Bewertung können auch Ungenauigkeiten, falsche Bezüge und Verstöße gegen die sprachliche Richtigkeit oder gegen die äußere Form die Bewertung beeinflussen.

4 Anforderungsbereiche und Operatoren

Die Prüfungsanforderungen im Fach Geschichte gliedern sich in drei **Anforderungsbereiche (AFB)**. Ihre Abfolge entspricht dem zunehmenden Schwierigkeitsgrad und Anspruch der geforderten Leistung:

- AFB I: Wiedergabe von Sachverhalten im gelernten Zusammenhang, Benutzen eingeübter Arbeitstechniken (Reproduktion)
- AFB II: selbstständiges Erklären bekannter Inhalte, Anwenden gelernter Inhalte und Methoden auf andere Sachverhalte, meist anhand des mitgelieferten Materials (Reorganisation und Transfer)
- AFB III: kritischer Umgang mit neuen Problemstellungen, eingesetzten Methoden und Erkenntnissen als Voraussetzung für eigenständige Begründungen und Wertungen (Reflexion und Problemlösung)

Es ist nicht immer möglich, die Anforderungsbereiche klar voneinander abzugrenzen, sodass sich Überschneidungen ergeben können. Die geforderte Leistung bezieht sich aber in den meisten Fällen **überwiegend auf einen Anforderungsbereich**.

Allen drei Anforderungsbereichen sind Verben, die sogenannten **Operatoren**, zugeordnet. Anhand dieser standardisierten Arbeitsanweisungen können Sie erkennen, was genau von Ihnen in den einzelnen Teilaufgaben der Prüfung erwartet wird.

Tipp: Sehr häufig kommen in einer Teilaufgabe auch zwei Operatoren vor. Vergessen Sie nicht, beide Arbeitsaufträge auszuführen.

Die folgende Liste umfasst häufig verwendete Operatoren der EPA und verweist jeweils auf eine Aufgabe im Übungsteil dieses Buches, die den entsprechenden Operator enthält. Dabei bedeutet beispielsweise der Zusatz Ü 1/1, dass man dieses Beispiel unter Übungsaufgabe 1, Teilaufgabe 1, findet.

Nähere Informationen zu den Anforderungsbereichen finden Sie in den **EPA Geschichte** (Einheitliche Prüfungsanforderungen in der Abiturprüfung) auf der Internetseite der Kultusministerkonferenz (www.kmk.org).

AFB I (Reproduktion):

Operator(en)	Definition	Beispiel
nennen aufzählen	unkommentiert Informationen und Sachverhalte aus vorgegebenem Material oder ohne Materialvorgabe anführen	
beschreiben darlegen, zeigen	einen Sachverhalt ohne Bewertung in seinen wesentlichen Aspekten aufzeigen	Ü 1/1 2011/III/1.1
skizzieren schildern kennzeichnen	eine knappe Darstellung der wesentlichen Merkmale eines Vorgangs oder Sachverhalts vornehmen	Ü 3/1
zusammen- fassen	komprimierte Angabe eines Sachverhalts oder einer Aussage	Ü 1/4 2012/IV/1.1

AFB II (Transfer):

Operator(en)	Definition	Beispiel
erklären	Sachverhalte in einen Zusammenhang einordnen und begründen	
erläutern	Sachverhalte beschreiben und mit Beispielen oder Zusatzinformationen verdeutlichen	Ü 1/2 b 2011/I/4
herausarbeiten erarbeiten ermitteln erschließen	einem vorgegebenen Material Informationen unter einem bestimmten Gesichtspunkt entnehmen	Ü 11/4 2011/I/2.1 2012/I/3
charakterisieren	Die besonderen Eigenarten eines Sachverhaltes erkennen und zu typischen Merkmalen zusammenführen	2011/I/3 2012/I/1
zuordnen einordnen	Informationen sinnvoll in ein vorgegebenes Material einfügen und in einen Zusammenhang stellen	Ü 2/4
vergleichen gegenüberstellen widerlegen	Gemeinsamkeiten und Unterschiede verschiedener Sachverhalte herausarbeiten	Ü 1/1 2012/I/3

AFB III (Problemlösung):

Operator(en)	Definition	Beispiel
überprüfen prüfen	Sachverhalte auf Richtigkeit und innere Logik untersuchen	Ü 2/2 2011/IV/2.2
beurteilen bewerten	Sachverhalte überprüfen und ein begründetes Urteil über deren Sinn und Richtigkeit treffen	Ü 5/2 2011/II/2.2
diskutieren sich auseinandersetzen Stellung nehmen	verschiedene Argumente zu einem Sachverhalt entwickeln, die als Basis zu einer begründeten Bewertung führen können	Ü 10/1 2011/III/3.2 2011/IV/4 2012/II/2.2

Übergeordnete Operatoren, die Leistungen in allen drei AFB verlangen:

Operator(en)	Definition	Beispiel
darstellen	historische Entwicklungszusammenhänge und Zustände mit Hilfe von Quellenkenntnissen und Deutungen beschreiben, erklären und beurteilen	Ü 8/4 2011/II/1
interpretieren	Sinnzusammenhänge aus Quellen erschließen und eine begründete Stellungnahme abgeben, die auf einer Analyse, Erläuterung und Bewertung beruht	Ü 3/2 a)
erörtern	durch das Abwägen von Pro- und Contra-Argumenten ein Urteil zu einer vorgegebenen Problemstellung abgeben auf der Grundlage einer Analyse historischer Sachverhalte	Ü 1/5 2011/I/2.2 2012/I/2.2

Tipp: Die kursiv gedruckten Lösungshinweise zu den Aufgaben geben Ihnen Tipps zu den Anforderungen und unterstützen Sie beim Umgang mit den Arbeitsanweisungen/Operatoren.

1 Auswahl der Aufgaben

Es gibt keine verbindliche Zeitvorgabe für die Auswahl der Aufgabe; vorgesehen sind etwa 30 Minuten. Sie können sich von den insgesamt zur Verfügung stehenden 210 Minuten auch mehr **Einlesezeit** nehmen, aber auf keinen Fall sollten Sie vorschnell mit der Bearbeitung der Aufgabe beginnen: Während des Schreibens abzubrechen und eine andere Aufgabe anzufangen kostet Zeit und Nerven. Legen Sie sich deshalb nicht zu schnell fest und lesen Sie wirklich alle Aufgaben einschließlich der Materialien intensiv durch, bevor Sie sich entscheiden.

Um zu einer Entscheidung zu kommen, können Sie folgendermaßen vorgehen:

1. Sehen Sie sich die Überschriften der Aufgaben an. Überlegen Sie, ob ähnliche Fragestellungen zu einem vergleichbaren Raum bereits im Unterricht behandelt wurden, welches Vorwissen zum Thema Sie also schon mitbringen.
2. Markieren Sie wichtige Informationen in den Fragestellungen und im Materialteil.
3. Überprüfen Sie, ob die Materialien aussagekräftig sind. Wenn Sie der Meinung sind, dass z. B. eine Grafik schlecht lesbar ist oder eine Aufgabenstellung eine missverständliche Formulierung enthält, wenden Sie sich an die Aufsicht führenden Lehrkräfte. Diese dürfen Ihnen zwar keine inhaltlichen Hilfen geben, müssen aber formale Probleme lösen.

Legen Sie, wenn Sie Ihre Entscheidung getroffen haben, einen **Zeitplan** fest und halten Sie diesen auch ein! Berechnen Sie unbedingt am Ende noch genügend Zeit ein, um Ihre Lösung noch einmal gründlich durchzulesen und gegebenenfalls zu korrigieren.

Tipp: Ohne „Abschalten" zwischendurch geht es nicht. Planen Sie auch Pausen ein! Neben einer längeren Pause von einigen Minuten, ungefähr nach der Hälfte der Bearbeitungszeit, ist es empfehlenswert, auch zwischendurch hin und wieder kurz den Stift aus der Hand zu legen. Nach einer solchen kleinen „Auszeit" gehen Sie oft mit einem ganz anderen Blick und neuen Ideen an die Aufgaben heran.

2 Ausarbeitung der Lösung

Bevor Sie mit der Ausformulierung Ihrer Lösung beginnen, sollten Sie sich – trotz der bereits vorhandenen **Vorstrukturierung durch die Teilfragen** – einen **sinnvollen Aufbau** Ihrer Antworten überlegen. Auf diese Weise vermeiden Sie Wiederholungen und Widersprüche, die nicht nur Zeit, sondern auch Punkte kosten können. Vermeiden Sie zu lange Schachtelsätze, gliedern Sie ihren Lösungsaufsatz mit Absätzen.

Versuchen Sie auch unbedingt, die vorgegebene Reihenfolge der Teilaufgaben beizubehalten. Häufig sind die Teilaufgaben logisch aufeinander aufgebaut, sodass eine veränderte Reihenfolge bei der Bearbeitung unnötige Probleme mit sich bringt.

Tipp: Als sinnvoll hat sich erwiesen, nach jeder Teilaufgabe bei der ersten Niederschrift noch genügend freien **Platz für eventuelle nachträgliche Zusätze** zu lassen. Sollte dieser Platz dann für die späteren Ergänzungen nicht ausreichen, müssen Sie unbedingt darauf achten, dass Ihre zusätzlichen Ausführungen (u. U. auf einem Extrablatt!) eindeutig zugeordnet werden können.

Schreiben Sie lesbar und grammatikalisch korrekt – bei missverständlichen Aussagen ist kein Korrektor gezwungen, zu Ihren Gunsten zu entscheiden! Vermeiden Sie es, selbst wenn Sie Überschneidungen von zwei Fragen vermuten, als Antwort auf eine Frage auf die Antwort zu einer anderen Frage zu verweisen.

Tipp: Kennzeichnen Sie auf dem Aufgabenblatt die von Ihnen bereits bearbeiteten Teilaufgaben. Es ist durchaus schon vorgekommen, dass einzelne Teilaufgaben einfach vergessen wurden!

3 Umfang der Lösung

Der Umfang der Lösungen lässt sich **nicht generell festlegen**. Einen Hinweis können lediglich die ausgewiesenen BE geben, die allerdings vor allem am Anforderungsniveau ausgerichtet sind (vgl. Seite VI). Wird eine Teilaufgabe stark gewichtet, also mit vielen BE ausgewiesen, kann man davon ausgehen, dass sie auch vom Umfang her nicht erheblich kürzer ausfallen kann als Aufgaben mit einem geringeren Gewicht. Der Umfang der Lösungen in den vorliegenden Aufgabensammlungen geht in der Regel über das hinaus, was von Ihnen in der verfügbaren Zeit erwartet wird. Dies hat folgenden Grund: Die Lösungen sollen einerseits ideale Musterbeispiele für eine sehr gute Abiturlösung sein, andererseits aber so ausführlich ausfallen, dass sie als Abiturvorbereitung dienen. Daher werden in den Musterlösungen Zusammenhänge veranschaulicht, Hintergründe erläutert und in der Regel mehr Beispiele angeführt, als die Aufgabenstellung fordert.

Auswertung von Materialien

1 Allgemeines zur Analyse und Interpretation von Quellen

Im Laufe Ihrer Schulzeit haben Sie in Geschichte und in anderen Fächern **Verfahren zur Analyse und Interpretation** von Texten (besonders im Fach Deutsch), Bildern, Grafiken usw. kennengelernt. Im Folgenden wird im Zusammenhang mit Ihrer Vorbereitung auf die Abiturprüfung in Geschichte an wesentliche Aspekte solcher fachspezifischen Methoden erinnert. Angesprochen werden die in Geschichte am häufigsten vorkommenden Materialien: **Texte**, **Karikaturen**, **Fotografien**, **Plakate** und **Grafiken**.

Abgesehen von besonderen Fragestellungen und Anweisungen durch Operatoren werden Materialien grundsätzlich in **drei Schritten** bearbeitet:

1. Analyse der Form
- äußere Gestalt
- Anlass
- Datierung
- Verfasser
- Adressat
- Besonderheiten/ Auffälligkeiten usw.

→

2. Analyse des Inhalts
- inhaltlicher und
- gedanklicher Aufbau
- historischer Hintergrund und Kontext
- Erkenntniswert
- Deutung
- Vergleich usw.

→

3. Reflexion und Problematisierung
- Bewertung
- Beurteilung
- Auseinandersetzung usw.

Dieser dreigliedrige Aufbau kann sich bei den unterschiedlichen Quellenarten jeweils verändern, aber das **Grundmuster Form – Inhalt – Reflexion** bleibt immer gleich. Bei der (schriftlichen oder mündlichen) Darstellung einer gesamten Analyse und Interpretation einer Quelle sollten die einzelnen Schritte nicht unvermittelt nebeneinanderstehen, sondern argumentativ miteinander verbunden werden.

2 Textquellen

Texte stellen für den Geschichtsunterricht die überwiegende Anzahl **historischer Quellen** dar. Sie kommen in verschiedener Form vor: offizielle Dokumente, Reden, Beschlüsse, aber auch Memoiren, Berichte von Zeitzeugen, Liedtexte usw. Zudem kennen Sie **wissenschaftliche Texte** als Materialgrundlage von Prüfungsaufgaben; bei solchen Forschermeinungen handelt es sich nicht um historische Quellen, sondern um **Sekundärliteratur**, die sich um die Deutung und Auslegung eines bestimmten Sachverhaltes bemüht. Als Dokument ihrer Zeit und des Zeitgeistes können aber auch wissenschaftliche Texte als historische Quellen dienen.

Die Analyse von Textquellen orientiert sich grundsätzlich an folgenden Aspekten:
1. Beschreibung des Textes (Autor, Anlass, Datierung usw.) und seines Inhalts (Gliederung, Paraphrase des Inhalts usw.)
2. Klärung der Zeitbezüge (historischer Kontext) und Deutung der Absicht
3. Bewertung und Auseinandersetzung

3 Bildquellen

Bildliche Quellen kennen Sie aus dem Unterricht in vielfältiger Form: als Gemälde, Karikaturen, Plakate, Fotografien, Postkarten usw. Im Folgenden seien Karikaturen, Fotografien und Plakate herausgegriffen, da ihre Analyse grundlegend auch für andere Bildquellen ist und sie in Prüfungsaufgaben am ehesten vorkommen.

Karikaturen

Eine Karikatur ist bildliche **Satire** und gezeichneter **Kommentar** in einem. Sie wird geprägt von der **kritischen Aussageabsicht** des Karikaturisten. Diese Aussageabsicht kommt in der Regel durch eine pointierte und überspitzte Darstellung zum Ausdruck und ist trotzdem nicht immer leicht zu erkennen. Denn Karikaturen verwenden einerseits eine symbolträchtige Zeichen- und Bildsprache, die man verstehen muss (zum Beispiel Figuren wie den deutschen Michel). Andererseits entstehen Karikaturen oft als gezeichneter Kommentar zu aktuellen politischen Auseinandersetzungen, sodass man zeitgenössische Anspielungen und Bezüge durch historisches Wissen rekonstruieren muss. Oft hilft zum Verständnis einer Karikatur allerdings ihr Titel oder hinzugefügte Textzeilen (zum Beispiel ein kurzer Dialog der abgebildeten Personen).

Folgende Aspekte sollten Sie bei der Analyse einer Karikatur berücksichtigen:

1. Benennung und Beschreibung relevanter Bildelemente samt besonderer Gestaltungsmittel
2. Entschlüsselung der Zeitbezüge und Deutung der Aussageabsicht
3. Einordnung der Karikatur in ihren historischen Zusammenhang und ihre Bewertung

Tipp: Bearbeiten Sie die Übungsaufgabe 3 (S. 27 ff.), 9 (S. 104 ff.) und 10 (S. 117 ff.) in diesem Buch, um die Analyse einer Karikatur zu üben.

Fotografien

Fotografien bilden die Wirklichkeit unmittelbar ab und beanspruchen daher eine **hohe Glaubwürdigkeit**. Ihr Quellencharakter reicht von **zufälligen Zeitdokumenten** mit hohem Aussagewert über die bewusst **inszenierte** Fotografie bis zur symbolträchtigen „**Ikone**". Deshalb ist es wichtig, Datum, Ort und die abgebildeten Personen und Gegenstände genau zu bestimmen und Fragen nach der Perspektive und möglichen Absichten des Fotografen zu stellen.

Ähnlich wie bei der Karikatur sollten Sie folgende Aspekte bei der Analyse einer Fotografie berücksichtigen:

1. Benennung und Beschreibung relevanter Bild- und Textelemente sowie ihres Zusammenwirkens samt besonderer Gestaltungsmittel
2. Überprüfung, wie realistisch die Darstellung ist bzw. wie authentisch Details der historischen Wirklichkeit gezeigt werden, um den Gehalt der Bildquelle einzuschätzen
3. Entschlüsselung der Zeitbezüge und Deutung der Funktion und Aussageabsicht
4. Einordnung der Fotografie in den historischen Zusammenhang und Bewertung

Tipp: Bearbeiten Sie die Übungsaufgabe 2 (S. 15 ff.) in diesem Buch, um die Analyse einer historischen Fotografie zu üben.

Plakate

Plakate dienen der öffentlichen Information (Bekanntmachung, Ankündigung) oder der Werbung (für Parteien, Veranstaltungen, Produkte). Besonders geläufig im Geschichtsunterricht sind Wahlplakate politischer Parteien. Die meisten Plakate enthalten sowohl bildliche Elemente als auch Text; es gibt auch reine Bild- oder reine Textplakate.

Ähnlich wie bei der Karikatur und der Fotografie sollten Sie folgende Aspekte bei der Analyse eines Plakates berücksichtigen:

1. Benennung und Beschreibung relevanter Bild- und Textelemente sowie ihres Zusammenwirkens samt besonderer Gestaltungsmittel
2. Entschlüsselung der Zeitbezüge und Deutung der Funktion und Aussageabsicht
3. Einordnung des Plakates in den historischen Zusammenhang und seine Bewertung

Tipp: Bearbeiten Sie die Übungsaufgabe 5 (S. 53 ff.) in diesem Buch, um die Analyse eines politischen Plakats zu üben.

4 Grafische Darstellungen

Grafische Darstellungen kennen Sie als Quelle in vielfältiger Weise: als Schema einer Staatsverfassung, Diagramm mit Wahlergebnissen, Tabelle mit Nahrungsmittelpreisen, Landkarte der Kolonien in Afrika usw. Wesentlich bei der Analyse und Interpretation grafischer Darstellungen ist, dass Sie sich genau darüber klar werden, was in einer Grafik jeweils dargestellt ist und was nicht. Sie müssen sich fragen, wie weit die Angaben reichen, wo ihre Grenzen sind, was sie ggf. unterschlagen. Nur so können Sie zuverlässig den Aussagewert einer Grafik bestimmen.

Insgesamt sollten Sie folgende Aspekte bei der Auswertung einer Grafik berücksichtigen:

1. Benennung der Rahmendaten (Gegenstand und Elemente der Grafik) und Beschreibung des Inhaltes und seiner Besonderheiten
2. Erläuterung der erkannten Aussagen vor ihrem historischen Kontext (Ursachen, Trends, Querverbindungen usw.)
3. Bewertung der Aussagekraft oder Aussageabsicht

Tipp: Bearbeiten Sie die Übungsaufgaben 1 (S. 1 ff.) und 2 (S. 15 ff.) in diesem Buch, um die Analyse von Statistiken und Diagrammen zu üben.

Abitur Geschichte (Bayern G 8) – Übungsaufgabe 1
Gesellschaft im Wandel (15. bis 19. Jahrhundert)

Thema: *Leben in der Ständegesellschaft des 15. bis 18. Jahrhunderts*

Aufgaben

1. Zeigen Sie die Lebensverhältnisse der Bauern in der frühen Neuzeit auf und vergleichen Sie diese mit denen der städtischen Bevölkerung! Gehen Sie dabei insbesondere auf die wirtschaftlichen und politischen Rechtsverhältnisse und deren Ausgestaltung ein. (BE 22)

2. a) Beschreiben Sie anhand der Materialien M 1 bis M 3 den Wandel der wirtschaftlichen und sozialen Struktur in Deutschland im 19. Jahrhundert!
   b) Erläutern Sie die wesentlichen Ursachen dieses Wandels!
   (BE 30)

3. Zeigen Sie die wesentlichen Aspekte der Bauernbefreiung auf und diskutieren Sie ausgehend von den Erinnerungen Graf Lerchenfelds (M 4) deren Vor- und Nachteile! (BE 28)

4. Fassen Sie die wesentlichen Aussagen Werner Sombarts zu den Merkmalen und Problemen der Verstädterung des Proletariats im Zuge der Industrialisierung (M 5) zusammen und arbeiten Sie die Position des Verfassers heraus! (BE 18)

5. Erörtern Sie an einem selbst gewählten Beispiel aus der außereuropäischen Geschichte den Einfluss der Ideologie des Nationalismus auf das Handeln der politischen Akteure! (BE 22)

Hinweis: Während Sie in der Abiturprüfung davon ausgehen können, dass Sie bei der letzten Teilaufgabe selbst einen von drei Aufgabenvorschlägen auswählen können, der den Bezug zu einem anderen Halbjahr herstellt, wurde den folgenden Übungsaufgaben immer schon eine Abschlussaufgabe zugeteilt, die den thematischen Kursübergriff herstellt.

Material

M 1: Entwicklung der Beschäftigtenzahl in den einzelnen Wirtschaftssektoren[1] (in von Hundert aller Beschäftigten)

	primärer Sektor	sekundärer Sektor	tertiärer Sektor
1780	65	19	16
1800	62	21	17
1825	59	22	19
1850	55	24	21
1875	49	30	21
1900	38	37	25

Friedrich-Wilhelm Henning: Wirtschafts- und Sozialgeschichte, Band 2: Die Industrialisierung in Deutschland 1800 bis 1914, Paderborn: Schoeningh 1973, S. 20.

1 Wirtschaftssektoren:
primärer Sektor = Landwirtschaft (auch Gartenbau, Forstwirtschaft, Fischerei)
sekundärer Sektor = Industrie, Handwerk, Bergbau (auch Manufaktur, Verlag mit Heimarbeit)
tertiärer Sektor = Dienstleistungen, vor allem Handel, Verkehr, Banken (einschließlich häusliche und öffentliche Dienste)

M 2: Bevölkerungswachstum in verschiedenen Teilen Deutschlands von 1825 bis 1925 (1825 = 100[1])

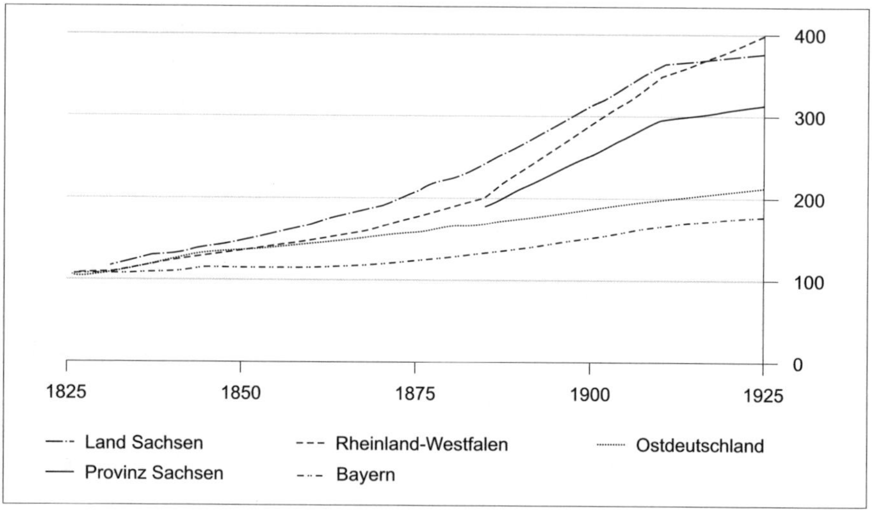

Friedrich-Wilhelm Henning: Wirtschafts- und Sozialgeschichte, Band 2: Die Industrialisierung in Deutschland 1800 bis 1914, Paderborn: Schoeningh 1973, S. 18.

1 Das Land Sachsen und Rheinland-Westfalen gelten als gewerblich (industriell) entwickelt, Bayern und Ostdeutschland als landwirtschaftlich orientiert.

M 3: Die Strukturänderungen im sekundären Sektor von 1780 bis 1900 unter dem Einfluss der Industrialisierung

Jahr	Verlag		Manufaktur Industrie Bergbau		Handwerk		sekundärer Sektor	
	a)	b)	a)	b)	a)	b)	a)	b)
1780	0,86	8,5	0,08	1,0	0,97	9,5	1,9	19,0
1800	0,96	9,0	0,12	1,5	1,12	10,5	2,2	21,0
1835	1,40	10,0	0,35	2,0	1,50	11,0	3,2	23,0
1850	1,50	10,0	0,60	4,0	1,70	12,0	3,8	26,0
1873	1,10	6,0	1,80	10,0	2,50	14,0	5,4	30,0
1900	0,50	2,0	5,70	22,0	3,30	13,0	9,5	37,0

Friedrich-Wilhelm Henning: Wirtschafts- und Sozialgeschichte, Band 2: Die Industrialisierung in Deutschland 1800 bis 1914, Paderborn: Schoeningh 1973, S. 130.

a) Beschäftigte in Millionen
b) Beschäftigte in von Hundert aller in allen drei Sektoren der Volkswirtschaft Beschäftigten

M 4: Der bayerische Graf Lerchenfeld-Koefering zu den Auswirkungen der Bauernbefreiung (nach 1848)

Ich habe oft meinen Vater über die alte Zeit sprechen hören, ohne daß er ihr nachgetrauert hätte. Er meinte, in den letzten Zeiten habe dieses Verhältnis große Schattenseiten gezeigt; die Untertanen seien anspruchsvoll und unzufrieden gewesen; sie hätten das Scharwerk[1] unwillig und schlecht geleistet; als Abgabe und Zins sei immer die schlechteste Ware geliefert worden, so daß die Ablösungsgelder guten Ersatz geboten hätten; der alte Zustand habe sich eben überlebt gehabt und nicht mehr in die Zeit gepaßt. Der Übergang in die neuen Verhältnisse hat sich in Koefering[2], wie in der ganzen Gegend, sehr ruhig vollzogen. Als die Bauern von den kommenden Dingen hörten, konnten sich die meisten noch kein rechtes Bild davon machen. So erschien eines Tages bei meinem Vater eine Deputation, um von ihm zu erfahren, was eigentlich kommen sollte. Mein Vater setzte den Bauern auseinander, wie das Scharwerk, die Gülten und die Zehnten[3] sowie die Patrimonialgerichtsbarkeit abgeschafft werden sollten und er künftig nicht mehr ihr Herr sein werde. Auf diese Ausführungen meines Vaters ergriff nach einigem Nachdenken der größte Bauer das Wort und stellte die Frage: „Ja, wenn Sie nicht mehr der Graf sind, wer wird dann der Graf?" Und als die väterliche Antwort lautete: „Niemand", da schüttelten die Leute ungläubig die Köpfe, und ein alter Bauer meinte: „Das glauben wir nicht, denn es hat immer einen Grafen in Koefering gegeben!"

Die Aufhebung der Gebundenheit des Grund und Bodens, so notwendig sie war, hat sich für die Erhaltung des bäuerlichen Besitzes nicht immer vorteilhaft ausgewirkt. Der Grund und Boden stieg im Werte; die Abfindung der Kinder wurde schwierig; nach und nach rutschte mancher Bauer hinunter, der es nicht verstand, intensiver zu wirtschaften oder zusammenzuhalten. Daß die Landleute in der alten Zeit weniger geplagt waren und vergnügter in den Tag hineinlebten, ist zweifellos.

Hugo Graf Lerchenfeld-Koefering: Erinnerungen und Denkwürdigkeiten 1843–1925, 2. Auflage, Berlin 1935; aus: Pöls, Seite 111.

1 die Frondienste
2 Herrensitz des genannten Grafen
3 bezeichnen Dienst- und Abgabeleistungen der Bauern

M 5: Werner Sombart: Merkmale und Probleme der Verstädterung im Zuge der Industrialisierung, 1906

Wollen wir erfahren, wes Geistes Kind der Proletarier ist, so werden wir am besten nachschauen, was er nicht ist. Was er nicht ist, erfahren wir aber ehestens, wenn wir herausfinden, was er nicht mehr ist, will sagen: was er im Lauf der Zeiten und durch die Herausbildung der ihm eigenen Lebensbedingungen verloren hat [...]. Da steht denn nun wohl in allererster Linie die ungeheuere Tatsache, daß das Proletariat ein typischer Vertreter jener Menschenart ist, die keinerlei Beziehungen – weder innere noch äußere – zur Natur, da Gott den Menschen schuf hinein, mehr hat. Wenigstens dort nicht, wo der Kapitalismus die Bevölkerung in Großstädte und Industriezentren gezogen hat, wo also das spezifische Gewächs des Proletariats erst zur rechten Entfaltung kommt [...]. Das Instinktmäßig-Sichere des Daseins geht ihm verloren [...]. Der Proletarier hat keine Heimat. Oder soll er sich „heimisch" fühlen in der öden Vorstadtstraße, vier Treppen hoch, im Hof? Oder in einer rauchigen, stickigen Industriestadt, in die ihn der Kapitalismus mit einem ganzen Haufen seinesgleichen wahllos zusammengepfercht hat; nicht zusammengepfercht; der Ausdruck erinnert an die Pferche, in denen Herden leben: zusammengeworfen hat, wie einen Haufen Chausseesteine. Ist eine „Stube", in der eine ganze Familie, Wand an Wand mit hunderten anderer Familien haust, eine Heimat? Und doch lehrt uns die Wohnungsstatistik, daß die Hälfte der großstädtischen Bevölkerung und mehr, also gewiß drei Viertel der Lohnarbeiterschaft nicht mehr als einen Wohnraum zu ihrer Verfügung hat, „die Stube". Und selbst diesen [...] Kubus hat der Proletarier nie für längere Zeit inne. Vielmehr zieht er beständig aus einer „Wohnung" in die andere, sei es, weil er mit dem Hauswirt sich gezankt, sei es, daß er seine Arbeitsstätte gewechselt hat. In einer Stadt wie Breslau wechseln etwa 200 000 Personen alljährlich ihre Wohnung; natürlich sind das größtenteils Angehörige des Proletariats.

Und wie er von Stube zu Stube innerhalb des selben Wohnorts zieht, so auch von Stadt zu Stadt, von Land zu Land: wohin ihn gerade die „Konjunktur", der Arbeiter heischende Kapitalismus, ruft [...].

Und noch ein letztes Band, das den Menschen mit einer konkreten Güterwelt verknüpfte, löst sich beim Proletarier auf: der individuelle Besitz. Es ist ein Phänomen, das man nur mit tiefer Ergriffenheit beobachten kann, daß heute die große Masse der Bevölkerung im Grunde nichts mehr ihr eigen nennt. Auch die Ärmsten hatten doch in früherer Zeit ein Fetzchen Land, ein Häuschen, ein paar Tiere zu eigen besessen, eine Kleinigkeit, an die sie aber ihr ganzes Herz hängen konnten. Der Proletarier von heute – wenigstens die große Masse – hat von alledem nichts mehr. Ein Handkarren trägt alles Hab und Gut fort, wenn eine Arbeiterfamilie umzieht. Ein Haufen alten Gerümpels ist alles, womit sie ihr individuelles Dasein zu ergänzen imstande ist.

Sind für den Proletarier die Jahrtausende alten Beziehungen zwischen Mensch und Natur, zwischen Mensch und Güterwelt, auf denen bisher sich alle Kultur aufgebaut hatte, so gut wie nicht mehr vorhanden, so ist es ihm mit den altehrwürdigen Beziehungen von Mensch zu Mensch nicht besser ergangen. Zerstört durch den eisernen Fuß des Kapitalismus sind alle jene Gemeinschaften, die den Menschen der früheren Zeit, vor allem den Durchschnittsmenschen der großen Masse, zwar banden, aber auch hielten, stützten, wirtschaftlich und moralisch. Der Proletarier weiß ebensowenig von einer Dorf- und Geschlechtergemeinschaft wie von einer Familiengemeinschaft, ebensowenig von einer Berufsgemeinschaft wie von einer Arbeitsgemeinschaft. Er ist vereinzelt, vereinsamt, mit seinen Genossen nicht enger verbunden als das einzelne Sandkorn mit andern im großen Sandhaufen. Wie ein vom Baume gewehtes Blatt, das der Wind über die Fluren treibt.

Im Dorfe, aber auch noch in der kleinen Stadt, sind alle Einwohner durch gemeinsame Interessen miteinander verknüpft. Zwar schimpfen sie weidlich, der eine über den andern, aber sie fühlen sich im Grunde doch als zueinander gehörig, stehen sich wohl auch in Not und Trübsal gern einmal bei. In dem engen Kreise ihrer besonderen Sitten und Gebräuche, in denen Generationen auf Generationen erzogen sind, wandelt der Einzelne stets in sicherem Schutze, wie zwischen Mauern und Gräben, die alle Angriffe von außen abhalten [...].

Er[1] kennt auch nicht das Band der Sippe, der großen verwandtschaftlichen Gruppe, das die bäuerliche Bevölkerung meist zu engeren Gemeinschaften zusammenschließt. Alle die Abhängigkeits- und Autoritätsbeziehungen, wie sie in den großen Bauernfamilien zwischen alt und jung erwachsen, sind ihm fremd mitsamt dem Sicherheits- und Zugehörigkeitsgefühl, das jene Beziehungen in allen Angehörigen wecken.

Aber noch viel bedeutsamer, noch viel mehr seine Eigenart bestimmend ist die Tatsache, daß für den Proletarier auch der engste Familienverband, die Individualfamilie, wie sie noch heute in allen bürgerlichen Kreisen die Grundlage des Daseins bildet, an bindender Kraft verliert, so sehr, daß schließlich auch diese Gemeinschaft für ihn überhaupt verschwindet.

Werner Sombart: Das Proletariat, Frankfurt am Main: S. Fischer 1906, S. 9 ff.

1 gemeint: der Proletarier

Lösungsvorschläge

Die Aufgabe bezieht sich überwiegend auf den Lehrplanabschnitt G 11.2.1 Gesellschaft im Wandel (15. bis 19. Jahrhundert) und weitet den historischen Raum sowohl zeitlich in die frühe Neuzeit als auch strukturell in sozialgeschichtliche Fragestellungen aus. Mit der Teilaufgabe 5 wird der zeitliche Rahmen der Aufgabe erheblich erweitert. Sie sollen die Wirkungsmächtigkeit des Konzepts Nationalismus an einem Beispiel der außereuropäischen Geschichte untersuchen. Vom Lehrplan legitimiert werden dabei die Beispiele USA und Israel (vgl. Lehrplan G 12.2).

1. *Die Teilaufgabe verlangt von Ihnen eine Beschreibung der Lebensumstände der ländlichen und der städtischen Bevölkerung in der Zeit vor der Industrialisierung. Konkret geht es um eine Kennzeichnung wesentlicher Merkmale der Ständegesellschaft.*
Neben einem sozialgeschichtlichen Längsschnitt fordert die Aufgabe auch strukturelle Querschnitte, um den Zusammenhang bzw. die Interdependenz von Sozial-, Wirtschafts- und Rechts- bzw. Herrschaftsstruktur sichtbar zu machen. Hier wird also eine reflektierende und vergleichende Leistung auf der Ebene III gefordert. Überwiegend ist die Teilaufgabe 1 dem AFB I, der Reproduktion, zuzuordnen. Sie müssen also auf das von Ihnen im Unterricht erworbene Wissen zurückgreifen. Neben dem Faktenwissen ist für die Qualität der Lösung die angemessene und begrifflich präzise sprachliche Darstellung von Bedeutung.

Die Lebensverhältnisse der Bauern in der frühen Neuzeit zwischen 1500 und 1800 waren wesentlich bestimmt von den feudalen, also **lehensrechtlichen Besitz- und Herrschaftsstrukturen**.
Rein rechtlich gehörte alles Land dem König, der es an weltliche oder geistliche Vasallen verlieh, die es wiederum als Landesherren unmittelbar an Bauern verliehen, wie z. B. in Deutschland östlich der Elbe, oder an verschiedene Grundherren, die es dann ebenfalls an die Bauern zur Nutzung weitergaben.
Diese sogenannte **Grundherrschaft** stellte die Agrarverfassung bis in die Neuzeit dar und bestimmte weitestgehend die ländlichen Herrschaftsformen. In dieser festgefügten und hierarchischen **Ständeordnung**, die man sich als **gottgegeben** vorstellte, war der Bauer weitgehend unfrei und bildete den **vierten und letzten Stand**. Das von ihm bewirtschaftete Land gehörte dem Grundherren, der aber nicht nur über den Grund und Boden verfügte, sondern auch über die Leute, die darauf lebten. Die **Bauern** waren also **Leibeigene**. Für die Bauern bedeutete dies, dass sie nicht nur Abgaben zu leisten hatten für die Nutzungsrechte ihrer Güter, sondern dass sie auch der Gerichtsbarkeit und der Polizeigewalt des Grundherren unterworfen und zu Dienstleistungen verpflichtet waren, etwa zu Hand- und Spanndiensten auf den Gütern des Grundherren oder zum mehrjährigen Abstellen ihrer Kinder zur Arbeit in dessen Haushalt.
Die **wirtschaftliche Lage** der Bauern innerhalb dieses Systems war sehr **unterschiedlich**. Es gab zwar eine kleine Zahl von wohlhabenden Bauern, denen es im Laufe der Zeit gelang, die persönlichen Abhängigkeiten abzubauen, die also frei wurden. Die Mehrzahl waren aber **Kleinbauern**, die gerade für sich und ihre Familie sorgen und die nötigen Naturalabgaben, die oft die Hälfte der erwirtschafteten Güter ausmachten, produzieren konnten. Bei Missernten mussten sie sich einen **Nebenerwerb** suchen, etwa Heimarbeit für Textilmanufakturen oder handwerkliche Tätigkeiten. Als im 16. Jahrhundert das Land bei steigenden Bevölkerungszahlen knapp wurde und Höfe oft geteilt werden mussten, entstanden Betriebseinheiten, die nicht mehr ausreichten, um eine Bauernfamilie zu ernähren. Die Schicht der Landlosen, der Tagelöhner und der Häusler, die nur noch ein Dach über dem Kopf hatten, wuchs bis ins 18. Jahrhundert stetig an.

In der Regel konnten Bauern kein Kapital bilden oder z. B. Altersvorsorge betreiben. Die einzige soziale Sicherheit bot die Familie oder teilweise der Grundherr. Ein **Aufstieg** aus der Schicht der Kleinbauern war **nahezu undenkbar**, zumal die Abwanderung vom Land der Genehmigung durch den Grundherren bedurfte, der aber auf die billigen Arbeitskräfte nicht verzichten wollte.
Zumindest theoretisch gab es allerdings eine Möglichkeit, der ländlichen Armut und Immobilität zu entkommen: der Weg in die Stadt.
Die **Städte** waren nicht in die ständische Ordnung des Feudalsystems eingebunden, sondern hatten mit dem **Stadtrecht** auch die **Freiheit ihrer Bürgerschaft** erworben. Die Landesherren mussten den Städten dieses Privileg zugestehen, da sie nur auf diese Weise an dem zunehmenden Reichtum der Städte teilhaben konnten. Allerdings waren nur etwas mehr als die Hälfte der Stadtbewohner wirklich frei. Etwa ein Drittel gehörte zur unterbürgerlichen Schicht der häuslichen Bediensteten, der Handlanger und Tagelöhner und der großen Zahl der Bettler und des fahrenden Volkes, das sich in den Städten aufhielt. Umso mehr achteten die oberen Schichten der Patrizier und der reichen Kaufleute oder Unternehmer darauf, sich von der Mittelschicht der Handwerker, der kleinen Händler und der niederen Bediensteten der Verwaltung abzugrenzen. Kleiderordnungen aus Städten beweisen, wie starr die **Standesgrenzen** auch in den Städten waren. Innerhalb der Mittelschicht wurden diese verstärkt durch die **Zunft- und Gildenordnungen**, mit denen die verschiedenen Handwerkergruppen und Kaufleute ihren Status zu erhalten versuchten.
Wirtschaftlich boten die Städte allerdings deutlich mehr Möglichkeiten, da vor allem die Fernhandelskaufleute, aber auch die Manufakturunternehmer die Möglichkeit hatten, Kapital zu bilden und zu investieren. Das städtische Handwerk wurde zum Motor eines beginnenden **technischen Fortschritts**, reiche Kaufleute brachten von ihren Reisen innovative Ideen mit und förderten darüber hinaus die Kunst und die Infrastruktur der Städte, unter anderem auch **soziale Einrichtungen**. Für den Bauern vom Land, der gemäß dem Spruch „**Stadtluft macht frei**" sein Heil in der Flucht in eine Stadt suchte, war jedoch die Stadt nicht selten eine Enttäuschung. Die starren und überaus konservativen städtischen Ordnungen der Zünfte und die fast schon absolutistischen Herrschaftsansprüche des Patriziats machten es jedem, der von außen kam, schwer, in der Stadt zu überleben.

2. *Die zweite Teilaufgabe stützt sich auf zwei Statistiken und ein Diagramm, in denen Veränderungen der Wirtschafts- und Sozialstruktur in Deutschland dokumentiert werden. Wichtig bei der Bearbeitung ist nicht nur das genaue „Lesen" der Zahlen und Kurven, sondern auch die Einbeziehung der Basisdaten, also der dokumentierten Zeiträume, und der mitgelieferten Legenden. Sie sollen folglich beweisen, dass Sie mit den entsprechenden methodischen Kompetenzen vertraut sind und fähig, die Ergebnisse der Auswertung umfassend in eine angemessene sprachliche Darstellung zu überführen.*
Im zweiten Teil der Aufgabe (b) soll der anhand der Daten beschriebene Wandel ursächlich erklärt werden. Diese Aufgabe ist dem AFB I (Reproduktion) zuzuord-

nen, während die Auswertung der Materialien eindeutig eine Transferleistung darstellt (AFB II). Eine Erläuterung der Ursachen muss sich wegen der Komplexität des Themas auf eine knappe Darlegung der wirklich grundlegenden Aspekte beschränken.

a) Beginnend 1780 nimmt der Anteil der im **primären Sektor** Beschäftigten stetig ab. Von 65 Prozent, also etwa zwei Drittel, 1780, geht er kontinuierlich zurück auf 38 Prozent im Jahr 1900. Im gleichen Zeitraum steigt der Anteil der Beschäftigten im **industriell-handwerklichen Sektor** von 19 auf 37 Prozent. Im Jahr 1900 sind also etwa ebenso viele Beschäftigte im sekundären wie im primären Sektor tätig. Auffallend ist dabei, dass sich der Wandlungsprozess seit 1850 deutlich beschleunigt. Verzögert erscheint diese Entwicklung im **tertiären Sektor**. Hier lässt sich erst seit 1875 eine Beschleunigung des Wandels feststellen, insgesamt erfährt der tertiäre Sektor für den gesamten Zeitraum nur eine Zunahme von 9 Prozent, während im sekundären Sektor die Zunahme doppelt so stark ist und 18 Prozent ausmacht.
Das Diagramm zum **Bevölkerungswachstum** in ausgewählten Teilen Deutschlands für den Zeitraum von 1825 bis 1925 zeigt einige Auffälligkeiten. Zunächst lässt sich in drei der fünf Gebiete nach 1875 ein verstärkter Anstieg der Bevölkerungszahl feststellen, während in Ostdeutschland und in Bayern die Bevölkerung nur allmählich zunimmt und deutlich gegenüber dem Land Sachsen, Rheinland-Westfalen und der Provinz Sachsen zurückbleibt. Zu erklären ist dies mit der **zeitlich verschobenen industriellen Entwicklung** in den verschiedenen Teilen des Reiches. Während in Rheinland-Westfalen und im Land Sachsen die Industrialisierung bis zum Ersten Weltkrieg schon weit fortgeschritten war und die Bevölkerung um den Faktor 4 zunahm, waren **Bayern und Ostdeutschland** bis 1925 noch überwiegend agrarische Gebiete mit einigen industrialisierten Inseln wie Nürnberg und Augsburg oder Oberschlesien. Entsprechend wuchs die Bevölkerung in diesen Landesteilen nur um den Faktor 2.
Die Statistik M 3 dokumentiert die **Strukturveränderungen im sekundären Sektor** von 1780 bis 1900, schlüsselt also die in der Statistik M 1 für den sekundären Sektor angegebenen Zahlen genauer auf. Die Unterscheidung in Verlage, Manufaktur, Industrie, Bergbau und Handwerk ist deshalb sinnvoll, weil hier **vorindustrielle Produktionsweisen** wie das Verlagswesen und das Handwerk gesondert betrachtet und den spezifisch industriellen Produktionsweisen in den Manufakturen, der eigentlichen Industrie und dem Bergbau gegenübergestellt werden. Dabei zeigt sich, dass nicht alle Bereiche des sekundären Sektors zwischen 1780 und 1900 wuchsen. Für das Verlagswesen gilt, dass die Beschäftigtenzahl von 1780 bis 1850 leicht zunahm, dann aber deutlich zurückging. Im Handwerk lässt sich bis 1873 eine Zunahme beobachten, danach ging die Zahl der Beschäftigten in diesem Bereich zurück.
Die generelle Entwicklung im sekundären Sektor, also das **Wachsen der Beschäftigtenzahl** von 1780 bis 1900 von 19 auf 37 Prozent aller Beschäftigten oder von 1,9 Millionen auf 9,5 Millionen in absoluten Zahlen ist demzufolge einzig der starken Expansion im Bereich der Manufakturen, der Industrie und

des Bergbaus zuzuschreiben. Arbeiteten in diesen Bereichen 1780 nur etwa 80 000 Beschäftigte im Vergleich zu 860 000 in Verlagen, also Betrieben, die vorwiegend in Heimarbeit produzieren ließen, und im Vergleich zum Handwerk mit 970 000 Beschäftigten, so waren 1900 in der Industrie und im Bergbau und den noch verbliebenen Manufakturen 5 700 000 oder 22 Prozent beschäftigt, im Verlagswesen nur noch 500 000 oder 2 Prozent und im Handwerk 3 300 000 oder 13 Prozent. Die Entwicklung der Anteile der Beschäftigten zeigt überdies, dass **erst nach 1850 die Industrialisierung in Deutschland sprunghaft** verlief und bis dahin eher von einer **protoindustriellen Phase** gesprochen werden kann, in der das Verlagswesen und das Handwerk den sekundären Sektor noch dominierten.
Als Ergebnis lässt sich feststellen, dass die vorindustrielle gewerbliche Produktion im Verlagswesen, in den Manufakturen und im Handwerk von der neuen Industrie noch nicht verdrängt wurde. Erst **nach 1850 wuchs die industrielle Fertigung** auf Kosten der traditionellen Produktionsweisen.

b) Die Materialien M 1 und M 3 dokumentieren den Prozess der Industrialisierung von 1780 bis 1900, wie er sich in der Strukturveränderung der Beschäftigung spiegelt. Dabei stehen der **Rückgang der Beschäftigtenzahl im primären Sektor** und die **Zunahme im sekundären Sektor** in einem interdependenten Verhältnis. Die Industrie benötigt vor allem nach 1850 eine gesteigerte Zahl von Arbeitskräften, die durch die Bevölkerungszunahme allein nicht gedeckt werden kann. Also wandern Arbeitskräfte vom Land in die industriellen Zentren. Dies war aber erst möglich, nachdem die grundherrschaftlichen Bindungen im Zuge der tiefgreifenden Reformen z. B. in Preußen zu Beginn des 19. Jahrhunderts beseitigt worden waren.
In der Folge ergibt sich ein Problem. Die Nahrungsmittel für eine wachsende Zahl von Menschen müssen durch immer weniger Beschäftigte im primären Sektor produziert werden. Dies ist nur möglich durch eine deutliche Erhöhung der Produktivität in der Landwirtschaft. **Wissenschaftliche Fortschritte** etwa in der Agroökonomie sowie später in der Chemie und **technische Neuerungen** schufen entsprechende Möglichkeiten.
Nicht zuletzt die **Aufklärung und das liberale Denken** waren dafür verantwortlich, dass um die Wende zum 19. Jahrhundert Kräfte freigesetzt wurden, die bisher im Feudalismus gefesselt waren. Die **Bauernbefreiung** auf dem Land und die **Gewerbefreiheit** vor allem in den Städten wurden so zu wichtigen Ursachen für die Dynamik der Industrialisierung. In diesem Zusammenhang ist sicherlich von Bedeutung, dass sich infolge der Gewerbefreiheit die Ansammlung von Kapital in privater Hand erhöhte und damit auch die Bereitschaft, in **neue Produktionsanlagen** und **innovative Produktionsweisen** zu investieren. Im kleinbetrieblich organisierten Handwerk mit seinen meist eng begrenzten Absatzmärkten war dies nicht möglich.
Schließlich war es vor allem die **Erfindung der Dampfmaschine** und der darauf folgende **Eisenbahnbau**, die zu einer explosiven Entwicklung der modernen Industrien und zur erheblichen **Verbesserung der Infrastruktur** führten.

3. *Die dritte Teilaufgabe stellt mit der Bauernbefreiung eine wichtige Vorbedingung und Ursache der Industrialisierung in den Mittelpunkt. Dabei sind zunächst die Ursachen und die Durchführung zu erarbeiten. Der Text kann Ihnen dabei Hilfestellungen liefern. In einem zweiten Teil sollen Sie Vor- und Nachteile der Bauernbefreiung unter Zuhilfenahme der Textaussagen diskutieren. Gefordert ist also nicht nur eine Auflistung von genannten und erschließbaren Vor- und Nachteilen, sondern die Auseinandersetzung mit den Feststellungen des Autors.*
Während der erste Teil der Aufgabe dem AFB I (Reproduktion) zuzuordnen ist, also die Kenntnis des Phänomens Bauernbefreiung voraussetzt, handelt es sich im zweiten Teil um eine Aufgabe, die sowohl den AFB II (Transfer) betrifft als auch den AFB III, da die Auseinandersetzung mit gegebenen Urteilen verlangt wird.

Bei der Bauernbefreiung handelt es sich um die **Beseitigung der Abhängigkeitsverhältnisse**, die das grundherrschaftliche Feudalsystem für die Bauern mit sich brachte. Zunächst ging es dabei um die Auflösung der rechtlichen Bindungen bis hin zur Leibeigenschaft, also völliger Unfreiheit. Diese **personenrechtlichen Bindungen** wurden ergänzt durch **grundherrliche Abhängigkeiten**, die dem Bauern die freie Verfügung über den von ihm genutzten Boden nahm. Er besaß nur das Nutzungsrecht. Neben diesen **feudalen Abhängigkeiten** unterlag der Bauer auch **hoheitsrechtlichen Beschränkungen**, die häufig von den Grundherren ausgeübt wurden. Dazu gehörten die **Polizeigewalt** und die **Gerichtsbarkeit**.
Aus den feudalen Abhängigkeiten ergaben sich **wirtschaftliche Verpflichtungen** für den Bauern, die seine Handlungsfreiheit zusätzlich einschränkten. Hierher gehören Hand- und Spanndienste, Gesindezwangsdienste, also die Bereitstellung der eigenen Kinder für den Haushalt des Grundherrn, sowie Naturalleistungen.

Die als Bauernbefreiung zusammengefassten **Agrar- und Herrschaftsreformen** seit der Wende vom 17. zum 18. Jahrhundert zielten darauf ab, die genannten Abhängigkeiten zu beseitigen, da die bisherige grundherrschaftliche Agrarverfassung den Produktivitätsfortschritt auf dem Land behinderte. So stiegen bei erhöhter Nachfrage nach Nahrungsmitteln im Zuge der Bevölkerungszunahme schon in der zweiten Hälfte des 18. Jahrhunderts die Nahrungsmittelpreise. Auf den kleinen Höfen der Bauern konnten moderne Techniken wie Bebauung der Brache oder Stallfütterung der Tiere aber nicht eingeführt werden. Auf den Gutsflächen der Grundherren war dies andererseits nur möglich, wenn statt der Bewirtschaftung durch Frondienst der abhängigen Bauern eine **moderne Bewirtschaftung** mit Lohnarbeitern praktiziert wurde.
Die Regierungen waren an der Bauernbefreiung interessiert, da man sich von freien und moderner produzierenden Bauern mehr **Steuereinnahmen** versprach. Und schließlich waren die bis zur persönlichen Unfreiheit gehenden Abhängigkeiten vor dem Hintergrund der **liberalen Ideen**, die sich mehr und mehr auch in den Staatsverwaltungen durchsetzten, nicht mehr tolerierbar und legitimierbar.
Die Durchführung der Reformen begann am Ende des 18. Jahrhunderts und zog sich über das gesamte 19. Jahrhundert hin. In einem ersten Schritt wurden dabei die persönlichen Bindungen aufgehoben. Bedeutsam war in diesem Zusammenhang das **Oktober-Edikt von 1807 in Preußen**, mit dem die Erbuntertänigkeit

aufgehoben wurde. Es folgte die Umwandlung der Naturalleistungen in Geldleistungen. Diese Entwicklung setzte z. B. in Süddeutschland schon am Ende des 17. Jahrhunderts ein.
Schwierig war die **Verleihung des Eigentums an Grund und Boden** an die Bauern und somit der Wegfall der damit verbundenen Verpflichtungen. Die Bauern mussten **Ablösungen** für das neue Eigentum bezahlen, sei es in langfristigen Zins- und Tilgungszahlungen, sei es durch Abtretung eines Teils des bisher gepachteten Landes. Nicht selten wurden die bäuerlichen Güter auch zu klein. Letzte Ablösezahlungen wurden häufig erst im 20. Jahrhundert gezahlt.
Ein weiterer Schritt war die **Auflösung des Gemeinbesitzes**, der Allmende, und eine Art Flurbereinigung, um die enge Verzahnung von bäuerlichem und herrschaftlichem Land zu lösen. Dieser Teil der Reformen brachte nicht unerhebliche Produktionssteigerungen mit sich, da das bisherige Gemeindeland nun privat und damit intensiver genutzt wurde.
Als letzter Schritt folgten die Lösung der Gerichtsbarkeit und der Polizeigewalt von den Grundherren und der Übergang zum staatlichen Gewaltmonopol. In Bayern geschah dies erst im Zusammenhang mit der Revolution von 1848, wie auch an den Erinnerungen des Grafen Lerchenfeld-Koefering zu erkennen ist.

Bei der Frage, welche **Vor- und welche Nachteile** die Bauernbefreiung gebracht hat, sollte bedacht werden, wem sie genützt und wem sie geschadet hat. Im vorliegenden Text sind dazu einige Hinweise zu finden. So sieht es der Vater des Autors offensichtlich als einen Vorteil für die Gutsherren, dass die zunehmend unzuverlässigen Frondienste und die in der Qualität minderen Naturalabgaben durch **Geldzahlungen** abgelöst werden. Für die Bauern musste dies nicht von Vorteil sein, da sie die Abhängigkeit vom Grundherren austauschten mit einer Abhängigkeit vom Markt und den Preisen für ihre Produkte.
Der Graf hält die Bauernbefreiung auch für überfällig, da die **Grundherrschaft nicht mehr zeitgemäß** sei und offensichtlich von den Bauern nicht mehr ohne Widerstand hingenommen werde. Mit der Bauernbefreiung konnten zunehmende **Unruhen auf dem Land vermieden** werden. Nicht umsonst betont der Autor, dass sich die Reform „sehr ruhig vollzogen" (Z. 8) hat. Nicht erwähnt wird in der Quelle der eigentliche Vorteil für Staat und Gesellschaft: die deutliche **Erhöhung der Produktivität** in der Landwirtschaft. Nur so war es möglich, mit immer weniger Arbeitskräften die wachsende Bevölkerung zu ernähren und gleichzeitig zusätzliche Arbeitskräfte für die Industrie freizusetzen.
Damit wird aber auch schon ein Nachteil für die ländliche Bevölkerung und die Bauern sichtbar. Immer mehr Bauern waren wohl nicht in der Lage, die Ablösezahlungen und die Pachtzahlungen zu leisten und mussten ihre **Höfe aufgeben**. Das **ländliche Proletariat** wuchs oder wurde lohnabhängig von den ehemaligen Grundherren. Der Autor deutet dies an, wenn er darauf hinweist, dass die nun freien Bauern Schwierigkeiten hatten, die Abfindungen für ihre Kinder angesichts der gestiegenen Bodenwerte zu bezahlen. Im Schlusssatz vergleicht Graf Lerchenfeld-Koefering die Lage der Bauern vor und nach der Bauernbefreiung und kommt zu dem Urteil, dass es ihnen früher besser gegangen sei.

Einerseits kann man also zu dem Urteil kommen, dass die Bauernbefreiung **insgesamt wirtschaftlich eine vorteilhafte und notwendige Reform** war, um die Produktivität im primären Sektor zu erhöhen, und dass sie der überwiegenden Zahl der Bauern tatsächlich **persönliche und wirtschaftliche Freiheit** brachte. Nicht zuletzt profitierten auch die Grundherren, da die offensichtlichen Mängel des Systems der Frondienste und der schlechten Qualität der Naturalabgaben nun abgelöst wurden durch Geldzahlungen und die Möglichkeit der Lohnarbeit.
Andererseits gab es auch **Verlierer**. Viele kleinere Bauern konnten ihre Höfe nicht mehr halten, sie vergrößerten das landlose Proletariat oder bildeten auf dem Land oder in der Industrie ein zusätzliches Potential an Arbeitskräften. Darüber hinaus bedeutete die Bauernbefreiung auch einen tiefen **Einschnitt in die sozialen und kulturellen Strukturen** auf dem Land, wenn die Bauern den gewohnten Grundherrn verloren und damit auch eine gewisse Sicherheit und Orientierung.

4. *Bei dieser Teilaufgabe wird eine Transferleistung gefordert: Kernaussagen sollen aus einem Text herausgearbeitet und zusammengefasst werden und die Position des Verfassers erschlossen werden. Dabei sollen Sie den Text nicht nur in anderen Worten paraphrasieren, sondern die angesprochenen historischen Sachverhalte auf das Wesentliche reduzieren. Bei der Erarbeitung der Position des Autors geht es darum, auch nicht explizit im Text genannte Sachverhalte zu erkennen (AFB I und AFB II). In der Aufgabe ist explizit von Merkmalen und Problemen der Verstädterung des Proletariats die Rede. Eine über den Text hinausgehende exkursorische Ausweitung auf sonstige Merkmale und Probleme der Verstädterung ist daher nicht notwendig.*

Mit den Folgen der Industrialisierung, konkret mit der Landflucht und der Verstädterung, setzt sich Sombart als Zeitgenosse in seinem Text auseinander. Für ihn **entsteht in den Städten ein Proletariat**, das die Beziehung zur Natur und damit das „Instinktmäßig-Sichere des Daseins“ (Z. 10) verloren hat. Dem Proletarier fehlt die Heimat, die er in der **Anonymität der Stadt** und angesichts der unwürdigen Wohnbedingungen nicht finden kann. Verursacht wird die **Heimatlosigkeit** zusätzlich durch ständige Ortsveränderungen wegen Wohnungswechsels oder Verlust des Arbeitsplatzes.
Aus Sicht Sombarts verliert das Proletariat nicht nur die Bindung an die Natur und an die Heimat, sondern auch die an den **Besitz**. Die städtischen Industriearbeiter besitzen nichts, was ihnen Sicherheit geben könnte.
Darüber hinaus verliert die Masse dieser Menschen auch die lebenswichtigen Beziehungen zu anderen Menschen. **Soziale Gemeinschaften** wie die eines Dorfes, einer größeren **Familie** oder von stabilen Arbeitsgruppen **fehlen** in der Stadt, der Proletarier vereinsamt.
Dem Proletariat in den Städten stellt Sombart als ideale Form des Zusammenlebens die bäuerliche Großfamilie gegenüber, die Sicherheit und Geborgenheit bietet. Selbst die bürgerliche Kleinfamilie als engster Familienverband besitzt für den Proletarier keine „bindende[ ] Kraft“ (Z. 64) mehr.

Werner Sombart gibt sich in dem Text als **konservativer Denker** zu erkennen, der der Industrialisierung und dem „Arbeiter heischende[n] Kapitalismus" (Z. 26 f.) ablehnend gegenübersteht und den Verlust der bäuerlich-ländlichen Lebensweise beklagt. Indirekt macht ihm die Proletarisierung der städtischen Arbeiterschaft offensichtlich Angst, wenn er den **Verlust der Sitten und Gebräuche** kritisiert. Auch die Eingangsformulierung mit der Frage, „wes Geistes Kind der Proletarier" sei (Z. 1), weckt sofort negative Assoziationen gegenüber der Lebensweise des Großteils der städtischen Bevölkerung, die nach seiner Ansicht geprägt ist von einer völligen Bindungslosigkeit. Verantwortlich macht er dafür den „eisernen Fuß des Kapitalismus" (Z. 40 f.), der alle Gemeinschaften zerstört habe und damit auch die wirtschaftlichen und moralischen Stützen genommen habe (vgl. Z. 43).

5. *Die Aufgabenstellung ist halbjahresübergreifend und erlaubt Ihnen die Auswahl bestimmter Inhalte. Der Begriff „außereuropäische Geschichte" verweist Sie auf das Kurshalbjahr 12/2, in dem „Konfliktregionen und Akteure internationaler Politik in historischer Perspektive" thematisiert werden. Beispiele könnten einerseits die Entwicklung der zionistischen Bewegung und die Etappen bis zur Gründung des Staates Israel oder die aktuellen Auseinandersetzungen zwischen Israel und den Palästinensern sein, andererseits die Auseinandersetzung mit England in der Gründungsphase der USA, der folgende Aufstieg zur Kontinentalmacht bzw. zur regionalen Vormacht oder die USA im Kalten Krieg. Die Aufgabenstellung ist dem AFB I bis III zuzurechnen. Entwickeln Sie auf Grundlage Ihrer Faktenkenntnisse und Einschätzungen eine stringente Argumentation, die Ihre Kompetenzen zeigt, ohne sich in Details zu verlieren. Arbeiten Sie die Charakteristika des Nationalismus heraus, seiner Funktion bzw. seinen Stellenwert im Vergleich zu anderen Faktoren, die das politische Handeln bestimmen. Die folgende Musterlösung konzentriert sich auf die USA vor dem Ersten Weltkrieg. Sie stellt nur eine mögliche Variante der Lösung dieser Aufgabenstellung dar.*

Die USA verstanden sich seit Gründung der Republik auch als Nation. Versuche, das eigene **Existenzrecht** in der Auseinandersetzung mit England sowie die spätere Ausdehnung und Machtsteigerung zu legitimieren, haben ihre Wurzeln in der Kolonialzeit, als die Siedler ihre an der Peripherie gelegenen Kolonien zum „Neuen Jerusalem" oder zur „leuchtenden Stadt auf dem Berg" aufwerten wollten. Damit begannen die Bestrebungen der „**Neuen Welt**", sich von Europa **abzugrenzen**. Der ursprünglich religiös motivierte **Auserwähltheitsglaube** wurde später von der jungen Nation verweltlicht und durch ein **Sendungsbewusstsein** ergänzt, das Amerika als Träger menschlichen Fortschritts sah, mit der angeblichen Pflicht, diesen in der Welt zu verbreiten.
Damit ließ sich zunächst die Westexpansion der USA auf dem Kontinent legitimieren, die zur nahezu völligen Vernichtung der Indianer und zur Verdrängung der Spanier bzw. Mexikaner führte. Im Zusammenhang damit wurde das Schlagwort des **Manifest Destiny** geprägt und die Ausdehnung der USA als deren offenkundige Bestimmung gedeutet, die mit naturgesetzlicher Präzision voranschreite.

Schon vorher hatten die USA als Ausdruck wachsenden Selbstbewusstseins Europa gegenüber in der **Monroe-Doktrin** eine Vormachtstellung innerhalb der westlichen Hemisphäre gefordert. Hinter der Westexpansion standen jedoch weitere Motive wie die **Erschließung** und **wirtschaftliche Ausbeutung** des riesigen Raumes, der Ausbau der eigenen **Machtstellung** sowie der im Osten aufgrund der Massenwanderung wachsende **Bevölkerungsdruck**.
Das Ende des 19. Jahrhunderts einsetzende imperiale Ausgreifen der USA wurde ebenfalls mit den Kernelementen des **amerikanischen Selbstbewusstseins** – Auserwähltheitsglaube, Patriotismus und Sendungsbewusstsein – legitimiert. Präsident Roosevelt verschärfte 1904 die Monroe-Doktrin, indem er ein **Einmischungsrecht der USA** innerhalb der amerikanischen Hemisphäre forderte; als „zivilisierte Nation" könnten die Vereinigten Staaten gezwungen sein, „Polizeigewalt" Staaten gegenüber auszuüben, die die amerikanischen Rechte und Werte nicht anerkennen. Zu dieser Zeit hatten die USA die ehemals bedeutende Kolonialmacht Spanien besiegt und die Reste von deren Kolonialreich übernommen. Zur Kontrolle des Pazifik wie auch der Karibik wurden mehrere Flottenstützpunkte eingerichtet, um die Handelsschifffahrt zu schützen. Dies zeigt ebenso wie der Bau des Panama-Kanals 1914, dass hinter den nationalen Rechtfertigungsstrategien auch handfeste **wirtschaftliche Interessen** standen: Ende des 19. Jahrhunderts war das Land des ungehinderten Kapitalismus zur dynamischen Wirtschaftsmacht geworden, die sich Zugang zu neuen Märkten und neue Investitionsmöglichkeiten verschaffen wollte und zur Durchsetzung des **Freihandelsprinzips** bzw. zur Öffnung von Märkten auch vor Gewalt nicht zurückschreckte. Damit unterschied sich der amerikanische Imperialismus jedoch von dem der europäischen Nationen: Ziel war weniger die Schaffung eines formellen Kolonialreiches als die wirtschaftliche Durchdringung anderer Staaten („**Dollarimperialismus**") mit der Möglichkeit von militärischen Interventionen.
Festzuhalten ist, dass nationalistische Einstellungen und Werthaltungen wie beschrieben im Untersuchungszeitraum in den USA stark verbreitet waren, allerdings wäre zu klären, wie weit ihr Einfluss auf die konkreten außenpolitischen Entscheidungen reichte. Diese wurden auch durch machtpolitische und wirtschaftliche Interessen bzw. innere Probleme bestimmt.

Teilaufgabe	**AFB I**	**AFB II**	**AFB III**	**BE**
1	☒	–	☒	22
2 a	☒	–	–	30
2 b	–	☒	–	
3	☒	☒	☒	28
4	☒	☒	–	18
5	☒	☒	☒	22
Summe				120

Abitur Geschichte (Bayern G 8) – Übungsaufgabe 2
Gesellschaft im Wandel (15. bis 19. Jahrhundert)

Thema: *Leben in der entstehenden Industriegesellschaft des 19. Jahrhunderts*

Aufgaben

1. Beschreiben Sie die Wirtschaftsreformen des Staates Preußens im frühen 19. Jahrhundert und vergleichen Sie die preußische Wirtschaftspolitik kurz mit der Wirtschaftspolitik in anderen deutschen Territorien! (BE 22)

2. Arbeiten Sie die zentralen Aussagen der beiden Tabellen (M 1a, 1b) heraus und prüfen Sie, inwieweit man anhand dieser Daten die Entstehung der sozialen Frage erklären kann! (BE 24)

3. a) Fassen Sie den Ansatz Ferdinand Lassalles zur Lösung der sozialen Frage mit eigenen Worten zusammen und arbeiten Sie seinen politischen Standpunkt heraus!
   b) Vergleichen Sie seinen Ansatz mit einem anderen Ihnen bekannten Ansatz zur Lösung der sozialen Frage!
   (BE 34)

4. Ordnen Sie die Personengruppe auf der Bildquelle (M 3) einer sozialen Gruppe zu und setzen Sie sich kritisch mit deren Leitbildern auseinander! (BE 18)

5. Der Rechtswissenschaftler Ernst-Wolfgang Böckenförde in einem Urteil über den Investiturstreit: „Der Investiturstreit konstituiert Politik als eigenen, in sich stehenden Bereich; sie ist nicht mehr einer geistlichen, sondern einer weltlichen, das heißt naturrechtlichen Begründung fähig und bedürftig."
   Zeigen Sie an einem Staatsphilosophen Ihrer Wahl, wie sich der Staat naturrechtlich legitimieren lässt! (BE 22)

Material

M 1a: Entwicklung der acht größten bayerischen Städte 1840–1910 (in Tausend)

	1840	1855	1871	1880	1890	1910
München	96	132	170	230	351	596
Nürnberg	47	56	83	100	143	333
Augsburg	37	41	51	61	76	123
Würzburg	27	33	40	51	61	84
Ludwigshafen (Pfalz)	1,5	2,3	7,9	15	33	83
Fürth	15	17	25	31	43	67
Kaiserslautern (Pfalz)	8	10	18	26	37	55
Regensburg	22	26	29	35	38	53

M 1b: Von der bayerischen Gesamtbevölkerung lebten in Gemeinden

	1855	1880	1910
a) mit unter 2 000 Einwohnern	3,6 Mill.	3,8 Mill.	3,8 Mill.
b) mit 2 000 bis 5 000 Einwohnern	310 000	490 000	707 000
c) mit 5 000 bis 20 000 Einwohnern	305 000	409 000	578 000
d) mit 20 000 bis 100 000 Einwohnern	178 000	376 000	742 000
e) mit 100 000 Einwohnern und mehr	132 000	230 000	1 053 000

Jürgen Sandweg und Michael Stürmer: Industrialisierung und Soziale Frage in Deutschland im 19. Jahrhundert. Arbeitsmaterialien für den Geschichtsunterricht in der Kollegstufe. München 1979, S. 25.

M 2: Ferdinand Lassalles Aufruf zur Gründung einer Arbeiterpartei

Den Arbeiterstand zu seinem eigenen Unternehmer machen – das ist das Mittel, durch welches – und durch welches allein – wie Sie jetzt sofort selbst sehen, jenes eherne und grausame Gesetz beseitigt sein würde, das den Arbeitslohn bestimmt! Wenn der Arbeiterstand sein eigener Unternehmer ist, so fällt jene Scheidung zwischen Arbeitslohn und Unternehmergewinn und mit ihr der bloße Arbeitslohn überhaupt fort, und an seine Stelle tritt als Vergeltung der Arbeit: der Arbeitsertrag! […]

Aber wie? Werfen Sie einen Blick auf die Eisenbahnen, die Maschinenfabriken, die Schiffsbauwerkstätten, die Baumwollspinnereien, die Kattunfabriken usw. usw., auf die zu diesen Anlagen erforderlichen Millionen, werfen Sie dann einen Blick in die Leere Ihrer Taschen und fragen Sie sich, wo Sie jemals die zu diesen Anlagen erforderlichen Riesenkapitalien hernehmen und wie Sie somit jemals den Betrieb der Großindustrie auf eigene Rechnung ermöglichen sollen?

Und gewiss ist nichts sicherer, nichts festerstehend, als dass Sie dies niemals ermöglichen würden, wenn Sie ausschließlich und lediglich und allein auf Ihre isolierten Anstrengungen als Individuen reduziert bleiben.

Ebendeshalb ist es Sache und Aufgabe des Staates, Ihnen dies zu ermöglichen, die große Sache der freien individuellen Assoziation des Arbeiterstandes fördernd und entwickelnd in seine Hand zu nehmen und es zu seiner heiligsten Pflicht zu machen, Ihnen die Mittel und Möglichkeiten zu dieser Ihrer Selbstorganisation und Selbstassoziation zu bieten [...] Wie aber den Staat zu dieser Intervention vermögen?

Und hier wird nun sofort sonnenhell die Antwort vor Ihrer aller Augen stehen: dies wird nur durch das allgemeine und direkte Wahlrecht möglich sein. Wenn die gesetzgebenden Körper Deutschlands aus allgemeinem und direktem Wahlrecht hervorgehen – dann und nur dann werden Sie den Staat bestimmen können, sich dieser seiner Pflicht zu unterziehen.

Dann wird diese Forderung in den gesetzgebenden Körpern erhoben werden, dann mögen die Grenzen und Formen und Mittel dieser Intervention durch Vernunft und Mitwissenschaft diskutiert werden – dann werden – verlassen Sie sich darauf! – die Männer, die Ihre Lage verstehen und Ihrer Sache hingegeben sind, mit dem blanken Stahl der Wissenschaft bewaffnet zu Ihrer Seite stehen und Ihre Interessen zu schützen wissen! Und dann werden Sie, die unbemittelten Klassen der Gesellschaft, es jedenfalls nur sich selbst und Ihren schlechten Wahlen zuzuschreiben haben, wenn und so lange die Vertreter Ihrer Sache in der Minorität bleiben.

Das allgemeine und direkte Wahlrecht ist also, wie sich jetzt ergeben hat, nicht nur Ihr politisches, es ist auch Ihr soziales Grundprinzip, die Grundbedingung aller sozialen Hilfe. Es ist das einzige Mittel, um die materielle Lage des Arbeiterstandes zu verbessern. Wie nun aber die Einführung des allgemeinen und direkten Wahlrechts bewirken? [...]

Organisieren Sie sich als ein allgemeiner deutscher Arbeiterverein zu dem Zwecke einer gesetzlichen und friedlichen, aber unermüdlichen, unablässigen Agitation für die Einführung des allgemeinen und direkten Wahlrechts in allen deutschen Ländern. Von dem Augenblicke an, wo dieser Verein auch nur 100 000 deutsche Arbeiter umfasst, wird er bereits eine Macht sein, mit welcher jeder rechnen muss. Pflanzen Sie diesen Ruf fort in jede Werkstatt, in jedes Dorf, in jeder Hütte [...]

Stiften Sie Kassen, zu welchen jedes Mitglied des deutschen Arbeitervereins Beiträge zahlen muss und zu denen Ihnen Organisationsentwürfe vorgelegt werden können. Gründen Sie mit diesen Kassen, die trotz der Kleinheit der Beiträge eine für Agitationszwecke gewaltige finanzielle Macht bilden würden – bei einem wöchentlichen Beitrage von nur einem Silbergroschen, würde bei hunderttausend Mitgliedern der Verein jährlich über 160 000 Taler verwenden können – öffentliche Blätter, welche täglich dieselbe Forderung erheben und die Begründung derselben aus den sozialen Zuständen nachweisen. Verbreiten Sie mit denselben Mitteln Flugschriften zu demselben Zweck. Besolden Sie aus den Mitteln des Vereins Agenten, welche diese Einsicht in jeden Winkel des Landes tragen, das Herz eines jeden Arbeiters, eines jeden Häuslers und Ackerknechts mit demselben Ruf durchdringen. Entschädigen Sie aus den Mitteln dieses Vereins alle solchen Arbeiter, welche wegen ihrer Tätigkeit für denselben Schaden und Verfolgung erlitten haben.

Wilhelm Mommsen: Deutsche Parteiprogramme, München, 1860. Aus dem „Offenen Antwort-Schreiben an das Centralkomité zur Berufung eines Allgemeinen Deutschen Arbeiter-Congresses zu Leipzig" vom 1. März 1863.

M 3: Familie um 1900

ullstein bild

Lösungsvorschläge

Die Aufgabe bezieht sich überwiegend auf den Lehrplanabschnitt G 11.2.1 Gesellschaft im Wandel (15. bis 19. Jahrhundert) und weitet den historischen Raum sowohl zeitlich in die frühe Neuzeit als auch strukturell in sozialgeschichtliche Fragestellungen aus. Mit der Teilaufgabe 5 wird der thematische Kursübergriff zu 12.1 (Historische Komponenten europäischer Kultur und Gesellschaft) hergestellt.

1. *Die Aufgabe erfordert von Ihnen hauptsächlich die Reproduktion von Daten und Fakten (AFB I), indem Sie die preußischen Wirtschaftsreformen vom Anfang des 19. Jahrhunderts beschreiben sollen. Achten Sie dabei auf eine zusammenhängende Darstellung, konzentrieren Sie sich auf das Wesentliche (Bezeichnung der Reformen, wesentliche Inhalte und Folgen) und behandeln Sie die verschiedenen Reformen auch vom Umfang her möglichst gleichmäßig.*
Abschließend sollen Sie die preußische Wirtschaftspolitik kurz mit der in anderen deutschen Territorien vergleichen (AFB III). Dazu müssen Sie geeignete Territorien bzw. geeignete Kriterien für den Vergleich auswählen, z. B. die wirtschaftspolitischen Zielsetzungen oder die Auswirkungen im weiteren Sinn. Wichtig ist, dass Ihr eigenes Urteil widerspruchsfrei deutlich wird und dass Ihre Ausführungen argumentative Strukturen aufweisen.

Aufgrund der militärischen Niederlagen der preußischen Armee gegen Napoleon in der Schlacht von Jena und Auerstedt und des demütigenden Friedens von Tilsit (1806) erkannte man in Preußen die Notwendigkeit von umfassenden wirtschaftlichen und politischen Reformen. Das v. a. mit den Personen von Hardenberg und vom Stein verbundene Erneuerungsprogramm sollte das Land zu alter Stärke zurückführen und die herrschende Finanzkrise eindämmen. Im Sinne einer „**Revolution von oben**" sollten die Untertanen zu **mitverantwortlichen Bürgern** werden, deren Leistungsbereitschaft dem Wohl des Gemeinwesens dienlich sein sollte.
Ein wichtiger Schritt hierzu war die **Agrarreform:** Im Oktoberedikt von 1807 wurde die Erbuntertänigkeit abgeschafft; die Freiheit der Person, des Besitzes, des Berufes und die Rechtsgleichheit wurden garantiert. Im Regulierungsedikt von 1811 wurden Frondienste durch Abgabe eines Drittels des Bauernlandes an den Gutsherrn abgelöst.
Damit erfolgte die Auflösung der alten statischen Ständegesellschaft und es entstand eine Marktgesellschaft mit einem **Arbeits- und Bodenmarkt:** Bauern konnten ihren Beruf wechseln, in die Stadt ziehen und dort ein Gewerbe betreiben; der **freie Güterverkehr** machte es möglich, Boden nach Belieben zu kaufen und zu nutzen. Die Agrarreformen waren eine Voraussetzung der **Agrarrevolution:** Die Öffnung des Marktes führte zu einem immensen Anstieg der Produktivität in der Landwirtschaft; viele besitzlose Bauern wanderten in die städtischen Zentren ab und halfen so mit, den Bedarf an Arbeitskräften der dort entstehenden Fabriken zu decken. Diese „**Bauernbefreiung**" wurde ergänzt durch die Einführung der **Gewerbefreiheit** (1810/11), die es jedem Bürger erlaubte, nach Erwerb eines Gewerbescheins ein Gewerbe aufzunehmen und gegen jährliche Zahlung einer Steuer zu betreiben. Damit wurde die Macht der **Zünfte** gebrochen, die traditionell die Zahl der Betriebe begrenzt hatten; alte Monopole und Privilegien wurden aufgelöst. Mit dem Anstieg der Zahl der Betriebe wuchs auch die **Konkurrenz**, sodass viele Handwerker verarmten und ebenfalls Arbeit in der entstehenden Industrie suchten. Ergänzt wurden die beiden zentralen Reformen durch weitere Modernisierungsmaßnahmen wie die **Aufhebung der Binnenzölle** 1818, durch die ein einheitliches Wirtschaftsgebiet entstand.

Im innerdeutschen Vergleich ist Preußen eine **Vorreiterrolle** im Bereich Wirtschaftspolitik zuzusprechen. Keine andere Verwaltung setzte so früh und so konsequent auf den **Wirtschaftsliberalismus** wie die preußische Ministerialbürokratie, die auch die wirtschaftliche Einigung Deutschlands – etwa die Gründung des Deutschen Zollvereins 1834 – entscheidend vorantrieb. Andererseits war in Preußen der Reformdruck besonders hoch gewesen, die Landwirtschaft gerade in Ostelbien besonders rückständig.

Die anderen Staaten zögerten vielfach aus Angst vor **sozialen Verwerfungen**, dem preußischen Beispiel zu folgen: Zwar hatte es in **Bayern** schon zu Zeiten Montgelas' Reformansätze gegeben: Bereits 1807 waren die Binnenzölle aufgehoben worden, um aus dem territorial gewachsenen Königreich einen einheitlichen Wirtschaftsraum zu machen, in der **Konstitution von 1808** wurde auch die Abschaffung der Leibeigenschaft verfügt. Unter Ludwig I. dominierte zunehmend die Angst vor den sozialen Folgen der wirtschaftlichen Modernisierung, sodass es nicht zur Einführung der völligen Gewerbefreiheit kam. Stattdessen wurde ein **Konzessionssystem** eingerichtet, das es dem Staat erlaubte, die Zahl der Neugründungen zu regulieren. Erst 1868 gab es auch in Bayern uneingeschränkte **Gewerbefreiheit**. Als Ergebnis ist festzuhalten, dass Preußen analog zur politischen Einigung auch der **Motor der wirtschaftlichen Entwicklung** und wirtschaftlichen Vereinheitlichung Deutschlands war.

2. *Zunächst sollen Sie die zentralen Aussagen der beiden Tabellen herausarbeiten (AFB II, Reorganisation und Transfer), d. h. die erkennbaren Tendenzen in wenigen Sätzen auf den Punkt bringen, statt einzelne Daten aufzuzählen. Beachten Sie dabei die Zeitachse und stellen Sie sicher, dass Sie den jeweiligen Untersuchungsgegenstand und die Art seiner Berechnung (absoluter Wert, Prozentwert, Indexwert usw.) richtig erfasst haben!*
Der zweite Teil der Aufgabe ist dem AFB III zuzuordnen. Sie sollen prüfen, inwieweit die zentralen Aussagen der beiden Tabellen die Entstehung der sozialen Frage erklären. Damit wird von Ihnen eine Bewertung auf Grundlage Ihrer Faktenkenntnisse verlangt. Dazu sollten Sie den Begriff „soziale Frage" klären und sich zu den Ursachen und Erscheinungsformen dieses Phänomens Notizen machen. Überprüfen Sie dann, welche Aspekte des Sachverhaltes in Zusammenhang mit den Aussagen der Tabelle stehen und welche nicht! Sinnvoll kann es sein, auf andere Indikatoren (oder Daten) hinzuweisen, die den Sachverhalt insgesamt besser bzw. weitere Teilaspekte veranschaulichen könnten. Dementsprechend sollte Ihre Lösung aufgebaut sein: Begriffsklärung, Überprüfung, Fazit (Gesamturteil).

Die Tabelle M 1 a zeigt das **starke Wachstum** der acht größten bayerischen Städte zwischen 1840–1910, deren Einwohnerzahlen sich mindestens verdoppeln. Allerdings unterscheidet sich die Entwicklung in den einzelnen Städten teilweise erheblich: Das Wachstum in den **Zentren der Industrialisierung** wie München oder Nürnberg ist größer als in industriefernen Städten wie Regensburg. Signifikant ist der starke Anstieg der Bevölkerung am **Industriestandort Ludwigshafen**.

Die Tabelle M 1 b zeigt zum einen den **starken Anstieg** der bayerischen Bevölkerung zwischen 1855 und 1910. Zum anderen wird deutlich, dass sich die Bevölkerungszunahme v. a. auf die **mittleren und großen Städte**, die die Zentren der Industrialisierung in Bayern waren, konzentriert, während die Bevölkerung in den Dörfern des ländlichen Raumes stagniert. Zudem ist auffällig, dass trotz des in beiden Tabellen erkennbaren **Verstädterungs- und Urbanisierungsprozesses** auch 1910 noch der überwiegende Teil der bayerischen Bevölkerung in kleinen Ortschaften unter 2 000 Einwohnern lebte. Der **agrarisch-ländliche Charakter** Bayerns blieb also bis 1910 erhalten.

Die **soziale Frage** entstand im Zusammenhang mit der Bildung der neuen Schicht der Industriearbeiter bzw. des **Industrieproletariats** in den anwachsenden Städten. Diese Gesellschaftsschichten besaßen weder Eigentum noch andere Produktionsmittel, sodass sie ihre Arbeitskraft an profitorientierte Unternehmer verkaufen mussten. Aufgrund des **Überangebots an Arbeitskräften** infolge der Bevölkerungsexplosion und der Landflucht hatten die Unternehmer dabei alle Vorteile in der Hand: **Niedrige Löhne**, lange Arbeitszeiten, **fehlende soziale Absicherung** gegen Krankheit, Unfälle und Arbeitslosigkeit, fehlende Arbeitsschutzmaßnahmen sowie die fehlende Garantie des Arbeitsplatzes waren die Folge. Mit schlecht bezahlter **Frauen- und Kinderarbeit** versuchten viele Arbeiterfamilien der **Armut** zu entrinnen, erhöhten dadurch aber den Druck auf die Löhne der Männer. Materielle Not und die sich lockernden familiären Bindungen brachten vielfach einen **sittlichen Verfall** mit Kriminalität, Prostitution oder Alkoholismus mit sich. Der Bevölkerungsdruck wirkte sich negativ auf die **Wohnsituation** der Arbeiter aus: Die hohe Nachfrage trieb die Mieten nach oben, was zur Überbelegung von Wohnungen und zum Phänomen der „**Schlafgängerei**" in den „**Mietskasernen**" führte. Infolge der Profitorientierung der Immobilienbesitzer bzw. Spekulanten entstanden diese Wohnblöcke in einfachster Bauweise und primitivem Inventar, mit meist schlechter sanitärer Ausstattung. Die **Infrastruktur** der Städte – z. B. die Müll- und Abwasserentsorgung – konnte mit deren raschem Wachstum kaum Schritt halten. Die Beseitigung der **Not und Rechtlosigkeit** der Arbeitnehmer, die zunehmende Polarisierung der Gesellschaft wurden zur „sozialen Frage". Zwar hatte es Armut zu allen Zeiten gegeben, aber da die Auflösung der traditionellen Ständegesellschaft auch zum Zusammenbrechen althergebrachter **sozialer Netze** geführt hatte, wurde die Situation als besonders besorgniserregend empfunden.

Die beiden Tabellen **illustrieren die Bevölkerungsexplosion** als wesentlichen Bedingungsfaktor dieser Entwicklung und helfen das Phänomen der Verstädterung bzw. Landflucht zu erfassen. Damit lässt sich eine der wesentlichen Ursachen der sozialen Frage klären. Allerdings sind sie **nicht geeignet**, um die **Agrarreformen** als weiteren Faktor zu veranschaulichen. Dazu wären Daten nötig, die Einblick in die Besitzstrukturen, Rechtsverhältnisse und den sozialen Wandel im ländlichen Raum ermöglichen. Zudem lassen sich anhand der Tabellen **keine konkreten Aussagen** über die **Arbeits- und Lebensbedingungen** des Industrieproletariats treffen, hierzu wären Daten zur Entwicklung der Löhne, Mieten und Lebenshaltungskosten nötig. So werden wichtige Inhalte der sozialen Frage kaum deutlich.

3. a) *Bei dieser Teilaufgabe müssen Sie zunächst den Lösungsansatz des Verfassers zusammenfassen (AFB I). Dabei sollten Sie den Text nicht nur in anderen, bloß umschreibenden Worten paraphrasieren, sondern historische Sachverhalte und Aussagen unter Beibehaltung des Sinnes auf das Wesentliche reduzieren. Die pointierte und sachsprachliche Wiedergabe in eigenen Worten fließt in die Bewertung mit ein. Das Herausarbeiten des politischen Standpunktes des Verfassers entspricht dem AFB II (Reorganisation und Transfer). Sinnvollerweise rufen Sie sich dazu die Ihnen bekannten politischen Strömungen des 19. Jahrhunderts in Erinnerung und nehmen dann – ggf. auf Basis des Ausschlussprinzips – eine begründete Zuordnung vor. Dabei sollen Sie zeigen, dass Sie auch nicht explizit im Text genannte Sachverhalte und Zusammenhänge erkennen können.*

Lassalles Anliegen ist es, die Produktionsmittel in den Besitz der Arbeiterschaft zu bringen und damit die Arbeiter zu Unternehmern zu machen, um auf diese Weise das „**eherne Lohngesetz**“ zu brechen, das dafür sorgt, dass der Arbeitslohn gerade das Existenzminimum abdeckt (vgl. Z. 1–6). Da die Arbeiter über viel zu wenig Kapital verfügen, kann dieses Unterfangen nur mit **staatlicher Unterstützung** gelingen: Der Staat soll den dafür notwendigen **Zusammenschluss der Arbeiterschaft** – auch finanziell – unterstützen (vgl. Z. 7–20). Politisch ist dies seiner Meinung nach nur über die Einführung des **allgemeinen und direkten Wahlrechts** möglich (vgl. z. B. Z. 21–25), das der Arbeiterschaft maßgeblichen Einfluss in den Parlamenten ermöglichen würde, wodurch staatliche Interventionen im Interesse der Arbeiterschaft durchgesetzt werden könnten (vgl. Z. 26–33). Um dieses Wahlrecht zu erkämpfen, müssten sich die Arbeiter Lassalle zufolge **deutschlandweit organisieren** und zu diesem Zweck einen **Verein** gründen (vgl. Z. 39–44). Damit aus diesem Verein ein ernst zu nehmender Machfaktor wird, muss sich dieser zu einer **Massenorganisation** entwickeln (vgl. Z. 42 f.). Dies soll laut Lassalle durch **Agitation** in Form von Flugschriften und mittels eigens angestellten Agitatoren erreicht werden, die mithilfe von Beiträgen der Vereinsmitglieder finanziert werden (vgl. Z. 45–57).

Lassalle setzt sich für die **politischen und sozialen Rechte** der Arbeitnehmer ein. Er sieht sich als **Vorkämpfer** des Arbeiterstandes als neuer Gesellschaftsschicht und kann somit weder den Liberalen noch dem Zentrum oder den Konservativen zugeordnet werden. Weil er die Interessen der Arbeiterschaft von den in der 2. Hälfte des 19. Jahrhunderts relevanten Parteien zu wenig vertreten sieht, setzt er sich für die Gründung eines Arbeitervereins ein. Anders als der Sozialismus marxistischer Prägung fordert Lassalle **keine Verstaatlichung** der Produktionsmittel, sondern setzt auf die **Genossenschaftsidee**, die er mit staatlicher Hilfe verwirklichen will, und damit auch auf den **Solidaritätsgedanken**. Indem er die Einführung des allgemeinen und gleichen Wahlrechts fordert, erweist er sich als **radikaler Demokrat**, der sich mit den eingeschränkten Teilhaberechten des Liberalismus nicht zufriedengibt. Die Auseinandersetzung mit den etablierten Honoratiorenparteien mit **eingeschränkten Mitgliederzahlen** will er mit einer neuartigen **Massenorganisation** führen. Lassalle steht damit auch für einen **neuen Typus** von Politiker.

3. b) *Der Operator „vergleichen“ verweist auf den AFB III: Sie sollen dem Ansatz Lassalles einen weiteren Ansatz zur Lösung der sozialen Frage problembewusst und kriterienorientiert gegenüberstellen. Eine sinnvolle Herangehensweise wäre, dass Sie sich mithilfe einer Stoffsammlung die Ihnen bekannten weiteren Lösungsansätze in Erinnerung rufen und einen auswählen, den Sie genau kennen. Entwickeln Sie vor der Niederschrift geeignete Kriterien für den Vergleich, wie z. B. Ziele oder Motive, Maßnahmen, Ergebnisse und Probleme, und strukturieren Sie die Niederschrift anhand der verwendeten Kriterien!*
Verdeutlichen Sie die Struktur des Vergleichs auch mithilfe sprachlicher Mittel („anders als“, „im Gegensatz zu“, „ähnlich wie“) und denken Sie daran, dass eine schlüssige Argumentation einer unreflektierten Auflistung aller relevanten Daten und Fakten in jedem Fall vorzuziehen ist. Mit einer abschließenden Zusammenfassung der wichtigsten Ergebnisse können Sie Ihren Überblick bzw. Ihr Problembewusstsein demonstrieren. Als Vergleichsmöglichkeiten bieten sich unternehmerische und kirchliche Lösungsansätze, die staatliche Sozialpolitik oder der revolutionäre Marxismus an.
Im Folgenden wird das Beispiel des Unternehmers Alfred Krupp gewählt, da daran die Gegensätze zu Lassalles Forderungen besonders deutlich herausgestellt werden können.

Aus naheliegenden Gründen waren insbesondere die Unternehmer über die Situation der Arbeiter im Bilde. Aus ihren Erfahrungen und Erlebnissen entwickelten einige von ihnen, wie der Großindustrielle Alfred Krupp, Strategien und praktische Lösungen zur Linderung der sozialen Frage, die sich, auch was ihre Motive angeht, stark von Lassalles Konzept unterschieden.
Während Lassalle die **politische Emanzipation** der Arbeiterschaft und das **Ende der Abhängigkeit** von den Unternehmern für unabdingbar hielt, zielten die Maßnahmen Krupps auf das Gegenteil ab: **Hohe Löhne** und **umfangreiche Sozialmaßnahmen** sollten die Arbeiter an den Betrieb binden und für die Entstehung eines Gemeinschaftsgefühls sorgen. Dazu zählte die Etablierung einer **Betriebskrankenkasse** und einer **Arbeiterpensionskasse**, deren Kosten anteilig von Unternehmer und Belegschaft gedeckt wurden. Wegweisend war auch die **Wohnungsfürsorge** Krupps, der Werkswohnungen erbauen und zum Selbstkostenpreis vermieten ließ; eine **Konsumanstalt** sollte ferner dafür sorgen, dass Arbeiter ihren Grundbedarf zu günstigen Preisen erwerben konnten. Diese **Bindung an den Betrieb** war zum einen wirtschaftlich motiviert: **Leistungsbereite Arbeiter**, die sich mit ihrem Unternehmen identifizieren, sollten für höheren Profit sorgen.
Zum anderen rührten sie von Krupps Selbstverständnis als **Unternehmenspatriarch** her, der sich zur Fürsorge und Verantwortung verpflichtet sah. Die Kehrseite davon war, dass Krupp seinen Arbeitern die Selbstbestimmung verweigerte: Ein „**Kruppianer**“ durfte weder in der Arbeiterbewegung engagiert sein noch entsprechende Publikationen lesen. Die Kombination von **autoritären und fürsorglichen Maßnahmen** sollte die Arbeiterschaft gegen sozialistische bzw. sozialdemokratische Agitation **immunisieren**, während Lassalle den Er-

folg dieser **Agitation** als wichtige Voraussetzung für einen wachsenden Einfluss der Arbeiterbewegung in Politik und Gesellschaft ansah.
Anders als bei Lassalle sollten also soziale Probleme unter **Wahrung der herrschenden Eigentumsverhältnisse** sowie der bestehenden politischen und gesellschaftlichen Ordnung gelöst werden. Die Solidarität der Arbeiter sollte dem Betrieb gelten und nicht der Arbeiterschaft insgesamt. Lassalle dagegen sah in der **Solidarität der Arbeiterklasse** die Basis, um die politische Ordnung verändern und somit per Staatsintervention die bestehenden Besitzverhältnisse im Sinne der Arbeiter umgestalten zu können.
Krupps unideologischer Pragmatismus lässt sich Lassalles Konzentration auf die Durchsetzung des allgemeinen Wahlrechts als „**Grundbedingung aller sozialen Hilfe**" (Z. 35 f.) bzw. als „einzige[s] Mittel, um die materielle Lage des Arbeiterstandes zu verbessern" (Z. 36 f.) gegenüberstellen. Der Pionier der Arbeiterbewegung dürfte Krupps Ansatz nicht begrüßt, sondern als Hindernis für die Umsetzung seines Konzeptes betrachtet haben.
Gemeinsam haben beide Ansätze lediglich, dass sie – anders als der marxistische Lösungsversuch – auf Gewaltanwendung verzichten.

4. *Der Operator „zuordnen" verweist auf den AFB II (Reorganisation und Transfer). Beschreiben Sie die Personengruppe zunächst genau (Kleidung, Haltung, Mimik und Gestik) und beziehen Sie auch die Zahl und Anordnung der Personen sowie den Bildhintergrund mit ein! Auf Grundlage Ihrer Ergebnisse nehmen Sie eine Zuordnung zu einer der um 1900 relevanten sozialen Gruppen vor. In Ihrer Niederschrift können Sie beide Schritte verbinden. Der zweite Operator verlangt von Ihnen eine kritische Stellungnahme (AFB III): Sie sollen Leitbilder – oder Wertvorstellungen, Grundsätze, moralische Vorstellungen – dieser Gruppe hinterfragen. Zunächst müssen Sie mittels Brainstorming entsprechende Leitbilder sammeln, mit denen Sie sich dann kritisch auseinandersetzen. Dazu bieten sich Begriffsreihen wie „Chancen und Probleme" oder „Wirtschaft, Politik und Gesellschaft" an. Erwartet wird von Ihnen keine klar strukturierte, schlüssige Argumentation. Verdeutlichen Sie Ihr Problembewusstsein durch ein abschließendes Fazit.*

Die Personen auf dem Bild sind Mitglieder einer **bürgerlichen Familie**. Indizien hierfür sind: ihre **tadellose Kleidung** und ihr **gepflegtes Äußeres**. Die wohlgenährten und sittsam blickenden Kinder tragen saubere weiße Matrosenanzüge; diese Mode war im wilhelminischen Bürgertum weitverbreitet und Ausdruck der nationalen Begeisterung für die Flottenpolitik des Kaisers. Die Anordnung der Personen ist typisch für eine bürgerliche Familie und verweist auf die herrschenden Rollenbilder: Der **Mann als Patriarch** und Familienoberhaupt im Zentrum, die **Frau als Mutter** inmitten der Kinderschar.
Die Einrichtung der Wohnung zeugt von Sauberkeit und einem gewissen **Wohlstand:** Der Ofen ist aufwändig verziert, an den Wänden hängen Bilder, am Boden liegt ein orientalisch aussehender Teppich. Rechts neben dem Türstock ist ein Schalter oder Klingelknopf zu sehen, die Wohnung scheint also über Elektrizität zu

verfügen. Die Familie dürfte dem Mittelstand zuzurechnen sein, eine großbürgerliche Familie hätte sich aufwändiger und repräsentativer inszeniert.

Das Bürgertum war ursprünglicher **Träger der liberalen und nationalen Gedanken** und prägend für die gesellschaftliche und politische Entwicklung im 19. Jahrhundert. Kennzeichnend für diese Schicht wurden **Individualismus** und **Leistungsbereitschaft**, das Streben nach Bildung und gesellschaftlichem Aufstieg. Die **statusorientierten Bürger** verstanden sich als Träger des Modernisierungsprozesses. **Nationalismus** und **Kaisertreue** waren wichtige Wertvorstellungen, die ebenso wie die Sauberkeit und das Leben in „**geordneten Verhältnissen**" – materielle Sicherheit – der Abgrenzung gegenüber der Arbeiterklasse dienten. Damit wurden die Bürger jedoch auch zu Unterstützern der **aggressiv-nationalistischen Politik** des späten Kaiserreichs, die in den Ersten Weltkrieg mündete.
Kern der bürgerlichen Wertvorstellungen war das **Familienideal**, d. h. die Schaffung eines **privaten Bereiches** mit einer entsprechenden „**Gefühlskultur**". Die Familie sollte ihren Mitgliedern Sicherheit und Geborgenheit bieten und sie von der Außenwelt abschotten. Für das Äußere (Broterwerb, Geschäft und Politik) war der Mann zuständig, für die Familie und den Haushalt („das traute Heim") die Ehefrau, die dem Patriarchen auch rechtlich untergeordnet war.
Trotz aller Veränderungen wie der rechtlichen Gleichstellung prägt das Leitbild der bürgerlichen Familie die deutsche Gesellschaft auch heute noch, auch wenn die damalige **Rollenverteilung** aus heutiger Sicht problematisch erscheint: Die herrschenden Rollenmuster versuchten die **ungleiche Stellung** von Mann und Frau zu zementieren, fehlende Bildungsmöglichkeiten und fehlendes Wahlrecht erschwerten zudem die **Emanzipation** der Frauen.

5. *In der Teilaufgabe müssen Sie Ihre Kenntnisse der spätmittelalterlichen bzw. frühneuzeitlichen Staatsphilosophie unter Beweis stellen. Infrage kommen als Beispiele Jean Bodin und Thomas Hobbes als Vertreter einer absoluten Monarchie, John Locke als Anhänger einer konstitutionellen Staatsform und Jean-Jacques Rousseau als ein Wegbereiter der Französischen Revolution und Gegner feudal-aristokratischer Herrschaftsformen.*
Da es nicht sinnvoll erscheint, alle möglichen Staatstheorien hier ausführlich darzustellen, sollen nur anhand von geeigneten Kategorien die oben angesprochenen Theoretiker verglichen werden. Als Kategorien werden die jeweilige historische Erfahrung, das sich daraus ergebende Menschenbild, die jeweilige Vorstellung vom Naturzustand und Naturrecht und die sich darauf gründende Staatsvorstellung gewählt. Die Aufgabe ist wesentlich dem AFB I (Reproduktion) zuzuordnen, angesichts der hohen Abstraktion der geforderten Lösungen jedoch auch dem AFB III (Problemlösung).

Historische Erfahrung

- Jean Bodin (1529–1596): Religionskriege in Frankreich, v. a. Hugenottenkriege
- Thomas Hobbes (1588–1679): Konflikt zwischen Krone und Parlament in England, Bürgerkrieg

- John Locke (1632–1704): Konflikt zwischen Krone und Parlament in England
- Jean-Jacques Rousseau (1712–1778): Unfreiheit im französischen Absolutismus

Menschenbild:
- Bodin: mittelalterliches Menschenbild, Geschöpf Gottes mit Erbsünde belastet
- Hobbes: „negatives" Menschenbild, „Homo homini lupus", von Natur aus böse
- Locke: von Natur aus freier, gleicher, vernünftiger Mensch
- Rousseau: im Naturzustand „guter" Mensch, durch Gesellschaft verdorben

Naturzustand
- Bodin: vorstaatlicher Zustand nicht denkbar, da auch Herrschaft/Staat von Gott geschaffen
- Hobbes: Kampf der Individuen gegeneinander: bellum omnium contra omnes
- Locke: Menschen mit angeborenen Rechten: Freiheit, Gleichheit, Recht auf Eigentum
- Rousseau: freie Menschen leben harmonisch miteinander, durch Eigentum/ Gesellschaft werden sie verdorben

Staatsvorstellung:
- Bodin: Staat ist von Gott geschaffen, Herrscher ist souverän und keiner irdischen Macht unterworfen, nur dem göttlichen Naturrecht verpflichtet, steht über den religiösen Parteien, ständische Mitsprache
- Hobbes: Staat ist Schöpfung der Menschen, die sich in einem Gesellschaftsvertrag zusammenschließen, um den vorstaatlichen Kriegszustand zu beenden, Herrscher erhält die absolute Gewalt, um den Frieden sichern zu können, keinerlei Gewaltenteilung
- Locke: Menschen entscheiden sich vernünftigerweise im Gesellschaftsvertrag für eine Regierung, deren Aufgabe der Schutz der natürlichen Rechte (Freiheit, Gleichheit, Unverletzlichkeit der Person, Recht auf Eigentum) ist. Widerstand (Revolution) ist legitim, wenn die Regierung dies nicht tut, Gewaltenteilung
- Rousseau: freie Individuen unterwerfen sich in einem Gesellschaftsvertrag einer Instanz, deren Aufgabe es ist, den Gemeinwillen zu erfüllen, der für alle verbindlich ist, keinerlei Gewaltenteilung

Teilaufgabe	AFB I	AFB II	AFB III	BE
1	☒	–	☒	22
2	–	☒	☒	24
3 a	☒	☒	–	34
3 b	–	–	☒	
4	–	☒	☒	18
5	☒	–	☒	22
Summe				120

Abitur Geschichte (Bayern G 8) – Übungsaufgabe 3
Demokratie und Diktatur – Probleme der deutschen Geschichte im 20. Jahrhundert

Thema: *Die Weimarer Republik – Demokratie ohne Demokraten?*

Aufgaben

1. Skizzieren Sie die Parteienlandschaft und die Gesellschaftsstruktur der Weimarer Republik in ihrer Endphase und diskutieren Sie davon ausgehend die These von einer Demokratie ohne Demokraten! (BE 26)

2. a) Analysieren und interpretieren Sie die Karikatur (M 1) und ordnen Sie sie in ihren historischen Kontext ein!
   b) Vergleichen Sie die Regierungspraxis zwischen März 1930 bis Januar 1933 mit den Intentionen der Weimarer Verfassung. Gehen Sie dabei besonders auf das Verhältnis der Gewalten ein!
   (BE 30)

3. Diskutieren Sie, inwieweit diese Regierungspraxis für die Machtübernahme der Nationalsozialisten verantwortlich gemacht werden kann! (BE 24)

4. Erarbeiten Sie aus M 2 die grundsätzliche Auffassung Hitlers über Demokratie! (BE 16)

5. Der Fürst eines landwirtschaftlich geprägten Staates mit ständischer Wirtschafts- und Sozialordnung möchte sein Territorium modernisieren.
   Entwickeln Sie für ihn auf Grundlage Ihrer historischen Kenntnisse ein Reformprogramm, das auch Lösungsansätze für mögliche Modernisierungsprobleme enthält! (BE 24)

Material

M 1: Karikatur von Karl Arnold: „Deutsche Zauber-Werke AG. Kein Grund zum Verzagen, solange noch Kanzler am laufenden Band produziert werden!“ (1933)

M 2: Auszug aus einer Stellungnahme Hitlers 1929

Ob die Weimarer Verfassung im einzelnen die Macht den Ministern gibt oder dem Reichskanzler, dem Reichspräsidenten oder dem Parlament, kommt am Ende immer wieder auf dasselbe hinaus. Denn alle diese Faktoren sind miteinander verwandte Erscheinungen unserer „westlichen“ Demokratie. Sie wurzeln in einem vermeintlichen „Volkswillen“, dessen Charakteristikum aber in der Tatsache liegt, daß er den inneren wirklichen Willen des Volkes nicht im geringsten repräsentiert. Die parlamentarischen Majoritäten des Reichstags sowohl als der Reichspräsident, die Reichsminister und der Reichskanzler sind eben nicht Erwählte des „Volkswillens“, vielmehr Gewählte der öffentlichen Meinung. Diese öffentliche Meinung kann aber niemals mit dem Volkswillen an sich identifiziert werden. Sie ist nur der Ausdruck der mangelhaften politischen Einsicht sowie des beschränkten politischen und ökonomischen Verständnisses der Masse. Diese mangelnde Einsicht der Masse wird in der Demokratie von den Fabrikanten der öffentlichen Meinung in geschicktester Art und Weise berücksichtigt und verwendet, um mit Hilfe der Presse und des Einwirkens ähnlicher Faktoren eine Meinung zu verbreiten, die, je öffentlicher sie auftritt, um so weniger dem wirklichen inneren Volkswillen entspricht. Solange aber dieser künstlich erzeugten und durch die Presse geleiteten öffentlichen Meinung und dem treibenden Kapital dahinter nicht eine politische Kraft gegenübersteht, die von diesen Faktoren unabhängig ist und nur den natürlichen inneren Willen des Volkes repräsentiert, werden Versuche, auf dem Wege von Majoritätsentscheidungen Änderungen in einer Verfassung durchzuführen, immer belanglos bleiben. Sie können aber unter Umständen sogar schädlich werden, wenn dadurch die Auffassung befestigt wird, daß man durch solche rein äußerlichen Mittelchen[1] überhaupt eine Verbesserung der bestehenden Zustände zu erreichen vermag, während in Wirklichkeit nur wieder ein Teil jener Kraft vergeudet wird, die für einen grundsätzlichen Kampf in Frage käme, so daß damit am Ende der bestehende Zustand, wenn auch auf indirektem Wege, sogar noch eine Stärkung erfährt. [...]

In Deutschland zeigt sich das Bild der Demokratie in einer so erbärmlichen Weise, daß es unverständlich ist, von ihr zu erwarten, daß sie selbst auf eine Stelle mit größtem Wirkungsvermögen Männer starker Energie setzen wird, außer sie ist sich der Tätigkeitsrichtung derselben von vorneherein vollständig sicher, das heißt: die Repräsentanten werden im Sinne und im Wesen der Demokratie die Volkszersetzung weiter fortführen.

Ein Mann aber, der von der Vorsehung – und an diese ist auch hier zu glauben –zum Führer bestimmt ist, wird sich ohnehin sein Handeln niemals durch die lächerlichen Kompetenz-Grenzen einer Verfassung vorschreiben oder beengen lassen, wenn das Handeln nach der Verfassung zum Ruin seines Volkes führen muß. Sollte aber ein im öffentlichen Leben stehender politischer Führer von anderen, also dritter Stelle aus zur „Diktatur" ausersehen sein und nun die Erfüllung dieses Wunsches von der Erweiterung der verfassungsmäßig festgesetzten Rechte abhängig machen, dann soll man den nur gleich zum Teufel jagen und sich nicht von solch einem Schwächling blenden lassen; denn der beweist damit klar und eindeutig, daß ihm die höhere, ihn selbst zwingende Befähigung für diese Mission vollkommen fehlt. Niemals wird ein nicht zum höchsten berufener Mann, nur durch eine von anderer Seite vorgenommene Erleichterung seines Weges, zu höchsten Entschlüssen und Taten kommen. Denn die letzte Kraft wächst ja gerade im Kampf mit den Widerständen, und die größten, entscheidenden Handlungen, die geniale Köpfe dieser Erde ausführten, waren nicht wenig bedingt durch die meist notwendige Vernichtung gegnerischer Kräfte und deren Einrichtungen.

Aus: Albrecht Tyrell: Führer befiehl ... Selbstzeugnisse aus der „Kampfzeit" der NSDAP, Bindlach 1991, S. 319ff.

1 gemeint ist die Erweiterung der Rechte des Reichspräsidenten

Lösungsvorschläge

Die Aufgabe ist wesentlich dem Lehrplankapitel G 11.2.1 „Die Weimarer Republik – Demokratie ohne Demokraten?“ zuzuordnen. Dabei fordert der neue Lehrplan nicht eine verlaufsgeschichtliche Gesamtbehandlung der Republik, sondern eine problemorientierte Konzentration auf die zentrale Fragestellung nach den „Gründen für den Untergang der ersten deutschen Demokratie“. Die Aufgaben 1–3 betreffen deshalb auch ausschließlich den Zeitraum von 1929 bis 1933. Die Teilaufgabe 4 weitet den historischen Raum aus, Aufgabe 5 bezieht sich semesterübergreifend auf G 11.1 (Gesellschaft im Wandel) und fragt nach den Bedingungen und Chancen im Übergang der Ständegesellschaft zur Industriegesellschaft.

1. *In Teilaufgabe 1 soll in einem reproduzierenden ersten Teil die Parteien- und Sozialstruktur der Endphase der Republik im Überblick dargestellt werden (AFB I), ehe im zweiten Teil die im Lehrplan verankerte Frage im Rahmen der zunächst skizzierten Tatsachen diskutiert werden muss (AFB III). Wichtig ist dabei, dass die Frage, ob es sich um eine Demokratie ohne Demokraten gehandelt habe, sowohl zeitlich auf die Jahre 1929 bis 1933 als auch thematisch auf die Parteien- und Gesellschaftsstruktur begrenzt wird.*

   Die **Parteienlandschaft** der ausgehenden Weimarer Republik, also wesentlich der Jahre nach der Weltwirtschaftskrise von 1929, war einerseits geprägt vom **Verhältniswahlsystem**, das in der Republik galt, von der **Tradition** der Parteien aus der Kaiserzeit und andererseits von dem Prozess des **Verlustes der Mitte** als Folge der Wirtschaftskrise.
   Das **Verhältniswahlrecht** kann prinzipiell als besonders **demokratisch** angesehen werden, da es allen politischen Kräften Chancen bietet, im Parlament Stimmen zu erhalten. Andererseits führt es gerade deshalb zu einer **Zersplitterung** des Parteiensystems und erschwert somit die Arbeit im Parlament und die Bildung stabiler Regierungen. Verstärkt wurde die negative Wirkung des Verhältniswahlsystems dadurch, dass die Parteien in Deutschland **nicht geübt** waren im Umgang mit der Macht. Da sie im Kaiserreich nicht für die Übernahme politischer Verantwortung vorgesehen waren, entwickelten sie sich zu Organisationen, die sich weltanschaulich und ideologisch voneinander abgrenzten, statt Kompromisse zu schließen und Koalitionen zu bilden. Parlamentarische Auseinandersetzungen stellten weniger ein Ringen um gemeinsame Positionen dar, sondern dienten vielmehr als öffentliches Forum, um für die je eigene prinzipielle „Wahrheit“ zu werben.
   So waren schon von Anfang der Republik an viele Parteien im Reichstag vertreten, die sich weniger als demokratische Volksparteien verstanden, denn als **Interessenvertretungen** einer bestimmten Klientel. Die **SPD** sah sich als Vertretung der Industriearbeiterschaft und der neuen Angestellten und versäumte es auch deshalb, sich um die Wähler auf dem Land zu bemühen, die von einer eigenen **Bauernpartei** repräsentiert wurden. Das **Zentrum** vertrat ausschließlich die Interessen des Katholizismus, insbesondere bei Fragen des Schul- und Bildungssystems und der Erziehung. Die **Deutsche Demokratische Partei** kann als Partei einer bürger-

lichen Intelligenz mit einer starken Gelehrten-Fraktion in der Nationalversammlung gesehen werden, die aber am Ende der Republik immer unbedeutender wurde und zum liberalen Honoratiorenverein verkümmerte. Diese drei Parteien bildeten zumindest zu Beginn der Republik Koalitionen, die die neue Demokratie mit Leben zu erfüllen versuchten und deshalb auch als „**Weimarer Koalition**" bezeichnet werden. Hatte diese Koalition bei den Wahlen zur Nationalversammlung noch 76,2 Prozent der Stimmen auf sich vereinigen können, so waren es bei den Reichstagswahlen von 1920 nicht einmal mehr die Hälfte und bei den letzten Wahlen im März 1933 gerade noch ein Drittel.
An dieser Entwicklung wird insbesondere die Wirkung der **Wirtschaftskrise** deutlich: Die Parteien an den Flügeln, die **KPD** auf der Linken und vor allem die **NSDAP** auf der Rechten, zerrieben die Mitte der Parteienlandschaft. Waren die Nationalsozialisten 1928 noch eine Splitterpartei mit nicht einmal 3 Prozent der Stimmen, so stieg ihr Anteil bis zur letzten demokratischen Wahl 1933 auf über 40 Prozent. Zusammen mit der **Deutschnationalen Volkspartei** (DNVP), die als Oppositionspartei gegen die Republik bis 1928 stetig Stimmen gewonnen hatte, dann aber an die NSDAP verlor, hatten die rechten und die linken (KPD) Gegner der Republik seit 1932 die Mehrheit der Wähler hinter sich. Darunter waren sicherlich auch viele, die von den Parteien der Weimarer Koalition enttäuscht waren, da diese in dem Bemühen um eine gemeinsame **Abwehr der Republikgegner** scheiterten. **Parteiinteressen** wurden auch in diesem Fall über das Interesse am Erhalt der Demokratie gestellt.

Die **Gesellschaftsstruktur** ist seit dem 19. Jahrhundert und der industriellen Revolution wesentlich geprägt von einem **Neben- und Gegeneinander** verschiedener **sozialer Schichten und Lebenslagen:** Traditionelle **ländliche** standen gegen **städtisch-bürgerliche** Schichten, einer kleinen, aber in Deutschland noch einflussreichen Schicht des alten **Adels** zusammen mit den **Großgrundbesitzern** vor allem in den ostelbischen Gebieten stand die neue städtische Masse der **Industriearbeiter** gegenüber, der neuen **bürgerlichen Mittelschicht** aus den Dienstleistungsberufen und den aufgestiegenen Facharbeitern begegneten der traditionelle Mittelstand und Teile des Großbürgertums bzw. des Adels mit Misstrauen auch aus Angst vor einem möglichen eigenen Abstieg. Man schloss sich nach unten ab, machte wesentlich auch die moderne Demokratie für die sozialen Veränderungen verantwortlich. Die Weltwirtschaftskrise verstärkte die **Ängste** erheblich, da viele Menschen, die keinen Grundbesitz hatten, vom **sozialen Abstieg** bedroht waren und nicht selten die Politik für ihr Schicksal verantwortlich machten, zumal die Propaganda der radikalen Parteien das als Wahrheit verbreitete.
Zweifellos verloren die politischen Kräfte, die am Ende des Krieges die ersten Weichen für die Weimarer Republik stellten und sie in den ersten Jahren stützten, mehr und mehr an politischem Gewicht und konnten sich nach 1929 nicht mehr gegen die Angriffe der linken und vor allem rechten Feinde der Republik wehren. Da auch das Zentrum die Demokratie nur halbherzig verteidigte, kann man wirklich davon sprechen, dass es verstärkt in der Endphase der Demokratie an Demokraten fehlte. Sichtbar war dies auch daran, dass seit 1930 die **politischen Ausei-**

nandersetzungen nicht mehr vorrangig im Parlament ausgetragen wurden, sondern in den Räumen des Präsidialamtes oder auf der Straße. Die Demokratie bot aufgrund des Versagens der Parteien ein abschreckendes Beispiel, sodass es ihr nicht gelang, eine Mehrheit der Bürger von der Notwendigkeit ihres Bestehens zu überzeugen. Im Gegensatz zur westdeutschen Demokratie nach 1945 fehlte der Weimarer Republik auch der wirtschaftliche Erfolg, der dafür gesorgt hätte, dass die **sozialen Gräben** in der Gesellschaft hätten überwunden werden können. So stand selbst die SPD am Ende der Republik nicht mehr uneingeschränkt hinter der Demokratie, sondern entschied sich im Zweifelsfall für die Sonderinteressen ihrer Arbeiter-Wähler.
So lässt sich zusammenfassen, dass die Demokratie zwar Demokraten hatte, aber diese wurden immer weniger und zeigten sich in der Krise handlungsschwach.

2. *Die zweite Teilaufgabe beschäftigt sich mit dem Spannungsverhältnis zwischen der politischen Praxis am Ende der Republik und den Verfassungsintentionen und zwar in Bezug auf die Rolle des Reichspräsidenten gegenüber dem Reichskanzler. Aus der genauen Analyse und Interpretation der Karikatur soll erarbeitet werden, wie sich die Weimarer Republik mehr und mehr von einer parlamentarischen Demokratie zu einem autoritären Präsidialsystem wandelte und von dem „Geist der Verfassung" entfernte. Die Kenntnis der häufigen Regierungswechsel und insbesondere der Regierung mit dem Art. 48 WRV wird dabei vorausgesetzt. Die Untersuchung der Regierungspraxis sollte sich allerdings auf das Zusammenspiel von Präsident, Kanzler und Parlament beschränken.*
Wird im ersten Teil eine Leistung auf der Ebene des Transfers und der Reorganisation (AFB II) gefordert, so geht es im zweiten Teil um einen Vergleich der politischen Realität, also der Regierungspraxis, mit den in der Verfassung intendierten Zielen, d. h. vorwiegend Leistungen im AFB III (Problemlösung). Die Aufgabe setzt die Kenntnis der Verfassung voraus. Sie sollen nachweisen, dass sie historische Entwicklungen beurteilen können.

   a) Die Karikatur aus dem Jahr 1933 zeigt den **Reichspräsidenten Hindenburg** als Zauberkünstler auf der Bühne der Republik, kenntlich am Vorhang der Staatswappen, der statt weißer Kaninchen eine Kette von ebenfalls weißen Kanzlern aus dem Hut zaubert. Die übergroße Figur des Präsidenten-Zauberers und die farblosen, eher kleinen Figuren der Reichskanzler bringen deutlich die vom Zeichner gesehenen **Machtverhältnisse** zum Ausdruck. Die Geste Hindenburgs ist die des souveränen Magiers, während die letzten Reichskanzler der Republik, also von Schleicher, von Papen, Brüning und Hermann Müller, nur eine Art Staffage in der **Show des Reichspräsidenten** bilden. Bezeichnend ist die Haltung des Kanzlers, der am Anfang der Kette zu erkennen ist, von Hindenburg am Kragen gehalten wird und schlaff wie eine Marionette herunterhängt. Noch nicht identifizierbar im Hut steckt ein weiterer Kandidat. Vermutlich handelt es sich um **Hitler**, wie an seinen typischen Uniformhosen und Militärstiefeln zu erkennen ist.

Die von dem Zeichner Karl Arnold gewählte Überschrift unterstreicht in ironischer Weise die Botschaft der Karikatur: Wie am Fließband in der Fabrik werden **Kanzler als nahezu gesichtslose Massenware** vom Reichspräsidenten produziert. Sowohl die Art der Darstellung insgesamt als auch der ironisch ins Gegenteil verkehrte Hinweis, es bestehe kein Grund zum Verzagen, offenbaren die Einstellung des Karikaturisten. Er hält die politische Praxis der Kanzlerberufungen durch den Präsidenten sehr wohl für bedenklich, die Republik ist zur „Zauber AG", zu einer Bühnenshow verkommen.

b) Während der Zeit der Weimarer Republik, also **von 1919 bis 1933**, gab es vor der Ernennung Hitlers am 30. Januar 1933 **20 Regierungen und 12 verschiedene Kanzler**, die meisten vom Zentrum oder von der SPD. Nach 1929 regierten **Heinrich Brüning** vom Zentrum vom März 1930 bis Juni 1932, anschließend der parteilose **Franz von Papen** bis Dezember 1932. Ihn löste der ebenfalls parteilose **Kurt von Schleicher** ab, ehe nach 55 Tagen **Hitler** vom Reichspräsidenten ernannt wurde.
Seit Brüning hatte sich dabei **etwas geändert**. Er und seine Nachfolger regierten im Grunde nicht mehr aufgrund einer Mehrheit im Reichstag, sondern weil sie das Vertrauen des Reichspräsidenten und der ihm jeweils nahestehenden Berater besaßen. Brüning selbst fühlte sich an keine Koalition oder Mehrheit im Reichstag gebunden, sondern an den Auftrag des Reichspräsidenten. Die SPD, die mit Hermann Müller den Vorgänger gestellt hatte, schied aus der Regierung aus, die Weimarer Koalition bestand nicht mehr. Seit Brüning regierten die Kanzler nicht mehr mit dem Reichstag, sondern auf der Grundlage des **Art. 48 WRV**, der dem Reichspräsidenten die Möglichkeit gab, auch ohne Zustimmung des Parlaments die Regierung zu ermächtigen, Gesetze zu erlassen. So setzte Brüning gegen die Mehrheit im Reichstag ein Gesetz zur Reform der Sozialversicherung im Juli durch. Als sich jedoch im Reichstag eine Mehrheit gegen das Gesetz Brünings fand und damit die Notverordnung des Reichspräsidenten nicht in Kraft treten konnte, löste Hindenburg den Reichstag auf.
Die Verfassung hatte einen solchen Fall vorgesehen für Notsituationen, in denen es dem Reichspräsidenten ermöglicht werden sollte, einzelne Gesetze auch gegen die Mehrheit des Reichstages in Kraft zu setzen. Reichspräsident und Reichsregierung sollten im Reichstag ein Gegengewicht erhalten und umgekehrt. Voraussetzung für das Funktionieren dieses „**checks and balances**"-Systems war allerdings, dass die Wähler an die Vorzüge der parlamentarischen Demokratie glaubten und die Parteien zum notwendigen politischen Ausgleich fähig und bereit waren. Seit 1929 war weder das eine noch das andere der Fall, vielmehr wurde der Ruf nach einem starken Mann in der tiefen Wirtschaftskrise immer lauter. Nun zeigte sich, dass die Schöpfer der Verfassung offensichtlich der parlamentarischen Demokratie doch nicht so recht zutrauten, auch in Krisenzeiten zu funktionieren. Sie schufen mit dem **Art. 48** eine Art **Ersatzverfassung**, in der sie an die Stelle des Parlaments den Reichspräsidenten setzten, der mit dem Art. 48 Gesetze erlassen und Regierungen ernennen konnte. Noch war allerdings die Verfassung an sich nicht außer Kraft gesetzt, da das Parlament

nach wie vor berechtigt war, mit Mehrheit eine Regierung zu bilden und damit Hindenburg die Macht wieder aus der Hand zu nehmen. Doch fehlte dem Reichstag diese Kraft. Nach den Wahlen von 1930, die den Nationalsozialisten deutliche Gewinne bescherten, war die Herstellung der verfassungsrechtlichen Normalität im Grunde nicht mehr möglich.
Zusammenfassend lässt sich sagen, dass die **schrittweise Entmachtung des Reichstages** als Möglichkeit in der Weimarer Reichsverfassung mit dem Artikel 48 angelegt war, jedoch für Notsituationen und nicht als Normalfall. Eine in der Verfassung vorgesehene Sicherung der Demokratie erwies sich schließlich als Instrument ihrer Zerstörung, weil weder Wähler noch Parteien den Anforderungen, die ihnen die Verfassung stellte, gewachsen waren und weil die Weltwirtschaftskrise die allzu idealistisch konzipierte Demokratie überforderte.

3. *Im Rückgriff auf die Lösungen zur zweiten Teilaufgabe soll die Frage diskutiert werden, inwieweit der häufige Regierungswechsel und die Entmachtung des Reichstages zugunsten des Präsidenten, also letztlich der Artikel 48 WRV, mitverantwortlich sind für die Machtübernahme der Nationalsozialisten. Vermeiden Sie dabei eine ausufernde Behandlung und Diskussion aller Ursachen für die Machtergreifung Hitlers und beschränken Sie sich auf die Aspekte, die zur vorherigen Teilaufgabe erarbeitet wurden. Die Aufgabe ist dem AFB III (Problemlösung) zuzuordnen.*

Ein ganz wesentlicher Schritt auf dem Weg der Nationalsozialisten zur Macht waren die **Wahlen im September 1930**. Sie endeten mit einem erheblichen Gewinn für die Partei Hitlers, deren Stimmenanteil sich mehr als versiebenfachte auf über 18 Prozent. Das Wahlergebnis löste unter Demokraten in Deutschland und im Ausland einen Schock aus. Diese Wahlen waren aber erst nötig geworden, weil Hindenburg mit dem Art. 48 im Juli 1930 den Reichstag aufgelöst hatte, nachdem eine knappe Mehrheit des Parlaments die vorher mithilfe des Artikels 48 erlassene Notverordnung zur Reform der Arbeitslosenversicherung abgelehnt hatte. Von da an wurde nahezu **ausschließlich mit Notverordnungen des Reichspräsidenten regiert**; von der Zustimmung Hindenburgs und seiner Berater hing das Schicksal der Regierungen ab.
Eine Rückkehr zur wirklich parlamentarischen Demokratie wäre ab diesem Zeitpunkt nur dann möglich gewesen, wenn der **Reichstag** eine **tragfähige Mehrheit** hätte bilden können. Mit dem **Erfolg der Nationalsozialisten 1930** war dies aber nicht mehr realistisch, da mit den Nationalsozialisten, der KPD und der DNVP die Feinde der Republik annähernd so viele Sitze besaßen wie die Weimarer Koalition. Immerhin gelang es in erster Linie dem preußischen SPD-Ministerpräsidenten Otto Braun, seine Partei auf eine Tolerierung der Regierung Brüning einzuschwören. So konnte wahrscheinlich eine schon damals diskutierte Ernennung Hugenbergs oder Hitlers zum Kanzler vermieden werden, zumal Hindenburg und die ihm nahe stehenden nationalkonservativen Kräfte durchaus **Sympathie für die nationalen Töne** auf der Rechten empfanden, wenn auch nicht für Hitler selbst.

Brüning glaubte, dass man die neue politische Kraft auf der Rechten durch vorsichtiges Heranführen an politische Verantwortung zähmen könne. An solchen Überlegungen wird wiederum deutlich, dass die Frage der **politischen Verantwortung** in der Republik nicht mehr im Parlament entschieden wurde, sondern mehr und mehr im **Zusammenspiel von Reichspräsident, Reichswehrführung und engen Beratern oder Vertrauten Hindenburgs**. Und da wurde Hitler immer öfter ins Spiel gebracht.

Dennoch hätte es Brüning mit seiner von der SPD tolerierten Regierung schaffen können, hätte nicht die **Weltwirtschaftskrise** zu einer drastischen Erhöhung der Arbeitslosen und der Hungernden geführt. Im Februar 1932 waren 6,128 Millionen Menschen arbeitslos, so viele wie nie zuvor. Für viele Menschen war Brüning der Hungerkanzler, die ihn stützenden oder tolerierenden Parteien wurden ebenfalls für die Lage verantwortlich gemacht.

Die **schleichende Entmachtung des Reichstages** durch die Regierung mit dem Art. 48 und durch die **mangelnde Koalitionsfähigkeit der Parteien** führte schließlich dazu, dass **Politik** jetzt entweder in den **Hinterzimmern des Reichspräsidenten** oder **auf der Straße** gemacht wurde. Die „Politik der Straße" wurde daher beherrscht von den Nationalsozialisten mit der SA und ihren Schlägertrupps sowie dem kommunistischen Rotfrontkämpferbund. Nicht mehr im Parlament bildeten sich Koalitionen, sondern außerhalb, etwa in **Bad Harzburg** im Oktober 1931, wo sich die rechten Gegner der Republik verbündeten, angeführt von **Hugenberg** und ehemaligen Generälen, noch nicht von Hitler. Als Gegenreaktion versammelte die SPD in der „**Eisernen Front**" die ihr nahe stehenden Gruppen und Verbände, an der Spitze den Gewerkschaftsbund.

Die Praxis der **Präsidialkabinette** und der **Regierung mit dem Art. 48** hatte dazu geführt, dass von den Regierungen eine Politik betrieben wurde, die kaum mehr die Menschen betraf, die sich in einer Art außerparlamentarischen Opposition von der Demokratie abwandten.

Wie sehr die Republik von den Vorstellungen und Wünschen ihres greisen Präsidenten abhing und wie dies das Erstarken der Nationalsozialisten förderte, wurde nach der **Reichspräsidenten-Wahl** im März (1. Wahlgang) und April 1932 (2. Wahlgang) deutlich. Da die Nationalsozialisten mit Hitler und die Deutschnationalen mit Duesterberg eigene Kandidaten aufgestellt hatten, wurde Hindenburg vorwiegend von den Parteien der Weimarer Koalition, SPD und Zentrum, unterstützt. Erst im zweiten Wahlgang gegen Hitler erhielt Hindenburg die Stimmen der DNVP und damit die knappe Mehrheit. Für ihn war das eine herbe Enttäuschung, da er sich von den falschen Leuten gewählt fühlte. Von nun an war sein **Vertrauen in Brüning gestört**, der neue und alte Reichspräsident wollte jetzt Regierungen, die nicht mehr mit der SPD zusammenarbeiteten.

Unterstützt wurde Hindenburg durch den **Reichswehrgeneral von Schleicher**, der das Verbot der SA durch die Regierung Brüning auf Drängen der preußischen Regierung unter Otto Braun zum Anlass nahm, um bei Hindenburg für einen Sturz Brünings und der preußischen Regierung zu intrigieren. Damit war das Schicksal der letzten noch halbwegs demokratischen Regierung besiegelt, mit dem parteilo-

sen Franz von Papen und dem General von Schleicher wurden 1932 noch zwei Kanzler ernannt, die aber nur noch dazu da waren, Hitler den Weg zu ebnen.
So lässt sich durchaus sagen, dass die **Abhängigkeiten der Regierungen seit 1930 vom Reichspräsidenten**, die damit verbundene **Entmachtung des Reichstages** und die Verlagerung der **Politik auf die Straße** wesentliche begünstigende Faktoren für die Machtübernahme der Nationalsozialisten waren. Eindeutige Ursachen waren sie nicht, zumal es immer wieder Möglichkeiten gegeben hätte, den Rechtsrutsch zu verhindern, zuletzt wohl bei der Präsidentenwahl 1932, als die Parteien der Weimarer Koalition keinen eigenen Kandidaten aufstellten, sondern an Hindenburg festhielten. Und schließlich war es die Wirtschaftspolitik Brünings, die nicht schnell genug Erfolge zeitigte, um neues Vertrauen in die Republik zu wecken.

4. *Vergleichsweise klar und unverstellt ist diese Stellungnahme, sodass es nicht allzu schwierig sein dürfte, Hitlers Vorstellung von Demokratie zu erarbeiten, wobei hinter seiner Position die Erfahrungen mit der Weimarer Demokratie stehen. Ein wichtiger Hinweis ist auch der Zeitpunkt der Äußerung, das Jahr 1929. Die Weimarer Republik steckt in einer tiefen Wirtschafts- und Sozialkrise, die Republik erscheint in der Öffentlichkeit nicht in der Lage, Lösungen zu finden. Stimmen werden laut, die eine starke Regierung oder gar einen starken Mann verlangen. In diesem historischen Kontext ist Hitlers Äußerung zu sehen. Die Aufgabe ist dem AFB II (Transfer) zuzuordnen.*

Hitler leitet seine eindeutig negative Demokratievorstellung von einem überaus eigenwilligen Verständnis des Volkswillens ab, das er von dem aus seiner Sicht falschen „Volkswillen“, wie ihn die Demokratie zugrunde legt, abgrenzt. Dem „vermeintlichen Volkswillen“, der in den „parlamentarischen Majoritäten des Reichstages“ zum Ausdruck kommt, stellt er den „inneren wirklichen Willen des Volkes“ gegenüber (Z. 4 ff.). An anderer Stelle konstruiert er einen Gegensatz von „Volkswillen an sich“ und dem „beschränkten politischen und ökonomischen Verständnis der Masse“ (Z. 10 ff.). Hitler geht also von einem Gegensatz zwischen dem eigentlichen Volkswillen und dem in der repräsentativen Demokratie durch öffentlichen Diskurs ermittelten Volkswillen aus. Folgerichtig muss er dann den demokratischen Weg der Willensbildung über Majoritätsentscheidungen und über die öffentliche Diskussion in den Medien für unnötig, ja für „schädlich“ halten. Dabei wird er dann sehr deutlich, wenn er als „Sinn und [...] Wesen der Demokratie die Volkszersetzung“ (Z. 32) ansieht.
Erklärbar ist dieses Urteil einmal aus seiner Erfahrung mit den Schwächen der Parteiendemokratie von Weimar, aber vor allem mit seiner Vorstellung von idealer Herrschaft. Er glaubt, dass nur ein von der „Vorsehung [...] zum Führer bestimmt[er]“ (Z. 34 f.) Mann den „wirklichen inneren Volkswillen“ (Z. 15 f.), den Volkswillen an sich“ (Z. 10) erkennen und erfüllen kann. Innerhalb demokratischer Machtbeschränkungen und verfassungsrechtlicher Bindungen ist Hitler zufolge aber ein solcher Führer nicht denkbar. Geleitet wird dieser vielmehr von einer „höhere[n], ihn selbst zwingende[n] Befähigung“ (Z. 42 f.). Er „löst“ damit auch

das Problem, zu erklären, wie der innere, wahre Volkswille erkannt werden kann, mit dem sich die Demokratie-Theorien seit der Aufklärung, teilweise seit der Antike, beschäftigen. Dem Führer im Verständnis Hitlers helfen die Vorsehung und seine „höhere[ ] Befähigung“ (Z. 42 f.), den „natürlichen inneren Willen des Volkes“ (Z. 19) zu erkennen.
Für Hitler ist also letzten Endes die Demokratie, vor allem die repräsentative Demokratie, eine politische Ordnung, die den Volkswillen verfälscht und den wahren Führer an der Erfüllung seiner Mission hindert. Folgerichtig muss sie als Einrichtung der gegnerischen Kräfte vernichtet werden (vgl. Z. 48 f.).

5. *Auf Grundlage Ihrer historischen Kenntnisse aus 11.1 sollen Sie ein wirtschaftliches und gesellschaftliches Modernisierungsprogramm entwickeln. Dabei wird von Ihnen verlangt, dass Sie zum einen wichtige Merkmale einer ständischen Wirtschafts- und Sozialordnung darstellen und zeigen, inwieweit diese einer Modernisierung entgegenstehen. Zum anderen sollten Sie darauf abgestimmte, geeignete Modernisierungsmaßnahmen vorstellen. Beziehen Sie sich dabei möglichst konkret auf Ihnen bekannte Reformmaßnahmen. Auf Grundlage Ihrer Kenntnis der realen Modernisierungsprobleme (Stichwort: Soziale Frage) sollen Sie auch dafür Lösungsansätze entwickeln. Der Stoff aus 11.1 bieten Ihnen viele Argumentationsmöglichkeiten. Wichtig ist, dass Sie zusammenhängend und stringent argumentieren. Wenige, aber gut begründete Maßnahmen werden den Fürsten, den Sie als Adressaten nicht aus den Augen verlieren dürfen, eher überzeugen als eine ungeordnete Vielfalt von nur angedeuteten Maßnahmen (AFB I bis III). Gestalten Sie Ihre Argumentation als Denkschrift bzw. Schreiben an den Fürsten.*

Lieber Fürst,
gestatten Sie mir, dass ich mit einer Analyse der aktuellen Lage beginne. Meiner Meinung nach erschweren unter anderem die folgenden drei Problemfelder eine Modernisierung:
Erstens: Die Gesellschaft in Ihrem Territorium ist eine Gesellschaft, in der der Status, die Pflichten und Aufgaben des Einzelnen von seinem jeweiligen **Stand** abhängen. In seinen Stand wird man in der Regel hineingeboren, sodass es **kaum soziale Mobilität** gibt: Ein Bauer kann nicht einfach so Handwerker werden oder umgekehrt.
Zweitens: Die überwiegende Mehrheit Ihrer Bevölkerung lebt auf dem Land und betreibt Landwirtschaft in Form von **Subsistenzwirtschaft**, sodass sich kaum ein größerer, überregionaler Markt entwickeln kann. Die wenigsten unserer Bauern sind freie Eigentümer. Sie sind in unterschiedlicher Art und Weise von ihren **Grundherren** abhängig, sei es dass sie zu Abgaben verpflichtet sind oder dass sie persönliche **Leibeigene** des Grundherren sind. Problematisch ist, dass die **Freizügigkeit** der Bauern **beschränkt** ist, denn so kann sich, in Kombination mit der ständischen Gebundenheit, keine Eigeninitiative entwickeln. Außerdem wird es dadurch für ansiedlungswillige Unternehmer schwierig, Arbeitskräfte zu finden.

Drittens: In Ihren Städten haben die **Zünfte** einen großen Einfluss auf das wirtschaftliche und gesellschaftliche Leben. Zwar sichern sie die wirtschaftliche Existenz ihrer Mitglieder, aber sie **unterbinden** auch **die Eigeninitiative** und schalten die Konkurrenz aus, indem etwa die **Preise festgelegt** und die **Zahl der Betriebe beschränkt** wird. Ihre Regelungen zur Arbeitsorganisation verhindern zudem technischen Fortschritt.

Erlauben Sie mir nun, einige Maßnahmen vorzustellen, die sich schon in anderen Regionen bewährt haben.

Beenden Sie erstens das System der Grundherrschaft auf dem Land, wie es die Preußen vorgemacht haben. Damit erhalten die vorher abhängigen Bauern neue Perspektiven, weil sie **selbst über ihre Arbeitskraft verfügen** können. Aber lassen Sie Vorsicht walten bei der rechtlichen Umsetzung einer „**Bauernbefreiung**". Wenn die Bauern ihren ehemaligen Grundherren hohe Ablösesummen leisten müssen, müssen sie womöglich ihren Hof oder Teile davon abtreten. So könnte eine neue Unterschicht auf dem Land entstehen.

Ergänzen Sie zweitens die „Bauernbefreiung" wie Preußen um die **freie Wahl des Gewerbes** für jeden Stand, damit aus Bauern Bürger werden können und umgekehrt. Adelige können dann Unternehmer werden. Damit schaffen Sie ebenfalls neue Perspektiven für viele. Die Erfahrung aus anderen Gebieten zeigt, dass infolge der Bauernbefreiung eine **Landflucht** zu erwarten ist: Viele Bauern werden in den Städten nach Arbeit suchen.

Drittens sollten Sie die **Macht der Zünfte beschränken** oder diese ganz abschaffen. Setzen Sie auf freie Märkte und auf Leistungswillen und Eigeninitiative. Machen Sie es für die Menschen leichter, ein Gewerbe zu eröffnen, indem Sie wie in Preußen die **Gewerbefreiheit** einführen oder innovativen Unternehmern Gewerbekonzessionen vergeben, die in Ihrem Gebiet das leistungsfähige **Fabriksystem** verbreiten. Denken Sie daran, dass bei einer zu stark steigenden Anzahl von Handwerksbetrieben und fallenden Preisen womöglich Handwerkerfamilien verarmen. Suchen Sie also den sozialen Ausgleich oder beschränken Sie die Zahl der Gewerbezulassungen wenn nötig.

Dennoch: Wenn Sie weg von der Subsistenzwirtschaft und hin zur **marktorientierten Produktion** kommen wollen, müssen Sie jedenfalls auf eine **Industrialisierung** setzen. Moderne Fabriken mit ihren Maschinen und ihrer rationalisierten, arbeitsteiligen Produktion werden die Produktivität erhöhen und Wohlstand im Land schaffen. Das natürliche **Bevölkerungswachstum** und die weiter oben angesprochene **Binnenwanderung** in die Städte bieten den Unternehmern ein **großes Arbeitskräftepotential**. Das Beispiel anderer Territorien zeigt allerdings, dass große **soziale Probleme** zu befürchten sind. Aufgrund des Überangebots an Arbeitskräften haben die Arbeitnehmer wenig Rechte, die Löhne sind niedrig und die Arbeitsbedingungen oft elend. Hier sollten Sie regelnd eingreifen, mein Fürst, um Unruhen zu vermeiden, die andere Modernisierungserfolge gefährden könnten. Erlauben Sie den Arbeitern sich zusammenzuschließen, um ihre **Interessen den Unternehmern gegenüber zu vertreten**. Führen Sie die **Sozialversicherungen** ein – z.B. für den Krankheitsfall oder für die Altersvorsorge. Beschränken Sie die Arbeitszeiten und kontrollieren Sie die **Arbeitsbedingungen in den Fabriken**. Wie Sie sicher bemerkt haben, sind meine Vorschläge auf eine **Liberalisierung** gerichtet, da meiner Meinung nach die Freiheit und Leistungsbereitschaft jedes einzelnen unserer Einwohner Voraussetzung einer Modernisierung ist. Andererseits ist der **Staat als Kontrollinstanz** gefordert, weil im Zuge der Modernisierung womöglich die **sozialen Ungleichheiten** wachsen.

Teilaufgabe	**AFB I**	**AFB II**	**AFB III**	**BE**
1	☒	–	☒	26
2 a	–	☒	–	30
2 b	–	–	☒	
3	–	–	☒	24
4	–	☒	–	16
5	☒	☒	☒	24
Summe				120

Abitur Geschichte (Bayern G 8) – Übungsaufgabe 4
Demokratie und Diktatur – Probleme der deutschen Geschichte im 20. Jahrhundert

Thema: *Hitlers willige Volksgenossen? Die Deutschen und der Holocaust*

Aufgaben

1. Stellen Sie Phasen der Demütigung, Entrechtung und Ermordung der jüdischen Bevölkerung in Deutschland und Europa von 1933 bis 1945 dar und dokumentieren Sie die zunehmende Verschärfung bis zum Massenmord an den Juden an besonderen Ereignissen! (BE 20)

2. a) Erarbeiten Sie aus dem Leitartikel des „Stürmer" vom Dezember 1938 (M 1) wesentliche Elemente der Rassenideologie des Nationalsozialismus!
   b) Setzen Sie sich kritisch mit der Aussage auseinander, der „gerechte Zorn des Volkes" sei die Ursache für das Pogrom vom 9./10. November!
   (BE 40)

3. „Den Lehren von der Gleichheit aller Menschen und von der grundsätzlich unbeschränkten Freiheit des Einzelnen gegenüber dem Staate setzt der Nationalsozialismus hier die harten, aber notwendigen Erkenntnisse von der naturgesetzlichen Ungleichheit und Verschiedenartigkeit der Menschen entgegen." (Aus einem Kommentar von Stuckart/Globke zu den Nürnberger Rassegesetzen)
   Setzen Sie sich mit dieser Position auseinander! (BE 20)

4. Zeigen Sie, wie in den Redeauszügen von Theodor Heuss, dem ersten Bundespräsidenten, Probleme der Vergangenheitsbewältigung in der Frühphase der Bundesrepublik sichtbar werden! (BE 20)

5. Erörtern sie an einem selbst gewählten Beispiel der europäischen oder internationalen Geschichte des 20. Jahrhunderts die Problematik der Umsetzung des Nationalstaatsprinzips! (BE 20)

Material

M 1: Leitartikel: Ernst Hiemer: Ist die Judenfrage gelöst? (Dezember 1938)

Am 7. November 1938 wurde Botschaftsrat Ernst vom Rath in Paris durch den Juden Grünspan meuchlings niedergeschossen. Am 9. November, dem Schicksalstage der nationalsozialistischen Bewegung, starb er. Des deutschen Volkes bemächtigte sich eine ungeheure Erregung. Noch in der Nacht vom 9. auf 10. November demonstrierten die Massen vor jüdischen Geschäften und den Prunkwohnungen jüdischer Volksaussauger. Es war unvermeidlich, daß dabei etliche Schaufensterscheiben zerbrochen wurden und die eine oder andere jüdische Herrschaftswohnung an ihrem strahlenden Glanze Einbuße erleiden mußte. …

Das deutsche Volk nahm lebhaften Anteil an den spontanen Vergeltungsmaßnahmen gegen den Juden. Gewiß gab es auch den einen oder anderen, der die Erbitterung der Massen nicht so ganz verstehen wollte. Es gab so manche Frauen und Männer, die ganz plötzlich von einem unbegreiflichen Mitleid für das jüdische Verbrechervolk erfaßt wurden. Es gab so manche Frauen und Männer, die kein Verständnis aufbrachten für den gerechten Zorn des Volkes …

Es wird einmal die Zeit kommen, da werden sie erkennen, daß das jüdische Volk in seiner Gesamtheit ein Volk des Teufels ist. Und einem Teufelsvolk gegenüber kann sich das deutsche Volk nur dann behaupten, wenn es kompromißlos und ohne jedes falsche Mitleid den Kampf aufnimmt.

Die Geschichte des jüdischen Volkes ist eine Kette von Verbrechen. Angefangen von den Schandtaten eines Abraham bis herauf zum Meuchelmord eines Grünspan reiht sich ein Verbrechen an das andere. Unsere Vorfahren haben sich allerdings in einer anderen Weise des verbrecherischen Judentums erwehrt als wir. Sie haben die jüdischen Gauner, Betrüger, Diebe, Räuber und Ritualmörder zusammengetrieben und lebendigen Leibes verbrannt. Wie anständig sind doch wir Nationalsozialisten dagegen! …

Der Meuchelmord des Juden Grünspan an dem Nationalsozialisten vom Rath hat die deutsche Regierung gezwungen, wirksame Abwehrmaßnahmen gegen das jüdische Verbrechervolk anzuordnen. Sie mußte das tun, um weiteren Gewalttaten des Judentums vorzubeugen. Nun mag es vielleicht im Reiche Volksgenossen geben, die glauben, mit den neuen Verordnungen sei die Judenfrage gelöst. Sie irren sich! … So lange aber nur ein Jude bei uns weilt, so lange ist der Teufel mitten unter uns. … Der Jude ist ein geborener Verbrecher. Selbst die härtesten Strafen können ihn nicht bewegen von den Schandtaten zu lassen, die ihm sein Blut und sein Geheimgesetzbuch Talmud-Schulchan-Aruch befehlen. Der Jude wird auch in der Zukunft Verbrechen über Verbrechen begehen. …

Aber selbst wenn einmal der herrliche Augenblick kommt, wo der letzte Jude verschwunden ist, wo Deutschland als erstes Reich der Welt judenrein sein wird, ist die Judenfrage für uns noch nicht gelöst. Im Gegenteil! Nun wird das Judentum des Auslandes erst recht über Deutschland herfallen. Nun braucht es ja keine Rücksicht auf die Rassegenossen mehr zu nehmen, die im Lande wohnen. …

Deutschland hat als erstes Land der Welt die Lösung der Judenfrage in Angriff genommen. Mit Staunen und Bewunderung verfolgen die anderen Völker unseren

Kampf. … Ihr Kampf ist der gleiche wie der unsere, als der Jude noch an der Macht war. Ihr Kampf ist schwer. Aber sie können diesen Kampf führen, weil sie von uns gelernt haben. Weil sie von uns wissen, daß der Kampf gegen den Juden nur dann erfolgreich sein kann, wenn er zäh, kompromißlos und mit unerbittlicher Konsequenz geführt wird. … Weil sie von uns wissen, daß die Lösung der Judenfrage die Erlösung der Menschheit bedeutet.

Und so erkennen wir nun, was wir noch alles zu schaffen, was wir noch alles zu leisten haben. Die Parole heißt: Der Kampf geht weiter!

Julius Streicher (Hg.): Der Stürmer. Deutsches Wochenblatt zum Kampfe um die Wahrheit. Nr. 48/Dezember 1938, S. 1 f. Unterstreichungen wie im Original.

M 2: Rede des Bundespräsidenten Heuss anlässlich der Einweihung der KZ-Gedenkstätte Bergen-Belsen (1952)

Als ich gefragt wurde, ob ich heute, hier, aus diesem Anlaß ein Wort zu sagen bereit sei, habe ich ohne lange Überlegung mit Ja geantwortet. Denn ein Nein der Ablehnung, der Ausrede, wäre mir als eine Feigheit erschienen, und wir Deutschen wollen, sollen und müssen, will mir scheinen, tapfer zu sein lernen gegenüber der Wahrheit, zumal auf einem Boden, der von den Exzessen menschlicher Feigheit gedüngt und verwüstet wurde. Denn die bare Gewalttätigkeit, die sich mit Karabiner, Pistole und Rute verziert, ist in einem letzten Winkel immer feige, wenn sie, gut gesättigt, drohend und mitleidlos, zwischen schutzloser Armut, Krankheit und Hunger herumstolziert.

Wer hier als Deutscher spricht, muß sich die innere Freiheit zutrauen, die volle Grausamkeit der Verbrechen, die hier von Deutschen begangen wurden, zu erkennen. Wer sie beschönigen oder bagatellisieren wollte oder gar mit der Berufung auf den irregegangenen Gebrauch der sogenannten „Staatsraison“ begründen wollte, der würde nur frech sein.

Aber nun will ich etwas sagen, das manchen von Ihnen hier erstaunen wird, das Sie mir aber, wie ich denke, glauben werden, und das mancher, der es am Rundfunk hört, nicht glauben wird: Ich habe das Wort Belsen zum erstenmal im Frühjahr 1945 aus der BBC gehört, und ich weiß, daß es vielen in diesem Lande ähnlich gegangen ist. Wir wußten – oder doch ich wußte – Dachau, Buchenwald bei Weimar, Oranienburg, Ortsnamen bisher heiterer Erinnerungen, über die jetzt eine schmutzige braune Farbe geschmiert war. Dort waren Freunde, dort waren Verwandte gewesen, hatten davon erzählt. Dann lernte man frühe das Wort Theresienstadt, das am Anfang sozusagen zur Besichtigung durch Neutrale präpariert war, und Ravensbrück. An einem bösen Tage hörte ich den Namen Mauthausen, wo sie meinen alten Freund Otto Hirsch „liquidiert“ hatten, den edlen und bedeutenden Leiter der Reichsvertretung deutscher Juden. Ich hörte das Wort aus dem Munde seiner Gattin, die ich zu stützen und zu beraten suchte. Belsen fehlte in diesem meinem Katalog des Schreckens und der Scham, auch Auschwitz.

Diese Bemerkung soll keine Krücke sein für diejenigen, die gern erzählen: Wir haben von alledem nichts gewußt. Wir haben von den Dingen gewußt. Wir wußten auch aus den Schreiben evangelischer und katholischer Bischöfe, die ihren geheimnisreichen Weg zu den Menschen fanden, von der systematischen Ermordung der Insassen deutscher Heilanstalten. Dieser Staat, der menschliches Gefühl eine lächerliche und kostenverursachende Sentimentalität hieß, wollte auch hier tabula rasa, „reinen Tisch“ machen, und der reine Tisch trug Blutflecken, Aschenreste – was kümmerte das? Unsere Phantasie, die aus der bürgerlichen und christlichen Tradition sich nährte, umfaßte nicht die Quantität dieser kalten und leidvollen Vernichtung.

Dieses Belsen und dieses Mal sind stellvertretend für ein Geschichtsschicksal. Es gilt den Söhnen und Töchtern fremder Nationen, es gilt den deutschen und ausländischen Juden, es gilt auch dem deutschen Volk und nicht bloß den Deutschen, die auch in diesem Boden verscharrt wurden.

Ich weiß, manche meinen: War dieses Mal notwendig? Wäre es nicht besser gewesen, wenn Ackerfurchen hier liefen, und die Gnade der sich ewig verjüngenden Fruchtbarkeit der Erde verzeihe das Geschehene? Nach Jahrhunderten mag sich eine vage Legende vom unheimlichen Geschehen an diesen Ort heften. Gut, darüber mag man meditieren; und Argumente fehlen nicht, Argumente der Sorge, daß dieser Obelisk ein Stachel sein könne, der Wunden, die der Zeiten Lauf heilen solle, das Ziel der Genesung zu erreichen nicht gestatte.

Wir wollen davon in allem Freimut sprechen. Die Völker, die hier die Glieder ihres Volkes in Massengräbern wissen, gedenken ihrer, zumal die durch Hitler zu einem volkhaften Eigenbewußtsein schier gezwungenen Juden. Sie werden nie, sie können nie vergessen, was ihnen angetan wurde; die Deutschen dürfen nie vergessen, was von Menschen ihrer Volkszugehörigkeit in diesen schamreichen Jahren geschah.

Nun höre ich den Einwand: Und die anderen? Weißt du nichts von den Internierungslagern 1945/46 und ihren Roheiten, ihrem Unrecht? Weißt du nichts von den Opfern in fremdem Gewahrsam, von dem Leid der formalistischgrausamen Justiz, der heute noch deutsche Menschen unterworfen sind? Weißt du nichts von dem Fortbestehen der Lagermißhandlung, des Lagersterbens in der Sowjetzone, Waldheim, Torgau, Bautzen? Nur die Embleme haben sich dort gewandelt.

Ich weiß davon und habe nie gezögert, davon zu sprechen. Aber Unrecht und Brutalität der anderen zu nennen, um sich darauf zu berufen, das ist das Verfahren der moralisch Anspruchslosen, die es in allen Völkern gibt, bei den Amerikanern so gut wie bei den Deutschen oder den Franzosen und so fort. Es ist kein Volk besser als das andere, es gibt in jedem solche und solche. Amerika ist nicht „God’s own country“, und der harmlose Emanuel Geibel hat einigen subalternen Unfug verursacht mit dem Wort, daß am deutschen Wesen noch einmal die Welt genesen werde. […]

Aber das war es nicht allein. Im Grunde drehte es sich um etwas anderes. Der Durchbruch des biologischen Naturalismus der Halbbildung führte zur Pedanterie des Mordens als schier automatischem Vorgang, ohne das bescheidene Bedürfnis nach einem bescheidenen quasi-moralischen Maß. Dies gerade ist die tiefste Verderbnis dieser Zeit. Und dies ist unsere Scham, daß sich solches im Raum der Volksgeschichte vollzog, aus der Lessing und Kant, Goethe und Schiller in das Weltbewußtsein traten. Diese Scham nimmt uns niemand, niemand ab.

Mein Freund Albert Schweitzer hat seine kulturethische Lehre unter die Formel gestellt: „Ehrfurcht vor dem Leben.“ Sie ist wohl richtig, so grausam paradox die Erinnerung an dieses Wort an einem Orte klingen mag, wo es zehntausendfach verhöhnt wurde. Aber bedarf sie nicht einer Ergänzung: „Ehrfurcht vor dem Tode?“

[…]

Da steht der Obelisk, da steht die Wand mit den vielsprachigen Inschriften. Sie sind Stein, kalter Stein, Saxa loquuntur, Steine können sprechen, Es kommt auf den Einzelnen, es kommt auf dich an, daß du ihre Sprache, daß du ihre besondere Sprache verstehst, um deinetwillen, um unser aller willen!

Aus: Leon Poliakov u. Joseph Wulf (Hg.): Das Dritte Reich und die Juden, Berlin: Arani 1955, S. VII ff.

Lösungsvorschläge

Die Aufgabe nimmt Bezug auf die Punkte G 11.2.2 und G 11.2.3 des Lehrplans, also auf die Thematik zum Nationalsozialismus, insbesondere den Schwerpunkt nationalsozialistische Judenverfolgung und Holocaust, und zur frühen Bundesrepublik sowie in der Teilaufgabe 5 zu den Themen 12.1.1 („Volk" und „Nation" als Identifikationsmuster) und 12.2. (Konfliktregionen und Akteure internationaler Politik in historischer Perspektive). Dabei soll unter anderem auch deutlich werden, dass Geschichte als Kontinuum zu verstehen ist, dass also auch nach 1945, insbesondere nach 1949, die nationalsozialistische Vergangenheit noch eine wichtige Rolle in der Geschichte der Bundesrepublik Deutschland spielte und bis heute spielt. Zwar änderten sich die politischen und ökonomischen Rahmenbedingungen Deutschlands 1945 radikal, die Menschen aber mussten sich mit ihrer eigenen Biografie auseinandersetzen.
So wird in der Aufgabe einerseits die schreckliche und in ihrer inhumanen Perfektion einmalige Politik der Vernichtung der Juden und andererseits die Notwendigkeit, aber auch die Schwierigkeit, sich nach dem Krieg und dem Zusammenbruch des NS-Regimes der Verantwortung zu stellen, thematisiert.
Die Auswahl der Teilaufgaben soll verdeutlichen, dass sowohl der Antisemitismus als vor allem auch die systematische Vernichtung der Juden nicht die Verirrung und das Verbrechen einer kleinen Tätergruppe waren, sondern die Konsequenz einer Rassen- und Volksgemeinschaftsideologie, die im deutschen Volk breite Zustimmung fand.

1. *Die erste Teilaufgabe fordert den Nachweis, dass Sie die Judenverfolgung im Dritten Reich im Zusammenhang darstellen können und sichtbar machen, dass es sich dabei um einen langfristig geplanten, verwaltungstechnisch und juristisch vorbereiteten und schließlich skrupellos durchgeführten Massenmord an der jüdischen Bevölkerung handelte.*
   Phasen der Politik lassen sich etwa durch die Nürnberger Gesetze, die Pogromnacht vom 8./9. November 1938 und die Wannsee-Konferenz abgrenzen.
   Die Aufgabe ist nahezu ausschließlich dem AFB I (Reproduktion) zuzuordnen, für die Plausibilität der Phasenbildung werden einige wenige Bewertungseinheiten aus dem AFB II (Transfer) vergeben.

   Schon wenige Wochen nach der „Machtergreifung" begann das NS-Regime mit seiner Politik der **gesellschaftlichen, wirtschaftlichen und kulturellen Ausgrenzung der jüdischen Mitbürger** unter teilweiser Anwendung scheinlegaler Mittel.

Die SA organisierte am 1. April 1933 einen Boykott aller jüdischen Geschäfte und forderte den Ausschluss jüdischer Schüler und Studenten aus Schulen bzw. Universitäten. Mit besonderen Gesetzen, insbesondere dem „Gesetz zur Wiederherstellung des Berufsbeamtentums" vom April 1933, wurden **rechtliche Grundlagen** geschaffen, um jüdische Beamte zu entlassen, jüdische Künstler und Schriftsteller an der Ausübung ihres Berufes zu hindern und jüdische Redakteure auszuschalten. Noch waren dies jedoch **Einzelmaßnahmen**, begleitet von der ideologischen Vorbereitung der deutschen Bevölkerung auf die bevorstehende systematische Judenverfolgung.
Diese erste Phase endete im Jahr 1935, als nach einem Beschluss des Reichsparteitages der NSDAP die sogenannten **Nürnberger Gesetze** erlassen wurden. Am 15. September wurden das Gesetz „ Zum Schutze des deutschen Blutes und der deutschen Ehre" und das Reichsbürgergesetz verkündet. Zum 1. Januar 1936 traten die Gesetze in Kraft. Damit wurden der **Gleichheitsgrundsatz der Verfassung aufgehoben** und die Juden generell zu Bürgern zweiter Klasse erklärt. Folgerichtig wurden Ehen zwischen Deutschen und Juden verboten bzw. für nichtig erklärt, selbst der intime Umgang zwischen „Juden und Staatsangehörigen deutschen oder artverwandten Blutes" wurde unter Strafe gestellt und konnte die Todesstrafe nach sich ziehen. Die jüdische Bevölkerung wurde so aus der Gesellschaft verdrängt und in ihrer Existenz bedroht, wobei sich die staatliche Bürokratie widerstandslos einspannen ließ. Konkret bedeutete dies zum Beispiel, dass jüdische Kinder sich nicht mehr auf öffentlichen Spiel- und Sportplätzen aufhalten durften und dass Juden nur noch wenige Möglichkeiten blieben, einen Beruf auszuüben.
Eine kurzfristige Pause der Verfolgung und sozialen Ächtung der Juden trat 1936 ein. Aus Anlass der **Olympischen Spiele in Berlin** konnte es sich das NS-Regime nicht erlauben, den aggressiven Antisemitismus und die Ächtung vieler Mitbürger offen zu zeigen. Selbst Ortsschilder, auf denen die Juden für unerwünscht erklärt worden waren, wurden vorübergehend noch einmal entfernt.
Doch bereits 1937 setzte sich die soziale und wirtschaftliche Vernichtung der jüdischen Menschen mit voller Härte fort. Jüdische Geschäftsinhaber wurden gezwungen, ihre Firmen zu verkaufen, in der Regel weit unter Wert.
Im folgenden Jahr wurden die Boykott-Maßnahmen und die gewaltsamen Ausschreitungen immer zahlreicher und brutaler. So wurden etwa die Synagogen in München und Nürnberg zerstört und mehr und mehr Juden in Konzentrationslager eingewiesen. Jüdische Ärzte und Rechtsanwälte wurden mit Berufsverbot belegt. Alle Juden erhielten nun Ausweise, in denen sie mit dem Aufdruck „J" stigmatisiert waren.

Eine neue Phase der Judenverfolgung leitete das staatlich organisierte **Pogrom vom 9./10. November 1938** ein. Nach dem Anschlag eines jüdischen Bürgers auf den deutschen Gesandtschaftsrat vom Rath wurden überall in Deutschland Synagogen zerstört, Geschäfte geplündert, Wohnungen durchsucht und zerstört und über 20 000 jüdische Männer verhaftet und in Konzentrationslager gebracht. Die Juden mussten zudem eine Sühnezahlung von 1 Milliarde Mark leisten und für die in der „Reichskristallnacht" angerichteten Schäden selbst aufkommen. In der

Folgezeit wurden die **Juden** Schritt für Schritt **ihrer wirtschaftlichen Existenz beraubt**, selbst gezahlte Versicherungsleistungen zog der Fiskus ein.
Seit dem Pogrom vom November 1938 waren nicht mehr nur unmenschliche Gesetze und scheinlegale Verwaltungsakte die Waffen des Nationalsozialismus, sondern in zunehmendem Maße **physische Gewalt**, weitgehend organisiert von der SS. Mit Beginn des Krieges wurde schließlich die jüdische Bevölkerung systematisch aus Deutschland nach Polen deportiert oder zur Auswanderung gezwungen. In den eroberten Gebieten im Osten errichtete die SS **bewachte und abgeschlossene Ghettos**, im Oktober 1940 das berüchtigte Ghetto in Warschau, in das im Frühjahr 1941 über 70 000 Juden deportiert worden waren.

Mit Beginn des Russlandfeldzuges **im Juni 1941** begann die letzte Phase der nationalsozialistischen Judenpolitik, die euphemistisch als „**Endlösung**" titulierte Vernichtung der Juden. Vier Sonderkommandos hatten in den besetzten Gebieten die Aufgabe, die jüdische Bevölkerung aufzuspüren und zu ermorden. Auf der **Wannsee-Konferenz im Januar 1942** wurden schließlich die Organisationspläne für den Massenmord an den Juden in den eigens dafür errichteten **Vernichtungslagern** u. a. in Chelmno, Theresienstadt, Belzec, Majdanek, Sobibor, Treblinka und vor allem Auschwitz-Birkenau erarbeitet. Aus allen Teilen Europas, die von Deutschland besetzt oder mit dem Reich verbündet waren, kamen ab März 1942 Massentransporte in Auschwitz an, ein Großteil der Menschen wurde dort vergast. Das Ziel Hitlers, Europa „judenfrei" zu machen, wurde aber nicht nur in den Vernichtungslagern in unmenschlicher Präzision angestrebt, sondern auch durch **Massenerschießungen** durch die hinter der Front agierenden Einsatzkommandos. Erst mit dem Vorrücken der Roten Armee seit dem Sommer 1944 wurden die Menschen aus den Lagern und den Ghettos befreit.

2. *In der zweiten Teilaufgabe geht es um die Auseinandersetzung und historische Bewertung eines Leitartikels aus dem antisemitischen Hetzblatt „Der Stürmer", das in Nürnberg erschien und dessen Herausgeber der Gauleiter von Franken, Julius Streicher, war. Anlass für den Leitartikel war das Pogrom vom 9./10. November 1938, die sogenannte Reichskristallnacht. Das hasserfüllte Bild, das hier von den Juden gezeichnet wird, steht im Kontext der nationalsozialistischen Rassenideologie.*
Im zweiten Teil der Aufgabe geht es vor dem Hintergrund der historischen Tatsachen um die kritische Beurteilung der These, die reichsweiten Angriffe und Ausschreitungen gegen die jüdischen Mitbürger am 8./9. November 1938 seien Ausdruck eines „gerechten Volkszornes" gewesen.
Die Aufgabe ist überwiegend dem AFB II (Transfer) zuzuordnen, die vorauszusetzende Kenntnis der Rassenideologie entspricht dem AFB I (Reproduktion), während mit dem Urteil zur Verantwortung für das Pogrom auch Bewertungseinheiten aus dem AFB III (Problemlösung) zu leisten sind.

Der Text stellt eine einzige Hasstirade gegen die jüdische Bevölkerung dar, die als „Volksaussauger" (Z. 5 f.), als „Verbrechervolk" (Z. 12), als „Volk des Teufels" (Z. 16) oder als „Gauner, Betrüger, Diebe, Räuber und Ritualmörder" (Z. 23) dargestellt werden. Dabei lässt der Autor keinen Zweifel, dass es ihm nicht um einzelne jüdische Bürger geht, sondern um das ganze Volk. Ausdrücklich spricht er davon, dass „das jüdische Volk in seiner Gesamtheit ein Volk des Teufels ist" (Z. 15 f.), und zwar von Beginn an, angefangen mit den „Schandtaten eines Abraham" (Z. 20).
Erklärt wird der verbrecherische Charakter nicht einzelner Juden, sondern des ganzen Judentums damit, dass „ihm sein Blut und sein Geheimgesetzbuch" (Z. 33 f.) dies befehlen. Erwähnt werden mit dem **Talmud** und dem **Schulchan-Aruch** die für das Judentum maßgeblichen religiösen Gesetzesvorschriften.
In schrecklicher Konsequenz wird schließlich auch ein Blick in die Zukunft gewagt. Es geht darum, dass eines Tages „der letzte Jude verschwunden ist" (Z. 36 f.), und zwar nicht nur in Deutschland, sondern weltweit. Die Vernichtung des Judentums ist für den Autor des Artikels also eine Aufgabe, der sich das deutsche Volk stellt und wofür es im Ausland „Staunen und Bewunderung" (Z. 42) erntet.

Die von dem Autor propagierte Absicht, das jüdische Volk endgültig auszurotten, ist nur nachvollziehbar vor dem Hintergrund der Rassenlehre des Nationalsozialismus, die sich auf einem abstrusen Verständnis der Evolutionstheorie Darwins aufbaut. Hitler geht davon aus, dass die Rasse nicht nur für das physische Erscheinungsbild, sondern auch für die jeweilige Art der Kultur und den Charakter eines Menschen verantwortlich sei. Wesentlich bestimmt wird das Verhalten eines Menschen also nicht von seiner Individualität, sondern von seiner **rassischen Zugehörigkeit**. Dass nun aber der Jude für ihn und seine fanatischen Anhänger der geborene Verbrecher ist, ergibt sich daraus, dass die Völker, das heißt also die Rassen, nicht gleichwertig sind, sondern in **höherwertige und mindere Rassen** eingeteilt werden. Höherwertige Rassen sind für die NS-Ideologen diejenigen, die kulturschöpferisch sein können, mindere dagegen sind kulturlos. Als höchste Rasse wird die arische angesehen, da nur sie allein wirklich kulturfähig sei. Ziel müsse es deshalb sein, die **arische Rasse rein zu halten**. Wie unsinnig eine solche Konstruktion ist, wird allein daraus ableitbar, dass der Begriff „arisch" weder kulturell noch biologisch verwendbar ist, sondern nur in der Sprachwissenschaft einen Sinn macht. Arier sind alle diejenigen, die zur indogermanischen Sprachfamilie gehören. Keinesfalls mit einem wissenschaftlichen Verständnis der Evolutionstheorie lässt sich auch die Einteilung in kulturschöpferische und kulturlose Rassen rechtfertigen.
Die **besondere Stellung der Juden** in der Rassenlehre lässt sich erst dadurch erklären, wenn man wie Hitler die Rassenlehre mit einem **tief verwurzelten Antisemitismus** verbindet. Juden sind dann nicht einmal eine niedere, minderwertige Rasse wie aus Sicht der NS-Ideologie die Slawen, sondern sie sind eine Art Gegenrasse, die die höchste Rasse, also die arische, zerstören will. Sie werden in der NS-Ideologie als „Parasiten" und „Schmarotzer" gesehen. Wer also, wie der Autor des Textes, dazu aufruft, die Juden verschwinden zu lassen, der kann sich darauf be-

rufen, dass er **nicht Menschen** bekämpfen und letztlich töten will, sondern gefährliche Parasiten. Mehr noch: Der Jude muss radikal ausgerottet werden, da er sonst immer wieder die anderen Rassen, vor allem die arische, unterwandert, infiziert und vernichtet. In diesem eher wahnwitzigen Sinn kann Ernst Hiemer von einem „Volk des Teufels“ (Z. 16) oder vom Juden als „geborene[m] Verbrecher“ (Z. 32) sprechen.

Im **zweiten Teil** dieser Teilaufgabe geht es um die Behauptung Ernst Hiemers, das **Pogrom vom 9./10. November 1938 sei Ausdruck des „gerechten Zorn[s] des Volkes“** (Z. 14) gewesen. In diesem Zusammenhang ist auch die Rede davon, dass sich nach dem Attentat auf den Botschaftsrat vom Rath „[d]es deutschen Volkes [...] eine ungeheure Erregung“ (Z. 3 f.) bemächtigt habe. Es wird also der Eindruck erweckt, die reichsweiten **Ausschreitungen und Zerstörungen** sowie die Verhaftungen und Morde in der „Reichskristallnacht“ seien **spontane Aktionen** der Bevölkerung gewesen. Zwar wird in dem Artikel zugestanden, wohl um glaubwürdiger zu wirken, dass es auch einzelne Bürger gegeben habe, die gegen die Zerstörungswut protestierten und für die jüdischen Mitbürger Partei ergriffen, doch mit Formulierungen wie „Gewiß gab es auch den einen oder anderen“ (Z. 10) oder „so manche Frauen und Männer“ (Z. 11 und Z. 13) wird dieser Widerstand deutlich bagatellisiert.
Dass es kaum Widerstand in der Bevölkerung gab, obwohl ja unüberhörbar und für jeden sichtbar Schaufenster eingeschlagen, Häuser und Synagogen in Brand gesetzt, Wohnungen und Geschäfte verwüstet und jüdische Nachbarn verhaftet wurden, trifft wohl zu, da sich die Mehrheit der Bevölkerung nicht auf die Straßen wagte. Dort nämlich agierte **nicht eine aufgebrachte Volksmenge**, **sondern eigens organisierte „Brigaden“ der SA**, natürlich nicht in Uniform, die dann am Tag nach den Verwüstungen über ihre Aktionen genau Bericht erstatteten. Nachweislich handelte es sich bei dem Pogrom also nicht um „spontane Reaktionen des deutschen Volkes“, wie es die NS-Propaganda und der Autor des Leitartikels vorzutäuschen versuchten, sondern um **geplante und straff organisierte Aktionen der Partei**. Man konnte auf den Tod des Botschaftsrates in Berlin so schnell reagieren, weil sich die gesamte NS-Führung zu einer Gedenkfeier in Berlin befand.
Das Pogrom und die anschließend verhängten weiteren Sühnemaßnahmen gegen die jüdische Bevölkerung bedeuteten die endgültige wirtschaftliche Vernichtung des Judentums in Deutschland.

3. *Das Zitat aus einem maßgeblichen Kommentar zu den Nürnberger Gesetzen führt in der Logik der Nationalsozialisten den Beweis für die Rechtmäßigkeit der NS-Rassenpolitik. Die Verfasser Stuckart und Globke, Letzterer war später Staatssekretär unter Bundeskanzler Adenauer, berufen sich dabei auf ein Naturgesetz, von dem man die Ungleichheit und Verschiedenartigkeit der Menschen ableiten könne. In dem Kommentar wird folgerichtig die liberal aufgeklärte Naturrechtslehre von gleichen und freien Menschen abgelehnt. Eben von dieser Position her sollten Sie eine Gegenposition formulieren.*
Die Aufgabe ist überwiegend dem AFB III (Problemlösung) zuzuordnen.

Die Verfasser berufen sich bei ihrem Kommentar und der darin erkennbaren Rechtfertigung der NS-Rassentheorie auf die „naturgesetzliche Ungleichheit und Verschiedenartigkeit der Menschen“. Dies **verkürzt jedoch das Wesen des Menschen auf seine physische Natur**. Das **christliche Menschenbild** geht demgegenüber von der Gleichheit aller Menschen als einem **Ebenbild Gottes** aus. In dieser Sichtweise geht es nicht um die biologischen Eigenschaften des Menschen, sondern um sein Wesen, also um das, was ihn zum Menschen macht. Unsere Verfassung spricht in diesem Zusammenhang von der **Würde des Menschen**. Seit der Aufklärung findet diese christliche Sicht ihren Niederschlag in der **Naturrechtslehre**, wonach alle Menschen gleich und frei geboren werden. Sie sind im Naturzustand also absolut frei und diesbezüglich auch gleich. Erst im Gesellschafts- oder Herrschaftsvertrag geben sie diese ursprüngliche Freiheit dann auf zugunsten einer Ordnung, die ihnen Sicherheit und Frieden garantieren soll. Von einer „grundsätzlich unbeschränkten Freiheit des Enzelnen gegenüber dem Staate“, wie in dem Kommentar behauptet, kann also nicht gesprochen werden, da eine absolute Freiheit nur im vorstaatlichen Naturzustand angenommen wird.
Der **Gleichheitsgrundsatz**, den die Kommentatoren ablehnen, bezieht sich in den modernen liberalen Ordnungen auf die **Gleichheit vor dem Gesetz**. Danach müssen alle Menschen vor dem Gesetz gleich behandelt werden, es sei denn, es sprechen sachliche Gründe für eine Ungleichbehandlung. Rasse, Geschlecht, Religion, Herkunft oder Sprache werden im Grundgesetz ausdrücklich als sachliche Gründe ausgeschlossen.
Eine Rechtsauffassung, wie sie von Stuckart und Globke in ihrem Kommentar vertreten wird, muss also schon deshalb abgelehnt werden, weil sie den Menschen, insbesondere bestimmte Gruppen, der Willkür des Staates ausliefert. Das ging im Nationalsozialismus schließlich so weit, dass den Juden und z. B. behinderten oder kranken Menschen das Recht auf Leben abgesprochen wurde. Die NS-Justiz leugnete also eine Menschenwürde, die ausnahmslos allen Menschen zusteht und vom Staat nicht angetastet werden darf. Damit aber konnten willkürlich Einzelne, ganze Gruppen und eben auch „Rassen“ dem Terrorsystem ausgeliefert werden. Genau aus dieser Erfahrung heraus hat der Parlamentarische Rat, der im Auftrag der Westmächte eine Verfassung ausarbeiten sollte, den **Schutz der Menschenwürde zum unmittelbar geltenden Recht** erklärt.

4. *Mit dieser Teilaufgabe soll eine Brücke zum Thema „Die frühe Bundesrepublik“ (G 11.2.3). Sichtbar werden soll, dass es politisch und wohl auch wirtschaftlich 1945 zwar eine „Stunde Null“ gab, dass sich aber insbesondere die Gesellschaft der Bundesrepublik bewusst werden musste, dass sie in der Tradition und Kontinuität auch der nationalsozialistischen Geschichte steht.*
In der Rede des ersten Bundespräsidenten Theodor Heuss wird diese Verantwortung sichtbar, es wird aber vor allem deutlich, dass viele Menschen weit über 1945 hinaus Schwierigkeiten hatten, sich dieser Vergangenheit zu stellen.
Die Aufgabe ist weitgehend dem AFB II (Transfer) zuzuordnen, da alle relevanten Aspekte aus dem Text erarbeitet werden können.

Schon zu Beginn seiner Rede bei der Einweihung der Gedenkstätte für das **Vernichtungslager Bergen-Belsen** macht der **Bundespräsident** deutlich, dass Mut und Tapferkeit dazu gehören, sich der jüngsten deutschen Geschichte zu stellen (vgl. Z. 3 f.). Heuss lässt ahnen, dass vielen Deutschen dieser Mut offensichtlich fehlte, und klagt die Beschönigung oder Bagatellisierung der Verbrechen als Frechheit an (vgl. Z. 12). Nicht selten wurden die NS-Verbrechen sogar als unvermeidliche Folgen des Kriegsgeschehens abgetan.
Theodor Heuss spricht in diesem Zusammenhang mehrere „**Strategien**" an, **mit denen die Menschen versuchten, sich der Verantwortung zu entziehen**. Häufig berief man sich auf fehlendes Wissen (Z. 15 ff.), wofür der Bundespräsident aus eigener Erfahrung teilweise Verständnis hat, aber im Grunde musste jeder Erfahrungen mit der Existenz von Konzentrationslagern haben, er musste einen „Katalog des Schreckens und der Scham" (Z. 26 f.) besitzen. Die offenkundige Neigung in der jungen Republik, sich nicht an einer Aufarbeitung der Nazi-Verbrechen zu beteiligen, erklärt Theodor Heuss nicht nur mit Scham, sondern auch damit, dass „unsere Phantasie, die aus der bürgerlichen und christlichen Tradition sich nährte" (Z. 35 f.), „die Quantität dieser kalten und leidvollen Vernichtung" (Z. 36) nicht zu fassen vermochte.
Mit seinem **Appell**, „die Deutschen dürfen nie vergessen" (Z. 51), erteilt Heuss auch denjenigen eine Absage, die dafür eintreten, die Vergangenheit ruhen zu lassen. Eine solche Haltung war in der Bundesrepublik der Fünfzigerjahre auch deshalb weit verbreitet, weil man angesichts der Nöte der Nachkriegszeit und später im Banne des wirtschaftlichen Aufschwungs nicht mehr zurückschauen wollte. Hart ins Gericht geht der Bundespräsident mit denen, die sich zu entlasten versuchen, indem sie auf Verbrechen und Gräueltaten anderer Völker auch gegenüber deutschen Kriegsgefangenen oder Internierten nach 1945 hinweisen. Heuss nennt diesen **Versuch der eigenen Entlastung** ein „Verfahren der moralisch Anspruchslosen" (Z. 60 f.), weist solche Vergleiche aber auch deswegen zurück, weil es sich bei den Nazi-Verbrechen um etwas Einzigartiges gehandelt habe: „Der Durchbruch des biologischen Naturalismus der Halbbildung führte zur Pedanterie des Mordens [...]." (Z. 66 ff.)
Deutlich wird in dieser Rede des Bundespräsidenten seine Sorge, die Menschen in der Bundesrepublik könnten die Vergangenheit verdrängen und vergessen und sich ausschließlich der Bewältigung der Zukunft zuwenden. Dem setzt er sein Gebot der „Ehrfurcht vor dem Tode" (Z. 76) entgegen.
Am Ende der Rede wird überdies deutlich, warum Heuss Gedenkstätten wie Bergen-Belsen und eine Auseinandersetzung mit der Vergangenheit trotz aller Scham und Feigheit für notwendig hält: Jeder Einzelne muss lernen, die Sprache der (Gedenk-)Steine zu verstehen, „um unser aller willen" (Z. 81). Bundespräsident Heuss macht damit deutlich, dass es für die Zukunft der jungen Bundesrepublik unverzichtbar ist, dass sich die Politik, aber vor allem die Gesellschaft, der Vergangenheit und der Verantwortung stellen.

5. *Zu klären ist zunächst das Wesen des Nationalstaatsprinzips. Anschließend gilt es, ein geeignetes Beispiel aus dem 20. Jahrhundert zu wählen und an ihm zu diskutieren, wo die Möglichkeiten und die Grenzen bei der Umsetzung des Nationalstaatsprinzips liegen. Abgesehen von der Klärung des Wesens des Nationalstaatsprinzips, die dem AFB I (Reproduktion) zuzuordnen ist, handelt es sich um eine Aufgabe aus dem AFB III (Problemlösung).*

Schritt 1:
Die **Idee** vom Nationalstaat entstand im 18. Jahrhundert, nachdem bis dahin Herrschaft organisiert war als **Personenverbandsstaat**. Das hieß, dass die Untertanen in einer rechtlichen Beziehung zu ihrem Grund- und Lehensherren standen mit gegenseitigen Rechten und Pflichten. Der Staat war nicht definiert durch ein bestimmtes Territorium, sondern durch die **lehensrechtliche Bindung** an den gleichen Herrscher.
Die **modernen Territorialstaaten**, die im **Absolutismus** entstanden, konnten ihre Legitimation nicht mehr aus den lehensrechtlichen Bindungen ableiten, sondern mussten eine neue Form der **Rechtfertigung** finden. So erkannten etwa die deutschen Fürsten formal die Oberhoheit des Kaisers an, sahen sich aber als souveräne Herrscher in ihren Territorien. Auf die Dauer bedurfte diese Herrschaft jedoch einer neuen Begründung. An die Stelle des Gottesgnadentums, das angesichts der verschiedenen Konfessionen und Kirchen in Europa nicht mehr allgemein anerkannt wurde, trat jetzt die Herleitung der Herrschaft aus dem **souveränen Willen einer Nation**. Mit der Erklärung des Dritten Standes zu Beginn der Französischen Revolution wird zum ersten Mal versucht, einen Nationalstaat zu gründen.
Schon mit dem revolutionären Schritt des Dritten Standes wird jedoch das Grundproblem des Nationalstaatsprinzips deutlich: Wie wird festgelegt, wer zur Nation gehört, die sich eine staatliche Organisation gibt? In der Idee ging man davon aus, dass ein einheitliches Volk, das sich als zusammengehörig fühlt, zu einer Nation wird durch den Willen, eine Herrschaft, also einen Staat, zu begründen. Das Problem wird sich dann in der Praxis stellen, wenn die Einheit des Volkes charakterisiert werden soll. Naheliegend waren schließlich Merkmale wie eine **gemeinsame Sprache**, eine **gemeinsame Kultur**, **ethnische Gemeinsamkeiten** oder eine **gemeinsame Geschichte**.

Schritt 2:
An einem geeigneten Beispiel aus dem 20. Jahrhundert soll nun die hier skizzierte Problematik der Bildung eines Nationalstaates und der Vorstellung von Nation erörtert werden. Als geeignete Beispiele kommen infrage:

- Panslawismus in der Donaumonarchie vor dem Ersten Weltkrieg
- Propagierung des Selbstbestimmungsrechts der Völker bei Friedensverträgen in Paris nach dem Ersten Weltkrieg und territoriale Entscheidungen gegenüber Deutschland
- Staatsverständnis in der DDR und in der Bundesrepublik, GG als Provisorium
- Separatismus der Basken in Spanien
- Minderheitenprobleme, z. B. der Südtiroler in Italien, der Dänen in Schleswig
- Schicksal von Elsaß-Lothringen

- Irredentismus in Irland/Nordirland
- Bedeutung des Nationalstaatsprinzips beim Zerfall der Sowjetunion
- Folgen des Zerfalls von Jugoslawien, Krieg im Kosovo
- Kurdenfrage in der Türkei
- „Multi-Kulti-Gesellschaften“ in modernen Industriestaaten

Schritt 3:
Folgende Kernprobleme können am jeweiligen Beispiel herausgearbeitet werden:

- Spannung zwischen Vielvölkerstaaten mit ideologischer Klammer und Nationalstaatsprinzip
- Spannung zwischen gewachsenen Staaten und Minderheiten
- Konflikt zwischen Mehrheiten und Minderheiten
- Konflikt zwischen Nationalstaatsprinzip und Nationalismus
- Problem der Vielfalt der Bestimmungen von „Nation“

Teilaufgabe	**AFB I**	**AFB II**	**AFB III**	**BE**
1	☒	☒	–	20
2 a	☒	☒	–	40
2 b	☒	☒	☒	
3	–	☒	☒	20
4	☒	☒	–	20
5	☒	☒	☒	20
Summe				120

Abitur Geschichte (Bayern G 8) – Übungsaufgabe 5
Demokratie und Diktatur – Probleme der deutschen Geschichte im 20. Jahrhundert

Thema: *Die DDR – eine deutsche Alternative?*

Aufgaben

1. Erarbeiten Sie über die Analyse und Interpretation der Bildquelle M 1 das Selbstverständnis der DDR zu Beginn der 1950er-Jahre! (BE 16)
2. Beschreiben Sie die Deutschland- und Ostpolitik der sozialliberalen Koalition ab 1969 und beurteilen Sie, inwieweit deren Ergebnisse einen Erfolg für das SED-Regime darstellten! (BE 22)
3. a) Fassen Sie die Aussagen der Verfasser zur Lage in der DDR im September 1989 zusammen (M 2) und arbeiten Sie deren Standpunkt heraus!
   b) Diskutieren Sie die Chancen einer „radikale[n] Erneuerung des sozialistischen Gesellschaftskonzepts“ in der DDR im Herbst 1989 (Z. 34)!
   (BE 32)
4. Diskutieren Sie, inwieweit für die Ereignisse von 1989/90 der Begriff „Revolution“ angemessen ist! (BE 24)
5. Überprüfen Sie vormoderne europäische Herrschaftsstrukturen auf die Bedeutung von Mitsprache hin und stützen Sie sich dabei auf geeignete Beispiele! (BE 26)

Material

M 1: „Von den Sowjetmenschen lernen heißt siegen lernen", 1951

Hinweis: Der Rumpf des rechten Schiffes ist von unten nach oben in den Farben Schwarz, Rot und Gold gehalten. Im linken Boot sind u. a. Winston Churchill (Großbritannien) und Charles de Gaulle (Frankreich), Diktator Franco (Spanien) und der französische Außenminister Robert Schuman zu sehen, die Person im Wasser ist Bundeskanzler Konrad Adenauer.

M 2: Appell einer Gruppe DDR-Oppositioneller vom 4. 9. 1989

Angesichts der anhaltenden wirtschaftlichen Stagnation und der sich verschärfenden politischen Krise in unserem Land wenden wir uns mit diesem Aufruf an alle politischen Kräfte in der DDR, die für einen demokratischen und freiheitlichen Sozialismus eintreten. Ein linkes alternatives Konzept für eine Wende wird immer dringlicher!

Wir sind uns der schwierigen Voraussetzung durchaus bewusst: Die Diskreditierung einer sozialistischen Perspektive durch das, was die hier Herrschenden zum Zerrbild dieses alten Kampfziels der Arbeiterbewegung verkommen ließen, hat bei der Bevölkerung mehr Desillusionierung und Passivität als mutiges und problembewusstes Denken und Handeln bewirkt. Und doch gibt es nicht nur die Ausreisewelle, sondern auch immer mehr Menschen, die bleiben und die bestehenden Verhältnisse ändern wollen. Dabei ist die Herstellung eines breiten Konsenses unter den Linken in unserem Land und die Ausarbeitung eines realistischen, politisch tragfähigen und durchgreifenden gesellschaftlichen Programms einer sozialistischen Umgestaltung der DDR heute wichtiger als jemals zuvor. Das gilt aus mehreren Gründen:

Zunächst zeigt die Umgestaltung in der UdSSR, dass tiefgreifende Reformen im „real existierenden Sozialismus" nicht nur notwendig, sondern auch möglich sind. Andererseits sprechen die gefährlichen politischen Turbulenzen im Gefolge des viel zu spät begonnenen gesellschaftlichen Wandels in der UdSSR und der VR Polen eine deutliche Sprache: So zeigen zum Beispiel die jetzt ausufernden (weil über Jahrzehnte angestauten) nationalen Konflikte in der UdSSR oder die weitgehende Neutralisierung kommunistischen, sozialistischen und selbst sozial-demokratischen Denkens im Sog des Bankrotts der PVAP sowie das noch unbewältigte stalinistische Erbe der kommunistischen Parteien mit aller Deutlichkeit, was geschieht, wenn zum Problem des verschleppten Wandels noch die Abwesenheit tragfähiger sozialistischer Konzepte hinzukommt. Das Beispiel der Ungarischen VR zeigt überdies deutlich, wie unter diesen Bedingungen die konzeptionslosen Anleihen aus dem Arsenal marktwirtschaftlicher Regulative im Bemühen um eine Wirtschaftsreform selbst Krisen und soziale Divergenzen produzieren. Wenn wir es auch in der DDR zulassen, dass die hier sich anstauenden politischen, wirtschaftlichen und sozialen Probleme überfällige Reformen zu einer dramatischen „Flucht nach vorn" werden lassen, sind die Gefahren eines Ausverkaufs an den Kapitalismus oder einer Militärdiktatur neostalinistischer Option durchaus real. […]

Wir sind der Auffassung, dass insbesondere die DDR vor einer historischen Chance radikaler Erneuerung des sozialistischen Gesellschaftskonzepts steht. Wird sie warten, so hat das Folgen, die möglicherweise nicht nur in unserem Land über lange Zeit hinweg die Aussicht auf ein sozial gerechtes und die freie Entfaltung jedes Gesellschaftsmitglieds garantierenden Gemeinwesens suspendieren. […]

Ein souveräner Umschwung in Richtung Sozialismus wäre heute nicht mehr militärischer Einmischung seitens „wohlmeinender Bruderländer" ausgesetzt. Aufgrund der desolaten Wirtschaftslage ist die politische Einmischung des Westens über den Kanal der „Wirtschaftskooperation" viel größer.

Die entscheidende Frage bleibt die soziale Basis, die politische Reife und die seriöse Programmatik votierender Kräfte im Lande selbst. Für uns heißt dies unter den in der DDR herrschenden Bedingungen, dieses Fundament wiederzugewinnen. Und hier sind uns die Voraussetzungen zweifellos günstiger als in anderen „sozialistischen“ Ländern – ungeachtet der weiter bestehenden politischen Unterdrückung auch und erst recht linker Kräfte in der DDR. Die Linken in unserem Land können sich kein Sektierertum leisten. Sie müssen die treibende Kraft einer „Koalition der Vernunft“ sein, welche sich auf die Vielfalt aller sich zum Sozialismus bekennenden politischen und sozialen Kräfte in der DDR stützt, aber darüber hinaus allen sozialen und politischen Gruppierungen unter dieser Voraussetzung des Sozialismus eine Perspektive bieten kann. Eine vereinigte Linke muss in diesem Sinne in freier, gleichberechtigter, offener und öffentlicher Diskussion in kürzester Zeit ein konzeptionelles Programm für die politische und wirtschaftliche Umgestaltung erarbeiten, welches den Charakter hat, sich bei seiner Realisierung auf eine breite gesellschaftliche Akzeptanz stützen zu können. Niemand, der diesen Prozess der Erneuerung mitgestalten will, auch kein Mitglied der SED, darf aus diesem Prozess ausgegrenzt werden. Andererseits zeigen gerade wieder jüngste Erfahrungen, wohin prinzipienloser gesellschaftskonzeptioneller Relativismus führen kann. Wir wenden uns entschieden dagegen, dass politbürokratische Unterdrückung durch kapitalistische Ausbeutung „ersetzt“ wird. Die Linken müssen sich auf der Basis:

- des gesellschaftlichen Eigentums an Produktionsmitteln als die vorherrschende und perspektivische Grundlage sozialistischer Vergesellschaftung,
- des Ausbaus der Selbstbestimmung der Produzenten in Verwirklichung realer Vergesellschaftung der gesamten ökonomischen Tätigkeit,
- der konsequenten Verwirklichung des Prinzips der sozialen Sicherheit und Gerechtigkeit für alle Gesellschaftsmitglieder,
- der politischen Demokratie, Rechtsstaatlichkeit, konsequenten Verwirklichung der ungeteilten Menschenrechte und freien Entfaltung der Individualität jedes Gesellschaftsmitglieds,
- des ökologischen Umbaus der Industriegesellschaft treffen.

Die Zeit ist überreif für eine offene Diskussion der damit verbundenen Fragen. Der Prozess des Dialogs einer sich vereinigenden Linken auf solcher Grundlage kann und sollte auch unter den heute noch geltenden Bedingungen der beruflichen Diskriminierung und der Ausübung politischen Drucks auf politisch nicht angepasstes Denken trotzdem öffentlich erfolgen. Dem organisatorischen Zusammenschluss einer vereinigten Linken hat der beschriebene Prozess des Dialogs vorauszugehen.

Aus: H. Müller-Enbergs (Hg.): Was will die Bürgerbewegung? Augsburg 1992, S. 24 ff.

Lösungsvorschläge

Die Aufgabe bezieht sich im Schwerpunkt auf das Kapitel G 11.2.4 des Lehrplans. Besonderes Augenmerk liegt auf dem Verhältnis der beiden deutschen Teilstaaten zueinander, v. a. aber auf den Ereignissen der Jahre 1989/90 sowie deren Voraussetzungen und deren Bewertung.
Einige Teilaufgaben sind materialgestützt (Textquelle, Karikatur). Als wichtiger Auslöser der „friedlichen Revolution" von 1989 gilt der Wunsch weiter Teile der Bevölkerung nach mehr Mitbestimmung. Dieses Thema wird von der letzten übergreifenden Aufgabenstellung aufgenommen, die das Problem der Mitsprache in vormodernen Herrschaftsstrukturen fokussiert (vgl. Lehrplan G 12.1.2, zweiter Spiegelstrich).

1. *Durch Analyse und Interpretation einer Karikatur sollen Sie das Selbstverständnis der DDR zu Beginn der 1950er-Jahre erarbeiten. Achten Sie auf systematisches Vorgehen bei der Bearbeitung der Bildquelle! Ausgehen sollten Sie von der Inhaltsebene (Bildanalyse), zu der die Bestimmung des Themas und die Untersuchung der darstellerischen Mittel gehören. Dazu müssen Sie sowohl die Besonderheiten bei der Darstellung des eigenen Staates als auch die bei der Darstellung des ideologischen Gegenspielers analysieren. Die Texte liefern Ihnen weitere Ansatzpunkte zur sich anschließenden Interpretation, über die Sie die Aussage der Karikatur bzw. die Intention des Zeichners erfassen (Deutungsebene).*
Ein Werturteil wird an dieser Stelle nicht verlangt. Ein Basissatz zur Beginn der Ausführungen ist sinnvoll. Die Aufgabe umfasst Anforderungen aus allen AFB.

Mit dem Anfang der 1950er-Jahre verbreiteten Propagandaplakat „Vom Sowjetmenschen lernen heißt siegen lernen" inszeniert die DDR-Führung sich und die Sowjetunion als Garanten des Fortschritts und des Friedens, die den Wettbewerb der Systeme für sich entschieden haben.
Das Plakat ist zugleich ein Dokument des **Ost-West-Gegensatzes:** Ost- und Westblock, dargestellt als Schiffe, befinden sich auf Konfrontationskurs. Ein kleines, hölzernes Piratenschiff mit einem Dollarzeichen am Bug und Segeln mit der Aufschrift „Marshallplan", „Nordatlantikpakt" und „Westblock" erleidet Schiffbruch. Der als Nazi dargestellte Adenauer ist bereits von Bord gegangen, während Churchill und andere den Untergang vergeblich aufhalten wollen.
Gerammt wird die **westliche „Nussschale"** von einem riesigen und **modernen Sowjetdampfer**, der unter der Flagge des Friedens reist und dessen Rumpf in den Farben Schwarz-Rot-Gold gehalten ist. Vorne am Bug stehen **heroisch dargestellte** sozialistische Menschen. Darauf abgestimmt sind die Unterschriften „Aus dem Wege, ihr Kriegsbrandstifter!", „Kriegspakt mit Washington bringt Elend und Tod – Freundschaft mit der Sowjetunion Frieden und Brot!". Als Überschrift dient die Parole „Von den Sowjetmenschen lernen heißt siegen lernen", die von der bildlichen Darstellung illustriert wird.
Im Gegensatz zum Westen, dem Kriegstreiberei, Militarismus und – im Falle der Bundesrepublik – eine fehlende Entnazifizierung – vorgeworfen wird, präsentiert sich die DDR als **friedliebender und antifaschistischer Staat** mit dem Anspruch,

das „bessere Deutschland“ zu sein, das für einen echten politischen und wirtschaftlichen **Neuanfang** steht.
Der Sieg im Wettbewerb der Systeme wird dem Plakat nach möglich durch **Nachahmung des sowjetischen Modells** auch im sozialen und wirtschaftlichen Bereich: Das moderne Schiff verweist auf den hohen Stand bzw. die Innovationskraft der östlichen Wirtschaftsweise. Damit wird die Überlegenheit von Konzepten wie **Planwirtschaft** und **Förderung der Schwerindustrie** gegenüber dem Kapitalismus angelsächsischer Prägung verdeutlicht. Die Personen am Bug könnten mit ihrem unterschiedlichen Habitus, aber ihrer identischen Körpersprache auf das Ideal der **sozialistischen Gesellschaft** verweisen, in der die **alten Klassenunterschiede aufgehoben** sind und jeder Mensch gleich ist. Denkbar wäre auch, in ihnen Personifikationen der **Mitglieder des Sowjetblocks** zu sehen, die gleichberechtigt – in „Freundschaft“ – zusammenstehen, um den Angriff des US-Imperialismus und seiner Verbündeten abzuwehren.

2. *Die Aufgabenstellung ist zweigeteilt. Zunächst wird von Ihnen eine Beschreibung der Deutschlandpolitik der sozialliberalen Koalition ab 1969 verlangt. Diese Teilaufgabe ist dem AFB I, der Reproduktion von Faktenwissen, zuzuordnen. Strukturieren Sie Ihr im Unterricht erworbenes Wissen sinnvoll, z. B. durch eine Gliederung in Grundsätze bzw. Motive und konkrete Maßnahmen. Präsentieren Sie Ihre Ergebnisse sprachlich angemessen und begrifflich genau! Im zweiten Teil der Frage sollen Sie auf der Grundlage Ihrer Faktenkenntnisse und Einschätzungen ein Urteil fällen (AFB III). Dabei müssen Sie einen Perspektivwechsel vornehmen und klären, inwieweit die neue Politik dem SED-Regime schadete oder nutzte. Begründen Sie Ihren Standpunkt knapp und problembewusst.*

Die **internationale Entspannung** zwischen Ost und West, die nach der Kuba-Krise einsetzte, erlaubte es der sozialliberalen Koalition unter Willy Brandt (1969–74), deutschlandpolitisch neue Weichenstellungen vorzunehmen. Anknüpfend an die Außenpolitik der Adenauerzeit wurde die **Westintegration** fortgeschrieben, allerdings ergänzt durch die Aufnahme des **Dialoges mit dem Osten**, was sich schließlich in mehreren Abkommen mit der DDR und anderen Warschauer-Pakt-Staaten niederschlagen sollte.
Anstelle des früheren Konfrontationskurses, der sich im Alleinvertretungsanspruch und in der Hallstein-Doktrin geäußert hatte, sollte ein „**Wandel durch Annäherung**“ treten, um „ein weiteres Auseinanderleben der deutschen Nation zu verhindern“. Ziel war es, durch Diplomatie zu einem „**geregelten Nebeneinander**“ zu kommen, aus dem schließlich als Fernziel ein „Miteinander“ werden sollte. Denn der **Mauerbau 1961** hatte gezeigt, dass eine schnelle Lösung der deutschen Frage bzw. der nach und durch den Zweiten Weltkrieg geschaffenen Realitäten nicht zu erwarten war, sodass die Gefahr bestand, dass die Deutschen beider Teilstaaten sich zunehmend **entfremdeten**. Weiterhin setzte man darauf, dass der verstärkte Dialog auch gesellschaftliche Veränderungen in den Einparteiendiktaturen des Ostens erleichtern würde. Als Siegermacht des Zweiten Weltkriegs und Macht-

zentrum des Warschauer Paktes kam der **Sowjetunion** bei der Gestaltung der neuen Deutschlandpolitik eine **Schlüsselrolle** zu.
Indem die Regierung Brandt in den **Verträgen von Moskau und Warschau** (1970) einen Verzicht auf Atomwaffen zugestand und die bestehenden Grenzen faktisch anerkannte, sicherte sie sich das Entgegenkommen der Sowjets. Auf Grundlage dieser Entspannungsbemühungen wurde 1972 der **Grundlagenvertrag** mit der DDR geschlossen, mit dem offiziell „normale gutnachbarliche Beziehungen" zur DDR aufgenommen wurden, deren **Existenz** damit wenn nicht völkerrechtlich, so doch faktisch **anerkannt** wurde. Ständige Vertretungen sollten den diplomatischen Verkehr zwischen den beiden ausdrücklich als **selbstständig und gleichberechtigt** bezeichneten **Staaten** regeln. Weiterhin regelte das Abkommen zahlreiche „**praktische und humanitäre Fragen**" wie die Erleichterung und Ausweitung von Einreisegenehmigungen in die DDR und die Bundesrepublik sowie bessere Telefonverbindungen oder Erleichterungen im Postverkehr. Insgesamt betrachtet stellte der Grundlagenvertrag einen wichtigen Eckpfeiler der Außenpolitik der sozialliberalen Koalition dar, der eine Verbesserung der Beziehungen mit der DDR und weiteren Staaten des sowjetischen Machtbereichs gelang.

Im Hinblick auf den internationalen Status der DDR konnte die SED-Führung den Grundlagenvertrag als **Erfolg** verbuchen: Sie erhielt als gleichberechtigter Staat **internationale Anerkennung** und wurde 1973 in die UNO aufgenommen. Später stützten finanzielle Hilfen der Bundesrepublik die schwächelnde DDR-Wirtschaft. Kritiker bemängeln deswegen, dass die neue Ostpolitik der Bundesrepublik zur **Stabilisierung der SED-Diktatur** führte, die weiter auf **Abgrenzung** gegenüber dem „imperialistischen Ausland" setzte und zu diesem Zweck die innerdeutsche Grenze abriegelte und mit neuen Repressionsmaßnahmen wie der Erhöhung des Zwangsumtausches die Kontakte zu reduzieren versuchte.
Andererseits **intensivierten** sich durch die neue Ostpolitik die **Kontakte** zwischen Ost und West. Mehr Westdeutsche bzw. Ausländer konnten die DDR besuchen und immer mehr DDR-Bürger konnten in den Westen reisen, was sich zum einen als Mittel **gegen** die befürchtete **Entfremdung** zwischen den Bürgern beider Teilstaaten erwies. Zum anderen bestärkte die bessere Kenntnis der politischen und sozioökonomischen Bedingungen in der Bundesrepublik den **Wunsch** vieler DDR-Bürger nach mehr **Freizügigkeit**, die Aufnahme des innerdeutschen Dialogs ermutigte viele von ihnen, die Verwirklichung der **Menschenrechte** zu fordern, die auch Bestandteil der **KSZE-Schlussakte** von 1975 wurden.
Oppositionelle Gruppen organisierten sich, um diese Ziele zu erreichen. Die Zahl der **Ausreisewilligen** stieg an.

3. a) *Bei dieser Teilaufgabe müssen Sie zunächst die Aussagen des Verfassers zur Lage in der DDR im September 1989 zusammenfassen (AFB I). Dazu ist genaue Textarbeit nötig: Situationsbewertungen der Verfasser finden Sie an mehreren Stellen. Diese Aussagen müssen Sie verbinden und mit eigenen Worten und reduziert auf das Wesentliche wiedergeben.*
Das Herausarbeiten des Verfasserstandpunktes entspricht dem AFB II (Reorganisation und Transfer). Dabei sollen Sie zeigen, dass Sie auch nicht explizit im Text genannte Sachverhalte und Zusammenhänge erkennen können. Sie müssen dazu den Text unbedingt nochmals bearbeiten, um alle relevanten Aussagen zu ermitteln. Es empfiehlt sich, zunächst auf die Forderungen einzugehen, und die Gruppierung dann auf dieser Grundlage innerhalb des politischen Spektrums zu verorten.

Die Verfasser sehen die Situation in der DDR kritisch. Das Land befindet sich ihrer Meinung nach in einer sozialen, wirtschaftlichen und politischen **Krise**, an der das SED-Regime die Schuld trägt, das an der Durchsetzung des Sozialismus gescheitert ist (vgl. Z. 1–4 bzw. 5–9). Daher wende sich die Bevölkerung ernüchtert vom Sozialismus ab, was sich in den **Ausreisewellen** niederschlage. Jedoch nehme die Zahl derer, die bleiben und die DDR reformieren wollen (vgl. Z. 9–14) – trotz anhaltender Repression durch das Regime (vgl. Z. 46) – zu, was die Verfasser des Appells begrüßen, da sie die DDR gleich aus mehreren Gründen bedroht sehen: Einerseits befürchten sie die **Errichtung einer Militärdiktatur** durch die Hardliner des Regimes (vgl. Z. 31 f.), andererseits die ungeprüfte **Übernahme kapitalistischer Axiome**, die ihrer Meinung nach neue soziale Probleme mit sich bringen würden (vgl. Z. 25–27, 39 ff.).

Die Vereinigte Linke setzt sich für eine „radikale[.] **Erneuerung** des sozialistischen Gesellschaftskonzepts" ein (Z. 34). Sie ist für eine **Vergesellschaftung der Produktionsmittel**, lehnt also wie die SED die Privatwirtschaft mit privatem Eigentum ab (vgl. Z. 62 f.). Allerdings sollen die Rechte der jeweiligen Produzenten gestärkt und damit der Einfluss des Staates als zentraler Planungsstelle reduziert werden (vgl. Z. 64 f.). Weiterhin sollen **ökologische Aspekte** die Industriepolitik der DDR verändern (vgl. Z. 71).
Die Gruppierung fordert zudem eine konsequente **soziale Absicherung aller Bürger** (vgl. Z. 66 f.) sowie die Durchsetzung **liberaler Prinzipen** wie Rechtsstaatlichkeit und Verwirklichung der Menschenrechte, damit den Schutz des Einzelnen vor dem Staat (vgl. Z. 68 ff.). Auch die Forderung **nach „politische[r] Demokratie**" (Z. 68) ist Teil des Programms, wobei offenbleibt, ob damit die Übernahme der parlamentarischen Demokratie des Westens oder eine Modifizierung der östlichen Volksdemokratien gemeint ist.
Die Betonung der Rechte des Individuums, das Interesse an ökologischen Fragen und das Bekenntnis zum Sozialismus ordnen die Vereinigte Linke als **DDR-Bürgerrechtsgruppe** ein, die dem **linken Spektrum** zuzuordnen ist, sich aber deutlich vom Staatssozialismus der SED und dessen repressiver, die Menschenrechte missachtender Politik abgrenzt. Stattdessen knüpft die Programmatik stärker an die Ziele der **westlichen Bürgerrechtsbewegung** an.

3. b) *Bei dieser Aufgabe sollen Sie auf Grundlage Ihrer Faktenkenntnisse und Einschätzungen zur historischen Situation die Chancen einer Reform des Sozialismus in der DDR kurz vor bzw. nach dem Fall der Mauer diskutieren. Der Operator „diskutieren" verweist auf den AFB III: Sie sollen also verschiedene Argumente zu einem Sachverhalt entwickeln, die als Basis einer begründeten Bewertung dienen können. In diesem Fall ist es hilfreich, dazu die Motive und Handlungsspielräume der relevanten Interessengruppen zu untersuchen. Die ausformulierte Lösung sollte Ihr Problembewusstsein zeigen und eine schlüssige Argumentation vorweisen. Ein wiederholtes Aufgreifen der Fragestellung kann Ihnen helfen, ein Abschweifen bzw. die Anhäufung unstrukturierten Detailwissens zu vermeiden. Mit einer Zusammenfassung der Ergebnisse am Ende (Fazit) können Sie Ihr Problembewusstsein verdeutlichen.*

Zur Beurteilung der Realisierungschancen des Konzepts der Vereinigten Linken müssen mehrere Faktoren betrachtet werden:
Günstig waren auf jeden Fall die Entwicklungen in der Sowjetunion als östlicher Vormacht, die mit dem **Amtsantritt Gorbatschows** als Generalsekretär der KPdSU einsetzten: Unter seiner Führung setzte in der Sowjetunion eine Reformpolitik ein, deren Schlüsselbegriffe **Glasnost** (Offenheit) und **Perestroika** (Umgestaltung) auf eine Erneuerung des Sozialismus verwiesen, was grundsätzlich auch die Absicht der Vereinigten Linken war. Eine reformbereite DDR hätte sich durchaus an Gorbatschows Reformen orientieren können.
Die **Aufgabe der Breschnew-Doktrin** durch die UdSSR schien eine Realisierung des Konzepts der Vereinigten Linken ebenfalls zu erleichtern. Denn die DDR konnte dadurch einen eigenständigen Reformweg und eine Demokratisierung unabhängig von den Entwicklungen im „Bruderland" einschlagen, worauf die Quellenproduzenten auch hinweisen (vgl. Z. 38 f.). Eine reformsozialistische Bewegung wäre nicht zwingend durch sowjetische Panzer niedergeschlagen worden, wie dies noch 1968 beim „**Prager Frühling**" geschehen war, als die Souveränität der Satellitenstaaten der UdSSR begrenzt war und diese nicht ohne Weiteres eigenständige politische Ziele verfolgen durften.
Die **Rücknahme der staatlichen Repression** aufgrund fehlenden Rückhalts aus der UdSSR, die sich darin zeigte, dass das Politbüro ab Oktober 1989 nicht mehr gewaltsam gegen die Massendemonstrationen vorging, war eine innenpolitische Veränderung, die einen Weg für Reformen im Sinne der Vereinigten Linken zu eröffnen schien. Der **nachlassende Rückhalt der SED**, der im Dezember zum Rücktritt der Partei- und Staatsspitze und zur Streichung des Führungsanspruchs der SED aus der Verfassung führte, war ein weiterer Gunstfaktor.
Auch die Einrichtung „revolutionär legitimierter" **Runder Tische** schien eine Entwicklung im Sinne der Vereinigten Linken zu begünstigen. Denn an diesen nahmen sowohl Regierungsvertreter als auch Vertreter der Bürgerrechtsbewegungen als der neuen politischen Kräfte teil. Die in dem Appell enthaltene Hoffnung der Vereinigten Linken auf einen Dialog der an einer Reform des Sozialismus interessierten Strömungen, an dem auch reformbereite Kräfte aus der SED teilnehmen sollten (vgl. Z. 48–52), erfüllte sich also. Die Mehrheit der an diesen Gesprächen

Beteiligten war für einen „**dritten Weg** jenseits von stalinistischem Sozialismus und Herrschaft transnationaler Monopole“ (Gregor Gysi), eine Ansicht, die auch vom Neuen Forum, vom Demokratischen Aufbruch, Demokratie Jetzt und Bündnis 90 geteilt wurde. Die Vereinigte Linke stand also mit ihren Vorstellungen nicht allein.
Viele ihrer Ziele – Bürgerrechte, soziale Absicherung und eine ökologischen Grundsätzen gemäße Politik – entsprachen zudem dem **Zeitgeist der 80er-Jahre** und hätten auch im Westen breite Zustimmung gefunden. Das Programm hätte durchaus das **Potential zur Massentauglichkeit** besessen, der Weg der Gruppierung musste nicht zwangsweise ins „Sektierertum“ (Z. 48) führen, zumal Bürgerrechtsbewegungen wie die Vereinigte Linke in der DDR-Bevölkerung aufgrund ihrer exponierten Position im Kampf gegen das SED-Regime **hohes Ansehen** genossen.

Dass ihr Konzept und andere ähnliche letztlich nicht realisierbar waren, hatte folgende Gründe: Die **Ausreise- und Fluchtbewegung**, die nach der Öffnung der Grenzen am 9. 11. 1989 immer größere Dimensionen annahm, bedrohte die Stabilität der DDR und belastete auch die Bundesrepublik, die den Ansturm der Ostdeutschen zu bewältigen hatte. Die DDR-Bevölkerung stimmte „**mit den Füßen**“ ab und sprach sich damit gegen den Fortbestand einer eigenständigen DDR aus, die als staatlicher Rahmen für eine sozialistische Erneuerung unabdingbar war. Denn das **Ausmaß der wirtschaftlichen Misere** des Landes wurde mit jedem Tag deutlicher, wodurch auch der **Glaube an eine Reformierbarkeit des Systems sank**. Die immer einflussreicher werdenden **Ostableger der etablierten Parteien** – allen voran das von der CDU dominierte Wahlbündnis „Allianz für Deutschland“ – forderten eine **Einigung beider deutschen Teilstaaten** mit Übernahme des marktwirtschaftlichen Systems. Der Sieg der Allianz bei den ersten freien Volkskammerwahlen am 18. März 1990 zeigte, dass der Großteil der Wahlberechtigten **keine neuen sozialistischen Experimente** wollte und stattdessen auf Marktwirtschaft, Leistung und Konkurrenz setzte. Deswegen verlor die Vereinigte Linke wie die meisten anderen Bürgerrechtsgruppierungen der DDR an Bedeutung.

4. *Die Aufgabe fordert von Ihnen ein kritisches Abwägen auf Basis Ihrer Faktenkenntnisse und Einschätzungen (AFB III). Zunächst sollten Sie den Begriff „Revolution“ definieren, danach prüfen, ob. bzw. welche Merkmale einer Revolution auf die erwähnten Ereignisse zutreffen. Klar ist: Je präziser Sie diesen Begriff aus dem Grundwissen des Geschichtsunterrichts bestimmen können, desto genauer und facettenreicher wird Ihr Urteil sein. Strukturieren Sie Ihre Antwort deutlich, indem Sie je nach Ergebnis der persönlichen Einschätzung zuerst alle Pro-, dann alle Kontraargumente anführen oder umgekehrt. Am Ende sollte ein Fazit als Gesamturteil stehen. Ihre Thesen sollen Sie selbstverständlich mit Daten bzw. Fakten untermauern, dabei aber auch die Aufgabenstellung nicht aus den Augen verlieren: Sie sollten eine antithetische Erörterung verfassen und keine Chronologie der Ereignisse der Jahre 1989 und 1990 liefern.*

Unter **Revolution** versteht man gemeinhin einen **tiefgreifenden Wandel der politischen und sozialen Verhältnisse** eines Landes. Das politische System wird dabei durch eine neue Verfassungs- und Rechtsordnung grundlegend verändert, über den Austausch der Eliten hinaus muss eine neue gesellschaftliche Ordnung mit einem völlig neuen Wertekanon entstehen. Nötig ist eine **revolutionäre Situation** – etwa die hohe Staatsverschuldung Frankreichs und die Unzufriedenheit der Pariser Bevölkerung mit der Herrschaft Ludwigs XVI. – sowie ein oder mehrere **Schlüsselereignisse** (wie der Sturm auf die Bastille), die zum Sturz der herrschenden Regimes führen. In Abgrenzung zu Putschen und Staatsstreichen muss eine Revolution aber von **weiten Teilen der Bevölkerung** getragen werden.
Letzteres war in der DDR sicherlich gegeben: Bei **Massendemonstrationen** wie den berühmten „Montagsdemonstrationen" in Leipzig protestierten Zehntausende friedlich gegen das Regime, bei der berühmten Großdemonstration am 4. 11. 1989 in Berlin sollen es mehrere Hunderttausend gewesen sein. Dazu treten noch **zehntausende Flüchtlinge**, die im September 1989 u. a. die Prager Botschaft besetzten. Damit wird deutlich, dass ein weiteres Kriterium auf die Ereignisse von 1989 und 1990 zutrifft. Es gab mehrere **Schlüsselereignisse**, etwa die Montagsdemonstration vom 9. 10. 1989, bei der die Sicherheitskräfte erstmals nicht gewaltsam gegen die Demonstranten vorgingen. Selbstverständlich gehört dazu auch die Verkündung der sofortigen Reisefreiheit („**Fall der Mauer**") als symbolträchtiges Ereignis. Die Mauer, die seit 1961 die deutsche Teilung zementiert und die Existenz der DDR garantiert hatte, wurde dabei zur Begegnungsstätte zwischen Ost und West.
Eine **revolutionäre Situation** war zudem durch den **drohenden Staatsbankrott** gegeben, der Öffnung der Grenzen in Ungarn und den **Verlust des Rückhalts** durch die UdSSR, deren Generalsekretär die greise SED-Spitze anlässlich seines Besuches zum 40. Jahrestag der DDR-Gründung zu Reformen aufgerufen hatte.
Allerdings wurde seitens der aktiv Handelnden **weder eine neue gesellschaftliche Ordnung noch neue Rechtsnormen** geschaffen. An den Runden Tischen sollte zwar eine neue Verfassung geschaffen und eine neue Wirtschaftsordnung etabliert werden. Jedoch entschied sich die Mehrheit der Bevölkerung in der freien Wahl vom 18. 3. 1990 gegen diesen Prozess und **für die Übernahme der politischen und sozialen Strukturen** der Bundesrepublik im Zuge des **Beitritts zum Geltungsbereich des Grundgesetzes** nach Art. 23 GG. Dieser Beitritt und die damit einhergehende Übernahme der Währung, des Rechts-, Sozial- und Wirtschaftssystems der Bundesrepublik sorgten letztlich für einen **tiefgreifenden Wandel der Verhältnisse** eines Landes, im Zuge dessen auch die **Eliten** des alten Systems – abgesehen von der PDS – stark an Bedeutung verloren.
Eine **Besonderheit** der Revolution in der DDR liegt sicherlich darin, dass sie in einem **Teilstaat** einer gespaltenen Nation stattfand und dass neben der Umgestaltung auch die **Einigung** auf der politischen Agenda und im Fokus der öffentlichen Diskussion stand. Die Vorgänge im Osten beeinflussten letztlich auch die **Verhältnisse in der alten Bundesrepublik**, was sich u. a. an folgenden Beispielen zeigen lässt: Das Machtzentrum wurde von Bonn im Westen nach Berlin im Osten verlagert; die Einheit brachte hohe wirtschaftliche Folgelasten, Mentalitätskonflikte zwischen Ost und West, starke Wanderungsbewegungen und eine Verände-

rung der politischen Kräfteverhältnisse mit sich. Außerdem veränderte sich auch die Position der neuen, souverän gewordenen Bundesrepublik im internationalen Staatensystem.
Dass der Begriff „Revolution" für die genannten Vorgänge kaum angewendet wird, liegt auch am **Fehlen symbolkräftig eingesetzter Gewalt:** Es gab weder einen Sturm auf die Bastille noch eine Hinrichtung des Königs. Die Revolution in Ostdeutschland lief insgesamt friedlich ab, während z. B. in Rumänien Diktator Ceauseşcu und seine Frau im revolutionären Geschehen ermordet wurden.
Sieht man von der Besonderheit der Revolution in nur einem Teil einer geteilten Nation ab, erscheint die Verwendung des Revolutionsbegriffs für die Vorgänge in der DDR in den Jahren 1989 und 1990 auf jeden Fall angemessen. Aufgrund ihres weitgehend gewaltlosen Charakters wird häufig die Bezeichnung „**friedliche Revolution**" verwendet.

5. *Auch die letzte Teilaufgabe fordert von Ihnen die sachlich urteilende Auseinandersetzung mit einer Problemstellung und liegt damit im AFB III. Die Aufgabenstellung ist halbjahresübergreifend und bezieht sich auf die Lerninhalte von 12.1: „Historische Komponenten europäischer Kultur und Gesellschaft" und speziell den Aspekt „Mitsprache als Grundlage der Gewaltenteilung". Die Frage nach den Mitspracherechten bzw. Möglichkeiten in bestimmten Herrschaftsstrukturen stellt den Bezug zu den vorigen Teilaufgaben her. Sie müssen dazu die Merkmale der vormodernen Herrschaftsformen des Lehenswesens und des ständischen Parlamentarismus kennen. Dabei sollten Faktoren berücksichtigt werden, die die Mitsprache begünstigten, und solche, die sie erschwerten, sowie die Unterschiede zu heutigen Mitspracherechten, aber auch deren Vorprägungen im vormodernen Europa. Tiefgang verleihen Sie Ihrer Argumentation durch den Bezug auf Beispiele, was angesichts der Formenvielfalt, in der vormoderne Herrschaftsstrukturen auftraten, auch nötig ist. Wählen Sie Ihnen aus dem Unterricht bekannte Beispiele aus, aber verlieren Sie sich nicht in Details. Der abstrahierend-reflexive Zugriff ist wichtiger als die eher deskriptive Auflistung von Einzelheiten!*
Mögliche Beispiele sind: verschiedene Lehenseide, die Krönung Ottos des Großen in Aachen (936), die Zugeständnisse Friedrichs des II. an die weltlichen und geistlichen Fürsten (1220/1232), die Regelung der Rechte der Landstände in Bayern wie in der „Ottonischen Handfeste (1311)" des Herzogs Otto III. von Niederbaiern, Regelungen zur deutschen Königswahl wie die „Goldene Bulle" (1356), der baierische Ratseid von 1467, Quellenauszüge aus den baierischen Landtagsverhandlungen; dazu verschiedene Reformmaßnahmen zur Zeit Kaiser Maximilians: Reichstag als oberste Reichsgewalt und Bildung von zehn Reichskreisen (1512), die Reichsregimentordnung (um 1521), die die Mitgliedschaft auf den Kreistagen der verschiedenen Reichskreise regelte; die Einrichtung des immerwährenden Reichstags in Regensburg (1663).
Die folgende Lösung ist keine „echte" Musterlösung. Sie zeigt Ihnen allgemeine Strukturen und Entwicklungen auf, am Ende werden mögliche Beispiele angeführt.

Wichtige vormoderne – d. h. mittelalterliche und frühneuzeitliche – Herrschaftsstrukturen waren das **Lehenswesen** und der sich aus diesem entwickelnde **ständische Parlamentarismus**. Auch wenn gerade das Lehenswesen auf den ersten Blick mit seiner Bindung zwischen Lehensherrn und Vasall sehr **hierarchisch strukturiert** zu sein scheint, so zeigt sich doch, dass Mitspracherechte für die Lehensnehmer gegeben waren, die im Laufe der Zeit aufgrund bestimmter historischer Entwicklungen ausgedehnt werden konnten.

Konstitutiv für das Lehenswesen war eine Bindung zwischen Lehensherr und Gefolgsmann oder Vasall, wobei sich Letzterer gegenüber ersterem durch das Ritual des **Treueids** zu **Dienst und Gehorsam** verpflichtete und dafür **unterhalts- und schutzberechtigt** wurde. Es handelte sich um eine Verpflichtung auf Gegenseitigkeit, was Mitsprache begünstigte. Der Dienst des Vasallen sollte dabei aus **„Rat und Hilfe"** bestehen, wobei unter Rat Beratungs-, Verwaltungs- und Gerichtsdienste („**Hoffahrt**") verstanden wurden, unter Hilfe Militärdienst („**Heerfahrt**"). Der „Rat" – und damit die Mitsprache – gewannen dabei zunehmend an Bedeutung, es entwickelten sich **unterschiedliche Versammlungen** für Kriegsdienst und Beratung, wobei die späteren **Reichs- und Landtage** als Ständeversammlungen an Letztere anknüpfen konnten. Auf Reichsebene mussten bzw. durften eigentlich alle Kronvasallen den König beraten, was in der Praxis aufgrund der **dezentralen Struktur** der Lehensreiche ausgeschlossen war. So konnte sich ein kleinerer **ständiger Rat**, der den Fürsten begleitete, entwickeln. Teilweise konnten auch einzelne Aufgaben an besondere Gremien abgegeben werden wie etwa die Entscheidung der Herrschernachfolge im **Kurfürstenkollegium**.

Aber auch die **Verpflichtung zur Hilfe** ist bei der Frage der Ausweitung der Mitsprachemöglichkeiten wichtig: Neuerungen im Heeres- und Befestigungswesen führten zum Bedeutungsverlust des Rittertums und waren kostenintensiv. Die Kriegsdienstpflicht für die Vasallen trat zusehends hinter **finanziellen Verpflichtungen** zurück. Indem sie dafür **Steuern** bewilligten, verbesserten Landes- und Reichsversammlungen ihre Stellung gegenüber den Fürsten, denn wer zahlt, kann auf Mitsprache pochen!

Allerdings waren die Mitsprachemöglichkeiten **regional sehr unterschiedlich:** Land- und Reichsstände im späten Mittelalter und der frühen Neuzeit konnten in sehr unterschiedlicher Weise zusammengesetzt und mit sehr unterschiedlichen Rechten versehen sein. Idealtypisch waren Landstände eingeteilt in die **drei Kurien** der Herren und Ritter, der Prälaten und der Städte. Wichtig ist, dass der Gedanke der Mitsprache durch **Repräsentation**, der für den modernen Parlamentarismus konstitutiv ist, nur teilweise ausgeprägt war: Viele Teilnehmer an den Versammlungen erschienen als **persönlich Berechtigte**, andere repräsentierten – auf unterschiedliche Weise und mit unterschiedlicher Legitimation – Städte oder bäuerliche Gemeinden. Allerdings repräsentierte der Reichsfürst bei den Reichsversammlungen in Deutschland oder Frankreich nicht seine Landstände, auch wenn das Prinzip der Repräsentation zunehmend Verbreitung fand. Genauso wenig konnte der deutsche König die Untervasallen seiner Kronvasallen zu den Hoftagen rufen.

Zudem war die **Mitsprache nicht genau reguliert:** Ob Ratsversammlungen einberufen wurden oder nicht, lag im Interesse bzw. der Durchsetzungsfähigkeit des

Königs, der auch von Nichtberechtigten Rat einholen konnte. Ein fest installiertes, stetig arbeitendes Parlament mit regelmäßigen Sitzungsperioden gab es nicht. Auch wenn mittelalterliche Ständeversammlungen keine „Legislative" im modernen Sinn darstellten, nahmen sie **viele Aufgaben der heutigen Parlamente** wahr. Der Fürst selbst und sein engerer Kreis – oder Rat – hatten eher exekutive Aufgaben. Die Justiz war gemeinsame Aufgabe von Herr und Vasallen.
Mitsprache war also bereits im vormodernen Europa ein wichtiges Herrschaftsprinzip und es gibt Kontinuitätslinien von dieser **konsensualen Herrschaft** zu modernen Herrschaftsformen und -prinzipien wie der **repräsentativen Demokratie** und der **Gewaltenteilung**. Eine lückenlose, schwankungsfreie Kontinuität besteht zwar nicht, aber sogar der **Absolutismus** mit seinem Postulat der schrankenlosen Fürstengewalt konnte das Bewusstsein für die Berechtigung von Mitsprache nicht gänzlich beseitigen. So rief 1789 selbst der französische König Ludwig XVI. anlässlich der Finanz- und Staatskrise die **Generalstände** erstmals seit 1614 ein.

<table>
<tr><th>Teilaufgabe</th><th>AFB I</th><th>AFB II</th><th>AFB III</th><th>BE</th></tr>
<tr><td>1</td><td>☒</td><td>☒</td><td>☒</td><td>16</td></tr>
<tr><td>2</td><td>☒</td><td>–</td><td>☒</td><td>22</td></tr>
<tr><td>3 a</td><td>☒</td><td>☒</td><td>–</td><td rowspan="2">32</td></tr>
<tr><td>3 b</td><td>–</td><td>–</td><td>☒</td></tr>
<tr><td>4</td><td>–</td><td>–</td><td>☒</td><td>24</td></tr>
<tr><td>5</td><td>–</td><td>–</td><td>☒</td><td>26</td></tr>
<tr><td>Summe</td><td></td><td></td><td></td><td>120</td></tr>
</table>

Abitur Geschichte (Bayern G 8) – Übungsaufgabe 6
Historische Komponenten europäischer Kultur und Gesellschaft

Thema: *Funktion und Wirkung nationaler Fremd- und Selbstbilder am Beispiel des deutsch-französischen Verhältnisses im 19. und zu Anfang des 20. Jahrhunderts*

Aufgaben

1. Skizzieren Sie die wichtigsten Stationen auf dem Weg zur deutsch-französischen „Erbfeindschaft“ von 1800 bis zum Versailler Vertrag! (BE 22)
2. Erarbeiten Sie aus dem Text (M 1) die Vorstellungen von einem „deutschen Vaterland“ und stellen Sie diese ständischen Vorstellungen gegenüber! Beurteilen Sie darüber hinaus die Bedeutung liberalen Denkens für die im Text erkennbare Argumentation! (BE 34)
3. Vergleichen Sie die politische Ordnung, wie sie der Autor/die Autoren der Flugschrift anstrebt/anstreben, mit der auf dem Wiener Kongress verabschiedeten Ordnung für Deutschland! (BE 24)
4. Erarbeiten Sie aus M 2 die Auffassung von Josef Goebbels von „Nationalcharakter“ und erschließen Sie das von ihm zugrunde gelegte Menschenbild! Vergleichen Sie dieses mit dem des Grundgesetzes! (BE 16)
5. Erörtern Sie auf der Grundlage des gesellschaftlichen Status der Juden in der spätmittelalterlichen Ständegesellschaft den Zusammenhang zwischen den Krisen im 14. und 15. Jahrhundert und den Judenverfolgungen in jener Zeit! (BE 24)

Material

M 1: Aus einer anonymen Flugschrift, Berlin, Juli 1813

Deutsche! ihr rühmet Euch längst eurer Fortschritte in der Cultur, ihr konntet auch stolz seyn auf die Männer die eure Sprache und Literatur verherrlicht haben. Eure Fürstenhäuser hatten fremden Thronen neuen Glanz verschafft, und der Genius der Humanität war jenen Sprößlingen in ferne Zonen gefolgt zum Heile halb barbarischer Völker. Die Wissenschaften hatten bey Euch ihre wahre Heimath, ihr eignetet Euch die Schätze jeder fremden Zunge an, ihr sammeltet gleichsam alle Strahlen der Erkenntniß in einem Brennpunkt. Aber doch wart ihr in eurem scheinbaren Reichtum arm, ärmer als die Bewohner der asiatischen Steppen ohne Schrift und ohne Kunst und Wissenschaft, denn ihr hattet kein Vaterland mehr [...]. Schmach würde von nun an euren Namen bedecken, wenn das Wunder, das unserer Zeit aufbehalten ward, euch Muth für die heilige Sache der Nationalunabhängigkeit, euren Glauben an eine höhere Leitung der menschlichen Angelegenheiten, und daß sie diesen Muth mit glücklichem Erfolge krönen werde, nicht unüberwindlich machte. Es sey aber kein Schattengut, nach welchem wir ringen. Fest und unerschütterlich werde wie auf einem Felsengrund der Tempel des Rechts für die Völker deutscher Zunge errichtet. Hier möge der Geringe im Volke Schutz und Gerechtigkeit gegen den Mächtigen, der Unterthan gegen den Fürsten finden, nach alter deutscher Weise. Verwünschung demjenigen, der sich diesem hohen Gerichtshofe entziehen wollte, dieser Tempel der Themis[1] werde ein Paladium[2] deutscher Freyheit! Ihm leihe seine starke Hand ein Oberhaupt nur zum Schirme bestimmt und zur Verherrlichung der deutschen Nation – selbst von deutscher Abkunft, durch theure Erinnerungen der Großthaten seiner Vorfahren an seine Nation gekettet. Aber auch dieser Mächtige erkenne das heilige Gesez über sich an, das in gemeinschaftlicher Berathung die erlauchten Repräsentanten der Nation entworfen. [...]

Unter diesem doppelten Schuze sollen die germanischen[3] Völker unter ihren mancherlei Verfassungen die Bürgerrechte ruhig genießen. [...] Es kehre wieder die alte Mannigfaltigkeit der Staaten deutscher Nation – dem Feinde des deutschen Namens werde der vieljährige Raub mit dem Schwerdte wieder entrissen – wer in der allgemeinen Anarchie sich lostrennte, gebe die deutschen Bürger ihrem Vaterlande wieder zurück, denn sonst würde, was die Nothwendigkeit entschuldigen könnte, Gewaltthat und Usurpation werden; freie Städte sollen gleich geachtet werden Königlichen Gebieten und Fürsten sich nur als Glieder eines Oberhauses betrachten, zu dem ein in seiner Art nicht weniger achtenswerthes Haus der Gemeinen[4] gehört. Unter dem Panier des gemeinschaftlichen Vaterlandes, unter dem Schuze allgemeiner Geseze, die Jedem Recht sprechen, fühle sich der Unterthan zugleich als freyer deutscher Mann in der Ausübung der ewigen Rechte der Menschheit, in dem Genusse seines Eigenthums, der Früchte seiner Arbeit.

Noch einmal benuzet die Erfahrung der Jahrhunderte – die großen Lehren der Zeit können nun fruchtbringend werden – die unerforschlich leitende Hand hat euch nach Jahren des Leides und der Unterdrückung wie durch ein Wunder befreyt. – Verdienet den Segen eurer Enkel, denen Ihr Sicherheit, Frieden und Wohlstand als Erbtheil hinterlassen werdet, wenn Weisheit und Kraft und Ernst Euch jetzt leiten, wenn Ihr dem Wahlspruch nicht ungetreu werdet, Gott, Freyheit, Vaterland.

Aus: Die Erhebung gegen Napoleon 1806–1814/15, hrsg. von Hans Bernd Spies, Darmstadt 1981, S. 304–306.

1 Themis: griechische Göttin der Gerechtigkeit
2 Schutzschild
3 gemeint ist: der deutschen Völker
4 gemeint ist: ein Unterhaus als Kammer der Volksvertreter

M 2: Rundfunkansprache von Goebbels am 18. 7. 1932 zum Thema „Der Nationalcharakter als Grundlage der Nationalkultur"

[...] Jede große Politik muß eine festumrissene und klargeschaute Weltanschauung zur Grundlage haben. Diese Weltanschauung darf nicht von politischen Wünschen und persönlichen Eigensüchten abgeleitet werden, – im Gegenteil: Sie muß am Anfang jeder politischen Arbeit stehen, die von ihr aus Ursprung, Linie und Ziel empfängt. Das 20. Jahrhundert ist das Jahrhundert der Masse. Und nur eine Politik, die es versteht, Masse in Bewegung zu bringen und zu organisieren, ihr Gehalt und Gestalt zu geben, wird in diesem Jahrhundert auf die Dauer erfolgreich sein können. Das soll nicht besagen, daß die Politik sich den wandelbaren Wünschen der Masse unterzuordnen habe; sie muß sich im Gegenteil die Aufgabe stellen, die Masse zu formen und ihren geballten Millionenwillen dem großen, tatbewußten und Wege weisenden Willen des führenden politischen Kopfes dienstbar zu machen. Die Masse ist an sich Rohstoff. Sie zu gestalten und aus ihr jene Kräfte herauszuholen, die Systeme stürzen und neue Welten aufbauen, wird die erste und vornehmste Aufgabe jeder staatsmännischen Begabung sein. Auch der wahre Politiker ist im letzten Sinne des Wortes ein Künstler. So, wie der Bildhauer den rohen Marmor abzirkelt, behaut und meißelt, so formt der Staatsmann aus dem rohen Stoff Masse ein Volk, gibt ihm ein inneres Gerippe und ein haltendes Gefüge und bläst ihm dann jenen schöpferischen Odem ein, der das Volk zur Kulturnation emporwachsen läßt. [...]

Charakter haben, das heißt: alles das als selbstverständlich tun und lassen, was der eigenen Art entspricht. Der Charakter ist jedem Kompromiß abhold. Deshalb wurde der parlamentarische Parlamentarismus charakterlos, weil er auf dem politischen Kompromiß beruhte. Sein Wesen bestand und besteht in der Parteimeinung, die gegen die andere Parteimeinung abgewogen wird, um am Ende im ewigen Zugeständnis mit ihr zu ersticken. Menschen und Parteien mit Charakter sind peinlich und unbequem. Sie leisten sich den Luxus einer eigenen Überzeugung; und was noch schlimmer ist: sie lassen sich nicht dazu bringen, die eigene Überzeugung aus Nützlichkeitserwägungen gegen die andere einzutauschen oder doch mit ihr einen faulen Frieden zu schließen. Je meinungsloser ein Mann ist, desto besser scheint er in den demokratischen Gleichheitswahn zu passen; und je weniger eine Partei von einer festen Überzeugung unbeirrbar ausgeht, um so leichter fällt es ihr, sich in das ungefährliche Spiel der parlamentarischen Kräfte einzuschalten. Ein Volk besitzt Nationalcharakter, wenn es von einem einheitlichen und unerschütterlichen nationalen Willen beseelt ist und diesen Willen kompromiß- und einschränkungslos in der Welt durchzusetzen versucht. Gewiß trägt das manchmal den Schein eines trotzigen Eigensinns an sich, der ohne jede wendige Biegsamkeit sein eigenes Recht verficht. Aber es ist immer noch besser, eigensinnig eine gleichbleibende Meinung zu vertreten, als gar keine Meinung zu haben und sich in allem der Meinung der Mehrheit anzuschließen. Der Nationalcharakter des deutschen Volkes hatte einmal eine bestimmte Note und einen festen Umriß. Er trat der Welt in einheitlicher und klarer Form entgegen und setzte sich auch seiner Art gemäß mit der Welt auseinander. Die Welt mußte sich mit ihm als einer unabänderlichen Tatsache abfinden. Man konnte ihn lieben, hassen oder fürchten, – wegdisputieren konnte man ihn nicht. Der Begriff „deutscher Charakter“ schloß für alle Welt ganz bestimmte Tugenden in sich. Das waren: Treue, Fleiß, Klugheit und Mut bei hoch und niedrig, Idealismus und Uneigennützigkeit. […]

Aus: Helmut Heiber, Goebbels' Reden 1932–1945, Bindlach 1991, S. 51–55.

Lösungsvorschläge

Die Aufgabe ist dem Themenbereich G 12.1.1, „Volk und Nation als Identifikationsmuster“, zuzuordnen und dort speziell dem Unterpunkt „nationale Fremd- und Selbstbilder: ihre Funktion und Wirkung am Beispiel des deutsch-französischen Verhältnisses im 19. und zu Anfang des 20. Jahrhunderts“. Der Lehrplan greift hier einen sehr spezifischen Aspekt der internationalen Politik des 19. und 20. Jahrhunderts heraus und fordert eine eng begrenzte Sichtweise. Im Mittelpunkt stehen die Begriffe „Volk“ und „Nation“ als historisch wesentliche Identifikationsmuster auch der europäischen Geschichte der Neuzeit. In der vorliegenden Aufgabe werden die deutsch-französischen Beziehungen als wichtige Bedingungen für das Entstehen eines deutschen Nationalbewusstseins herausgestellt, ehe in der vierten Teilaufgabe eine zeitliche Ausweitung erfolgt. Die fünfte Teilaufgabe schließlich bezieht sich auf einen Themenbereich aus dem Lehrplanabschnitt 11.1.

1. *Die Beziehungen zwischen den deutschen Mächten bis 1871 und danach zwischen dem Deutschen Reich und Frankreich entwickelten sich im 19. Jahrhundert so, dass wechselseitig die Vorstellung von einem Erbfeind entstand. Diese Entwicklung nachzuzeichnen ist Inhalt der ersten Teilaufgabe. Dabei soll keinesfalls die gesamte politische Geschichte zwischen Deutschland und Frankreich skizziert werden, sondern Sie sollen sich auf die Ereignisse konzentrieren, die dazu beitrugen, dass die beiden Nachbarn gegenseitig ein Feindbild entwickelten und entsprechend agierten. Die Aufgabe ist ohne Material zu lösen und dem AFB I (Reproduktion) zuzuordnen.*

   Die deutsch-französischen Beziehungen wurden seit der Entstehung des französischen Nationalstaates im Absolutismus wesentlich geprägt von den **Auseinandersetzungen um die Grenze** zwischen Frankreich und dem Deutschen Reich. Verschärft wurde der Grenzkonflikt mit der Expansion Frankreichs unter Napoleon.

Hatte bis dahin der **Rhein** als **natürliche Grenze** gegolten und war lange Zeit akzeptiert worden, so rechtfertigte Napoleon die Ausdehnung des französischen Machtbereichs über den Rhein nach Osten nun mit der **Ausbreitung der revolutionären Ideen**. Dem **französischen Nationalgefühl**, das die Revolutionstruppen beseelte, hatten die deutschen Staaten nichts entgegenzusetzen.
Dies und das Gefühl der Unterlegenheit weckte in vielen Deutschen ein Nationalgefühl und den dringenden Wunsch nach einem eigenen Nationalstaat. Es erwies sich allerdings als verhängnisvoll, dass der **Ruf nach nationaler Einheit der Deutschen** von Anfang an eng verbunden war mit einer **antifranzösischen Propaganda**. Patriotische Aufwallungen gab es schon früher, aber sie bezogen sich meist nur auf die Einzelstaaten. Nun identifizierten sich vor allem junge Menschen erstmals in größerem Umfang mit der deutschen Nation. Die Deutschen definierten sich als Nation gleichsam gegen die Franzosen. Zumindest galt dies für weite Teile des **Bürgertums**, vor allem des Bildungsbürgertums. Die **Bewegung** gipfelte in dem Aufruf des preußischen Königs „An mein Volk" vom März 1813, in dem er nicht nur die preußischen Untertanen ansprach, sondern die Deutschen.
Einen Höhepunkt erreichte die unselige Einheit von deutschem Nationalgefühl und antifranzösischen Ressentiments in den **Befreiungskriegen**, ehe dem für die Souveränität der Fürsten gefährlichen Streben nach nationaler Einheit vom Wiener Kongress eine Absage erteilt wurde. Es lag nicht zuletzt auch im Interesse Frankreichs, dass jenseits des Rheins kein mächtiger deutscher Nationalstaat mit einer selbstbewussten Nation entstehen würde.
Nach 1815 war Frankreich zunächst zu schwach und der Deutsche Bund zu sehr mit der Restauration und Stabilisierung der europäischen Machtverhältnisse beschäftigt, um gegenseitige aggressive Machtveränderungen zu wagen.
Erst mit der **Juli-Revolution** in Frankreich änderte sich dies. Die restaurative Dynastie der Bourbonen war im Juli 1830 von Louis Philippe gestürzt worden, der als „Bürgerkönig" den Thron bestieg und eine Welle von Freiheitshoffnungen in Europa, auch im Deutschen Bund, auslöste. Das nun wieder erstarkte Frankreich sah im Zusammenhang mit dem Zerfall des Osmanischen Reiches und der Orientkrise von 1819/40 die Möglichkeit für eine Revision der Entscheidungen des Wiener Kongresses. Die französische Regierung erhob die Forderung nach Rückgewinnung der Rheingrenze, drohte sogar mit Krieg und löste damit in Frankreich und im Deutschen Bund einen **Ausbruch nationaler und nationalistischer Emotionen** aus. In Deutschland wurden nationale **Rheinlieder** geschrieben und gesungen, etwa die „Wacht am Rhein" oder das antifranzösische Schmählied „Sie sollen ihn nicht haben/Den freien deutschen Rhein,/Ob sie gleich gier'gen Raben/Sich heiser danach schrei'n" von Nikolaus Becker. Auch das **Deutschlandlied** entstand in dieser Zeit der Rheinkrise.
Wie schon in der Zeit der Befreiungskriege wurde nun das antifranzösische Ressentiment zum Instrument und zum Ausdruck des deutschen Nationalgefühls, diesmal jedoch nicht verbunden mit militärischen Auseinandersetzungen, sondern mit einer Art **Medienkrieg** zwischen den beiden Völkern. Aber die Möglichkeit einer militärischen Auseinandersetzung spielte in den deutsch-französischen Beziehungen immer eine Rolle. So baute man zu Beginn der vierziger Jahre die

Festungen gegen Frankreich aus, um dem Feind im Westen die eigene Entschlossenheit zu zeigen.
Die **Revolution von 1848** erschütterte dann ganz Europa, vor allem den Deutschen Bund, der deutsch-französische Gegensatz wurde in den Hintergrund gedrängt. Nachdem schließlich der Dualismus zwischen Preußen und Österreich um die Vorherrschaft in Deutschland zugunsten Preußens entschieden war und Preußen die eigene Macht mit der Schaffung eines kleindeutschen Nationalstaates zu sichern begann, brach der Gegensatz zu Frankreich erneut auf.
Wieder verfolgte der französische **Kaiser Napoleon III.** die traditionelle Politik Frankreichs, einen starken deutschen Einheitsstaat mit allen Mitteln zu verhindern. Dieser französischen Haltung stand jetzt eine von Preußen und Bismarck geförderte nationale Bewegung gegenüber, die endlich den Nationalstaat wollte. Die antifranzösischen Einstellungen wurden in der Öffentlichkeit wirksam als **konsensstiftende Feindbilder** gefördert bis hin zur nationalen Begeisterung im deutsch-französischen Krieg.
Der Sieg über Frankreich, die **Gründung des Deutschen Reiches** in Versailles und vor allem die Wegnahme Elsaß-Lothringens entfachten in den nun zum Reich zusammengeschlossenen Staaten einen nationalen Rausch, in Frankreich dagegen war von da an die Politik ausgerichtet auf eine **Revision der Schmach von 1870/71**. Der Interessengegensatz zwischen Frankreich und Deutschland war zur **Erbfeindschaft** eskaliert, die wechselseitigen Beziehungen waren vergiftet und von Misstrauen geprägt.
Die Feindschaft zu Frankreich fand in den Jahren bis zum **Ersten Weltkrieg** schließlich ihren gesteigerten Ausdruck in der Angst vor einem Zweifrontenkrieg gegen ein Bündnis Russlands mit Frankreich und der dann entwickelten These von einer Einkreisung des Reiches durch die übrigen Mächte, die den Deutschen ihren „Platz an der Sonne" nicht gönnten. So hatten sich die gegenseitigen nationalistischen Feindbilder von Deutschen und Franzosen im Laufe des 19. Jahrhunderts immer mehr verfestigt und waren zu folgenreichen Bedingungen der europäischen internationalen Politik geworden.

2. *Der zweiten Teilaufgabe liegt eine Textquelle zugrunde, die in Sprache und Stil erheblich von der heutigen öffentlichen Sprache abweicht und deshalb nicht einfach zu lesen ist. Umso genauer müssen Sie jedes Wort dieses Textes beachten. Ungewohnt ist dabei vor allem auch das Pathos der Flugschrift.*
Erschienen ist die Quelle im Sommer 1813, also noch vor der Völkerschlacht bei Leipzig, in der preußische Truppen zusammen mit Russen, Österreichern und Schweden das Reich von Napoleon befreiten. Der anonyme Verfasser erhofft sich von dem Befreiungskampf aber nicht nur die Abschüttelung der französischen Fremdherrschaft, sondern die Einführung der Menschen- und Bürgerrechte.
Im zweiten Teil der Aufgabe soll deshalb überprüft werden, inwieweit liberales Denken hinter der Argumentation steht.
Der erste Teil der Aufgabe ist dem AFB II (Transfer) zuzuordnen, während es sich beim zweiten Teil um eine Aufgabe aus AFB III (Problemlösung) handelt.

Die Flugschrift geht von einem Verständnis der deutschen Nation als **Kulturnation** aus. Die Deutschen werden als das Volk der Dichter und Denker gesehen, das stolz sein kann auf seine Literatur, Philosophie und Wissenschaft. Doch der geistige Reichtum ist nach Meinung des bzw. der Autoren des Flugblatts nichts wert, wenn dem Deutschen das Vaterland, die Nation, fehlt. Dann ist er arm.
Bemerkenswert ist, dass das Flugblatt allerdings nicht von einem Nationalstaat spricht, sondern immer wieder von den „Völker[n] deutscher Zunge“ (Z. 15) oder von „germanischen Völkern“ (Z. 25). **Nation** wird also nicht als zukünftiges Staatsvolk verstanden wie zu Beginn der Revolution in Frankreich, sondern als **Kultur- und Rechtsgemeinschaft vieler deutscher Völker**. Besonders betont wird dabei das Recht als gemeinsame Grundlage der deutschen Nation. So soll am Ende des Kampfes gegen Napoleon ein „Tempel des Rechts für die Völker deutscher Zunge“ (Z. 15) stehen. Wie in der Französischen Revolution soll offensichtlich eine **Erklärung der Menschen- und Bürgerrechte** und ein für alle geltendes allgemeines Gesetz das „gemeinschaftliche[.] Vaterland[.]“ (Z. 34) konstituieren. Wichtige bürgerliche Rechte wie freies Eigentum und „Genuss[.] [...] der Früchte seiner Arbeit“ (Z. 36 f.) sollen allen Deutschen gewährt werden.
Knüpft das Flugblatt also durchaus an die Vorstellungen von einer Verfassungs- und Rechtsnation an, wie sie im revolutionären Frankreich entstanden, so ist von einem einheitlichen Nationalstaat nicht die Rede. Vielmehr bewegt sich die Schrift erkennbar in den Traditionen des Deutschen Reiches und fordert die Souveränität der freien Städte, der Königreiche und Fürstentümer. Die „Mannigfaltigkeit der Staaten deutscher Nation“ (Z. 27) soll wiederhergestellt werden mit dem einigenden Band eines von einer Repräsentativversammlung verabschiedeten „heilige[n] Gesez[es]“ (Z. 22 f.) und einem eher repräsentativen Oberhaupt.
Während der oder die Verfasser eine **restaurative Ordnung** für die Zukunft Deutschlands propagieren, sind ihre Vorstellungen von Nation und Vaterland nicht mehr mit den **vorrevolutionären Ordnungen einer ständischen Gesellschaft** zu vereinbaren. Bevor sich zu Beginn der Französischen Revolution der dritte Stand zur Nation und damit zum Souverän erklärte, waren die Stände das Gegenüber des Monarchen. Die Menschen identifizierten sich nicht mit einer Staatsnation, sondern mit einem Stand. Innerhalb eines Standes gab es Vorstellungen von Gleichheit, keinesfalls aber zwischen den Ständen, die sich gerade rechtlich und in Bezug auf die Privilegien in einem Staat unterschieden. Dass dies bis ins 18. Jahrhundert ein stabiles System blieb, lag daran, dass die Menschen die ständische Ordnung für eine gute, von Gott gegebene Ordnung hielten und nicht infrage stellten.
Es lässt sich also feststellen, dass die Flugschrift **moderne Vorstellungen** von Nation mit **traditionellen Forderungen** einer Vielfalt von souveränen Staaten innerhalb einer Nation vermischt.

Der **Liberalismus** setzte sich in Europa mit der **Aufklärung** durch und stellte die ständische Ordnung ebenso infrage wie die Bevormundung der Menschen durch die Kirche. Liberales Denken geht davon aus, dass der Mensch von Natur aus frei ist und sich mithilfe der **Vernunft** und des **Verstandes** seine Welt selbst erschaffen

kann. So ist auch der Staat, die politische Ordnung, ein von den freien Individuen geschaffenes Werk, die sich nach Rousseau in einem **Gesellschaftsvertrag** zusammenschließen und in einem **Herrschaftsvertrag** eine staatliche Ordnung geben.
In der Flugschrift klingen die Vorstellungen von einem **freien Individuum** mit unveräußerlichen **Menschen- oder Naturrechten** an, wenn davon die Rede ist, dass „sich der Unterthan zugleich als freyer deutscher Mann in der Ausübung der ewigen Rechte der Menschheit" (Z. 35 f.) fühlen solle.
Allerdings finden sich mehrere Hinweise, dass der oder die Verfasser noch **alten ständischen Rechts- und Ordnungsvorstellungen** anhängen. Wenn von dem zu errichtenden „Tempel des Rechts" (Z. 15) für die deutsche Nation die Rede ist, dann wird auf eine Gerechtigkeit „nach alter deutscher Weise" (Z. 17) verwiesen. Das für alle Deutschen geltende Recht, also gleichsam eine **Nationalverfassung**, wird als „heilige[s] Gesez" (Z. 22 f.) bezeichnet, das „in gemeinschaftlicher Berathung die erlauchten Repräsentanten der Nation entworfen" (Z. 23 f.). Da ist nicht die Rede von einer Versammlung freier Individuen, die sich eine Verfassung geben. Nach wie vor ist in der Flugschrift auch die Rede von Untertanen; den alten Reichsherrschaften, also freien Städten, Königreichen und Fürstentümern, wird ein Oberhaus zugestanden, ergänzt durch ein „Haus der Gemeinen" (Z. 33).
Auch wenn sich der oder die Autoren bei der Rechtfertigung einer „Nationalunabhängigkeit" neben offensichtlich noch traditionalen Vorstellungen auch auf liberale Ansätze stützen, so sind die Hinweise zur zukünftigen politischen Ordnung eher einem **aufgeklärten Absolutismus** zuzuordnen. Das mag daran liegen, dass man auch als anonymer Verfasser noch die Herrschaftslegitimation der preußischen Monarchie akzeptierte, sie zumindest nicht öffentlich infrage stellen wollte.

3. *Aus der Flugschrift sollen die bereits angesprochenen Hinweise zu einer zukünftigen politischen Ordnung systematisiert und mit der Konstruktion des Deutschen Bundes, wie er auf dem Wiener Kongress verabschiedet wurde, verglichen werden. Die Kenntnis der Verfassung des Deutschen Bundes ist also Voraussetzung (AFB I), der problembezogene Vergleich ist dem AFB III zuzuordnen (Problemlösung). Eine direkte Zuordnung der Aufgabe zum Lehrplan ist nicht möglich, doch sind die entsprechenden Ordnungsvorstellungen und historischen Ordnungen in den Punkten G 12.1.1 und G 12.1.2 als Bausteine zu behandeln und müssen von Ihnen nun auf eine bestimmte historische Tatsache bezogen werden.*

In der **Flugschrift** wird eine politische Ordnung gefordert mit einer Art **Grundverfassung** für alle Deutschen, die damit zu einer Nation werden oder ihre **nationale Identität** gewinnen. Im Staatsaufbau soll die Nation vertreten werden durch ein „Haus der Gemeinen" (Z. 33), eine Art **Unterhaus** als Vertretung der Bürger. Die Herrschaft selbst soll **partikular** und **föderalistisch** organisiert werden, also die traditionellen Territorialstaaten von den freien Städten über kleine und mittlere Fürstentümer bis zu den Königreichen bleiben mit eigenen Verfassungen bestehen. In einem **Oberhaus** sollen die Partikulargewalten an den Gemeinschafts-

entscheidungen mitwirken. Als **Staatsoberhaupt** „nur zum Schirme bestimmt und zur Verherrlichung der deutschen Nation“ (Z. 20) stellen sich der oder die Verfasser offensichtlich einen Fürsten aus einer der großen Dynastien vor, wenn von „theure[n] Erinnerungen der Großthaten seiner Vorfahren“ (Z. 21 f.) die Rede ist.
Im Grunde kommt die hier angedeutete politische Ordnung der **Verfassung des Deutschen Kaiserreiches von 1871** recht nahe, allerdings ohne dessen demokratische Elemente wie das Wahlrecht.
Der **Deutsche Bund**, der 1815 auf dem Wiener Kongress nach dem Vorbild des Rheinbundes geschaffen worden war, stellte weder eine Rückkehr zum zersplitterten Partikularismus der Zeit vor Napoleon dar noch war er ein Schritt auf dem Weg zum Nationalstaat. Vielmehr handelt es sich um einen **Staatenbund**, in dem Preußen im Norden und Westen und Österreich im Süden ihre Einflusssphären zu sichern versuchten. Die anfangs **38 Mitglieder** waren souverän, darunter auch der englische König für Hannover, der niederländische für Luxemburg und der dänische König für Holstein. Auch dies ein Beleg, dass es im Deutschen Bund nicht darum ging, der deutschen Nation eine politische Ordnung zu geben, wie es die Flugschrift fordert. Die einzelnen Mitglieder regelten ihre Angelegenheiten selbst, hatten meist eigene Verfassungen. Alle gemeinsamen Angelegenheiten sollten vom deutschen **Bundestag in Frankfurt am Main** entschieden werden. Dem Bundestag gehörten Abgesandte der „Bundes-Glieder“ an, wobei die einzelnen Länder **unterschiedliche Stimmenzahlen** besaßen. Die Gliedstaaten konnten nicht austreten und waren an **Mehrheitsbeschlüsse** auf dem Bundestag gebunden. Eine weitere Einschränkung ihrer Souveränität war das **Verbot von militärischen Bündnissen** gegen den Bund oder gegen einen der Gliedstaaten.
Im Kern war der Deutsche Bund eher zu vergleichen mit dem Heiligen Römischen Reich, dem er nachfolgte, als mit einem Bundesstaat, wie ihn die Flugschrift fordert. Vor allem aber enthielt die Bundessatzung keine Hinweise auf das Vorhandensein einer deutschen Nation, schon gar nicht waren Einrichtungen wie ein „Haus der Gemeinen“ als Repräsentationsorgan der Nation vorgesehen. Im Gegenteil, die **Satzung** des Deutschen Bundes, also keine Verfassung, bestimmte, dass es in den Bundesstaaten **landständische Verfassungen** geben sollte. Von einer Bundesverfassung war nicht die Rede.
Zusammenfassend lässt sich sagen, dass der Wiener Kongress für Deutschland eine Ordnung vorsah, die den Interessen Preußens und Österreichs entgegenkam, kaum aber den Wünschen einer nationalen Bewegung, wie sie in der Flugschrift zumindest ansatzweise deutlich wird. Die Flugschrift fordert auch eine deutliche Einschränkung der Souveränität der Einzelstaaten zugunsten des gemeinsamen Vaterlandes, während im Deutschen Bund diese Souveränität kaum angetastet wird.

4. *Die Aufgabe bezieht sich weitgehend auf den Text, einen Auszug aus einer Rundfunkansprache von Goebbels aus dem Jahr 1932, also noch vor der Machtübernahme der Nationalsozialisten, in dem es um den „Nationalcharakter" geht. Es empfiehlt sich, dessen Merkmale, wie sie Goebbels sieht, im Gegensatz zum angeblich „charakterlosen" Parlamentarismus zu erarbeiten.*
Eine genauere Analyse des Textes offenbart schließlich, welches Menschenbild Goebbels zugrunde legt. Dieses soll in einem zweiten Schritt mit dem des Grundgesetzes verglichen werden, um so die gegensätzlichen Wertsetzungen von Nationalsozialismus und freiheitlicher Demokratie zu skizzieren.
Im ersten Teil handelt es sich um eine Aufgabe aus dem AFB II (Transfer), im zweiten Teil werden Leistungen aus dem AFB I (Reproduktion) und III (Problemlösung) gefordert.

Goebbels geht bei seinem Versuch, den Nationalcharakter als Grundlage der Nationalkultur zu kennzeichnen, von einer eindeutigen Prämisse aus, die er nicht weiter erklärt oder infrage stellt. Für ihn ist das 20. Jahrhundert das „**Jahrhundert der Masse**" (Z. 5) und daraus leitet er dann die wesentliche Aufgabe der Politik, in seinem Fall des großen Staatsmannes, ab: Er muss die Masse formen, er muss „das Volk zur Kulturnation emporwachsen" (Z. 18) lassen.
Den **Nationalcharakter** definiert er dann als ein Handeln, das „der eigenen Art entspricht" (Z. 19 f.). Konkreter entwickelt er seine Vorstellung von Nationalcharakter schließlich in der **Gegenüberstellung** zur Charakterlosigkeit des **Parlamentarismus**. So seien Kompromisse ebenso charakterlos wie ein fauler Frieden oder die Änderung der eigenen Meinung. Der für den Parlamentarismus ideale Bürger ist aus Sicht von Goebbels ein meinungsloser Bürger. Im Gegensatz dazu kann man von Nationalcharakter dann sprechen, wenn sich Menschen und Parteien den „Luxus einer eigenen Überzeugung" (Z. 25) leisten, wenn sie „peinlich und unbequem" (Z. 24 f.) sind, von einem „einheitlichen und unerschütterlichen nationalen Willen beseelt" (Z. 32 f.). Ein Volk, das einen Nationalcharakter besitzt, setzt seinen Willen auch gegenüber anderen Nationen „kompromiß- und einschränkungslos" (Z. 33) durch. Am Ende nennt Goebbels dann auch die Tugenden, die für ihn den deutschen Nationalcharakter ausmachen: Treue, Fleiß, Klugheit, Mut, Idealismus und Uneigennützigkeit.
Bei genauerer Analyse der Aussagen von Goebbels wird ein Widerspruch sichtbar: Für ihn ist das Volk eine Masse, die erst von einem Staatsmann geformt werden muss. Sie besitzt als Masse keinen Charakter, sondern ist nur Rohstoff, erst der Staatsmann, also der **Führer** im Sinne der NS-Ideologie, haucht ihr den „schöpferischen Odem" (Z. 17) ein, macht sie zur Kulturnation und gibt ihr so den Nationalcharakter. Nicht das Volk entwickelt also in der Geschichte einen solchen Charakter, er wird von einem Führer aus ihm heraus entwickelt. Von einer Nation im Sinne der Französischen Revolution kann dabei nicht die Rede sein, vielmehr handelt es sich um eine Gefolgschaft, die vom Willen des Führers beseelt ist. Vom Menschen als selbstverantwortlichem und freiem Individuum ist hier ebenso wenig die Rede wie von einem souveränen Volk oder einer souveränen Nation.

Eben dies jedoch ist die Grundannahme des **Grundgesetzes**, das im Artikel 1 die Würde des Menschen als den alles dominierenden Wert für unantastbar hält. Kein Führer, kein Staat darf diesen Wert infrage stellen oder gar durch eine Volkswürde oder einen Nationalcharakter ersetzen. Für die Mütter und Väter des Grundgesetzes waren die Menschen nicht eine zu formende Masse, sondern eine **Gesellschaft freier Individuen**. Alle sich daraus ergebenden Probleme, die unterschiedlichsten Meinungen, auch uneigennützige und egoistische, zu berücksichtigen und in langwierigen Auseinandersetzungen mit akzeptierten Spielregeln, etwa der Mehrheitsentscheidung, zu einem Gemeinwillen zu kommen, dienen letzten Endes der Garantie der **Menschenwürde** und ihrem vornehmsten Element, der **persönlichen Freiheit**.
Für Goebbels und die Nationalsozialisten ist die individuelle Freiheit nicht zu akzeptieren, da sie der Idee von einem einheitlichen Führerwillen, der zum Volkswillen und zum „Nationalcharakter“ wird, diametral entgegensteht. Nicht die Menschenwürde steht an oberster Stelle, sondern ein vom Führer bestimmter Nationalcharakter.

5. *Mit dem Operator „Erörtern Sie …“ wird die Aufgabe allen drei Anforderungsbereichen zugeordnet, wobei hier genauere Kenntnisse der mittelalterlichen Ständegesellschaft im Vordergrund stehen. Darüber hinaus sollen historische Phänomene der Zeit zueinander in Bezug gesetzt werden.*

Waren die Juden im frühen und weitgehend auch noch im hohen Mittelalter in der Feudalgesellschaft weitgehend anerkannt, da sie **wichtige Funktionen insbesondere im Fernhandel** erfüllten, so änderte sich dies mit dem wirtschaftlichen und politischen Übergang vom Mittelalter zur Neuzeit.
Im Handel sahen die Bürger die Juden jetzt mehr und mehr als Konkurrenten, die man allerdings noch duldete, da nach dem **Zinsverbot für Christen seit 1215** jüdische Händler mehr und mehr im Bereich der Finanzwirtschaft tätig wurden. Das **Misstrauen gegenüber den Juden**, die wegen ihrer Religion und ihrer religiös geprägten Lebensweise außerhalb der von der Kirche und vom Adel bestimmten Normen lebten und dadurch für viele fremd wirkten, verstärkte sich in der Folge wegen ihrer Tätigkeit als Geldverleiher und Zinseintreiber.
Für den Kaiser besaßen die Juden jedoch nach wie vor eine große Bedeutung, da er ihre wirtschaftlichen Möglichkeiten nutzen konnte, ohne von den Ständen abhängig zu sein. Er verlieh ihnen daher den **Rechtsstatus** als **servi camerae**. Diese sog. Kammerknechtschaft **hob die Juden zusätzlich aus der Ordnung der Ständegesellschaft** heraus, führte zu einem Sonderstatus und machte sie vom Kaiser und seiner Politik abhängig.
So kam es gegen Ende des Mittelalters immer mehr zur **Einrichtung von Ghettos**, in denen die Juden gesondert von der übrigen Stadtbevölkerung zusammenlebten, einerseits, um ihre Gruppenexistenz zu sichern und ihre Rituale ungestört leben zu können, andererseits, um sich vor den zunehmenden Verfolgungen und Anfeindungen schützen zu können.

Es bildete sich also im Zusammenhang mit dem Wandel vom Mittelalter zur Neuzeit eine **Sonderstellung der Juden als Minderheit** heraus, der man vonseiten der christlich geprägten Gesellschaft mit Misstrauen und Feindschaft begegnete.
So lässt sich ein plausibler Zusammenhang zwischen den **Bedrohungen der Zeit**, also Pestepidemien, Hungersnöten und Kriegen, und den Judenverfolgungen herstellen. Die jüdische Minderheit eignete sich in besonderer Weise als Sündenbock, zumal die Kirche insbesondere seit den Kreuzzügen ein entsprechendes Feindbild beförderte. Die Juden wurden als **Brunnenvergifter** für die Entstehung von Seuchen und Epidemien ebenso verantwortlich gemacht wie als **Hostienschänder** für alle denkbaren Strafen Gottes. Also erhoben sich im christlichen Europa immer wieder Gemeinden, Städte oder ganze Territorien und Länder gegen die Juden, wenn sie sich bedroht fühlten und einen Schuldigen suchten.
Doch die Juden wurden nicht nur als Minderheit etwa durch die spanische Inquisition verfolgt, ermordet oder vertrieben, sie spielten mit der **Herausbildung der Territorialstaaten** und im damit verbundenen Dualismus zwischen Landesherrn und Ständevertretungen eine zunehmend wichtige Rolle bei der Durchsetzung der absoluten Macht des Landesherren. Zumindest eine kleine Gruppe von Juden wurde wegen ihres kaufmännischen Erfolgs und ihrer internationalen Beziehungen zu unverzichtbaren **Helfern der Fürsten im Kampf gegen die Stände**.

Ein Zusammenhang zwischen den Krisen des 14. und 15. Jahrhunderts und den sich ausbreitenden Vertreibungen und Verfolgungen der Juden kann also durchaus gesehen werden, aber auf der anderen Seite wurde in der Übergangszeit vom Mittelalter zur Neuzeit auch eine kleine wohlhabende jüdische Oberschicht zu wichtigen Pfeilern der Herrschaft.

Teilaufgabe	AFB I	AFB II	AFB III	BE
1	☒	–	–	22
2	–	☒	☒	34
3	☒	–	☒	24
4	☒	☒	☒	16
5	☒	☒	☒	24
Summe				120

Abitur Geschichte (Bayern G 8) – Übungsaufgabe 7
Historische Komponenten europäischer Kultur und Gesellschaft

Thema: *„Volk" und „Nation" als Identifikationsmuster*

Aufgaben

1. Skizzieren Sie den Prozess der Ethnogenese der Franken in der Spätantike und beurteilen Sie abschließend den Stellenwert der Christianisierung für den Erfolg dieses Prozesses! (BE 22)

2. a) Erarbeiten Sie anhand der Textquelle den Nations-Begriff des Franzosen Renan!
   b) Entwickeln Sie drei begründete Thesen zur Beurteilung von Renans Aussagen!
   (BE 34)

3. Analysieren und interpretieren Sie die Bildquelle und vergleichen Sie deren Aussage mit dem Standpunkt Renans! (BE 24)

4. Diskutieren Sie, inwieweit die Bezeichnung „verspätete Nation" auf Deutschland im 19. Jahrhundert zutrifft! (BE 14)

5. Der ehemalige Botschafter Israels in der Bundesrepublik, Schimon Stein, erläutert die Rolle von „asymmetrischen Kriegen" im israelisch-palästinensischen Konflikt: „Soldaten stehen nicht mehr im Mittelpunkt des Angriffs; es ist die Bevölkerung, es sind die unschuldigen Zivilisten, die zum Schutzschild und zugleich zum Ziel von Angriffen geworden sind."

   Erörtern Sie an einem selbst gewählten Beispiel aus der Zeit nach dem Zweiten Weltkrieg die Aussage, dass „asymmetrische Kriege eine demokratische Gesellschaft vor enorme moralische und militärische Herausforderungen stellen, die ihnen die traditionellen Kriege bisher nicht abverlangt haben." (BE 26)

Material

M 1: Ernest Renan: Was ist eine Nation? (1882)

Die moderne Nation ist ein historisches Ergebnis, das herbeigeführt wird durch eine Reihe von Tatsachen, die im gleichen Punkt zusammenlaufen. Bald wird die Einheit durch eine Dynastie verwirklicht, wie es in Frankreich der Fall war; bald durch den direkten Willen der Provinzen, wie es der Fall war in Holland, der Schweiz und Belgien; bald durch einen Gemeingeist, der allmählich den Eigensinn des Feudalsystems besiegt, wie es in Italien und Deutschland der Fall war. Immer hat eine Lebensnotwendigkeit diese Bildungen gerechtfertigt [...] Es ist der Ruhm Frankreichs, durch die Französische Revolution proklamiert zu haben, daß eine Nation durch sich selbst existiert. Wir müssen es nicht schlecht finden, daß man uns nachahmt. Das Prinzip der Nationen ist unser. Aber was ist denn nun eine Nation? Warum ist Holland eine Nation, während Hannover oder das Herzogtum Parma es nicht sind [...] Wieso besteht Frankreich darauf, eine Nation zu sein, wenn das (dynastische) Prinzip, durch das es geschaffen wurde, verschwunden ist? Wieso ist die Schweiz, mit drei Sprachen, zwei Religionen und drei oder vier Rassen, eine Nation, während die Toskana zum Beispiel, die so homogen ist, keine ist? Warum ist Österreich ein Staat und keine Nation?

Eine Nation ist eine Seele, ein geistiges Prinzip. Zwei Dinge, die in Wahrheit eines sind, bilden diese Seele, dies geistige Prinzip. Das eine liegt in der Vergangenheit, das andere in der Gegenwart. Das eine ist der gemeinsame Besitz eines reichen Vermächtnisses an Erinnerungen; das andere ist die gegenwärtige Übereinstimmung, der Wunsch zusammen zu leben, der Wille fortzufahren, jenes Erbe nutzbar zu machen, das man ungeteilt empfangen hat. Der Mensch, meine Herren, wird nicht improvisiert. Die Nation wie das Einzelwesen ist das Ergebnis einer langen Vergangenheit voller Anstrengungen, Opfer und Hingebung. Der Kult der Ahnen ist der legitimste von allen; die Vorfahren haben uns zu dem gemacht, was wir sind. Eine heroische Vergangenheit, große Männer, der Ruhm (ich meine den wahren), das ist das gesellschaftliche Kapital, auf dem man einen nationalen Gedanken aufbaut. Hat man in der Vergangenheit zusammen Ruhm erworben und einen gemeinsamen Willen in der Gegenwart; hat man große Dinge zusammen vollbracht und will sie weiter vollbringen, dann hat man die wesentlichen Vorbedingungen, um ein Volk zu sein. Man liebt in eben dem Maße, in dem man Opfern zugestimmt und Übel erlitten hat. [...] Ja, gemeinsames Leid einigt mehr als die Freude. Was die nationalen Erinnerungen anbetrifft, so wiegen die Schmerzen mehr als die Triumphe; denn sie legen Pflichten auf; sie fordern gemeinsame Anstrengung.

Eine Nation ist mithin eine große Solidarität, beruhend auf dem Gefühl der Opfer, die man gebracht hat und derer, die man noch zu bringen gewillt ist. Sie setzt eine Vergangenheit voraus; sie bestätigt sich dennoch in der Gegenwart durch eine fühlbare Tatsache: durch die Übereinstimmung, den klar ausgedrückten Wunsch, das gemeinsame Leben fortzuführen. Die Existenz einer Nation [...] ist ein Alltagsplebiszit, wie die Existenz des Individuums eine fortwährende Bejahung des Lebens ist. Oh, ich weiß, das ist weniger metaphysisch als das göttliche Recht, weniger brutal als das angebliche historische Recht. In dem Gedankensystem, das ich unterbreite, hat eine Nation ebensowenig wie ein König das Recht, zu einer Provinz zu sagen: „Du gehörst mir, ich nehme dich." Für uns besteht eine Provinz aus ihren Bewohnern. Wenn in dieser Sache irgend jemand das Recht hat, gefragt zu werden, dann sind es die Bewohner. Eine Nation hat niemals ein wirkliches Interesse, ein Land zu annektieren oder es zurückzuhalten gegen seinen Willen. Das Votum der Nationen ist letztlich das einzig legitime Kriterium [...].Was Menschen wollen, ändert sich. Aber was ändert sich nicht hienieden? Die Nationen sind nichts ewiges. Sie haben einen Anfang, sie werden ein Ende haben. Der europäische Zusammenschluß wird sie wahrscheinlich ersetzen. Aber das ist nicht das Gesetz des Jahrhunderts, in dem wir leben. Zur gegenwärtigen Stunde ist die Existenz der Nationen gut, sogar notwendig. Ihre Existenz ist die Garantie der Freiheit, die verloren wäre, wenn die Welt nur ein Gesetz und einen Herrn hätte. Durch ihre verschiedenen und oft entgegengesetzten Eigenschaften dienen die Nationen dem gemeinsamen Werk der Zivilisation. [...]

Ich fasse zusammen; Der Mensch ist weder der Sklave seiner Rasse seiner Sprache, seiner Religion noch des Laufs der Flüsse oder der Richtung der Gebirgsketten. Eine große Ansammlung von Menschen [...] erschafft ein Moralbewußtsein, welches sich eine Nation nennt. In dem Maße, wie dieses Moralbewußtsein seine Kraft beweist durch die Opfer, die der Verzicht des einzelnen zugunsten der Gemeinschaft fordert, ist die Nation legitim, hat sie ein Recht zu existieren. Wenn sich Zweifel an ihren Grenzen erheben, dann soll die Bevölkerung befragt werden. Sie hat durchaus ein Recht auf ein Urteil darüber.

Auszüge aus E. Renan: Qu'est-ce qu'une nation?, zitiert nach: Hannah Vogt (Hg.): Nationalismus. Texte und Dokumente, Opladen 1967, S. 138–143; abgedruckt in: Hagen Schulze und Ina Ulrike Pauk (Hg.): Europäische Geschichte. Quellen und Materialien. München: Leske [1]1994, S. 1173 f.

Erläuterungen zum Spiegel-Titel auf der folgenden Seite (M 2):

Persönlichkeiten links von oben nach unten:
Reformator Martin Luther (1483–1546), König Otto der Große (König von 936–973, 962 in Rom zum Kaiser gekrönt)
Wilhelm II., Bismarck, Adolf Hitler

Persönlichkeiten rechts von oben nach unten:
Goethe und Schiller (Denkmal), Clara Schumann (1819–1896), Konrad Adenauer (1876–1967)

Gemälde oben: Landleben in der frühen Neuzeit
Gebäude im Zentrum: Brandenburger Tor, erbaut 1788–1791 von Carl Gotthard Langhans; im Hintergrund: Bildquelle: Fabriklandschaft im 19. Jahrhundert
Buch links oben: Exemplar der Goldenen Bulle (1356), in der die Regeln zur Wahl und Krönung des Königs durch die sieben Kurfürsten sowie deren Privilegien – z. B. die Vererbbarkeit und Unteilbarkeit ihrer Territorien – kodifiziert wurden.
Unten: Flagge schwarz-rot-gold; Demonstration 1989

M 2: Spiegel-Titel 2007: „Die Erfindung der Deutschen“

© DER SPIEGEL

Lösungsvorschläge

Die Aufgabe bezieht sich im Schwerpunkt auf das Kapitel 12.1.1 des Lehrplans. Besonderes Augenmerk liegt dabei auf der Beschreibung der spätantiken Ethnogenese der Franken und auf der Klärung des Konzepts Nationalismus, auch im Zusammenhang mit der deutschen Nationalstaatsbildung im 19. Jahrhundert. Einige Teilaufgaben sind materialgestützt (Textquelle, Karikatur).
Die letzte Teilaufgabe greift zum Halbjahresthema „Konfliktregionen und Akteure internationaler Politik in historischer Perspektive“ aus. Vom Lehrplan wird dabei die Behandlung eines Konflikt legitimiert, in den die USA verwickelt waren; dementsprechend wurden die Beispiele gewählt.

1. *Der Operator „skizzieren“ verweist auf den AFB I (Reproduktion). In diesem Fall sollen Sie in knapper Form eine historische Entwicklung – den Prozess der Ethnogenese der Franken – nachvollziehen. Dazu sollen Sie nicht nur auf die allmähliche Erweiterung der fränkischen Herrschaftsgebiete eingehen, sondern diese mit dem Entstehen und der allmählichen Ausbreitung einer fränkischen Identität in Verbindung bringen. Geben Sie Ihr Wissen in klar strukturierter chronologischer Form wieder.*
   Abschließend ist aufbauend auf Ihre Faktenkenntnisse und Einschätzungen ein Urteil über den Stellenwert der Christianisierung für den Erfolg der Ethnogenese verlangt: Für diese Aufgabe bietet sich ein kurzer Vergleich mit der Bedeutung anderer Faktoren oder der Blick auf andere Reichsbildungen der „Völkerwanderungszeit“ wie etwa das Reich der Ostgoten an. Die Teilaufgabe ist dem AFB III zuzuordnen: Achten Sie darauf, dass Ihr eigenes Urteil widerspruchsfrei deutlich wird!

   Die fränkische Ethnogenese war geprägt vom Zusammenwachsen verschiedener älterer Stammesgruppen und einem Wandel der Identität aufgrund ihrer Begegnung mit den Römern, für die die Völker im Norden **Barbaren** waren. Die „Barbaren“, die ihnen auf der anderen Seite des **niedergermanischen Limes** gegenüberstanden, nannten sie seit dem 3. Jahrhundert „Franci“. Mit dieser Fremdbezeichnung waren verschiedene Stämme wie die Brukterer, Chamaven, Salier, Chattuarier gemeint, die das Vorfeld römischer civitates wie Köln, Xanten oder Nijmwegen besiedelten und jeweils eigene Anführer hatten. Ungeklärt ist die Art der Bindung zwischen den „Franken“. Ob es sich um einen festen Stammesverband oder einen Stammesschwarm mit unterschiedlichen Bindungen und Fluktuationen zwischen den einzelnen Teilstämmen handelte, ist umstritten.
   Die Aufnahme von **Handelsbeziehungen**, aber auch **Raub- und Plünderungszüge**, auf denen fränkische Gruppen bis nach Spanien und Nordafrika vordrangen, sorgten für Begegnungen mit der **römischen Provinzialbevölkerung** auf der linken Rheinseite. Mitte des 4. Jahrhunderts konnten die Römer der Bedrohung Herr werden, es gelang ihnen, die Franken über den Rhein zurückzudrängen.
   Daran schloss sich eine Phase der mehr oder minder **friedlichen Koexistenz** an. Die Römer machten die fränkischen Gruppen zu **foederati**, d. h. zu Freunden und

Bundesgenossen. Die Aufnahme diplomatischer Beziehungen mit der Weltmacht sicherte den Frieden und erlaubte den „Barbaren“ das Kennenlernen und die **Adaption der politischen Kultur** der Römer. Grundlage hierfür war die zunehmende **Integration** von Franken **ins römische Heer**, das an der Nordgrenze des Imperiums verstärkt werden musste. Bald konnten Franken auch hohe Kommandostellen (magister militum) einnehmen, fränkische Teilstämme wurden im Reich angesiedelt, als **Reichsangehörige** mit **Wehrpflicht**, aber unter ihren eigenen Königen.
Doppelidentitäten waren gang und gäbe, fränkische Herkunftsmythen wurden konstruiert, die Franken und Römer auf die gleiche Stufe stellten (z. B. Abkunft aus Troja). Zunehmend verselbstständigten sich die Franken jedoch gegenüber Rom. **Childerich**, der um 463 die Führung der Franken übernahm, war der letzte fränkische föderierte General. Er war für die Verwaltung der römischen Provinz Belgica II verantwortlich und sah sich als Franke im Dienste Roms mit der Verpflichtung, das römische Erbe zu bewahren. Die Einbindung Childerichs in die römische Verwaltung und Heeresorganisation zeigt, dass die fränkische Reichsgründung keine Folge von Landnahme oder Eroberungszügen war, sondern ein **Machtwechsel innerhalb bestehender Strukturen**. Im Rahmen dieser Entwicklung hatten sich die fränkischen Kleinstämme (**gentes**) zu größeren Regionalverbänden gewandelt, die sich an den römischen Gauen (**regna**) orientierten und von Königen regiert wurden.
Mit Childerichs Sohn **Chlodwig**, der ihm 481/2 als Föderatengeneral, Provinzverwalter und König der salfränkischen Stammesgruppe folgte, begann die nächste Phase der fränkischen Ethnogenese. Chlodwig besiegte 486/7 den nordgallischen „rex Romanorum“ **Syagrius**, eignete sich dessen Herrschaftssitz Soissons sowie dessen Privatarmee und -land an, wahrscheinlich behielt er auch das Personal der Provinzverwaltung bei. Auf die Unterstützung der **romanischen Eliten** konnte Chlodwig bauen, indem er ihnen ihre Machtstellung beließ. Die Loyalität der alten Führungsschichten konnte sich Chlodwig dabei auch durch seine **Konversion zum Katholizismus** sichern, die auch die Assimilation von Franken und **Galloрömern** erleichterte. Durch Siege gegen die Alemannen im Osten und die Westgoten im Süden konnte Chlodwig sein Herrschaftsgebiet gewaltig vergrößern. Auf der anderen Seite erlangte er zuerst die Alleinherrschaft über die Salfranken, dann auch über die Rheinfranken, indem er deren Könige und seine eigene Verwandtschaft beseitigen ließ. Ein **merowingisches Großreich** mit dynastischer Erbfolge – angelehnt an das römische Kaisertum – entstand.
Gerade im Kernbereich fränkischer Macht zwischen Loire und Rhein entstand bei der Oberschicht eine **fränkische Identität**; die gallorömische Aristokratie verschmolz mit dem fränkischen Adel und immer größere Gruppen machten sich die Identität der Franken als herrschender Minderheit zu eigen. Die Entwicklung eigener **Rechtskodices** für die einzelnen Teilreiche wie die Lex salica in Neustrien wirkte außerdem integrativ.
Jenseits von Loire und Rhein entstanden neue regionale Identitäten infolge der politischen und militärischen Organisation der Franken. In Burgund etwa, das zum Subkönigreich wurde, wurden die vorhandene Aristokratie und die herrschenden Rechtsgewohnheiten übernommen. In Alemannien, Thüringen und Bayern, aber

auch in Aquitanien oder der Provence war die Regionalisierung trotz der integrativen Kraft des katholischen Glaubens und der zentralen fränkischen Autorität noch stärker ausgeprägt.
Die Übernahme des katholischen Glaubens spielte für den Prozess der Ethnogenese eine wichtige Rolle, sicherte sie Chlodwig doch die **Unterstützung der katholischen Bischöfe**, deren Machtfülle in ihren Bistümern in Zeiten einer zusammenbrechenden bzw. fehlenden Zentralgewalt groß war. Da die frühen fränkischen Herrscher den Bischöfen weitreichende Privilegien zusicherten, bot sich den alten **senatorischen Eliten** eine neue Karrierechance: Mit der Besetzung von Bischofsämtern konnten sie ihren Machtverlust kompensieren. Die Konversion zum Katholizismus brachte den Franken auch Vorteile gegenüber anderen Reichsbildungen der Völkerwanderungszeit. Im **Ostgotenreich** Theoderichs des Großen war eine Verständigung zwischen Goten und Römern kaum möglich: Neben Heiratsverbot und Belassung der Zivilverwaltung in den Händen der Römer lag dies v. a. am religiösen Gegensatz: Die Goten waren **Arianer**, ihre Könige verstanden sich als oberste Kirchenführer im Gotenreich. Eine Verschmelzung mit der katholischen römischen Bevölkerung konnte angesichts dieses **Dualismus** – anders als im Frankenreich – nur schwer zustande kommen.

2. a) *Der Operator „erarbeiten" bezieht sich auf den AFB II (Reorganisation und Transfer). Sie sollen erarbeiten, welche Bedeutungsebenen der Begriff der Nation für den Verfasser der Textquelle hat. Es genügt also nicht, die Quelle einfach zu paraphrasieren, sondern Sie müssen – als Abstraktionsleistung – darlegen, was Renan Ihrer Meinung nach mit seinen Thesen sagen will, und diese möglichst schlüssig miteinander verbinden. Dazu gehört auch, dass Sie Andeutungen präzisieren und für Umschreibungen treffende Begriffe finden.*

Der französische Gelehrte Ernest Renan legt 1882 eine für seine Zeit außergewöhnliche **Definition** des Begriffs Nation vor. Für ihn sind „Nationen nichts ewiges" (Z. 49), d. h., es handelt sich um ein **zeitlich begrenztes Phänomen**, das nicht einfach naturgegeben ist, sondern **Ergebnis einer geschichtlichen Entwicklung** (vgl. Z. 1 f.). Damit grenzt sich Renan von vielen Zeitgenossen ab, die annahmen, dass Nationen schon seit ewigen Zeiten bestehen. Dazu passt, dass Renans Nationsbegriff sich weder auf ethnische, kulturelle, religiöse Merkmale oder auf territoriale Einheiten (vgl. Z. 6–16) stützt. Darüber hinaus lehnt er theologische Erklärungen ab (vgl. Z. 41) und weist damit die göttliche Herkunft bzw. Legitimierung von Nationen zurück.
Voraussetzung für die Entstehung bzw. Fortdauer einer Nation ist nach Meinung Renans zum einen ein **kollektives Gedächtnis**, also das **Bewusstsein** einer gemeinsamen Vergangenheit bzw. gemeinsame Erinnerungen, die identitätsstiftend wirken (vgl. Z. 19 f.). **Loyalität** zur Nation entsteht dabei laut Renan gerade durch „gemeinsames Leid" (Z. 31 f.) – hier lässt sich an verlorene Kriege denken –, die den nachfolgenden Generationen eine Verpflichtung auferlegen und damit integrativ wirken. Dies führt zur zweiten Voraussetzung, dem **kollektiven Willen** in der

Gegenwart, diese Gemeinschaft in die Zukunft fortzuschreiben (vgl. Z. 37 ff.). Damit gründet die Nation auf einem Zugehörigkeitsgefühl der ihr gegenüber loyalen Menschen (vgl. Z. 35).

Geht diese Bindung verloren, so ist der Fortbestand der Nation gefährdet. Renan spricht diesbezüglich vom „**Alltagsplebiszit**" (Z. 39), womit er meint, dass die Individuen durch ihr Verhalten ständig faktisch über die weitere Existenz der Nation abstimmen (vgl. Z. 47 ff.). Ausgangspunkt seiner Überlegungen ist also das **Individuum** (vgl. Z. 40), dessen Wille die Politik bestimmt und dem die Politik zu dienen hat. Diese Zustimmung der Staatsbürger legitimiert somit die Nation, was Renan am Beispiel von **strittigen Territorialfragen** erläutert: Diese dürften letztlich nicht gegen den Willen der eigenen Bevölkerung entschieden werden (vgl. Z. 62 f.). Zudem dürften Territorien nur mit Zustimmung ihrer Bewohner annektiert werden (vgl. Z. 47 f.). Ein Wechsel der Nationalität scheint also ebenso möglich zu sein wie ein Ende der Nation aufgrund fehlender Willensbekundung.

Der Franzose bejaht die Existenz von Nationen in der damaligen historischen Situation, weil diese gerade in ihrer Vielfalt und ihren Gegensätzen **Garanten der Freiheit** seien (vgl. Z. 53) und den Prozess der Zivilisation vorantrieben (vgl. Z. 55). Offensichtlich hält er die zeitgenössischen Nationen bzw. deren Regierungen nicht für reif genug, in einer supranationalen und gleichzeitig liberalen Gemeinschaft zusammenzuleben. Allerdings erwartet er für die Zukunft einen solchen „**europäische[n] Zusammenschluß**" (Z. 50).

2. b) *Die Aufgabenstellung stellt eine Variante einer Beurteilung bzw. einer kritischen Stellungnahme dar und ist somit dem AFB III zuzuordnen. Die Fragestellung hilft Ihnen insofern, als Sie Ihnen die Zahl der auszuführenden Argumente vorgibt. Lesen Sie sich die erste Teilaufgabe nochmals durch und versuchen Sie, unterschiedliche Teilaspekte der Definition Renans voneinander zu isolieren und diese dann begründet zu beurteilen. Mögliche Beurteilungskriterien könnten sein: Vergleich mit anderen Nationalismustheorien, aktualisierende Bewertung, Umsetzbarkeit seiner Thesen, Zutreffen seiner Prognosen. Achten Sie darauf, dass Ihre Thesen trennscharf formuliert sind! Dazu sollten Sie möglichst unterschiedliche Ansätze wählen.*

These 1

Verglichen mit den Nationalismusdefinitionen seiner Zeitgenossen ist Renans Standpunkt als ausgesprochen **progressiv** einzustufen, da er erkannte, dass Nationen zeitlich begrenzte Konstrukte menschlichen Denkens sind, deren Existenz von der Zustimmung der Menschen abhängt. Damit stand Renan in Widerspruch zum Denken seiner Zeit, das mehrheitlich davon ausging, dass Nationen an sich und schon immer existieren würden, unabhängig von der **Imagination** der Menschen, und dass jede Nation bestimmte **distinktive Merkmale** besitze. Der deutsche Historiker Meinecke etwa unterschied gut 20 Jahre nach Renan **unpolitische Kulturnationen** und **politische Staatsnationen**. Während das Kennzeichen ersterer ein gemeinsamer Kulturbesitz sei, würden letztere durch eine gemeinsame geschichtliche und verfassungsmäßige Entwicklung bestimmt. Mit dieser Gegenüberstellung wollte Meinecke die Unterschiede zwischen deutscher Kulturnation und französischer Staatsnation erklären. Dabei ging er von angeblich objektiv vorhandenen Merkmalen aus, während die Nation für Renan lediglich auf der Vorstellung von Gemeinschaft beruhte.

These 2
Renans Forderung, wonach territoriale Streitigkeiten auf Grundlage eines „**Votum[s] der Nationen**" (Z. 47) gelöst werden sollen, klingt auf den ersten Blick überzeugend, birgt jedoch auch gewisse **Risiken**. Positiv an diesem Ansatz scheint zunächst zu sein, dass territoriale Streitigkeiten weder auf Grundlage angeblicher Rechtsansprüche eines Fürsten auf ein bestimmtes Gebiet noch gegen den Widerstand der dort lebenden Menschen und womöglich unter Anwendung von Gewalt gelöst werden sollen. Weiterhin lässt sich dieser Ansatz auch mit dem Prinzip der **Volkssouveränität** in Verbindung bringen: Wenn das Urteil der Bevölkerung relevant für die Außenpolitik seines Landes ist, dann scheint seine Forderung den Demokratisierungsprozess voranzutreiben und wäre damit grundsätzlich positiv zu bewerten. Der Gedanke, dass die Einwohner von umstrittenen Provinzen oder Ländern das Recht haben sollten, über ihre zukünftige territoriale Zugehörigkeit abzustimmen, steht im Einklang mit dem **Selbstbestimmungsrecht** der Völker, auf das sich Nationen bis heute berufen.
Zu den Risiken zählt, dass das „Votum der Nationen" bzw. die öffentliche Meinung von einflussreichen Gruppen oder Einzelpersönlichkeiten **manipuliert** werden kann, um die Bevölkerung auf eine **aggressivere Außenpolitik** einzuschwören und dadurch von inneren Problemen abzulenken. Dies lässt sich am Beispiel Frankreichs zur Zeit Renans belegen: Die herrschenden Eliten versuchten, die Spannungen zwischen Monarchisten und Republikanern nach außen hin abzulenken und die als Demütigung empfundene Niederlage gegen Preußen und seine Verbündeten 1870 durch eine aggressive, imperialistische Außenpolitik zu kompensieren.

These 3
Visionär ist Renans Einschätzung, dass die Nationen Europas im Zuge des voranschreitenden Zivilisationsprozesses durch einen „europäische[n] Zusammenschluß" (Z. 50) ersetzt würden. Tatsächlich hat der **Integrationsprozess**, der in Europa nach dem Ende des Zweiten Weltkriegs begann, dazu beigetragen, ein **europäisches Bewusstsein** zu schaffen. Ein Beispiel für diese Annäherung ist der deutsch-französische Freundschaftsvertrag von 1963, der das Verhältnis beider Staaten, das seit dem 19. Jahrhundert von Misstrauen und Gegensätzen geprägt war, auf eine neue Grundlage stellte. Dadurch gelang es, alte Feindbilder, wie das des „Erbfeindes", das von der nationalistischen Publizistik beider Staaten verbreitet worden war, aufzulösen. Der Aufbau **supranationaler Institutionen** wie des Europäischen Parlaments sowie die Schaffung eines nahezu europaweiten **Binnenmarkts** erleichtern heute die Annäherung zwischen den einzelnen Nationen. Einschränkend gilt, dass der von Renan angenommene Zivilisationsprozess nicht kontinuierlich ablief. Die europäische Integration ist auch die Folge eines aufgrund zweier verheerender Weltkriege angewachsenen Sicherheitsbedürfnisses.

3. *Auf Grundlage einer Beschreibung und Deutung der einzelnen Elemente der Bildquelle sollen Sie deren Aussage – das Verständnis der Quellenproduzenten von Nation – herausarbeiten und anschließend mit dem Standpunkt Renans vergleichen. Der Aufbau der Bildquelle ist komplex. Verschiedene Ausschnitte aus Gemälden, Skulpturen und Fotografie, die Personen, Symbole oder Ereignisse zeigen, wurden zusammenmontiert und mit Unterschriften versehen. Wichtig ist, dass Sie sich die Erklärungen neben/unter der Bildquelle durchlesen. Setzen Sie sowohl die einzelnen Teilbilder als auch Bilder und Texte miteinander in Beziehung! Überprüfen Sie Auffälligkeiten bei der Auswahl der einzelnen Bildelemente! Die Aufgabe ist dem AFB III zuzuordnen. Empfehlenswert ist es, zunächst mit einem Basissatz zur Bildquelle zu beginnen, diese dann zu beschreiben und zu deuten, am Ende ihre Aussage zusammenzufassen und mit Renans Thesen zu vergleichen.*

Die vorliegende Bildquelle, ein Spiegel-Spezial-Titel von 2007, soll die Grundlagen unseres **Selbstverständnisses** als Deutsche illustrieren. Dazu werden verschiedene als wichtig erachtete Persönlichkeiten, Symbole und Ereignisse aus mehreren Jahrhunderten der Deutschen Geschichte zusammengefügt, die für unsere gemeinsame Vergangenheit stehen sollen.
In der Bildmitte befindet sich das **Brandenburger Tor** als zentrales Symbol sowohl für die deutsche Teilung nach 1945 als auch die Wiedervereinigung 1989/90, auf deren Bedeutung zudem die Fotografie – eine **Demonstration** unzufriedener DDR-Bürger – in der unteren Bildmitte verweist. Außerdem symbolisiert das Tor die Tradition des preußischen Machtstaates und des Deutschen Kaiserreiches. Diese **Doppelfunktion** wird auch durch die Anordnung der das Tor umgebenden Personen unterstrichen. Links neben dem Bild stehen **Wilhelm II.**, **Bismarck** und **Hitler** als Repräsentanten des **vordemokratischen Machtstaates**. Bismarck als „Reichsgründer" wird dabei schon durch seine schiere Größe herausgehoben. Die sich unter ihnen befindende deutsche Flagge, ursprünglich Symbol der nationalen Bewegung im 19. Jahrhundert, später Symbol der demokratischen deutschen Staatswesen, würdigt keiner von ihnen eines Blickes. Aufgenommen wird das Fahnenmotiv dagegen in der bereits erwähnten Fotografie aus dem Jahr 1989, wodurch eine demokratische sowie patriotische Kontinuität suggeriert wird.
Auf der rechten Seite steht Konrad Adenauer als Repräsentant der neuen, **demokratischen Bundesrepublik**. Dem ersten Kanzler der Bundesrepublik Deutschland zugeordnet sind mit der Komponistin Schumann und den „Dichterfürsten" Goethe und Schiller Vertreter der noch heute positiv bewerteten **deutschen Traditionen**, nämlich Vertreter der deutschen Kultur und des deutschen Geistes. Auffällig ist, dass sich der **Reformator Luther**, der als Schöpfer der deutschen Sprache und Bibelübersetzer eigentlich ein Vertreter der deutschen Kultur ist, auf der linken Seite befindet. Dies könnte an dem hohen Stellenwert liegen, den Gehorsam und Obrigkeitstreue in seinem Denken hatten, aber auch an seiner Forderung zur Schaffung einer von Rom unabhängigen Nationalkirche. Rechts neben dem Reformator befindet sich eine Büste des mittelalterlichen Königs **Otto des Großen** als Vertreter des **Heiligen Römischen Reiches**, dessen Tradition die Gründer des „Zweiten Deutschen Reiches" für sich vereinnahmen wollten. Dagegen dokumen-

tiert die spätmittelalterliche **Goldene Bulle** sowohl die Schwäche der königlichen Zentralgewalt als auch die Stärke der Territorialherren und ist damit für die Entstehung des deutschen **Föderalismus** bedeutsam.
Vervollständigt wird die Darstellung durch den Ausschnitt eines Gemäldes, das das frühneuzeitliche Landleben idyllisch verklärt und somit für die **romantische Sehnsucht** der Deutschen nach der heilen Welt stehen könnte, sowie einen Gemäldeausschnitt, der die Industrialisierung Deutschlands im 19. Jahrhundert und damit den Aufstieg zur **Wirtschaftsmacht**, aber auch das Unbehagen vieler Deutscher angesichts dieser Entwicklung illustrieren könnte.
Bei der Auswahl der einzelnen Elemente fällt auf, dass Mittelalter und frühe Neuzeit kaum (lediglich am oberen Bildrand) vertreten sind: Zwischen Luther (1483–1546) und Goethe (1749–1832) klafft sogar eine Lücke von ca. 200 Jahren. Wenig Raum hat auch die Nachkriegszeit inne: Die Berliner Luftbrücke und Willy Brandt fehlen ebenso wie die „68er" oder die Umwelt- und Friedensbewegung. Dagegen dominieren die mit dem **19. Jahrhundert** verbundenen Bildelemente, deren Einfluss noch weit ins 20. Jahrhundert auszustrahlen scheint. Nicht umsonst ist Hitler dem „Eisernen Kanzler" Bismarck zugeordnet.
Die Textelemente betonen durch die Verwendung des Personalpronomens „wir" den Aspekt der Gemeinschaft bzw. des Zusammengehörigkeitsgefühls. Dieses **Wir-Gefühl** ist nach Ansicht der Quellenproduzenten aufgrund gemeinsamer Geschichte, Sprache und Kultur entstanden. Mit der Verwendung des Begriffs „Die **Erfindung** der Deutschen" suggerieren sie ferner, dass es eine deutsche Nation an sich nicht gäbe. Durch die Auswahl der Bildelemente legen sie nahe, dass die „deutsche Nation" v. a. im 19. Jahrhundert erfunden oder konstruiert worden wäre. Damit wäre sie ein relativ **modernes Phänomen**, das sich zur Legitimation aber auf eine ältere Tradition – eine angeblich deutsche Vergangenheit – berufen hätte.
Diese Aussage lässt sich durchaus mit den Thesen Renans verbinden. Beide Quellen betonen die **Endlichkeit** und **Historizität** von Nationen sowie die Bedeutung des Zusammengehörigkeitsgefühls der sich als Nation begreifenden Individuen. Beide Quellen verdeutlichen, dass dieses nur entstehen kann, wenn die einzelnen Mitglieder die Vorstellung einer gemeinsamen Vergangenheit haben.
Die Bildquelle zeigt, wie ihre Produzenten sich diese Vergangenheit vorstellen, sie hat also subjektiven Charakter. Dennoch verdeutlicht die Abbildung, dass die von Renan erwähnte **Solidarität** sowohl durch gemeinsam erfahrene Schmerzen als auch Triumphe erzeugt wird: Für Ersteres steht die Fotografie Hitlers. Für Letzteres das Bild unten, das für die Wiedererlangung der deutschen Einheit steht, die zeigt, dass „unser" Wille, uns als eine Nation zu sehen, ungebrochen ist.

4. *Die Bezeichnung Deutschlands als „verspätete Nation" findet man in vielen Studien zur Erforschung der Entwicklung des deutschen Nationalismus bis 1945. Ihre Aufgabe ist es hier, diesen Begriff zu erschließen und seine Verwendung zu hinterfragen. Dabei sollen Sie sich auf das 19. Jahrhundert als Untersuchungszeit beschränken. Ausgangspunkt Ihrer Überlegungen sollten folgende Fragen sein: Im Vergleich zu welchen anderen Nationen könnte Deutschland eine „verspätete Na-*

tion" sein? In welcherlei Hinsichten könnte Deutschland eine „verspätete Nation" sein? Die Antworten auf die zweite Frage können Ihre Lösung strukturieren, die Antworten auf die erste Frage Ihre Thesen belegen. Entwickeln Sie mehrere Argumente und kommen Sie am Schluss zu einer kurzen Bewertung (AFB I bis III).

Die Bezeichnung „verspätete Nation" könnte zum einen bedeuten, dass die **Nationalstaatsidee** in Deutschland relativ spät verwirklicht werden konnte. Tatsächlich konnte Deutschland erst 1871 mit der Gründung des **deutschen Kaiserreichs** im Gefolge mehrerer „Einigungskriege" vereint werden. Einschränkend ist anzumerken, dass nicht alle Deutschen Teil dieses Nationalstaats wurden: Das Bismarck-Reich war **kleindeutsch** – die Deutschstämmigen Österreichs blieben außen vor. Umgekehrt waren nicht alle Einwohner des Reiches Deutsche; neben Dänen, Polen oder Elsässern sind v. a. die Juden zu nennen, die als religiöse Minderheit vor Anfeindungen nicht geschützt waren. Zu Beginn des 19. Jahrhunderts hatte zunächst die mit dem Wiener Kongress einsetzende **restaurative Politik** die nationale Einheit verhindert und die Hoffnungen vieler Nationaler auf einen starken Nationalstaat zerstört: Der 1815 geschaffene **Deutsche Bund** war als loser Staatenbund konzipiert worden. Trotz zunehmender Stärke der Nationalbewegung scheiterte die „**Revolution** von unten" in den Jahren 1848 und 1849 mit ihrem Bemühen, einen Nationalstaat zu schaffen, an der Stärke der reaktionären Kräfte.
Versteht man unter „verspäteter Nation" also die späte Realisierung eines Nationalstaates, so trifft dieses Urteil mit Blick auf die Nationalstaaten Westeuropas wie Frankreich oder England, die weitaus älter sind, zu. Anders als diese „**Staatsnationen**" beruhte die Einheit der deutschen Nation lange Zeit nur auf kulturellen Gemeinsamkeiten wie der Sprache oder der Geschichte. Einschränkend gilt, dass andere europäische Nationalstaatsbildungen, wie die der Polen oder Tschechen, weitaus später erfolgten: Die Tschechoslowakei entstand erst anlässlich der Pariser Vorortkonferenzen 1919.
Die Bezeichnung „verspätete Nation" könnte zum anderen auf eine **verzögerte politische Modernisierung** Deutschlands hinweisen. Auch dies ist im Grunde richtig: Die konservativen Kräfte im **System Metternich** versuchten neben der Nationalstaatsbildung auch liberale und demokratische Reformen zu verhindern, da beide Tendenzen als Gefahr für den Fortbestand der alten Ordnung gesehen wurden. Die berüchtigten **Karlsbader Beschlüsse 1819**, die unter anderem mittels Zensurmaßnahmen die immer wichtiger werdende öffentliche Meinung zu manipulieren trachteten, waren Ausdruck dieser Bestrebungen.
Das **Demokratiedefizit** konnte auch mit der Reichsgründung 1871 nicht beseitigt werden. Im Widerspruch zum Prinzip der Volkssouveränität war das **Reich als Fürstenbund** gegründet worden, die Kompetenzen des demokratisch gewählten **Reichstags** waren gering. In europäischer Perspektive kann jedoch auch diesbezüglich nicht von einem allein deutschen Sonderweg gesprochen werden. Die Partizipationsrechte der Bevölkerung waren auch im neoabsolutistischen Österreich-Ungarn oder im russischen Zarenreich nur schwach ausgeprägt.
Insgesamt betrachtet trifft die Bezeichnung also nur mit Blick auf die politische Entwicklung in **Westeuropa** zu. Der Begriff impliziert einen Zusammenhang zwi-

schen der späten Verwirklichung des Nationalstaats und der fehlenden Demokratisierung und soll helfen, die Radikalisierung des Nationalismus in Deutschland bis hin zum Nationalsozialismus zu erklären.

5. *In dieser Teilaufgabe wird der thematische Raum ausgeweitet auf den Lehrplanabschnitt G 12.2.2, in dem es um die Geschichte der USA und ihre Rolle als Supermacht geht. Insofern ist bei der Wahl des geforderten Beispiels eines asymmetrischen Krieges auf einen der Konflikte zurückzugreifen, in denen die USA verwickelt waren.*
Wichtig für eine hinreichend differenzierende Lösung der Aufgabe ist eine möglichst präzise Klärung des Begriffs „asymmetrischer Krieg". Auf dieser Grundlage ist dann eine Erörterung der Probleme möglich, die sich für eine demokratische Gesellschaft ergeben, wenn deren Armee einen solchen Krieg führen muss oder will. Die Aufgabe soll begrenzt werden auf moralische und militärische Herausforderungen, wobei eine Schwierigkeit der Aufgabe darin besteht, die moralischen Herausforderungen einzugrenzen.
Die Aufgabe ist vorwiegend dem AFB III (Problemlösung) zuzuordnen, in Teilen jedoch auch dem AFB I (Reproduktion), da das Beispiel, auf dem die Argumentation aufbauen muss, aus dem vorausgehenden Unterricht gewählt werden sollte.

Der **Begriff „asymmetrische Kriege"** ist noch jung und wird insbesondere im Zusammenhang mit dem Kampf gegen den Terrorismus verwendet. Vorher waren eher Begriffe wie Partisanenkampf oder Guerilla-Krieg gebräuchlich. Gemeint ist demzufolge die **Auseinandersetzung** einer überlegenen Macht mit einem **militärisch unterlegenen Gegner**, der jedoch durch strategische Vorteile technische, finanzielle und zahlenmäßige Nachteile auszugleichen vermag.
Zu den strategischen Besonderheiten von Guerillas und insbesondere auch des Terrorismus gehört es, dass jede **offene Feldschlacht**, wie sie für traditionelle Kriege typisch sind, **vermieden** wird. Guerillas tauchen aus dem Untergrund auf, schlagen zu und verschwinden wieder. Möglich ist dies nur, weil sie die Zivilbevölkerung als Deckung benutzen.
Eine solche Strategie kann auch auf hochmoderne Waffensysteme verzichten, die Kämpfer kommen nicht selten mit **primitiven Waffen** aus, der moderne Terrorismus der Selbstmordattentäter macht den Menschen zur Waffe. So stehen sich im asymmetrischen Krieg auch hoch gerüstete und teure Armeen auf der einen Seite und zahlreiche mobile kleine Kampfgruppen auf der anderen Seite gegenüber.
Ein weiterer strategischer Vorteil insbesondere der Terroristen ist ihre **Rücksichtslosigkeit**. Sie halten sich weder an humanitäre Werte, schon gar nicht an Regeln der internationalen Kriegführung, wie sie z. B. in der Haager Konvention niedergelegt sind. Dadurch provozieren sie unter Umständen den Gegner ebenfalls zu einer skrupellosen Kriegführung.
Aus den hier beschriebenen Besonderheiten asymmetrischer Kriege ergeben sich die militärischen und moralischen Probleme einer demokratischen Macht wie den USA. Gegen den internationalen Terrorismus, aber auch gegen Guerilla-Armeen

wie die der Taliban in Afghanistan und Pakistan oder religiös motivierter Gruppen im Irak ist der geballte Einsatz der überlegenen Technik und der Feuerkraft der US-Armee nicht möglich, da der Gegner selten offen auftritt. Außerdem wären z. B. bei Flächenbombardements die Schäden in der Zivilbevölkerung nicht zu verantworten. Es ist kein Zufall, dass sich die Terroristen wie auch die Guerillas entweder in unwegsame Gebirgslandschaften oder in dicht besiedelte Gebiete zurückziehen. Verstärkt wird dieser Vorteil durch die **Integration der Kampfgruppen in die Gesellschaft**, die eine klare Unterscheidung von unschuldigen Zivilisten und Kämpfern oft unmöglich macht.
Eine traditionelle Kriegführung erscheint auch deshalb im asymmetrischen Krieg schwierig, weil der Gegner für die überlegene Militärmacht oft nicht genau identifiziert werden kann, also z. B. auch Verhandlungen nicht geführt werden können. Die moralische Herausforderung der asymmetrischen Kriege für demokratische Gesellschaften besteht darin, dass in der Öffentlichkeit schon bald die Erfolglosigkeit der Militäraktionen und vor allem die nahezu unvermeidbaren **Verluste in der Zivilbevölkerung** diskutiert und verurteilt werden. Wenn schließlich die rücksichtslose und inhumane „Kriegführung" der Terroristen und der Guerillas dazu führt, dass sich auch die demokratische Armee solcher Methoden bedient und es zu Folterungen und zu Massakern, wie etwa in My Lai im Vietnam-Krieg, kommt, wird es immer schwieriger, in einer demokratischen Gesellschaft die Notwendigkeit eines solchen Krieges zu erklären. Diese **Rechtfertigungsproblematik** wird dadurch verschärft, dass asymmetrische Kriege selten in Friedensverhandlungen mit messbaren Erfolgen münden, sondern sowohl die Geduld wie die Leidensbereitschaft einer Gesellschaft überfordern. Schließlich besteht die Gefahr, dass man die Werte, für die man den Krieg führt, selbst infrage stellt.

An folgenden Beispielen könnten die aufgezeigten Zusammenhänge verdeutlicht werden:

- Vietnam-Krieg
- Irak-Krieg
- Krieg gegen die Taliban
- Krieg gegen Al Quaida

Teilaufgabe	**AFB I**	**AFB II**	**AFB III**	**BE**
1	☒	–	☒	22
2 a	–	☒	–	34
2 b	–	–	☒	
3	–	–	☒	24
4	☒	☒	☒	14
5	☒	☒	☒	26
Summe				120

Abitur Geschichte (Bayern G 8) – Übungsaufgabe 8
Historische Komponenten europäischer Kultur und Gesellschaft

Thema: *Grundlagen moderner politischer Ordnungsformen in Mittelalter und Früher Neuzeit*

Aufgaben

1. Fassen Sie Wesen und Funktion des Reichskirchensystems anhand von M 1 möglichst knapp zusammen und beurteilen Sie es aus Sicht des Königs einerseits und aus Sicht des hohen weltlichen Adels andererseits! (BE 34)
2. Erarbeiten Sie aus M 2 die gegensätzlichen Positionen und Interessen, die den Investiturstreit auslösten! (BE 20)
3. Skizzieren Sie die unmittelbare Vorgeschichte und den Bußgang Heinrichs IV. nach Canossa und beurteilen Sie sein Verhalten! (BE 20)
4. Stellen Sie dar, dass durch das Scheitern des staufischen Reichsgedankens der Weg geebnet wurde für das Entstehen moderner Territorialstaaten. Berücksichtigen Sie dabei die Zeit bis zur Goldenen Bulle! (BE 22)
5. Erörtern Sie an einem selbst gewählten Beispiel aus der deutschen Geschichte des 20. Jahrhunderts den Stellenwert von Sozialpolitik als Integrationsfaktor! (BE 24)

Material

M 1: Der Historiker Jan Dhondt über das Reichskirchensystem (1971)

Diese Reichskirche war nicht etwa ein genialer Einfall, zu dem es mit einem Schlage gekommen war und der nachher systematisch verwirklicht wurde. Ihr Beginn ging offensichtlich darauf zurück, dass die Krone das Recht beanspruchte, die Bischöfe zu ernennen, und dieses Recht auch ausübte. Diese Handlungsweise war nicht neu, und der deutsche König richtete sich hierin nur nach den Karolingern. Diese hatten ja stets nach eigenem Ermessen über die Bischofssitze verfügt. Ein entscheidender Schritt ist darin zu erblicken, dass Otto I. [Reg. 936–973] mehreren Bischöfen die Grafenrechte in ihrer Residenz und dem von dieser abhängigen Gebiet verlieh. [...] Auch in solchen Verleihungen ist die Weiterentwicklung einer sehr alten Tradition zu sehen; denn die Bischöfe und Äbte genossen seit Jahrhunderten das Vorrecht der Immunität, das heißt der Freistellung von der Kontrolle durch die staatlichen Beamten und der Anerkennung ihres Herrschaftsbereiches als rechtlich weitgehend selbstständigen, durch die Autorität der Kirche befriedeten Bezirk. [...] Den entscheidenden Schritt tat Otto I. schließlich damit, dass er den Bischöfen die gesamten Grafenrechte überließ. [...]

Der wesentliche Punkt bei all diesen Maßnahmen war die in ihnen liegende enge Bindung des betreffenden Bischofs an die Interessen des Herrschers; denn die Gegner, die zum Schaden der bischöflichen Grafen die diesen verliehenen Rechte, die kirchlichen Domänen und die Befugnis zur Bestimmung der Nachfolger bei der Besetzung hohe Kirchenämter an sich reißen wollten, waren die Aristokraten, die gleichzeitig auch für den Monarchen gefährlich waren. Die Herzöge, die Grafenfamilien, die großen Grundherren – kurz, all diejenigen Gruppen, gegen die sich die Kaiser durch die Reichskirche sichern wollten.

Von diesen weltlichen und regionalen Kräften bedroht, wandten die Bischöfe sich immer wieder dem Kaiser zu, der ja eine Verbindung mit den regionalen Gewalten verhindern wollte und deshalb fast immer sorgfältig darauf achtete, dass er zum Bischof eines Gebietes einen Mann ernannte, der nicht diesem, sondern einem anderen Gebiet entstammte. So kam es dahin, dass die Bischöfe in ihrem eigenen Interesse die Gegner der kaiserlichen Gewalt bekämpften.

Das System der ottonischen Reichskirche lief also darauf hinaus, eine aus mächtigen Männern bestehende Schicht zu schaffen, deren Interesse mit dem der Krone völlig übereinstimmte. Diese Männer, die eigentlich Fremde in der von ihnen verwalteten Region waren, bildeten innerhalb des Staates eine Gruppe, die an den Kaiser, nicht aber an einen Gebietsteil gebunden war und deren meistens im Zölibat lebende Mitglieder auch nicht durch Erblichkeit dort verwurzeln konnten, wo sie herrschten. Nirgends und zu keiner Zeit hat es im frühen Mittelalter ein territoriales Verwaltungssystem gegeben, das die Herrschaft des Monarchen in einem solchen Maße sicherte.

Jan Dhondt, Das frühe Mittelalter, Frankfurt/Main (Fischer) 1971, S. 200 f.; übersetzt von Wolfgang Hirsch.

M 2: Humbert, Kardinalbischof und Vertrauter Papst Leos IX. (1049–1054), über die Befugnisse weltlicher und geistlicher Herrschaft bei der Investitur

Während also die hochwürdigen und allerhöchsten Päpste auf das Diktat des Heiligen Geistes selbst hin vorgeschrieben haben, dass die Wahl des Klerus durch das Urteil des Metropoliten, das Verlangen von Volk und Ständen aber durch die Zustimmung des Fürsten bekräftigt werde, so ist es jetzt zur Umkehr der heiligen Kanones[1] und zur Missachtung der ganzen christlichen Religion gekommen, und alles geschieht in umgekehrter Reihenfolge. Die Ersten sind die Letzten, und die Letzten sind die Ersten. Denn an erster Stelle steht bei der Wahl und Einsetzung die weltliche Gewalt, und ihr folgt, ob willentlich oder nicht willentlich, der Ordo[2], das Volk und dann der Klerus mit seiner Zustimmung, und dann endlich die Meinung des Metropolitans[3]. Deshalb kann man auf diese Weise gewählte Männer, wie wir oben ausgeführt haben, nicht unter die Bischöfe zählen, weil ihre Einsetzung mit dem Kopfe nach unten hängt. Denn was zuletzt geschehen musste, geschah zuerst, und getan haben es Leute, die es gar nichts angeht. Denn was geht Laien die Austeilung von kirchlichen Sakramenten an, was kümmert sie die Austeilung der bischöflichen oder der priesterlichen Weihe? Was geht sie der Krummstab und der Ring an, mittels derer in erster Linie die ganze Bischofsweihe durchgeführt, belehnt und gestützt wird? [...] Wer also mit diesen beiden Dingen irgend jemanden weiht, der hat damit ohne Zweifel die ganze Hirtengewalt an sich gebracht. Denn was bleibt dem Klerus, dem Ordo, dem Volke und auch dem Metropoliten nach einer solchen Weihe noch übrig an freier Meinung, wenn ein solcher Vorgesetzter ihnen schon gegeben ist? [...] Was geht es sie noch an, oder welchen Nutzen hätte es, Stab und Ring, die er doch schon trägt, ihm noch einmal zu verleihen? Etwa weil sie von einem Laien dargereicht sind? Aber auch eine von einem Laien vollzogene Taufe soll nicht wiederholt werden. Wenn der Getaufte am Leben bleibt, dann soll sie durch den Priester durch Gebet und Salbung ergänzt werden. Wenn der betreffende Mensch nicht am Leben bleibt, kann er ohne Zweifel ohne diese beiden das himmlische Reich betreten, niemand aber kann das ohne den Tropfen Taufwassers. Also ist es deutlich, dass alle bischöfliche Gewalt mit Ring und Stab gegeben ist.

Aus: Wolfgang Lautemann (Bearb.), Geschichte in Quellen, Bd. 2, 2. Aufl., München (bvs) 1978, S. 249 f.

1 Kanones: Gesetze kirchlicher Synoden
2 Ordo: der Krönungsritus (Salbung, Krönung usw.)
3 Metropolitans: gleichbedeutend mit Erzbischof

Lösungsvorschläge

Im Mittelpunkt der Aufgabe steht der Investiturstreit, also die Auseinandersetzung zwischen dem Kaisertum und dem Papsttum, in der es vordergründig um die Investitur, d. h. die Einsetzung der Bischöfe, geht, im Grunde jedoch um die Beziehungen und die Machtaufteilung zwischen weltlicher und geistlicher Gewalt. Thema ist darüber hinaus die Entwicklung von dem theokratischen Modell mittelalterlichen Herrscherverständnisses zur Trennung von Kirche und Staat. In der fünften Teilaufgabe erfolgt der thematische Übergriff zum Semester 11.1.
Die Aufgabe bezieht sich überwiegend auf das Kapitel 12.1.2 des Lehrplans, in dem es um die „Grundlagen moderner Ordnungsformen in Mittelalter und Früher Neuzeit" geht. In den Materialien wird einerseits die wissenschaftliche Auseinandersetzung mit dem Mittelalter repräsentiert (M 1), andererseits die Eigenart primärer Quellen (M 2). Die letzte Teilaufgabe greift zeitlich auf das 20. Jahrhundert aus und rückt den thematischen Aspekt „Die frühe Bundesrepublik – Erfolg der Demokratie durch ‚Wohlstand für alle'?" (11.2.3) in den Vordergrund.

1. *Die Aufgabe fordert sowohl die Fähigkeit, aus der Quelle wesentliche Informationen zu entnehmen, als auch die Kenntnis der Herrschaftsordnung des Reiches im Hohen Mittelalter. Im zweiten Teil der Aufgabe wird von Ihnen verlangt, die zum Teil gegensätzlichen Interessenlagen des Königs und des hohen weltlichen Adels zu erfassen und zur Grundlage eines Urteils zu machen.*
   In der Aufgabe werden alle drei Anforderungsbereiche abgedeckt.

   Beim sogenannten **Reichskirchensystem** handelt es sich im Grunde um eine Fortentwicklung der Kirchenhoheit des Monarchen, die bereits unter Konstantin dem Großen im 4. Jahrhundert nach Christus Kennzeichen der Macht des Herrschers war. Verbunden wurde diese Kirchenhoheit mit dem Recht des Königs, Bischöfe zu ernennen.
   Heinrich I. und sein Sohn Otto I. bauten die Kirchenhoheit im 10. Jahrhundert zu einem wichtigen Herrschaftsinstrument aus. Besaß der hohe Klerus bislang vor allem das Recht der **Immunität**, war also nicht der weltlichen Gerichtsbarkeit unterworfen, so erhielt er nun vom König eigene **weltliche Herrschaftsrechte**. Ihm wurden Ämter übertragen, verbunden mit der lehensrechtlichen Übertragung von Reichs- und Königsgütern. Da der Klerus zumindest offiziell kinderlos bleiben musste, fielen sowohl die Ämter als auch die Lehen beim Tod eines Kirchenfürsten an den König zurück.
   Voraussetzung für das Gelingen dieser Politik und das Funktionieren des „Reichskirchensystems" war, dass der König die ihm genehmen Kleriker selbst auswählen konnte, also das **Recht der Investitur** besaß. Sehr häufig waren es Mitglieder der königlichen Hofkapelle, die der König in den Rang von Fürstbischöfen erhob.
   Folge der starken Einbindung des hohen Klerus in die Herrschaftsstruktur und in die Verwaltung des Reiches war die Herausbildung einer eigenen Gruppe, auf die sich der König in seiner Auseinandersetzung mit dem weltlichen Adel, der nach Unabhängigkeit strebte, stützen konnte.

Um aus der Sicht der verschiedenen Machtträger oder -gruppen das „Reichskirchensystem" beurteilen zu können, ist es notwendig, zunächst die **verschiedenen Interessenlagen** zu skizzieren. Am eindeutigsten ist dabei die Situation des Königs zu erfassen. Seine Stellung ist kaum vergleichbar mit der eines Herrschers in einem konstitutionellen System. Die Machtstellung des Königs bzw. Kaisers im mittelalterlichen Reich beruhte nicht auf einer geschriebenen Verfassung mit klar umrissenen Rechten und Pflichten, sondern war traditional bestimmt und von der Zustimmung der Beherrschten abhängig. Im mittelalterlichen **Personenverbandsstaat** herrschte der König nicht über ein Land in fest umrissenen Grenzen, sondern über Personen, die lehensrechtlich an ihn gebunden waren.
Unumgänglich war für seine Herrschaft demzufolge eine **Legitimation**, die von den Untertanen akzeptiert wurde und die der politischen Ordnung Stabilität verlieh. Im Mittelalter konnte das nur der **christliche Glaube** sein, institutionalisiert in der katholischen Kirche. Der König war also darauf angewiesen, dass die Kirche seine Autorität anerkannte. Am ehesten konnte die Krone dies erreichen, indem sie selbst die Hoheit über die Kirche beanspruchte und durchsetzte. Mit dem **Recht, die Bischöfe einzusetzen**, wurde das schon von den Karolingern praktiziert.
Insbesondere **Otto I.**, der von 936 bis 973 regierte, sah darüber hinaus in einer engen Bindung des Hohen Klerus an den König weitere Vorteile. Da es im Personenverbandsstaat keine flächendeckende zentrale Verwaltung, kein einheitliches Rechtssystem und kein zuverlässiges Steuersystem gab, war der König auf die Fürsten und Grundherren angewiesen, die in ihren Herrschaften für Ordnung sorgten. Indem er nun bei der Bischofswahl nicht nur wie bisher die **geistliche Hoheit und die Immunität** verlieh, sondern auch die Grafenrechte, also **weltliche Hoheitsrechte**, schuf er eine neue Stütze für seine Herrschaft. Die Eigenschaften klerikaler weltlicher Macht boten für den König weitere Vorteile. Da der hohe Klerus in der Regel gebildeter war als üblicherweise der weltliche Adel, bedeutete die Übertragung von Herrschaftsrechten und Verwaltungsaufgaben in den vom König verliehenen Gebieten eine **Verbesserung der Qualität der Verwaltung**. Noch günstiger für den König war, dass die Fürstbischöfe dem Zölibat unterworfen waren. So konnten sie keine legitimen Nachkommen haben, an die sie ihre Herrschaftsrechte vererben konnten. Das Lehen fiel beim Tod des Bischofs an den König zurück und konnte erneut an ihm genehme Personen übertragen werden. So entstand in den fürstbischöflichen Herrschaftsgebieten ein „territoriales Verwaltungssystem [...], das die Herrschaft des Monarchen [...] sicherte". (M 1, Z. 36 f.)
Als ein Nachteil dieses Systems einer engen Verklammerung von Kirche und Staat erwies sich die zunehmende **Verweltlichung** des hohen Klerus, die dazu führte, dass aus der Kirche heraus **Reformbewegungen** entstanden. Für den König stellte sich als verhängnisvoll heraus, dass das Papsttum ihm das Recht auf die Investitur der Bischöfe verweigerte, auf das sich letztlich das „Reichskirchensystem" stützte.
Die **weltlichen Landesherren** hatten ganz andere **Interessen** als der König. Sie waren bestrebt, ihre eigenen Herrschaftsrechte auszubauen und vor allem erblich zu machen. So hofften sie, die Einflussmöglichkeiten und die Macht des Königs zu beschränken. Die geistlichen Fürsten mit ihrer engen Bindung an die Krone waren also Gegenspieler, da sie die Macht des Königs sicherten und ausbauten. In

der Auseinandersetzung der Krone mit dem Papst im Investiturstreit waren die weltlichen Fürsten daher selten bereit, den König zu unterstützen. Als schließlich der Papst im **Wormser Konkordat** durchsetzen konnte, dass der König auf die Einsetzung der Bischöfe verzichtete, bedeutete dies das Ende des „Reichskirchensystems" und einen erheblichen Machtgewinn der weltlichen Fürsten, den sie dann zum Aufbau zunehmend autonomer Territorialstaaten nutzten.

2. *In der zweiten Teilaufgabe geht es ausschließlich um die Zusammenfassung einer Quelle unter einer zentralen Fragestellung. Notwendig für die Erschließung des Textes sind allerdings die Kenntnis von Grundbegriffen im Zusammenhang mit der Investitur und die Einsicht in die Bedeutung symbolischer Handlungen im mittelalterlichen Herrschaftssystem. Die Aufgabe ist dem AFB II (Transfer) zuzuordnen.*

Der **Kardinalbischof Humbert** war in Rom Mitte des 10. Jahrhunderts überaus einflussreich und galt als Gegner eines Eigenkirchenrechts der Laien. Deutlich wird dies in seiner durchaus kämpferisch-polemischen Schrift durch die **Kritik** an der Praxis der Wahl des Klerus, insbesondere der Bischöfe. Für Humbert ist es ein eindeutiger **Verstoß** gegen das von den Päpsten und den Synoden gesetzte und vom Heiligen Geist inspirierte **Kirchenrecht**, wenn die kirchlichen Würdenträger durch die **Investitur mit Ring und Stab** von Laien in ihr Amt eingesetzt werden und der „Metropolitan", also der Erzbischof, nur noch zustimmen kann. Für den Verfasser der Schrift ist dieses Verfahren gleichbedeutend damit, dass die Laien, also bedeutende Grundherren wie Grafen, Herzöge oder der König, „ohne Zweifel die ganze Hirtengewalt an sich gebracht" haben (Z. 17 f.). Diese Schlussfolgerung Humberts ist nur nachvollziehbar, wenn man berücksichtigt, dass der **symbolische Akt der Verleihung** von Bischofs-Ring und Krummstab gleichbedeutend ist mit einem **Rechtsakt**, der für alle verbindlich ist.
Humberts Position steht in krassem Gegensatz zu der des **Adels**, der auf seinem **Eigenkirchenrecht** bestand. Danach wählte der weltliche Grundherr in den von ihm gegründeten Kirchen und Klöstern die Kleriker selbst aus und verlieh ihnen die entsprechenden Insignien. Insbesondere das Reichskirchensystem der Ottonen und Salier beruhte auf diesem Recht.
In die Kritik geriet das Prinzip der Eigenkirchen deshalb, weil die von den Grundherren eingesetzten Kleriker häufig nicht die Voraussetzungen erfüllten, die das päpstliche Kirchenrecht forderte. Nicht selten wurden die Ämter gekauft, auch an das Gebot der Ehelosigkeit hielten sich die Priester und Bischöfe nicht immer.
Ausgehend vom **Kloster Cluny** in Frankreich breitete sich gegen diese Missstände eine Reformbewegung aus, der sicherlich auch Humbert nahestand. Zunächst nur verstanden als Reform der Klöster, mündeten die Forderungen unter Leo IX. und Gregor VII. in eine umfassendere Kirchenreform. Dabei ging es schließlich auch um eine zunehmende **Trennung von geistlichen und weltlichen Dingen**, von Sakralia und Temporalia.
Da andererseits die **Reichsidee** und die Herrschaft der Könige im Mittelalter auf einer engen Verzahnung von Kirche und staatlicher Ordnung beruhten und die

Fürstbischöfe sich seit dem 10. Jahrhundert in der ottonischen Reichskirche auch als Repräsentanten weltlicher Macht verstanden, mussten die Reformbestrebungen der Papstkirche zwangsläufig zum Konflikt führen, der dann im Investiturstreit ausgetragen wurde.

3. *In dieser Aufgabe geht es zunächst um eine Darstellung der Auseinandersetzung zwischen Kaisertum und Papsttum mit dem Höhepunkt des „Gangs nach Canossa", wobei berücksichtigt werden sollte, dass dieses Ereignis in der Geschichtsschreibung unterschiedlich bewertet wird.*
Entsprechend sollten im zweiten Teil bei der Beurteilung der Strategie Heinrichs IV. verschiedene wissenschaftliche Positionen einbezogen werden. Überwiegend ist die Aufgabe dem AFB I (Reproduktion) zuzuordnen, im zweiten Teil jedoch dem AFB III (Problemlösung).

Als **Papst Gregor VII.** 1073 zum Papst gewählt wurde, stellte er sich voll und ganz hinter die radikale Reformbewegung in der Kirche, die jeden Einfluss von Laien auf die Ernennung der Bischöfe ablehnte. Dass die **Gregorianische Reform** der Kirche in erster Linie aber auch eine Kampfansage an den Kaiser war, wurde im **Dictatus Papae** deutlich, in dem Gregor seine Reformziele zusammenfasste. Dort bringt er den Primat des Papstes über den Kaiser zum Ausdruck, wenn er für sich in Anspruch nimmt, allein den Kaiser absetzen und die Gläubigen vom Treueid gegenüber ihrem Lehensherren, also auch dem König oder Kaiser, entbinden zu können. Der Dictatus Papae stellte ein eindeutiges Bekenntnis für die Befreiung der Kirche aus den Bindungen an die weltliche Gewalt dar und war ein Angriff auf die von den Ottonen und den Saliern repräsentierte Reichsidee.
Der junge deutsche **Kaiser Heinrich IV.** musste den Dictatus also als **Kampfansage des Papstes** empfinden, zumal Gregor seine Legaten auch nach Deutschland schickte, um seine Forderungen durchzusetzen.
Auf einer **Reichssynode in Worms** 1076, also einem Treffen der hohen kirchlichen Würdenträger, lässt der König die anwesenden Bischöfe mit großer Mehrheit dem Papst gegenüber den Gehorsam aufkündigen und fordert ihn zur Niederlegung seines Amtes auf. Der Brief nach Rom schließt mit den berühmten Worten: „Steige herab, steige herab!"
Der Papst reagiert auf der Fastensynode in Rom im gleichen Jahr mit der **Exkommunikation des Kaisers** und verhängte über ihn den **Kirchenbann**, eine für die damalige Welt unerhörte Handlung, da alle Lehensleute des Kaisers, also auch die hohen weltlichen Fürsten, von ihren Lehenspflichten entbunden wurden. Der Kaiser wurde gleichsam für vogelfrei erklärt.
Wenn die Fürsten in Deutschland den Bannfluch Gregors auch nicht so radikal verstanden, sahen sie darin aber doch eine enorme **Schwächung des Kaisers**, dessen Herrschaftslegitimation infrage stand. Dies aber war gleichbedeutend mit einer **Stärkung der Fürsten** und ihrer **zunehmenden landesherrlichen Macht**. Jede Schwächung der Zentralgewalt hatte zur Folge, dass das Selbstbewusstsein

der partikularen Mächte stieg und zur Forderung nach Mitsprache führte. Sie setzten Heinrich ein Ultimatum, sich binnen Jahr und Tag vom Bann zu lösen.
Da Heinrich IV. die Gefahr für seine Herrschaft sah und verhindern wollte, dass die weltlichen Fürsten zusammen mit dem Papst einen Gegenkaiser einsetzten, zog er Gregor VII., der auf dem Weg nach Deutschland war, entgegen.
Ob nun Gregor VII. auf der **Burg Canossa** Zuflucht vor dem Kaiser suchte oder ob in vorausgehenden Geheimverhandlungen zwischen Kaiser und Papst die Burg als Treffpunkt vereinbart wurde, ist in der Wissenschaft umstritten. Auf jeden Fall wartete der Kaiser im Büßergewand vier Tage vor der Burg, bis er vom Papst empfangen und vom Bann losgesprochen wurde. Selbst wenn Gregor die Lösung vom Bann nicht gewollt hätte, blieb ihm keine Wahl, da Heinrich die **formalisierte Bußhandlung** vollzogen und somit nach dem Verständnis mittelalterlicher ritueller Handlungen Anspruch auf Vergebung hatte.
Insofern kann das Verhalten Heinrichs IV. nicht als schmachvolle Unterwerfung unter den Papst beurteilt werden, sondern vielmehr als eine **für die Sicherung seiner Herrschaft notwendige Handlung**. Er nahm damit der starken Opposition der Fürsten die Möglichkeit, sich von ihm loszusagen und einen Gegenkönig zu wählen. Es ist zudem durchaus denkbar, dass Kaiser und Papst das Schauspiel des Bußganges vereinbart hatten, um den Konflikt nicht weiter zu verschärfen.
Ob allerdings Heinrich IV. gut beraten war, Gregor aufzufordern, sein Amt niederzulegen, ist eher fraglich. Die Fürstenopposition war zu stark, als dass der Kaiser gleichzeitig einen Kampf mit dem Papst und den deutschen Fürsten erfolgreich hätte bestehen können.
Als Gregor 1080 den Kaiser ein **zweites Mal exkommunizierte**, war diese Waffe offensichtlich stumpf geworden. Heinrich ernannte einen **Gegenpapst**, Clemens III., Gregor rief gegen den Kaiser die Normannen zu Hilfe. Wenige Jahre später eroberte Heinrich IV. Rom und setzte seinen Gegner gefangen. Gregor wurde zwar von den Normannen befreit, starb jedoch 1085 im Exil.

4. *In der Aufgabe wird von Ihnen verlangt, einen historischen Längsschnitt vom Zerfallen des mittelalterlichen Reiches im 12. und 13. Jahrhundert bis zur Goldenen Bulle von 1356 zu ziehen. In dieser Zeit gewinnt in Deutschland der Konflikt zwischen der Zentralgewalt, dem König, und den partikularen Mächten, den Fürsten, immer mehr an Bedeutung.*
Wichtig ist bei der Lösung die begriffliche Genauigkeit. Die Aufgabe ist sowohl dem AFB I (Reproduktion) als auch dem AFB III (Problemlösung) zuzuordnen.

1138 ließ sich **Konrad III.**, der nahezu machtlose Herzog von Franken, zum König wählen, nachdem der letzte Salier gestorben war. Schon bald griff der erste staufische König die Idee auf, sich als **Nachfolger der römischen Kaiser** zu verstehen. Er nannte sich nach kurzer Zeit „Augustus" und „römischer Kaiser". Vor allem unter seinem Nachfolger **Friedrich I. „Barbarossa"** wurde diese besonders von dem Bischof **Otto von Freising** in seiner Geschichtsschreibung vertretene Idee zum **Herrschaftsverständnis** des deutschen Kaisers. Er verstand sich dabei nicht

nur als Nachfolger der römischen Kaiser, sondern als Vollender des Imperiums. Zumindest ideelles Ziel seiner Herrschaft war die Errichtung einer **Weltherrschaft** im christlichen Geist, in der ein dauerhafter Frieden herrschen sollte. Das **Weltreich und das Gottesreich**, bei Augustinus noch streng getrennt, sollten zusammenfallen und das Ende der Welt vorbereiten.
Als Vollstrecker des göttlichen Planes sahen sich die Staufer deshalb gezwungen, die Herrschaft über Italien zu gewinnen, um so das **Imperium Romanum** zu erneuern und zu vollenden. Das aber führte dazu, dass sie mehr und mehr Reichspolitik betrieben und ihre **Machtstellung in Deutschland** aufs Spiel setzten. Der letzte große Staufer, **Friedrich II.**, war deshalb kaum mehr in Deutschland, sondern residierte in Sizilien. War es Friedrich I. und seinem Sohn Heinrich IV. noch gelungen, ihren mächtigsten Gegner in Deutschland, Heinrich den Löwen, zu entmachten bzw. sich mit ihm auszusöhnen, so überließ Friedrich II. Deutschland seinem Sohn Heinrich VII. zur Regentschaft.
In der Auseinandersetzung des Kaisers mit seinem eigenen Sohn versuchte Friedrich II., die geistlichen und weltlichen Fürsten auf seine Seite zu ziehen und verbriefte ihnen die Rechte, die sie im Grunde schon für sich in Anspruch nahmen. Mit dem „Statutum in favorem principum" von 1232 und der schon älteren „Confoederatio cum principibus ecclesiasticis" wurden die nun sogenannten **Landesfürsten** weitgehend unabhängig vom König und konnten beginnen, ihre **Herrschaftsgebiete zu modernen Staaten auszubauen** wie z. B. die Wittelsbacher in Bayern. Die Staufer waren mit ihrem Reichsgedanken am Widerstand der partikularen Gewalten gescheitert, die durch die Schwäche der Zentralgewalt an Macht gewonnen hatten. Selbst die Königswürde wurde jetzt zum Spielball fürstlicher Interessen, wie der häufige Wechsel der Dynastien in der Folgezeit beweist.
In der „**Goldenen Bulle**" von 1356 fand diese Entwicklung einen vorläufigen Abschluss, als den großen Fürsten des Reiches das **Recht auf die Königswahl** zugestanden wurde. Die zentrifugalen Kräfte hatten sich im Reich durchgesetzt, in Italien vor allem die oberitalienischen Städte, in Deutschland neben den Städten die Fürsten und vor allem die Kurfürsten. Es zeichnete sich eine **neue Struktur** der Herrschaft im Reich ab: Das **föderalistische Prinzip der Gewaltenteilung als Ordnungsmodell** wird von nun an bestimmend für das Reich bis in die Neuzeit.
Da die Landesherren nun ihre Territorien rechtlich und verwaltungstechnisch vereinheitlichten, wurde der bisherige bunte Personenverbandsstaat mit vielfältigen sich überschneidenden lehensrechtlichen Bindungen schrittweise von einheitlichen **Territorialstaaten** abgelöst, in denen sich eine einheitliche Verwaltung durchsetzen ließ, sich aber auch Formen der ständischen Mitsprache entwickeln konnten.

5. *Die letzte Teilaufgabe fordert von Ihnen die sachlich-urteilende Auseinandersetzung mit einer Problemstellung (AFB III). Im Vergleich zu den anderen Aufgaben ist die Fragestellung sehr offen gehalten, Sie können also Ihr individuelles Vorwissen aus der gesamten Kursphase noch stärker zur Geltung bringen.*
Klären Sie zunächst zentrale Begriffe der Themenstellung: Stellenwert, Sozialpolitik und v. a. Integrationsfaktor. Das selbst auszuwählende Beispiel kann der gesam-

ten deutschen Geschichte des 20. Jahrhunderts entnommen werden, auch der Zugriff auf aktuelle Beispiele ist legitim. Es bieten sich Themen aus dem Lehrplanabschnitt 11.2 an, v. a. die Sozialpolitik der Bundesrepublik und die der DDR.
Beginnen sollten Sie mit einem Brainstorming, um die verschiedenen Ansätze und Ausprägungen der deutschen Sozialpolitik im 20. Jahrhundert zu sammeln. Unterteilen Sie die deutsche Geschichte dazu in Epochen! Bei der Auswahl des konkreten Beispiels sollte weniger die allgemeine Vertrautheit mit der jeweiligen Epoche, sondern das Wissen über das zu untersuchende Problem den Ausschlag geben.
Um Ihre Erörterung zu strukturieren, haben Sie folgende Möglichkeiten: Den Vergleich mit anderen Integrationsfaktoren wie Ideologien oder Feindbildern, die Veränderungen des Stellenwertes der Sozialpolitik innerhalb der ausgewählten Epoche, der Stellenwert für das Individuum, die Politik oder die Gesellschaft. Zeigen Sie Problembewusstsein, indem Sie auf Folgeprobleme hinweisen! Verlieren Sie sich nicht in Details: Auch in diesem Fall ist der abstrahierend-reflexive Zugriff wichtiger als die eher deskriptive Auflistung von Einzelheiten!
Am Ende sollte ein Fazit stehen, das Ihre Erörterung zusammenfasst. Die folgende Lösung versteht sich ausdrücklich nur als ein möglicher Weg!

Die Sozialpolitik der **Adenauerzeit** war ein wichtiger Integrationsfaktor der bundesrepublikanischen Gesellschaft und trug wesentlich zur **Stabilität** des neuen, unter schwierigen Voraussetzungen gegründeten Staates bei.
Nach der bedingungslosen Kapitulation im Mai 1945 befand sich Deutschland in einer **Notlage:** Viele Wohnungen, Industrieanlagen und die Infrastruktur waren zerstört. Die Produktivität von Industrie und Landwirtschaft war stark zurückgegangen, sodass die Menschen an **Hunger und Kälte** litten und auf Hilfe der Besatzungsmächte angewiesen waren, die **Arbeitslosigkeit** war groß. 12 Millionen **Flüchtlinge und Vertriebene** aus dem Osten verschärften das Versorgungsproblem, zudem befanden sich anfangs noch fast 10 Millionen Displaced Persons in Deutschland. Die Rationalisierung von Lebensmitteln ließ einen **Schwarzmarkt** entstehen, auf dem Zigaretten das wertlos gewordene Geld als Währung ersetzten. Diese Probleme waren 1949 zumeist noch nicht gelöst und stellten eine schwere Hypothek für die erste Regierung Adenauer dar.
Mit zahlreichen sozialpolitischen Maßnahmen – anknüpfend an das im Grundgesetz enthaltene **Sozialstaatsprinzip** – bemühte sich die Regierung um eine Entschärfung der Notlage, um den jungen Staat zu stabilisieren und den gesellschaftlichen Zusammenhalt zu fördern: Das **Versorgungsgesetz** von 1950 bescherte Millionen von Kriegsopfern eine Rente, die ebenfalls 1950 einsetzende Förderung des **sozialen Wohnungsbaus** schuf Millionen günstiger Wohnungen. Eine weitere wichtige Maßnahme war das **Lastenausgleichsgesetz** von 1952, das einen Ausgleich zwischen den vom Krieg und seinen Folgen geschädigten und nicht geschädigten Bevölkerungsteilen ermöglichen sollte. Entschädigungszahlungen und Eingliederungshilfen erleichterten die Integration der Flüchtlinge und Vertriebenen in der Bundesrepublik.
Aufbauend auf diese Kriegsfolgegesetzgebung wurde die soziale Sicherung in der Folgezeit weiter verbessert. Bereits 1954 wurde die Einführung des **Kindergeldes**

beschlossen. Die durch die Rentenreform 1957 eingeführte „**dynamische Altersrente**", die auf dem Konzept des „**Generationenvertrages**" aufbaut, stellt bis heute einen Eckpfeiler des deutschen Sozialstaats dar.
Zudem gab es weitere Integrationsfaktoren, die dafür sorgten, dass die sozialpolitischen Maßnahmen greifen konnten. Hier ist zunächst das „**deutsche Wirtschaftswunder**" zu nennen. Wichtige wirtschaftspolitische Weichenstellungen für diesen Aufschwung waren die **Währungsreform von 1948** sowie das Konzept der **Sozialen Marktwirtschaft**, das freien Wettbewerb mit einer staatlichen Wettbewerbsordnung kombinierte. Der wachsende Wohlstand sorgte für eine Zunahme der Beschäftigtenzahlen und für einen Anstieg der Löhne. Zwar gab es keinen „**Wohlstand für alle**", aber es entstand eine breite **Mittelschicht**, die die Politik Adenauers begrüßte und seiner Parole „Keine Experimente!" folgte. Außerdem wirkte sich der wirtschaftliche Erfolg positiv auf das **kollektive Selbstbewusstsein** der Deutschen aus und machte zudem die oben dargelegten sozialpolitischen Errungenschaften erst bezahlbar. Folglich kommt dem wirtschaftlichen Erfolg wohl die größte Bedeutung für die Integration der westdeutschen Bevölkerung zu.

Integrativ wirkte auch Adenauers Politik der **Westintegration**, mit der sich weite Kreise der deutschen Bevölkerung identifizieren konnten, da sie diese als Garanten für die Existenz und den wirtschaftlichen Erfolg der Bundesrepublik ansahen. Die DDR und ihr wirtschaftliches und politisches System wurden abgelehnt. Der **Antikommunismus** und die Abgrenzung nach Osten wurden so zu einem weiteren wichtigen Integrationsfaktor. Die anfangs unzureichende **Vergangenheitsbewältigung** erleichterte in Verbindung mit dem Wunsch zahlreicher Deutscher nach einem „Schlussstrich" die zweischneidige Integration von Millionen ehemaliger Nazis in die deutsche Gesellschaft. Auch die vorherrschende **Selbstwahrnehmung** der Deutschen als **Opfer des NS-Regimes** stärkte den gesellschaftlichen Zusammenhalt. Insgesamt betrachtet hatte die Sozialpolitik der Adenauerzeit als Integrationsfaktor also einen hohen Stellenwert, wurde jedoch ergänzt und stellenweise überhaupt erst ermöglicht durch andere Faktoren. In ihrem Zusammenwirken sorgten diese Faktoren für die Stabilität der in einer äußerst schwierigen Situation entstandenen zweiten deutschen Demokratie.

Teilaufgabe	**AFB I**	**AFB II**	**AFB III**	**BE**
1	☒	☒	☒	34
2	–	☒	–	20
3	☒	–	☒	20
4	☒	–	☒	22
5	☒	☒	☒	24
Summe				120

Abitur Geschichte (Bayern G 8) – Übungsaufgabe 9
Konfliktregionen und Akteure internationaler Politik in historischer Perspektive

Thema: *Der Nahe Osten – Historische Wurzeln eines weltpolitischen Konflikts*

Aufgaben

1. Beschreiben Sie die Auseinandersetzungen um den neu gegründeten Staat Israel zwischen dessen Staatsgründung 1948 und dem Sechs-Tage-Krieg 1967 und vergleichen Sie diese mit den Konflikten zwischen der Balfour-Deklaration 1917 und 1948! (BE 22)

2. a) Fassen Sie die Aussagen des Verfassers (M 1) zum Krieg im Gazastreifen 2008/2009 zusammen und arbeiten Sie seine Position heraus!
   b) Überprüfen Sie das Urteil des Verfassers, dass die traditionellen Kriege zwischen Israel und den arabischen Staaten (vgl. Z. 26 ff.) eine andere Qualität als etwa der zweite Libanon-Krieg besessen hätten! (BE 34)

3. Diskutieren Sie vor dem Hintergrund der israelisch-arabischen Auseinandersetzungen die Möglichkeiten der USA, „eine Zwei-Staaten-Lösung [zu] erzwingen" (Z. 78)! (BE 24)

4. Analysieren und interpretieren Sie die Karikatur (M 2) und zeigen Sie an ihr das Wesen einer politischen Karikatur! (BE 14)

5. Die Akzeptanz der westdeutschen Bevölkerung zur jungen Bundesrepublik lässt sich mit ökonomischen, außen- und weltpolitischen oder historischen Gründen erklären. Wählen Sie eine Erklärungsmöglichkeit aus und stellen Sie den entsprechenden Zusammenhang dar! (BE 26)

Material

M 1: Schimon Stein*: Unser Frieden, sonst keiner

Für manche Beobachter des Nahen Ostens steht Israels Militäroperation „Gegossenes Blei“ gegen die Terrororganisation Hamas in Gaza „in der Reihenfolge der Kriege, die Israel seit seiner Gründung im Jahre 1948 gegen seine arabischen Nachbarn und die Palästinenser“ geführt hat.

[…]

Wer eine solche Auffassung vertritt, verkennt die dramatischen Entwicklungen, ja die tektonischen Verschiebungen, die in der Region des Nahen und Mittleren Ostens seit einigen Jahren zu verzeichnen sind – und ihre Auswirkungen auf den israelisch-palästinensischen Konflikt. Diese Entwicklungen haben mindestens fünf Ursachen.

Erstens das Aufstreben Irans. Das Land versucht, die dominierende Kraft in der Region zu werden. Zu diesem Zweck unterstützt es Terrororganisationen wie die Hamas und die Hisbollah und strebt nach nuklearen Waffen und Raketenträgern.

Zweite Ursache ist eben das Aufstreben nichtstaatlicher Organisationen wie der Hamas und der Hisbollah. Die Hisbollah versucht, die Schwäche des Staates Libanon auszunutzen und agiert dort wie ein Staat im Staat, ohne dabei Rücksicht auf die nationalen Interessen des Libanon zu nehmen.

Drittens ist die geringe Bedeutung von Belang, die die arabische Welt als politischer Faktor spielt, was viertens mit einer immer geringeren Solidarität der Araber untereinander einhergeht.

Dazu kommt fünftens die wachsende Bedeutung des asymmetrischen Krieges, der die traditionellen militärischen Konventionen verändert hat: Soldaten stehen nicht mehr im Mittelpunkt des Angriffs; es ist die Bevölkerung, es sind die unschuldigen Zivilisten, die zum Schutzschild und zugleich zum Ziel von Angriffen geworden sind.

Vor diesem Hintergrund sind der zweite Libanon-Krieg im Juli/August 2006 sowie die Gaza-Operation zu bewerten. Diese Ereignisse sind nicht vergleichbar mit den „traditionellen Kriegen“, die Israel in den Jahrzehnten zuvor gegen seine Nachbarn geführt hat.

Der zweite Libanon-Krieg wurde nicht zwischen Israel und dem Staat Libanon geführt. Die Ursache dieses Krieges lag in dem Ziel der Hisbollah, Israel bis zur Auslöschung zu bekämpfen. Und das, obwohl Israel sich längst aus dem libanesischen Territorium zurückgezogen hatte und somit die langjährige Begründung für den bewaffneten Kampf entfallen war. Es handelte sich um einen Krieg zwischen Israel und einer Terrororganisation, die politisch, finanziell und militärisch an erster Stelle von Iran und an zweiter Stelle von Syrien Unterstützung erhält.

In der Funktion eines Stellvertreters soll die Hisbollah dem Iran bei der Verwirklichung seiner Ziele in der Region behilflich sein. Das heißt nicht, dass die Hisbollah keine eigenen, innerlibanesischen Ziele verfolgt – aber unbestritten ist, dass sie ohne die iranische Unterstützung nicht in der Lage wäre, ihren Zielen (bezüglich Israels wie auch innerhalb des Libanon) näherzukommen.

Anders als in den traditionellen Kriegen zwischen Israel und den arabischen Staaten, bei denen man die militärischen Erfolge Israels an der Eroberung von Gebieten und der Zerstörung von militärischer Ausrüstung messen konnte (so 1967 im Sechs-Tage-Krieg und 1973 im Jom-Kippur-Krieg), war dies im asymmetrischen Krieg zwischen Israel und der Hisbollah nicht der Fall. Obwohl Israel wieder zeigte, dass es die Fähigkeit zur Abschreckung besitzt, nahm die Öffentlichkeit den Sieg nicht als eindeutigen Sieg wahr.

Zugleich wurde offensichtlich, dass asymmetrische Kriege eine demokratische Gesellschaft vor enorme moralische und militärische Herausforderungen stellen, die ihnen die traditionellen Kriege bisher nicht abverlangt haben.

Vor diesen Herausforderungen stand Israel auch während der vergangenen Wochen. Die Operation in Gaza (die Israel nicht als Krieg definierte) war nicht gegen einen arabischen Staat – oder, genauer gesagt: nicht gegen die Palästinensische Autonomiebehörde – gerichtet.

Wie im zweiten Libanon-Krieg hat Israel nicht agiert, sondern reagiert. Drei Jahre nach dem einseitigen Rückzug aus dem Gaza-Streifen (der in Koordination mit der Autonomiebehörde hätte ablaufen können) war die israelische Regierung nicht länger bereit, sich weiter zurückzuhalten und 900 000 ihrer Bürger im Grenzgebiet terrorisieren zu lassen.

Die Ziele der israelischen Militäroperation bestanden darin, den Raketenbeschuss zu stoppen, den Waffenschmuggel zu unterbinden und damit die Sicherheitslage im Süden des Landes zu verändern. Ob es gelungen ist, unsere Abschreckungskraft tatsächlich wieder zu gewinnen, wird sich zeigen. Klar ist, dass die Unterbindung des Waffenschmuggels nicht nur für Israel eine schwierige Herausforderung darstellen wird. Schließlich besteht weder Zweifel an der Entschlossenheit der Hamas, ihr Arsenal aufzustocken, noch an der Bereitschaft des Iran, seine Verbündeten wieder kriegsfähig zu machen.

Hat die Operation einen Beitrag leisten können, Rahmenbedingungen für die Wiederaufnahme der Verhandlungen zwischen Israel und der Autonomiebehörde zu schaffen? Nicht unbedingt. Sollte sich die Lage im Gazastreifen stabilisieren, werden der Autonomiebehörde und Israel (nach den Knesset-Wahlen am 10. Februar) eine Wiederaufnahme der Verhandlungen möglich sein. Sollte jedoch die Lage in Gaza weiterhin unruhig bleiben, werden sich für beide Seiten Verhandlungen schwierig gestalten.

Das palästinensische Lager ist zersplittert in eine Autonomiebehörde unter Abbas, die den Terror ablehnt und Verhandlungen mit Israel auf der Basis der Zwei-Staaten-Lösung befürwortet, sowie in die Hamas, die eine friedliche Lösung ablehnt. So lange dies so bleibt, wird eine Konfliktbeilegung unmöglich sein.

Können vor diesem Hintergrund die USA eine Zwei-Staaten-Lösung erzwingen [...]? Ich kenne aus der Zeit nach dem Zweiten Weltkrieg kein Beispiel, wo es gelungen wäre, eine Lösung zu diktieren; es sei denn, dass eine Seite besiegt war (wie Deutschland im Jahr 1945). Aber im israelisch-palästinensischen Konflikt ist niemand besiegt, daher wäre ein solcher Versuch zum Scheitern verurteilt.

Da die momentane Lage für eine Beilegung des Konflikts nicht reif ist, kann man nur hoffen, dass die amerikanische Regierung alle Anstrengungen unternehmen wird, um die Parteien zu überzeugen, dass die Beilegung des Konflikts in ihrem Interesse ist. Letztlich werden wir und die Palästinenser mit unseren Entscheidungen leben müssen, und nicht die Amerikaner und Europäer.

SZ vom 3. 2. 2009

Hinweis: Schimon Stein (* 9. März 1948 in Chadera, Palästina) ist ein israelischer Diplomat. Vom Januar 2001 bis zum Herbst 2007 war Stein Botschafter Israels in der Bundesrepublik Deutschland.

M 2: Alttestamentarische Leitsätze, 6. Januar 2003

© Gerhard Mester

Lösungsvorschläge

Die Aufgabe bezieht sich im Schwerpunkt auf das Thema 12.2.1 des Lehrplans, insbesondere die Behandlung der Geschichte des Staates Israel im 20. Jahrhundert. Wesentliche Teile der Aufgabe stützen sich auf Materialien, einen Text und eine Karikatur. Die letzte Teilaufgabe nimmt zum Punkt G 11.2.3 des Lehrplans Bezug und macht die Gründe für die Akzeptanz des westdeutschen Staates durch die Bevölkerung zum Untersuchungsgegenstand.

1. *In der Aufgabe wird ein Abriss der Vorgeschichte der Gründung des Staates Israel und eine Darstellung der Geschichte des Staates von 1948 bis 1967 gefordert. Der Blickwinkel beschränkt sich dabei auf die daraus entstehenden Konflikte. Um eine Ausuferung der Lösung zu vermeiden, sollten Sie sich auf die äußeren Konflikte beschränken und auf die inneren Auseinandersetzungen nach der Gründung Israels verzichten. Die Aufgabe ist überwiegend dem AFB I (Reproduktion) zuzuordnen, der geforderte Vergleich fordert auch Leistungen aus dem AFB III (Problemlösung).*

Schon die **Gründung des Staates Israel** am 14. Mai 1948 war unmittelbare Folge eines länger dauernden Konflikts. Nachdem es nämlich Großbritannien nicht gelungen war, die Auseinandersetzungen zwischen Juden und Arabern durch eine

Teilung des Mandatsgebietes Palästina zu befrieden, kündigten sie die Rückgabe des Mandats an die Vereinten Nationen an. Die UN beschlossen daraufhin am 29. 11. 1947 die **Teilung in einen jüdischen und einen arabischen Staat**, konnten den Beschluss jedoch nicht durchsetzen. So sah sich der jüdische Nationalrat am Tag der Beendigung des britischen Mandats gezwungen, die **Unabhängigkeit des Staates Israel** zu erklären. Gerechtfertigt wurde dieser Akt mit dem „natürlichen Recht des jüdischen Volkes".
Noch in der Nacht vom 14. auf den 15. Mai erklärten die arabischen Staaten gegenüber Israel den Krieg. Dieser **1. jüdisch-arabische Krieg dauerte** bis Juli 1949 und endete mit Gebietsgewinnen Israels gegenüber dem zunächst vorgesehenen Teilungsplan der UNO. Die dabei für die Palästinenser gedachten Gebiete kamen unter die Verwaltung arabischer Nachbarn: Westjordanland einschließlich Ost-Jerusalem an Jordanien, der Gazastreifen an Ägypten. Da die Palästinenser ohne eigenes Territorium und ohne eigenen Staat blieben, waren weitere Konflikte vorgezeichnet.
Die seit der Gründung Israels ausgesprochen labile Lage im Nahen Osten wurde von Ägyptens **Präsident Nasser** noch massiv destabilisiert, als er 1956 den Suez-Kanal verstaatlichte und damit die englische Schutzherrschaft über die neutrale Suez-Zone aufkündigte. Israel leistete daraufhin mit Rückendeckung durch England und Frankreich Widerstand und marschierte am 29. Oktober 1956 in den **Gazastreifen** und die **Sinai-Halbinsel** ein. Als englische und französische Truppen ägyptische Flughäfen bombardierten, die israelische Armee weiter in Richtung Suez-Kanal vorrückte und eine Ausweitung des Krieges drohte, zwangen die USA und die UNO die kriegführenden Staaten zum **Waffenstillstand**. Für Israel bedeutete der folgende Einsatz von UN-Friedenstruppen an der ägyptisch-israelischen Grenze wie auch die Garantie eines Zugangs zum Golf von Akaba einen Prestigegewinn.
Auf der anderen Seite hatte Nasser in der arabischen Welt erheblich an Ansehen gewonnen, da ihm die Demütigung der verhassten Kolonialmächte England und Frankreich zugeschrieben wurde. Seine **panarabische Bewegung** stärkte auch den Widerstand gegen den Staat Israel. Insbesondere seit 1966 häuften sich Aktionen arabischer Terroristen gegen Israel. Der Konflikt eskalierte, als am 15. Mai ägyptische Truppen in den demilitarisierten Sinai einmarschierten und drei Tage später israelische Truppen die syrischen Stellungen auf den Golan-Höhen besetzten. Ägypten und Syrien erklärten Israel daraufhin den **Krieg** und verkündeten als Kriegsziel die Auslöschung des Zionismus. Jordanien und der Irak traten in der Folge der Kriegskoalition der Araber bei.
Am 5. Juni 1966 antwortete Israel mit einem Militärschlag und besetzte den Gazastreifen, die Halbinsel Sinai, das Westjordanland und die Golan-Höhen. Nach **sechs Tagen** sahen sich die arabischen Staaten zum Waffenstillstand gezwungen, lehnten jedoch Friedensverhandlungen ab, obwohl Israel bereit war, die besetzten Gebiete zurückzugeben. Schließlich verabschiedete die UN-Vollversammlung im November 1967 die Resolution 242, in der Israel aufgefordert wurde, die besetzten Gebiete zurückzugeben. Im Gegenzug begann Israel jedoch in diesen Gebieten mit der Ansiedlung jüdischer Bürger.

Handelte es sich in den Auseinandersetzungen seit 1948 um militärische Konflikte zwischen dem Staat Israel und seinen arabischen Nachbarn, also zwischen regulären Armeen, so waren die Auseinandersetzungen vor der Staatsgründung im Grunde Konflikte der britischen Mandatsverwaltung mit den jüdischen Einwanderern, der zionistischen Bewegung und den Palästinensern.
Als nach dem Ersten Weltkrieg und dem Zerfall des Osmanischen Reiches die Briten vom Völkerbund Palästina als Mandat erhielten, verkündete der englische Außenminister **Balfour** im November 1917 die Absicht, zionistische Pläne zur Errichtung eines jüdischen Staates in Palästina zu unterstützen. Die sog. Balfour-Deklaration wurde auch Teil des offiziellen Völkerbund-Mandates.
Die arabische Welt reagierte unterschiedlich auf die Pläne. Der jordanische Kronprinz Faisal und der Führer der zionistischen Bewegung, Chaim Weizmann, schlossen ein Abkommen, in dem die Einwanderung der Juden nach Palästina und der Wunsch nach einem eigenen Staat begrüßt wurden. Im Gegensatz dazu verabschiedete ein syrischer Kongress eine Resolution gegen einen jüdischen Staat im Nahen Osten.
Immer häufiger kam es zu Ausschreitungen gegen jüdische Geschäfte und Einrichtungen, sodass sich die Mandatsverwaltung gezwungen sah, die jüdische Immigration zu stoppen.
Nachdem Churchill die Einwanderung wieder erlaubte, kam es zu neuen **Immigrationswellen**, die sich jedoch nun auf die Gebiete westlich des Jordan beschränkten. Die Briten hatten 1922 das Mandatsgebiet in zwei Verwaltungsbezirke aufgeteilt, um die sich verschärfenden inneren Konflikte zu beschränken. Von nun an gab es ein jüdisches Gebiet westlich des Jordan und einen östlichen Teil Transjordanien, der 1946 als unabhängiger Staat Jordanien unter der von den Briten eingesetzten haschemitischen Dynastie aus dem Mandat hervorging. Gegen die Teilung des Mandatsgebietes richteten sich Terroraktionen jüdischer Untergrundorganisationen wie der Irgun. Sie verübten Anschläge auf die britische Mandatsverwaltung, aber auch gegen die Palästinenser, wie z. B. das Massaker von Deir Yasin, bei dem über 100 Palästinenser ermordet wurden.
Sichtbar wird an dem Vergleich der Auseinandersetzungen um die Gründung eines jüdischen Staates vor und nach 1948 ein weiterer gravierender Unterschied: Handelte es sich vor 1948 noch um weitgehend auf das britische Mandatsgebiet beschränkte Konflikte zwischen religiös und ideologisch gegensätzlichen gesellschaftlichen Gruppen, die Großbritannien mit den traditionellen Mitteln der Kolonialverwaltung zu lösen versuchte, so waren die Kriege nach 1948 Ausdruck eines räumlich viel weiter gespannten **Konfliktfeldes „Naher Osten“** mit dem Gegensatz zwischen souveränen Staaten. Mehr und mehr wurde dieser Gegensatz zwischen Israel und den arabischen Staaten seit 1948 auch zum Teil des umfassenderen Gegensatzes zwischen Ost und West, dem Kalten Krieg.

2. *Grundlage für die zweite Teilaufgabe ist eine umfangreiche Textquelle, die zunächst zusammengefasst werden soll; vermeiden Sie eine Paraphrasierung des Textes. Um den zweiten Teil der Aufgabe 2a bearbeiten zu können, ist es wichtig, die Stellung und Funktion des Autors als ehemaliger israelischer Botschafter in der Bundesrepublik zu beachten. Seine Position erschließt sich dann nahezu von selbst. Die Teilaufgabe 2a ist ausschließlich dem AFB II (Reorganisation und Transfer) zuzuordnen.*
Die Teilaufgabe 2b fordert von Ihnen, sich mit der Meinung des Autors auseinanderzusetzen. Dabei gilt es zunächst, diese aus dem Text heraus genauer zu entwickeln, ehe sie überprüft werden kann. Dazu sind die Identifikation der im Text verwendeten Beurteilungskriterien und gegebenenfalls die Formulierung alternativer Kriterien wichtig. Zuzuordnen ist die Aufgabe 2b dem AFB III (Problemlösen).

a) Der Autor Schimon Stein, ehemaliger Botschafter Israels in der Bundesrepublik, bewertet in dem Artikel die Bedeutung der jüngsten Militärschläge auf den Gazastreifen aus Sicht Israels. Am Beginn seiner Ausführungen steht die These, der jüngste Militäreinsatz sei nicht mit den bisherigen israelisch-arabischen Kriegen zu vergleichen.
Stein geht von einer grundlegenden Veränderung der **Konfliktbedingungen** aus und nennt als Faktoren das Aufstreben des Iran in der Nahost-Region, die zunehmende Bedeutung nichtstaatlicher Organisationen wie der **Hamas** und der **Hisbollah**, die abnehmende Bedeutung der arabischen Staaten als politischer Faktor in Nahost und damit die zunehmende Uneinigkeit der arabischen Welt. Für besonders wichtig hält Stein die wachsende Bedeutung **asymmetrischer Kriege**, in denen nicht mehr Armeen gegeneinander kämpfen, sondern Staaten mit ihren Armeen gegen Terror- oder Partisanenbewegungen.
Für Stein ist der militärische Einsatz der israelischen Armee im Gazastreifen nur zu vergleichen mit dem zweiten Libanon-Krieg vom Sommer 2006. In beiden Fällen führte Israel keinen Krieg gegen ein anderes Land, sondern gegen die Organisationen der Hisbollah bzw. der Hamas. Aus Sicht Steins handelt es sich also um einen Krieg gegen Terrororganisationen, hinter denen er den Iran als Drahtzieher sieht.
Als weiteres Merkmal solcher asymmetrischer Kriege nennt Stein die Tatsache, dass solche Kriege nicht mit klar erkennbaren Erfolgen enden, also beispielsweise Landgewinn. Nicht zuletzt deshalb sind für den Verfasser solche Kriege „enorme moralische und militärische Herausforderungen“ (Z. 48) für demokratische Gesellschaften.
Bei der Bewertung der Operation im Gazastreifen stellt Stein fest, dass Israel nicht agiert, sondern auf die Raketenangriffe der Hamas reagiert habe, um die weitere Rüstung der Organisation durch Waffenlieferungen aus dem Iran zu unterbinden.
Zum Schluss stellt Stein die Frage, ob die Militäraktion Israels dem Frieden gedient habe. Er äußert Zweifel, da er nicht glaubt, dass der Einfluss der Hamas zugunsten der Autonomiebehörde unter Abbas zurückzudrängen sei. In diesem

Zusammenhang sieht er auch keine Chance für ein Erzwingen der **Zwei-Staaten-Lösung** durch die USA. Vielmehr glaubt er an eine Beilegung des Konflikts nur durch Verhandlungen zwischen Israel und den Palästinensern.
Diese abschließenden Vorstellungen Steins verdeutlichen erneut seine Position. Er sieht die Terrororganisationen von Hamas und Hisbollah weniger als legitime Vertreter der Palästinenser, sondern als Instrumente des Iran, um dessen Dominanz in der Region zu erreichen und Israel auszulöschen. Gegenüber dieser aggressiven und terroristischen Politik müsse sich Israel verteidigen, um schließlich mit der Autonomiebehörde und den gemäßigten Kräften der Palästinenser eine Zwei-Staaten-Lösung vorzubereiten.

b) Der Versuch Schimon Steins, den **zweiten Libanon-Krieg** vom Juli und August 2006 und die **„Gaza-Operation"** von 2009 von den „traditionellen Kriegen" Israels gegen seine arabischen Nachbarn zu unterscheiden, ist teilweise nachvollziehbar. Israel führte 2006 keinen Krieg gegen den Libanon und die libanesische Armee, sondern reagierte nach eigenem Bekunden ausschließlich auf die zunehmenden Raketenangriffe der schiitischen Hisbollah auf Nordisrael. Kriegsziel war aus Sicht Israels nicht Landgewinn, sondern die **Schwächung der Hisbollah** und der **Schutz der eigenen Bevölkerung** vor Übergriffen vom Boden des Libanon aus. Zwar beteiligte sich die libanesische Armee am Konflikt durch Luftabwehrraketen gegen israelische Angriffe auf Hisbollah-Stellungen, aber sonst hielt sich der Libanon aus den Kampfhandlungen heraus. So lassen sich mit Stein die Konflikte von 2006 und 2009 insoweit vergleichen, dass Israel nicht gegen eine Armee eines arabischen Nachbarstaates kämpfte, sondern gegen Terrororganisationen, zumindest aus Sicht Israels. Dem „traditionellen Krieg" stellt Schimon Stein hier offensichtlich den asymmetrischen Krieg gegenüber. Danach dürfte eine weitere Übereinstimmung der jüngsten Konflikte auch darin bestehen, dass die Hisbollah wie auch die Hamas vom Iran unterstützt, wenn nicht gesteuert wurden, um eigene Interessen im Nahen Osten durchzusetzen und Israel zu vernichten.
Allerdings kann man Stein kaum zustimmen, wenn er die Kriege vor 2006 als „traditionell" einstuft. In jedem Fall war der erste Libanon-Krieg von 1982 durchaus vergleichbar mit dem Angriff Israels auf die Hisbollah 2006. Damals war der Gegner ebenfalls nicht der Libanon, dessen Armee sich völlig neutral verhielt, sondern die PLO, die palästinensische Befreiungsorganisation. Sie hatte sich immer wieder mit der israelischen Armee Kämpfe geliefert und durch Terroranschläge in Israel eine Reaktion provoziert. Da weder die libanesische noch die syrische Armee sich gegen den Vormarsch der israelischen Truppen bis nach Beirut stellten, kann hier keinesfalls von einem „traditionellen Krieg" gesprochen werden, auch wenn die Israelis nach der Flucht der PLO nach Tunis den Südlibanon nicht verließen, sondern als Sicherheitszone bis 2000 besetzt hielten, also die Souveränität des Libanon missachteten.
Die scharfe Trennung zwischen den asymmetrischen Kriegen seit 2006 und den „traditionellen Kriegen" davor erscheint also weniger den realen Konflikten zwischen Israel und den Arabern zu entsprechen. Vielmehr spielten sich die

militärischen und terroristischen Auseinandersetzungen auf **drei Ebenen** ab. 1956 im Krieg gegen Ägypten, 1967 im Sechs-Tage-Krieg und 1973 im Oktoberkrieg kann man von konventionellen oder wie Stein formuliert „**traditionellen Kriegen**" sprechen. Daneben spielten von Anfang an **Guerillaangriffe** gegen den jüdischen Staat und **Terroraktionen** gegen seine Bevölkerung wie andererseits **Anschläge** insbesondere zionistischer Terrororganisationen gegen die Palästinenser eine Rolle, die von Organisationen wie der PLO, der Hisbollah oder der Hamas aus palästinensischer Seite und der Irgun auf jüdischer Seite gesteuert und koordiniert wurden. Schließlich gewinnt seit 1987 der **Volksaufstand** der Palästinenser gegen die israelische Besetzung des im Teilungsplan für einen zukünftigen Palästinenser-Staat vorgesehenen Gebietes an Bedeutung. Die Intifada lässt sich allerdings kaum vom Guerilla- und Terrorkampf von Hisbollah und Hamas trennen.

3. *Die Aufgabe, die dem AFB III (Problemlösung) zuzuordnen ist, fordert von Ihnen, sich genauer mit der Rolle der USA bei der Lösung des Nahost-Konfliktes auseinanderzusetzen. Dabei sollen Möglichkeiten und Grenzen einer Durchsetzung einer Zwei-Staaten-Lösung auch gegen den Widerstand einer oder mehrerer Konfliktparteien dargestellt werden. Wichtig ist, dass nicht alle denkbaren Aspekte einer Lösung des Konflikts zur Debatte stehen, sondern nur die Zwei-Staaten-Lösung.*

Die Frage, ob es den USA möglich sein könnte, im Konflikt zwischen Israel und den arabischen Staaten eine **Zwei-Staaten-Lösung** zu erzwingen, lässt sich nur beantworten, wenn vorher geklärt wird, wie eine solche Zwei-Staaten-Lösung aussehen sollte und welche Zwangsmittel die USA einsetzen könnten.
Die Zwei-Staaten-Lösung, von der auch im Text die Rede ist, ist Bestandteil des „**Roadmap**", also des umfassenden Friedensplanes, den die UNO, die USA, die EU und Russland, also das sog. Nahost-Quartett, vorgeschlagen haben. Danach soll ein eigener **Palästinenser-Staat geschaffen** und im Gegenzug von den arabischen Staaten das **Existenzrecht Israels anerkannt** werden. Da offensichtlich seit 2002, als der „Roadmap" verkündet wurde, kaum Fortschritte auf dem Weg zu dieser Lösung erzielt wurden, liegt der Gedanke nahe, die USA sollten mit ihren Machtmitteln eine entsprechende Lösung erzwingen.
Als **Machtmittel** stehen der Supermacht dabei **militärische oder wirtschaftliche Sanktionen** zur Verfügung. Doch ein militärisches Eingreifen, um entweder Israel zur Zustimmung zur Zwei-Staaten-Lösung zu zwingen oder die radikalen Gegner auf palästinensischer bzw. arabischer Seite, kommt sicherlich nicht infrage. Es wäre weder völkerrechtlich zu rechtfertigen noch auf die Dauer erfolgreich. Denkbar wäre nur eine militärische Unterstützung Israels gegen terroristische Angriffe durch die Hamas oder andere z. B. vom Iran unterstützte Organisationen. Doch selbst eine solche Politik würde den Nahost-Konflikt eher verschärfen denn lösen.
Sehr viel eher diskutiert wird die Möglichkeit, die Konfliktparteien durch wirtschaftliche Sanktionen zu Lösungsschritten zu zwingen. Doch auch hier bleibt fraglich, ob ein Wirtschaftsboykott z. B. des von der Hamas beherrschten Gazastreifens

erfolgreich sein könnte. Die entsprechenden Maßnahmen Israels haben sicherlich nicht die Friedensbereitschaft der Hamas gestärkt.
Ganz im Gegensatz würden militärische oder wirtschaftliche Zwangsmaßnahmen der USA dazu führen, dass die Vereinigten Staaten im gesamten Nahen Osten noch mehr an Autorität und damit an Vermittlungskompetenz verlieren.
So lässt sich sicherlich zusammenfassend sagen, dass eine Politik der USA, die mit Sanktionen gegen Israel, gegen die Palästinenser oder gegen arabische Staaten im Nahen Osten einherginge, eine Zwei-Staaten-Lösung eher unmöglich machen würde. Möglich scheint eine solche Lösung nur, wenn die Konfliktparteien sich in einem Prozess der Annäherung zu einem Palästinenser-Staat einerseits und einer Anerkennung Israels andererseits durchringen können. Dabei können die Vereinigten Staaten ihren **diplomatischen Einfluss** sicherlich geltend machen und zum Beispiel durch Wirtschaftshilfen den Boden für eine Lösung bereiten helfen.
Inwieweit die USA durch eine weniger eindeutige **Parteinahme** für Israel und durch vorsichtigere Unterstützung des jüdischen Staates die Regierung Israels zu Konzessionen gegenüber den Palästinensern, etwa eine Revision der Siedlungspolitik, bewegen könnte, wäre wohl zu testen.

4. *In der Aufgabe geht es überwiegend darum, eine Karikatur zu bearbeiten und als politischen Kommentar zu erkennen. Gefordert sind von Ihnen also wesentliche methodische Fertigkeiten. Das Wesen einer Karikatur, Zusammenhänge sichtbar zu machen und zu kommentieren, zwingt zu einer sehr genauen Betrachtung, da der Zeichner nur solche Elemente ins Bild aufnimmt, die für seine Aussage von Bedeutung sind. Da die politische Karikatur mit einer Bildsprache arbeitet, die sich auf eine Vielzahl von häufig gebrauchten Chiffren stützt, gelingt die Analyse umso besser, je mehr solche festen Bildelemente dem Betrachter geläufig sind (AFB I bis III).*

Auf der Karikatur von Gerhard Mester sind drei Figuren zu erkennen. Im Vordergrund sitzen sich ein Jude und ein Palästinenser in Rollstühlen gegenüber, im Hintergrund zwischen den beiden bein- und armamputierten Figuren steht schemenhaft ein Friedensengel, der auf eine Schriftrolle deutet. Die beiden offensichtlich streitenden Figuren im Vordergrund sind an mehreren Merkmalen identifizierbar. Der Jude auf der linken Seite trägt den Davidstern auf der Brust, das Wappensymbol des Staates Israel, und entspricht auch in der Physiognomie mit der großen Nase dem klischeehaften Bild des Juden. Ein weiteres Indiz ist die Kopfbedeckung der linken Figur, die als jüdische „Kippa" zu identifizieren ist.
Entsprechend wird auch der Palästinenser auf der rechten Seite vom Karikaturisten überzeichnet. Er trägt das schwarz-weiß-karierte Kopftuch, das durch Jassir Arafat berühmt und zum Symbol der palästinensischen Solidarität wurde, und auf der Brust die Flagge der palästinensischen Befreiungsbewegung. Auch der Palästinenser ist an der übertreibenden Physiognomie mit der Hakennase und dem Bart leicht zu identifizieren.

Mit verteilten Rollen zitieren die beiden Figuren den Rechtsgrundsatz aus dem Alten Testament: Auge um Auge, Zahn um Zahn. Dass diese „alttestamentarischen Leitsätze", wie sie im Titel der Karikatur genannt werden, von beiden Seiten wörtlich genommen wurden, macht der Zeichner deutlich: Der Jude wird als blind, der Palästinenser als zahnlos dargestellt. Dass sie beide in gleicher Weise Opfer einer unerbittlichen und unversöhnlichen Auseinandersetzung wurden, wird durch die identischen Verluste von Beinen und Armen verdeutlicht.
Dennoch fallen auch bemerkenswerte Unterschiede ins Auge. Der Jude wird mit sorgfältig verbundenen Beinstümpfen auf einem modernen Rollstuhl dargestellt, während der Araber auf einem eher behelfsmäßigen Gefährt sitzt. Mester verdeutlicht damit das eminente Wohlstandsgefälle, das zwischen Israel und den Gebieten der Palästinenser besteht.
Die Szene, die der Zeichner hier darstellt, wirkt grotesk: Die zwei Gegner sitzen sich auf ihren Rollstühlen gegenüber und werfen sich die Racheformeln entgegen, obwohl sie so schwer behindert sind, dass sie gar nicht kämpfen könnten. Völlig unbeachtet bleibt der Friedensengel im Hintergrund, der auch verstanden werden kann als Gebot des Neuen Testaments gegenüber der archaischen Rechtsvorstellung des Alten Testaments.
So kann die **Aussage** des Karikaturisten als eine **Kritik an den verlustreichen und unversöhnlichen Kämpfen zwischen Israel und den Palästinensern** gesehen werden, die bisher durch keine Friedensinitiative dauerhaft gestoppt werden konnten. Die beiden Völker, Juden auf der einen Seite und Palästinenser auf der anderen Seite, traumatisieren sich gegenseitig. Die Karikatur ist demzufolge auch ein Appell an die Konfliktparteien, im Heiligen Land auf die Stimme des Friedens zu hören, einer neuzeitlichen Ethik zu folgen.

Die vorliegende Quelle ist ein gutes Beispiel für eine politische Karikatur. Diese will aktuelle Ereignisse oder Zusammenhänge aufgreifen und kommentieren. Dabei muss die **Bildsprache** so gewählt sein, dass der Betrachter die wesentlichen Informationen schnell erfassen kann. In der politischen Karikatur hat sich dabei ein personaler Code entwickelt, um bestimmte Völker oder Nationen durch Figuren mit bestimmten äußeren Eigenschaften oder Kleidungsstücken darzustellen.
Der plakative und klare Aufbau des Bildes wird ergänzt durch eine Vielzahl von Details, mit denen der Zeichner auf Zusammenhänge hinweist, die ihm wichtig erscheinen, wie z. B. die unterschiedlichen Rollstühle als Metapher für Wohlstandsgefälle im Nahen Osten. Der Zeichner will also einerseits **informieren**, vor allem aber auch durch Übertreibungen und Verzerrungen **werten** und **kommentieren**.

5. *Die Teilaufgabe greift das zentrale Thema des Abschnitts G 11.2.3 des Lehrplans auf, speziell das Thema, welche Faktoren wesentlich zur „Akzeptanz der demokratischen Neuordnung in der Ära Adenauer" beigetragen haben. Die Aufgabe weitet damit den thematischen Raum der gesamten Übungsaufgabe deutlich aus.*
Hilfreich bei der Lösung kann ein Vergleich mit der Weimarer Republik sein, in der schließlich die Demokratie nicht zuletzt daran scheiterte, dass sie zu wenig Akzeptanz in der Gesellschaft fand. So wird auch in dieser Teilaufgabe erkennbar, wie wichtig es in der Geschichte ist, immer wieder nach Kontinuitäten und Brüchen zu fragen.
Die Aufgabe ist überwiegend dem AFB III (Problemlösung) zuzuordnen, setzt aber auch Kenntnisse voraus: AFB I (Reproduktion). Da eine ausführliche Lösung aller vier Wahlmöglichkeiten den Rahmen der Aufgabensammlung sprengen würde, werden die jeweiligen Lösungen nur skizziert.
Um den Zusammenhang darzustellen, empfiehlt es sich, übertragbare Lösungsaspekte zu entwickeln und anhand dieser den jeweiligen Zusammenhang darzustellen. Im Folgenden werden als Aspekte vorgeschlagen: Skizze der Grundentscheidungen, Vergleich mit den entsprechenden Weichenstellungen in Weimar, Folgen für die Akzeptanz der Demokratie:.

Die frühe oder junge Bundesrepublik fällt zeitlich zusammen mit der **Adenauer-Ära**, also dem Zeitraum von 1949 bis 1963. In diesen Anfangsjahren wurden wichtige politische Weichen für die spätere Geschichte der Bundesrepublik, aber auch des wiedervereinigten Deutschlands gestellt. Für die **Zustimmung der Menschen** zum westdeutschen Staat, die auf den ersten Blick angesichts der mit der Staatsgründung 1949 verbundenen deutschen Teilung überrascht waren, sind sicherlich verschiedene Faktoren ursächlich.

Ökonomische Gründe:
Grundentscheidungen: Entscheidung für Soziale Marktwirtschaft durch Ludwig Erhard; ökonomische Integration in den Westen: Marshall-Plan, Montanunion, EWG, **Wirtschaftswunder.**
Vergleich mit Weimar: Belastungen der Republik durch Versailler Vertrag; Inflation; Reparationen und Weltwirtschaftskrise.
Folgen für die Akzeptanz: Westintegration ermöglicht wirtschaftlichen Aufstieg; die Menschen erfahren die Beendigung der Not der Nachkriegsjahre und den beginnenden Wohlstand; **Sozialstaat** kann ausgebaut werden: Gefühl der materiellen Sicherheit (im Gegensatz dazu: Abstiegsprobleme in Weimar, mangelnde Lösungskompetenz des Staates in Wirtschaftskrise).

Außenpolitische Gründe:
Grundentscheidungen: wirtschaftliche, politische und militärische **Integration der Bundesrepublik in den Westen**; **Aussöhnung mit Frankreich**; eindeutige Frontstellung im **Kalten Krieg**: Sowjetunion und Warschauer Pakt als Feindbilder.
Vergleich mit Weimar: Isolation nach 1918; Vorwurf der Verzichtpolitik; Friedensvertrag als Diktatfrieden.
Folgen für Akzeptanz: **Zusammenhang von Westintegration und Wirtschaftswunder**; Gefühl der Sicherheit; Unterstützung der Bundesrepublik; positive Ein-

stellung der Bevölkerung zur europäischen Einigungsbewegung und zu dem westlichen Bündnis.

Historische Gründe:
Grundentscheidungen: Revision der von Vergeltung geprägten Besatzungspolitik in den Westzonen angesichts des Konflikts zwischen dem Westen und der Sowjetunion; Gründung der Bundesrepublik als Reflex auf den beginnenden Kalten Krieg; Verständigung mit Frankreich und Aussöhnung mit Israel als deutliche **Neuorientierung** deutschen Selbstverständnisses.
Vergleich mit Weimar: Neuorientierungen werden durch wirtschaftliche Probleme, Revanchismus und Revisionsbemühungen erschwert; mangelnde Konsensfähigkeit der Parteien.
Folgen für Akzeptanz: grundsätzliche Einigkeit der Parteien; Integrationskraft des Feindbildes „Kommunismus“; **Lehren aus Weimar**.

Weltpolitische Gründe:
Grundentscheidungen: Westintegration trotz der damit verbundenen Teilung vor dem Hintergrund des Ost-West-Konflikts; Aufbau des westdeutschen Staates als Bollwerk gegen Kommunismus („Frontstaat“); **freiheitliche, westliche Demokratievorstellung** als einigendes Selbstverständnis der Bundesrepublik; Wertegemeinschaft.
Vergleich mit Weimar: Scheitern der Vorstellungen Wilsons; Revanchedenken in Frankreich; Isolierung Deutschlands; antidemokratische Ressentiments.
Folgen für Akzeptanz: positive Einstellung zur Demokratie; wirtschaftlicher Aufschwung mit Unterstützung des Westens; **Anti-Kommunismus** als einigende Ideologie.

Teilaufgabe	AFB I	AFB II	AFB III	BE
1	☒	–	☒	22
2 a	–	☒	–	34
2 b	–	–	☒	
3	–	–	☒	24
4	☒	☒	☒	14
5	☒	–	☒	26
Summe				120

Abitur Geschichte (Bayern G 8) – Übungsaufgabe 10
Konfliktregionen und Akteure internationaler Politik in historischer Perspektive

Thema: *Die Entwicklung des Nahostkonflikts im 20. Jahrhundert*

Aufgaben

1. Skizzieren Sie die Entwicklung des jüdisch-arabischen Konflikts vom Ersten Weltkrieg bis 1947 und setzen Sie sich kritisch mit der britischen Nahostpolitik auseinander! (BE 22)

2. a) Arbeiten Sie heraus, wie die Unterzeichner der Erklärung (M 1) die Gründung des unabhängigen Staates Israel legitimieren!
   b) Erörtern Sie, inwieweit mit Bezug auf die jüdische Auswanderung nach Palästina von „Heimkehr“ (Z. 5 f.) gesprochen werden kann!
   (BE 30)

3. Beschreiben Sie die anhand des Kartenmaterials erkennbaren territorialen Veränderungen im Nahen Osten und erläutern Sie deren Hintergründe! (BE 20)

4. Analysieren und interpretieren Sie die Karikatur und überprüfen Sie deren Eignung, das Scheitern des Friedensprozesses im Nahen Osten zu erklären! (BE 22)

5. Setzen Sie sich anhand eines selbst gewählten Beispiels aus der europäischen Geschichte kritisch mit der Funktionalisierung von Geschichte zur Legitimation politischer Ziele auseinander! (BE 26)

Material

M 1: Die Unabhängigkeitserklärung des Staates Israel

Im Lande Israel entstand das jüdische Volk. Hier prägte sich sein geistiges, religiöses und politisches Wesen. Hier lebte es frei und unabhängig. Hier schuf es eine nationale und universelle Kultur und schenkte der Welt das Ewige Buch der Bücher. Durch Gewalt vertrieben, blieb das jüdische Volk auch in der Verbannung seiner Heimat in Treue verbunden. Nie wich seine Hoffnung. Nie verstummte sein Gebet um Heimkehr und Freiheit.

Beseelt von der Kraft der Geschichte und Überlieferung, suchten Juden aller Generationen in ihrem alten Lande wieder Fuß zu fassen. Im Laufe der letzten Jahrzehnte kamen sie in großen Scharen. Pioniere, Verteidiger und Einwanderer, die trotz der Blockade den Weg in das Land unternahmen, erweckten Einöden zur Blüte, belebten aufs neue die hebräische Sprache, bauten Dörfer und Städte und errichteten eine stets wachsende Gemeinschaft mit eigener Wirtschaft und Kultur, die nach Frieden strebte, aber sich auch zu schützen wußte, die allen im Lande die Segnungen des Fortschritts brachte und sich vollkommene Unabhängigkeit zum Ziel setzte.

Im Jahre 1897 trat der erste Zionistenkongreß zusammen. Er folgte dem Rufe Dr. Theodor Herzels, dem Seher des jüdischen Staates, und verkündete das Recht des jüdischen Volkes auf nationale Erneuerung in seinem Lande. Dieses Recht wurde am 2. November 1917 in der Balfour-Deklaration anerkannt und auch durch das Völkerbundsmandat bestätigt, das der historischen Verbindung des jüdischen Volkes mit dem Lande Israel und seinem Anspruch auf die Wiedererrichtung seiner nationalen Heimstätte internationale Geltung verschaffte.

Die Katastrophe, die in unserer Zeit über das jüdische Volk hereinbrach und in Europa Millionen von Juden vernichtete, bewies unwiderleglich aufs Neue, daß das Problem der jüdischen Heimatlosigkeit durch die Wiederherstellung des jüdischen Staates im Lande Israel gelöst werden muß, in einem Staat, dessen Pforten jedem Juden offenstehen, und der dem jüdischen Volk den Rang einer gleichberechtigten Nation in der Völkerfamilie sichert.

Die Überlebenden des schrecklichen Nazigemetzels in Europa sowie Juden anderer Länder scheuten weder Mühsal noch Gefahren, um nach dem Lande Israel aufzubrechen und ihr Recht auf ein Dasein in Würde und Freiheit und ein Leben redlicher Arbeit in der Heimat durchzusetzen.

Im Zweiten Weltkrieg leistete die jüdische Gemeinschaft im Lande Israel ihren vollen Beitrag zum Kampfe der frieden- und freiheitsliebenden Nationen gegen die Nazimächte der Finsternis. Mit dem Blute ihrer Soldaten und ihrem Einsatz für den Sieg erwarb sie das Recht auf Mitwirkung bei der Gründung der Vereinten Nationen.

Am 29. November 1947 faßte die Vollversammlung der Vereinten Nationen einen Beschluß, der die Errichtung eines jüdischen Staates im Lande Israel forderte. Sie rief die Bewohner des Landes auf, ihrerseits zur Durchführung dieses Beschlusses alle nötigen Maßnahmen zu ergreifen. Die damalige Anerkennung der staatlichen Existenzberechtigung des jüdischen Volkes durch die Vereinten Nationen ist unwiderruflich.

Gleich allen anderen Völkern, ist es das natürliche Recht des jüdischen Volkes, seine Geschichte unter eigener Hoheit selbst zu bestimmen. Demzufolge haben wir, die Mitglieder des Nationalrates, als Vertreter der jüdischen Bevölkerung und der zionistischen Organisation, heute, am letzten Tage des britischen Mandats über Palästina, uns hier eingefunden und verkünden hiermit kraft unseres natürlichen und historischen Rechtes und aufgrund des Beschlusses der Vollversammlung der Vereinten Nationen die Errichtung eines jüdischen Staates im Lande Israel – des Staates Israel.

http://www.zionismus.info/grundlagentexte/israel/unabhaengigkeitserklaerung.htm

M 2: Karten zur historischen Entwicklung Israels

IpB Nr. 278/2008; angefertigt vom Ingenieurbüro für Kartographie Dr. H.-J. Kämmer, Berlin.

M 3: „Ohne Ende“

Mandzel/CCC, www.c5.net

Lösungsvorschläge

Der Schwerpunkt der Aufgabenstellung liegt auf dem Thema 12.2.1 des Lehrplans, v. a. auf der Entwicklung des Nahostkonflikts im 20. Jahrhundert, einbezogen wurde auch die historische Dimension der Auseinandersetzung. Dazu sind unterschiedliche Materialien zu bearbeiten. Abschließend sollen Sie die Perspektive erweitern und aufbauend v. a. auf Aufgabe 3 das Problem der Funktionalisierung von Geschichte zur Legitimation politischer Ziele diskutieren. Hier empfiehlt sich der Bezug auf den Nationalismus des 19. Jahrhunderts und sein Ziel des Nationalstaats (vgl. 12.1.1).

1. *Die Aufgabe ist schwerpunktmäßig dem AFB I zuzurechnen. Sie sollen eine chronologische Entwicklung in kurzer und prägnanter, aber auch zusammenhängender und folgerichtiger Form wiedergeben. Auf ausführliche Erklärungen und Beispiele können Sie verzichten. Untersuchungszeitraum ist im Wesentlichen die Zeit britischer Vorherrschaft im Nahen Osten, die vom Ersten Weltkrieg und dem Zusammenbruch des Osmanischen Reiches bis zur Gründung des Staates Israel reichte. Abschließend sollen Sie sich kritisch mit der britischen Nahostpolitik auseinandersetzen, die Anforderungen wechseln dabei auf die Ebene des Urteils (AFB III). Auf*

Grundlage Ihrer Faktenkenntnisse sollen Sie ein begründetes Urteil darüber fällen, inwieweit die britische Mandatspolitik zur Lösung des Nahostkonflikts beitragen konnte bzw. wollte.

Beim Ausbruch des Ersten Weltkriegs war das heutige Israel und Arabien Teil des **Osmanischen Reiches** und während des Krieges ein wichtiger Bündnispartner der europäischen Mittelmächte. Arabische Stämme lehnten sich gegen die **Fremdherrschaft** der Osmanen auf und pochten auf ihr Recht der Selbstbestimmung, während andererseits die **zionistische Bewegung**, die die Einrichtung eines „Judenstaates" (Theodor Herzl) im Heiligen Land forderte, immer erfolgreicher wurde: Mehr und mehr europäische Juden **emigrierten** seit den 1880er-Jahren aus Europa und ließen sich im dünnbesiedelten Palästina nieder, dessen Bevölkerungsmehrheit blieben dennoch muslimische Araber.
Großbritannien versprach im Ersten Weltkrieg einerseits den Arabern die Selbstständigkeit als Gegenleistung für eine Unterstützung im Kampf gegen das Osmanische Reich. Andererseits beschlossen Briten und Franzosen 1916 im **Sykes-Picot-Abkommen**, das Osmanische Reich nach einem Sieg aufzuteilen, wobei Großbritannien Mesopotamien und den größten Teil des Heiligen Lands erhalten sollte. Der zionistischen Bewegung sicherten die Briten 1917 in der **Balfour-Erklärung** zu, die Errichtung einer „jüdischen Heimstätte" in Palästina nicht zu behindern.
Als die Briten im gleichen Jahr das Osmanische Reich eroberten und in Jerusalem einzogen, erhofften sowohl Juden als auch Araber von ihnen die Verwirklichung ihrer Unabhängigkeit und die Einrichtung eines Nationalstaates. Ihre Hoffnungen erfüllten sich nicht, denn Großbritannien und Frankreich besetzten gemäß ihrer Vereinbarung den Nahen Osten. 1920/22 erhielten die beiden Siegermächte vom neu gegründeten **Völkerbund** jeweils ein **Mandat** mit der Verpflichtung, die besetzten Gebiete schrittweise zur Unabhängigkeit zu führen. Im Falle des **Mandatsgebiets Palästina**, zu dem v. a. die Gebiete des heutigen Israels und Jordaniens gehörten, übernahmen die Briten die Aufgabe, die bereits 1917 versprochene Errichtung einer „jüdischen Heimstätte" zu fördern, ohne die Rechte der autochthonen arabischen Bevölkerung zu verletzen. Schon 1922 setzten die Briten die **Teilung des Mandatsgebietes** entlang des Jordan durch, wobei das viel größere Transjordanien (im Osten) bald weitgehende Autonomie erlangte: Die jüdische Besiedlung musste sich daher auf das kleinere Cisjordanien konzentrieren, wo sich die arabische Bevölkerung vom wachsenden Zuwandererstrom bedroht sah, sodass es mehrfach zu Pogromen und Aufständen kam.
In den 1930er-Jahren verschärfte sich das Problem durch die Flucht der Juden vor der **Verfolgung durch die Nationalsozialisten**, Aufstände der Palästinenser wurden von den Briten niedergeschlagen. Um die Situation zu entschärfen, machte Großbritannien 1937 den Vorschlag, das Mandatsgebiet in einen kleineren jüdischen und einen arabischen Teil zu teilen (**„Peel-Plan"**), der jedoch von den Arabern abgelehnt wurde. Angesichts der wachsenden Gefahr eines **Zweiten Weltkrieges** veränderten die Briten 1939 ihre Politik. Um die im gesamten Nahen Osten auf Selbstständigkeit drängenden arabischen Gruppen zu beruhigen, beschlossen die Briten im Mai 1939 die **weitgehende Einstellung der Einwande-**

rung von Juden und verkündeten ihre Absicht, aus Palästina keinen rein jüdischen Staat werden zu lassen. Dennoch suchten die Palästinenser im Zweiten Weltkrieg den Anschluss an NS-Deutschland, das sie als Verbündeten in der Auseinandersetzung mit Briten und Juden sahen. Diese Politik wirkte sich zum Ende des Zweiten Weltkriegs negativ für die palästinensische Sache aus, während die Ziele der zionistischen Bewegung durch Bekanntwerden des Holocausts einen zusätzlichen Rechtfertigungsschub erfuhren. Nichtsdestotrotz blieb Großbritannien bei seiner Politik von 1939 und versuchte das Anlegen jüdischer Einwanderungsschiffe wie der „**Exodus**" zu verhindern.
Innerhalb von Palästina spitzte sich der Konflikt zwischen Juden, Arabern und der britischen Mandatsmacht gewaltsam zu. Infolge der im Zweiten Weltkrieg erfahrenen Schwächung sah sich Großbritannien 1947 dazu veranlasst, sein Mandat an die neu gegründete **UNO** zurückzugeben, die einen Teilungsplan für das Gebiet ausarbeitete. Dieser Teilungsplan wurde von der arabischen Bevölkerung Palästinas abgelehnt, während die Juden bereits **1948** ihren eigenen **Staat gründeten**.

Die britische Mandatspolitik im Nahen Osten folgte v. a. **machtpolitischen Erwägungen** und schreckte zu ihrer Realisierung auch nicht davor zurück, Juden und Palästinenser gegeneinander auszuspielen. So wurden etwa während der Auseinandersetzung mit dem Osmanischen Reich sowohl Juden als auch Palästinensern widersprüchliche Versprechungen gemacht, um deren Unterstützung zu gewinnen. Doch nach dem Sieg im Ersten Weltkrieg dachten die Briten nicht daran, die den Völkern versprochene Unabhängigkeit zu gewähren, sondern wollten die besetzten Gebiete, deren Grenzverläufe sich an ihrem eigenen machtpolitischen Interesse bzw. dem der Franzosen orientierten, weiter beherrschen. Ihre **imperiale Politik** gedachten sie unter dem Deckmantel der neu geschaffenen Völkerbundsmandate weiterzuführen. Ziel blieb es, die Land- und Wasserverbindungen zwischen dem Mittelmeer und dem Indischen Ozean zu kontrollieren.
Nennenswerte Versuche, die Bevölkerung der besetzten Gebiete „reif" für die Unabhängigkeit zu machen, gab es nicht, die britische Politik – dies zeigt das Vorgehen in den Gebieten westlich des Jordan ab 1939 – gab stets den **eigenen Interessen** den Vorrang. Dazu passt, dass die Briten es zuließen, dass **Transjordanien** sich zunehmend in ein eigenständiges „Emirat" der Haschemiten verwandelte, das 1946 formell unabhängig wurde. Grund dafür war das Versprechen der Briten, die einflussreichen Familien im Falle einer Revolte gegen das osmanische Reich bei der Errichtung eines eigenen arabischen Königreiches zu unterstützen. Abgefunden wurde die Familie letztlich mit dem heutigen Jordanien, wo sie von der einheimischen Bevölkerung als Fremdherrscher betrachtet wurden.
Dem Verzicht auf das Mandat ging keine Veränderung der eigenen Wertmaßstäbe voraus, vielmehr hatte der Zweite Weltkrieg **Großbritannien so geschwächt**, dass der einstigen Weltmacht allmählich die Kontrolle über ihr Empire entglitt. Im Zuge dieser Entwicklung wurde **Indien 1947 unabhängig** und damit verlor die Kontrolle des Nahen Ostens für die britische Außenpolitik an Bedeutung. Die Fortführung der rigiden **Einwanderungspolitik** auch nach 1945 sorgte für Empörung der Weltöffentlichkeit und bei der neuen Supermacht USA.

2. a) *Die Aufgabenstellung erfordert von Ihnen eine genaue Auseinandersetzung mit der Textquelle. Im Fokus stehen die Gründe, die die Verfasser für die Staatsgründung Israels anführen. Diese sollen Sie „herausarbeiten", d. h. die wichtigsten Aussagen nicht einfach nur paraphrasieren, sondern auf das Wesentliche reduzieren, mit exakten Begriffen versehen und ggf. näher erklären (AFB II). Ihre eigene Antwort sollte primär sachlogisch gegliedert sein.*

Zur Legitimation der Gründung eines jüdischen Staates im „Land Israel" (Z. 1) führen die Verfasser folgende Gründe an:
Zunächst spricht ihrer Meinung nach dafür, dass das historische Israel der Schauplatz der **jüdischen Ethnogenese** war und in dieser Zeit wesentliche politische und geistig-religiöse Grundlagen gelegt wurden, die noch heute konstitutiv für die Gemeinschaft der Juden sind (vgl. Z. 1–6). Dazu zählt v. a. die Abfassung des Alten Testaments (vgl. Z. 3).
Die dadurch entstandene **Bindung der Juden** an ihr angestammtes Land sei von solcher Stärke gewesen, dass sie auch die unrechtmäßige Vertreibung durch die römische Besatzungsmacht nach dem **jüdischen Aufstand** 132–135 n. Chr. sowie die Jahrhunderte währende Zeit in der **Diaspora** überdauerte (vgl. Z. 4 ff.).
Gerade in den letzten Jahrzehnten habe sich daraus – auch aufgrund des theoretischen Überbaus durch den **Zionismus** (vgl. Z. 15 ff.) – ein wachsender Einwanderungsstrom entwickelt, der das Heilige Land besiedle sowie erschließe und damit letztlich die **Entwicklung** der Region vorantreibe (vgl. Z. 7–15). Die jüdischen Siedler hätten Gemeinschaften gebildet und die kulturelle Entwicklung (vgl. Z. 11 f.) gefördert. Auch diese **zivilisatorische Leistung** legitimiert in den Augen der Verfasser die Gründung eines eigenen Staates.
Weiterhin habe auch die **internationale Gemeinschaft** bereits zu Anfang des Jahrhunderts in Gestalt des Völkerbundes und der britischen Mandatsmacht das Recht der Juden auf einen eigenen Staat **anerkannt** (vgl. Z. 17–21). Nach Ende des Zweiten Weltkriegs erkannte die – mit jüdischer Beteiligung – geschaffene **UNO** als Nachfolgeorganisation des Völkerbundes das **Existenzrecht Israels** an (vgl. Z. 36–41) und verabschiedete einen Beschluss, der einen jüdischen Staat forderte.
Gestärkt worden sei der jüdische Wunsch nach staatlicher Erneuerung ferner durch die **traumatische Erfahrung des Holocausts**, der die Notwendigkeit eines jüdischen Nationalstaates angesichts der Verfolgung und Vernichtung der Juden durch die Nationalsozialisten deutlich gemacht habe (vgl. Z. 22–27). Mit dem Hinweis auf die aktive Teilnahme jüdischer Soldaten am Kampf gegen den Nationalsozialismus untermauern die Verfasser ihre Argumentation (vgl. Z. 32 ff.).
Ferner verweisen die Verfasser auf das **Selbstbestimmungsrecht der Völker**, demzufolge es das Recht auch der jüdischen Nation sei, souveränes Mitglied der Völkergemeinschaft zu sein (vgl. Z. 42 f.).

2. b) *Die Aufgabenstellung ist dem AFB III zuzuordnen. Sie sollen eine These der Quellenproduzenten auf Basis Ihrer Kenntnisse und Einschätzungen bewerten. Unerlässlich ist dazu eine genaue, problembewusste Klärung der Bedeutungskomponenten des Begriffs „Heimkehr". Die Aufgabe ist anspruchsvoll: Sie müssen antike und zeitgeschichtliche Entwicklungen kennen, sinnvoll auswählen und miteinander in Beziehung setzen. Dazu gehören Kenntnisse der antiken jüdischen Geschichte im Nahen Osten bis zur Vertreibung durch die Römer sowie Überblickswissen über die sich anschließende Geschichte der Region bis zum Beginn der jüdischen Einwanderung.*
Es bietet sich an, zuerst die Intention der Verfasser darzulegen und deren Angemessenheit zu bewerten, um anschließend Kritik anzubringen bzw. Relativierungen und Ergänzungen vorzunehmen.

Die Verfasser der Unabhängigkeitserklärung bezeichnen die Einwanderung von Juden aus aller Welt nach Palästina als „**Heimkehr**" (Z. 5 f.) nach ihrer Vertreibung (vgl. Z. 4) und der langen Zeit der „Verbannung" (Z. 4). Von Heimkehr spricht man, wenn jemand in seine Heimat zurückkehrt. Der Begriff suggeriert, dass die Juden nichts getan hätten, als zurück in ihre angestammte Heimat zu wandern. Damit soll die **Rechtmäßigkeit** des Vorgangs betont und um **Verständnis** geworben werden: Dass Menschen das Recht auf Rückkehr in ihre Heimat haben, dürfte allgemein auf Zustimmung stoßen.
Bei näherer Betrachtung ist diese Sichtweise allerdings **nicht unproblematisch**. Richtig ist, dass der **jüdische Glaube** sich in vorchristlicher Zeit im Nahen Osten verbreitet hat und **israelitische Bevölkerungsgruppen** jüdischen Glaubens in dieser Region ihre Heimat hatten und Reiche bildeten. König David gelang dabei um 1000 v. Chr. die Vereinigung der **Königreiche Israel** und **Juda**, die jedoch nicht von Dauer war. Ursachen waren innere Konflikte und die ständige Bedrohung von außen, wofür die Eroberung und Zerstörung Jerusalems durch die **Babylonier** beispielhaft ist. 63 v. Chr. wurde der Nahe Osten durch Pompeius als **Palästina** in das römische Reich eingegliedert. Der von den Römern eingesetzte **König Herodes** teilte das Reich unter seinen Söhnen auf. Mehrere jüdische **Aufstände** gegen die römische Fremdherrschaft wurden niedergeschlagen, wobei die Römer den Tempel in Jerusalem zerstörten und die **Juden** aus der Stadt **vertrieben**. Sie ließen sich daraufhin in allen Reichsteilen nieder, v. a. in Kleinasien, auf dem Balkan, in Nordafrika und Spanien.
Den Verfassern ist also zuzustimmen, wenn sie von einer **Vertreibung** der Juden (vgl. Z. 4) sprechen. Gegen die Verwendung des Begriffes „Heimkehr" spricht aber zum einen, dass zwischen dem Zeitpunkt der Vertreibung und dem Beginn einer zahlenmäßig bedeutenden jüdischen Einwanderung im Nahen Osten mehr als **anderthalb Jahrtausende** liegen. Erst der im 19. Jahrhundert entstandene Zionismus bewegte Menschen jüdischen Glaubens in größerer Zahl dazu, dort einwandern zu wollen. In der langen Zeitspanne zwischen beiden Ereignissen entstanden und zerfielen in der Region **mehrere staatliche Gebilde** wie etwa das Byzantinische Reich, die Kreuzfahrerstaaten oder das Osmanische Reich. Im Zuge dessen siedelten sich osmanische, arabische und auch europäi-

sche Gruppen an, die das Gebiet in der Folgezeit **kulturell prägten** und ebenfalls als ihre „Heimat" betrachteten. Dies zeigt, wie problematisch die Verwendung des Begriffs „Heimkehr" ist, zumal hier mehrere Gruppen (mit ähnlichen Argumenten) Ansprüche auf ein und dasselbe Territorium erheben.
Dazu kommt, dass der Begriff „Heimkehr" **subjektiv** ist und ganz Unterschiedliches damit gemeint sein kann. Sicherlich gibt es Zentren wie Jerusalem mit langer antiker **jüdischer Kontinuität**, die wohl für die meisten Juden „Heimat" bedeuten. Allerdings waren die **Grenzen** der antiken israelischen Reiche **nicht festgelegt**, ihr **Territorialbestand** unterlag wie oben angedeutet **häufigen Schwankungen**. Damit stellt sich die Frage, auf welche historische Situation man sich bezieht, wenn man von „Heimkehr" spricht.
Insgesamt betrachtet sollte man von „Heimkehr" also nur mit Bezug auf Personen oder Personengruppen in einer bestimmten, fest abgegrenzten Lebensspanne sprechen.

3. *Die Aufgabenstellung kombiniert Anforderungen der Ebene I (Beschreibung der Karteninhalte) mit denen der Ebene II (Erläuterung der Hintergründe, Einordnen in den historischen Kontext).*
Beginnen sollten Sie jeweils mit einem kurzen Überblick über das Kartenthema und dem zugrunde liegenden Untersuchungszeitraum. Im Folgenden sollten die erkennbaren territorialen Veränderungen nach Chronologie und Thema strukturiert beschrieben werden, bevor Sie zuletzt die konkreten Ursachen darlegen. Dazu ist es nicht nötig, die Verläufe der einzelnen Konflikte bzw. Kriege zu erläutern!

Aus **Karte 1** werden zum einen die Grenzen Israels nach dem UN-Teilungsplan von 1947, zum anderen die territorialen Zuwächse infolge des Unabhängigkeitskrieges 1948/1949 sowie der Suez-Krise 1956/57 deutlich.
Schon die **Teilungspläne der UNO** 1947 hatten zu Auseinandersetzungen zwischen Arabern und Juden geführt, unmittelbar nach der **Unabhängigkeitserklärung** am 15. Mai 1948 kam es zum **Einmarsch arabischer Truppen** aus den Ländern Ägypten, Syrien, Jordanien, Irak und Libanon. Im Verlaufe des Unabhängigkeitskrieges konnte Israel seine Eigenständigkeit militärisch verteidigen und sein Gebiet über die Grenzen von 1947 hinaus erweitern. Es besetzte größere **Gebiete an den Grenzen** zum Libanon im Norden und Ägypten im Süden. Im Zentrum des ehemaligen Mandatsgebietes konnte Israel zudem die Grenze ostwärts Richtung Jordan verschieben und v. a. das Stadtgebiet von **Jerusalem** erreichen, das fortan geteilt wurde.
Die Karte zeigt, dass nach dem Krieg auf die laut UN-Plan von 1947 vorgesehene **Errichtung** eines **palästinensischen Staates verzichtet** wurde, da dies in den Augen der arabischen Anrainer indirekt eine Anerkennung Israels bedeutet hätte. So fiel der **Gazastreifen** unter ägyptische Verwaltung, der verbliebene Rest des **Westjordanlandes** (Cisjordanien) wurde einschließlich Ost-Jerusalems vom Königreich Jordanien annektiert. Eine weitere Kriegsfolge war die **Massenflucht** der arabischen Bevölkerung (laut Karte mehr als 700 000 Menschen), die aus Israel

vertrieben wurde, teilweise aber auch Auswanderungsaufrufen arabischer Politiker folgte. Während der **Suez-Krise**, die mit der Verstaatlichung des Suez-Kanals als wichtiger Verkehrsader durch den ägyptischen Präsidenten Nasser begann, wurde die zu Ägypten gehörende **Halbinsel Sinai** von israelischen Truppen besetzt, um einem Einmarsch der Armeen der gegen Israel verbündeten arabischen Staaten zuvorzukommen. 1957 erfolgte im Zuge der internationalen Entspannung der **Rückzug Israels**.

Die **Karte 2** illustriert die territoriale Situation von 1967 bis 1993. Wesentliche Veränderungen ergaben sich im Zuge des **Sechs-Tage-Krieges von 1967**. Als Reaktion auf terroristische Aktionen sowie die Konzentration arabischer Truppen an seinen Grenzen griff Israel erst Ägypten, später Jordanien und Syrien an. Binnen weniger Tage wurden das **Westjordanland**, der **Gazastreifen**, der **Sinai** und die syrischen **Golanhöhen** erobert. **Ostjerusalem** wurde besetzt, 1980 offiziell annektiert, sodass die gesamte Stadt zur **Hauptstadt** gemacht werden konnte. Der Krieg führte darüber hinaus zu einer erneuten palästinensischen **Flüchtlingsbewegung**. Ein Angebot der Bevölkerung Israels, über die Zukunft der besetzten Gebiete mit den arabischen Nachbarn zu verhandeln, lehnten diese ab. In der Folgezeit wurden zur besseren Kontrolle der besetzten Gebiete **jüdische Siedlungen** gegründet. Die 1967 erneut besetzte Halbinsel Sinai wurde in den 1970er-Jahren im Rahmen eines Annäherungsprozesses zwischen Ägypten und Israel allmählich geräumt (Friedensabkommen von **Camp David**). Die strategisch bedeutsamen Golanhöhen wurden 1981 formell von Israel annektiert. Sie gelten seitdem als hauptsächliches Hindernis von Friedensverhandlungen mit **Syrien**. Weil die 1964 gegründete **PLO** (Palästinensische Befreiungsorganisation) im Süden des Bürgerkriegslandes **Libanon** seit den 1970er-Jahren Stützpunkte für Operationen gegen Israel ausgebaut hatte, kam es 1982 zu einer **Invasion** israelischer Truppen. Die besetzten Gebiete wurden bis 2000 geräumt.
1991 bis 1993 fanden **Friedensverhandlungen** zwischen der PLO und Israel statt: Die PLO erkannte dabei das Existenzrecht Israels an, im Gegenzug sollte die israelische Armee schrittweise die besetzten Gebiete räumen, für deren Verwaltung anschließend eine palästinensische **Autonomiebehörde** Sorge tragen sollte.

4. *Die Fragestellung enthält Anforderungen aus allen drei Anforderungsbereichen. Analysieren Sie die Karikatur zunächst, um auf dieser Grundlage zu einer fundierten Deutung zu kommen. Formulieren Sie dabei die Intention des Quellenproduzenten möglichst genau, denn nur so können Sie bei der abschließenden Überprüfung (Beurteilung der Intention) zu einem differenzierten Ergebnis kommen. Zudem brauchen Sie fundierte Kenntnisse und Einschätzungen über den Anfang der 1990er-Jahre einsetzenden Friedensprozess, der v. a. mit den Namen Yitzhak Rabin und Jassir Arafat verbunden ist. Ebenso müssen Sie die Gründe für das Scheitern des Dialogs kennen. Dabei kommt es nicht darauf an, möglichst viel Detailwissen über die aktuelle Entwicklung des Nahost-Konfliktes zu präsentieren, sondern mithilfe ausgewählter Fakten zu einem begründeten Urteil zu kommen.*

Die Karikatur „Ohne Ende“ deutet den Nahost-Konflikt zwischen Palästinensern und Israel als nicht endenden **Kreislauf von Gewalt und Gegengewalt**, aus dem es kein Entrinnen gibt.
Typisch für diese Quellengattung ist die Reduktion durch **Personalisierung**. Für Israel steht ein **Soldat**, den der Davidstern als Angehörigen der israelischen Armee ausweist. Für die Palästinenser steht eine männliche Figur, die durch das Kopftuch dem arabischen Kulturkreis zugeordnet wird. Beide Personen sind mit **Gewehren** und **Sprengkörpern** (Raketen, Bomben) bewaffnet, von denen einige schon abgefeuert wurden. Die beiden Personen verfolgen sich gegenseitig und drehen sich dabei (wie auch die abgefeuerten Sprengkörper) im Kreis, weil sie Wegweisern wie „**Rache**“ und „**Vergeltung**“ folgen. Die Kreisbewegung führt dazu, dass Aktion und Reaktion nicht klar voneinander unterschieden werden können und Vergeltungsaktionen (Sprengkörper) auch auf ihren Urheber zurückfallen können.
Kritisiert wird also das Verhalten beider Kriegsparteien, deren Lenkung durch **archaische Denkmuster** wie Rachedurst und Vergeltungssucht zu einem **eindimensionalen und militanten Vorgehen** führt und damit eine Versöhnung im Nahen Osten unmöglich macht. Mit Blick auf die Entwicklungen seit dem Oslo-Abkommen von 1993 ist der Intention der Quellenproduzenten zuzustimmen. Zwar gaben die dort nach dem Motto „**Land für Frieden**“ gefassten Beschlüsse Anlass zur Hoffnung auf eine Befriedung des Krisenherdes, die Lösung einiger umstrittener Fragen wie etwa die Zukunft der jüdischen Siedlungen und der besetzten Gebiete, der palästinensischen Flüchtlinge und des genauen Verlaufs der Grenze wurden jedoch ausgeklammert. **Extremisten** auf beiden Seiten versuchten in der Folgezeit ein Voranschreiten des Friedensprozesses zu torpedieren, v. a. nachdem der Friedensnobelpreisträger **Jitzchak Rabin** Ende 1995 von einem ultraorthodoxen Juden **ermordet** wurde und sein Nachfolger im Amt des Ministerpräsidenten, der rechte Politiker **Benjamin Netanjahu**, den Bau jüdischer Siedlungen in den besetzten Gebieten forcierte. **Selbstmordattentate** palästinensischer Extremisten hatten dazu geführt, dass eine Mehrheit der israelischen Wähler seiner Parole „**Frieden mit Sicherheit**“ folgte. Auch **Jassir Arafat**, 1996 zum ersten Präsidenten der palästinensischen Autonomiebehörde gewählt, konnte die Gewalt nicht eindämmen, die 2000 nach dem von vielen Arabern als Provokation betrachteten Besuch des Felsendoms durch den damaligen Ministerpräsidenten Ariel Scharon mit der **Zweiten Intifada** einen Höhepunkt erreichte. Radikale Palästinensergruppen wie die **Hamas** oder die **Al-Aqusa-Brigaden** verübten Selbstmordanschläge, die zu hohen Opfern unter der israelischen Zivilbevölkerung führten, was **Vergeltungsaktionen** der israelischen Armee, den Bau einer 750 km langen **Sperranlage** um das Westjordanland sowie die **gezielte Tötung** von sogenannten Feinden des Staates Israel (namentlich Hamas-Aktivisten) zu Folge hatte. Nach dem Tod Arafats spitzte sich die Situation durch wachsende Konflikte zwischen seiner als korrupt geltenden **Fatah-Organisation** und der radikalen Hamas mit dem Ergebnis weiter zu, dass die Fatah das Westjordanland kontrollierte und die Hamas den Gazastreifen, von wo aus israelische Städte unter Raketenbeschuss genommen wurden. Dies führte 2008 zum Einmarsch Israels in den Gazastreifen.

Diese Beispiele verdeutlichen, dass der Nahe Osten in einer **Gewaltspirale gefangen** ist, sie stützen damit die These des Karikaturisten. Allerdings blendet die Bildquelle **externe Einflussfaktoren** völlig aus. Dazu zählen zum einen internationale Initiativen zur Beendigung des Konfliktes wie die „**Roadmap**" zum Frieden, die 2003 vom damaligen US-Präsidenten George W. Bush vorgestellt wurde. Das regelmäßige Scheitern dieser Initiativen aufgrund fehlender Kompromissfähigkeit der Konfliktparteien passt jedoch zur Bildaussage. Zum anderen unterschlägt die Bildquelle die Bedeutung der **arabischen Nachbarstaaten** für den Konflikt. **Syrien** etwa gilt als wichtiger Unterstützer und Geldgeber anti-israelischer Organisationen wie der **Hisbollah**, die vom Libanon aus operiert. Die für viele Anschläge verantwortliche Gruppierung wird auch vom **Iran** gefördert, dessen Präsident Ahmadinedschad dazu aufgerufen hat, Israel zu vernichten. Solange regionale Mächte wie Syrien und Iran das Existenzrecht Israels bestreiten und als Förderer einer extremistischen Politik auftreten, wird ein Frieden im Nahen Osten nicht zu verwirklichen sein.

5. *Die letzte Teilaufgabe ist kurshalbjahresübergreifend angelegt und überträgt das in den bisherigen Teilaufgaben deutlich gewordene Problem in abstrahierter Form auf die europäische Geschichte. Sie sollen sich kritisch mit der Frage auseinandersetzen, inwieweit es legitim ist, politische Ziele mit dem Hinweis auf geschichtliche Entwicklungen zu legitimieren. Die Aufgabe ist damit dem AFB III zuzurechnen. Beispiele können Sie u. a. dem Kurshalbjahr 12.1 entnehmen, wo „Volk" und „Nation" als Identifikationsmuster kritisch hinterfragt werden sollen. Der deutsche Nationalismus und die deutsche Nationalstaatsbewegung des 19. Jahrhunderts bieten sich dazu ebenso an wie die „Erbfeindschaft" zwischen Deutschen und Franzosen als Konstrukt zur Legitimation politischer Ziele vom Ende des 19. Jahrhunderts. Aus 11.2 eignet sich z. B. die völkische Propaganda der Nationalsozialisten.*
Für eine überzeugende Stellungnahme ist sowohl umfassendes Faktenwissen als auch die Fähigkeit zur Auswahl und zum problembewussten Umgang damit nötig. Zudem sollten die Beispiele das von Ihnen zugrunde gelegte Konzept kritisch hinterfragen. Die Fragestellung ist sehr offen gehalten, sodass die Herausforderung zunächst darin besteht, die Phrase „politische Ziele" mit Inhalt zu füllen.

Der im 19. Jahrhundert immer bedeutender werdende **deutsche Nationalismus** hatte sich die Verwirklichung eines Nationalstaates zum Ziel gesetzt, der den deutschen Partikularismus beenden und alle Deutschen einigen sollte. Zu diesem Zweck musste die durch den Deutschen Bund gesicherte Souveränität der Landesfürsten beseitigt und anstelle des lockeren Staatenbundes ein **starker Einheitsstaat** errichtet werden.
Nötig war es außerdem, bei der Bevölkerung der deutschen Staatenwelt ein **Nationalbewusstsein** zu erzeugen bzw. zu verstärken, um der Nationalstaatsidee breite Unterstützung zu sichern und ihr Durchsetzungsvermögen zu erhöhen. Dazu wiederum mussten aus Bayern, Preußen, Hessen, Württembergern und anderen Deut-

sche werden, d. h., es bedurfte eines **imaginierten Gemeinschafts- und Zusammengehörigkeitsgefühls**, kurz: Die Nation musste „**erfunden**“ werden. Neben der gemeinsamen Hochsprache und kulturellen Gemeinsamkeiten konnte ebenfalls die Vorstellung einer gemeinsamen glorreichen, aber auch leidvollen Vergangenheit dazu beitragen, die zu diesem Zweck **nationaldeutsch umgedeutet** werden musste. Die Auswahl der als erinnerungswürdig eingestuften Ereignisse, ihre Überhöhung bzw. Relativierung – dies alles sollte dazu beitragen, um die Identifikation der Menschen mit ihrer „Nation“, ihr Gefühl, Teil von etwas Besonderem zu sein, zu stärken.
Kritisch ist an dieser Stelle einzuwenden, dass die **suggerierten Kontinuitäten** oft fragwürdig waren. Dazu zählte die Indienstnahme des **Cherusker-Fürsten Arminius**, der 9 v. Chr. im Teutoburger Wald den römischen Feldherrn Varus besiegte und als „Hermann der Cheruskerfürst“ zum Nationalmythos aufgebaut wurde, der das freie Germanien vor der römischen Gewaltherrschaft bewahrt habe. Dabei wurden zum einen **Parallelen** zwischen der römischen Bedrohung in der Antike und der französischen der Gegenwart hergestellt, zum anderen zwischen Preußen und Cheruskern als selbstbewusste Eliten, die im Namen der Freiheit die anderen „Stämme“ einten, um gemeinsam gegen eine äußere Bedrohung zu kämpfen. Kurzerhand wurden die **Germanen zu Vorfahren der Deutschen** erklärt. Heutzutage streiten Historiker darüber, ob es sich um einen Volksaufstand handelte oder ob Arminius – als römischer Offizier – Anführer einer Militärrevolte war, die seine eigene Machtstellung vergrößern sollte. Noch wichtiger war die Inanspruchnahme des mittelalterlichen Staufer-Kaisers **Friedrich Barbarossa** (ca. 1122–1190) als Repräsentant einer glorreichen deutschen Vergangenheit. Unter seiner Herrschaft hatte nach Ansicht der Nationalisten das Reich im Mittelalter seinen Höhepunkt, ebenso versuchte er, die Einheit des Reiches unter einer starken Zentralmacht zu stärken. Zu diesem Zweck wurde die alte **Kyffhäuser-Sage** neu belebt und teilweise modifiziert: Ursprünglich sollte der in den Kyffhäuser entrückte Barbarossa (bzw. sein Enkel Friedrich II.) nach seinem Erwachen das alte Reich retten, in der neuen Version wurde sein Erwachen mit dem Entstehen eines neuen, kleindeutschen Nationalstaats gleichgesetzt. Dieser Sichtweise zufolge konnte König Wilhelm von Preußen zu seinem Nachfolger stilisiert werden. Sie lässt jedoch außer Acht, dass sich Friedrich I. nicht als Herrscher über die Deutschen, sondern als **Schutzherr** der gesamten **christlichen Welt** sah.
Problematisch ist die Funktionalisierung von Geschichte v. a. dann, wenn sie zur Legitimation einer **aggressiven Außenpolitik** missbraucht wird und somit zur Gefährdung des Friedens beiträgt. Half die maßgeblich zur Zeit der Befreiungskriege konstruierte „**Erbfeindschaft**“ gegen die Franzosen im weiteren Verlauf des 19. Jahrhunderts schon mit, das **Zusammengehörigkeitsgefühl** in Abwehr eines **vermeintlichen äußeren Feindes** zu stärken, so vollendete der Krieg von 1870 die Einigung Deutschlands, als preußische und süddeutsche Truppen gemeinsam gegen die Armee Napoleons III. kämpften. Im Frieden von Frankfurt annektierte das Deutsche Kaiserreich mit dem Elsaß und Lothringen zwei Gebiete, die bis zur erzwungenen Abtretung an Frankreich Mitte des 17. Jahrhunderts zum Heiligen Römischen Reich deutscher Nation gehört hatten. Der Begriff „**Reichs-**

land Elsaß-Lothringen" sollte suggerieren, dass es sich um „**verlorene Reichsgebiete**" handelte, tatsächlich handelte es sich dabei um eine vom Deutschen Kaiserreich **künstlich geschaffene** administrative **Einheit** mit großen sprachlich-kulturellen, sozioökonomischen und politischen Unterschieden, der die Militärführung erhebliche strategische Bedeutung beimaß. Ressourcenreichtum, die günstige Verkehrslage und die große Wirtschaftskraft machten die Region außerdem zu einem lohnenden Ziel der deutschen Expansionspolitik.
Am Beispiel Elsaß-Lothringen lässt sich noch ein weiteres Problem einer Funktionalisierung von Geschichte demonstrieren: **Nationale Geschichtskonstrukte** können zu **zwischenstaatlichen Konflikten** führen und eine Gewaltspirale in Gang setzen. So wurde die Rückgewinnung des „Schwarzen Flecks" Elsaß-Lothringen nach 1871 zum wichtigen Motiv der französischen Außenpolitik; eine um Herstellung eines Konsens' bemühte Politik war weder in Frankreich noch in Deutschland möglich. Aufrüstung und die außenpolitische Isolation des Gegners blieben somit als Handlungsalternativen. Beides sollte zum Ersten Weltkrieg führen.

Teilaufgabe	AFB I	AFB II	AFB III	BE
1	☒	–	☒	22
2 a	–	☒	–	30
2 b	–	–	☒	
3	☒	☒	–	20
4	☒	☒	☒	22
5	–	–	☒	26
Summe				120

Abitur Geschichte (Bayern G 8) – Musterabitur
Konfliktregionen und Akteure internationaler Politik
in historischer Perspektive

Thema: *Die USA – von den rebellischen Kolonien zur globalen Siegermacht*

Aufgaben

1. Beschreiben Sie die außenpolitische Stellung der USA vor Beginn des Ersten Weltkriegs und vergleichen Sie diese mit der US-amerikanischen Position nach dem Ende des Zweiten Weltkriegs! (BE 22)

2. a) Fassen Sie die Aussagen des Verfassers (M 1) zu den Prinzipien der Außenpolitik der USA von 1914 bis zum Erscheinen seines Aufsatzes zusammen und arbeiten Sie die Position des Verfassers heraus!
   b) Überprüfen Sie, inwieweit der „Kreuzzugsgedanke" das Eingreifen der USA in den Ersten Weltkrieg bestimmt hat! (BE 34)

3. Diskutieren Sie am Beispiel eines militärischen Konflikts nach dem Zweiten Weltkrieg die Möglichkeiten und Grenzen der Weltmacht USA, ihre Vorstellungen von einer „neuen Weltordnung" (M 1, Z. 44) durchzusetzen! (BE 24)

4. Erarbeiten Sie durch Analyse und Interpretation der Karikatur (M 2) die Darstellung der USA aus sowjetischer Sicht! (BE 14)

5. Erörtern Sie an einem selbst gewählten Beispiel aus dem deutschen oder europäischen Raum die Bedeutung von Feindbildern für den inneren Zusammenhalt einer Gesellschaft! (BE 26)

Material

M 1: Walter Lippmann[1]: Amerikanische Außenpolitik (1953; Auszüge)

Die Wilson'sche Doktrin entsprang aus der Anpassung der amerikanischen Tradition an eine unvorhergesehene Notlage – eine Lage, die uns zwang, nach Europa zurückzukehren, auf europäischem Boden zu kämpfen und uns mit europäischen Nationen politisch zusammenzuschließen [...]. Vielleicht konnte man die Wilson'sche These so formulieren: Da die amerikanische Demokratie in der Welt keine sichere Freistatt mehr findet, sind wir Amerikaner aufgeboten, um die Welt zu einer Freistatt der amerikanischen Demokratie zu machen. Zu diesem Zweck müssen die Grundsätze der amerikanischen Demokratie Allgemeingut der ganzen Welt werden [...].

Das Wilson'sche Gedankensystem will es nicht wahrhaben, dass Amerika eine Nation unter vielen anderen Nationen ist, und dass diese ihm als derzeitige oder künftige Rivalen, Verbündete oder Partner gegenüberstehen, mit denen es sich auseinandersetzen muss. Es steckt darin die Vision einer Welt, in der es keine dauernden Rivalitäten und tiefgehenden Interessenkonflikte gibt, in der man keine Kompromisse im Grundsätzlichen zu schließen braucht und keine Trennung der Einflusssphären, keine Bündnisse und keinen Krieg kennt, sondern höchstens noch Kriege der Weltgemeinschaft gegen einzelne Regierungen, die sich verbrecherisch gegen die Weltordnung auflehnen. Aus dem Gefühl, dass der Krieg ein verbrecherischer Eingriff in die natürliche Weltordnung ist, den man nicht dulden darf, entwickelt Wilsons Lehre eine von den Massen getragene Kreuzzugsstimmung; dass es überhaupt notwendig wird, in den Krieg zu ziehen, ist ein Hohn auf Menschentum und Menschenrecht. Alle Kriege dürfen daher nur Kriege zur Beendigung der Kriege sein, Kreuzzüge, die nur dann beendigt werden können, wenn alle Völker sich der einen wahren politischen Religion unterworfen haben. Friede wird nur dann sein, wenn alle Völker dieselben selbstverständlichen Grundsätze anerkennen und befolgen. Ein Angriffskrieg ist eine bewaffnete Rebellion gegen die allgemeinen, ewigen Grundsätze der Weltgemeinschaft. Daher kann ein Krieg rechtens nur mit der bedingungslosen Kapitulation der angreifenden Nation und mit dem Sturz und der Umgestaltung ihres politischen Regimes enden.

Es lässt sich nicht bestreiten, dass die Wilson'sche Ideologie vom Zeitpunkt ihrer Formulierung an das politische Denken und Handeln der Amerikaner bestimmt hat [...]. Denken wir an die vielen Diskussionen, die seit 1914 geführt wurden oder – wie die Kongressdebatten über die Bewilligung der Auslandshilfe – noch jetzt im Gange sind: ob es sich nun um den Kriegseintritt handelte, um die Mitgliedschaft im Völkerbund und in den Vereinten Nationen, um die Truman-Doktrin, den Marshall-Plan, den Nordatlantikpakt, die Intervention in Korea oder den Sicherheitsvertrag (Japan 1951) – wer für diese Maßnahmen sprach, der stand mit seinen Argumenten im Zeichen der Wilson'schen Ideologie.

Es leuchtet ein und wird auch in Amerika selbst oft betont, dass das amerikanische Volk für die eben genannten großen Entscheidungen nur dadurch gewonnen werden konnte, dass man die in Wilsons Gedanken verborgenen starken Gefühlskräfte mobilisierte. Volk und Kongress hätten alle jene Maßnahmen abgelehnt und bekämpft, wenn dahinter nicht die Idee eines Kreuzzuges gegen die Nazis, die Japaner, die Sowjets, die chinesischen Kommunisten oder den Kommunismus überhaupt stünde, wenn das amerikanische Volk nicht durch die Verheißung einer neuen Weltordnung angefeuert würde: dass nach dem Ende dieser Kreuzzüge alle Völker, auch die, denen sie gegolten haben, auf die gleichen Ziele und Grundsätze schwören würden [...].

Vielen Amerikanern wird jetzt klar, dass die Maßnahmen, die unter Zuhilfenahme des ideologischen Ansporns, im Zeichen des Kreuzzugs, propagiert werden, nur zu oft im Verlauf ihrer politischen Verwirklichung entscheidend und manchmal geradezu hoffnungslos entstellt werden [...]. Meiner Meinung nach wird es immer klarer, dass die Wilson'sche Ideologie unmöglich als Grundlage für die Außenpolitik einer Nation dienen kann, die eine Stellung wie die unsere einnimmt und die Last unserer Verantwortung trägt. Das amerikanische Volk erkennt in zunehmendem Maße, dass in unserem Jahrhundert Kreuzzüge immer nur zu neuen Kreuzzügen führen [...]. Können wir, wenn wir mit uns zu Rate gehen und uns fest in der Hand behalten, jenen verderblichen Triebkräften unserer Demokratie entgegenwirken, die uns in Friedenszeiten zu pazifistisch und in Kriegszeiten zu kriegerisch werden lassen? [...] Natürlich gibt es keine fertigen und wohlerprobten Regeln für eine überstaatliche Gesellschaftsordnung, an die man sich mühe- und bedenkenlos halten könnte. Und vermutlich kennen die Europäer nicht Derartiges, sonst würde man auch bei uns etwas davon gehört haben. Aber vielleicht können wir gemeinsam, indem wir frei und aufrichtig miteinander sprechen, aus der alten Weisheit der Menschheit und einer unvoreingenommenen Betrachtung der neuen Gegebenheiten eine Einsicht gewinnen, die unserer Politik den Weg weist. Leicht wird diese Aufgabe nicht sein.

1 Walter Lippmann (1889–1974): US-amerikanischer Schriftsteller und Journalist

M 2: Karikatur aus der ehemals sowjetischen Tageszeitung „Iswestija" vom 19. 7. 1982 mit dem Titel „Cowboy-Galopp"

Deutsche Übersetzung für die Aufschrift:
„Hundert Milliarden Dollar für die Hochrüstung"

Lösungsvorschläge

Die Aufgabe bezieht sich im Schwerpunkt auf das Kapitel 12.2.2 des Lehrplans, v. a. auf die Entwicklung der USA zur Weltmacht und auf die Auseinandersetzung mit der UdSSR als ideologischen Gegner zur Zeit des Kalten Krieges. Einige der Teilaufgaben sind materialgestützt: Dabei ist die umfangreiche Textquelle von W. Lippmann an erster Stelle zu nennen, auf die sich gleich drei Teilaufgaben zusammenfassend, erläuternd und wertend beziehen. Außerdem kommt noch eine Karikatur zum Einsatz, anhand der Sie die sowjetische Darstellung der feindlichen Macht USA herausarbeiten sollen. An diese Bildquelleninterpretation schließt sich die kurshalbjahresübergreifende Aufgabe an. Die Perspektive weitet sich von zur Zeit des Kalten Krieges herrschenden Feindbildern und Stereotypen hin zur Bedeutung von Feindbildern zur Sicherung des Zusammenhalts in einer Gesellschaft. Dabei kommen v. a. Beispiele aus 11.2.2 und 12.1.1 infrage.

1. *Die Aufgabenstellung ist zweigeteilt. Zunächst wird von Ihnen eine Beschreibung der außenpolitischen Position der USA vor dem Beginn des Ersten Weltkriegs verlangt. Diese Teilaufgabe ist dem AFB I, der Reproduktion von Faktenwissen, zuzuordnen. Darauf aufbauend sollen Sie im nächsten Schritt die außenpolitische Stellung der USA vor Beginn des Ersten Weltkrieges mit der nach dem Ende des Zweiten Weltkrieges vergleichen. Dieser Operator verweist auf den AFB III; beide Situationen sind kriterienorientiert und problembezogen gegenüberzustellen. Wichtig ist, dass dabei Ihr eigenes Urteil deutlich wird und Ihre Ausführungen argumentative Strukturen aufweisen.*
   Erwartet wird von Ihnen bei dieser Aufgabe v. a. der Rückgriff auf das im Unterricht erworbene Faktenwissen, das Sie klar strukturiert, sprachlich angemessen und begrifflich genau darstellen sollen. Zeigen Sie mit Ihrer Antwort, dass Sie den Sachverhalt gedanklich durchdrungen haben. Der Prüfer wird dies höher schätzen als eine unreflektierte Auflistung aller relevanten historischen Daten und Fakten.

   Die außenpolitische Stellung der USA **vor dem Ersten Weltkrieg** lässt sich wie folgt charakterisieren:
   Nach wie vor hielten die USA an der **Monroe-Doktrin** von 1823 fest, die einerseits die Nichteinmischung des Landes in europäische Angelegenheiten festschrieb, mit der sich das junge Land andererseits eine Einmischung der europäischen Mächte in die amerikanische Hemisphäre verbat. Somit beanspruchten die USA schon früh die Rolle als **Schutzmacht** der unabhängig gewordenen Kolonien in Süd- und Mittelamerika.
   Das Selbstverständnis als Vormacht im amerikanischen Raum wurde mit dem Abschluss der territorialen Expansion auf dem nordamerikanischen Kontinent und dem Aufstieg zur **Wirtschaftsmacht** bis zur Jahrhundertwende noch verstärkt. Unter Theodore Roosevelt erfolgte 1898 eine Verschärfung der Monroe-Doktrin, indem er das Interventionsrecht der USA in Nord- und Südamerika im Falle einer Gefährdung eigener Interessen beanspruchte. Es folgten zahlreiche **Interventionen** der US-Streitkräfte in den Krisengebieten Mittelamerikas, zur Unterstützung

wirtschaftlicher Interessen wie im Fall Panamas und zur Destabilisierung unerwünschter Regime wie im Fall Mexikos.
Durch den Sieg im **Krieg gegen Spanien** (1898–1901) übernahmen die USA die Reste des spanischen Kolonialreiches und wurden somit selbst zur Kolonialmacht, auch wenn ihre Politik stärker vom **Wirtschaftsimperialismus** („Dollarimperialismus") als vom Ziel des Aufbaus eines formellen Kolonialreiches geprägt war. Neben **Lateinamerika** wurde der **asiatisch-pazifische Raum** zu einem Schwerpunkt der außenpolitischen Aktivität. Die Annexion von Guam, Hawaii oder den Philippinen und die Errichtung von Flottenstützpunkten sollten der USA eine Kontrolle dieses Raumes ermöglichen, mit ihrer **Open Door Policy** ab 1899 versuchten die USA, Einfluss in China zu erzwingen.
Insgesamt betrachtet waren die USA vor dem Ersten Weltkrieg also eine **Imperialmacht**, die sich als Großmacht im amerikanisch-pazifischen Raum etabliert hatte, sich aber abgesehen vom Fall China nicht in die Auseinandersetzungen der europäischen Imperialmächte einmischte.

Nach dem Ende des Zweiten Weltkrieges hatte sich die Position der USA dramatisch verändert. Das Land war zur **Supermacht** geworden, die eine aktive und führende Rolle in der Weltpolitik innehatte. Dies lässt sich an folgenden Beispielen zeigen:
Durch die entscheidende Rolle im **Kampf gegen NS-Deutschland und Japan** hatte sich das Land ein hohes politisches Ansehen erworben. In Europa war durch die **aktive Kriegsteilnahme** der USA und die daraus resultierende Invasion in der Normandie die Eröffnung eines Zweifrontenkrieges gegen Deutschland möglich geworden, der ein Jahr später zur bedingungslosen Kapitulation NS-Deutschlands führte. Auf dem asiatischen Kriegsschauplatz wurde Japan durch den zweimaligen Einsatz der Atombombe zur Kapitulation gezwungen.
Weiterhin wollte das Land anders als nach dem Ersten Weltkrieg die Weltpolitik nach den Prinzipien der **Atlantik-Charta** mithilfe der UN dauerhaft **aktiv gestalten**, in Deutschland fungierten die USA als **Besatzungsmacht**, anstatt sich wie nach dem Ersten Weltkrieg zurückzuziehen. Im Zuge des entstehenden Ost-West-Gegensatzes wurden die USA zum **wichtigsten politischen Gegner der UdSSR**. Ziel der Außenpolitik wurde es zunächst, den kommunistischen Einfluss einzudämmen („**Containment**") und in ihrer Unabhängigkeit bedrohte Staaten militärisch und wirtschaftlich zu unterstützen: Die **Truman-Doktrin** löste 1947 die isolationistische Monroe-Doktrin ab. Auf längere Sicht sollte der weltweite Einfluss der UdSSR zurückgedrängt werden („**Roll-back**"), was ebenfalls die globale Dimension der US-Außenpolitik verdeutlicht.
Möglich wurde diese Politik durch das überlegene wirtschaftliche und militärische Potential der USA. Aufgrund der immensen Wirtschaftskraft verfügten die USA über die Ressourcen, andere Staaten finanziell zu unterstützen, wie der 1947 aufgelegte **Marshall-Plan** zeigte, mit dem das Land zum Wiederaufbau Europas beitrug. Unmittelbar nach dem Ende des Zweiten Weltkriegs waren die USA zudem die einzige Macht, die über **atomare Waffen** verfügte, im Rahmen des Korea-Krieges wurden die Streitkräfte wiederaufgebaut und vergrößert. Gestützt auf das

wirtschaftliche und militärische Potential wurden die USA **Führungsmacht des westlichen Bündnissystems** NATO.
Als wichtigstes Ergebnis ist festzuhalten, dass der Zweite Weltkrieg zu einer Machtsteigerung der USA und zu einer endgültigen Abkehr von isolationistischen Tendenzen führte.

2. a) *Bei dieser Teilaufgabe müssen Sie zunächst die Aussagen des Verfassers zu den Prinzipien der Außenpolitik zusammenfassen (AFB I). Dabei ist darauf zu achten, dass der Text nicht nur in anderen, bloß umschreibenden Worten paraphrasiert, sondern historische Sachverhalte und Aussagen unter Beibehaltung des Sinnes auf das Wesentliche reduziert werden. Die pointierte und fachsprachliche Wiedergabe in eigenen Worten fließt in die Bewertung mit ein. Das Herausarbeiten der Position des Verfassers entspricht dem AFB II (Reorganisation und Transfer). Dabei sollen Sie zeigen, dass Sie auch nicht explizit im Text genannte Sachverhalte und Zusammenhänge erkennen können.*

Walter Lippmann zufolge war die „Wilson'sche Doktrin" mit ihrem Kerngedanken eines **Kreuzzugs für die Demokratie** Folge einer **notwendigen Einmischung** in die europäischen Angelegenheiten, die der Erste Weltkrieg mit sich brachte (vgl. Z. 1–4).
Die weltweite Verbreitung der Demokratie sollte seiner Meinung nach die Sicherheit der aus zeitgenössischer Sicht bedrohten US-Demokratie gewährleisten (vgl. Z. 5–9). Getragen worden sei die Doktrin von der Idealvorstellung **einer friedlichen Welt** ohne zwischenstaatliche Interessenskonflikte und traditionelle Kriege (vgl. Z. 12–17). Demnach seien Kriege nur noch vorstellbar als Maßnahmen der Weltgemeinschaft gegen einzelne Staaten, die gegen die verbindlichen Grundsätze wie Demokratie und Menschenrechte verstoßen (vgl. ebda. und Z. 23 ff.). Lippmann zufolge stellte die „Wilson'sche Doktrin" die maßgebliche **Richtlinie des außenpolitischen Handelns der US-Regierungen** dar und garantierte bislang die Zustimmung des amerikanischen Volkes zu dieser Politik (vgl. Z. 29–37).
Der Schriftsteller erkennt zwar an, dass die „Wilson Doktrin" die amerikanische Außen- und Interventionspolitik in der ersten Hälfte des 20. Jahrhunderts bestimmt hat, hält diesen Ansatz aber nicht mehr geeignet zur Bewältigung der politischen Herausforderungen der 50er-Jahre (vgl. Z. 50–54).

2. b) *Teilaufgabe 2 verlangt eine differenzierende Stellungnahme zu einer Aussage der Textquelle auf der Basis Ihrer Faktenkenntnisse (AFB III). Stellen Sie zunächst sicher, dass Sie verstehen, was der Begriff „Kreuzzugsgedanke" beinhaltet! Hilfreich ist es, die Stellungnahme mit einer Begriffsklärung zu beginnen. Unerlässlich ist jedoch, dass Sie auf Basis der Auswahl und Einschätzung von Fakten Argumente für und gegen die These darlegen und am Ende ein Fazit ziehen. Bei derartigen Aufgabenstellungen ist es wichtiger, schlüssig und strukturiert zu argumentieren, als möglichst viele Fakten unterzubringen.*

Im Folgenden soll überprüft werden, inwieweit der Kreuzzugsgedanke den Eintritt der USA in den Ersten Weltkrieg bestimmte.
Dafür spricht, dass die USA den Kriegseintritt explizit mit diesem **politischen Motiv** rechtfertigten. Wilson selbst sprach bei Kriegseintritt von einem „Kreuzzug für die Demokratie" gegen die monarchisch und damit antidemokratisch regierten Mittelmächte Deutschland und Österreich-Ungarn und bezeichnete den Krieg als einen „Krieg, der alle Kriege beenden sollte".
Auch der Weg der USA in den Krieg passt zu dieser Sichtweise: Bis 1917 hatte sich Wilson den kämpfenden Parteien mehrfach als Vermittler angeboten, mit dem Ziel eines Verhandlungsfriedens, und ansonsten die Neutralität gewahrt. Der deutsche **U-Bootkrieg**, der sich auch gegen US-Schiffe richtete und zur Versenkung mehrerer Schiffe führte, konnte als Verstoß einer verbrecherischen Regierung gegen die Weltordnung betrachtet werden, der konsequenterweise zum berechtigten Eingreifen der USA führen musste.
Für die Deutung des Kriegseintritts als Kreuzzug sprechen zu guter Letzt die Kriegs- bzw. Friedensziele der US-Regierung, die sich in den berühmten „14-Punkten" Wilsons (Januar 1918) manifestierten. Darin forderte der US-Präsident nichts weniger als die Abkehr von den Methoden der Geheimdiplomatie und Geheimverträge sowie die Errichtung einer **weltweiten Friedensordnung** auf der Basis freiheitlich-demokratischer Prinzipien, die in der Etablierung eines **Völkerbundes** gipfeln sollte.

Auf der anderen Seite gab es auch **pragmatische Motive** für den Kriegseintritt. Die Unterstützung Großbritanniens ergab sich aus den besonderen Beziehungen beider Staaten und ihrer gemeinsamen Vergangenheit. Machtpolitisch schien zudem von Großbritannien bzw. der Entente weniger Gefahr auszugehen als vom Deutschen Reich mit seiner säbelrasselnden, aggressiven Außenpolitik. Schließlich wurde der Kriegseintritt sicherlich von **ökonomischen Erwägungen** beeinflusst. Großbritannien war schon zu Friedenszeiten wichtigster Handelspartner und Investor gewesen, nach Kriegsbeginn beschafften sich Großbritannien und seine Verbündeten in großem Stil Lebensmittel und Rüstungsmittel aus den USA, was v. a. über US-Kredite finanziert wurde. Der Handel mit dem Deutschen Reich kam demgegenüber fast zum Erliegen, wofür die englische Seeblockade und die deutsche Autarkiepolitik verantwortlich waren. Ein Sieg der Mittelmächte hätte die Rückzahlung der gewährten Kredite gefährdet und das Land somit wirtschaftlich geschwächt.
Insgesamt betrachtet war der Kampf für die Demokratie ein wichtiges Motiv der USA für den Kriegseintritt und hat die US-amerikanische Interventionspolitik wesentlich geprägt. Dazu traten jedoch auch macht- und wirtschaftspolitische Erwägungen, die in der Öffentlichkeit weniger diskutiert wurden, wohl weil sie in einem gewissen Widerspruch zu den **Idealen Wilsons** standen.

3. *Bei dieser Aufgabe sollen Sie die Möglichkeiten und Grenzen der Weltmacht USA diskutieren, ihre vom westlichen Demokratieverständnis geprägten Vorstellungen einer globalen Friedensordnung in der Auseinandersetzung mit einem ideologischen und politischen Gegner durchzusetzen. Der Operator „diskutieren" verweist auf den AFB III: Sie sollen also verschiedene Argumente zu einem Sachverhalt entwickeln, die als Basis einer begründeten Bewertung dienen können.*
Im Vergleich zu 2b ist die Aufgabenstellung offener gehalten: Das Problem soll am konkreten Beispiel eines militärischen Konflikts nach dem Zweiten Weltkrieg untersucht werden. Auf Grundlage Ihrer Faktenkenntnisse und Einschätzungen sind Sie also selbst aufgefordert, einen geeigneten Konflikt auszuwählen. Dazu ist es sinnvoll, zuerst eine Liste Ihnen bekannter Konflikte anzulegen und diese vor der eigentlichen Ausformulierung auf ihre Eignung zur Diskussion der Problemstellung hin zu überprüfen.
Die ausformulierte Lösung sollte Ihr Problembewusstsein zeigen und eine schlüssige Argumentation vorweisen. Dazu sollten Sie Einschätzungen (Thesen) entwickeln, die Sie jeweils näher begründen. Ein wiederholtes Aufgreifen der Fragestellung kann Ihnen helfen, ein Abschweifen bzw. die Anhäufung unstrukturierten Detailwissens zu vermeiden. Mit einer Zusammenfassung der Ergebnisse am Ende (Fazit) können Sie Ihr Problembewusstsein verdeutlichen.
Die folgende Lösung stellt eine mögliche Lösung dar – der Begriff „Muster" verbietet sich angesichts der Aufgabenstellung. Bei der Auseinandersetzung damit sollten Sie die argumentativen Strukturen genauso intensiv in Augenschein nehmen wie die enthaltenen Fakten.

Vorbemerkung: Im Sinne der Aufgabenstellung sind v. a. folgende Beispiele geeignet:
1. der Versuch der USA einer Eindämmung des Kommunismus im Korea-Krieg;
2. die militärische Intervention der USA in Vietnam im Zeichen der Dominotheorie (im Folgenden ausgeführt);
3. die US-amerikanischen Bemühungen zur Eingrenzung bzw. zum Sturz des diktatorischen Regimes im Irak.

Anhand der **militärischen Intervention der USA in Vietnam** werden ihre Möglichkeiten und Grenzen bei der Durchsetzung ihrer vom westlichen Demokratieverständnis geprägten Vorstellungen einer globalen Friedensordnung in der Auseinandersetzung mit einem ideologischen und politischen Gegner deutlich.
Die Intervention der USA in Vietnam wurde mit ihrer weltpolitischen Verantwortung, den Vormarsch des Kommunismus an der Peripherie zu stoppen, legitimiert. Der zeitgenössischen **Dominotheorie** zufolge bestand in Asien die Gefahr, dass sich der Kommunismus, ausgehend von der Sowjetunion und der Volksrepublik China – weiter ausbreitet, bis ein Land nach dem anderen wie ein Dominostein „fällt", d. h. kommunistisch wird. In Vietnam drohte dieses Schicksal den Süden zu ereilen: Der kommunistische Norden orientierte sich an China und unterstützte die Vietcong, eine kommunistische Guerilla, die im Südteil operierte. Die USA versuchten noch unter Eisenhower, den Süden als unabhängigen Staat zu stabilisieren, statt auf die international vereinbarten freien Wahlen hinzuarbeiten.

Während Kennedys Präsidentschaft wurde dazu der bei der Bevölkerung unbeliebte südvietnamesische Diktator Diem durch die Entsendung von Militärberatern und Hilfen bei der Aufrüstung der Armee unterstützt.
Diplomatische Initiativen zur Lösung des Konflikts – auch seitens der europäischen Verbündeten – wurden abgelehnt. Das Seegefecht im Golf von Tongkin 1964 lieferte den USA schließlich den Vorwand für massive **Vergeltungsangriffe auf Nordvietnam** und stellte den Beginn des eigentlichen Vietnam-Krieges dar: Die Armeeführung betrieb die Entlaubung ganzer Dschungelregionen, um die Vietcong ihrer Rückzugsmöglichkeiten zu berauben, darüber hinaus wurden Häfen vermint und die Truppen kontinuierlich verstärkt, bis Ende der 60er-Jahre mehr als 500 000 GI's in Vietnam stationiert waren.
Betrachtet man also den Beginn des Vietnamkrieges, so scheinen sowohl der Wille der USA als auch ihre Möglichkeiten zur **Durchsetzung ihrer Vorstellungen** groß gewesen zu sein. Um die Verbreitung des Kommunismus, der aus ihrer Sicht eine Bedrohung der Weltordnung darstellte, zu verhindern, wurde versucht, das bedrohte Südvietnam zu stabilisieren und aufzurüsten. Als dies nicht ausreichte, erfolgte ein umfangreicher und sehr kostspieliger Truppeneinsatz, im Zuge dessen modernste Kriegstechnik angewandt wurde.
Andererseits zeigten sich im Verlauf des Krieges Grenzen bei der Durchsetzung ihrer Vorstellungen. Trotz der drückenden **technischen und materiellen Überlegenheit** gelang es weder, den Nachschub der Vietcong aus Nordvietnam zu stoppen und die Guerillatruppen von der Landbevölkerung des Südens zu trennen, noch das südvietnamesische Regime zu stärken und die Moral seiner Armee zu heben.
Zudem war eine unbegrenzte Kriegsführung aus Rücksichtnahme auf China und die Sowjetunion nicht opportun, da die **Risiken eines Atomkrieges** zu groß schienen: Zur Zeit des Kalten Krieges barg jeder militärische Konflikt die Gefahr einer Eskalation.
Die **asymmetrische Kriegsführung**, das offenkundige Leid der Zivilbevölkerung und die zunehmenden Verluste an Soldaten sowie das Fehlen klarer Kriegsziele sorgten für wachsende Zweifel in der westlichen Öffentlichkeit am Sinn des Krieges. Dazu trug auch die Tet-Offensive des Vietcong 1968 bei, die zwar zurückgeschlagen werden konnte, während der die Guerilla-Truppen aber auf das Gelände der US-Botschaft in Saigon dringen konnten; damit bewiesen sie ihre Handlungsfähigkeit und demonstrierten das Scheitern des US-amerikanischen Nationbuildingkonzepts.
Angesichts steigender Opferzahlen wurden die **Rufe nach einem Abzug der Truppen** immer lauter. Zunehmend wurden die US-Truppen auch in der westlichen Öffentlichkeit als „Aggressoren" betrachtet, die die Unabhängigkeit und Selbstbestimmung eines lange unterdrückten Volkes blockierten und damit ihren eigenen Idealen einer friedlichen und demokratischen Weltordnung nicht gerecht wurden.
Zudem begrenzten **wirtschaftliche Aspekte** die Handlungsspielräume der US-Politik im Vietnamkrieg. Die Kosten für den Krieg waren so hoch, dass unter Präsident Nixon das Land mit ökonomischen Problemen in Form von Haushaltsdefiziten, steigender Inflation und Arbeitslosigkeit zu kämpfen hatte.

Die Regierung sah sich daher zu einer Entspannungspolitik gegenüber dem weltanschaulichen Gegner veranlasst und zum schrittweisen Rückzug aus Vietnam, der mehr als 50 000 GI's das Leben gekostet hatte. Nach Unterzeichnung des **Waffenstillstandsabkommens** von 1973 verließ die US-Armee Indochina, das verbündete Südvietnam ergab sich 1975 dem Norden.
Insgesamt betrachtet zeigt der Vietnamkrieg, dass auch den Möglichkeiten der Weltmacht Grenzen gesetzt sind. Die Niederlage im Vietnamkrieg hatte eine **traumatisierende Wirkung** auf die USA, das in Wilsons Doktrin zum Ausdruck kommende Selbstverständnis als Vormacht der Demokratie und der Freiheit wurde erschüttert.

4. *In dieser Teilaufgabe sollen Sie die Darstellung der USA aus sowjetischer Sicht durch die Analyse und Interpretation einer Karikatur erarbeiten. Der Operator „erarbeiten" verweist auf den AFB II (Reorganisation und Transfer), auch wenn der Operator „interpretieren" eigentlich Leistungen in allen drei Anforderungsbereichen verlangt.*
Achten Sie auf systematisches Vorgehen bei der Bearbeitung der Bildquelle! Ausgehen sollten Sie von der Inhaltsebene (Bildanalyse), zu der die Bestimmung des Themas und die Beschreibung der dargestellten Personen bzw. Details gehören. Daran sollte sich eine Interpretation anschließen, über die Sie die Aussage der Karikatur bzw. die Intention des Zeichners erfassen (Deutungsebene). Eine Kontextualisierung der Karikatur und ein Werturteil werden an dieser Stelle nicht verlangt.

Die Karikatur mit dem Titel „Cowboy-Galopp" erschien 1982 in der sowjetischen Presse und bestärkt in zugespitzter Form die in der Sowjetunion bestehenden Feindbilder gegenüber der USA als Inbegriff einer imperialistisch-kapitalistischen Macht.
Die stereotype Symbolik verweist auf die USA: Dargestellt wird ein Cowboy als Rodeoreiter, der versucht, ein Reittier in Form eines Geldsacks mit Raketen als Füßen, aufgemaltem Dollarzeichen und der kyrillischen Aufschrift: „Hunderte Milliarden Dollar für die Hochrüstung" zu bändigen. Anstelle eines Gesichts befindet sich bei dem Cowboy eine Rakete, er trägt in beiden Händen Waffen und gibt seinem an einem Abgrund befindlichen Reittier blindlings die Sporen.
Deuten lässt sich die Karikatur wie folgt: Der Cowboy ist Sinnbild einer aus sowjetischer Sicht militaristischen, aggressiven USA, sein Ritt über dem Abgrund und das fehlende Gesicht stehen für die Blindwütigkeit der amerikanischen Politik und die ihr innewohnende Tendenz zur Selbstzerstörung. Die wechselseitige Abhängigkeit von Kapitalismus und Militarismus, die die Gestaltung der Quelle suggeriert, stellt für ihren Autor eine wesentliche Triebfeder der US-Politik dar, die somit einer Gefahr für die Welt bedeutet.
Veröffentlicht in einer sowjetischen Tageszeitung sollte die Karikatur offenbar die in der Bevölkerung bestehenden Feindbilder der USA gegenüber aktualisieren bzw. auf den Punkt bringen.

5. *Ähnlich wie Aufgabe drei fordert auch die letzte Teilaufgabe von Ihnen die sachlich-urteilende Auseinandersetzung mit einer Problemstellung – in diesem Fall der Bedeutung von Feindbildern für den inneren Zusammenhalt einer Gesellschaft – und ist somit dem AFB III zuzuordnen. Die Fragestellung ist sehr offen gehalten, Sie können also Ihr individuelles Vorwissen aus der gesamten Kursphase, aber auch Ihr Grundwissen aus der Mittelstufe noch stärker zur Geltung bringen. Das selbst auszuwählende Beispiel kann der gesamten Ihnen bekannten deutschen oder europäischen Geschichte entnommen werden. Sie dürfen sich also nicht auf den Stoff von 12.2 beschränken. Der Begriff „Raum" lässt sogar den Zugriff auf aktuelle Beispiele zu. Auch in diesem Fall ist der abstrahierend-reflexive Zugriff wichtiger als die eher deskriptive Auflistung von Einzelheiten (vgl. Aufgabe 3.).*
Beginnen sollten Sie auf jeden Fall mit einem Brainstorming, um möglichst viele Beispiele für Feindbilder und ihre Bedeutung für den jeweiligen gesellschaftlichen Zusammenhalt zu finden. Die Bestimmung von allgemeinen Funktionen von Feindbildern stellt einen weiteren Zugang dar, den Sie auch mit dem ersten Vorschlag kombinieren können. Bei der endgültigen Auswahl des konkreten Beispiels sollte weniger die allgemeine Vertrautheit mit der jeweiligen Epoche, als vielmehr das Wissen zum zu untersuchenden Problem den Ausschlag geben.
Die Aufgabenstellung ist im Vergleich zu Aufgabe 3, aber auch hinsichtlich der Problematik offener gehalten, d. h., der Begriff „Bedeutung" muss von Ihnen erschlossen und damit ausdifferenziert werden, damit die Argumentation den nötigen Tiefgang erhält. Zu empfehlen ist zu diesem Zweck eine Strukturierung der Argumentation nach anfangs ermittelten Funktionen von Feindbildern. Am Ende sollte ein Fazit stehen, das Ihre Erörterung zusammenfasst. Die am Ende folgende Lösung versteht sich ausdrücklich nur als ein möglicher Weg!

Als **Beispiele** bieten sich an:
1. die Stilisierung von Juden als „**Feinde des Christentums**" als Möglichkeit zur Stärkung des kollektiven Bewusstseins und Erklärungsmuster für Krisenerscheinungen im Mittelalter;
2. **Frankreich als „Erbfeind**" der Deutschen als Mittel zur Festigung der nationalen Einheit im Kaiserreich;
3. der **Antisemitismus** als Mittel zur Errichtung und Stärkung der „**Volksgemeinschaft**" im NS-System.

Als **Funktionen** von Feindbildern können herausgearbeitet werden:
1. die Herstellung einer schichten- bzw. parteiübergreifenden Gemeinsamkeit;
2. die Überwindung ideologischer und gesellschaftlich-politischer Gegensätze;
3. die Verschleierung von Widersprüchen und Brüchen in der eigenen Haltung, z. B. was das nationale Selbstverständnis oder die Ideologie betrifft;
4. die Rechtfertigung eines politischen bzw. gesellschaftlichen Systems.

Die Bedeutung von Feindbildern für den inneren Zusammenhalt einer Gesellschaft kann am Beispiel des **Antisemitismus im NS-System** untersucht werden, der im Wesentlichen als Mittel zur Errichtung und Stärkung der von Hitler und seinen Getreuen propagierten „Volksgemeinschaft" diente.

Schon zur Zeit der Weimarer Republik versuchten die Nationalsozialisten, an antisemitische Ressentiments der Bevölkerung anzuknüpfen bzw. diese zu verstärken, um so wachsenden politischen Einfluss zu gewinnen. Die Weimarer Republik, zu deren Beseitigung die Nazis angetreten waren, wurde als „Judenrepublik" diffamiert; diese **Verbindung von Antisemitismus und Antiparlamentarismus** hatte sich u. a. schon bei der Ermordung des jüdischen Reichsaußenministers Walter Rathenau als wirkungsmächtig erwiesen. „Jüdisch" oder „verjudet" stand für liberal, pluralistisch und demokratisch, allesamt Werte, die die Nationalsozialisten ablehnten, die an die Stelle einer relativ offenen Gesellschaft die „Volksgemeinschaft" treten lassen wollten, was ihnen ab 1933 auch gelang.
Das Konzept der „Volksgemeinschaft" war rassisch begründet. In ihr sollten sich alle Deutschen, unabhängig von Klassen-, Stände- und Gruppeninteressen, wiederfinden und dabei ein Einheits- und Gemeinschaftsgefühl verspüren können. Diese innere Egalisierung, die Herstellung einer schichten- und parteispezifischen Gemeinsamkeit, fand ihre Entsprechung in der Abgrenzung nach außen: Wer nicht dem deutschen Volk nach der biologischen Definition der Nationalsozialisten angehörte, der durfte weder Teil der Volksgemeinschaft sein noch es jemals werden. Der schon früher in Deutschland verbreitete Antisemitismus lieferte den „Volksgenossen" dabei ein klares Feindbild. Um dieses zuzuspitzen, wurde Judentum rassisch definiert. Die Ablehnung der Juden wurde nicht mehr nur religiös bzw. sozial gerechtfertigt, vielmehr wurde aufbauend auf dem Konstrukt einer jüdischen Rasse, das Judentum als „rassisch minderwertig" betrachtet; damit schieden auch Assimilierung bzw. Konvertierung als Ausweg für Juden aus. Innerhalb der Volksgemeinschaft entfalteten Maßnahmen, die sich gegen die jüdische Minderheit richteten, eine integrative Wirkung.
Zum einen eröffnete die schon 1933 einsetzende **Verdrängung der Juden aus dem öffentlichen Leben** vielen „Volksgenossen" Karrierechancen: Das „Gesetz zur Wiederherstellung des Berufsbeamtentums" versagte jüdischen Kandidaten die Aufnahme in den Beamtendienst, mithilfe einer Erweiterung des „Arierparagraphen" wurden Juden aus verschiedenen anderen Berufen ausgeschlossen. Die einsetzende Auswanderung von Juden verstärkte diesen Trend. Zum anderen wurden infolge der „Arisierung" jüdische Vermögen und Unternehmen praktisch entschädigungslos enteignet und fielen an deutsche Konkurrenten. Der erfolgreiche Aufbau der Juden zum Feindbild steigerte die Akzeptanz für die fortschreitende Entrechtung der jüdischen Bevölkerung, die daraus resultierenden materiellen Vorteile für die Begünstigten trugen dazu bei, das NS-System zu stabilisieren.
Das Feindbild der Juden ermöglichte zudem die Verschleierung von Widersprüchen bzw. Bruchstellen in der NS-Ideologie, die sich als Gegenspieler zu so unterschiedlichen sozioökonomischen Modellen wie dem Kommunismus der Sowjetunion und dem Kapitalismus der USA verstand. Hitler versuchte, das „Weltjudentum" sowohl verantwortlich für Marxismus und Kommunismus zu machen als auch in Form des „internationalen Finanzjudentums" für den Kapitalismus. Somit konnte die Theorie einer „**jüdischen Weltverschwörung**" konstruiert werden, die sich gegen Deutschland richte, um dadurch als wichtige Voraussetzung der NS-

Weltherrschaftspläne die deutsche Bevölkerung zu einen und hinter ihre Regierung zu bringen.
Als Ergebnis lässt sich festhalten, dass die Nationalsozialisten über den Aufbau der Juden zum Feindbild ein kollektives Bewusstsein der Deutschen erzeugen und damit ihr Herrschaftssystem legitimieren und stabilisieren wollten. Die Ausgrenzung der Juden förderte die Integration der „Volksgenossen" in der Volksgemeinschaft und sollte andere Unterschiede und Interessensgegensätze innerhalb dieser Gruppe vergessen machen. Damit sollte die Basis geschaffen werden für Hitlers expansionistische Politik.

Teilaufgabe	**AFB I**	**AFB II**	**AFB III**	**BE**
1	☒	–	☒	22
2 a	☒	☒	–	34
2 b	–	–	☒	
3	–	–	☒	24
4	☒	☒	☒	14
5			☒	26
Summe				120

Abitur Geschichte (Bayern) 2011 – Aufgabe I
Gesellschaft im Wandel (15. bis 19. Jahrhundert)

1 Geben Sie einen Überblick über typische Formen der gewerblichen Produktion in der vorindustriellen Arbeitswelt! (18 BE)

2 (26 BE)

2.1 Erarbeiten Sie aus M 1, inwiefern die unternehmerischen Aktivitäten des Herrn von Schüle in der 2. Hälfte des 18. Jahrhunderts zu grundlegenden strukturellen Veränderungen im Augsburger Textilgewerbe führten!

2.2 Erörtern Sie ausgehend von M 1 und M 2 Chancen und Probleme der wirtschaftlichen Veränderungen für die Menschen und die Stadt Augsburg!

3 Charakterisieren Sie wesentliche Züge des sozialen Netzes für den Einzelnen in der Ständegesellschaft der Frühen Neuzeit und beurteilen Sie dessen Leistungsfähigkeit! Berücksichtigen Sie dabei auch M 2! (18 BE)

4 Erläutern Sie staatliche Maßnahmen, durch die in der ersten Hälfte des 19. Jahrhunderts zentrale Bedingungen für den Wandel zur Industriegesellschaft in Deutschland geschaffen wurden! (14 BE)

5 Analysieren Sie die Statistik M 3, indem Sie die Zahlen für Bayern und Gesamtdeutschland vergleichen! Leiten Sie aus der Analyse grundlegende demografische Entwicklungen im Zeitalter der Industrialisierung ab! (14 BE)

6 Bearbeiten Sie <u>eine</u> der drei folgenden Aufgaben (30 BE):

a) Demokratiewunder oder Wirtschaftswunder? Diskutieren Sie den Zusammenhang zwischen stabiler demokratischer Ordnung und wirtschaftlichem Aufschwung in der frühen Bundesrepublik!

b) Setzen Sie sich anhand ausgewählter Beispiele mit den positiven und negativen Wirkungen des nationalen Denkens in der europäischen Geschichte des 19. und beginnenden 20. Jahrhunderts bis zum Ersten Weltkrieg auseinander!

c) In einer Mail hat Ihr amerikanischer Freund Folgendes geschrieben:
„Ich weiß gar nicht, warum wir von vielen so sehr kritisiert werden. Die USA haben sich doch in ihrer Außenpolitik immer für Demokratie und Freiheit eingesetzt!“

Verfassen Sie eine Antwort, in der Sie sich auf der Grundlage Ihrer historischen Kenntnisse zu verschiedenen Zeiträumen und unter Einbeziehung konkreter Beispiele mit dieser These differenziert auseinandersetzen!

Material

M 1: Gutachten an den Augsburger Rat über die Veränderungen im Textilgewerbe (1794, Auszüge)

Vorbemerkung: Johann Heinrich von Schüle betrieb in der 2. Hälfte des 18. Jahrhunderts in Augsburg eine Kattunmanufaktur, in der er Rohgewebe (Baumwollstoffe = Kattun/Kotton) u. a. durch Färben und Bedrucken veredeln ließ. 1770 hatte der Rat der Stadt verschiedene Bestimmungen zur Textilproduktion erlassen, u. a. Festlegungen zur Arbeitsteilung zwischen den städtischen Handwerkern und ein Einfuhrverbot für ausländische Stoffe.

Herr von Schüle gab vielen hundert, ja tausend Leuten Arbeit, wozu jede Sorte Menschen, jung und alt, Weibs- und Mannsbilder, brauchbar war. Das bewirkte guten Verdienst, Consumo und Geldumlauf, aber auch Immoralität[1], Schulden und Ueberdrang von Fremden, die sich einzeln oder mit Familien in [...] das Bürgerrecht einschlichen. Herr von Schüle, nicht Lohndrucker, sondern Fabrikant, seiner Größe bewußt, doch für sich selbst noch nicht genügend per Kassa stark genug, assoziierte sich, gegen das Verbot vom 24. Juli 1770 und gegen die jedem Kottondrucker [...] auferlegten Pflichten, bald mit Hiesigen, bald mit Auswärtigen, hatte vielfach auswärtige Abnehmer, die die Messen neben den hiesigen Kaufleuten bezogen[2] und endlich bezog er sie auch selbst. Nun taten ihm die hiesigen Stadtmangen[3] nicht mehr genug; er ließ also diese fahren und bediente sich eigener Cylinder, Maschinen und Rollen, – gegen die zwischen den Kottondruckern und Mangmeistern bestehenden Konventionen – unter dem Vorwande, weil er nach holländischer Art die Appretur[4] anders zu effektuieren[5] außer Stand wäre. Die weitläufigen Bleichen, Rollen, Niederlagen[6], Druck- und Reibstuben und Farbgewölbe außer der Stadt wußte Herr von Schüle gegen das Verbot von 1770 durchzusetzen. Nun konvenierten[7] ihm auch die hiesigen Waren nicht mehr. Er fing daher an, ostindische, schweizer und sächsische Tücher zu beschreiben[8], und was er dennoch von den hiesigen Webern eintat[9], von den Webern gegen Wolle [...] an sich zu bringen. Mittlerweile fiel[10] bald der, bald jener hiesige Kottondrucker, und verschiedene Kaufleute mit, die neben dem Herrn von Schüle und seinen Abnehmern nicht mehr Messe halten konnten. Andere Kottondrucker glaubten, was Herrn von Schüle erlaubt sei, stehe auch ihnen an. Auch sie fingen an, in und außer der Stadt zu bauen, Woll- und Farbwaren zu verlegen[11], auswärtige Weberwaren zu beziehen und mit den Webern Rohware gegen Wolle zu handeln, wogegen wieder der Kaufmann bei seinen Kommissionen[12] dem minderkräftigen Kottondrucker Farbzeug[13] statt Lohn aufdrang [...]. Und so brach die Kette, die alten guten Verbände zerrissen, alles geriet ineinander, Herr von Schüle riß das Meiste an sich, spielte den Meister. Seine Kollegen wollten auch nicht mehr Drucker, sondern Fabrikanten sein. Wollenhändler und Kaufleute suchten, wie immer möglich, Geschäfte zu machen und diese zu erweitern. Kurz, alles tat groß und darum konnte keiner mehr bei seiner Bestimmung bleiben [...]. Dabei überhäufte man sich mit Warenlagern, verfiel auf weitaussehende[14] Spekulationen, nahm vielen Kredit und gab starken Kredit [...]. Jetzt hatte man starke Provisionen an Bankiers zu zahlen, die sich in das Geschäft mischten, und stehende Schulden ohne Ende, die immer schlechter wurden[15]. Teils konnte man sich nicht mehr retirieren[16], teils wollte man nicht, um nicht dafür angesehen zu werden, als ob man nicht ebensogut Geschäfte machen könne, als Herr von Schüle, und an den Luxus war man ebenfalls schon gewöhnt. Daneben sahen sich die Weber alsbald aus ihrem vermeintlichen Paradies in die größte Verlegenheit versetzt. [...] Die ostindischen und fremden Waren drängten die eigenen zurück [...]. Schließlich mußten sich die Weber alles gefallen lassen, um nur Arbeit und Brot für den Tag zu haben.

Pius Dirr: Augsburger Textilindustrie im 18. Jahrhundert. In: Zeitschrift des Historischen Vereins für Schwaben und Neuburg 37 (1911), S. 1 ff. Zitiert nach: Elisabeth Plößl: Augsburg auf dem Weg ins Industriezeitalter. München 1985, S. 26.

1 Immoralität: Unsittlichkeit, Gleichgültigkeit gegenüber moralischen Grundsätzen
2 bezogen: von beziehen, hier: die Messe besuchen, um dort Waren anzubieten
3 Mange: Handwerksbetrieb zum Bügeln/Plätten von Tuchen
4 Appretur: Veredelung von Stoffen
5 effektuieren: bewerkstelligen
6 Niederlagen: Warenlager
7 konvenieren: gefallen
8 beschreiben: hier im Sinne von bestellen
9 eintat: hier im Sinne von beziehen
10 fallen: hier im Sinne von Konkurs gehen
11 verlegen: hier im Sinne von ins Sortiment aufnehmen, anbieten
12 Kommission: Bestellung, Auftrag
13 Farbzeug: Material zum Färben
14 weitaussehend: hier riskant
15 die immer schlechter wurden: bei denen die Aussicht auf Rückzahlung immer mehr sank
16 retirieren: sich zurückziehen, sich in Sicherheit bringen

M 2: Über die Versorgung der Armen in Augsburg (1789, Auszüge)

Übrigens aber ist nicht zu läugnen, daß es hier verschiedene gute Anstalten und Stiftungen giebt. Es sind Armenhäuser, Waisenhäuser, Findelhäuser[1] für beide Religionen. Allein bey dem Anblicke der Kinder aus diesen Letzteren mögte man lieber wünschen, daß gar keine solche Häuser wären! Das ganze Ansehen der Unglücklichen spricht laut und schrecklich von inneren Gebrechen dieser Anstalten. Die elenden Geschöpfe sehen bleich aus, wie die Gespenster; haben dicke Köpfe und durchaus etwas Aeltliches in ihrer Miene. Manche unter ihnen sind sogar krum, schief gewachsen, höckerich – kurz! ich habe in meinem Leben kein sprechender Bild von der schlechten Verfassung dieser Häuser gesehen; und ich ward von Neuem in der Meynung bestärkt, daß der Menschheit durch diese Gattung von Stiftungen insgemein weit mehr Übel, als Gutes widerfährt. [...]
An Armenstiftungen und Armenanstalten mangelt es hier noch weniger; aber um so mehr am Gebrauch und Anwendung derselben. Die wahren Dürftigen erhalten insgemein sehr kärglichen Unterhalt. [...]
Wenn man nun alle diese Stiftungen und Armenanstalten zusammen hält: so läßt sich daraus ein Begriff von der übergroßen Menge der hiesigen Armen machen; derjenigen nicht zu gedenken, die durch die schühleinischen[2] und andere Kottonfabriken kärglich

ernährt werden, und die allein, ohne zu übertreiben, eine Anzahl von mehr tausenden ausmachen.

Aber eben so großen Nachtheil bringen diese Kottonfabriken der ehemals so blühenden Augsburger Weberzunft, und in der Maße, wie sich jene erhuben, so sank diese bis zu dem Elende herab, worinn sie itzt darbet. Das lose Gesindel hingegen wird durch die häufigen Kottonfabriken hereingezogen; und dieß sind die vielen Kottonmahler[3] und Mahlerinnen, Drucker und Druckerinnen etc. wovon besonders die Ersteren so schlecht bezahlt werden, daß sie aufs Kärglichste kaum davon leben können, und daher zu allerley schändlichem Gewerbe ihre Zuflucht nehmen. In den Schlupfwinkeln dieser Leute – denn Wohnungen kann mans nicht nennen – sieht man allenthalben die frappantesten Bilder des menschlichen Elendes.

Reise eines Engelländers durch einen Teil von Schwaben und einige der unbekanntesten Gegenden der Schweiz. Amsterdam 1789. Abgedruckt in: Aufbruch ins Industriezeitalter. Bd. 3, S. 18 ff. München 1985.

1 Findelhaus: Einrichtung zur Unterbringung von ausgesetzten Kindern (Findelkindern)
2 schühleinischen: Schüleschen (dem Herrn von Schüle gehörend)
3 Kottonmahler: Personen, die Muster auf die Baumwollstoffe malen

M 3: Verteilung der Bevölkerung nach Gemeindegrößenklassen in Bayern und im Deutschen Reich

Von der Gesamtbevölkerung lebten in Gemeinden mit … Einwohnern

			weniger als 2 000	2 000 –5 000	5 000 –20 000	20 000 –100 000	mehr als 100 000
1855	in Bayern	in 1 000 in v. H.	3 583 79,6 %	310 6,9 %	305 6,7 %	178 3,9 %	132 2,9 %
1880	in Bayern	in 1 000 in v. H.	3 778 71,5 %	491 9,3 %	409 7,7 %	376 7,1 %	230 4,4 %
1880	im Dt. Reich	in 1 000 in v. H.	26 514 58,6 %	5 749 12,7 %	5 671 12,6 %	4 027 8,9 %	3 273 7,2 %
1910	in Bayern	in 1 000 in v. H.	3 808 55,2 %	707 10,3 %	578 8,4 %	742 10,8 %	1 053 15,3 %
1910	im Dt. Reich	in 1 000 in v. H.	25 955 40,0 %	7 298 11,2 %	9 172 14,1 %	8 678 13,4 %	13 823 21,3 %

Statistisches Jahrbuch für Bayern 1972, S. 14 ff.; Statistisches Jahrbuch für das Deutsche Reich 1934, S. 11. Zitiert nach: Jürgen Sandweg und Michael Stürmer: Industrialisierung und Soziale Frage in Deutschland im 19. Jahrhundert. Arbeitsmaterialien für den Geschichtsunterricht in der Kollegstufe. München 1979, S. 25.

Lösungsvorschläge

1. *Die Aufgabe setzt Kenntnisse über die vorindustriellen Produktionsformen voraus, also über die Organisation der gewerblichen Wirtschaft bis zum Beginn der Industrialisierung. Da nur „typische Formen“ gefragt sind, sollen Sie sich auf das Handwerk, das Verlagswesen und die Manufaktur beschränken. Zuzuordnen ist die Aufgabe dem AFB I (Reproduktion).*

Die älteste Form der gewerblichen Wirtschaft war das **Handwerk**, also die Produktion durch selbstständige Meister und ihre Gesellen und Lehrlinge für einen lokalen Markt. Geregelt und organisiert wurde das Gewerbe weniger durch staatliche Regeln, vielmehr durch die **Zünfte**, die sowohl die Art der Produktion reglementierten als auch den Arbeitsmarkt. So war die Zahl der Meister fest vorgeschrieben, Konkurrenz wurde also verhindert, Arbeitszeiten waren geregelt und die Einhaltung von Ehrbarkeitsnormen wurde überwacht. Charakteristisch für die handwerkliche Produktion war die **geringe Arbeitsteilung**, weitgehend auch die Einheit von „Haus“, also Lebensraum der Familie, und Arbeitsplatz.
Erste Ansätze von Arbeitsteilung kennzeichnen das **Verlagswesen**. Die nach wie vor selbstständigen Gewerbetreibenden produzierten jetzt im Auftrag eines Verlegers, der den meist im eigenen Haus Arbeitenden die Rohstoffe lieferte, die fertigen Waren abnahm und verkaufte. Die Verleger bedienten dabei nicht mehr nur lokale, sondern auch überregionale und internationale Märkte, die den eigentlich produzierenden Heimwerkern nicht zugänglich waren. Folge dieser Verlagsproduktion war eine Veränderung der Produkte: Nicht mehr handwerklich gefertigte Einzelstücke wurden produziert, sondern überwiegend **standardisierte Massenware**. Das Verlagswesen blieb allerdings wesentlich auf den Sektor der **Textilproduktion** beschränkt, in der etwa die Hälfte der Beschäftigten im 18. Jahrhundert im Verlagswesen organisiert war. Wichtig wurde das Verlagswesen, weil in ihm erste **Ansätze einer kapitalistischen Betriebsform** zu erkennen waren.
Charakteristisch für die Betriebsform der **Manufaktur** war eine **weiter gehende Arbeitsteilung**. Zwar wurde nach wie vor handwerklich gearbeitet, aber der Produktionsprozess wurde in mehrere Handgriffe zerlegt. Dies konnte jedoch nur sinnvoll sein bei der Produktion von Massenware, deren Produktionskosten auf diese Weise gesenkt wurden. Manufakturen unterlagen nicht mehr wie das Handwerk und das Verlagswesen zünftischen Regelungen, sondern den Auflagen des jeweiligen Landesherren. Ein Problem war dabei die starke **Abhängigkeit der Arbeiter von den Unternehmern**.

2. *Die Teilaufgabe 2, unterteilt in zwei Unteraufgaben, ist stark materialgebunden. Die Materialien sind mit vielen heute nicht mehr gebräuchlichen Begriffen durchsetzt, die zwar in Fußnoten erläutert werden, aber das Lesen dennoch erschweren. Die Unteraufgabe 2.1 bezieht sich ausschließlich auf Material 1 und liegt im AFB II, während Aufgabe 2.2 vorwiegend den AFB II und III zuzuordnen ist.*

Der Gutachter, der die wirtschaftlichen Aktivitäten des Textilfabrikanten Johann Heinrich von Schüle für den Rat der Stadt Augsburg zu beurteilen hat, bewertet sie anhand der in Augsburg geltenden und teilweise erst **1770** erlassenen **Bestimmungen zur Textilproduktion**. Danach hat der Unternehmer Schüle einen **Großbetrieb** aufgebaut und sich gegen das Verbot der Stadt **mit anderen Betrieben zusammengeschlossen**. So konnte er, ebenfalls entgegen geltender Bestimmungen und Zunftregelungen, **moderne Technologien** einsetzen. Der notwendige Bau von **Betriebsanlagen außerhalb der Stadtgrenzen** stellte darüber hinaus ebenfalls einen Verstoß gegen die Regelungen von 1770 dar.
Schüle hielt sich auch nicht an die Regelung, seine Stoffe von einheimischen Webern zu beziehen, sondern bestellte seine Tuche bei **ausländischen Lieferanten**. Andere Textilfabrikanten versuchten es Schüle gleich zu tun, es entstand ein **auf Gewinn ausgerichtetes Unternehmertum** und eine **Konkurrenzsituation**, die die Stadt und die Zünfte zu verhindern versuchten.
Problematisch erscheint es dem Gutachter, dass Schüle eine **beherrschende Marktposition** erreichte, da die traditionellen Produzenten mit dessen modernen Methoden „nicht mehr Messe halten konnten“ (M 1, Z. 21), also nicht mehr konkurrieren konnten.
Die durch die Zünfte festgelegten getrennten **Arbeitsbereiche**, etwa der Färber und Weber, wurden nicht mehr gesondert, sondern „alles geriet ineinander“ (Z. 26 f.).
Es entwickelte sich eine **kapitalistische Wirtschaftsform**, in der nur die großen und marktstarken Unternehmen überleben konnten, die traditionellen handwerklichen Produzenten mit ausschließlich lokalen Rohstoffen und Märkten konnten nicht mehr mithalten.
Unternehmer wie Schüle **stellten also der zünftischen Ordnung mit ihren engen Grenzen ein freies Unternehmertum entgegen**, das zu einem sozialen und wirtschaftlichen Abstieg der übrigen, noch weitgehend handwerklich organisierten Unternehmer führte.

Die Veränderung, die durch Unternehmer wie Johann Heinrich von Schüle in die Wege geleitet wurde, bot für die Menschen die **Chance auf neue Arbeitsplätze und höheren Verdienst**. Innovative Unternehmer konnten nun die engen Fesseln des Zunftwesens abschütteln und sich freier entfalten und mehr verdienen.
Der Stadt, wie im Beispiel Schüles Augsburg, boten sich **Chancen auf höhere Steuereinnahmen**, eine spürbare Belebung des Handels durch die Ausdehnung der bisher vorwiegend lokalen Märkte und die Anziehungskraft auf Arbeitskräfte durch die neuen, größeren Unternehmen.
Die Veränderung der wirtschaftlichen Verhältnisse brachte aber auch erhebliche **Probleme** mit sich, wie sie vor allem in dem Bericht über die Versorgung der Armen (M 2) angesprochen werden.
Sehr drastisch werden in dem Bericht die Anzeichen einer **Verarmung und Verelendung der Menschen** geschildert, die aus Sicht des Autors eine Folge der geringen Löhne und des erhöhten Arbeitsdruckes in den modernen Fabriken wie der von Schüle waren. Hinzu kam, dass die traditionellen Handwerker dem

Konkurrenzdruck nicht standhalten konnten und ebenfalls verelendeten wie etwa die Augsburger Weber. Der Gutachter in M 1 sieht darüber hinaus **Probleme der Überschuldung und des wirtschaftlichen Scheiterns** bei Unternehmern, die zu hohe Risiken eingingen, um konkurrenzfähig zu bleiben.
Die sozialen Probleme verschärften sich zusätzlich durch die Zunahme von „schändlichem Gewerbe", also **Kriminalität und Prostitution**, als Folge zu niedriger Löhne in den Fabriken.
Für die Stadt ergaben sich spezifische Gefahren, die in den beiden Texten angesprochen werden. Die Fabriken mit ihrer großen Zahl an Arbeitsplätzen lockten viele Menschen in die Städte, die das Sozialwesen belasteten. Hinzu kamen die verarmten Handwerker und ihre Familien, die nach wie vor nach den Regeln der Zünfte produzierten, aber nicht mehr konkurrenzfähig waren. Die bisher **von zünftischen und städtischen Regelungen garantierte soziale Ordnung löste sich immer mehr auf**, ebenso die traditionellen sozialen Sicherungen in der Familie und im handwerklichen Betrieb. So drohten nicht nur die Zunahme der „schändlichen Gewerbe", sondern auch **soziale Unruhen** unter den schlecht bezahlten Manufaktur-Arbeitern.

3. *Die dritte Teilaufgabe greift einen Aspekt der in Aufgabe 2.2 behandelten Thematik auf, nämlich die soziale Sicherung der Menschen in der Frühen Neuzeit. Das soziale Netz, wie es in der Ständegesellschaft bestand, soll „charakterisiert" und seine Leistungsfähigkeit soll beurteilt werden. Die Beurteilung ist dabei schwierig, da nur bedingt von heutigen Maßstäben ausgegangen werden kann. Die Aufgabe bezieht sich auf alle drei Anforderungsbereiche.*

Die **Ständegesellschaft** war weitgehend geprägt von eher **stabilen gesellschaftlichen Strukturen**, auf dem Land war dabei das Beharrungsvermögen deutlich größer als in den Städten. Im Wesentlichen gleich war allerdings, dass sich Wirtschaften und Arbeiten weitgehend in bäuerlichen oder handwerklichen Familienbetrieben abspielten. So war auch die **soziale Sicherung**, in erster Linie bei Krankheit und im Alter, in der Regel eine Sache der Familie und im weiteren Bereich der Verwandtschaft oder der dörflichen bzw. zünftischen Gemeinschaft. Ergänzt wurde das soziale Netz schon immer durch **Einrichtungen wohltätiger Einzelner**, **der Kirchen oder von Stiftungen**, wie sie in M 2 erwähnt werden.
Mit Beginn der Neuzeit und der wachsenden Bedeutung städtischen Lebens reichten offensichtlich die traditionellen Sicherungen nicht mehr aus, wie der Text M 1 anschaulich zeigt. Zunehmend mussten dörfliche, städtische und herrschaftliche Obrigkeiten bei der Unterstützung der Armen, Kranken und alten Menschen regelnd und unterstützend eingreifen, etwa durch die **Entwicklung von Hospitälern**, **Waisenhäusern und Arbeitshäusern**. Gleichzeitig waren vor allem städtische Behörden bestrebt, den Zuzug von Bedürftigen in ihre Stadt zu kontrollieren und Kriterien für Bedürftigkeit zu erarbeiten.
Solange die ständische Gesellschaft bei relativ **unveränderter Bevölkerungszahl und weitgehender Konstanz der Lebensumstände** kaum erschüttert wur-

de, reichten die zahlreichen karitativen Einrichtungen und die funktionierende Einbindung in familiäre und nachbarschaftliche Gemeinschaften oder Zünfte und Standesorganisationen aus, um die **soziale Sicherheit auf einem allerdings geringen Grundniveau zu garantieren**.
Mit der **Zunahme der Bevölkerung und der beginnenden Mobilität**, auch in der Folge von Hungersnöten und Epidemien, zeigten sich jedoch mehr und mehr die **Mängel einer solchen vorwiegend karitativen und privaten sozialen Sicherung**. Die ausreichende Versorgung echter Bedürftiger wurde ebenso zum Problem wie die Lage der Waisenkinder angesichts unzumutbarer Wohn- und Lebensumstände. Die bestehenden Sozialeinrichtungen waren überfordert, die traditionellen sichernden Bindungen begannen sich aufzulösen.

4. *Die Lösung der Aufgabe setzt genaue Kenntnisse der industriellen Entwicklung in Deutschland voraus, wobei die Gefahr einer allzu breiten Darstellung durch den Operator „Erläutern Sie ...“ besteht. Wichtig ist, dass Sie einige Aspekte herausgreifen und diese genauer beschreiben, anstatt zu viele Sachinhalte nur anzusprechen, dass Sie also exemplarisch vorgehen. Die Aufgabe ist durchgehend dem AFB I (Reproduktion) zuzuordnen.*

Während im 18. Jahrhundert die Wirtschaft und in enger Beziehung dazu die gesellschaftlichen Strukturen weitgehend vom **absolutistischen Staat und vom Merkantilismus** geformt und reglementiert wurden, setzte sich an der **Wende zum 19. Jahrhundert mehr und mehr liberalistisches Denken** durch.
Die Vorläufer der wirtschaftsliberalen Theorie, die mit dem Namen **Adam Smith** untrennbar verbunden ist, waren die **Physiokraten**, die erkannten, dass der Merkantilismus der Wirtschaft zu viele Fesseln anlegte. Vor allem im Deutschen Reich mit seiner Vielzahl an Staaten und Grenzen behinderten Zölle und unterschiedliche Steuersysteme den Handel. So wurde die **Vereinheitlichung des deutschen Wirtschaftsraumes**, die bereits in der Bundesakte des Deutschen Bundes von 1815 als Ziel formuliert war, auf Drängen Preußens im **Deutschen Zollverein von 1834** weitgehend verwirklicht, wenn auch ohne Österreich. Die Vereinfachung des Steuersystems und die Abschaffung von Binnenzöllen gingen mit der Entwicklung des einheitlichen Wirtschaftsraumes einher.
Noch folgenreicher für den Wandel zur Industriegesellschaft waren die **staatlichen Maßnahmen**, mit denen die dynamischen Kräfte der Gesellschaft freigesetzt wurden. Die **Aufhebung der Leibeigenschaft** und anderer Abhängigkeitsverhältnisse der bäuerlichen Bevölkerung, die für das feudale System charakteristisch waren, seien sie personenrechtlich oder grundherrlich begründet, gaben der Bevölkerung auf dem Land die Freiheit, über ihre Arbeitskraft selbst zu bestimmen und Mobilität zu gewinnen. Unter anderem wurden dadurch auch die Voraussetzungen geschaffen für die **Bildung eines Arbeitskräftereservoirs für die neuen Fabriken**.
Weitere Beschränkungen und Einengungen wurden ebenfalls aufgehoben durch die **Gleichberechtigung der Juden** und die **Beseitigung der Heiratsbeschrän-**

kungen. Schließlich dienten umfassende **Reformen des Bildungswesens** dazu, die Grundlagen zu schaffen, die für eine moderne Industriewirtschaft nötig waren. Die Reformen wurden zwar schon im 18. Jahrhundert im Zuge der Aufklärung eingeleitet, aber erst in der ersten Hälfte des 19. Jahrhunderts, insbesondere in der Zeit des Vormärz, führten sie zu einer durchgreifenden Verbesserung des Schul- und Bildungssystems.
Während die liberalen Ideen sich zunächst in der **Bauernbefreiung** niederschlugen, konnten die staatlichen Herrschaften auch den Machtanspruch der Zünfte und die Beharrungskraft alter Traditionen in der ersten Hälfte des 19. Jahrhunderts überwinden. Mit Einführung der **Gewerbefreiheit** wurde der sekundäre Sektor, also überwiegend das Handwerk, von hemmenden Fesseln wie Zunftverfassungen, Herkunftsbeschränkungen oder Vorschriften über Qualifikationen und Produktionsbedingungen befreit. Preußen ging auch bei der Einführung der Gewerbefreiheit mit dem **Oktoberedikt von 1807** voran, abgeschlossen war der Prozess jedoch erst mit der Einführung in Bayern 1868. Die Gewerbefreiheit schuf die notwendige Voraussetzung für die Erleichterung der **Unternehmensgründungen**, für die **Förderung der Konkurrenz** und damit auch für die Durchsetzung des **Leistungsprinzips**.
Neben diesen grundlegenden ordnungspolitischen Entscheidungen schufen die verantwortlichen Staaten aber auch unmittelbare Rahmenbedingungen für die fortschreitende Industrialisierung. **Straßen-, Kanal- und Eisenbahnbau** verbesserten die Infrastruktur der zunehmend größeren Wirtschaftsräume erheblich.

5. *Die Analyse der Statistik bildet in dieser Aufgabe die Voraussetzung für die geforderte Ableitung der demografischen Entwicklung in der Zeit von 1855 bis 1910. Zusätzlich ist ein Vergleich dieser Entwicklung im Reich und in Bayern verlangt. Da in der Statistik die absoluten Zahlen, aber auch die relativen Prozentzahlen vorgelegt werden, ist es wichtig, die Veränderungen beider zu beachten. Die Aufgabe ist, soweit es die Analyse der Statistik betrifft, dem AFB II (Reorganisation und Transfer) zuzuordnen; die Ableitung weist zwar auf den AFB III hin, wird aber durch entsprechende Kenntnisse zur Bevölkerungsentwicklung im 18./19. Jahrhundert erleichtert.*

Bei Betrachtung der **Ausgangssituation des Jahres 1855 in Bayern** fällt der überaus hohe Anteil an Menschen auf, die in kleineren Gemeinden mit bis zu 2 000 Einwohnern lebten. **Bayern war also ein ausgesprochen dörflich geprägtes Land**, in dem es nur eine Großstadt, nämlich München, gab. Nahezu 80 % der Bevölkerung lebten noch in kleinen, dörflichen Gemeinden.
In den Jahren zwischen 1855 und 1880 nahm die Bevölkerung Bayerns in absoluten Zahlen zu, für das Reich trifft dies ebenfalls zu, das kann aber aus der Statistik nicht erschlossen werden, da diesbezüglich die Daten für 1855 fehlen. Interessant ist jedoch die Entwicklung der Verteilung der Bevölkerung in Bayern. Während der Anteil der Bewohner der kleinen Gemeinden um 8 % abnahm, stieg der Anteil von Menschen, die in Großstädten wohnten, von 2,9 auf 4,4 %.

Signifikanter ist die Zunahme der Menschen, die in Gemeinden zwischen 5 000 und 20 000 Einwohnern lebten. Ihr Anteil stieg von 7,7 auf 12,6 %.
Ein Vergleich mit den Daten für das Reich zeigt jedoch, dass Bayern nach wie vor eher dörflich geprägt war. Im Reich wohnten 58,6 % der Gesamtbevölkerung in kleinen Gemeinden, in Bayern waren es noch 71,5 %. Auf der anderen Seite lebten in Bayern nur 11,5 % in Städten mit mehr als 20 000 Einwohnern, im Reich dagegen 16,1 %. Die hier erkennbare **Verstädterung** entwickelte sich bis 1910 weiterhin in Bayern langsamer als im Reich. 1910 lebten in Bayern immer noch mehr als die Hälfte der Menschen in kleinen Gemeinden, im Reich dagegen nur noch 40 %. Immerhin hat sich jedoch der Anteil der „Großstädter" in Bayern gegenüber 1880 verdreifacht, ein Beleg für die **Anziehungskraft der neu entstandenen industriellen Zentren** wie etwa Augsburg und Nürnberg. Die Zunahme der absoluten Zahlen in allen Größenklassen der Gemeinden Bayerns belegt ein nach wie vor starkes Bevölkerungswachstum im Königreich; für das Reich lässt sich das ebenfalls belegen, wenn auch die absoluten Zahlen für die Bewohner der kleineren Gemeinden abnehmen, in Städten ab 5 000 Einwohner stark zunehmen, in Großstädten sich vervierfachen.
Eindeutig ableiten lässt sich aus der Statistik, dass in der Zeit von 1855 bis 1910 die **Bevölkerung Bayerns stark wuchs**, und zwar von von 4 508 000 auf 6 888 000. Im Reich stieg die Bevölkerungszahl zwischen 1880 und 1910 von 45 234 000 auf 64 926 000. Ebenfalls zu erkennen ist ein starker Zuzug vom Land in größere Städte und Großstädte als markantes Charakteristikum der Industrialisierung. **Landflucht und Urbanisierung** sind perspektivisch gegensätzliche Begriffe für diese Entwicklung, die jedoch in Bayern – im Vergleich zum Reich – deutlich verzögert ablief.

6. *Bei dieser Aufgabe haben Sie die Wahl zwischen drei Aufgaben, die sich auf verschiedene Lehrplanabschnitte beziehen In Bezug auf das Anforderungsniveau ähneln sich die Aufgaben sehr stark (AFB III). Nehmen Sie sich also Zeit für ein kurzes Brainstorming, bei dem Sie das Thema erschließen und Argumente finden! Die Aufgabenstellungen sind recht frei, sodass Sie selbst Beispiele aus der Geschichte auswählen müssen.*
Der folgende Lösungsvorschlag greift das ***Thema c)*** *auf. Hier sollen Sie eine Email-Antwort an einen fiktiven amerikanischen Freund verfassen, in der Sie sich mit dessen These auseinandersetzen. Dabei sollten Sie den Freund als Adressaten im Auge behalten und auch deswegen eine einseitige Argumentation vermeiden. Sie sollen also eine differenzierende Antwort auf eine vereinfachende Behauptung geben. Wichtig ist dabei, dass Sie sich auf verschiedene Abschnitte der US-Geschichte beziehen und nicht nur die aktuelle Situation bewerten.*

Lieber Jack, in deiner letzten Mail schreibst du, dass sich euer Land in seinen außenpolitischen Bestrebungen immer für Demokratie und Freiheit eingesetzt habe. Dass du deswegen die Kritik, auch aus Deutschland, nicht so recht nachvollziehen kannst, glaube ich gerne.

Ähnlich wie du bin ich der Meinung, dass **idealistische Motive** in der Außenpolitik deines Landes **sehr wichtig sind**. Darunter verstehe ich die Sicherung und Verbreitung von Demokratie, Freiheit und Menschenrechten. Schon die **Intervention im Ersten Weltkrieg** als der erste große Auftritt deines Landes auf der Weltbühne 1917 und der damit zusammenhängende Aufstieg zur Weltmacht hängen ja damit zusammen. Euer Präsident Wilson wollte anfangs zwar neutral bleiben, erklärte Deutschland aber dann trotzdem den Krieg. Diesen sah er als „**War to end all wars**" an und strebte damit, anders als die anderen Kriegsparteien, nicht nach territorialen Zuwächsen. In seinen berühmten „**14-Punkten**" entwickelte er die Grundsätze für eine Nachkriegsordnung. Er forderte das **Selbstbestimmungsrecht der Völker** und wollte ein System kollektiver Sicherheit aufbauen. So kam es nach Kriegsende zur **Gründung des Völkerbundes**, an dem euer Land sich dann aber doch nicht beteiligt hat. Bei seiner Entscheidung für den Kriegseintritt gegen Deutschland stand euer damaliger Präsident zudem unter Zugzwang. Bei einem deutschen Sieg hätte euer Land womöglich die an die Entente-Mächte vergebenen Kredite nicht wiedergesehen.

In Bezug auf eure **Intervention im Zweiten Weltkrieg** kann ich mich deinem Standpunkt grundsätzlich ebenfalls anschließen. Roosevelts „**Vier Freiheiten**" sind ein weiterer Ausdruck des idealistischen Anspruchs der USA, ebenso die **Atlantik-Charta** von 1941. Denn darin forderten Roosevelt (und Churchill) das Selbstbestimmungsrecht der Völker und die Durchsetzung des Freihandels ebenso wie Abrüstung, den Verzicht auf territoriale Gewinne und die Beseitigung des Nazi-Regimes. Diese Charta war zudem ein Meilenstein auf dem Weg zur **Gründung der Vereinten Nationen**. Obwohl euer Kriegseintritt dann vom japanischen Angriff auf Pearl Harbour ausgelöst wurde, bin ich der Meinung, dass idealistische Gründe für den Kriegseintritt eurer Regierung wichtig waren. Auch wenn ich dir insgesamt zustimme, muss ich dennoch sagen, dass ich den **Einsatz von Atombomben** wie in Nagasaki und Hiroshima (1945) generell ablehne. Denn damit habt ihr den Tod von vielen tausend Zivilisten in Kauf genommen, um eure Strategie umsetzen zu können.

Zustimmen kann ich dir gerade mit Bezug auf die Entwicklung in unserem Land nach 1945. Als Besatzungsmacht hat euer Land gewiss zum **Wiederaufbau Deutschlands**, zur Gründung der Bundesrepublik, zur **Erneuerung und Demokratisierung des politischen Lebens** beigetragen. Zwar waren nicht alle Maßnahmen der „Umerziehung" erfolgreich, aber mit eurer Luftbrücke für Berlin 1948/49 habt ihr die Herzen vieler Deutscher gewonnen. Natürlich hatte unsere erfreuliche politische und wirtschaftliche Entwicklung handfeste Vorteile für euch. Wir wurden eure Verbündeten und nahmen im Kalten Krieg zwischen dem liberalen Westen und dem kommunistischen Osten die Frontstellung ein. Auf diese Weise konntet ihr die **sowjetische Expansion an unserer Ostgrenze zum Stehen bringen**. So ließen sich Machtpolitik und Idealismus gut kombinieren.

Aber warum kritisieren dann so viele Menschen – auch in meinem Land – dein Land? Meiner Meinung nach liegt das daran, dass ihr **eure Ideale mitunter relativiert** und dass diese zugunsten wirtschaftlicher oder machtpolitischer Motive in den Hintergrund rücken. Dass beides manchmal verbunden ist und die letzten

Ursachen unklar sein können, habe ich ja schon angedeutet. Begonnen hat dies Ende des 19. Jahrhunderts, als ihr wie viele andere mächtige und wirtschaftliche erfolgreiche Staaten euren Einfluss in der Welt vergrößern wolltet. Mehr als hundert Jahre nach eurer Loslösung, die zahllose andere Unabhängigkeits- und Freiheitsbewegungen inspirierte, wolltet ihr andere, wie die Einwohner der **Philippinen, mit Gewalt in Abhängigkeit halten**. Als ihr dann nach Ende des Zweiten Weltkriegs endgültig zum „**Weltpolizisten**" wurdet, verstärkte sich die Kritik. Durchaus nachvollziehbar, denn ihr habt **viele Autokraten und Despoten** unterstützt, wenn es euren Interessen diente und diese vermeintlich Antikommunisten waren. Zum kubanischen Batista-Regime etwa habt ihr lange gehalten, nach dessen Ende habt ihr den Exilkubanern bei deren Versuch geholfen, den Kommunisten Castro zu stürzen. In Afghanistan habt ihr islamistische Gruppen im Kampf gegen die sowjetischen Besatzer unterstützt und aufgerüstet, im Irak war einst **Saddam Hussein euer scheinbar „zuverlässiger" Verbündeter**. Nach den Terroranschlägen von 2001 fühlten viele mit euch Amerikanern mit, aber dieses Mitgefühl sank, je länger der sogenannte **War on Terror** eures früheren Präsidenten dauerte. Denn dass ihr dabei gefangene Gegner ebenso wie bloße Terrorismusverdächtige in **Guantanamo Bay** einsperrt und ihnen ein rechtmäßiges Verfahren verwehrt, missfällt Vielen.

Meiner Ansicht nach wurden die USA so stark kritisiert, weil ihr so mächtig seid und weil ihr von vielen als Vorbild angesehen werdet. Ein kleineres, weniger mächtiges, aber auch weniger idealistisches Land würde nicht so deutlich im Kreuzfeuer der Kritik stehen. Eure Kritiker schließlich sind selbst meist sehr idealistisch und wollen eine Politik, die auf moralischen Werten beruht. Euer Land muss sich an seinen eigenen Errungenschaften messen lassen. Die Kritiker sollten aber bei alledem eure Verdienste nicht aus den Augen verlieren.

Abitur Geschichte (Bayern) – 2011 – Aufgabe II
Demokratie und Diktatur – Probleme der deutschen Geschichte im 20. Jahrhundert

1 Stellen Sie wesentliche demokratische Errungenschaften der Weimarer Republik dar! (14 BE)

2 (32 BE)

2.1 Erarbeiten Sie zentrale Aussagen des Redners (M 1) zu den Parteien bzw. Fraktionen im Parlament, zur Reichsregierung und zum Reichspräsidenten! Leiten Sie daraus Stresemanns politische Forderungen ab!

2.2 Beurteilen Sie, inwieweit Stresemanns Forderungen in der politischen Entwicklung bis Anfang 1933 Wirklichkeit wurden!

3 Analysieren Sie das Plakat (M 2) und erarbeiten Sie seine Wirkungsabsicht! (18 BE)

4 (26 BE)

4.1 Erläutern Sie die nationalsozialistische Vorstellung einer deutschen „Volksgemeinschaft“ sowie den NS-Antisemitismus und untersuchen Sie deren Zusammenhang!

4.2 Erörtern Sie, inwieweit die Verfolgung und Ermordung der Juden in der nichtjüdischen deutschen Bevölkerung bekannt war!

5 Bearbeiten Sie <u>eine</u> der drei folgenden Aufgaben (30 BE):

a) Der Theologe Günter Wilhelms schrieb 1998: „Hatte das Mittelalter noch an der fundamentalen Doppeldeutigkeit der Arbeit mit negativem Vorzeichen festgehalten, nämlich die grundlegenden Lebensbedürfnisse abzudecken, aber auch als Buße zu dienen, so wird in der Neuzeit die Arbeit, über die bloße Befriedigung der Lebensbedürfnisse hinaus, zum Mittel der Selbstverwirklichung und Weltgestaltung und dadurch enorm aufgewertet.“
Erörtern Sie Chancen und Grenzen der Selbstverwirklichung des Menschen in der vorindustriellen Arbeitswelt und unter den industriellen Arbeitsbedingungen!

b) Setzen Sie sich anhand ausgewählter Beispiele mit den positiven und negativen Auswirkungen des nationalen Denkens in der europäischen Geschichte des 19. und beginnenden 20. Jahrhunderts bis zum Ersten Weltkrieg auseinander!

c) In einer Mail hat Ihr amerikanischer Freund Folgendes geschrieben:
„Ich weiß gar nicht, warum wir von vielen so sehr kritisiert werden. Die USA haben sich doch in ihrer Außenpolitik immer für Demokratie und Freiheit eingesetzt!“

Verfassen Sie eine Antwort, in der Sie sich auf der Grundlage Ihrer historischen Kenntnisse zu verschiedenen Zeiträumen und unter Einbeziehung konkreter Beispiele mit dieser These differenziert auseinandersetzen!

Zitat von Günter Wilhelms in: Ders.: Der Mensch und die Arbeit. In: Diokania 29 (1998), S. 6–13. Zitiert nach folgender URL: http://www.ku-eichstaett.de/Fakultaeten/RPF/professuren/gemeindearbeit/reader/readerHII/HF_sections/content/Der%20Mensch%20und%20die%20Arbeit.pdf

Material

M 1: Rede Gustav Stresemanns, Außenminister in einer von Zentrum, DVP, DNVP und BVP getragenen Regierung, vor dem Zentralverband der DVP in Berlin (26. 2. 1928, Auszüge)

Vorbemerkung: Gustav Stresemann (1878–1929) war seit 1917 Partei- und Fraktionsvorsitzender der Nationalliberalen Partei, der späteren DVP. In der Weimarer Republik bekleidete er zeitweise wichtige Regierungsämter (Reichskanzler 1923; Außenminister in verschiedenen Kabinetten).

Täuschen wir uns nicht darüber: wir stehen in einer Krise des Parlamentarismus, die schon mehr als eine Vertrauenskrise ist. Diese Krise hat zwei Ursachen: einmal das Zerrbild, das aus dem parlamentarischen System in Deutschland geworden ist, zweitens die völlig falsche Einstellung des Parlaments in bezug auf seine Verantwortlichkeit gegenüber der Nation.

Was bedeutet „parlamentarisches System“? Es bedeutet die Verantwortlichkeit des Reichsministers gegenüber dem Parlament, das ihm mit Mehrheit das Vertrauen entziehen und ihn zur Amtsniederlegung zwingen kann. Nirgends bedingt diese Zustimmung, dass der Minister Parteimann sein muss. Nirgends bedingt sie Verteilung der Ministersitze nach der Stärke der Fraktionen. Die Ernennung der Minister erfolgt durch den Reichspräsidenten. Es ist klar, dass der Reichspräsident Rücksicht darauf nehmen wird, dass die von ihm ernannten Reichsminister das Vertrauen der Mehrheit des Reichstages erringen. Im übrigen ist der Eintritt wie das Ausscheiden der Minister von ihrer persönlichen Verantwortlichkeit abhängig. […]

Bewegungen im deutschen Volk sprechen von der Notwendigkeit, den Reichspräsidenten zu stärken. Es wäre zunächst wünschenswert, dass die Fraktionen und Parteien sich bemühten, durch ihre Einstellung das Ansehen des Reichspräsidenten nicht zu verringern. Selbstverständlich bedarf die Ernennung der Minister der Gegenzeichnung des Reichskanzlers […]. Es heißt aber das Ansehen des Reichspräsidenten und sein Verantwortungsgefühl herabwürdigen und ihn als Unterzeichnungsmaschine hinstellen, wenn ohne jede Diskussion über die Auffassung des Reichspräsidenten erklärt wird, dass diese oder jene Minister ernannt werden müssten. Die Rechte des Reichspräsidenten sind durchaus nicht gering, und das neue Deutschland hat bisher in seiner kurzen Geschichte Reichspräsidenten, die über ihre verfassungsrechtliche Stellung hinaus auch durch die imponderabile[1] Bedeutung ihrer Persönlichkeit zu wirken verstanden. Der Reichspräsident kann in Gemeinschaft mit dem Reichskanzler die Re-

gierungsbildung in dieser oder jener Weise vornehmen und den Kampf gegen das Parlament führen, das dieser Bildung des Kabinetts widerstrebt. Ich bin überzeugt, dass manche Krise in dem Augenblick zu Ende wäre, wo ein Machtwort des Reichspräsidenten erfolgte und die Kabinettsbildung aus den Verhandlungen der Fraktionen herausgenommen würde. [...]
Die Reichsregierung hat, soweit Angehörige von Fraktionen in ihr sind, heute keine Mehrheit im Reichstage. Das ist an sich kein Grund, anzunehmen, daß sie nicht in der Lage sei zu regieren. [...] Ich halte es für die Pflicht derjenigen Männer, die am Steuer stehen, auf ihrem Platze zu bleiben, auch wenn Sturzwellen über das Schiff spülen und die Mannschaft zur Meuterei neigt. Höher steht das persönliche Verantwortlichkeitsgefühl gegenüber dem Staat, als die Rücksicht auf die Partei. [...]
Weiter Kreise bemächtigt sich angesichts der Verhältnisse bei uns eine Art Resignation, die das Schlimmste ist, das es für ein Staatsleben gibt. Hochziele kann man nicht in jeder Zeit dem Volke vor Augen führen, und sachliche Arbeit, wie sie die Deutsche Volkspartei dauernd geleistet hat, wird letzten Endes ihre Anerkennung finden. [...]
Alle Parteien fragen sich, wie sie die Jugend erringen sollen. Das schlimmste Zeichen der heutigen Entwicklung besteht darin, dass die Jugend sich überhaupt von dem Parteileben der heutigen Zeit fernhält, weil sie darin nichts sieht, was sie anzieht.
Es geht ein Raunen durch das Land von illegalen Bestrebungen zur Ersetzung der Verfassung durch Diktaturpläne und ähnliches. [...] Jeder versteht unter der Diktatur den Diktator seiner Wünsche, und sobald er zwischen den widerstreitenden Interessen sich entscheiden muss, wird er bald die Opposition gegen sich wachsen sehen. Es gibt zudem niemanden, der den Wahnwitz denken kann, dass ein Mann wie Hindenburg sich zur Verletzung der Verfassung hergeben würde. Aber wir müssen uns bemühen, zu einer Reform des Parlamentarismus zu kommen. Wir müssen verlangen, dass der Parteigeist seine Grenze findet an den Lebensnotwendigkeiten der deutschen Entwicklung, dass das Parlament den Zwang nicht nur zur formalen, sondern tatsächlichen Mehrheitsbildung in sich findet oder, wenn das an den Parteien selbst in dieser Situation scheitert, der Ruf ertönt: „Res venit ad triarios!“[2] und verantwortungsbewusste Persönlichkeiten den Mut finden, zu regieren, das heißt, die Führung zu übernehmen. [...]

Herbert Michaelis und Ernst Schraepler (Hg.): Ursachen und Folgen. Vom deutschen Zusammenbruch 1918 und 1945 bis zur staatlichen Neuordnung Deutschlands in der Gegenwart. Eine Urkunden- und Dokumentensammlung zur Zeitgeschichte. Bd. 7: Die Weimarer Republik. Berlin o. J., S. 236–239. Zitiert nach: Gustav Stresemann: Vermächtnis. Bd. 3. Berlin 1933, S. 428 ff.

1 unwägbare
2 sinngemäß: Jetzt müssen die erfahrensten Kämpfer antreten!

M 2: Plakat zur Reichspräsidentenwahl 1932

Vorbemerkung: Schriftzug mit Ausnahme von „Wählt den Frontsoldaten" im Original in Rot

Plakat von Felix Albrecht. In: Susan Bachrach und Steven Luckert (Hg.): State of deception: The Power of Nazi Propaganda. United States Holocaust Memorial Museum. Washington 2009, S. 45.

Lösungsvorschläge

1. *Der Operator „darstellen" verlangt von Ihnen die Beschreibung, Erklärung und Beurteilung von historischen Strukturen und Prozessen (AFB I bis III). In diesem Fall sollen Sie einen Überblick geben über wesentliche demokratische Errungenschaften der Weimarer Republik. Diese Formulierung ist wertend und lenkt Ihre Aufmerksamkeit in eine bestimmte Richtung. Überprüfen Sie die bekannte Reichsverfassung von 1919 auf deren demokratische Errungenschaften hin. Zur Verdeutlichung können Sie sich auf die Reichsverfassung von 1870/71 beziehen oder Berührungspunkte zum Grundgesetz von 1949 aufzeigen.*

Mit der am 14. 8. 1919 in Kraft getretenen Weimarer Verfassung wurde die monarchische Tradition beendet und Deutschland näherte sich dem westlichen Parlamentarismus an. Fortan sollte das Land nach dem Prinzip der **Volkssouveränität** regiert werden, sodass alle Staatsgewalt vom Volk ausging. Das Volk wählte sowohl den Reichspräsidenten als auch die Abgeordneten des Parlaments und verfügte zudem durch Plebiszite über die Möglichkeit, an der Gesetzgebung mitzuwirken. Die **Partizipationsmöglichkeiten** der Wähler – gerade die Elemente direkter Demokratie – waren somit im Vergleich zur Bundesrepublik groß. Anders als im Kaiserreich wurde das **allgemeine Wahlrecht** auf Frauen ausgedehnt und das Wahlalter auf 20 Jahre abgesenkt.
Weiterhin wurde das Zusammenspiel der Verfassungsorgane durch das Prinzip der **Gewaltenteilung** und -kontrolle geregelt. Der vom Volk gewählte **Reichstag** hatte die legislative Gewalt inne und **kontrollierte die Reichsregierung**. Anders als im Kaiserreich benötigten Reichskanzler und Reichsminister für ihre Amtsführung das **Vertrauen** des Parlamentes. Als Gegengewicht zu diesem wiederum wurden der **direkt vom Volk gewählte Reichspräsident** und das **Plebiszitrecht** begriffen.
Eine weitere demokratische Errungenschaft im Kontrast zum Kaiserreich war der **umfassende Grundrechtskatalog**, in dem die Gleichheit aller Bürger vor dem Gesetz und die Unverletzlichkeit der Freiheit der Person festgelegt wurden. Damit wurde an die Grundrechte der Paulskirchenverfassung von 1848/49 angeknüpft, die noch um soziale Grundrechte ergänzt wurden.
Angesichts der **föderalen Tradition Deutschlands** soll zuletzt auf **demokratische Fortschritte auf Länderebene** hingewiesen werden: Auch dort traten – wie etwa in Bayern 1919 oder in Preußen 1920 – demokratische Verfassungen in Kraft.
Obwohl infolge der Machtübernahme der Nationalsozialisten 1933 und ihrer zwölf Jahre währenden Gewaltherrschaft die Weimarer Verfassung häufig auf ihre „Konstruktionsfehler" hin analysiert und bewertet worden ist, so muss doch gesagt werden, dass ihre Bestimmungen für Deutschland einen erheblichen **Demokratisierungsfortschritt** bedeuteten.

2. *Sie sollen aus der Rede Stresemanns zentrale Aussagen zu ganz konkreten Themen erarbeiten (AFB II). Anhand dieser Aspekte können Sie auch Ihre Lösung strukturieren. Im Rahmen der Textanalyse müssen Sie auch nicht explizit genannte historische Sachverhalte herausfinden und Zusammenhänge zwischen den Einzelergebnissen herstellen. Stresemanns Forderungen finden sich mehr oder weniger ausdrücklich im Text, sodass „ableiten“ in diesem Fall das Herstellen von Zusammenhängen zwischen Aussagen und den gefundenen Forderungen heißt (AFB II). Sinnvoll ist auf jeden Fall ein genauer Textbezug mit direkten und indirekten Zitaten.*
Für das Urteil im zweiten Aufgabenteil sollen Sie Stresemanns Forderungen mit der faktischen innenpolitischen Entwicklung bis zur Machtübernahme der Nationalsozialisten in Beziehung bringen und auf dieser Grundlage zu einem Sachurteil kommen (AFB III). Dabei sollen Sie die Frage klären, welche Forderungen Stresemanns bis zu welchem Grad und mit welchem Ergebnis realisiert wurden.

In seiner am 26. 2. 1928 vor dem Zentralverband der liberalen Deutschen Volkspartei (DVP) gehaltenen Rede analysiert Außenminister Stresemann die damals herrschende Krise des politischen Systems und stellt Lösungsansätze vor.
Stresemann hebt den großen **Einfluss der Fraktionen auf die Regierung** heraus, deren Minister vom Vertrauen des Parlaments abhängig seien (vgl. Z. 6–8). Bei der Frage von Gewährung bzw. Entzug dieses Vertrauens würden sich die Fraktionen zu sehr von **Parteiinteressen** leiten lassen. Außerdem hält er ihnen vor, dass ihre **Fähigkeit zur Mehrheitsbildung eingeschränkt** ist (vgl. Z. 26–31). Machtpoltisches Kalkül würde dazu führen, dass die Fraktionen das **Ansehen des Reichspräsidenten schädigen**, weil sie seine politische Bedeutung – etwa bei der Frage der Besetzung der Ministerposten – missachten würden (vgl. Z. 19–22). Die Reichsregierung sei zwar dem Parlament gegenüber verantwortlich und damit grundsätzlich von dessen Mehrheiten abhängig, dennoch hält Stresemann auch eine **Regierung**, die sich wie die des Jahres 1928 **nicht auf eine Parlamentsmehrheit stützen kann**, **für legitim** und handlungsfähig (vgl. Z. 32–34). Aus **Pflichtgefühl und Verantwortungsbewusstsein** dem Staat gegenüber und **Respekt** vor dem Reichspräsidenten sollten diese Männer im Amt bleiben (vgl. Z. 34–37). Das **Recht des Reichspräsidenten zur Ministerauswahl** sieht Stresemann zum einen in der Verfassung begründet, zum anderen aber auch in der hohen persönlichen Autorität der bisherigen Reichspräsidenten: Ebert (SPD) und der parteilose Hindenburg (vgl. Z. 22–26). Die **Regierungsbildung** insgesamt könne in Kooperation mit dem Reichskanzler und sollte mit Rücksicht auf die Mehrheitsverhältnisse geschehen, notfalls könne aber ein **Konflikt mit dem Parlament** eingegangen werden (vgl. Z. 26–28). Im Ganzen schreibt Stresemann dem **Staatsoberhaupt** eine **stabilisierende Kraft** zu, wohingegen er die Ursache der Krise bei den Fraktionen sieht.

Um das deutsche politische System zu stabilisieren und gegen die Krise anzugehen, fordert Stresemann von den Parteien und Fraktionen mehr **Konsensfähigkeit und Kooperation** zum Wohle des Ganzen statt Konfrontation zur Durchsetzung eigener Interessen (vgl. Z. 51–55). Er wünscht sich eine **Stärkung der**

Rolle des Reichspräsidenten gerade bei der Regierungsbildung (vgl. Z. 28–31). Im Notfall sollten die „erfahrensten Kämpfer" (Z. 56 bzw. Fußnote 2) – also führungsstarke und verantwortungsbewusste Persönlichkeiten – die Regierung übernehmen, um so der in der Bevölkerung verbreiteten Resignation zu begegnen (vgl. Z. 54–57).

Betrachtet man die politische Entwicklung bis Anfang 1933, so zeigt sich, dass **Stresemanns Forderungen zwar weitgehend realisiert wurden**, aber **keine stabilisierende Wirkung** entfalteten. Zwar wurde die Position des Reichspräsidenten durch die seit 1930 eingesetzten **Präsidialkabinette** ohne Parlamentsmehrheit gestärkt und Einzelpersönlichkeiten wie etwa der erwähnte Hindenburg bestimmten das politische Leben zunehmend. Aber vielen dieser **Führungspersönlichkeiten fehlte** das von Stresemann geforderte **Verantwortungsbewusstsein** und der Wille, das demokratische System zu unterstützen. Dies zeigte sich auch anlässlich des von der Regierung von Papen durchgeführten **Staatsstreichs in Preußen**, der zur Absetzung der dortigen demokratischen Regierung führte. Die von Stresemann geforderte Selbstbeschränkung der Parteien wurde nach den Wahlen von 1930 Wirklichkeit, als sich die SPD zur **Politik der Tolerierung** der Minderheitsregierung durchrang, um eine weitere Radikalisierung der Wählerschaft zu verhindern. Auch dies blieb **erfolglos**, denn dadurch konnten sich die Extremisten von rechts und links umso stärker von den demokratischen Parteien abgrenzen, denen Versagen bei der Bewältigung der politischen und wirtschaftlichen Krise vorgeworfen wurde.

3. *Der Operator „analysieren" verlangt von Ihnen über die Beschreibung des Plakats hinaus die Erklärung der wichtigsten Bildelemente und die Einordnung der Bildquelle in den historischen Kontext (AFB II). Beziehen Sie dabei die zusätzlichen Informationen ein! Darauf aufbauend sollen Sie dann die Intention oder Wirkungsabsicht des Plakates ermitteln: Was wollten seine Produzenten oder Auftraggeber damit erreichen?*

Mit dem Plakat zur Reichspräsidentenwahl von 1932 ruft die NSDAP dazu auf, den „Frontsoldaten Hitler" zu wählen. Der Aufruf **richtet sich** in erster Linie an die **Arbeiterschaft**. Dazu passt, dass der Schriftzug in der Farbe Rot gehalten ist, die eigentlich mit der Arbeiterbewegung und ihren politischen Organisationen in Verbindung gebracht wird. Im Zentrum sind zwei männliche Figuren mit sehr ähnlicher Mimik und Körperhaltung zu sehen. Ihre kantigen Gesichter und entschlossenen Blicke sind direkt auf den Betrachter gerichtet. Der **„Arbeiter der Stirn"** im Hintergrund steht für die **Intelligenzschicht Deutschlands**. Darauf weisen die Fechtnarben im Gesicht hin, die typisch für burschenschaftlich organisierte Studenten sind. Der **„Arbeiter der Faust"** im Vordergrund ist mit Mütze und Hammer – also den typischen Attributen der damaligen **Arbeiterschaft** – ausgestattet und präsentiert seinen muskulösen linken Unterarm. Die auf die beiden Arbeiter bezogenen Schriftzüge sind gleich groß, bei weitem am größten ist der Name „Hitler" gesetzt.

Um die Arbeiterschaft anzusprechen und die NSDAP damit als Alternative zur KPD oder SPD zu positionieren, werden die **Arbeiterfiguren stark stilisiert und überhöht**, indem sie als willensstarke und physisch starke Persönlichkeiten gezeichnet werden. Die zugespitzten sprachlichen Bilder wie „Arbeiter der Faust" unterstreichen diese Wirkung. Bestehende **soziale Gegensätze werden ausgeblendet**, indem Intelligenz und Arbeiterschicht gleichgestellt werden. Die dahinterstehende Botschaft ist, dass die NSADP gemäß ihrer Volksgemeinschaftsideologie gesellschaftliche Unterschiede verwischen möchte. Der Präsidentschaftskandidat Hitler, Vorsitzender von Deutschlands größter Partei, wird zum **einfachen „Frontsoldaten" stilisiert**. Dies soll in der von der **Erfahrung des Ersten Weltkriegs geprägten Gesellschaft** der Weimarer Zeit für Nähe zum potenziellen Wähler sorgen und ist gerade an Kriegsteilnehmer gerichtet. Insgesamt soll das Plakat Bevölkerungsschichten ansprechen, die bis 1932 nicht zum Hauptklientel der NSDAP zählten, und diese dazu bewegen, ihre Stimme für Hitler abzugeben.

4. *Der Operator „erläutern" weist hier darauf hin, dass Sie die zentralen Aspekte von „Volksgemeinschaft" und NS-Antisemitismus nicht nur nennen, sondern zusammenhängend erklären und dabei Zusatzinformationen und Beispiele liefern sollen. Explizit ist die Herstellung von Zusammenhängen zwischen beiden Komplexen gefordert. Eine zentrale Rolle sollten dabei das rassistische Verständnis von „Volk" in der NS-Vorstellungswelt spielen sowie die Fragen von Ausgrenzung und Zugehörigkeit.*
Im zweiten Aufgabenteil fordert der Operator „erörtern" von Ihnen eine eigene Stellungnahme zur Problemstellung auf Grundlage des Abwägens von Pro und Kontra (AFB III). Dabei können Sie auf Gesetze ebenso eingehen wie auf Boykotte und Pogrome. Selbstverständlich muss auch die spätere Vernichtungspolitik ins Urteil einbezogen werden. Empfehlenswert ist eine Unterteilung des Untersuchungszeitraums (vor dem Krieg, im Krieg).

Der Begriff der „Volksgemeinschaft" ist keine Erfindung der Nationalsozialisten, sondern wurde schon im Kaiserreich verwendet, um die deutsche Nation zur ethnisch homogenen Gemeinschaft zu stilisieren, deren Ursprünge in der Zeit der **Germanen** lägen. In Fortsetzung dieser Denktradition stellte die „Volksgemeinschaft" für die Nationalsozialisten eine **ethnisch definierte Bluts-, Schicksals- und Willensgemeinschaft** dar. Gemäß ihrer **Rassenideologie** waren die Deutschen als Teil der „arischen Rasse" anderen Völkern bzw. „Rassen" wie den „faulen Südrassen" oder den Juden überlegen. Dabei wurde in unwissenschaftlicher Art und Weise davon ausgegangen, dass biologische und vererbbare Merkmale das politische und soziale Verhalten der Völker bestimmen. Auf der Ebene der „Rassen" sollte also angeblich keine Gleichheit herrschen, vielmehr wurde die **Geschichte als ständiger sozialdarwinistischer Daseinskampf** betrachtet. Damit konnten Aggressionen anderen Staaten gegenüber gerechtfertigt werden. Dagegen sollte es innerhalb der „Volksgemeinschaft" **keine sozialen Gegen-**

sätze, ja überhaupt keine sozialen Gruppen mit unterschiedlichen Interessen mehr geben. Einkommens- und Bildungsunterschiede sollten ebenso an Bedeutung verlieren wie die Zugehörigkeit zu bestimmten Konfessionen. Damit sich jeder Volksgenosse als Teil einer starken Gemeinschaft betrachtet, sollten der **Individualismus und der politische Pluralismus beseitigt werden**. So muss im Zusammenhang mit der „Volksgemeinschaft" auch die **Einrichtung der Herrschaft einer Partei** gesehen werden, die angeblich die Interessen des gesamten Volkes vertrat, sowie die Durchsetzung des hierarchisch geprägten **Führerprinzips** in der gesamten Gesellschaft.

Die Einheit innerhalb der Gemeinschaft war verbunden mit einer **Abgrenzung** gegenüber Bevölkerungsgruppen, die keine Mitglieder sein wollten oder durften. Wer den rassistischen Kriterien der Nationalsozialisten nicht entsprach, wurde diffamiert und ausgegrenzt, später verfolgt und vernichtet. Diese Bemühungen richteten sich in erster Linie gegen die Juden. Im Gegensatz zum älteren **Antisemitismus**, der mit religiösen und sozialen Gründen gerechtfertigt wurde, definierten die Nationalsozialisten Judentum „rassisch" und behaupteten **eine Minderwertigkeit der jüdischen Rasse** gegenüber der angeblich kulturell überlegenen arischen. Juden wurden als „Parasiten" oder „Schmarotzer" hingestellt. Die rassische Definition des Judentums machte **eine Assimilation in Theorie und Praxis unmöglich:** Wer Jude war, blieb es. Ihm blieb nur die Flucht oder die Auswanderung, um der immer stärkeren Ausgrenzung und Verfolgung zu entkommen.

Die Frage, inwieweit die Verfolgung und Ermordung der Juden in der nichtjüdischen deutschen Bevölkerung bekannt war, beschäftigt Wissenschaftler und eine breite Öffentlichkeit seit langem. Von besonderem Interesse ist dabei, was in Deutschland über die Vernichtung der Juden im Osten bekannt war.
Betrachtet man den Zeitraum von der Machtübernahme der Nationalsozialisten 1933 bis zum Beginn des Polenfeldzugs 1939, stößt man auf viele antisemitische Maßnahmen, die so offensichtlich waren, dass weite Teile der nichtjüdischen Bevölkerung davon gewusst haben müssen. **Gewalttätiges Vorgehen von SA-Schlägertrupps** gegen Juden und **antijüdische Aktionen** wie das Anbringen von Schildern („Juden unerwünscht") waren darauf ausgerichtet, eine möglichst breite Öffentlichkeit zu erreichen. Die immer stärkere **Arisierungspolitik**, die zum Ausschluss der Juden aus vielen Berufen, zur Einschränkung ihrer Bildungsmöglichkeiten und zu Enteignungen vieler jüdischer Unternehmer führte, muss gerade bei Kollegen, Mitschülern, Kommilitonen, Kunden und Geschäftspartnern bekannt gewesen sein. Die „**Nürnberger Gesetze**" von 1935 erreichten auch wegen einer ausführlichen Berichterstattung in den Medien eine breite Öffentlichkeit. Mit ihnen wurde die antijüdische Politik auf eine neue Grundlage gestellt, indem Juden zu Staatsbürgern zweiter Klasse erklärt wurden. Danach führten die Nationalsozialisten große „Rassenschande"-Kampagnen durch, die sich gegen sexuelle Beziehungen zwischen Juden und Nichtjuden richteten. In der „**Reichskristallnacht**" (9./10. 11. 1938) wurden in vielen deutschen Städten mehr als 260 Synagogen in Brand gesetzt und zerstört, viele Juden ermordet und

mehr als 20 000 Juden in Konzentrationslager eingeliefert. Zehntausende Juden verließen das Land. Die Verbliebenen mussten ab 1941 den **Judenstern** tragen, der die Ausgrenzung der Juden für jeden sichtbar machte. Ebenfalls 1941 begannen vor den Augen von Nachbarn und Passanten die **Deportationen** von Juden aus dem „Altreich" nach Osten. Ihre Besitztümer wurden öffentlich versteigert. All diese Maßnahmen waren nicht geheim und liefen in Deutschland ab.
Die **Wannsee-Konferenz** vom Januar 1942, während der die organisatorischen Voraussetzungen für den Holocaust geschaffen wurden, fand zwar im Geheimen statt. Dennoch wurde die systematische Vernichtung von Juden im Osten ungeachtet aller Schweigebefehle für die Täter schnell zum **offenen Geheimnis**, das gerade von Wehrmachtssoldaten kolportiert wurde. Schließlich gab es bei den Massenerschießungen in der Sowjetunion viele Zeugen, auch weil die SS auf Unterstützung seitens der Wehrmacht angewiesen war. In Deutschland konnten sich viele Deutsche womöglich das unfassbare, noch nie dagewesene Ausmaß der Verbrechen nicht vorstellen. Viele Maßnahmen wurden **vom NS-Regime auch verschleiert**, indem etwa die Deportationen euphemistisch als „Umsiedelungen" bezeichnet wurden. Andererseits kommen neuere Untersuchungen zu dem Ergebnis, dass das Regime bewusst Andeutungen über die Vernichtungspolitik machte, um die Bevölkerung zu Komplizen ihrer Verbrechen zu machen und damit in der Endphase des Krieges stärker an sich zu binden. Mutmaßlich verdrängten viele gerade in den letzten Kriegsjahren die massenhafte Ermordung.
Insgesamt gilt, dass **um die Verfolgung und Vertreibung der Juden kein Geheimnis gemacht wurde**. Sie fand vor aller Augen in Deutschland statt und in den Medien wurde darüber berichtet. Eine Festlegung, in welchem Umfang oder bei welchen Bevölkerungsgruppen der Holocaust in Deutschland bekannt war, ist schwierig. Die aktuelle Forschungshypothese vom „**offenen Geheimnis**" legt nahe, dass Informationen und Gerüchte darüber weit verbreitet waren.

5. *Bei dieser Aufgabe haben Sie die Wahl zwischen drei Aufgaben, die sich auf verschiedene Lehrplanabschnitte beziehen. In Bezug auf das Anforderungsniveau ähneln sich die Aufgaben sehr stark (AFB III). Nehmen Sie sich also Zeit für ein kurzes Brainstorming, bei dem Sie das Thema erschließen und Argumente finden! Die Aufgabenstellungen sind recht frei, sodass Sie selbst Beispiele aus der Geschichte auswählen müssen.*
Der folgende Lösungsvorschlag greift die ***Teilaufgabe a)*** *auf.*
Die Aufgabenstellung ist im Grunde ein Erörterungsthema mit dialektischer Grundstruktur. Entsprechend sollte die Lösung auch gegliedert werden. Da eine „echte" Erörterung jedoch den zeitlichen Rahmen der Abiturprüfung weitgehend sprengen würde, sollten Sie auf knappe Formulierungen achten.
Da die Ausformulierung einer Erörterung in hohem Maße auch den individuellen Stil des Autors widerspiegeln soll, scheint es wenig sinnvoll, hier eine solche Erörterung durchgehend zu gestalten. Vielmehr sollen wichtige Elemente wie Einleitung, Beginn des Hauptteils, Überleitungen und der Schluss ausformuliert

werden, die argumentativen Beispiele dagegen werden im Folgenden stichpunktartig angegeben.
Die Aufgabe deckt alle drei Anforderungsbereiche ab.

Der These des Theologen Günter Wilhelms von der Arbeit in der Neuzeit als Mittel der Selbstverwirklichung ist grundsätzlich zuzustimmen, allerdings ist vorher zu klären, was wir unter **Selbstverwirklichung** verstehen wollen. Der **Begriff** gewinnt eigentlich erst seit der Renaissance und vor allem seit der Aufklärung an Bedeutung, da **im mittelalterlich-christlichen Weltverständnis** der Mensch in eine **von Gott gegebene Ordnung** eingebunden war. Nicht die individuelle Entwicklung und die Entfaltung aller in der Person angelegten Fähigkeiten waren das Ziel des menschlichen Lebens, sondern ein gottgefälliges und „standesgemäßes" Verhalten.
Kann also für die mittelalterliche Welt von einer Selbstverwirklichung des Menschen zumindest im heutigen Verständnis gar nicht gesprochen werden, so gilt die Selbstverwirklichung des Einzelnen umso mehr als anzustrebendes Ziel mit Beginn der Neuzeit.
Die Frage, **inwieweit sich der Mensch in der frühen, vorindustriellen Neuzeit selbst verwirklichen konnte**, ist zunächst davon abhängig, in welchen Bereichen eine solche Selbstverwirklichung überhaupt denkbar ist. Der Mensch kann sich entsprechend seiner Natur geistig, körperlich, schöpferisch oder spirituell-religiös selbst verwirklichen, im engen Rahmen seiner **Individualität** und im weiteren Feld der **sozialen Beziehungen**.
Im nächsten Schritt ist folglich zu prüfen, welcher Bereich für die vorindustrielle Arbeitswelt von Bedeutung ist.
Zweifellos bot schon die vorindustrielle Arbeitswelt Möglichkeiten der Selbstverwirklichung:

- **ganzheitliches Arbeiten** bei der Herstellung eines Gesamtprodukts (handwerkliche Produktion), hier auch Möglichkeit schöpferischer Gestaltung
- vielfältige Arbeit im Rahmen der **Subsistenzwirtschaft**
- **freiere Zeitgestaltung** im Vergleich zum industriellen „Maschinentakt" bei allerdings meist sehr hoher Arbeitszeit
- angesichts der **Einheit von Arbeitsplatz und Wohnstätte** große soziale Nähe.

Insgesamt kann also gesagt werden, dass in der vorindustriellen Neuzeit nicht nur der Anspruch auf Selbstverwirklichung erhoben wurde, sondern auch Möglichkeiten bestanden, ihn in dieser Arbeitswelt zu verwirklichen.
Auf der anderen Seite aber schränkte die vorindustrielle Arbeitswelt die Chancen des Menschen ein, sich selbst und seine individuellen Fähigkeiten zu entwickeln:

- bei **geringer Produktivität** Notwendigkeit eines hohen Einsatzes an Zeit und Kraft,
- **existenzielle Unsicherheit** durch z. B. Arbeitsunfälle, Krankheit oder Mangelernährung angesichts fehlender Sicherungssysteme,
- **Beschränkung der kulturellen Teilhabe** in erster Linie auf religiös-kirchliche Veranstaltungen.

So bestand zwar vor allem für das gehobene **Bürgertum in den Städten** in der vorindustriellen Zeit die Chance, sich über Arbeit selbst zu verwirklichen, für die meisten **Menschen auf dem Land** oder abhängige Handwerker waren diese Möglichkeiten jedoch eher theoretischer Natur.
In der **Industriegesellschaft** wurde nicht nur der Anspruch auf Selbstverwirklichung lauter und bei breiteren Bevölkerungsschichten bestimmender, auch die Möglichkeiten wuchsen, sich selbst zu verwirklichen:

- körperliche Entlastung durch Mechanisierung und Maschinisierung,
- ständige Verbesserung der materiellen Lebensgrundlagen,
- größere soziale Sicherheit,
- langfristig erhöhte Freizeit,
- wachsendes Bildungsangebot,
- Durchsetzung des Leistungsprinzips,
- selbstbestimmtes Arbeiten insbesondere in höheren Positionen,
- Verwirklichung individueller Vorstellungen im freien Unternehmertum.

Dies wäre jedoch eine eher verklärende Sicht auf die Segnungen der von Industriearbeit geprägten modernen Gesellschaft. Zwar wird der Freiraum des Menschen, der für eine Selbstverwirklichung von Vorteil ist, zunehmend größer, aber **einschränkende Aspekte** sollten nicht übersehen werden:

- Notwendigkeit eines hohen Maßes an Selbstdisziplin und Unterordnung durch Arbeitsteilung und Mechanisierung,
- oft monotone und abstumpfende Arbeit,
- Verlust an Kreativität,
- Entfremdung vom Produkt der Arbeit,
- physische und psychische Belastungen trotz der Maschinisierung,
- Belastungen der sozialen Beziehungen durch Konkurrenzdruck,
- zu Beginn der Industrialisierung lange Arbeitszeiten und dadurch wenig Möglichkeiten zur kulturellen Teilhabe vor allem bei der Arbeiterschaft.

So kann zusammenfassend festgestellt werden, dass mit der Entwicklung zur industriell bestimmten modernen Gesellschaft der **Anspruch auf Selbstverwirklichung immer stärker** und immer umfassender wurde und dass sich gegenüber der vorindustriellen Arbeitswelt immer mehr Möglichkeiten eröffneten. Auf der anderen Seite darf jedoch nicht übersehen werden, dass in der Industriegesellschaft die **Gefahr menschlicher Entfremdung und sozialer Vereinsamung** eher wuchs.

Abitur Geschichte (Bayern) – 2011 – Aufgabe III
Historische Komponenten europäischer Kultur und Gesellschaft

1 (28 BE)

1.1 Beschreiben Sie unter Einbeziehung der Darstellung (M 1) das herrscherliche Selbstverständnis der Könige und Kaiser zu Beginn des 11. Jahrhunderts!

1.2 Zeigen Sie auf, inwiefern dieses Selbstverständnis bis ins 12. Jahrhundert immer stärker in Frage gestellt wurde!

2 Stellen Sie die wesentlichen Merkmale der konsensualen Herrschaft anhand des Lehenswesens auf der Ebene des Reiches und anhand des Ständewesens in den Territorialstaaten dar! (20 BE)

3 (28 BE)

3.1 Erarbeiten Sie aus dem Text (M 2) den Souveränitätsbegriff von Johannes Althusius in Abgrenzung zu Jean Bodin!

3.2 Nehmen Sie Stellung zu der Frage, welche der beiden Auffassungen den realen Machtverhältnissen im Hl. Römischen Reich der Frühneuzeit am ehesten gerecht wird, und begründen Sie Ihre Einschätzung!

4 Stellen Sie Entwicklungen des frühneuzeitlichen Rationalismus auf dem Gebiet der Naturwissenschaften dar! (14 BE)

5 Bearbeiten Sie eine der drei folgenden Aufgaben (30 BE):

a) Der Theologe Günter Wilhelms schrieb 1998: „Hatte das Mittelalter noch an der fundamentalen Doppeldeutigkeit der Arbeit mit negativem Vorzeichen festgehalten, nämlich die grundlegenden Lebensbedürfnisse abzudecken, aber auch als Buße zu dienen, so wird in der Neuzeit die Arbeit, über die bloße Befriedigung der Lebensbedürfnisse hinaus, zum Mittel der Selbstverwirklichung und Weltgestaltung und dadurch enorm aufgewertet."
Erörtern Sie Chancen und Grenzen der Selbstverwirklichung des Menschen in der vorindustriellen Arbeitswelt und unter den industriellen Arbeitsbedingungen!

b) Demokratiewunder oder Wirtschaftswunder? Diskutieren Sie den Zusammenhang zwischen stabiler demokratischer Ordnung und wirtschaftlichem Aufschwung in der frühen Bundesrepublik!

c) In einer Mail hat Ihr amerikanischer Freund Folgendes geschrieben:
„Ich weiß gar nicht, warum wir von vielen so sehr kritisiert werden. Die USA haben sich doch in ihrer Außenpolitik immer für Demokratie und Freiheit eingesetzt!"

Verfassen Sie eine Antwort, in der Sie sich auf der Grundlage Ihrer historischen Kenntnisse zu verschiedenen Zeiträumen und unter Einbeziehung konkreter Beispiele mit dieser These differenziert auseinandersetzen!

Material

M 1: Aus dem Perikopenbuch Heinrichs II. (Buchmalerei aus dem Kloster Reichenau um 1007/1012)

Krönung Heinrichs und seiner Gattin Kunigunde. Bayerische Staatsbibliothek München. Clm4452, fol. 2r. In: Horst Fuhrmann und Florentine Mütherich (Hg.): Das Evangeliar Heinrichs des Löwen und das mittelalterliche Herrscherbild. Bayerische Staatsbibliothek. Ausstellungskataloge. 35. Katalog. München 1986, Tafel 16.

Hinweis: Perikopenbücher enthalten Abschnitte aus den Evangelien, die an den Festtagen des Kirchenjahres bei der Messe vorgelesen werden. Auf der Darstellung sind hinter Heinrich II. und seiner Gemahlin Kunigunde die Apostel Petrus und Paulus zu sehen.

M 2: Der deutsche Staatsrechtler Johannes Althusius (1563–1638) in seinem Vorwort zur ersten Auflage der Politica (1603, Auszüge)

Die Rechte der Souveränität und ihre Grundlagen sind also, wie gesagt, der Politik zuzurechnen. Aber ich weise sie dem Reich oder Gemeinwesen und Volk zu. Dabei weiß ich, dass sie nach allgemeiner Ansicht der Gelehrten dem Herrscher als ausschließlich zu eigen zugeschrieben werden. Bodin[1] verkündet laut, einem Reich oder Volk könnten diese Souveränitätsrechte nicht zuerkannt werden, ohne dass sie zu existieren aufhörten und untergingen, und zwar dadurch, dass sie mit den Untertanen oder dem Volke gemein gemacht würden. Denn diese Rechte seien so sehr der Person des Herrschers wesentlich zu eigen und derart untrennbar mit dieser verbunden, dass sie außerhalb von ihr gar nicht existierten und in keiner anderen Person bestehen könnten. Ich kümmere mich um das Gerede Bodins nicht, auch nicht um die Äußerungen derer, die mit mir nicht übereinstimmen, da für meine Meinung die Gründe feststehen. Ich behaupte also durchaus das Gegenteil, dass nämlich die sogenannten Souveränitätsrechte in einem solchen Maße dem Gemeinwesen zugehören, dass sie ihm allein zukommen und sein lebendiger Geist, seine Seele, sein Herz und sein Leben sind, dass ferner, wenn sie wohlbehalten bleiben, das Gemeinwesen lebendig ist, es aber unter- und zugrunde geht und dieses Namens für unwert gehalten werden muss, wenn sie abgeschafft werden. Wohl räume ich ein, dass der Herrscher ein Sachwalter, Verwalter oder Statthalter dieser Rechte ist. Ich bestehe aber darauf, dass ihr Eigentum und ihre Nutznießung zu Recht so sehr dem Reich oder gesamten Volk zugehören, dass selbst, wenn man sie aufgeben, einem anderen übertragen und sich ihrer entäußern wollte, dies keineswegs könnte, genauso wenig wie man das eigene Leben mit jemand anderem teilen kann. Diese Rechte sind vom Volk oder den Gliedern des Reichs und Gemeinwesens begründet worden, haben von ihnen ihren Ausgang genommen und können nur bei ihnen bestehen und erhalten bleiben. Auch die Verwaltung dieser Rechte, die einem Herrscher auf Widerruf gewährt oder aufgrund eines Vertrags eingeräumt ist, kehrt nach seinem Tode zum Volk zurück, das man wegen seines ununterbrochenen Fortbestandes unsterblich nennt, und wird von diesem weiter übertragen, wobei ein Einzelner oder mehrere daran teilhaben können. Das Eigentum und die Nutznießung dieser Rechte liegen somit stets beim gesamten Volk und haben sonst keinen anderen Platz. Aufgrund ihrer Natur fallen sie nicht unter das Verfügungsrecht eines Einzelnen und ein Herrscher oder jeder andere hat so wenig an ihnen teil, dass selbst dann, wenn er sich das Eigentum daran unter irgendeinem Titel verschaffen und anmaßen wollte, er eben dadurch aufhörte, Herrscher zu sein und zum Privatmann oder Tyrannen würde.

Text nach Johannes Althusius: Politik. Übersetzt von Heinrich Janssen. In Auswahl herausgegeben, überarbeitet und eingeleitet von Dieter Wyduckel. Berlin: Duncker & Humblot 2003, S. 20 f.

1 Jean Bodin (1530–1596), franz. Staatstheoretiker

Lösungsvorschläge

1. *In der 1. Teilaufgabe geht es um das Selbstverständnis mittelalterlicher Herrschaft im 11. und 12. Jahrhundert. Dabei liefert das Bild wesentliche Einsichten in die Herrschaftsvorstellung des 11. Jahrhunderts am Beispiel der Königskrönung Heinrichs II. Wichtig ist jedoch, dass sich die Lösung nicht auf eine Beschreibung des Bildes beschränken darf; darauf weist die Formulierung „unter Einbeziehung der Darstellung" hin.*
Im zweiten Teil geht es um den Wandel des Herrschaftsverständnisses infolge der kirchlichen Reformbewegung und des päpstlichen Machtanspruchs.
Während Aufgabe 1.1 den Anforderungsbereichen I und II (Reproduktion; Reorganisation und Transfer) zuzuordnen ist, wird in 2.1 ausschließlich Wissen „abgefragt" (AFB I).

Dargestellt ist auf dem Bild aus dem Perikopenbuch Heinrichs II. dessen Krönung im Jahr 1002. **Beherrscht wird das Bild von Christus**, der in der Mitte thront. Durch Auflegen seiner Hände auf die Häupter des Königs und seiner Frau Kunigunde vollzieht er quasi den Akt der Krönung und Legitimation des Herrschers, der sich somit **auf die Gnade Gottes berufen** kann. Verstärkt wird diese Legitimation durch die **Apostel Petrus und Paulus**, die mit einer Hand das königliche Ehepaar stützend am Ellenbogen halten. Das Bild stellt also eine **symbolhafte Darstellung des sakralen Königtums des Hohen Mittelalters** dar.
Die Unterwerfung des Königs unter die göttliche Autorität findet auch Ausdruck in den Größenverhältnissen der Figuren. Die beiden Herrschergestalten sind deutlich kleiner im Vergleich zu Christus und den beiden Aposteln.
Vertreter der Kirche finden sich auf der Darstellung nicht, da sich die Herrscher zu dieser Zeit als unmittelbar von Gott legitimiert fühlten. Die Trennung von geistlicher und weltlicher Gewalt existierte noch nicht, vielmehr galt die Herrschaft als heilig, der **König war „Rex et Sacerdos**", also weltlicher Herrscher und geistlicher Oberhirte in einer Person („Vicarius Christi").
Aus diesem sakralen Herrschaftsverständnis ergab sich schließlich die Stellung des Kaisers, zu dem die deutschen Könige im 11. Jahrhundert wie selbstverständlich gekrönt wurden. Der **Kaiser als Schutzherr der Christenheit** erhob folgerichtig einen Machtanspruch über die Kirche. Dieser Anspruch schlug sich im **Reichskirchensystem** nieder, der engen Verzahnung von weltlicher und geistlicher Herrschaft unter Führung des Königs bzw. Kaisers.

Das **12. Jahrhundert war eine Welt des Wandels** vor allem auch im Verhältnis von weltlicher und geistlicher Herrschaft. Begonnen hatte die Auseinandersetzung zwischen dem Kaiser und dem Papst jedoch schon im letzten Drittel des 11. Jahrhunderts, als im Januar **1077 Papst Gregor VII. den deutschen Kaiser Heinrich IV. zum Gang nach Canossa zwang**. Der sich hier anbahnende Machtanspruch des Papstes wird von Gregor VII. unzweideutig im „**Dictatus Papae" von 1075** formuliert. In diesem wohl eigentlich nicht für die Öffentlichkeit bestimmten Dokument erhebt sich der Papst in dem Dokument über den

Kaiser und stellt die geistliche über die weltliche Macht. Der nun beginnende **Investiturstreit**, in dem der Papst auf der einen Seite und der Kaiser auf der anderen Seite das Recht beanspruchten, die Bischöfe einzusetzen, konnte erst 1122 mit dem **Wormser Konkordat** beigelegt werden. Der Kaiser verzichtete auf die Investitur, der kirchlichen Reformbewegung war es also gelungen, den weltlichen Einfluss auf die Kirche zurückzudrängen. Für das Reichskirchensystem, wie es Otto der Große zur Stützung seiner weltlichen Herrschaft ausgebaut hatte, fehlte nun die entscheidende Grundlage.
Die Frage, wer nun von den beiden Gewalten den höheren Rang besitze, wurde aber nach wie vor unterschiedlich beantwortet. Die vom Papsttum entwickelte **Zwei-Schwerter-Theorie** sah den Papst über dem Kaiser, die geistliche Gewalt über der weltlichen. Diese Auslegung biblischer Stellen ging davon aus, dass der Papst zunächst im Besitz der beiden Schwerter war, des geistlichen wie des weltlichen. Er **verlieh dann dem Kaiser das weltliche Schwert**, konnte diese Übergabe aber jederzeit widerrufen.
Zwar war also mit dem Wormser Konkordat der Investiturstreit mit einem Kompromiss beendet, aber die grundsätzliche Frage nach dem Verhältnis zwischen Kaiser und Papst, zwischen weltlicher und geistlicher Macht, war weiter offen.

2. *Die Aufgabe besteht im Grunde aus zwei Teilaufgaben, die durch den Begriff „konsensuale Herrschaft" zusammengehalten werden. Dabei sind umfassende Kenntnisse des politischen Systems im Mittelalter und in der frühen Neuzeit gefordert. Mit dem Operator „Stellen Sie … dar" wird die Aufgabe allen drei Anforderungsbereichen zugewiesen, wobei der AFB I (Reproduktion) dominiert.*

Der Begriff „**konsensuale Herrschaft**", abgeleitet von Konsens, versteht sich als Kennzeichnung einer Herrschaftsform, in der der jeweilige Herrscher oder die jeweils Herrschenden auf die **Zustimmung der Machteliten** seines bzw. ihres Herrschaftsbereiches angewiesen sind.
Im Lehenswesen bestand eine derartige **gegenseitige Abhängigkeit zwischen dem Lehensherren, also dem König, und seinen Vasallen**, also dem Adel, sowie der hohen Geistlichkeit. Die wechselseitigen Verpflichtungen zu **Treueid und Schutz** gegenüber dem Vasallen bzw. zu **Versprechen von Rat und Hilfe** gegenüber dem König waren persönlicher Art, nicht dinglich an das Lehen gebunden. Man spricht deshalb von einem **Personenverbandsstaat**.
Um eine konsensuale Herrschaft handelt es sich auch deshalb, weil der König und die Vasallen der gleichen Schicht, nämlich dem hohen Adel, angehörten und deshalb zu **gegenseitiger Rücksichtnahme bei weitgehendem christlichem Wertekonsens** verpflichtet waren. Dennoch konnte es immer wieder zu Konflikten kommen, wenn die Interessen des Königs mit den Interessen einzelner großer Vasallen kollidierten. Für solche Fälle, etwa den **Konflikt zwischen Friedrich Barbarossa und Heinrich dem Löwen**, sah das Lehensrecht Lösungsverfahren vor, die im Sinne einer konsensualen Herrschaft waren, die aber

nicht immer verhindern konnten, dass die jeweiligen Machtverhältnisse entscheidend wurden.
In der **frühen Neuzeit, nach der Herausbildung der Territorialstaaten**, die den Personenverbandsstaat ablösten, fand die konsensuale Herrschaft ihre Ausprägung im **Verhältnis des Landesherren zu den Ständen**. Die im Mittelalter die Gesellschaft bestimmende und als von Gott gegeben angesehene Ständeordnung mit den drei Hauptständen Adel, Geistlichkeit und Bürgertum wurde auch im modernen Territorialstaat anerkannt, doch **entwickelten sich die vorwiegend gesellschaftlich definierten Stände nun zu korporativen Gruppen** mit dem Anspruch einer politischen Mitsprache bei der Herrschaftsausübung. Die politischen Stände verstanden sich als **Repräsentation des Landes** gegenüber dem Landesherrn und äußerten ihren Willen in Form von **Landesversammlungen, die als Frühform des Parlamentarismus** angesehen werden können. Durchgesetzt hat sich dabei schon sehr früh das Recht der Stände, neue Steuern zu bewilligen.

3. *Die zweigeteilte Aufgabe 3 hat den Souveränitätsbegriff des Mittelalters und der frühen Neuzeit zum Inhalt. Dabei bezieht sich die erste Teilaufgabe ausschließlich auf die Quelle von Althusius, wobei Sie die Theorie von Bodin im Grundsatz kennen müssen.*
In der zweiten Teilaufgabe werden zusätzlich Kenntnisse der Herrschaftsstruktur des Heiligen Römischen Reiches in der frühen Neuzeit, also in der Zeit vom 15. bis zum 18. Jahrhundert, verlangt. Dabei sind die Thesen von Bodin und Althusius an der politischen Realität zu überprüfen.
Die Teilaufgabe 3.1 ist weitgehend dem AFB II (Reorganisation und Transfer), die Teilaufgabe 3.2 vorwiegend dem AFB III (Problemlösung) zuzuordnen.

Johannes Althusius, ein europaweit bekannter Jurist, der calvinistisch geprägt war, hatte in seinem Hauptwerk „Politica …“ eine **Systematik der politischen Herrschaftsformen** seiner Zeit versucht. Dabei stellte er der für den **Absolutismus maßgeblichen Staatstheorie von Jean Bodin** eine **alternative Souveränitätslehre** gegenüber. Während nämlich Bodin davon ausging, dass die Souveränität, also das Herrschaftsrecht, untrennbar mit der Person des Herrschers verbunden sei, sah Althusius die **Souveränität als gleichsam konstituierendes Merkmal des Gemeinwesens** uneingeschränkt beim Reich bzw. beim Volk als dem Ursprung des Gemeinwesens. Dabei darf Volk jedoch nicht im modernen Verständnis gleichgesetzt werden mit einer Gemeinschaft gleicher und freier Individuen, sondern muss eher im spätmittelalterlichen Verständnis gesehen werden als **ständische Repräsentation**.
Der Herrscher ist für Althusius nicht Eigentümer, sondern allenfalls **Sachwalter der Souveränitätsrechte im Auftrag des „Volkes“**, das ihm diese nur auf Widerruf oder auf Vertragsbasis überträgt und das bei Verstoß des Herrschers gegen Vertragsrechte ihm diese aberkennen kann, also ein Widerstandsrecht besitzt.

Für Althusius fallen beim Tod des Herrschers die Souveränitätsrechte an das Volk zurück, das diese dann an einen Nachfolger wieder übertragen kann.
Grundsätzlich ähneln die Vorstellungen von Althusius bereits dem Konzept des Gesellschaftsvertrages im Zeitalter der Aufklärung, doch fehlen noch die modernen Herleitungen aus dem naturrechtlichen und vor allem freiheitlichen Menschenbild.
Bodins Theorie von einer absoluten Herrschaft geht von einer untrennbaren Einheit von Herrscher und Souveränität aus, **alle staatliche Macht konzentriert sich also in den Händen und in der Person des Herrschers**. Eine auch nur teilweise Zuerkennung von Souveränitätsrechten an das Volk, also auch im Verständnis Bodins an Stände und ihre Repräsentation, würde die Souveränität als Prinzip vernichten. Nach Bodin konnte es im Inneren der Staaten keine Gewalten geben, die mit der des souveränen Herrschers konkurrieren.

War das Reich bis zum Beginn der Neuzeit ein Personenverbandsstaat mit sehr verschieden großen und unterschiedlich dichten Geflechten und Netzen von Personen, in denen sich von einer einheitlichen staatlichen Gewalt kaum sprechen lässt, so **bildeten sich beginnend im 16. Jahrhundert Flächenstaaten** aus, die nicht mehr über lehensrechtliche Personenverbindungen, sondern über **einheitlich verwaltete Flächen** definiert waren. Das Reich allerdings blieb wesentlich als Personenverband bestehen, in dem die führenden Stände, also Adel, Klerus und mittlerweile die Städte eine wichtige politische Rolle spielten. Diesen Zustand beschreibt Althusius sicherlich zutreffender, wenn er von der Souveränität des „Volkes" spricht. Eine ausschließlich an den König oder Kaiser gebundene Souveränität als Grundlage des Reiches gab es nicht mehr. **Die Herrschaft war vielmehr föderalistisch geteilt zwischen „Kaiser und Reich"**, wobei die Bedeutung der Reichstage auf die starke Dezentralisierung der Herrschaft hinweist. Nicht zuletzt diese Dezentralisierung öffnete schließlich verfassungsrechtlich den Fürsten und Landesherren die Möglichkeit, in ihren Territorien einen modernen Flächenstaat aufzubauen und sich die alleinige Macht zu sichern.
Althusius' eindeutige Präferenz der Souveränität des Reiches, also der Reichsstände, geht jedoch zu weit, wenn man die reale Situation des Deutschen Reiches betrachtet. Hier hatte der König bzw. Kaiser noch eigene Souveränitäten, die er nicht von den Fürsten verliehen bekam. Dies hätte auch der lehensrechtlichen Grundlage widersprochen.
Obwohl also Althusius ein **ideales Modell von Souveränität** schaffen wollte, trifft er die Realität des frühneuzeitlichen Reiches mit seiner nach wie vor personenrechtlichen Bindung doch eher als Bodin, dessen Theorie nur zutreffend erscheint, wenn es um die Herrschaft im institutionalisierten Flächenstaat geht.

4. *Die 4. Teilaufgabe beschäftigt sich mit einem geistesgeschichtlich-philosophischen Problem am Beginn der Neuzeit: die Entstehung des modernen, naturwissenschaftlich geprägten Weltbildes. Die Schwierigkeit der Lösung besteht darin, sich durch den sehr breiten Ansatz nicht dazu verführen zu lassen, zu sehr ins Detail zu gehen, und eher exemplarisch Sachverhalte darzustellen. Die Aufgabe ist allen drei Anforderungsbereichen zuzuordnen.*

Das **neuzeitliche naturwissenschaftliche Weltbild** konnte erst entstehen, als sich in der **Renaissance** das menschliche Denken zunächst in Oberitalien, später auch nördlich der Alpen aus den engen Grenzen kirchlicher Dogmatik zu lösen wagte. Vor allem **in der Kunst wurde die neue Sicht auf die Natur deutlich**, in die religiös geprägte und von typisierten und traditionellen Formen und Inhalten bestimmte Bilderwelt fanden immer mehr **Darstellungen menschlicher Individualität und präziser Naturbeobachtung** Eingang.
Ein weiterer Schritt war der Mut der Künstler, Wissenschaftler und Philosophen, den Menschen und seine Umwelt nicht im engen Rahmen der christlich-kirchlichen Autorität zu erklären, sondern als Ergebnis genauer **Beobachtung** und **vernunftgemäßer Folgerung**. Als **Wahrheit** anerkannt wurde nicht mehr nur das, was in der Bibel stand und von der Kirche als wahr gelehrt wurde, sondern Wahrheit wurde jetzt das, was einer Überprüfung durch die Vernunft standhielt. Im Bereich der **Naturwissenschaften** bedeutete dies, dass möglichst exakte Daten erfasst und gesammelt werden mussten, um diese dann in eine vernünftige Erklärungstheorie zu subsumieren. Sobald für **Galilei** zu beobachten war, dass die Monde des Jupiter sich offensichtlich um den Planeten herum bewegten, konnte das bis dahin geltende **geozentrische Weltbild** mit festen Schalen um die Erde nicht stimmen. Erst **Kopernikus** mit seiner als ketzerisch angesehenen Theorie von den Kreisbahnen der Planeten um die Sonne und schließlich **Keppler**, der berechnete, dass es sich um elliptische Bahnen handeln musste, entwickelten schließlich das neue, bis heute geltende Weltbild. Man spricht zu Recht von einer „**kopernikanischen Wende**".
Die nun aufgeworfene Frage nach den Ursachen für die Art der Umlaufbahnen der Planeten und auch der Erde um die Sonne gab einen **Frageimpuls**, der unter anderen die **Physiker** zu neuen Einsichten führte, etwa über das **Wesen der Schwerkraft**, die sie dann in immer neuen Experimenten zu verifizieren oder auch zu falsifizieren versuchten, ehe **Newton** aus der Fülle von Einzelbeobachtungen eine schlüssige Theorie ableitete und veröffentlichte.
Besonders schwierig war es für die **Anatomie und die Medizin**, sich aus den Denkfesseln und Tabus der Kirche zu lösen. Es galt als schwere Sünde, Leichen zu öffnen und den menschlichen Körper mit Mitteln des empirischen Forschens, Messens und mathematischer Berechnungen zu untersuchen.
Der erste berühmte Arzt **Paracelsus** war zu einem Leben auf Wanderschaft gezwungen, da er immer wieder verfolgt und verdächtigt wurde. Er war einer der ersten Ärzte, der die bis dahin unbestrittene Lehre des griechischen Arztes **Galenos** von den vier Säften und den vier Qualitäten anzweifelte und damit auch den Weg frei machte für neue Fragen und neue Antworten. Es dauerte jedoch

auch hier bis ins 17. Jahrhundert, ehe sich zum Beispiel die Erkenntnis von der **Bedeutung und Funktion des Blutkreislaufes** als allgemein anerkannte Theorie durchsetzte.
Nachdem die Autorität der Kirche durch die Reformation und den Humanismus erschüttert worden war, konnte sich seit der Renaissance zunehmend das **rationale Denken der Naturwissenschaften** durchsetzen, musste sich dabei aber immer wieder gegen das Beharrungsvermögen traditioneller Lehren behaupten.

5. *Bei dieser Aufgabe haben Sie die Wahl zwischen drei Aufgaben, die sich auf verschiedene Lehrplanabschnitte beziehen. In Bezug auf das Anforderungsniveau ähneln sich die Aufgaben sehr stark (AFB III). Nehmen Sie sich also Zeit für ein kurzes Brainstorming, bei dem Sie das Thema erschließen und Argumente finden! Die Aufgabenstellungen sind recht frei, sodass Sie selbst Beispiele aus der Geschichte auswählen müssen.*
*Der folgende Lösungsvorschlag greift die **Teilaufgabe b)** auf.*
Mit den beiden einleitenden Schlagworten wird gleichsam ein plakativer Kontrast als Aufhänger geliefert, der aber nicht zu sehr von der eigentlichen Aufgabe ablenken sollte. Im Grunde sollen für die fünfziger Jahre der Bundesrepublik Gründe herausgearbeitet werden, die zu einer – im Vergleich etwa zu Weimar erstaunlichen – Stabilität der jungen Demokratie führten. Die Unterscheidung von wirtschaftlichen Aspekten und solchen, die nichts mit der Wirtschaft zu tun hatten, ist dabei nur formeller Natur.
Die Aufgabe ist allen drei Anforderungsbereichen zuzuordnen.

Die Anfangsjahre der Bundesrepublik Deutschland, also die fünfziger Jahre, waren geprägt von zwei Entwicklungen, die nicht nur für die Deutschen **überraschend anders als etwa die Anfangsjahre der Weimarer Republik** waren. Man hat deshalb angesichts der **schnellen ökonomischen Erholung** des westdeutschen Staates auch von einem „Wirtschaftswunder" gesprochen.
Der Begriff „Demokratiewunder" ist nicht so etabliert, aber doch berechtigt, wenn man ihn auf die Tatsache der **schnellen Stabilisierung der politischen Ordnung** auf der Basis des Grundgesetzes bezieht.
Sicherlich haben die wirtschaftlichen Erfolge erheblich dazu beigetragen, dass die politische Entwicklung der Bundesrepublik nicht infrage gestellt wurde. Von Bedeutung war dabei, dass breite Bevölkerungsschichten durch **steigende Löhne** und **Vollbeschäftigung** nach Jahrzehnten der Entbehrungen nun die Möglichkeiten hatten, ihre **Konsumbedürfnisse** wieder zu **befriedigen**. Der rasche **Wiederaufbau** insbesondere der im Krieg zerstörten Infrastruktur war ein sichtbarer Beleg einer erfolgreichen Politik, deren Folgen jeder Einzelne durch die Erfahrung eines relativen Wohlstands persönlich spüren durfte.
Die Umsetzung des Konzepts der **sozialen Marktwirtschaft**, die in jenen Jahren als Markenzeichen der jungen Republik galt, überzeugte die Menschen aber nicht nur durch den zunehmenden Wohlstand, sondern vor allem auch durch die Errungenschaften des Sozialstaates und den damit verbundenen Ausbau der

sozialen Sicherungssysteme. Dass dabei nicht nur kleine Verbesserungen möglich waren, sondern auch **grundlegende sozialpolitische Maßnahmen** finanziert werden konnten, war dem „Wirtschaftswunder“ zu verdanken.
Gerade für Menschen, die die wirtschaftlichen und sozialen Krisen der Weimarer Republik erlebt hatten, mussten die Verhältnisse in der jungen Demokratie wie ein Wunder erscheinen.
Dabei sollte jedoch auch gesehen werden, dass sich nach dem verlorenen Krieg und der anschließenden Erfahrung von Schuld und Verantwortung in der großen Masse der Bevölkerung eine **unpolitische Haltung** breitmachte. Solange es wirtschaftlich aufwärts ging, auch und vor allem für den Einzelnen, war man zufrieden, kritische Fragen zur politischen Ordnung stellten sich nicht.
Die Stabilität der politischen Ordnung in den fünfziger Jahren war auch mit einem Lernprozess der politischen Eliten und der Bevölkerung zu begründen. Man hatte aus dem Scheitern der Weimarer Republik und den Erfahrungen der Hitler-Diktatur wichtige Lehren gezogen. Das **Grundgesetz** erwies sich in diesem Zusammenhang schon sehr früh als Verfassung, die den Gefahren populistisch-plebiszitärer Angriffe auf das parlamentarische System ebenso begegnete wie einer Verabsolutierung parlamentarischer Rechte. So konnten sich ein Parteiensystem einerseits und ein **vertikal gegliedertes Verwaltungssystem** andererseits entwickeln, das vielen Bürgern nach den ersten Jahren der Erstarrung Möglichkeiten und Anreize zur politischen Teilhabe bot. Nicht nur dabei erwiesen sich die **Demokratisierungsbemühungen der westlichen Besatzungsmächte** als hilfreich, sie unterstützten auch sehr frühzeitig die **Entwicklung einer breiten, pluralistisch geprägten politischen und medialen Öffentlichkeit**. Indem viele Deutsche zumindest in Westdeutschland die Spielregeln der **Demokratie** durch Mittun lernten, erkannten sie mehr und mehr die Qualität der vom Grundgesetz manifestierten politischen Ordnung.
Wiederum ein Vergleich mit der Weimarer Republik kann einen weiteren wesentlichen Aspekt beleuchten, der die Stabilität der Bundesrepublik und ihrer politischen Ordnung förderte. Während nach 1919 das Deutsche Reich sich kaum aus der Isolation durch die anderen Mächte befreien konnte und durch den Versailler Vertrag in seiner Bewegungs- und Entwicklungsfähigkeit beschnitten wurde, konnte sich die Bundesrepublik überraschend schnell **in die westliche Staatengemeinschaft integrieren**. Nicht zuletzt der deutsche **Sieg bei der Fußballweltmeisterschaft von 1954**, das Wunder von Bern, wurde als Schritt zur **internationalen Anerkennung** erlebt, aber auch als ein stolzer Erfolg der neuen Demokratie.
Dass es der Bundesrepublik Deutschland so schnell gelang, sich vom verhassten Feind aus der NS-Zeit zum **verlässlichen und umworbenen Partner** zu entwickeln, lag natürlich auch an der weltpolitischen Polarisierung. Die „SBZ“, wie die DDR offiziell in Westdeutschland lange genannt wurde, war der ideologische Gegner. In **Abgrenzung zu den kommunistischen Systemen im Osten**, die als vorgeschobene Frontstaaten der aggressiven Sowjetunion verstanden wurden, sah man die Bundesrepublik als Garanten der eigenen Sicherheit und Freiheit,

auch des erreichten Wohlstands. Die **parlamentarische Demokratie** wurde zum erfolgreichen **Gegenmodell zur zusehends erfolglosen Volksdemokratie**. Gerade der zuletzt erwähnte Aspekt macht schließlich deutlich, wie sehr sich wirtschaftlicher Erfolg und politische Zustimmung oft wechselseitig beeinflussten und in den fünfziger Jahren die Stabilität der Bundesrepublik ausmachten. Ob diese Zustimmung, diese Akzeptanz jedoch auch eine **Identifikation der Bürger mit ihrem Staat** bedeutete, muss zumindest infrage gestellt werden können angesichts der Entwicklung in den Sechzigerjahren mit der teilweise fundamentalen Opposition der „68er“.

Abitur Geschichte (Bayern) – 2011 – Aufgabe IV
Konfliktregionen und Akteure internationaler Politik in historischer Perspektive

1 Stellen Sie Grundelemente des US-amerikanischen Selbstbewusstseins dar, wie sie insbesondere im Zusammenhang des Unabhängigkeitskampfes gegen England ausgeprägt wurden! (18 BE)

2 (32 BE)

2.1 Erarbeiten Sie wesentliche innen- und außenpolitische Empfehlungen, die Präsident George Washington in seiner Abschiedsbotschaft (M 1) an das amerikanische Volk formulierte! Berücksichtigen Sie dabei auch die im Text genannten Gründe für seine Empfehlungen!

2.2 Überprüfen Sie, inwieweit sich die amerikanische Außenpolitik von der Mitte des 19. Jahrhunderts bis 1914 noch an den außenpolitischen Empfehlungen George Washingtons orientierte!

3 Erläutern Sie Motive und Hintergründe des Eintritts der USA in den Ersten Weltkrieg! (16 BE)

4 Diskutieren Sie, ausgehend von einer Interpretation der Karikatur (M 2), Möglichkeiten und Grenzen der US-Außenpolitik nach 1990, demokratische Wertvorstellungen durchzusetzen! (24 BE)

5 Bearbeiten Sie eine der drei folgenden Aufgaben (30 BE):

a) Der Theologe Günter Wilhelms schrieb 1998: „Hatte das Mittelalter noch an der fundamentalen Doppeldeutigkeit der Arbeit mit negativem Vorzeichen festgehalten, nämlich die grundlegenden Lebensbedürfnisse abzudecken, aber auch als Buße zu dienen, so wird in der Neuzeit die Arbeit, über die bloße Befriedigung der Lebensbedürfnisse hinaus, zum Mittel der Selbstverwirklichung und Weltgestaltung und dadurch enorm aufgewertet."
Erörtern Sie Chancen und Grenzen der Selbstverwirklichung des Menschen in der vorindustriellen Arbeitswelt und unter den industriellen Arbeitsbedingungen!

b) Demokratiewunder oder Wirtschaftswunder? Diskutieren Sie den Zusammenhang zwischen stabiler demokratischer Ordnung und wirtschaftlichem Aufschwung in der frühen Bundesrepublik!

c) Setzen Sie sich anhand ausgewählter Beispiele mit den positiven und negativen Wirkungen des nationalen Denkens in der europäischen Geschichte des 19. und beginnenden 20. Jahrhunderts bis zum Ersten Weltkrieg auseinander!

Material

M 1: George Washingtons Abschiedsbotschaft vom 17. September 1796 (Auszüge)

Wenn ich dem Augenblick entgegensehe, in dem ich die Laufbahn meines öffentlichen Lebens zu beenden beabsichtige, drängen mich meine Gefühle, das Bekenntnis für das hohe Maß von Dankbarkeit auszusprechen, welche ich meinem geliebten Vaterlande schulde [...]
[D]ie Sorge für euer Wohlergehen, welche allein mit meinem Leben enden kann, und eine Vorahnung von Gefahren, die bei solcher Sorge natürlich ist, treibt mich bei dieser Gelegenheit, einige Betrachtungen eurer ernsten Überlegung und eurer wiederholten Durchprüfung zu empfehlen; sie sind das Ergebnis sorgfältigen Nachdenkens, keiner oberflächlichen Beobachtung, und scheinen mir für die Dauerhaftigkeit eures Glückes als Volk alles zu bedeuten. – [...]
Da die Freiheitsliebe mit jeder Faser eures Herzens so verwoben ist, habe ich nicht nötig, dies Gefühl in euch zu kräftigen und zu stärken. – Die Einheit der Regierung, welche euch zu einem Volke macht, ist auch genau so teuer.[1] Und zwar mit Recht: – denn sie ist eine Hauptstütze in dem Gebäude eurer Unabhängigkeit, der Schutz eurer Ruhe im Innern, eures Friedens von außen, eurer Sicherheit, eures Gedeihens, der wahren Freiheit, die ihr so hoch preist. – Aber, da leicht vorauszusehen ist, dass aus verschiedenen Gründen und von verschiedenen Seiten man sich viele Mühe geben, viel Listen anwenden wird, um in euern Herzen den Glauben an diese Wahrheit zu erschüttern –, denn dies ist die Stelle in eurer politischen Festung, gegen die die Angriffe äußerer und innerer Feinde sich am regelmäßigsten und heftigsten richten werden ... –, so ist es von besonderer Wichtigkeit, dass ihr den unschätzbaren Wert eurer nationalen Vereinigung für euer gemeinsames und für euer einzelnes Glück in der richtigen Weise einschätzt; [...]
Um unsere Union wirksam und dauernd zu machen, ist eine Regierung für das Ganze unentbehrlich. – Keine noch so engen Bündnisse zwischen den einzelnen Teilen können hinreichender Ersatz dafür sein. – Sie müssen unvermeidlich Treubrüche und Unterbrechungen erleiden, wie alle Bündnisse sie zu allen Zeiten erfahren haben. – Ihr habt die ungeheure Tragweite dieser Wahrheit erkannt und habt euren ersten Versuch durch die Annahme einer Verfassung vervollkommnet, die besser als eure frühere auf innige Vereinigung und auf wirksame Verwaltung eurer gemeinsamen Interessen eingestellt ist. – Diese Regierung, das Werk unserer eigenen unbeeinflussten und unabhängigen Wahl, die wir nach gründlichen Untersuchungen und reiflichen Überlegungen angenommen haben, ... vereinigt Sicherheit mit Kraft, trägt die Möglichkeit für ihre eigene Verbesserung in sich und hat darum einen berechtigten Anspruch auf euer Vertrauen und eure Unterstützung. – Ihre Oberhoheit anerkennen, sich ihren Gesetzen unterwerfen und sich ihren Maßregeln fügen, sind Pflichten, die in die elementaren Grundsätze wahrer Freiheit eingeschlossen sind. – Die Basis unseres politischen Systems ist das Recht des Volkes, seine Staatsverfassungen zu schaffen und zu ändern. – Aber die Verfassung, die zu einer bestimmten Zeit besteht, ist, solange sie nicht durch einen ausdrücklichen und gesetzmäßigen Beschluss des ganzen

Volkes geändert wird, für alle heilig und verpflichtend. Der wahre Sinn der Macht und des Rechtes des Volkes, eine Regierung zu schaffen, setzt für jeden einzelnen die Pflicht voraus, der eingesetzten Regierung zu gehorchen. [...]

Es ist in gleicher Weise wichtig, dass man in einem freien Lande sich daran gewöhnt, denen gegenüber achtsam zu sein, die mit seiner Regierung betraut sind, damit sie sich innerhalb ihrer durch die Verfassung bestimmten Grenze halten und damit vermieden wird, bei der Ausübung der Macht des einen Teiles der Regierung in die Rechte eines anderen einzugreifen. – Übergriffsgelüste zielen darauf hin, die Gewalten aller Teile der Regierung in eine einzige zu vereinigen und so, ohne Rücksicht auf die Regierungsform, einen echten Despotismus zu schaffen. – Eine richtige Einschätzung dieses Machtverlangens und des Hanges, der das menschliche Herz beherrscht, damit Missbrauch zu treiben, genügt, um uns von der Richtigkeit dieser Behauptung zu überzeugen. – Die Notwendigkeit, die politischen Gewalten in ihren Auswirkungen gegenseitig in Schach zu halten, und zwar durch ein Zerlegen und Verteilen auf verschiedene Abteilungen und durch das Einsetzen jeder dieser zum Schützer des Allgemeinwohls gegen Übergriffe der anderen, ist durch alte und neue Erfahrungen erwiesen, von denen einige in unserem Lande und unter unseren Augen gemacht worden sind. – Sie zu schützen, muss genau so wichtig sein, als sie zu schaffen. [...]

Übt Treue und Redlichkeit gegen alle Länder! Haltet Frieden und Einklang mit allen! – Religion und Moral leiten euch auf diesem Wege; wäre es möglich, dass gute Politik nicht ebendahin führt? – [...]

In der Durchführung eines solchen Vorgehens ist nichts wichtiger, als dass dauernde eingewurzelte Abneigungen gegen besondere Nationen und leidenschaftliche Hinneigung zu anderen ausgeschlossen, und dass an deren Stelle gerechte und freundschaftliche Gefühle gegen alle gepflegt werden. [...] Abneigung einer Nation gegen eine andere führt leicht dazu, zu beleidigen und zu kränken, an geringen Ursachen Anstoß zu nehmen und stolz und eigensinnig zu sein, wenn nebensächliche oder unbedeutende Streitfälle vorkommen. [...]

Das große Gesetz für unser Verhalten fremden Nationen gegenüber ist: während wir unsere Handelsbeziehungen ausdehnen, mit ihnen so wenig politische Verbindungen wie möglich zu haben. So weit wir bereits Verbindungen eingegangen sind, müssen wir ihnen mit unverbrüchlicher Treue nachkommen. – Da aber lasst uns Halt machen. –

Europa hat eine Reihe wesentlicher Interessen, die für uns gar keine oder eine sehr geringe Bedeutung haben. – Daher muss es häufig in Verwicklungen geraten, deren Ursachen unseren Interessen wesentlich fremd sind. – Es kann für uns deshalb nicht klug sein, uns durch künstliche Bande in die üblichen Wechselfälle seiner Politik oder in die üblichen Verbindungen und Zusammenstöße seiner Freundschaften und Feindschaften zu verwickeln. –

Unsere gesonderte und abgetrennte Lage fordert von uns und macht uns auch fähig, einen eigenen Weg zu gehen. – Wenn wir ein Volk bleiben, unter einer tatkräftigen Regierung, ist die Zeit nicht fern, da wir ernsthafte Kränkungen durch Belästigungen von außen abweisen können; da wir in der Lage sind, eine Haltung einzunehmen, durch die dafür Sorge getragen wird, dass die Neutralität, zu der wir uns jeder Zeit entschließen können, peinlich genau geachtet wird; – eine Zeit, da kriegführende Staaten in der Erkenntnis der Unmöglichkeit, bei uns Eroberungen zu machen, uns nicht leichtherzig herausfordern werden; da wir zwischen Frieden und Krieg wählen können, wie unsere Interessen, von unserem Gerechtigkeitssinn geleitet, es uns gebieten. […]

Wir müssen immer darauf achten, uns durch entsprechende Einrichtungen in einer achtungsgebietenden Verteidigungsstellung zu halten; dann dürfen wir auch in außergewöhnlichen schwierigen Lagen auf vorübergehende Bündnisse mit Sicherheit vertrauen.

George Washingtons Abschiedsbotschaft v. 17. September 1796 in der Übersetzung von Adolf und Helga Rein. In: Herbert Schambeck u. a. (Hg.): Dokumente zur Geschichte der Vereinigten Staaten von Amerika. 2., erw. Aufl. Berlin: Duncker & Humblot 2007.

1 Im Sinn von: ist genauso wichtig

M 2: Karikatur aus den Erlanger Nachrichten vom 11. 04. 2003

Karikatur von Horst Haitzinger. In: Erlanger Nachrichten vom 11. 04. 2003. Wiederabgedruckt in: Praxis Geschichte. Heft 1/2004, S. 45.

Hinweise:

- Aufschrift auf dem Denkmalsockel im Vordergrund: „Saddam Regi[erung]“. Bei der Figur handelt es sich um Saddam Hussein, den bis 2003 diktatorisch regierenden Staatspräsidenten des Irak.
- Aufschrift auf dem Helm des Soldaten in der Mitte: „US“

Lösungsvorschläge

1. *Sie sollen einen Überblick über Bestandteile des US-amerikanischen Selbstbewusstseins geben. Die Formulierung „insbesondere" heißt hier, dass der angegebene Zeitabschnitt, d. h. die Zeit des Unabhängigkeitskrieges, den Schwerpunkt Ihrer Lösung bilden soll. Gehen Sie darauf ein, wie die von Ihnen angeführten Elemente im bzw. durch den Krieg geprägt wurden. Weitere Aspekte aus anderen Phasen der US-Geschichte anzuführen, ist aber ebenfalls erlaubt. Der Operator „darstellen" verlangt grundsätzlich Leistungen in allen Anforderungsbereichen, hier geht es vor allem um das Beschreiben und Erklären (AFB I).*

Viele Grundelemente des US-amerikanischen Selbstbewusstseins haben ihre Wurzeln schon weit vor dem Unabhängigkeitskrieg. Sie wurden von den ersten Siedlern in die Neue Welt gebracht und dort in den verschiedenen Kolonien weiter ausgestaltet. In **England** als dem Herkunftsgebiet vieler Auswanderer hatten **politische Mitbestimmung und die Beschränkung der Rechte des Herrschers eine lange Tradition** (Magna Charta, Bill of Rights). Allerdings gab es dort religiöse Unterdrückung: So flohen die Puritaner aus England, weil sie hofften, in Amerika ihrem Glauben gemäß leben zu können. Schon die berühmten Pilgrim Fathers regelten die Mitwirkungsmöglichkeiten des Einzelnen innerhalb ihrer neu zu errichtenden Kolonie vertraglich. Zum Anspruch auf politische Mitbestimmung trat ein **religiös geprägtes Sendungsbewusstsein**. So betrachtete sich Massachusetts mit der Hafenstadt Boston, ebenfalls eine puritanische Gründung, als von Gott auserwähltes „Neues Jerusalem" und beanspruchte Vorbildcharakter für die gesamte Christenheit. Auch wenn innerhalb der einzelnen Siedlungen die sozialen bzw. religiösen Normen oft rigide waren, förderte die Begegnung unterschiedlicher Herkunfts- und Konfessionsgruppen doch die **Toleranz**. Aus diesen Ansätzen formte sich dann im gemeinsam geführten und letztlich siegreichen Unabhängigkeitskrieg gegen das britische Mutterland ein **US-amerikanischer Patriotismus**, während die englische Kolonialmacht wachsende Ablehnung erfuhr. Denn nach dem Erfolg der Briten und der Kolonisten über die Franzosen im amerikanischen Ableger des Siebenjährigen Kriegs (1757–1763) versuchten die Briten, ihre Herrschaft in den Kolonien zu intensivieren. Die Stationierung vieler Soldaten, die Abwälzung von Teilen der Kriegskosten durch Steuern und Zölle, führten zu wachsendem Protest in den Kolonien. Allmählich entstand eine gemeinsame öffentliche Meinung. „**No taxation without representation**", forderten die Kolonisten und pochten damit auf politische Mitsprache. **Korrespondenzausschüsse** wurden gebildet, die den Widerstand gegen die Briten koordinieren sollten und die das Gemeinschaftsgefühl verstärkten. Ein nach der „Boston Tea Party" (1773) und aufgrund der harten britischen Sanktionen einberufener Erster Kontinentalkongress (1774) verabschiedete eine **Erklärung der Rechte der Amerikaner**, zu denen Leben, Freiheit und Eigentum gehörten. Auf dem Nachfolgekongress (1775) wurde der Krieg offiziell ausgerufen. In der berühmten **Unabhängigkeitserklärung (1776)** rechtfertigten die Amerikaner vor der Weltöffentlichkeit die gewaltsame Lösung vom Mutterland mit ihrem Widerstandsrecht gegen eine Regierung, die politische Herrschaft missbrauche, weil sie die **Menschenrechte** wie Gleichheit, Freiheit, Leben und das Streben nach Glück missachte. Diese Menschenrechte sollten nicht nur für Amerikaner, sondern für jeden gelten. Damit beanspruchten die Amerikaner für sich Vorbildwirkung. Der **Sieg im Unabhängigkeitskrieg** (**1783**) war für die Amerikaner eine **Rechtfertigung ihres Handelns**, denn er schien die Überlegenheit des eigenen politischen Systems und politischen Denkens zu beweisen. In der 1787 verabschiedeten **Verfassung** fanden die **republikanischen und liberalen Ideen** eine gesetzliche Form. Im Zuge der **kontinentalen Expansion** im Verlauf des 19. Jahrhunderts verstärkte sich das US-Selbstbewusstsein weiter. Ein Beleg dafür ist das Schlagwort vom „**Manifest Destiny**", also der kundigen Bestimmung, Freiheit und Demokratie zu verbreiten, mit dem die kontinentale Expansion der USA gerechtfertigt werden sollte.

2. *Sie sollen aus der Abschiedsbotschaft des ersten US-Präsidenten Washington dessen außen- und innenpolitische Empfehlungen erarbeiten. Dazu gehört es, auch nicht ausdrücklich genannte historische Sachverhalte herauszufinden und Zusammenhänge zwischen den Einzelergebnissen herzustellen (AFB II). Außerdem sollen Sie Washingtons im Text genannte Gründe für seine Empfehlungen berücksichtigen. Es ist ratsam, zuerst die innenpolitischen Empfehlungen und deren Begründung, dann die außenpolitischen Empfehlungen und deren Begründung abzuhandeln. Sinnvoll ist ein genauer Textbezug mit indirekten und direkten Zitaten.*
Im zweiten Aufgabenteil sollen Sie überprüfen, inwieweit sich die amerikanische Außenpolitik im Zeitraum von Mitte des 19. Jahrhunderts bis zum Ausbruch des Ersten Weltkriegs an diesen Tipps orientierte. Sie müssen sich also nur auf den zweiten Teil der Lösung der ersten Teilaufgabe beziehen. Erwartet wird von Ihnen ein eigenständiges Urteil mit deutlichen Thesen, Begründungen und Folgerungen auf Grundlage eines strukturierten Abwägens. Es ist sinnvoll, den angegebenen Zeitabschnitt – kontinentale Expansion, beginnender Imperialismus, Aufstieg zur wirtschaftlichen und politischen Großmacht – in chronologischer Reihenfolge zu überprüfen: Gibt es eine Tendenz oder gibt es einen Wendepunkt? Die Teilaufgabe 2.2 verlangt Leistungen im AFB III.

In seiner Abschiedsbotschaft vom 17. September 1796 übermittelt der erste US-Präsident George Washington dem amerikanischen Volk Empfehlungen für das zukünftige innen- und außenpolitische Handeln.
Im Inneren hält er die **Aufrechterhaltung der** neu gewonnenen **nationalen Einheit** für notwendig. Denn diese sei eine Voraussetzung für die freiheitliche Lebensweise, für das Streben nach Wohlstand, für die Durchsetzung von Sicherheit und Frieden sowie für die Garantie der Unabhängigkeit des Landes (vgl. Z. 11–23).
Um die amerikanische Union dauerhaft und handlungsfähig zu machen, hält er ein **Festhalten an der bestehenden bundesstaatlichen Ordnung** für unerläss-

lich. Diese sei mit ihren zentralen Regierungen besser geeignet als der frühere Staatenbund, die innere Einigung voranzutreiben und die Interessen des Volkes zu verwalten (vgl. Z. 24–27).
Im Zusammenhang damit betont er, dass das Volk die Pflicht habe, der Verfassung und der Regierung treu zu sein, weil diese demokratisch legitimiert sei. Auch die Verfassung basiere auf dem Grundsatz der Volkssouveränität. Eine Änderung der Staatsverfassung sei nur nach demokratischem Beschluss nach den dafür vorgesehenen Gesetzen möglich. Aus diesem **Recht des Volkes zur Verfassungsänderung** leitet Washington die **Pflicht zur Verfassungstreue** ab (vgl. Z. 39–43).
Andererseits fordert er das Volk auf, den Regierenden gegenüber misstrauisch zu sein und darauf zu achten, dass sie ihre verfassungsgemäßen Kompetenzen nicht überschreiten. Unbedingt müsse das amerikanische Volk also die **Gewaltenteilung bewahren** (vgl. Z. 44–58), um der Gefahr eines entstehenden Despotismus zu begegnen.
Nach Außen fordert er eine **friedfertige, ehrliche und verlässliche Politik** allen anderen Ländern gegenüber. Seiner Meinung nach müssen die religiösen und moralischen Überzeugungen, die das Denken und Handeln des amerikanischen Volkes prägen, auch auf der Ebene der zwischenstaatlichen Beziehungen gelten (vgl. Z. 59–61).
Zwar empfiehlt er den Ausbau der Handelsbeziehungen, aber er **warnt vor außenpolitischen Bündnissen** und einem Freund-Feind-Denken. Beides könnte zu unerwünschten Verstrickungen in die Konflikte anderer Staaten – er erwähnt hier ausdrücklich Europa – führen (vgl. Z. 69–79)
Im Zusammenhang damit fordert er, die Vorteile der **geopolitischen Randlage Amerikas** zu nutzen. Sie ermögliche es den Vereinigten Staaten, **eine neutrale Position einzunehmen** und damit außenpolitisch unabhängig und handlungsfähig zu bleiben. Aus dieser Position der Stärke heraus könne das Land im Krisenfall vorübergehende Bündnisse eingehen (vgl. Z. 80–88).

Von der Jahrhundertmitte bis zum Beginn des Imperialismus orientierte sich die US-Außenpolitik noch stärker an den Empfehlungen Washingtons, die von Präsident Monroe in dessen berühmter „**Monroe-Doktrin**" (1823) aufgegriffen worden waren. Am **Prinzip der Nichteinmischung** gegenüber Europa hielt man fest, andererseits versuchte das sich rasch industrialisierende Land, seine Handelsbeziehungen mit Europa auszubauen. Im Geiste Washingtons und Monroes beanspruchten die USA die Rolle einer **Schutzmacht** vieler Anfang des 19. Jahrhunderts unabhängig gewordener **lateinamerikanischer Staaten** gegenüber den kolonialen Interessen europäischer Staaten. Mittel- und Südamerika wurden als wirtschaftliches Einflussgebiet betrachtet: Handelsverträge wurden geschlossen, um neue Märkte für US-Produkte zu öffnen.
Die spätere **Interventionspolitik in Übersee** zur Durchsetzung eigener Interessen war noch kaum ausgebildet. Eine bekannte Ausnahme stellte die erzwungene **Öffnung Japans** durch eine US-Flotte von 1853/1854 dar. Abgesehen von der Errichtung kleinerer Flottenstützpunkte im Pazifik konzentrierten sich die US-

Regierungen auf die Erschließung von Gebieten im Westen, um die **kontinentale Expansion** abzuschließen. So erwarb man etwa 1867 von den Russen **Alaska**. Bei der Durchsetzung dieser Politik schreckte man wie im Falle des **Krieges gegen Mexiko** (1846–1848) vor Gewaltanwendung nicht zurück.
Als Ende des 19. Jahrhunderts die imperialistischen Strömungen im Land immer mächtiger wurden, verloren Washingtons Empfehlungen an Bedeutung. Eine **moderne Flotte** bildete die Grundlage für **militärische Interventionen** in der Karibik und im Pazifik. Ab 1893 wurde **Hawaii** als Stützpunkt im Pazifik übernommen. Damit wollten die USA die Kontrolle über den Pazifik gegenüber europäischen Mächten wie Großbritannien oder dem Deutschen Reich bewahren. 1898 kam es zum **Spanisch-Amerikanischen Krieg**, der mit einer Niederlage der alten Kolonialmacht Spanien endete, von der die USA Puerto Rico, Guam und die Philippinen übernahmen, während Kuba faktisch zum Protektorat wurde. Um den Bau einer ebenso wirtschaftlich wie strategisch bedeutsamen **Kanalverbindung** zwischen Atlantik und Pazifik zu ermöglichen, trieben die USA einen Umsturz in der damals kolumbianischen Provinz Panama voran. Unter dem Schlagwort der „**Big Stick Policy**" schließlich wurde ein präventives Interventionsrecht in Lateinamerika zur Sicherung eigener Interessen beansprucht. Dennoch stellte die direkte Intervention nur das letzte Mittel der Politik dar. Im Vordergrund standen verschiedene **Formen der indirekten Kontrolle** eigener Interessengebiete. **Amerikafreundliche Regierungen** wurden politisch und wirtschaftlich **unterstützt**, **US-Unternehmen expandierten** im großen Stil in Lateinamerika.
Die von Washington geforderte friedliche und neutrale Außenpolitik wurde nur in wenigen Bereichen beibehalten. Von den **vielfältigen europäischen Krisen und Konflikten**, die schließlich in den Ersten Weltkrieg mündeten, hielten sich die USA weitgehend fern. Im zerfallenden chinesischen Kaiserreich traten die USA für die „**Open Door Policy**" ein, die für jede expansive Macht den gleichberechtigten und ungehinderten Zugang zum Absatzmarkt China forderte.
Insgesamt spielten Washingtons eher isolationistische Empfehlungen also eine immer geringere Rolle im außenpolitischen Handeln der USA, während **imperialistische Bestrebungen** vor dem Hintergrund der gestiegenen wirtschaftlichen und politischen Stärke an Bedeutung gewannen.

3. *Bei dieser Teilaufgabe sollen Motive und Hintergründe des US-Kriegseintritts erklärt und dabei Beispiele herangezogen werden. Unter „Motiven" sind dabei in erster Linie die von der US-Regierung angeführten Begründungen zu verstehen, unter den „Hintergründen" der Kriegsverlauf und sein Einfluss auf die US-Position. Die Aufgabe erfordert Leistungen im AFB II.*

Als sich die US-Regierung bei Kriegsausbruch in Europa für **neutral erklärte**, konnte sie sich der Zustimmung eines großen Teils der Bevölkerung sicher sein. Auch wenn ein Kriegseintritt mehrheitlich abgelehnt wurde, **fühlten sich** viele **Amerikaner Großbritannien und Frankreich enger verbunden als etwa dem**

Deutschen Kaiserreich mit seiner undemokratischen Regierung und seinem säbelrasselnden Auftreten. Zudem wurde das Kaiserreich stark als wirtschaftlicher Konkurrent wahrgenommen. Trotz der Neutralitätserklärung **lieferten die USA den Entente-Mächten Kriegsgüter** und Nahrungsmittel, dazu wurden Kredite vergeben. Daraus erwuchs ein immer stärkeres Interesse an einem militärischen Erfolg der Gläubigerstaaten, weil ansonsten ein Ausfall der Kredite zu erwarten gewesen wäre.
Die **Versenkung des britischen Passagierschiffes** „Lusitania" (1915) durch deutsche U-Boote bewirkte einen Wandel in der öffentlichen Meinung des Landes, da dabei viele US-Bürger ums Leben kamen. 1916 sicherte Wilson seine Wiederwahl mit dem Versprechen, die USA weiterhin aus dem Krieg herauszuhalten, aber vorsichtshalber aufzurüsten. In einer berühmten Rede vom Januar 1917 richtete er einen Appell an die Weltöffentlichkeit, einen „**Frieden ohne Sieg**" zu akzeptieren, was allerdings fehlschlug. Als die Deutschen den **uneingeschränkten U-Boot-Krieg** wiederaufnahmen, brach Wilson die diplomatischen Beziehungen zum Deutschen Reich ab. Das **Bekanntwerden eines deutschen Bündnisangebotes an den südlichen Nachbarn Mexiko** führten zur Kriegserklärung des Kongresses an Deutschland (6. 4. 1917). Der Präsident selbst stilisierte den Kriegseintritt zum „**Kreuzzug für die Demokratie**" gegen die reaktionären Mittelmächte. Dieser idealpolitische Ansatz unterschied sich stark von den Kriegszielen anderer Kriegsteilnehmer, die v. a. auf Gebietszuwächse aus waren. Er schlug sich auch in Wilsons berühmter **14-Punkte-Rede** (8. 1. 1918) nieder, in der er zum Beispiel die Umsetzung des Selbstbestimmungsrechts der Völker, den ungehinderten Welthandel sowie die Gründung eines Völkerbundes forderte.

4. *Zunächst („Ausgehend") ist es Ihre Aufgabe, die vorliegende Karikatur zum Irakkrieg zu interpretieren. Wichtig ist, dass Sie die Abbildung über eine bloße Beschreibung des Sichtbaren hinaus analysieren, sie in den historischen Kontext einordnen und den darin dargestellten Standpunkt herausarbeiten. Zur Interpretation gehört immer auch eine eigene Stellungnahme. In diesem Fall wird Ihnen deren genaues Thema durch die Aufgabenstellung vorgegeben. Die Fragestellung ist sehr offen gehalten: Lediglich der Untersuchungszeitraum wird durch die Formulierung „nach 1990" beschränkt. Ansonsten können Sie die Stellungnahme eher allgemein halten und sich auf verschiedene Beispiele wie Jugoslawien, Afghanistan oder den Irak beziehen. Aber auch die Auseinandersetzung anhand eines konkreten Beispiels ist möglich. Die Interpretation der Karikatur erfordert Leistungen in allen drei Anforderungsbereichen, der Operator „diskutieren" verweist auf Anforderungen im Bereich der Problemlösung (AFB III).*

Die vorliegende Karikatur mit dem Untertitel „Neuordnung" stammt aus den Erlanger Nachrichten vom 11. 4. 2003. Ihr Thema ist die Frage der Möglichkeit einer Demokratisierung des Irak nach dem Sturz des Diktators Saddam Hussein. Konkreter Anlass für die Karikatur war die Zerstörung eines Denkmals des irakischen Diktators durch die siegreichen US-Truppen.

In der Bildmitte sieht man den **ruinierten Sockel** eines Saddam Hussein gewidmeten Denkmals. Links daneben liegt eine riesige Statue Husseins auf dem Boden, die mit Gewalt vom Sockel gestürzt wurde. Dies symbolisiert das **Ende seiner Diktatur**. Rechts sind zwei Soldaten abgebildet, die eine gleichfalls riesige Freiheitsstatue herbeitragen, auf deren Sockel „Demokratie" steht. Sie symbolisiert die **angestrebte demokratische „Neuordnung"** des Landes. Ein weiterer Soldat fordert die beiden auf, die Statue **„schön oben drauf"**, auf den ramponierten und baufälligen Sockel, zu stellen. Der Beobachter erkennt, dass dies nach den Gesetzen der Statik nicht gelingen kann. Die Karikatur sagt also aus, dass **die Demokratisierung des Irak trotz der Überlegenheit der US-Armee kaum gelingen wird, weil ihr im Irak ein stabiles Fundament fehlt** – im Sinne einer freiheitlich-demokratischen Tradition, eines funktionierenden Staatswesens oder eines einheitlichen Nationalbewusstseins.

Damit gibt die Abbildung wichtige Hinweise zur Klärung der Frage nach den Möglichkeiten und Grenzen der US-Außenpolitik bei der Durchsetzung demokratischer Verhältnisse. Nach dem **Ende des Kalten Krieges** eröffneten sich für die USA **weite Handlungsspielräume**. Die USA dominierten nicht nur in militärischer und politischer Hinsicht, sondern auch wirtschaftlich und kulturell. Die weltweite Verbreitung des US-Modells von liberaler Demokratie und Marktwirtschaft schien zunächst selbstverständlich zu sein. Auf Grundlage seines **immensen militärischen Potenzials** kann das Land unilateral vorgehen und **Interventionspolitik im globalen Rahmen** betreiben. Die USA nehmen **in Bündnissen** wie der NATO eine **Führungsrolle** ein und sind als **„Weltpolizist" Adressat von Hilfeersuchen** aus aller Welt. Ein solches führte zum Beispiel dazu, dass die USA ab 1995 in den Balkan-Konflikt eingriffen. Interventionen der USA erfahren meist dann eine breite internationale Unterstützung, wenn die Ziele der US-Politik vielen Staaten gerechtfertigt erscheinen bzw. wenn die Intervention in enger Zusammenarbeit mit einer möglichst großen Koalition anderer Staaten erfolgt. Dies gilt etwa für den Beginn des Krieges in Afghanistan.
Die Karikatur weist aber auf die Grenzen einer solchen Politik hin. Denn ob die Verbreitung von Demokratie in der Folge einer Intervention mit Regimewechsel und Besatzung erfolgreich sein kann, ist umstritten. Angesichts starker, historisch gewachsener politischer und soziokultureller Unterschiede zwischen den USA und der islamischen Welt ist ein **Export des eigenen wirtschaftlichen und politischen Modells problematisch**. Im Zusammenhang damit auftretende **Menschenrechtsverletzungen** – wie etwa die Folterpraktiken von US-Soldaten im irakischen Abu Ghraib – **unterminieren das Ansehen** und die Glaubwürdigkeit der USA. Dazu trägt bei, dass die USA **keine einheitliche Politik** verfolgen, sondern je nach Interessenlage intervenieren und sich damit ebenso angreifbar machen wie durch ihr **mitunter eigenmächtiges Vorgehen**. Die Möglichkeiten der USA werden weiterhin vom **wirtschaftlichen Aufstieg von Schwellenländern** wie Russland und China eingeschränkt, die geopolitisch zunehmend selbstbewusster agieren. Angesichts der prekären Haushaltslage besteht ferner die **Gefahr einer Überreizung der eigenen finanziellen und militärischen Res-**

sourcen. Selbst die Hypermacht USA kann nur eine sehr geringe Anzahl von Einsätzen wie in Afghanistan und im Irak gleichzeitig bewältigen. Schließlich werden die Möglichkeiten zur Verbreitung von Demokratie durch die eigene demokratische Ordnung begrenzt. Mit Rücksicht auf die **politische Stimmung im Land** soll der vollständige Truppenabzug aus Afghanistan bis 2014 erfolgt sein.
Insgesamt gewinnt man den Eindruck, dass sich die nach dem Ende des Kommunismus eröffneten großen Handlungsspielräume infolge der weiter oben angeführten Entwicklungen verengen.

5. *Bei dieser Aufgabe haben Sie die Wahl zwischen drei Aufgaben, die sich auf verschiedene Lehrplanabschnitte beziehen. In Bezug auf das Anforderungsniveau ähneln sich die Aufgaben sehr stark (AFB III). Nehmen Sie sich also Zeit für ein kurzes Brainstorming, bei dem Sie das Thema erschließen und Argumente finden! Die Aufgabenstellungen sind recht frei, sodass Sie selbst Beispiele aus der Geschichte auswählen müssen.*
Der folgende Lösungsvorschlag greift die ***Teilaufgabe c)*** *auf.*
Die Aufgabenstellung der an sich offenen letzten Aufgabe zum Lehrplanabschnitt 12/1 gibt Ihnen viele Bearbeitungshinweise. Thema Ihrer Argumentation, die zu einer fundierten Bewertung führen sollte, sind in diesem Fall die positiven und negativen Wirkungen nationalen Denkens, der Untersuchungszeitraum ist das 19. und das beginnende 20. Jahrhundert bis zum Ersten Weltkrieg, den Untersuchungsrahmen bildet die europäische Geschichte. Die Aufgabenstellung erwartet von Ihnen mehrere Beispiele, die über den gesamten Untersuchungszeitraum verteilt sind und nicht nur der deutschen Geschichte entnommen wurden. Unerlässlich ist ein Versuch zu definieren, was Sie unter nationalem Denken verstehen. Ihre Abhandlung sollte zeigen, dass die Auswirkungen des nationalen Denkens letztlich ambivalent sind.

Nationales Denken sieht in der Nation und in der **Schaffung des Nationalstaates** den Zweck allen politischen Handelns. Dieses Denken wurde nach der Französischen Revolution von 1789 im 19. Jahrhundert immer populärer und beeinflusste den Einzelnen und die einzelstaatlichen Gesellschaften ebenso wie die zwischenstaatlichen Beziehungen.
Der Nationalismus verstand sich als **antiständische Integrationsideologie**, d.h., er stellte Gemeinschaft über die alten ständischen Bindungen hinaus her, indem sich zunächst der Dritte Stand als Nation erklärte. Zu Beginn der Revolution wurden infolge der Abschaffung der Adelsprivilegien aus Untertanen **gleichberechtigte Staatsbürger**. Nationales Denken führte also zur Zunahme an Freiheit und Gleichberechtigung aller Gesellschaftsgruppen innerhalb der Nation bzw. des Nationalstaates. Dies wurde auch im weiteren Revolutionsverlauf deutlich, als die Nationalversammlung eine Erklärung der **Menschenrechte** folgen ließ, in der neben Rechten für das Individuum wie Gleichheit, Freiheit und Eigentums-

recht auch die Prinzipien der Gewaltenteilung und der Volkssouveränität verkündet wurden.
In Deutschland gingen nach der Restauration im Zuge des Wiener Kongresses (1815) **nationale und liberale Ideen** eine **enge Verbindung** ein, was positiv zu werten ist. So wurde zum einen die Abkehr vom Deutschen Bund und die Verwirklichung des deutschen Nationalstaates gefordert, zum anderen die Schaffung einer Verfassung, die die Staatsgewalt beschränkte und die Freiheitsrechte des Einzelnen garantierte. Auch wenn die Revolution von 1848/49 scheiterte und die Paulskirchenverfassung von 1848/49 nicht realisiert wurde, beförderte nationales Denken den letztlich erfolgreichen Einigungsprozess unter Führung Preußens. Dieser brachte abgesehen von unzureichend verwirklichten Mitbestimmungsrechten der Bevölkerung doch eine **wirtschaftliche und gesellschaftliche Modernisierung** mit sich.

Diesen aus heutiger Sicht positiven Wirkungen standen einige Probleme gegenüber, die v. a. in den letzten drei Jahrzehnten des 19. Jahrhunderts deutlich wurden.
Zwar war mit dem Kaiserreich von 1870/71 ein deutscher Nationalstaat entstanden. Aber der Übergang von der territorial zerrissenen Kultur- zur Staatsnation war nur auf Kosten mehrerer „Einigungskriege" – also mit Gewalt – gelungen. In dieser Zeit entwickelte sich auch ausgehend von älteren Feindbildern der Mythos von der deutsch-französischen „Erbfeindschaft". Sicher hatte es schon vorher Ressentiments zwischen Deutschland und Frankreich gegeben, schließlich entwickelte sich der deutsche Nationalismus auch in Abgrenzung vom westlichen Nachbarn. Aber während des Krieges und danach wurde der Ton auf beiden Seiten rauer. Bismarck selbst rechtfertigte den Krieg mit der angeblichen Herrschsucht der Franzosen, die wiederum die Deutschen und gerade die Preußen als Barbaren ansahen und nach Revanche für die Niederlage riefen. Diese gesteigerte nationale Empfindlichkeit erhöhte das Risiko eines Konfliktes zwischen den Staaten.
Zudem veränderte sich in dem vom preußischen Militarismus geprägten Kaiserreich die Stoßrichtung des nationalen Denkens, das eine antidemokratische Färbung erhielt. Der **neue**, **autoritäre Obrigkeitsstaat** wurde nun mit der **Nation gleichgesetzt**, der sich der einzelne unterzuordnen hatte. Von konservativer Seite wurde das nationale Denken verwendet, um gegen sozialistische und kommunistische Strömungen, die angeblich die Nation „spalten" wollten, vorzugehen. Außerdem war der übersteigerte Nationalismus mit **antisemitischen Tendenzen** verbunden. Gerade im Wilhelminismus verband sich das nationale Denken außerdem mit einer **aggressiven und expansiven Außenpolitik**. Die Vorstellung von der Überlegenheit der eigenen Nation über andere Nationen, wie sie etwa in der berühmten „Hunnenrede" Wilhelms II. deutlich wurde, sollte die imperialistische Außenpolitik legitimieren.
Im **Osten Europas** führten die dort zahlreich entstehenden **Nationalismen** zur Auflösung des Vielvölkerstaates Österreich-Ungarn und zum Rückzug des Osmanischen Reiches aus Europa. Diese Entwicklung war von vielen **Krisen und**

kriegerischen Konflikten geprägt, die schließlich 1914 in den **Ersten Weltkrieg** mündeten. In diesem wurden negative Auswirkungen nationalen Denkens deutlich. Der Krieg war nicht länger Fortsetzung der Politik mit anderen Mitteln, sondern ein **Überlebenskampf** mit dem Ziel, die gegnerischen Nationen vollständig zu besiegen. Das Nationalbewusstsein wurde instrumentalisiert, um **innere Spannungen auszugleichen** und die Bevölkerung möglichst geschlossen für den Krieg zu mobilisieren. So kam es in Deutschland 1914 zum sogenannten „Burgfrieden", der die politische Auseinandersetzung für die Dauer des Krieges einfrieren sollte. Außerdem wurden in der **Propaganda** der Kriegsteilnehmer die jeweiligen Gegner vielfach dämonisiert, um innere Geschlossenheit herzustellen.

Insgesamt sind die Auswirkungen des Nationalismus **zwiespältig** zu betrachten. Einerseits führte er zu einer Überwindung der Ständegesellschaft sowie zur Zunahme von rechtlicher Gleichheit und Freiheit innerhalb der alten und neuen Nationen. Problematisch wurde nationales Denken aber dann, wenn die Verehrung der eigenen Nation zu einer Ausgrenzung von Gruppen innerhalb des eigenen Nationalstaates, die das nationale Denken ablehnten, führte oder als ethnische Minderheiten womöglich überhaupt nicht als Teil der Nation angesehen wurden. Die Übersteigerung des eigenen Nationalbewusstseins und die Diffamierung anderer Nationalitäten konnten zwischenstaatliche Konflikte auslösen oder dafür sorgen, dass diese einen besonders aggressiven Charakter annahmen.

Abitur Geschichte (Bayern) – 2012 – Aufgabe I
Gesellschaft im Wandel (15. bis 19. Jahrhundert)

1 Charakterisieren Sie die Familienbeziehungen und Geschlechterrollen in der vorindustriellen Gesellschaft! (16 BE)

2 Für eine PowerPoint-Präsentation zum Thema „Industrielle Arbeits- und Lebenswelten im 19. Jahrhundert" suchen Sie ein Bild für die Titelseite. (30 BE)

2.1 Analysieren Sie das Gemälde M 1 und erarbeiten Sie die Wirkungsabsicht!

2.2 Erörtern Sie, ob M 1 als Bild für die Titelseite Ihrer Präsentation zum Thema „Industrielle Arbeits- und Lebenswelten im 19. Jahrhundert" geeignet ist!

3 Vergleichen Sie, wie in den Texten M 2 und M 3 die Lebenssituation verheirateter Arbeiterinnen beschrieben wird und welche Ursachen und Folgen dieser Situation die Verfasser jeweils feststellen! Arbeiten Sie ausgehend von Ihren Ergebnissen die unterschiedlichen Standpunkte der Verfasser heraus! (26 BE)

4 Erläutern Sie drei praktische Ansätze zur Lösung der sozialen Frage im 19. Jahrhundert! (18 BE)

5 Bearbeiten Sie eine der drei folgenden Teilaufgaben! (30 BE)

a) zu Halbjahr 11/2:
In einem Internet-Forum zur direkten Demokratie findet sich folgender Eintrag, der auf einen aktuellen Radiobeitrag reagiert:

> ***TimoHistoricus:***
> **Weimarer Republik – Demokratischste Demokratie der Welt?**
> Hallo geschichtsinteressierte Surfer! Ich habe in einer Diskussionssendung im Radio gehört, dass die Weimarer Republik die „demokratischste Demokratie der Welt" gewesen sein soll. Stimmt das denn?
> Leider konnte ich die Diskussion nicht weiter verfolgen. Ich hätte großes Interesse an eurer Meinung. Danke für eure Beiträge!

Das Zitat aus der Radiosendung stammt aus dem Jahr 1919 und lässt sich dem damaligen Reichsinnenminister Eduard David (SPD) zuordnen.
Verfassen Sie eine Antwort an Timo, in der Sie auf der Basis Ihrer historischen Kenntnisse Stellung zu diesem Zitat beziehen!

Zitat nach Heiko Bollmeyer: Der steinige Weg zur Demokratie. Die Weimarer Nationalversammlung zwischen Kaiserreich und Republik, Frankfurt und New York 2007, S. 317.

b) zu Halbjahr 12/1:
„Wo keine Nähe, da kein Vertrauen. Müssen wir ein Volk von Europa werden?“
Unter dieser Überschrift stellte die „Süddeutsche Zeitung“ am 05. 08. 2011 die Frage nach Notwendigkeit und Möglichkeit des Zusammenwachsens der Bevölkerung in Europa.
Setzen Sie sich in Anknüpfung an die Überschrift damit auseinander, inwiefern historische Grundlagen für ein europäisches Einheitsbewusstsein bestehen!

c) zu Halbjahr 12/2:
Erörtern Sie unter Berücksichtigung historischer Beispiele Motive, Möglichkeiten und Grenzen der USA zur Verhinderung oder Beilegung internationaler Konflikte im 20. Jahrhundert!

Material

M 1: „Proletarierinnen“ (1900), Ölgemälde von Hans Baluschek (1870–1935)

„Proletarierinnen“ von Hans Baluschek (1870–1935), 1900, Öl auf Leinwand, Berlin Stiftung Stadtmuseum Berlin, entnommen aus: Christina Klausmann: Soziale Gerechtigkeit. In: Lothar Gall (Hg.): 1848 Aufbruch zur Freiheit. Ausstellungskatalog, Frankfurt 1998, S. 318.

In der Prüfung erhielten die Abiturienten eine Farbreproduktion des Gemäldes. Gegenüber der abgedruckten schwarz-weißen Reproduktion fallen hier vor allem die hell erleuchteten Fabrikfenster am Fabrikgebäude links oben und in der Mitte unten ins Auge.

M 2: Hulda Maurenbrecher: Die Arbeiterfrau daheim. Veröffentlicht in der sozialdemokratischen Frauenzeitschrift „Die Gleichheit“, 1. 6. 1904

Äußerlich betrachtet ist das Leben der proletarischen Frau das gleiche wie das des proletarischen Mannes: müheschwere Arbeit Tag um Tag. Aber tiefer gesehen ist ihr Leben meist doppelt belastet mit Plage und Sorge. Sie soll es fertigbringen und bringt es tatsächlich in bewundernswert vielen Fällen fertig, nicht nur Lohnarbeiter zu sein wie der Mann, sondern noch Versorgerin des Haushalts und der Kinder. Sie kocht, wäscht, scheuert, flickt – kurz die vielen Pflichten, die auch der erbärmlichste Haushalt und die kleinste Kinderzahl der Frau und Mutter aufzwingen, hält sie noch mit müden Händen tapfer zusammen in den wenigen Stunden, die ihrer Ruhe gehören sollen. Sie steht früh vor dem Manne auf, um das Frühstück zu bereiten, die Kinder herzurichten, vielleicht auch noch in aller Geschwindigkeit ein wenig aufzuräumen, damit der Mann bei der Heimkehr nicht eine wüste, unbehagliche Stube findet, die ihn hinaustreibt. Schon müde, geht sie dann mit dem Manne den vielleicht langen Weg zur Fabrik oder irgendeiner anderen Lohnarbeit. Hat sie mittags so viel Zeit, nach Hause zu gehen und das Essen kochen zu können, so bringt ihr diese Pause, die für den Mann wirkliche Ruhe bedeutet, nur verdoppelte Hetze und Anstrengung. Und ist es ihr unmöglich, die Mittagspause über heimzueilen, so werden ihre sorgenden Gedanken viel öfter hinfliegen zu den unbehüteten Kindern, zu den häuslichen Arbeiten, die ihrer warten, viel öfter als die des Mannes, der gewohnt ist, alle diese kleinen und doch so aufreibenden Pflichten und Sorgen der Frau zu überlassen. Am Abend ist der Frau ebensowenig ein Erholen, ein Ausruhen vergönnt. Der Mann, auch wenn er sein Weib noch so lieb hat, wird es meist selbstverständlich finden, daß die müde gearbeitete Frau ihn bedient, ihm das Abendbrot herrichtet, die Kinder versorgt, zu Bette bringt, deren und seine Kleider flickt, während er sich ausruhen kann, seine Zeitung liest, vielleicht auch ab und zu einen Abend im Wirtshaus verbringt, in eine Versammlung, einen Verein geht und dort erfrischt und bereichert wird. Mit gutem Gewissen setzt er also sein natürliches Anrecht auf Ruhe, auf Sammlung, auf Erholung durch und sieht mit ebenso gutem Gewissen zu, wie seine Frau auch noch diese Abendstunden ihren häuslichen Arbeiten opfert. Kaum der Sonntag bringt ihr reichlichere Ruhe: der Mann soll ein sorgsamer zubereitetes Essen erhalten, es gilt die Kinder netter herzurichten, es blieben größere Arbeiten von den knappen Wochenabendstunden her liegen, es muß gewaschen und gescheuert werden, wenn der Sonnabend dazu nicht Zeit ließ. Und dann beginnt die Frau mit müden Kräften den kreisenden Lauf der Arbeit, der Sorge, der Last von neuem.

Es bleibt ein Wunder und ein großartiges Heldentum, daß Frauenkräfte bei aller Entbehrung so viel zu leisten vermögen. Leistet eine Frau dies nicht, läßt sie ihren noch so kleinen Haushalt verlottern, so ist wahrhaftig noch lange kein Stein auf sie zu werfen, sondern an den Verhältnissen ist zu ändern, die das Weib der arbeitenden Massen heutzutage zwingen, alle Lebenskraft rastlos hinzuopfern in Lohnarbeit und häuslicher Plage. Es wird oft und gewiß mit Recht von tüchtigen, zielbewußten Arbeitern bitter geklagt über die Trägheit, die Interessenlosigkeit, die Kleinlichkeit der Arbeiterfrau, die in den sozialen und politischen Kämpfen für ihren Mann ein Hemmschuh, eine Fessel sei. Aber man vergißt oft einen der wichtigsten Gründe dafür: den Mangel an Zeit, die Überbürdung mit Pflichten. Wenn eine Frau trotz der übermenschlichen Anstrengungen noch die Zeitung zu lesen vermag, ohne darüber einzuschlafen, [...] wenn sie Interesse für Belehrung, für öffentliche Dinge zeigt, so tut diese Frau doppelt und dreifach soviel wie der Mann, der dasselbe tut.

Hulda Maurenbrecher: Die Arbeiterfrau daheim. In: Die Gleichheit, 01. 06. 1904. Zitiert nach: Fundus – Quellen für den Geschichtsunterricht. Industrialisierung. Zusammengestellt und bearbeitet von Gerhard Henke-Bockschatz, Wochenschau Verlag Schwalbach/Ts. 2003, S. 130 f.

M 3: Karl Martini: Zur Lage der Augsburger Fabrikarbeiter. Dissertation Freiburg im Breisgau. 1902, S. 49–51 (Auszüge)

In der Frühe vor Beginn der Arbeit wird in Eile das Frühstück bereitet, das zwar meist erst in der Fabrik während der Morgenpause verzehrt wird, und die nötigsten Arbeiten im Hauswesen verrichtet. Am Abend kehrt die Frau, ermüdet durch die Arbeit und den oft langen Weg, nach Hause zurück und beginnt dann mit Kochen und Reinigen der Wohnung und der Verrichtung sonstiger häuslicher Arbeiten. Dass dabei gar oft nicht mit der nötigen Sorgfalt zu Werke gegangen wird, die ein geordneter Hausstand im Bezug auf Reinlichkeit und Ordnung verlangen würde, bedarf keiner weiteren Ausführung. Nur zu oft kommt es vor, dass die Frau, Müdigkeit vorschützend, die sie am Kochen und darauffolgender Reinigung der Geschirre hindert, den Mann auch Abends ins Wirtshaus zum Essen schickt, während sie sich mit Milch, Kaffee und dergl. begnügt.

Entfremdet so die Fabrikarbeit die Frau jeglichen Sinns für Häuslichkeit, so sind doch die Nachteile, die sie in Bezug auf die Kindererziehung mit sich bringt, noch weit erheblichere. Während bei einer sorgsamen Mutter alle Gedanken darauf gerichtet sind, wie sie ihrem Liebling allergrößte Sorgfalt und Pflege angedeihen lassen kann, erwägt die Arbeiterin zuerst die Frage, wo sie ihr Kind unterbringen und in Pflege geben kann um möglichst bald die Fabrikarbeit wieder aufnehmen zu können. Zur Bestätigung dieses sei eine Bemerkung aus dem Gutachten eines Arztes über Frauenarbeit in Fabriken hier wiedergegeben folgenden Inhalts:

„Sowohl verheiratete wie unverheiratete in Fabriken beschäftigte Frauen sind von dem ihnen gesetzlich auferlegten Wöchnerinnenschutz sehr wenig erbaut und sehen mit Ungeduld dem Tage entgegen, von dem ab es ihnen nicht weiter verboten ist, ihre Arbeitsfähigkeit wie früher zu verwerten."

Aber neben den Schädigungen an der eigenen Gesundheit, die der Wöchnerin aus zu frühzeitiger Arbeitsaufnahme erwachsen können, fallen noch weit mehr in's Gewicht die Gefahren für die Gesundheit des Kindes, die der Mangel mütterlicher Pflege und Ernährung mit sich bringt. [...]

Die Mutter nimmt es nach abgelaufener gesetzlicher Schutzfrist, sei es aus Not, sei es vielleicht aus Angst, ihre Arbeitsstelle zu verlieren, sei es durch die Unhäuslichkeit und Verschwendung ihres Mannes gezwungen, die Fabrikarbeit wieder auf und gibt ihr Kind tagsüber in Pflege. Sie überlässt es fremden Personen, einer Kostfrau, oder bringt es in Krippen- und Kleinkinderbewahranstalten unter. [...] Treten die Kinder in das schulpflichtige Alter ein, so gesellen sich zu den Mängeln körperlicher Pflege solche sittlicher und erzieherischer Art hinzu. Die ersten Jahre bringen sie ihre schulfreien Stunden meist in der Bewahranstalt zu, aus der sie von der Mutter des Abends nach Hause gebracht werden. In späteren Jahren sind sie gar oft vollständig sich selbst überlassen [...].

Karl Martini: Zur Lage der Augsburger Fabrikarbeiter. Diss. Freiburg i. Br., Augsburg o. J. (1902), S. 49–51. Zitiert nach: Bernward Deneke (Hg.): Geschichte Bayerns im Industriezeitalter in Texten und Bildern, Stuttgart: Konrad Theiss Verlag 1987, S. 244 f.

Lösungsvorschläge

1. *Die Teilaufgabe bezieht sich auf das Lehrplanthema G 11.1, insbesondere den Abschnitt 11.1.1: „Leben in der Ständegesellschaft". Gefordert werden genauere Kenntnisse der Bedeutung und der inneren Struktur der Familie in der vorindustriellen Gesellschaft. Der Operator „charakterisieren" ist zwar prinzipiell dem AFB II (Transfer) zuzuordnen, doch tatsächlich fordert die Aufgabe überwiegend die Wiedergabe von Kenntnissen, also AFB I (Reproduktion).*

Während in der modernen Gesellschaft die Familie eine eher emotional geprägte und private Lebensgemeinschaft ist, war **die vorindustrielle Familie** eine überwiegend **materiell geprägte Zweckgemeinschaft**, genauer eine Arbeits- und Produktionsgemeinschaft, eingebunden in die weitgehend bäuerliche Welt des Dorfes. Das Zusammenleben war bestimmt von der Arbeit, der Betrieb, sei es ein bäuerlicher Hof oder ein Handwerksbetrieb, gründete sich auf die Mitarbeit **aller Familienmitglieder**, also auch der Kinder.
Familie in der vorindustriellen, ständischen Gesellschaft war dabei nicht wie in der modernen Gesellschaft Kernfamilie, in der Eltern und Kinder zusammenleben, sondern folgte eher dem **Modell des „Ganzen Hauses"**, in dem in der Regel drei Generationen einen Hausverband bildeten, der überdies nach außen offen blieb, sodass größere Verbände wie Sippen oder Clans entstanden. Die **Existenzsicherung** wie vor allem auch die **Versorgung der Kranken und Alten** wurde von allen Familienmitgliedern gemeinsam geleistet, da öffentliche oder gar staatliche Sozialsysteme noch weitgehend fehlten.
Die Grundstruktur der vorindustriellen Familie war **patriarchalisch**, das heißt der Mann, der Vater, hatte die unbeschränkte Autorität, trug die Hauptverantwortung für Haus und Betrieb. Die patriarchalische Struktur zeigte sich beispielsweise auch im **Erbrecht:** Der älteste Sohn übernahm in der Regel den Hof oder den Betrieb. **Ehe** war in einer solchen Gesellschaft auch weniger eine emotional geprägte Partnerschaft als vielmehr die rechtliche Absicherung einer Arbeits- und Besitzgemeinschaft. Zwar lässt sich im 18. Jahrhundert eine allmähliche **Emotionalisierung** der Ehe erkennen, die Heirat aus Liebe wurde häufiger, aber gegen die wirtschaftlichen Interessen der beteiligten Familien waren solche Verbindungen kaum durchsetzbar.
Im 18. Jahrhundert lässt sich schließlich eine folgenreiche **Veränderung der Frauenrolle** feststellen. Mit der allmählichen Trennung von häuslicher Umgebung und Arbeitsplatz vor allem in den bürgerlichen städtischen Gesellschaften

wurde die Frau mehr und mehr aus dem öffentlichen Leben zurückgedrängt. Die **Organisation des Haushalts und die Kindererziehung** wurden zu den eigentlichen Aufgaben der Frau und bestimmten ihre Rolle in der Familie.

Zwar ist die bäuerliche Großfamilie besonders typisch für die vorindustriellen Familienbeziehungen, aber in den **unterschiedlichen sozialen Schichten und Lebenswelten** der ständischen Gesellschaft gab es durchaus **abweichende Familienstrukturen** und Rollenverteilungen. So war beispielsweise im Adel die Familie weniger geprägt von der gemeinsamen Produktion, während in Heimarbeiterfamilien eben diese Produktion das Leben weitestgehend bestimmte. Die Familienstruktur in der bäuerlich-ländlichen Gesellschaft war viel stärker von Traditionen und der umgebenden Öffentlichkeit des Dorfes bestimmt, während die bürgerlichen Familien in der Stadt sich schneller zu einem Raum des Privaten wandelten, der sich bewusst gegen das Öffentliche abgrenzte.

2.1 *Im Mittelpunkt der 2. Teilaufgabe steht ein zeitgenössisches Ölgemälde mit dem Titel „Proletarierinnen". Nach einer genauen Analyse des Bildinhalts sollen Sie die Frage diskutieren, inwieweit es sich als Titelseite, also als thematisierender Einstieg für eine PowerPoint-Präsentation eignet. Die Teilaufgabe 2.1 erfordert demzufolge instrumentelle Fähigkeiten zur Bildanalyse. Die gesamte Aufgabe bezieht sich auf den Lehrplanabschnitt G 11.1.1 mit dem Thema „Leben in der entstehenden Industriegesellschaft" und ist dem AFB II (Transfer) zuzuordnen.*

Im Zentrum des Bildes steht eine große Zahl von Frauen, die einerseits wegen des Titels, aber auch wegen der Darstellung in Gestalt einer **passiv wirkenden Masse** als **Arbeiterinnen** zu interpretieren sind, die offensichtlich nach einem Arbeitstag müde die Fabrik verlassen.
Das Bild ist zudem geprägt von dem Gegensatz zwischen der wie ein Gefängnis wirkenden Fabrik im Hintergrund und der Natur auf der linken Seite, von der die Frauen durch eine Mauer getrennt werden. Im Detail verstärkt wird der **Gegensatz von künstlicher Fabrikwelt und natürlichem Lebensraum**. Während im Bildhintergrund der Abendhimmel mit dem teilweise beleuchteten Fabrikgebäude kontrastiert, sind im Vordergrund Bäume als Zeichen für die Natur zu erkennen, von denen die Arbeiterinnen jedoch durch Mauern getrennt sind, sozusagen eingesperrt.
Die Frauen werden im Bild als weitgehend **beziehungslose Masse**, ohne sichtbare Individualität, dargestellt. Verstärkt wird der Eindruck einer sich ihrem Schicksal fügenden Menschenmenge durch den Aufseher, der im Hintergrund zu sehen ist und wohl für das Kontrollsystem der Fabrik steht.

Die Situation der Arbeiterinnen wird vom Maler überaus kritisch dargestellt, zu verstehen als eine **Anklage gegen die Entfremdung des Menschen**, hier der Frauen, durch die Fabrikarbeit. Unterstrichen wird die **sozialkritische Wirkungsabsicht** dadurch, dass der Künstler die Frauen nicht als Einzelpersonen darstellt, sondern als entindividualisierte Menge, die von der natürlichen Umwelt getrennt ist. Gleichzeitig wird die Sympathie des Malers für die Frauen sichtbar, wenn man sich die erschöpften Gesichter vor allem der Figuren im Vordergrund vor Augen führt. Hans Baluschek will mit seinem Gemälde also ganz offensichtlich die eingeschränkte Lebensperspektive der **Proletarierinnen** darstellen und somit gesellschaftspolitisch Einfluss nehmen.

2.2 *In Teilaufgabe 2.2 sollen Sie in Form einer dialektischen Erörterung abwägen, ob das Gemälde als Einstiegsbild für die Titelseite einer PowerPoint-Präsentation zum Thema „Industrielle Arbeits- und Lebenswelten im 19. Jahrhundert“ geeignet ist. Die Aufgabe ist entsprechend dem Operator „erörtern“ allen drei Anforderungsbereichen zuzuordnen, vorwiegend den AFB I und II.*

Für die Eignung des Gemäldes als Titelseite einer Präsentation zum Thema „Industrielle Arbeits- und Lebenswelten im 19. Jahrhundert“ sprechen nicht nur eine Reihe von **inhaltlichen Gründen**, sondern auch Aspekte des **konkreten Anwendungsbezuges**.
Auf der Hand liegen zunächst Elemente des Bildes, die unmittelbar auf die Lebenswelten der Arbeiterschaft hinweisen. Die **Fabrik** als typische Betriebsform der industriellen Arbeitswelt wird ebenso sichtbar wie der gestiegene Anteil der **Frauen** an der Industriearbeiterschaft und damit an der neu entstandenen Schicht des **Proletariats**. Die Situation, die im Bild dargestellt wird, das Verlassen der Fabrik nach Feierabend, weist auf ein weiteres wesentliches Merkmal der neuen Arbeitsbedingungen hin, die **Trennung von privater Lebenswelt und Wohnung von Arbeitswelt und Arbeitsplatz**.
Die vom Maler überaus suggestiv dargestellte Erschöpfung und Freudlosigkeit der Arbeiterinnen kann als Hinweis auf die **hohe Belastung am Arbeitsplatz** verstanden werden. Rationalisierung und Maschineneinsatz als Kennzeichen industrieller Arbeit bedeuten zwar einerseits Entlastung, unterwerfen jedoch den Menschen dem Takt der Maschinen und entfremden ihn mehr und mehr von seinem Produkt.
Ein weiterer Aspekt, der in der Präsentation thematisiert werden sollte, wird im Bild indirekt sichtbar: der **Kampf der Frauen** innerhalb der proletarischen Bewegung **um Gleichberechtigung** im 19. Jahrhundert.
Die im Bild bewusst herausgestellten Kontraste zwischen Arbeitswelt und der Natur jenseits der Zäune können auch interpretiert werden als **Verweise auf die Landflucht und Urbanisierung** im Zusammenhang mit der Industrialisierung und somit indirekt auf den Verlust an Einbindung in die Natur sowie in die schützenden und sichernden **sozialen Bindungen** der vorindustriellen Lebenswelt.
Neben den inhaltlich-thematischen Gründen, die für eine Eignung des Bildes sprechen, scheint das Bild auch **situativ und kommunikativ Vorteile** zu bieten. Die Darstellung der Frauen vor allem im Vordergrund wirkt **sehr suggestiv**, da einige Frauen den Betrachter direkt anblicken, ihn gleichsam affektiv anzusprechen versuchen. **Das abstrakte Thema „Proletariat“ wird dadurch personalisiert und emotionalisiert.**

Von Vorteil sollte darüber hinaus sein, dass das Bild nicht nur aus geringer Distanz wirkt, sondern auch aus größerer Entfernung durch die starke Ausstrahlung des Vordergrundes und die Gesamtkomposition Wirkung erzielt.

Es gibt allerdings auch Gründe, die das Bild als **weniger geeignet für die Präsentation** erscheinen lassen.
So ist ein wesentliches Kennzeichen der Industrialisierung, die **maschinelle Produktionsweise**, auf dem Bild nicht dargestellt, die **sozialen Probleme** können nur indirekt erschlossen werden. Problematisch erscheint auch die **Verengung** des Themas „Proletariat" auf die Frauen, deren große Mehrheit darüber hinaus nicht in Fabriken arbeitete.
Einen gravierenden Nachteil besitzt das Gemälde zudem unabhängig vom Inhalt. **Eine zeitgenössische Fotografie hätte deutlich authentischer gewirkt** sowohl durch die Realitätsnähe der Darstellung wie auch durch die Demonstration der Bedeutung des damals neuen technischen Mediums.
Da es sicherlich keine Darstellung geben wird, bei der den Gründen *für* die Verwendung als Titelseite der Präsentation nicht auch solche *dagegen* gegenübergestellt werden können, kann das Bild aber insgesamt als durchaus geeignet beurteilt werden.

3. *Die Teilaufgabe verlangt eine klar gegliederte und vergleichende Analyse der beiden Textquellen, wobei in der Aufgabenstellung die gliedernden Kriterien vorgegeben sind. Die Herausarbeitung der Standpunkte der Verfasser erscheint vergleichsweise einfach, wenn die Analyse genau durchgeführt wird. Dabei sollten Sie die jeweilige Interessenlage der Verfasser, die aus den vorgestellten Angaben zu den Quellen zu erschließen ist, in Ihren Ausführungen berücksichtigen. Die Aufgabe ist dem AFB II (Transfer) zuzuordnen.*

Die **Lebenssituation der „proletarischen Frau"** wird von Hulda Maurenbrecher (M 2) als überaus belastend, nahezu unmenschlich dargestellt, da die Frau gezwungen sei, neben ihrer Lohnarbeit für die Organisation und Versorgung der Familie sowie die Erziehung der Kinder zu sorgen. Diese **Doppelbelastung** fordere von ihr erheblich mehr als vom Mann.
Auch Karl Martini (M 3) sieht die doppelte Belastung der Frau, kritisiert in diesem Zusammenhang jedoch die **Unfähigkeit der Arbeiterinnen**, mit diesem Problem fertigzuwerden.
Die beiden Verfasser ziehen ganz unterschiedliche Schlüsse über die **Ursachen** der kaum zu bewältigenden Doppelbelastung der Frau. Während die Vertreterin der proletarischen Frauenbewegung die Situation auf deren **ökonomische Verhältnisse** zurückführt, also auf den Zwang der Arbeiterinnen mitzuverdienen, sieht der Akademiker die Ursachen eher im **persönlichen Fehlverhalten**. So vermutet er, dass häufig Frauen mitarbeiten müssten, weil ihre Männer sie durch ihr Verhalten dazu zwingen würden (vgl. M 3, Z. 28 ff.). Vor allem aber unterstellt Martini vielen Arbeiterinnen, dass sie die Hausarbeit und die Kindererziehung im Sinne einer bürgerlichen Pflichterfüllung gar nicht ausüben wollten.

Er beklagt den **Verlust des „Sinns für Häuslichkeit“** (M 3, Z. 12) durch die Fabrikarbeit.
Auch bei den **Folgen**, die sich aus der Doppelbelastung arbeitender Frauen ergeben, setzen die Autoren unterschiedliche Akzente. Während Maurenbrecher das **fehlende Interesse der Frauen an Politik und Öffentlichkeit** als nahezu zwangsläufig ansieht und ebenso die **Unfähigkeit, sich weiterzubilden**, als Folge der Überlastung feststellt, vor allem aber die Aufopferung „alle[r] Lebenskraft“ (M 2, Z. 38) beklagt, warnt Martini vor der **Schädigung der Gesundheit** der arbeitenden Frauen, mehr noch aber vor der **Vernachlässigung des Haushalts und der Kindererziehung** durch die Frauenarbeit.

Die **Standpunkte** und Sichtweisen der beiden Autoren könnten **gegensätzlicher** kaum sein. Die Vertreterin der proletarischen Frauenbewegung **bewundert die übermenschliche Leistung** der Frauen angesichts ihrer Doppelbelastung durch Lohnarbeit und Haushalt und benutzt das Veröffentlichungsmedium, eine sozialdemokratische Frauenzeitschrift, als Sprachrohr für ihre Botschaft.
Martinis Kritik an den arbeitenden Frauen verweist hingegen recht deutlich auf die **bürgerliche Perspektive** eines männlichen Akademikers.

4. *Im Lehrplan werden unter dem Kapitel 11.1.2 folgende praktische Lösungsansätze aufgeführt: die organisierte Arbeiterbewegung, die Sozialgesetzgebung, die christliche Sozialarbeit, die Arbeiterbildungsvereine und die Raiffeisenbewegung, die hier als Beispiel für die Genossenschaftsbewegung steht. Aus den angeführten praktischen Ansätzen zur Lösung der sozialen Frage, also aus den verschiedenen sozialpolitischen Aktivitäten im 19. Jahrhundert, sollen Sie drei auswählen, die Sie mithilfe hinreichend genauer Kenntnisse der unterschiedlichen Lösungsansätze und ihrer praktischen Umsetzungen erläutern. Die Aufgabe setzt die Kenntnis der im Unterricht behandelten Lösungsansätze voraus, ist also vorwiegend dem AFB I (Reproduktion) zuzuordnen.*

Zunächst versuchten die **Arbeiter** selbst, ihre in der Folge der Industrialisierung entstandene Lage zu verbessern. Da der einzelne Arbeiter nicht in der Lage war, seine Interessen gegenüber dem Unternehmer zu vertreten oder sich bei Krankheit und Arbeitslosigkeit selbst zu helfen, schlossen sich in der zweiten Hälfte des 19. Jahrhunderts vorwiegend die Industriearbeiter zu **Gewerkschaften** zusammen. Vorher schon waren, allerdings meist auf Initiative bürgerlicher Gründer, **Arbeiterbildungsvereine** entstanden, die sich mit der Verschärfung der sozialen Frage mehr und mehr politisierten, zu größeren **Arbeitervereinigungen** entwickelten und unter dem Einfluss der Arbeiterparteien, also vor allem der Sozialisten, in den Gewerkschaften aufgingen. Aber noch 1869 hatten zum Beispiel die **Hirsch-Dunkerschen Gewerkvereine**, von englischen Vorbildern beeinflusste Zusammenschlüsse nach Art der Trade Unions, mehr Mitglieder als die sozialistischen Parteien.
Ziel der Vereine, der Gewerkschaften und der Parteien waren dabei nicht nur der politische Kampf um die Rechte der Arbeiter und die Organisation von Streiks,

sondern vor allem auch die **Hilfe zur Selbsthilfe** zur Verbesserung der Lage der Arbeiter. Aber erst nach Aufhebung des Koalitionsverbots, in Preußen 1867, kam es zur Gründung von Gewerkschaften, die sich wirklich für eine nachhaltige Lösung der sozialen Frage engagieren konnten.
Weitsichtige Unternehmer versuchten demgegenüber, von sich aus die Lage ihrer Arbeiter zu verbessern. Sie unterstützten etwa die **Bildung von Konsumvereinen**, organisierten **Pensionskassen** und stellten den Arbeitern günstige **Werkswohnungen** zur Verfügung. Nicht zuletzt die **Verbesserung der Arbeitsbedingungen** war ein praktischer Ansatz zur Lösung der sozialen Frage. Als Beispiel kann hier der Industrielle und Reichstagsabgeordnete **Friedrich Harkort** genannt werden, auf dessen Initiative u. a. die Gründung von **Unterstützungskassen** zurückging, also von wichtigen Einrichtungen zur betrieblichen Altersvorsorge. Insgesamt dürften um 1875 etwa ein Drittel der Arbeiter in Krankenkassen von Gemeinden, des Handwerks und der Industrie versichert gewesen sein, wenn auch mit eher bescheidenen Leistungen.
Traditionell eine wichtige Rolle bei der praktischen Lösung der sozialen Frage spielten die **christlichen Kirchen**. Zunächst taten sich einzelne Pfarrer und Priester wie Johann Heinrich **Wichern** und Friedrich von **Bodelschwingh** in der Armenpflege hervor; auf katholischer Seite war hier u. a. **Adolph Kolping**, der Gründer des Gesellenvereins in Köln und der Kolpinghäuser, tätig. Mit der Veröffentlichung der päpstlichen Enzyklika „Rerum Novarum" von **Leo XIII.** im Jahr 1891 wurde dann eine **christliche Soziallehre** initiiert, die sowohl von der katholischen wie von der evangelischen Kirche als Grundlage für eine praktische Sozialpolitik verstanden wurde. Eine ihrer zentralen Forderungen war die nach **sozialer Gerechtigkeit**.
Ähnlich frühe Wurzeln wie die Sozialhilfe durch die Kirchen hat die **Genossenschaftsbewegung**. Bereits im Mittelalter hatten sich Menschen mit vergleichbaren Interessen in Einungen und Gilden zusammengeschlossen, bis heute stehen z. B. Waldgenossenschaften oder Handwerkerinnungen in dieser Tradition. Im 19. Jahrhundert stellten die sozialen Veränderungen die Menschen vor völlig neue Probleme, die sie allein oder im kleinen Familienverbund nicht mehr zu lösen vermochten. So lag es nahe, sich auf die alte Tradition genossenschaftlicher Zusammenschlüsse zu besinnen. Aus dem Umfeld der Bauernschaft entwickelten sich die **Raiffeisen-Genossenschaften**, Handwerker schlossen sich zu **Kredit- und Einkaufsgenossenschaften** zusammen, die Arbeiter gründeten **Konsumgenossenschaften**. Teilweise gingen diese Zusammenschlüsse dann über in die Gewerkschaften, zum Teil wirken sie bis heute fort.

Zwar gab es bis 1880 bereits eine Fülle von sozialen Einrichtungen zur praktischen Lösung der sozialen Frage. Doch erst eine **staatliche Sozialpolitik** konnte wesentliche Leistungslücken schließen und die Mehrzahl der Arbeiterschaft in ein Versicherungsverhältnis verpflichten. In seiner Thronrede 1881 kündigte Kaiser **Wilhelm I.** eine entsprechende **Sozialgesetzgebung** an, die von der Regierung **Bismarck** dann seit 1883 umgesetzt wurde. Dabei ging es allerdings nicht vorrangig um eine Lösung der sozialen Frage, sondern die Sozialgesetz-

gebung sah Bismarck vor allem auch als Versuch, den gefürchteten Einfluss der Sozialisten auf die Arbeiterschaft zurückzudrängen.
Dennoch wurde die staatliche Sozialpolitik jener Jahre zu einem vorbildlichen Gesetzeswerk, das die **Grundlage des heutigen Sozialstaates** bildet. 1883 wurde die **Krankenversicherung** eingeführt, die dem Arbeiter neben ärztlicher Behandlung auch Krankengeld für zunächst 13 Wochen zusicherte. Finanziert wurde die Versicherung zu zwei Dritteln von den Arbeitern, zu einem Drittel von den Arbeitgebern. 1884 folgte die **Unfallversicherung**, die eine Haftung der Unternehmen für Berufsunfälle vorsah und berufsgenossenschaftlich organisiert war. 1889 wurde schließlich die **Alters- und Invaliditätsrentenversicherung** eingeführt, die je zur Hälfte von Arbeitern und Arbeitgebern sowie durch staatliche Zuschüsse finanziert wurde. **Rente** wurde ab dem 70. Lebensjahr bezahlt. In den Jahren nach 1900 bis zum Ersten Weltkrieg wurde die Rentenversicherung jedoch kaum in Anspruch genommen, da die meisten Arbeiter schon vor Erreichen der Altersgrenze und vor Ablauf der Wartezeit von 23 Jahren, die mittlerweile eingeführt worden war, arbeitsunfähig wurden, also die Invaliditätsrente beanspruchen mussten.

5. *Der folgende Lösungsvorschlag greift die **Teilaufgabe c)** auf.*
„Erörtern" (AFB I–III) bedeutet, dass Sie Problemstellungen durch Abwägen von Für und Wider prüfen sollen. Auf dieser Grundlage sollen Sie eine eigene Stellungnahme entwickeln. Eine Erörterung setzt immer auch die Analyse voraus, mit der Sie Probleme kriterienorientiert erschließen. Die Aufgabenstellung ist sehr komplex. Sie sollen nicht nur Möglichkeiten und Grenzen der USA zu Beilegung oder Verhinderung internationaler Konflikte erörtern, sondern auch noch deren Motive. Untersuchungszeitraum ist das gesamte 20. Jahrhundert. Ausdrücklich sollen Sie „historische Beispiele" verwenden. Auf Grundlage Ihrer Faktenkenntnisse und Einschätzungen können Sie also selbst geeignete Konflikte auswählen. Dazu ist es sinnvoll, eine Liste Ihnen bekannter internationaler Konflikte anzulegen und diese vor der eigentlichen Ausformulierung auf ihre Eignung zur Diskussion der Problemstellung hin zu überprüfen. Die ausformulierte Lösung sollte eine schlüssige Argumentation vorweisen. Dazu sollten Sie Einschätzungen (Thesen) entwickeln, die Sie jeweils näher begründen. Ein wiederholtes Aufgreifen der Fragestellung kann Ihnen helfen, ein Abschweifen bzw. die Anhäufung unstrukturierten Detailwissens zu vermeiden. Mit einer Zusammenfassung der Ergebnisse am Ende (Fazit) können Sie Ihr Problembewusstsein verdeutlichen.
Vorbemerkung: Im Sinne der Aufgabenstellung sind v. a. folgende Beispiele geeignet: Die Interventionen im Ersten und Zweiten Weltkrieg, der Versuch der USA einer Eindämmung des Kommunismus im Korea-Krieg, die militärische Intervention der USA in Vietnam im Zeichen der Dominotheorie, die US-amerikanischen Bemühungen zur Schwächung bzw. zum Sturz des diktatorischen Regimes im Irak, der Versuch der Vermittlung im Nahostkonflikt, der Kampf gegen den Terrorismus.

Wer nach den Möglichkeiten der USA zur Verhinderung oder Beilegung internationaler Konflikte fragt, muss zunächst festhalten, dass ihr **weltpolitischer Einfluss** seit Beginn des letzten Jahrhunderts **gewachsen** ist. Das liegt in der wirtschaftlichen, technischen und militärischen Ressourcenausstattung des Landes begründet. Seit der zweiten Hälfte des 19. Jahrhunderts waren die USA zur **führenden Wirtschaftsmacht** aufgestiegen. Daher stand genügend Kapital zum Aufbau einer **modernen Armee** bereit, die auch in kriegstechnischer Hinsicht Maßstäbe setzte – an dieser Stelle sei nur an die Erfindung der Atombombe oder an die Entwicklung der unbemannten Luftwaffe („Drohnen“) erinnert. Zudem konnten die USA aufgrund ihrer **Finanzkraft** in Kriegs- und Krisenzeiten ihre Verbündeten unterstützen. Das Zusammenspiel dieser Faktoren begründete die entscheidende Rolle der USA im Ersten und Zweiten Weltkrieg.
Im **Kalten Krieg** spielten die USA, die sich als **Führungsmacht des Westens** verstanden, als **machtpolitischer Gegenpart zur Sowjetunion** eine einflussreiche Rolle bei der Friedenssicherung. Durch wirtschaftliche Hilfe und militärische Unterstützung trugen sie dazu bei, die Gründung der Bundesrepublik zum Erfolg werden zu lassen (1949) und diese als „Bollwerk“ gegen den Kommunismus zu stabilisieren. Weiterhin gelang es ihnen, mit militärischen Mitteln die kommunistische Expansion auf der koreanischen Halbinsel zurückzudrängen (**Korea-Krieg**, 1950–53), während Verhandlungen und der Aufbau eines Bedrohungsszenarios die Beilegung der **Kuba-Krise** (1962) ermöglichten. Nach dem Zusammenbruch der Sowjetunion und dem Ende der bipolaren Weltordnung boten sich den USA erweiterte Chancen zur Konfliktverhinderung bzw. -beilegung aufgrund ihrer weltpolitischen Stellung als **einzige verbliebene Supermacht**. Dies zeigte sich z. B. anhand der Engagements auf dem Balkan. 1995 griffen die USA erfolgreich in den **Bosnien-Krieg** ein, um die ethnischen Säuberungen der Serben zu stoppen, 1999 attackierten sie Serbien erneut, um den Konflikt im Kosovo beizulegen. In den **Golfkriegen** (1991, 2003) konnte der Irak jeweils rasch besiegt und Kuweits Souveränität erneuert bzw. das diktatorische Regime Saddam Husseins gestürzt werden.
Die Handlungsspielräume der USA sind aber durch folgende Faktoren auch begrenzt. Die außenpolitische **Tradition der Nichteinmischung** in europäische Konflikte und die damit zusammenhängende Strömung des **Isolationismus** führten dazu, dass die junge Weltmacht USA sich trotz ihres Anteils am Sieg über die Mittelmächte im Ersten Weltkrieg schnell aus der alten Welt zurückzog und sich entgegen den Vorstellungen Wilsons zu wenig an der Durchsetzung einer **stabilen europäischen Nachkriegsordnung** beteiligte. Nach 1945 beschränkte die **Machtkonkurrenz zur Sowjetunion** die Handlungsspielräume der USA bei der Beilegung und Verhinderung von Konflikten. Um die kommunistische Expansion zu stoppen, unterstützten die USA auch antidemokratische Regime wie im Vietnam und wurden dadurch in Auseinandersetzungen verwickelt. Der **Vietnam-Krieg** (1964–73) zeigte zudem, dass die Möglichkeiten der USA beschränkt sind, wenn ein Guerilla-Krieg geführt wird, die Gefahr einer Eskalation in Form eines Atomkrieges droht und die **öffentliche Kritik im eigenen Land** sowie bei den Verbündeten zunimmt.

Begrenzt werden die Handlungsmöglichkeiten der USA zudem durch die **Komplexität und Eigendynamik vieler Konflikte**. So bemühen sich die USA seit langer Zeit um die Lösung des **Nahostkonflikts**, ohne dabei entscheidende Erfolge erzielen zu können. Denn eine Lösung müsste sowohl von der israelischen Regierung und der nationalistischen Siedlerbewegung als auch von gemäßigten und radikalen Kräften im Palästinenserlager akzeptiert werden. Doch jeder neue Siedlungsbau und jeder weitere Selbstmordanschlag bringt die kompromissbereiten Kräfte beider Seiten in die Defensive, woran auch die Unterstützung durch die USA wenig ändert. Schwierig ist auch die **Bekämpfung des internationalen Terrorismus**, da es sich dabei um asymmetrische Kriegführung handelt, die Terroristen nicht territorial gebunden sind und in Krisengebieten wie Afghanistan oft von der Bevölkerung unterstützt werden, welche die westlichen Truppen vielfach nicht als Befreier, sondern als Unterdrücker wahrnimmt. Eingeschränkt werden die Möglichkeiten der USA schließlich auch durch den **Aufstieg der Schwellenländer**, gerade der BRIC-Staaten Brasilien, Russland, Indien und China. Namentlich China versucht in Afrika und Asien verstärkt politischen Einfluss zu gewinnen. Das Land hat auch die **Finanzkrise** von 2007 besser überstanden als die USA, die hoch verschuldet sind. Dies begrenzt deren Möglichkeiten der Aufrüstung und Kriegführung.

Die untersuchten Beispiele deuten schon an, dass die Motive des US-Engagements zur Beilegung internationaler Krisen vielfältig sind. Dabei spielen **ideelle Gründe** eine Rolle, wie bei der Intervention im Ersten Weltkrieg, die laut Wilson der Sicherung der Demokratie und des Selbstbestimmungsrechts der Völker diente. Schon damals gab es jedoch auch **wirtschaftliche Motive**: Die Entente-Mächte waren bei den USA hoch verschuldet, ein deutscher Sieg hätte zu einem Zahlungsausfall geführt. **Machtpolitische Motive**, namentlich die Eindämmung des Kommunismus, lassen sich für die Interventionen im Kalten Krieg anführen. Die Entscheidung über Intervention oder Nicht-Intervention bzw. Ende einer Intervention kann auch **innenpolitische Gründe** haben. So trug der Druck der Öffentlichkeit maßgeblich zum Ende des Vietnam-Krieges bei. Andererseits gelang es Georg W. Bush nach „9/11" durch die Entscheidung zum „Kampf gegen den Terrorismus", seine Position innerhalb des Landes zu stärken und die Mehrheit der Bevölkerung hinter sich zu bringen. Bei den Entscheidungen über eine mögliche Intervention kann man somit meist von einem Zusammenspiel von ideellen, innenpolitischen, wirtschaftlichen und machtpolitischen Motiven ausgehen, die jeweils mit unterschiedlicher Bedeutung wirksam werden. Es ist festzuhalten, dass die Möglichkeiten der USA infolge der Entwicklung zur Groß- und Weltmacht im 20. Jahrhundert wuchsen. Die USA entwickelten – oft durchaus eigennützig – die Bereitschaft zur Übernahme von Verantwortung und wurden so zum „**Weltpolizisten**". Die jüngeren Verschiebungen in den internationalen Beziehungen und die Komplexität einzelner Konflikte beschränken ihre Handlungsfähigkeit allerdings.

Abitur Geschichte (Bayern) – 2012 – Aufgabe II
Demokratie und Diktatur – Probleme der deutschen Geschichte im 20. Jahrhundert

1 Skizzieren Sie Weichenstellungen der Jahre 1918/1919, die für die Entwicklung der Weimarer Republik in ihrer Endphase eine Rolle gespielt haben! (18 BE)

2 (36 BE)

2.1 Erarbeiten Sie aus dem statistischen Material M 1 und M 2 zentrale Unterschiede der wirtschaftlichen Entwicklung in den hier angegebenen Zeitabschnitten (1928–33 und 1950–1960)!

2.2 Diskutieren Sie ausgehend von Ihren Ergebnissen den Zusammenhang zwischen wirtschaftlichen Entwicklungen und der Zustimmung zum politischen System der Bundesrepublik Deutschland im Zeitabschnitt 1950–1960!

3 (36 BE)

3.1 Erarbeiten Sie aus M 3 Probleme der DDR-Wirtschaft und die vorgeschlagenen Lösungsansätze!

3.2 Charakterisieren und bewerten Sie die Haltung der Verfasser von M 3 zur Situation der DDR im Oktober 1989!

4 Bearbeiten Sie <u>eine</u> der drei folgenden Teilaufgaben! (30 BE)

a) zu Halbjahr 11/1:
Im Rahmen eines Projektseminars zur Studien- und Berufsorientierung (Oberstufe) sind Sie an der Planung einer Ausstellung an Ihrem Gymnasium zum Thema „In Lebensgefahr! – Bedrohungen der Menschen in der Frühen Neuzeit und in der Industriegesellschaft“ beteiligt.
Entwickeln Sie auf der Grundlage Ihrer historischen Kenntnisse zur frühneuzeitlichen Ständegesellschaft und zur Entstehung der Industriegesellschaft im 19. Jahrhundert einen Vorschlag zu Inhalten und Aufbau dieser Ausstellung!

b) zu Halbjahr 12/1:
„Wo keine Nähe, da kein Vertrauen. Müssen wir ein Volk von Europa werden?“
Unter dieser Überschrift stellte die „Süddeutsche Zeitung“ am 05. 08. 2011 die Frage nach Notwendigkeit und Möglichkeit des Zusammenwachsens der Bevölkerung in Europa.
Setzen Sie sich in Anknüpfung an die Überschrift damit auseinander, inwiefern historische Grundlagen für ein europäisches Einheitsbewusstsein bestehen!

c) zu Halbjahr 12/2:
Erörtern Sie unter Berücksichtigung historischer Beispiele Motive, Möglichkeiten und Grenzen der USA zur Verhinderung oder Beilegung internationaler Konflikte im 20. Jahrhundert!

Material

M 1: Wirtschaftsstatistik zum Deutschen Reich (1928–1933)

Jahr	Export	Reallohn[1]	Volkseinkommen[2]	Arbeitslosenquote in Prozent
1928	–	100[3]	100[3]	6,3
1929	100[3]	101	97	8,4
1930	96	97	91	14,0
1931	87	93	75	21,9
1932	59	87	60	29,9
1933	54	91	62	25,9

Die Indexzahlen zum Export 1929–1933: Zahlen beziehen sich auf das Fertigwaren-Segment, vgl. Statistisches Handbuch von Deutschland 1928–1944, S. 394 f., zit. n.: Michael Ebi: Export um jeden Preis: Die Deutsche Exportförderung von 1932–1938, Teil 2, Stuttgart 2004, S. 199. Reallohn, Volkseinkommen, Arbeitslose (1928–1933): Dietmar Petzina u. a.: Sozialgeschichtliches Arbeitsbuch, Band III. Materialien zur Statistik des Deutschen Reiches 1914–1945, München 1978, S. 84 ff.

M 2: Wirtschaftsstatistik zur Bundesrepublik Deutschland (1950–1960)

Jahr	Export	Reallohn[1]	Volkseinkommen[2]	Arbeitslosenquote in Prozent
1950	100[3]	100[3]	100[3]	11,0
1952	202	112	137	9,5
1954	264	124	159	7,6
1956	369	138	203	4,4
1958	443	146	238	3,7
1960	573	164	312	1,3

Export 1950–1960: Statistisches Bundesamt, http://www.destatis.de/jetspeed/portal/cms/Sites/destatis/Internet/EN/Content/Statistics/Aussenhandel/Gesamtentwicklung/Tabellen/Content100/GesamtentwicklungAussenhandel,property=file.pdf, 10. 11. 2011. Reallohn, Volkseinkommen, Arbeitslose (1958–1960): Ralf Rytlewski u. a.: Die Bundesrepublik Deutschland in Zahlen. 1945/49–1980. Ein sozialgeschichtliches Arbeitsbuch (IV), München 1987, S. 78 ff.

1 an der Kaufkraft gemessener Lohn, also um die Inflation bereinigter Nominallohn
2 Summe aller von Inländern in einem Jahr bezogenen Erwerbs- und Vermögenseinkommen
3 100 ist der Index, also eine Kennzahl, die die relative Veränderung der Wirtschaftsdaten in anderen Jahren gegenüber dem mit 100 festgesetzten Stichjahr erkennen lässt.

M 3: Gerhard Schürer u. a.: Analyse der ökonomischen Lage der DDR mit Schlußfolgerungen, Vorlage für das Politbüro des Zentralkomitees der SED, 27. 10. 1989 (Auszüge)

In der ersten nach dem Sturz Erich Honeckers von Egon Krenz geleiteten Politbürositzung am 24. Oktober 1989 wurde dem Vorsitzenden der Staatlichen Plankommission, Gerhard Schürer, aufgetragen, im Rahmen einer Arbeitsgruppe eine Analyse der tatsächlichen volkswirtschaftlichen Situation auszuarbeiten, die dem Politbüro am 31. Oktober vorlag.

Die Spareinlagen [der DDR-Bürger] erhöhten sich von 136 Mrd. 1985 auf 175 Mrd. Mark[1] Ende 1989. Das Wachstum beträgt damit durchschnittlich jährlich 6,5 Prozent. Die Zinszahlungen an die Bevölkerung betragen 1989 voraussichtlich 5 Mrd. Mark [...]. Das Wachsen der Spareinlagen ist einerseits Ausdruck des Vertrauens der Bevölkerung zur gesellschaftlichen Entwicklung und des Wunsches, mit wachsendem Lebensstandard über persönliche Reserven zu verfügen, hängt aber andererseits zum Teil mit nicht realisierbaren Kaufwünschen, besonders nach langlebigen und hochwertigen Konsumgütern, zusammen (PKW, HiFi-Anlagen u. ä.).

Das Gutachten schlägt vor: Es ist ein konstruktives Konzept der Zusammenarbeit mit der BRD und mit anderen kapitalistischen Ländern wie Frankreich, Österreich, Japan, die an einer Stärkung der DDR als politisches Gegengewicht zur BRD interessiert sind, auszuarbeiten und zu verhandeln.

Im Interesse der Stärkung der produktiven Akkumulation sind alle Formen der Zusammenarbeit mit Konzernen und Firmen der BRD sowie anderen kapitalistischen Ländern zu prüfen mit dem Ziel, mehr Waren für den Außen- und Binnenmarkt aus der Leistungssteigerung bereitzustellen. [...]

Es muß mit aller Deutlichkeit darauf hingewiesen werden, daß der Ausweg aus der Lage die Verwirklichung der vorstehend insgesamt dargelegten Maßnahmen zur Veränderung der Wirtschafts- und Gesellschaftspolitik erfordert. [...] Sonst würde ein Eintreten der Zahlungsunfähigkeit nicht vermeidbar sein, sondern beschleunigt werden. Alle genannten Maßnahmen müssen bereits 1992 zu höheren Valutaeinnahmen für die Sicherung der Liquidität des Staates führen. Trotz dieser Maßnahmen ist es für die Sicherung der Zahlungsfähigkeit 1991 unerläßlich, zum gegebenen Zeitpunkt mit der Regierung der BRD über Finanzkredite in Höhe von 23 Mrd. Volksmark über bisherige Kreditlinien hinaus zu verhandeln. [...] Diese Vorschläge erhöhen die Verschuldung der DDR weiter und stellen ein Risiko dar. Die Verschuldung wird jedoch langfristig und refinanzierbar konzipiert und ist verbunden mit dem Zeitgewinn für die grundsätzliche Änderung der Wirtschaftspolitik der DDR [...].

Zur Untersetzung der dargelegten Grundlinie der neuen Wirtschaftspolitik und als Voraussetzung für dazu erforderliche Entscheidungen sowie zur detaillierten Ausarbeitung der Vorschläge und Objekte für die ökonomische und wissenschaftlich-technische Zusammenarbeit mit der BRD und anderen kapitalistischen Ländern ist es erforderlich, durch die Staatliche Plankommission ein Gesamtkonzept der Entwicklung der Volkswirtschaft für den Zeitraum 1991–1995 auszuarbeiten und dem Politbüro im Dezember vorzulegen. Die Verwirklichung der dargelegten Maßnahmen erfordert eine straffe staatliche Leitung und Organisation.

Mit diesen [...] Vorschlägen läßt sich die DDR als Land des Sozialismus, als Mitglied des Warschauer Paktes und des Rates für Gegenseitige Wirtschaftshilfe leiten von der Politik der friedlichen Koexistenz von Staaten unterschiedlicher Gesellschaftsordnung, von der Politik des Dialogs der Vernunft und der Entspannung. Dabei schließt die DDR jede Idee von Wiedervereinigung mit der BRD oder der Schaffung einer Konföderation aus. Wir sehen in unseren Vorschlägen jedoch einen Weg in Richtung des zu schaffenden europäischen Hauses entsprechend der Idee Michail Sergejewitsch Gorbatschows, in dem beide deutsche Staaten als gute Nachbarn Platz finden können. Um der BRD den ernsthaften Willen der DDR zu unseren Vorschlägen bewußt zu machen, ist zu erklären, daß durch diese und weitergehende Maßnahmen der ökonomischen und wissenschaftlichtechnischen Zusammenarbeit DDR-BRD noch in diesem Jahrhundert solche Bedingungen geschaffen werden könnten, die heute existierende Form der Grenze zwischen beiden deutschen Staaten überflüssig zu machen. Dies müßte jedoch verbunden werden mit eigenen politischen und ökonomischen Vorschlägen der BRD zur Entspannung und zur ökonomischen Unterstützung der DDR, wobei die Tatsache zu berücksichtigen ist, daß unserem Land in der Zeit der offenen Staatsgrenze [vor dem Mauerbau] laut Einschätzung eines Wirtschaftsinstitutes der BRD ein Schaden von ca. 100 Mrd. Mark entstanden ist.

Gerhard Schürer u. a.: Analyse der ökonomischen Lage der DDR mit Schlußfolgerungen, Vorlage für das Politbüro des Zentralkomitees der SED, 27. 10. 1989, (Quelle: SAPMO-BArch, DY 30/J IV 2/2A/ 3252), zit. n.: Hans-Hermann Hertle: Der Zusammenbruch der DDR-Wirtschaft, in: ders. u. a.: Vom Ende der DDR-Wirtschaft zum Neubeginn in den ostdeutschen Bundesländern, hg. v. Niedersächsische Landeszentrale für politische Bildung, Hannover 1998, S. 80 ff. (http://www.politische-bildung.de/ niedersachsen/ende_ddr_wirtschaft.pdf, 17. 11. 2011). Zitat nach Heiko Bollmeyer: Der steinige Weg zur Demokratie. Die Weimarer Nationalversammlung zwischen Kaiserreich und Republik, Frankfurt und New York 2007, S. 317.

1 Mit „Mark" ist die Währung der DDR gemeint, auch „Volksmark" genannt.

Lösungsvorschläge

1. *Eine Weiche lenkt einen Zug – je nach Stellung – in eine bestimmte Spur, die ihn in eine bestimmte Richtung fahren lässt. Auf die Geschichte übertragen sind Weichenstellungen Ereignisse, Entwicklungen oder Einstellungen, die bestimmte Ergebnisse begünstigen. In diesem Fall sollen Sie zeigen, welche Ereignisse, Entwicklungen oder Einstellungen in der Gründungsphase der Weimarer Republik 1918/1919 zum Scheitern der ersten deutschen Demokratie 1933 beitrugen. Vergegenwärtigen Sie sich zunächst die Ursachen für das Scheitern von Weimar und überlegen Sie, welche davon ihre Wurzeln in den Jahren 1918/19 haben. „Skizzieren" bedeutet, dass Sie die relevanten historischen Sachverhalte oder Probleme erkennen und knapp, aber zutreffend, formulieren sollen (AFB I).*

Die Weimarer Republik wird oft als „**Demokratie ohne Demokraten**" bezeichnet. Die **fehlende Akzeptanz** der ersten parlamentarischen Demokratie hatte ihre Wurzeln bereits im **Friedensvertrag von Versailles**. Darin musste Deutschland die Schuld am Ausbruch des Krieges und die Verantwortung für die daraus resultierenden Schäden anerkennen, einschneidende Gebietsverluste und eine erhebliche Reduzierung der gesamten Militärstreitkräfte hinnehmen, und den Siegermächten die Kriegskosten in Form von **Reparationen** in unvorstellbarer Höhe erstatten. Zwar werden die Vertragsbedingungen von der Forschung heute als maßvoll eingestuft, die Mehrheit der Zeitgenossen empfand den Vertrag jedoch als ungerecht und demütigend. Diese Empörung instrumentalisierten **rechtskonservative und nationalistische Republikgegner**, um die demokratischen Politiker als „**Erfüllungspolitiker**" zu diffamieren, die den „**Diktatfrieden**" angenommen hätten. Die **Reparationsfrage** wurde zu einem der umstrittensten Themen der Weimarer Zeit und bot der politischen Rechten viele Anlässe, gegen die Republik zu agitieren, z. B. beim Volksbegehren gegen den Young-Plan (1928).

Weiterhin gelang es rechten Interessengruppen, der „Kriegsschuldklausel" des Versailler Vertrages öffentlichkeitswirksam und erfolgreich mit der „**Dolchstoßlegende**" entgegenzutreten. Wahrheitswidrig wurde behauptet, die Schuld an der deutschen Niederlage 1918 liege nicht beim Versagen der politischen und militärischen Führung des Kaiserreiches, sondern bei den linken revolutionären Kräften, die der deutschen Armee feige in den Rücken gefallen seien. Den **alten Eliten** gelang es damit, ihre eigene Verantwortung an der deutschen Niederlage zu verschleiern und die Schuld den republikanischen Politikern zuzuschieben. Die Folge davon war eine mangelnde Akzeptanz der parlamentarischen Demokratie. Dass infolge des Abbruchs der Revolution die alten Eliten in Militär, Justiz, Verwaltung und auch in der Wirtschaft weiter tätig waren, war eine weitere Belastung für die Republik. Auf diese Weise behielten diejenigen, die die Republik vielfach bekämpften oder zumindest nicht aktiv unterstützten, großen Einfluss.

Als problematisch erwiesen sich die im Zuge der Revolution zunehmenden Gegensätze innerhalb der **Arbeiterbewegung**, die schon zuvor zu ihrer **Spaltung** geführt hatten. Während die Mehrheitssozialdemokraten (MSPD) die parlamentarische Demokratie befürworteten und revolutionäre Gewalt ablehnten, forderten die Unabhängigen Sozialdemokraten (USPD) eine Weiterführung der Revolution und die Errichtung einer sozialistischen Räterepublik. Aus dem Lager der Radikalen rekrutierten sich die Mitglieder der 1919 gegründeten Kommunistischen Partei Deutschlands (KPD), die die Republik von links bekämpfte und der SPD die Unterstützung im Kampf gegen rechts versagte.

Bedeutend für das Scheitern waren auch **strukturelle Mängel der Weimarer Verfassung** von 1919. Aus Angst vor einer zu großen Macht des Parlaments hatten die Urheber der Verfassung dem **Reichspräsidenten** sehr **umfangreiche Kompetenzen** zugebilligt. So konnte er den Reichskanzler ernennen und entlassen, den Reichstag auflösen und Neuwahlen ansetzen sowie mit Artikel 48 Grundrechte einschränken und den Ausnahmezustand ausrufen. Auf dieser verfassungsmäßigen Grundlage entstanden in der Endphase von Weimar mehrere Regierungen ohne Mehrheit im Parlament (**Präsidialkabinette**), mit denen rechtskonservative Kräfte um Reichspräsident Hindenburg die Republik zu beseitigen versuchten, womit sie den Nationalsozialisten in die Hände spielten.

2.1 *Verschaffen Sie sich zunächst einen Überblick über die Daten und die Art ihrer Aufbereitung. Klären Sie die wirtschaftswissenschaftlichen Fachbegriffe. Wichtig ist zu verstehen, was ein „Indexwert" ist. „Erarbeiten" (AFB II) bedeutet, dass Sie aus dem Zahlenmaterial nicht explizit genannte Sachverhalte herausfinden und Zusammenhänge herstellen sollen. Der Hinweis „zentrale Unterschiede" heißt, dass Sie beide Datenreihen mit Blick für das Wesentliche gegenüberstellen sollen. Einzelne Werte können genannt, müssen aber auf jeden Fall analysiert werden („starker Anstieg um …"). Sie können erst M 1 und dann M 2 untersuchen, bevor Sie am Ende Ihre Ergebnisse zusammenfassen, oder Sie stellen die entsprechenden Entwicklungen gleich direkt gegenüber.*

In der Endphase der Weimarer Republik kam es zu einem **starken Anstieg der Arbeitslosenquote** von 6,3 Prozent im Jahr 1928 auf knapp 30 Prozent im Jahr 1932, bevor 1933 ein leichter Rückgang einsetzte. Dazu passt, dass sich auch die **Exporte abschwächten** und sich von 1929 bis 1933 nahezu halbierten. Typisch für wirtschaftliche Krisenzeiten sind die **sinkenden Reallöhne** (minus 13 Prozent bis 1932) und das **sinkende Volkseinkommen** (minus 40 Prozent bis 1932). Beide Werte erholten sich bis 1933 aber leicht.

In den „Gründerjahren" der Bundesrepublik **schnellten die Exporte nach oben** und versechsfachten sich von 1950 bis 1960 nahezu. Damit einhergehend **sank die Arbeitslosigkeit** erheblich, bis am Ende des Untersuchungszeitraums Vollbeschäftigung erreicht war. Der **Reallohn** der Erwerbstätigen **stieg** bis 1960 um über 60 Prozent an, das Volkseinkommen verdreifachte sich zwischen 1950 und 1960 sogar.

Die Daten zeigen, dass sich die Weimarer Republik Ende der 1920er-, Anfang der 1930er-Jahre in einem wirtschaftlichen Abschwung (**Rezession**) befand, der sich zur schweren Wirtschaftskrise (**Depression**) ausweitete, während die Bundesrepublik im ersten Jahrzehnt ihres Bestehens einen Boom erlebte, der auch als „**Wirtschaftswunder**" bezeichnet wird.

2.2 *Bei dieser Aufgabe sollen Sie diskutieren (AFB III), inwieweit die in 2.1 herausgearbeiteten Entwicklungen für die Zustimmung zum politischen System der Bundesrepublik verantwortlich sind. Zu dieser historischen Problemstellung sollen Sie eine Argumentation entwickeln, die zu einer begründeten Bewertung führt.*
Beginnen („ausgehend") sollen Sie mit der Bewertung der Ergebnisse aus 2.1. Wichtig ist, dass Ihre Antwort sowohl positive als auch negative Aspekte benennt. Greifen Sie dafür auf Ihr Hintergrundwissen zu den politischen und sozioökonomischen Entwicklungen im ersten Jahrzehnt der Bundesrepublik zurück.

Die in 2.1 herausgearbeiteten Ergebnisse zeigen eindrucksvoll den wirtschaftlichen Erfolg der jungen Bundesrepublik. Dieser zog einen steigenden Wohlstand für immer größere Teile der deutschen Gesellschaft nach sich, die in ihrem Alltag den Zusammenhang zwischen Boom, sozialem Aufstieg und politischer Stabilität erleben konnten. Das Vertrauen in das politische System und die Kompetenz seiner Akteure wie Bundeskanzler Konrad Adenauer und Bundeswirtschaftsminister Ludwig Erhard (beide CDU) nahmen daher zu. Diese Entwicklung steht im Kontrast zur Situation in der Weimarer Republik, in der wirtschaftliche Krisen wie die Inflation von 1923 und schließlich die Weltwirtschaftskrise der 1930er-Jahre viele Menschen verarmen ließen oder doch die Furcht vor sozialem Abstieg weckten, während die Bevölkerung den politischen Mandatsträgern nicht zutraute, die Probleme lösen zu können.

Die tatkräftige **Unterstützung der USA** beim Wiederaufbau der deutschen Wirtschaft (**Marshall-Plan**) förderte hingegen die Akzeptanz der Deutschen für die westliche Demokratie. Außerdem konnten die Menschen erleben, wie das System der **sozialen Marktwirtschaft** dem Wirtschaftsboom förderlich war, indem der Staat den freien Wettbewerb garantierte, aber auch kontrollierte. Darüber hinaus erleichterte die günstige wirtschaftliche Entwicklung der Politik den Ausbau des im Grundgesetz geforderten **Sozialstaats**: Kriegsgeschädigte und -hinterbliebene wurden entschädigt, die Not der Flüchtlinge und Vertriebenen durch das **Lastenausgleichsgesetz** von 1952 gemindert, die **Rentenreform** von 1957 auf Grundlage des berühmten **Generationenvertrags** ließ Rentner am steigenden Wohlstand teilhaben. Diese aktive Sozialpolitik sorgte für **sozialen Ausgleich** und wirkte im neugegründeten Staat als Integrationsklammer.

Aber es gibt auch Gründe für die Zustimmung der Deutschen zum politischen System, die sich – zumindest auf den ersten Blick – nicht mit dem wirtschaftlichen Boom erklären lassen. Nicht unterschätzen darf man die **Erfahrung unter der zwölf Jahre währenden NS-Diktatur**, die zu unfassbaren Verbrechen und zu einem vollständigen Debakel Deutschlands in territorialer, politischer und wirtschaftlicher Hinsicht geführt hatte. Die Konstrukteure des **Grundgesetzes** reagierten daher auf die strukturellen Probleme der Weimarer Verfassung, die die „Machtergreifung" der Nationalsozialisten erleichtert hatten. So wurden die Kompetenzen des Präsidenten beschnitten und stattdessen ein parlamentarisches System mit einem starken Bundeskanzler eingeführt. Darüber hinaus zogen Politiker und eine breite Bevölkerungsmehrheit weitere **Lehren aus Weimar**. Die Politiker erkannten, dass zum Funktionieren einer Demokratie die Bereitschaft zum Dialog mit dem Gegner und zum Kompromiss nötig ist. Vor dem Hintergrund des Scheiterns der Weimarer Republik hatte sich zudem bei einem Großteil der Bevölkerung die Auffassung durchgesetzt, dass der neugegründete Staat nur mit ihrer Unterstützung Erfolg haben könnte. Dazu trugen sicher auch die Demokratisierungsprogramme der USA (**Reeducation**) bei.

Die Zustimmung zur neuen staatlichen Ordnung lässt sich ferner auf die besondere Situation Deutschlands in Folge des **Kalten Krieges** und der **doppelten Staatsgründung** zurückführen. Die von Konrad Adenauer verfolgte Politik der **Westbindung** fiel mit einer **Abgrenzung gegenüber der kommunistischen DDR** zusammen. Auch diese Entwicklung wurde durch den wirtschaftlichen Erfolg der Bundesrepublik zumindest erleichtert.

Festzuhalten ist, dass das „Wirtschaftswunder" wesentlich zur Stabilität und damit zur Erfolgsgeschichte der Bundesrepublik beitrug. Gerade die Aspekte „Sozialstaat" und „**Soziale Marktwirtschaft**" zeigen, dass sich wirtschaftliche und politische Faktoren vielfach nicht klar voneinander abgrenzen lassen und sich oft wechselseitig begünstigten. Nicht zuletzt spielten auch äußere Faktoren wie der **Ost-West-Gegensatz** und der 1950 einsetzende **Korea-Boom** eine Rolle.

3.1 *„Erarbeiten" bedeutet, aus Materialien nicht ausdrücklich genannte historische Sachverhalte herauszufinden und Zusammenhänge zwischen ihnen herzustellen (AFB II). Die Probleme der DDR-Wirtschaft werden teilweise explizit genannt, in der Regel aber nur angedeutet und müssen daher von Ihnen erschlossen werden. Zeigen Sie bei Ihrer Lösung auch durch entsprechende Formulierungen, dass Sie die Problematik erkannt haben, und paraphrasieren Sie nicht einfach nur den Text. Die ebenfalls zu erarbeitenden Lösungsvorschläge sind einfach in der Quelle zu finden und müssen nur zusammenhängend von Ihnen wiedergegeben werden. Klären Sie für sich die Bedeutung der wirtschaftswissenschaftlichen Begriffe.*

In der **Analyse der Staatlichen Planungskommission** zur volkswirtschaftlichen Situation der DDR vom 27. 10. 1989 werden folgende Probleme der DDR-Wirtschaft deutlich: Eindringlich weisen die Autoren auf die **hohe Staatsverschuldung** der DDR hin, die ohne staatliches Gegensteuern unweigerlich zur Zahlungsunfähigkeit der DDR führen werde (vgl. Z. 17–21). Sie stellen die **Abhängigkeit der DDR von Devisen** – also dem Zufluss ausländischen Geldes – heraus, um die Liquidität (Zahlungsfähigkeit) des Landes zu erhalten (vgl. Z. 22–28). Die drückende Staatsverschuldung ist für die Autoren Folge der **fehlenden Leistungsfähigkeit der DDR-Wirtschaft**, da diese weder für den Export noch für den Binnenmarkt ausreichend Waren bereitstellen kann (vgl. Z. 13–16). Deutlich wird, dass gerade die **Konsumgüterindustrie unproduktiv** ist und die Konsumwünsche der Bevölkerung – gerade nach langlebigen Konsumgütern wie Autos – nicht befriedigen kann (vgl. Z. 4–8). Dies führt zu der paradoxen Situation, dass die Staatsverschuldung steigt, sich aber gleichzeitig die **Spareinlagen der Bürger erhöhen** (vgl. Z. 1–3). Die Quelle zeigt auch, dass sich **offene Grenzen** zum kapitalistischen Westen problematisch auf die DDR-Wirtschaft auswirken können. So wird behauptet, dass der DDR vor dem Mauerbau 1961 ein immenser volkswirtschaftlicher Schaden entstanden sei. Möglicherweise beziehen sich die Autoren damit auf die sogenannte **Abstimmung mit den Füßen**, d. h. die Flucht vieler DDR-Bürger in den Westen vor 1961. Denn es flohen gerade junge, im Erwerbsleben stehende und gut ausgebildete Menschen in die Bundesrepublik. Klar wird, dass die Autoren die Gefahr sehen, dass sich dieser Vorgang bei einer erneuten Grenzöffnung wiederholen könnte (vgl. Z. 50–54).

Als Lösungsvorschlag wird genannt: die konstruktive **Zusammenarbeit mit der Bundesrepublik und anderen westlichen Ländern** bzw. dort ansässigen Unternehmen, um die **Produktivität der DDR-Wirtschaft zu erhöhen** und sowohl die Binnennachfrage besser decken zu können als auch mehr zu exportieren (vgl. Z. 13–16). Doch die damit zusammenhängenden Maßnahmen seien nicht ausreichend, um die Deviseneinnahmen so stark zu vermehren, dass die Staatsliquidität garantiert sei; daher müssten noch **höhere Kredite von der Bundesrepublik** in Anspruch genommen werden (vgl. Z. 22–25). Um die Hilfsbereitschaft der Bundesrepublik zu stärken und sie zur wirtschaftlichen wie wissenschaftlichen Zusammenarbeit sowie zur Vergabe von Krediten zu bewegen, solle der Bundesrepublik eine **Öffnung der innerdeutschen Grenze** in Aussicht gestellt werden (vgl. Z. 45–49).

3.2 *„Charakterisieren" (AFB II) heißt in diesem Fall, die Haltung der Verfasser zur Situation der DDR im Oktober 1989 – nach dem Sturz Honeckers, kurz vor dem Mauerfall – zu beschreiben und darüber hinaus unter bestimmten Gesichtspunkten zusammenzufassen, sodass der Leser das Bezeichnende, Eigentümliche oder Spezifische daran erkennen kann. „Bewerten" (AFB III) fordert von Ihnen grundsätzlich ein Urteil auf Grundlage Ihrer historischen Kenntnisse, bei dem Sie Ihre eigenen Wertmaßstäbe begründen und offenlegen. Das so getroffene Urteil soll passend zu den Wertvorstellungen unseres Grundgesetzes sein.*

Die Autoren der Studie halten prinzipiell an der DDR als einem **eigenständigen und sozialistischen Staat** neben der kapitalistischen Bundesrepublik („friedliche Koexistenz", Z. 39) fest. Anders als die „Hardliner" in der DDR-Führung, die SED-Kader, die auf Abgrenzung gegenüber dem Westen setzten, bekennen sie sich jedoch zur **Reformpolitik Gorbatschows**. Demzufolge werben sie für ein freundschaftliches Verhältnis zwischen beiden deutschen Staaten im Rahmen besser werdender zwischenstaatlicher Beziehungen in Europa (vgl. Z. 42 ff.). Zwar wird die **Unzufriedenheit** vieler DDR-Bürger mit dem System **stark beschönigt** dargestellt (vgl. Z. 4–8), dennoch erkennen die Verfasser die **Notwendigkeit von Reformen** in Wirtschaft und Gesellschaft (vgl. Z. 13–19). Dazu schlagen sie sehr weitreichende Maßnahmen vor und stellen sogar die existierende **deutsch-deutsche Grenzregelung** infrage (vgl. Z. 45–49). Dies ist umso erstaunlicher, wenn man sich vor Augen führt, dass der Mauerbau vielfach als „zweite Gründung" der DDR bezeichnet wird. Das **sozialistische Modell** wird aber **nicht grundsätzlich hinterfragt**: Weiterhin soll die Wirtschaft vom Staat straff gelenkt werden (vgl. Z. 29–36). Zusammenfassend kann gesagt werden, dass die Autoren der Studie den **Kapitalismus in Dienst nehmen** wollen, um den Sozialismus und damit die Vormachtstellung der SED im Land zu retten.
Bewertet man die Haltung der Autoren, kommt man zu folgendem Ergebnis: Bei der Einschätzung der Maßnahmen, die DDR aus ihrer desolaten wirtschaftlichen Lage zu retten, sind die Autoren **zu optimistisch**. Bedenkt man die jahr-

zehntelangen Fehlentwicklungen und den großen technologischen Rückstand in der DDR-Industrie, so kann man sich kaum vorstellen, dass Produktivitätssteigerungen in derart kurzer Zeit und in dem Ausmaß, wie im Text genannt, möglich gewesen wären. Die DDR-Produkte hätten im Export nicht mit Waren aus den kapitalistischen Ländern konkurrieren können. Kaum Beachtung findet in den Überlegungen der Autoren die **wachsende Unzufriedenheit der DDR-Bürger**, die sich zu diesem Zeitpunkt bereits in einer starken **Ausreisewelle** bemerkbar machte sowie in der Formierung einer politischen Opposition. Die Bürgerrechtsbewegung initiierte auch öffentlichkeitswirksame Veranstaltungen und Versammlungen wie die großen **Montagsdemonstrationen** in Leipzig. Diese für die Staatsmacht bedrohliche Situation wird im Text nicht explizit erwähnt, auch wenn sie sicherlich eine der Ursachen für die Forderung nach wirtschaftlichen Reformen war. Die Autoren der Studie erläutern nicht, wie sich Massenflucht und wachsende Opposition auf die Umsetzung ihres Reformprogramms auswirken. Aus bundesrepublikanischer Perspektive erscheint in diesem Zusammenhang bedenklich, dass sich die Studie über den **Unrechtscharakter des SED-Regimes** ausschweigt. Dieser war jedoch ein Hauptgrund für die Unzufriedenheit der Bürger. Den Autoren geht es offenkundig in erster Linie darum, die DDR und ihr politisches System zu stabilisieren, und nicht darum, die politische Mitbestimmung und die Rechtssicherheit der Bürger zu verbessern oder ihre Freiheit zu vergrößern.

4. *Der folgende Lösungsvorschlag greift die **Teilaufgabe a)** auf.*
Diese Teilaufgabe setzt die Fähigkeit voraus, historische Kenntnisse nicht einfach zu reproduzieren, sondern in einem gegebenen kommunikativen Kontext anzuwenden. Dabei ist für die Qualität der Leistung nicht nur das vorhandene Wissen relevant, sondern auch die Fähigkeit, die Fakten so zu strukturieren und zu gliedern, dass die kommunikative Absicht, also auch Problembewusstsein und Neugier, sowie der Bezug zu den Adressaten, also Ihren Mitschülern, erkennbar wird.
Bezogen ist die Aufgabe auf die Unterpunkte 11.1.1 und 11.1.2 des Lehrplans: „Leben in der Ständegesellschaft" und „Leben in der entstehenden Industriegesellschaft". Der Operator „entwickeln" weist auf den AFB III (Problemlösung) hin, die Lösung setzt aber genauere Kenntnisse zum Wandel der Lebensformen von der Frühen Neuzeit bis zur beginnenden Industriegesellschaft voraus, also auch Leistungen im AFB I (Reproduktion).

Für den Aufbau, also die Gliederung der Ausstellung, sind verschiedene Konzepte möglich, eine **vorwiegend chronologisch orientierte Gliederung nach Epochen oder eine Gliederung nach thematischen Untereinheiten**. Die jeweils andere Aufbaumöglichkeit kann dann für eine notwendige Untergliederung dienen. Wenn also die Ausstellung in die größeren Blöcke „Ständegesellschaft" und „Entstehung der Industriegesellschaft" gegliedert wird, können thematische Untereinheiten wie Krankheiten, Hungersnöte, Armut und Kriege gebildet werden.

Das Thema der Ausstellung „In Lebensgefahr!– Bedrohungen der Menschen ...“ sollte in einer einleitenden **Auftaktstation** veranschaulicht werden. Hierzu eignen sich etwa bildliche Darstellungen, die durchaus auch **emotional** ansprechen könnten. Ein weiterer Gedanke in diesem Zusammenhang wäre die **Motivation** der Betrachter dadurch, dass **lokale Bezüge** aufgezeigt werden. In jedem Fall sollten einleitende und hinführende Darstellungen weitgehend für sich sprechen und ohne langatmige Erklärungen auskommen.
Für den **Schluss** der Ausstellung bietet sich eine **Zusammenfassung** an, in der beispielsweise die im Hauptteil aufgezeigte Linie **in die Gegenwart** verlängert wird oder ein **Vergleich** mit Regionen gezogen wird, die sich derzeit in einer Übergangsphase zur Industriegesellschaft befinden.
Als **Kerninhalte** der Ausstellung kommen im Grunde drei größere Einheiten infrage:

- die allgegenwärtige **Bedrohung der Menschen** in der Frühen Neuzeit durch Hungersnöte, Seuchen, Krankheiten und Kriege,
- die Abnahme der äußeren Bedrohungen im 19. Jahrhundert durch **Fortschritte** in der Medizin und Hygiene, Steigerung der Erträge in der Landwirtschaft, bessere Verteilung der Lebensmittel, zusätzliche Vorsorgemaßnahmen vonseiten des Staates, längere Friedenszeit und
- Entstehung **neuer Bedrohungen** in der beginnenden Industrialisierung durch Landflucht und Urbanisierung sowie Proletarisierung der Arbeiterschaft sowie ungesunde Lebens- und Arbeitsverhältnisse.

Da die Ausstellung primär für den Raum der Schule gedacht ist, also vorwiegend Schüler als Adressaten zu berücksichtigen sind, ist zu überlegen, ob bei der Auswahl der Dokumente und der Illustrationen bevorzugt Motive und Themen ausgewählt werden sollten, die sich mit **spezifischen Gefahren für Kinder und Jugendliche** in den thematisierten Epochen beschäftigen. So könnten Entwicklungen der Kindersterblichkeit oder die Problematik der Kinderarbeit in der frühen Industriegesellschaft betont werden.
Bei der Auswahl möglicher Textquellen sollte auf Verständlichkeit geachtet werden, um Schüler nicht zu überfordern.

Abitur Geschichte (Bayern) – 2012 – Aufgabe III
Historische Komponenten europäischer Kultur und Gesellschaft

1 Skizzieren Sie den historischen Prozess der Ethnogenese der Franken in der Spätantike! (14 BE)

2 (36 BE)

2.1 Erarbeiten Sie die Kernaussagen der Rede M 1!

2.2 Analysieren Sie die Postkarte M 2 und vergleichen Sie die Verwendung des Hermannsmythos in den beiden Quellen!

3 Erläutern Sie Merkmale und Funktionen nationaler Selbst- und Fremdbilder am Beispiel des deutsch-französischen Verhältnisses im 19. und beginnenden 20. Jahrhundert! (18 BE)

4 Erörtern Sie, inwieweit der frühneuzeitliche Reichstag den Vorstellungen von Gewaltenteilung in modernen westlichen Gesellschaften entspricht! (22 BE)

5 Bearbeiten Sie eine der drei folgenden Teilaufgaben! (30 BE)

a) zu Halbjahr 11/1:
Im Rahmen eines Projektseminars zur Studien- und Berufsorientierung (Oberstufe) sind Sie an der Planung einer Ausstellung an Ihrem Gymnasium zum Thema „In Lebensgefahr! – Bedrohungen der Menschen in der Frühen Neuzeit und in der Industriegesellschaft" beteiligt.
Entwickeln Sie auf der Grundlage Ihrer historischen Kenntnisse zur frühneuzeitlichen Ständegesellschaft und zur Entstehung der Industriegesellschaft im 19. Jahrhundert einen Vorschlag zu Inhalten und Aufbau dieser Ausstellung!

b) zu Halbjahr 11/2:
In einem Internet-Forum zur direkten Demokratie findet sich folgender Eintrag, der auf einen aktuellen Radiobeitrag reagiert:

> ***TimoHistoricus:***
> **Weimarer Republik – Demokratischste Demokratie der Welt?**
> Hallo geschichtsinteressierte Surfer! Ich habe in einer Diskussionssendung im Radio gehört, dass die Weimarer Republik die „demokratischste Demokratie der Welt" gewesen sein soll. Stimmt das denn?
> Leider konnte ich die Diskussion nicht weiter verfolgen. Ich hätte großes Interesse an eurer Meinung. Danke für eure Beiträge!

Das Zitat aus der Radiosendung stammt aus dem Jahr 1919 und lässt sich dem damaligen Reichsinnenminister Eduard David (SPD) zuordnen.

Verfassen Sie eine Antwort an Timo, in der Sie auf der Basis Ihrer historischen Kenntnisse Stellung zu diesem Zitat beziehen!

Zitat nach Heiko Bollmeyer: Der steinige Weg zur Demokratie. Die Weimarer Nationalversammlung zwischen Kaiserreich und Republik, Frankfurt und New York 2007, S. 317.

c) zu Halbjahr 12/2:
Erörtern Sie unter Berücksichtigung historischer Beispiele Motive, Möglichkeiten und Grenzen der USA zur Verhinderung oder Beilegung internationaler Konflikte im 20. Jahrhundert!

Material

M 1: Rede, gehalten bei der Einweihung des Hermannsdenkmals am 16. August 1875, von Adolf Karl Koppen, Generalsuperintendent (geistlicher Oberbeamter der evangelischen Kirche) zu Detmold

Auf waldumkränzter Bergeshöhe sind wir von fern und nah aus dem deutschen Vaterlande zu einer Feier versammelt, der jeder deutsche Patriot sehnsüchtig geharrt, die er mit tiefer Herzensbewegung begrüßt. In dieser Stunde soll das herrlich vollendete Standbild Hermanns des Cheruskers, dies Sinnbild deutscher Tapferkeit, deutscher Vaterlandsliebe, deutscher Einheit, von dem Künstler dem deutschen Volke zum nationalen Eigenthume übergeben und dazu feierlich geweiht werden. Wem gebührt das erste Wort in dieser großen Stunde? Es gebührt dem Herrn, unserm Gotte, und wir würden unsere deutsche Art verleugnen, wenn wir nicht ihm vor Allem die Ehre gäben. Was wir im Kriege wie im Frieden geleistet, was wir Großes geschaffen und gewirkt haben, was wir Gutes haben, das verdanken wir den Kräften und Gaben, mit denen Gott unser Volk so reichlich ausgerüstet, der Gnade und Treue, mit der er über ihm gewaltet hat. Wie ein goldener Faden zieht sich durch die ganze Geschichte unseres deutschen Volkes das treue Walten unseres Gottes hin, der immer Gedanken des Friedens über uns gehabt und uns gegeben hat, was wir so heiß ersehnten. Von den Tagen Hermanns des Cheruskers bis auf die neuste Zeit hat der Kern unseres Volkes, haben alle wahren Patrioten nach einem geeinten und durch die Einigkeit starken deutschen Reiche sich gesehnt und danach gerungen. Was die Besten unseres Volkes zu allen Zeiten erstrebt, aus Blut mußte es hervorgeboren, in heißem Kampfe mußte es erstritten werden; daß es aber endlich erstritten ist, daß wir ein geeintes deutsches Vaterland haben, daß die deutsche Kaiserkrone auf dem lorbeerumkränzten Haupte des Manns ruht, zu dem jeder ächte Deutsche mit inniger Liebe und Verehrung emporschaut, das verdanken wir dem Herrn unserm Gotte […].

Wenn ich heute im Geiste hinschaue auf die Schlachtfelder des letzten glorreichen Krieges gegen Frankreich, auf denen Deutschlands Einheit schließlich erstritten ist, dann vernehme ich ein gewaltig tönendes Zeugnis, das lautet: „Mit uns aber ist der Herr unser Gott, daß er uns helfe und führe unsern Streit. Herr, Herr Zebaoth, wer ist wie du ein mächtiger Gott. (Psalm 89,9) Dir gebührte die Majestät und Gewalt, Herrlichkeit, Sieg und Dank.“ (1. Chronik 30,11) Ich will weder die Weisheit unserer großen Staatsmänner, noch die Tüchtigkeit unserer hochberühmten Heerführer, noch

die Tapferkeit und den Todesmuth eines einzigen deutschen Soldaten schmälern […] aber ich sage, und hoffentlich auch mit allgemeiner Zustimmung, das Beste hat der Herr unser Gott gethan, er hat uns Gnade und Sieg verliehen. Die Worte unseres obersten Kriegsherrn, die von Sedan herüber 1870 in das deutsche Vaterland erklangen: Welch eine Wendung durch Gottes Führung. […]
Was wir mit Gott und durch Gott errungen, das können wir auch nur mit Gott und durch Gott halten. […] Nur einem im Unglauben entarteten deutschen Volke würde der Herrscherstab entsinken, denn mit dem Gottvertrauen würde auch das rechte Selbstvertrauen, mit dem frommen Glauben auch der tapfere Muth und die Todesfreudigkeit, wenn es gälte für das Vaterland zu kämpfen und zu sterben, hinsinken. Bleiben wir Deutsche unserem Gotte treu, dann werden wir zu jeder Zeit erfahren: Mit uns aber ist der Herr unser Gott, daß er uns helfe und führe unsern Streit.
Möge dies Standbild des großen Cheruskerfürsten bis in die fernste Zeit als Sinnbild deutscher Tapferkeit, deutscher Vaterlandsliebe, deutscher Einheit dastehen. Möge der Anblick desselben jeden Deutschen zu dem Gelübde entflammen: Ich will meinem Vaterlande treu sein, ich will Alles, und wenn es sein muß auch mein Herzblut gern und willig einsetzen, daß mein liebes deutsches Vaterland groß, einig und frei bleibt. Aber möge auch jeder Deutsche, der dies Denkmal anschaut, durch das gen Himmel gerichtete Schwert sich nachdenklich erinnern lassen an das Psalmwort: „Ich hebe meine Augen auf zu den Bergen, von welchen mir Hülfe kommt. Meine Hülfe kommt von dem Herrn.“ (Psalm 121,1 und 2) Dazu weihe ich dies Denkmal im Namen Gottes des Vaters des Sohnes und des heiligen Geistes. Amen.
Herr unser Gott, wir beugen uns in Demuth vor dir und danken dir für alle Gnade, die du unserem Volke und Vaterlande erwiesen. Herr, du hast Großes an uns getan. Wir danken dir auch für diese Feierstunde. Wir bitten dich, segne du unsern Kaiser und sein Haus, kröne du ihn auch ferner mit seiner Gnade und erhalte ihn uns; segne du den Kronprinzen unseres deutschen Reiches, segne alle deutschen Fürsten, insonderheit auch unsern Fürsten und sein Haus.[1] Walte du mit deiner Gnade über unserm deutschen Volke und Vaterlande, daß es ferner blühe und gedeihe. Gieb, daß wir uns unter deinem Segen im Frieden bauen, dir die Ehre geben und mit unserm Herzen von dir nicht weichen, auf daß von uns immerdar gelte das Psalmwort: „Wohl dem Volke, das jauchzen kann.“ (Psalm 89,16) Amen.

Rede, gehalten bei der Einweihung des Hermannsdenkmals am 16. August 1875, von A[dolf Karl] Koppen, Generalsuperintendent zu Detmold, Detmold: Meyer'sche Hofbuchhandlung (Gebrüder Klingenberg) o. J., S. 3–7.

1 Fürstentum Lippe im nordöstlichen Westfalen, regiert von der gleichnamigen Dynastie bis 1918; Hauptort Detmold, nahe dem Teutoburger Wald.

M 2: Postkarte, um 1900

(Der handschriftliche Text ist für die Analyse nicht heranzuziehen.) Auf dem Wegweiser ist zu lesen: „Nach Palästina“

2000 Jahre Varusschlacht. Mythos, hg. v. Landesverband Lippe, Stuttgart / Haltern a. S.: Theiss Verlag / LWL Römermuseum Haltern 2009, S. 263. © Sammlung Mellies, Detmold.

Lösungsvorschläge

1. *Die Aufgabe bezieht sich auf einen Aspekt des Lehrplans für die 12. Jahrgangsstufe, der dem Teil 12.1.1 zuzuordnen ist. Unter dem Hauptpunkt „Volk“ und „Nation“ als Identifikationsmuster findet sich als Unterpunkt: „historischer Prozess der Ethnogenese am Beispiel der Franken in der Spätantike (Romanisierung, Christianisierung, fränkische Identität)“. Die Aufgabenstellung zitiert also den Lehrplan wörtlich, allerdings ohne die zusätzlichen Stichworte in Klammern, die umso mehr als gliedernde Hinweise für die Lösung verstanden werden sollten.*
   Die Formulierung „Skizzieren Sie“ gibt einen klaren Hinweis, dass es hier um eine Beschränkung auf Wesentliches geht (AFB I).

Während die Römer von ihren nördlichen Nachbarn bis ins 2. Jahrhundert nach Christus nur von „den Germanen“ sprachen und sie in der Folge der Schriften von Caesar und Tacitus als ein wildes und barbarisches Volk sahen, das in tiefen Wäldern fern jeder Zivilisation hauste, begegnete Rom im 3. Jahrhundert nach Christus nun einer ganzen Reihe von germanischen Völkern, die das Reich in kurzen Abständen angriffen: **Alamannen**, **Goten** und **Franken**. Dabei verwendeten die Römer den Begriff „**Franci**" für **germanische Stämme am Niederrhein**, mit denen sie in Kontakt traten oder treten mussten. Möglicherweise geht diese auf jene germanischen Völker rechts des Rheins zurück, die sich um 200 gegen Rom zusammenschlossen und sich in Abgrenzung zu den unterworfenen Völkern links des Rheins als „Freie" bezeichneten.

Ab dem 3. Jahrhundert wurden die Übergriffe germanischer Völker an Rhein und Donau immer häufiger und immer gefährlicher für das Imperium. Rom war gezwungen, die Grenzen nicht mehr nur militärisch zu sichern, sondern durch **vertragliche Beziehungen** zu Stämmen, die als „foederati" bezeichnet wurden, und später dann durch **Einbindungen von germanischen, auch fränkischen Stämmen** in das Reichsgebiet.

Bereits Mitte des vierten nachchristlichen Jahrhunderts wurden fränkische Stämme in Gallien angesiedelt. So entstanden auf römischem Gebiet auch fränkische **Regna** als Instrument zur Sicherung des Reiches. Die **germanischen Kleinkönige** übernahmen dabei Verwaltungs- und Militäraufgaben, unterstützt durch die römische Verwaltung. Die germanisch-römischen Königreiche besaßen also zwei **Machtgrundlagen:** das germanische **Heerkönigtum** sowie die Kompetenz und **Gesetzestradition der römischen Verwaltung**.

Eine neue Phase der Ethnogenese der Franken ist mit dem Namen **Chlodwig** verbunden. Ihm gelang es, aus dem Status eines Foederaten, also eines im Römischen Reich integrierten fränkischen Kleinkönigs, durch Eroberungen benachbarter Regna aufzusteigen zu einem unabhängigen König. Damit war er der **Gründervater des merowingischen Herrschergeschlechts**, das sich nach seinem Großvater Merowech benannte.

Wie Theoderich sein Gotenreich auf dem Boden des Römischen Reiches ausbaute und gemäß römischer Verwaltungsstrukturen organisierte, so stützte sich auch Chlodwig in seinem Frankenreich auf eine römische Verwaltung. Unabdingbar war aber, dass er als Herrscher den **christlichen Glauben** annehmen musste, wenn er sich auf die Institutionen des Imperiums stützen wollte. Andererseits war es problematisch, die alten religiösen Stammestraditionen und Mythen aufzugeben. So ließ sich **Chlodwig** erst 498, nach einigem Zögern, in Reims taufen, und mit ihm mehrere Tausend Franken, die die Führungsschicht des neuen Königreiches bildeten. Die **enge Zusammenarbeit der gallo-römischen Oberschicht mit der fränkischen** in der Verwaltung des Staates und in der Pflege der sich entwickelnden christlich geprägten Kultur war ein wichtiger Schritt bei der Ethnogenese der Franken. Aus der Assimilation der beiden Führungsschichten bildete sich im Laufe der Jahre eine neue adelige Schicht, die sich als „fränkisch" verstand und das fränkische Bewusstsein im Merowingerreich und im späteren Karolingischen Reich wesentlich formte.

2.1 *Die Teilaufgabe 2.1 fordert die Fähigkeit zur Redeanalyse, wobei Sie der feierlich-überhöhte, teilweise überschwängliche Sprechstil nicht von einer nüchternen Analyse abhalten sollte. Die Aufgabe bezieht sich auf den Teil 12.1.1 des Lehrplans, speziell den Unterpunkt „nationale Fremd- und Selbstbilder: ihre Funktion und Wirkung am Beispiel des deutsch-französischen Verhältnisses im 19. und zu Anfang des 20. Jahrhunderts“ und ist dem AFB II (Transfer) zuzuordnen.*

In der Rede, die sehr **stark von religiöser und nationaler Semantik geprägt** ist, wird das Standbild Hermanns des Cheruskers als „Sinnbild deutscher Tapferkeit, deutscher Vaterlandsliebe, deutscher Einheit“ (Z. 4 f.) gerühmt. Der Redner sieht dabei den **Weg des deutschen Volkes bis zur Einheit als Ergebnis göttlichen Wohlwollens**, göttlicher Gnade und Treue. Diese enge Verbindung zwischen Gott und dem deutschen Volk wird in der Rede immer wieder betont.
Die **Reichseinigung von 1870/71** würdigt Koppen als ersehnten Zielpunkt einer langen, von dem erfolgreichen Kampf Hermanns gegen die Römer ausgehenden Entwicklung, die immer von der Gnade Gottes wie von einem „goldene[n] Faden“ (Z. 12) durchwirkt war. Auch der siegreiche Krieg gegen Frankreich, der am Beginn der Reichsgründung steht, wird so **religiös überhöht** zum Werk eines göttlichen Willens.
Wenn aber die deutsche Einheit verstanden wird als Ergebnis göttlichen Wollens, dann, so der Redner, ist das Hermannsdenkmal auch zu sehen als **Mahnmal, die deutsche Einheit zu erhalten und für sie zu kämpfen**. Die Einweihungsrede wird schließlich zum sakral überhöhten **Appell an die künftigen Generationen**, ihr Vaterland zu lieben und sich notfalls auch dafür zu opfern.

2.2 *Die zweite Teilaufgabe verlangt die Fähigkeit zur Analyse einer Bildquelle. Die im Lehrplan vorgegebene Betrachtung des deutsch-französischen Verhältnisses soll hier auf das deutsch-jüdische Verhältnis übertragen werden. Der geforderte Vergleich weist auf den AFB III (Problemlösung) hin, die übrige Aufgabe fordert Leistungen im AFB II.*

Auf der Postkarte von 1898 ist im Hintergrund das Hermannsdenkmal bei Detmold zu sehen. Im Vordergrund wird eine Gestalt dargestellt, die aufgrund der altertümlichen Verkleidung mit Fellumhang und Horn sowie dem Bart unschwer als **Typus des germanischen Helden** zu erkennen ist. In der Haltung mit dem gezogenen Schwert über dem Haupt und wegen der situativen Nähe zum Denkmal soll die Figur als Hermann der Cherusker identifiziert werden, der eine Schar von zeitgenössisch gekleideten Menschen vor sich her treibt.
Die **Vertriebenen** können als **Juden** identifiziert werden, da mit dem Wegweiser „Nach Palästina“ und der nationalistischen Parole „Deutschland den Deutschen“ eindeutige Textverweise in das Bild integriert sind. Aggressiv gesteigert wird die **Vertreibungsszenerie** durch das Blitzsymbol am Himmel.
Links im Vordergrund findet sich ein weiterer symbolischer Hinweis auf die Kernbotschaft: Der „deutsche“ Adler schützt seine Brut.

Vergleicht man die **Verwendung des Mythos** von Hermann dem Cherusker in den beiden Quellen, so lässt sich für die Rede des Geistlichen bei der Einweihung des Denkmals herausstellen, dass der Mythos verwendet wird, um eine **Kontinuität der deutschen Geschichte** und eines deutschen Volkes von der Spätantike bis zur Reichsgründung zu konstruieren und damit auch den Krieg gegen Frankreich als Vollendung der nationalen Geschichte zu rechtfertigen.
Indirekt wird in dieser Deutung auch eine Parallele zwischen dem Krieg Hermanns gegen die Römer und dem Krieg des Deutschen Reiches gegen Frankreich hergestellt. Für beide lautete der offizielle Kriegsgrund, dass die Freiheit zu erhalten und Fremdherrschaft zu verhindern gewesen sei.
Auf der Postkarte wird der Hermann-Mythos missbraucht, um **antisemitische Parolen zu transportieren**. Die Vertreibung der Juden aus Deutschland wird sozusagen als nationale Pflicht dargestellt und **mit der Tat Hermanns verglichen**, der ein römisches Heer als Repräsentation fremder Herrschaft besiegte. Besonders „unhistorisch" ist dabei die Übertragung des Kampfes gegen einen äußeren Feind, wie es die Römer für die Germanen waren, auf einen vermeintlichen **inneren Feind**, die Juden. Ein historisch zu erklärender Abwehrkampf wird benutzt, um ein **ideologisch-rassistisches Feindbild** zu transportieren.

3. *Auch diese Aufgabe bezieht sich auf das Thema „nationale Fremd- und Selbstbilder". Neben der Kenntnis genereller Zusammenhänge soll auch die Fähigkeit nachgewiesen werden, die eher theoretischen Überlegungen auf die Praxis des deutsch-französischen Verhältnisses im 19. und beginnenden 20. Jahrhundert zu übertragen. Die Aufgabe ist dem AFB II (Transfer) zuzuordnen.*

Der konstruierte und propagierte **Gegensatz zwischen einer zivilisierten Wir-Gruppe und unzivilisierten Barbaren** ist sehr viel älter als das historische Phänomen der Nation. Dies zeigt etwa die Sicht der Griechen auf alle Fremden oder die Sicht der Römer, etwa bei Caesar, auf die Germanen. Diese globale und uralte Konstruktion wird im Zeitalter der sich bildenden Nationalstaaten historisch besonders wirksam. Die **Zugehörigkeit zu einer Nation** mit einem eigenen Wir-Gefühl als politisch handelndes Gemeinwesen und/oder als sprachlich-kulturelle Gemeinschaft korrespondiert in der Regel mit dem **Ausschluss** derer, die nicht zur eigenen Gruppe, zur eigenen Nation gehören. Dabei werden der **Wir-Gruppe** und der **fremden Nation** je eigene, vermeintlich das Wesen prägende Eigenschaften zugeschrieben, ohne dass dies prinzipiell mit Auf- und Abwertung einhergehen muss. Zunächst geht es nur darum, das **Bewusstsein** der Mitglieder der Gemeinschaft zu vereinheitlichen.
Aber in der Regel setzte sich dann doch die Überzeugung bei den Angehörigen einer Nation durch, dass die **eigene Lebensform höherwertig** sei. Nicht selten war dies die Folge einer Wahrnehmung von Bedrohung und Gefährdung der eigenen Nation.
In der Rede zur Einweihung des Hermannsdenkmals (M 1) wird überdies deutlich, wie wichtig die Betonung der überlegenen und mit dem Segen Gottes ver-

sehenen eigenen Nation war, um deren Zukunft zu sichern. Überhebliches und aggressives Verhalten wird aus dieser **Selbstwahrnehmung** heraus legitimiert, abwertende Vorurteile gegenüber den Fremden werden befördert.
Dass die von dem Redner gerühmte Leistung der Deutschen im Kampf um die Einheit und Freiheit das zeitgenössische Frankreich neben das antike Rom stellt, macht deutlich, wie sehr **Frankreich** damals als der eigentliche Gegner des geeinten Deutschland gesehen wurde, als **Gefahr für die deutsche Nation**. Nicht zuletzt die **Erfahrung der französischen Fremdherrschaft zur Zeit Napoleons** und der anschließenden **Befreiungskriege** waren Quellen einer **wechselseitigen Zuschreibung von negativen bzw. positiven Eigenschaften**. So sahen die Franzosen den Deutschen als eher plump und aggressiv, arbeitswütig und zu wenig feinsinnig, während die Deutschen den Franzosen als oberflächlich und vernunftorientiert ohne Gefühlstiefe abwerteten.
Im Zusammenhang mit dem Krieg von 1870/71 radikalisierten sich die Eigen- und Fremdwahrnehmung sowie die damit verbundenen Vorurteile und Ressentiments zur Vorstellung von einer „**Erbfeindschaft**“.
Zum Ersten Weltkrieg hin steigerte sich die Rivalität zwischen Frankreich und Deutschland zu **aggressiver und militanter Feindschaft**. Dabei spielte die Vorstellung von einem **deutschen Sonderweg** eine wichtige Rolle für Deutschland, um den drohenden Krieg auch im eigenen Land zu legitimieren. Dahinter stand die These, dass das Deutsche Reich nicht die Demokratiemodelle Frankreichs und Englands übernehmen könne, sondern angesichts seiner **geschichtlichen Tradition** einen eigenen, stärker **föderalistisch** geprägten Weg gehen müsse. Zudem, so die Vorstellung vom deutschen Sonderweg, müsse das Reich der oberflächlichen und rein rationalen Zivilisation Frankreichs eine tiefere, **von deutscher Klassik und Romantik geprägte Kultur** gegenüberstellen.

4. *Die Aufgabe fordert von Ihnen eine Abwägung von Aspekten, die den Reichstag der Frühen Neuzeit, also im 16. Jahrhundert, mit Instrumenten der Gewaltenteilung in modernen westlichen Gesellschaften vergleichbar machen, und solchen, in denen er abweicht. In jedem Fall sind genauere Kenntnisse der Organisation und Funktion des Reichstages, wie er sich im 16. Jahrhundert entwickelt hat, nachzuweisen. Bezug nimmt die Aufgabe auf einen Unterpunkt des Lehrplans zu 12.1.2: „das föderalistische Prinzip der Gewaltenteilung als politisches Ordnungsmodell. Struktur des Heiligen Römischen Reiches am Beispiel des frühneuzeitlichen Reichstages“. Die Aufgabenstellung lehnt sich also sehr eng an den Wortlaut der entsprechenden Passage im Lehrplan an; sie ist allen drei Anforderungsbereichen zuzuordnen.*

Nach der Reformation und der Glaubensspaltung in Deutschland war das Konzept eines einheitlichen katholischen Reiches mit monarchisch-absolutistischer Struktur nicht mehr zu realisieren. Kaiser Karl V., der es gegen die Widerstände der Fürsten durchzusetzen versuchte, scheiterte. Da auch das Gegenmodell, ein von den Ständen beherrschtes Reich, in der politischen Realität keine Chance

hatte, einigten sich Ferdinand I. und die Reichsstände im Augsburger Religionsfrieden 1555 auf ein Verfassungskonzept, in dem das kaiserliche Reich bestehen blieb, aber die Fürsten in ihren Territorien mehr und mehr Souveränität gewinnen konnten und im Reichstag ein bedeutsames Mitspracherecht im Reich erhielten.
Der **frühneuzeitliche Reichstag** war also durchaus als **Instrument föderaler Gewaltenteilung** zu verstehen, hatten doch die Territorien Mitspracherechte und -möglichkeiten am Ganzen des Reiches, beschränkten somit die Souveränität des Kaisers und verhinderten eine zentralstaatliche Machtkonzentration, wie sie die habsburgischen Kaiser immer wieder anstrebten. Der Reichstag, in dem die Fürsten und Landesherren vertreten waren, war in der Art eines **Staatenhauses** also eine Form der Machtbeschränkung, die mit heutigen Vorstellungen föderaler Gewaltenteilung vergleichbar ist.
Auf der anderen Seite **fehlt** dem frühneuzeitlichen Reichstag jede **demokratische Legitimation**, wie sie modernen Formen der Gewaltenteilung zu eigen ist. Die Mitglieder des Reichstages im 16. Jahrhundert **repräsentieren nicht die ganze Nation**, wie es etwa das englische Parlament gegenüber dem König tat. Die Aufgabe des Reichstages ist auch nicht vergleichbar mit den föderalen Verfassungsstrukturen des neuzeitlichen Reiches, wie es sich nach dem Westfälischen Frieden entwickelte, da im 16. Jahrhundert weder an einen umfassenden Rahmen der Gewaltenteilung mit der Unterscheidung von Exekutive, Legislative und Judikative gedacht noch von ihm gesprochen wurde.
Insgesamt lässt sich jedoch sagen, dass der frühneuzeitliche Reichstag eine wichtige Traditionslinie in der **Entwicklung eines föderalen Prinzips** erkennen lässt, das bis heute ein prägendes Element von Gewaltenteilung in den westlichen Gesellschaften bildet.

5. *Der folgende Lösungsvorschlag greift die **Teilaufgabe b)** auf.*
Die Aufgabenstellung bezieht sich auf den Lehrplanabschnitt 11/2 („Demokratie und Diktatur"). Sie sollen einen Eintrag in einem Internet-Forum kommentieren. Dessen Verfasser greift eine bekannte zugespitzte Äußerung zur Weimarer Republik auf, zu der Sie Stellung nehmen müssen. Dabei sollen Sie nach Abwägung der Pro- und Kontra-Argumente zu einem Sachurteil kommen, bei dem Sie Ihre eigenen Wertmaßstäbe begründen und offenlegen (AFB III). Diese sollen mit dem Wertehorizont der Bundesrepublik vereinbar sein. Versuchen Sie zunächst, die Bedeutung des Zitats zu klären: Was ist eine Demokratie? Was macht eine Demokratie demokratisch? Welche Einschränkungen der Demokratie sind legitim? Zur Beantwortung der Frage sollten Sie die Weimarer Verfassung analysieren. Dabei kann es sinnvoll sein, bei der Stoffsammlung oder in Ihrer Ausführung auf andere Verfassungen, deren Grundzüge Sie kennen, einzugehen (Grundgesetz, Verfassung der USA, Verfassungen der DDR). Auf der anderen Seite müssen Sie die „Verfassungswirklichkeit" der Weimarer Zeit berücksichtigen: Wie bewährte sich die Verfassung in der Praxis? Wie gingen die politischen Akteure mit den Spielregeln um? Welche strukturellen Probleme wurden im Nachhinein erkennbar? Nachdem Sie die Argumente

dargelegt haben, sollten Sie nochmals die Problemstellung aufgreifen und zu einem Fazit kommen. Sie müssen die Weimarer Verfassung nicht umfassend darlegen, aber zeigen, dass Sie die Problemlagen kompetent beurteilen können. Auch wenn es sich um die fiktive Kommunikationssituation eines Internetbeitrags handelt, sollten Sie auf sprachliche Genauigkeit achten. Diese brauchen Sie insbesondere, um das Zitat zu analysieren und den komplexen Sachverhalt angemessen zu bewerten.

@Timo Historicus: Weimar: theoretisch extrem demokratisch, praktisch gescheitert
Hallo Timo! Den Spruch, dass Weimar die demokratischste Demokratie ist, habe ich auch schon gehört. Der klingt zunächst komisch und erweckt den Eindruck, dass es Demokratien gibt, die demokratischer sind als andere. Womöglich gibt es dann sogar undemokratische Demokratien. Aber was bedeutet Demokratie denn überhaupt? Am wichtigsten ist meiner Meinung nach, dass in einer Demokratie **alle Staatsmacht vom Volk ausgehen** soll. Wenn das Volk keine Macht hat und vom Regime einer Partei gegängelt wird, dann ist es keine Demokratie, auch wenn ein Staat so heißt. Dafür war die DDR ein Beispiel. Aber wie finde ich heraus, ob die Herrschaft wirklich vom Volk ausgeht? Ich untersuche die **Verfassung** eines Landes, schließlich ist da festgelegt, wer was zu sagen hat und wie jemand in ein Amt kommt. Wenn ich verschiedene Verfassungen vergleiche, bekomme ich einen Blick dafür, in welcher Verfassung die **Mitspracherechte** besonders ausgeprägt sind. Diese könnte man dann besonders demokratisch nennen. Daraufhin kann ich also die Weimarer Verfassung untersuchen.

Mit der am 14. 8. 1919 in Kraft getretenen **Weimarer Verfassung** wurde Deutschland nach dem Prinzip der **Volkssouveränität** regiert – alle Staatsgewalt sollte vom Volk ausgehen. Das **Wahlrecht** war für die damalige Zeit wirklich sehr demokratisch: Anders als im Kaiserreich durften auch Frauen wählen und das Wahlalter wurde auf 20 Jahre abgesenkt. Heute geht es aber noch demokratischer: Die Bundesregierung darfst ab 18 wählen. Damals galt das **Verhältniswahlrecht ohne Sperrklausel**, das den Wählerwillen unverfälscht abbildet. Das Wahlvolk durfte sowohl den Reichspräsidenten als auch die Abgeordneten des Parlaments wählen. Diese **Direktwahl des Staatsoberhauptes** ist heutzutage nicht mehr vorgesehen. Außerdem hatte das Volk über Plebiszite die Möglichkeit, an der Gesetzgebung mitzuwirken. Die **Partizipationsmöglichkeiten** der Wähler waren im Vergleich zur Bundesrepublik größer. Weil der **Reichstag die Reichsregierung kontrollierte**, benötigten Reichskanzler und Reichsminister für ihre Amtsführung das **Vertrauen** des Parlamentes. Auch darin zeigt sich die Macht des Volkes. Eine weitere demokratische Errungenschaft im Kontrast zum Kaiserreich war der umfassende **Grundrechtskatalog**, in dem die Gleichheit aller Bürger vor dem Gesetz und die Unverletzlichkeit der Freiheit der Person festgelegt wurden.

Aber ganz so einfach ist die Antwort dann doch nicht, wenn man sich fragt, warum die Nazis 1933 so leicht an die Macht kommen konnten. Sicher spielte eine Rolle, dass sie skrupellos und brutal vorgingen und dabei von einem Teil der alten Eliten unterstützt wurden. Und man darf keinesfalls die Bedeutung äußerer Faktoren wie Weltwirtschaftskrise, Arbeitslosigkeit, Perspektivlosigkeit und die Radikalisierung der Gesellschaft unterschätzen. Aber man muss auch prüfen, inwieweit die Verfassung das „**Scheitern**“ **von Weimar** und die „**Machtergreifung**“ **der Nazis** erleichterte. Als Problem erwies sich beispielsweise, dass die Urheber der Verfassung aus Angst vor einer zu großen Macht des Parlaments dem **Reichspräsidenten sehr umfangreiche Kompetenzen** zugebilligt hatten. So konnte er den Reichskanzler ernennen und entlassen, den Reichstag auflösen und Neuwahlen ansetzen sowie mit Artikel 48 Grundrechte einschränken und den Ausnahmezustand ausrufen. Auf dieser verfassungsmäßigen Grundlage entstanden in der Endphase von Weimar mehrere **Regierungen ohne Mehrheit** im Parlament (**Präsidialkabinette**), mit denen rechtskonservative Kräfte um Reichspräsident Hindenburg die Republik beseitigen wollten und damit den Nationalsozialisten um Adolf Hitler in die Hände spielten. Die **plebiszitären Elemente** wurden dazu **missbraucht**, gegen Weimar zu agitieren, wie etwa beim Volksentscheid gegen den Young-Plan 1928. In der Bundesrepublik dagegen können offen verfassungsfeindliche Parteien verboten werden. Dafür wird den Parteien, die auf dem Boden der Verfassung stehen, ausdrücklich zugebilligt, an der politischen Willensbildung des Volkes mitzuwirken. Dadurch wurden die Parteien gestärkt und die Bereitschaft zum Konsens nahm zu. Grundrechte können heute zwar eingeschränkt werden – z. B. wenn jemand ins Gefängnis muss –, aber **niemand** – auch nicht das Volk beziehungsweise eine Mehrheit seiner Repräsentanten – **kann Verfassungsprinzipien** wie Demokratie, Bundes- oder Rechtsstaatlichkeit und die als vorstaatlich definierten Grundrechte **aufheben**.

Was folgt aus dem Ganzen? In mancherlei Hinsicht war die Weimarer Verfassung sicherlich demokratischer als das Grundgesetz. Ob sie die demokratischste Verfassung war oder ist, kann ich angesichts der Vielzahl an Demokratien und möglicher Bewertungsmaßstäbe nicht beurteilen. Aber unsere heutige Verfassung hat auf jeden Fall eine „**wehrhafte Demokratie**“ entstehen lassen! Das Grundgesetz kann nicht so leicht von Demokratiegegnern dazu missbraucht werden, die Demokratie abzuschaffen. Eine Anregung habe ich zum Schluss noch: Reicht es aus, die Verfassung eines Staates zu untersuchen, um festzustellen, wie demokratisch er ist? Kommt es nicht auch auf die Gesinnung und das Handeln der darin lebenden Menschen an? Ein anderes berühmtes Zitat bezeichnet Weimar als „**Demokratie ohne Demokraten**“. Demzufolge nützt die „beste Verfassung“ nichts, wenn die Menschen diese nicht mit Leben erfüllen. CU

Abitur Geschichte (Bayern) – 2012 – Aufgabe IV
Konfliktregionen und Akteure internationaler Politik in historischer Perspektive

1 (34 BE)

1.1 Fassen Sie die Darstellung in M zusammen und zeigen Sie auf, welche grundsätzlichen Konflikte des römisch-jüdischen Verhältnisses in Palästina erkennbar werden!

1.2 Charakterisieren und beurteilen Sie die Herrschaftspolitik des Pompeius in Palästina, wie sie Flavius Josephus darstellt!

2 (34 BE)

2.1 Geben Sie einen Überblick über die Entwicklung des arabisch-jüdischen Verhältnisses in Palästina zwischen 1900 und dem Ende des Zweiten Weltkriegs!

2.2 Erläutern Sie unterschiedliche Bewertungen wesentlicher historischer Ereignisse des Jahres 1948 in Palästina aus israelischer und palästinensischer Sicht!

3 Diskutieren Sie Möglichkeiten und Grenzen der USA nach 1990, den Friedensprozess im Nahen Osten zu gestalten! (22 BE)

4 Bearbeiten Sie eine der drei folgenden Teilaufgaben! (30 BE)

a) zu Halbjahr 11/1:
Im Rahmen eines Projektseminars zur Studien- und Berufsorientierung (Oberstufe) sind Sie an der Planung einer Ausstellung an Ihrem Gymnasium zum Thema „In Lebensgefahr! – Bedrohungen der Menschen in der Frühen Neuzeit und in der Industriegesellschaft“ beteiligt.
Entwickeln Sie auf der Grundlage Ihrer historischen Kenntnisse zur frühneuzeitlichen Ständegesellschaft und zur Entstehung der Industriegesellschaft im 19. Jahrhundert einen Vorschlag zu Inhalten und Aufbau dieser Ausstellung!

b) zu Halbjahr 11/2:
In einem Internet-Forum zur direkten Demokratie findet sich folgender Eintrag, der auf einen aktuellen Radiobeitrag reagiert:

> ***TimoHistoricus:***
> **Weimarer Republik – Demokratischste Demokratie der Welt?**
> Hallo geschichtsinteressierte Surfer! Ich habe in einer Diskussionssendung im Radio gehört, dass die Weimarer Republik die „demokratischste Demokratie der Welt“ gewesen sein soll. Stimmt das denn?
> Leider konnte ich die Diskussion nicht weiter verfolgen. Ich hätte großes Interesse an eurer Meinung. Danke für eure Beiträge!

Das Zitat aus der Radiosendung stammt aus dem Jahr 1919 und lässt sich dem damaligen Reichsinnenminister Eduard David (SPD) zuordnen.
Verfassen Sie eine Antwort an Timo, in der Sie auf der Basis Ihrer historischen Kenntnisse Stellung zu diesem Zitat beziehen!

Zitat nach Heiko Bollmeyer: Der steinige Weg zur Demokratie. Die Weimarer Nationalversammlung zwischen Kaiserreich und Republik, Frankfurt und New York 2007, S. 317.

c) zu Halbjahr 12/1:
„Wo keine Nähe, da kein Vertrauen. Müssen wir ein Volk von Europa werden?"
Unter dieser Überschrift stellte die „Süddeutsche Zeitung" am 05. 08. 2011 die Frage nach Notwendigkeit und Möglichkeit des Zusammenwachsens der Bevölkerung in Europa.
Setzen Sie sich in Anknüpfung an die Überschrift damit auseinander, inwiefern historische Grundlagen für ein europäisches Einheitsbewusstsein bestehen!

Material

Flavius Josephus: Geschichte des Judäischen Krieges, 7. Kapitel: Pompeius erobert Jerusalem (Auszüge)

Nach dem Tod der Königin Salome 67 v. Chr. kommt es in Palästina zum Streit um die Nachfolge zwischen ihren Söhnen Hyrkanos und Aristobulos, in den Rom schließlich auf Seiten des Hyrkanos militärisch eingreift. Über die Eroberung Jerusalems 63 v. Chr. durch den römischen Feldherrn Pompeius berichtet der jüdisch-römische Geschichtsschreiber Flavius Josephus (37–100 n. Chr.) Folgendes:

Als [Pompeius] der Stadt näher gekommen war, suchte er einen günstigen Angriffspunkt. Dabei fand er, dass die Mauern wegen ihrer Festigkeit und weil sie außen von einer tiefen Schlucht umgeben waren, schwer einnehmbar und das jenseits der Schlucht gelegene Heiligtum derartig starke Befestigungen aufwies, dass selbst nach dem Falle der Stadt die Feinde an ihm einen zweiten Zufluchtsort haben würden. Während er geraume Zeit zu keinem Entschluss kommen konnte, brach in der Stadt der Parteienstreit aus, in dem die Anhänger des Aristobulos für den Krieg und die Befreiung des Königs eintraten, die auf des Hyrkanos Seite stehenden Bürger erklärten, man müsse Pompeius die Tore öffnen. Die Furcht vor dem disziplinierten Heer der Römer bewirkte, dass die zweite Partei immer stärker wurde. Als die Anhänger des Aristobulos sich in der Minderheit sahen, zogen sie sich in den Tempel zurück, brachen die Brücke ab, die ihn mit der Stadt verband, und rüsteten sich zum äußersten Widerstand. Die andere Partei lud die Römer in die Stadt ein und übergab ihnen den Königspalast. Pompeius entsandte einen seiner Unterbefehlshaber […] mit einer Heeresabteilung, der die Stadt besetzte. Er stellte Posten in der Stadt auf, und da es ihm nicht gelang, auch nur einen der in den Tempel Geflohenen durch gütliches Zureden zum Übertritt zu veranlassen, richtete er alles zur Belagerung ein, wobei die Leute des Hyrkanos ihm bereitwillig mit Rat und Tat zur Hand gingen.

Pompeius ließ auf der Nordseite den Graben und die ganze Talschlucht ausfüllen. Die Ausfüllung war recht schwierig, einmal wegen der bedeutenden Tiefe, dann aber auch, weil die Judäer von oben her auf alle mögliche Weise die Arbeit zu verhindern suchten. Die Römer wären damit auch wohl nicht zu Ende gekommen, wenn nicht Pompeius jeden siebten Tag, an dem die Judäer aus religiösen Rücksichten sich aller Arbeit enthalten, zur Erhöhung des Dammes benützt und den Soldaten an diesem Tag das Handgemenge untersagt hätte; denn zu ihrer persönlichen Verteidigung dürfen die Judäer auch am Sabbat kämpfen. […]
Während die Römer viele Mühe zu ertragen hatten, konnte Pompeius nicht umhin, sich über die mutige Ausdauer der Judäer wie auch besonders darüber zu verwundern, dass sie mitten im Hagel der Geschosse ihren Gottesdienst im vollen Umfang weiterführten. […]
Im dritten Monat der Belagerung drangen die Römer, nachdem sie mit viel Mühe einen der Türme zerstört hatten, in das Heiligtum ein. […] Von allen Seiten umzingelten sie die Judäer und töteten die einen auf der Flucht nach dem Tempelgebäude, die anderen nach kurzer Gegenwehr. […]
Nichts konnte das Volk in dieser schrecklichen Lage so schwer treffen, als dass das bis jetzt unbetretene Allerheiligste von Fremden gesehen wurde. Pompeius ging mit seinem Gefolge in den Teil des Tempels, den nur der Hohepriester betreten durfte, und betrachtete, was darin war: den Leuchter und die Lampen, den Tisch, die Opferschalen und die Räuchergefäße, alles von gediegenem Gold, die Menge des aufgespeicherten Räucherwerks und den gegen 2 000 Talente betragenden Tempelschatz. Doch rührte er weder diesen noch irgendeines der heiligen Geräte an; vielmehr ließ er am Tage nach der Erstürmung den Tempelraum durch die Tempeldiener reinigen und die üblichen Opfer darbringen. Dann ernannte er Hyrkanos wieder zum Hohenpriester, weil er sich bei der Belagerung als sehr hilfsbereit erwiesen, dann aber ganz besonders, weil er die Landbevölkerung, die sich anschickte, für Aristobulos zu den Waffen zu greifen, davon abgehalten hatte. So gewann er, wie es einem guten Feldherrn ziemt, das Volk mehr durch Wohlwollen als durch Furcht. Unter den Kriegsgefangenen befand sich auch der Schwiegervater des Aristobulos, der zugleich sein Onkel war. Die Haupturheber des Krieges ließ Pompeius enthaupten; Faustus [römischer Feldherr] und die anderen, die an seiner Seite mutig gekämpft hatten, beschenkte er mit herrlichen Kampfpreisen. Dann legte er dem Land und der Stadt Jerusalem eine Steuer auf. Eine weitere Folge des Krieges war, dass Pompeius dem Volk die Städte, die es in Koilesyrien[1] erobert hatte, wieder abnahm, sie dem römischen Legaten[2] unterstellte und die Judäer auf ihre eigenen Grenzen beschränkte. […] Dann befreite er von ihrer Oberherrschaft alle Städte im Binnenland, die sie [= die Judäer] nicht zerstört hatten. […] Alle diese Städte gab er ihren eingeborenen Bürgern zurück und teilte sie der Provinz Syrien zu.[3]

Flavius Josephus, Geschichte des Judäischen Krieges. Aus dem Griechischen von Heinrich Clementz, Stuttgart 2008, S. 44–47.

1 Historische Landschaft, vermutlich im Norden des heutigen Israels bzw. des Libanon gelegen.
2 Hier: Hilfsbeamter des römischen Statthalters.
3 Es handelte sich vor allem um hellenistische Städte.

Lösungsvorschläge

1.1 *Zunächst sollen Sie die Textquelle zusammenfassen (AFB I), was angesichts ihrer Länge und ihrer narrativen Struktur nicht einfach ist. Teilen Sie den Text in Sinnabschnitte ein und reduzieren Sie die Ereignisse in sachlicher Sprache auf das Wesentliche. Der Operator „aufzeigen" (AFB I) stellt ähnliche Anforderungen und verlangt von Ihnen eine knappe Darstellung historischer Sachverhalte. Sie sollen grundsätzliche Konflikte aufzeigen, also deutlich machen, inwieweit die in der Quelle erwähnten Ereignisse typisch für das jüdisch-römische Verhältnis in Palästina sind. Belegen Sie Ihre Aussagen mit indirekten Zitaten.*

Der jüdisch-römische Geschichtsschreiber Flavius Josephus (37–100 n. Chr.) schildert die Eroberung Jerusalems durch die Römer wie folgt: Trotz der **starken Befestigung Jerusalems** (vgl. Z. 2–5) gelang es dem römischen Heer unter Pompeius, weite **Teile der Stadt widerstandslos zu besetzen**. Denn es konnte einen **innerjüdischen Parteienstreit** zwischen Hyrkanos und Aristobulos, den Söhnen der verstorbenen Regentin Salome, ausnutzen (vgl. Z. 6–9). Die Anhänger des Hyrkanos traten für den Frieden ein und öffneten den Römern schließlich die Stadttore, während sich die kriegsbereiten Anhänger des Aristobulos im schwer zugänglichen Tempelbezirk verschanzten (vgl. Z. 10–14), wo sie den Römern noch lange Gegenwehr leisteten. Selbst der römische Feldherr bewunderte ihre Ausdauer und ihre Glaubensstärke (vgl. Z. 27–30). Indem die Römer die **jüdische Sabbatruhe ausnutzten**, konnten sie sich schließlich einen Weg in das Heiligtum bahnen und den Widerstand der Juden brechen (vgl. Z. 22–26, Z. 31–34). Das **Eindringen der Römer in den Tempel** löste bei den Juden große Empörung aus, auch wenn Pompeius den Tempelschatz nicht plünderte und den Tempel sogar rituell reinigen ließ (vgl. Z. 35 f., Z. 40–43). Nach der vollständigen Eroberung der Stadt traf Pompeius folgende Regelungen: Als Dank für dessen Verdienste bei der Eindämmung des Widerstandes setzte er Hyrkanos wieder als **Hohepriester** ein (vgl. Z. 43). Weitere Mitstreiter belohnte er, wohingegen er die **Rädelsführer** des Widerstandes **bestrafte** (vgl. Z. 48 f.). In der Stadt und im ganzen Land erhob er eine **Steuer** (vgl. Z. 51). Schließlich **begrenzte er die Macht der Judäer** auf ihr Stammgebiet, befreite die von den Judäern unterworfenen Städte und teilte diese der **römischen Provinz Syrien** zu (vgl. Z. 52–57).

Die Textquelle zeigt folgende grundsätzliche Konflikte im römisch-jüdischen Verhältnis: Erstens zeigt sie den Gegensatz zwischen dem **Vorherrschaftsanspruch der Weltmacht Rom** im Nahen Osten und **dem Streben der Juden nach Selbstständigkeit** und Machtgewinn. Zweitens wird die Spannung zwischen dem Auftreten der Römer und **dem religiösen Selbstverständnis der Juden** deutlich, die großes Konfliktpotenzial barg. Drittens führten die von den Römern erhobenen Steuern zur **Verschuldung vieler Juden**, was das römisch-jüdische Verhältnis ebenfalls stark belastete.

1.2 *„Charakterisieren" (AFB II) heißt in diesem Fall, die Herrschaftspolitik des Pompeius zu beschreiben und darüber hinaus unter bestimmten Gesichtspunkten zusammenzufassen, sodass der Leser das Bezeichnende, Eigentümliche oder Spezifische daran erkennen kann. Beachten Sie dabei die Quellenart. Die Darstellung des Flavius Josephus ist selbst schon eine Sekundärquelle, die Charakterisierungsansätze enthält. „Beurteilen" (AFB III) fordert von Ihnen ein Sachurteil auf Grundlage Ihrer historischen Kenntnisse. Dabei müssen Sie die Folgen der Herrschaftspolitik des Pompeius in den Blick nehmen und diese in die Geschichte der römischen Herrschaft im Nahen Osten einordnen.*

Pompeius tritt als Befehlshaber der überlegenen Militärmacht einerseits sehr **selbstbewusst** auf, etwa wenn er Roms Gegner bestraft oder hinrichten lässt, Steuern in Judäa erhebt und die gesamte Region territorial neu ordnet (vgl. Z. 48–57). So wie Flavius Josephus es darstellt, wirkt Pompeius' Herrschaftspolitik allerdings insgesamt sehr **ausgewogen, durchdacht und zielgerichtet**. Das wird deutlich, wenn er als Ungläubiger den Tempel betritt und damit einen wohlkalkulierten Tabubruch begeht, um seine Macht zu demonstrieren (vgl. Z. 36–40). Indem er den Tempel reinigen lässt, zeigt er den Juden gleichzeitig, dass er ihren **religiösen Gefühlen Respekt** erweist (vgl. Z. 41 ff.). Im Folgenden **verzichtet** Pompeius ungeachtet seiner Machtfülle **auf die vollständige Unterwerfung** der unterlegenen Juden. Er **arbeitet mit einheimischen Machthabern zusammen** und ist bemüht, die jüdische Bevölkerung „mehr durch Wohlwollen als durch Furcht" (Z. 47) zu gewinnen. Folgerichtig gestattet er den Juden die Ausübung ihrer Religion. Ein Beleg für diese Haltung ist, dass er seinen Verbündeten Hyrkanos wieder zum höchsten Priester der Juden macht (vgl. Z. 43 f.).

Als **Urteil** lässt sich festhalten, dass Pompeius mit seiner Respektierung des Judentums sowie der Einbindung romtreuer Kräfte und einheimischer Machthaber eine **längere Zeit des Friedens in Palästina** einleiten konnte, ehe es im ersten nachchristlichen Jahrhundert zu mehreren Aufständen und Kriegen kam, die schließlich zur Zerstörung des Tempels in Jerusalem (70 n. Chr.) und zur Ermordung und Auswanderung vieler Juden führte. Andererseits markierte seine Eroberung Jerusalems den **Beginn der römischen Fremdherrschaft**, die in dieser Region insgesamt etwa 700 Jahre dauern sollte.

2.1 *Der Operator „einen Überblick geben über" verweist auf den AFB I. Sie sollen eine historische Entwicklung in kurzer Form mit Blick auf das Wesentliche wiedergeben. Dabei müssen Sie die vorgegebene zeitliche Eingrenzung beachten. Die Zahl „1900" steht in diesem Fall einfach für den Beginn des Jahrhunderts. Sie müssen also nicht verzweifelt nach einem Datum suchen! Orientieren Sie sich an der Zeitachse, aber liefern Sie keine ausufernde Chronologie, sondern arbeiten Sie lieber die Zusammenhänge zwischen einzelnen Ereignissen und Entwicklungen heraus.*

Zu Beginn des 20. Jahrhunderts gehörte Palästina zum **Osmanischen Reich**. Die ansässigen arabischen Stämme lehnten sich gegen diese **Fremdherrschaft** auf, während andererseits die **zionistische Bewegung**, die die Einrichtung eines jüdischen Staates im dünnbesiedelten Palästina forderte, an Einfluss gewann: Viele europäische Juden **emigrierten** dorthin, auch wenn die hier ansässige **Bevölkerung mehrheitlich** von **muslimischen Arabern** gebildet wurde. Während des Ersten Weltkriegs versprach **Großbritannien** einerseits den Arabern die Selbstständigkeit als Gegenleistung für eine Unterstützung im Kampf gegen das Osmanische Reich. Andererseits einigten sich die Briten mit den Franzosen im **Sykes-Picot-Abkommen** 1916 darauf, das Osmanische Reich nach einem Sieg aufzuteilen. Der zionistischen Bewegung schließlich versprachen die Briten 1917 in der **Balfour-Erklärung**, die Errichtung einer „jüdischen Heimstätte" in Palästina mit Wohlwollen zu betrachten, also letztlich zu unterstützen.
Sowohl Juden als auch Araber erhofften folglich von den Briten die Verwirklichung ihrer Unabhängigkeit und die Einrichtung eines Nationalstaates. Ihre Hoffnungen trogen, denn Großbritannien und Frankreich verfolgten eigene **imperiale Interessen** und besetzten gemäß dem Sykes-Picot-Abkommen den Nahen Osten. 1920/22 erhielten die beiden Siegermächte vom Völkerbund Mandate mit der Verpflichtung, die besetzten Gebiete schrittweise zur Unabhängigkeit zu führen. Im Falle des **Mandatsgebiets Palästina**, zu dem die Gebiete des heutigen Israel und Jordaniens gehörten, übernahmen die Briten die Aufgabe, die bereits 1917 versprochene Errichtung einer „jüdischen Heimstätte" zu fördern, ohne die Rechte der arabischen Bevölkerung zu verletzen. Die fortdauernde jüdische Einwanderung (**Alija**), die verbunden war mit systematischem Landerwerb, dem Aufbau von Selbstverwaltungseinrichtungen und einer eigenen Miliz, führte jedoch zu zunehmenden Spannungen. Das **verletzte arabische Nationalgefühl** entlud sich in Aufständen und Pogromen. Um die Situation zu entschärfen, machte Großbritannien 1937 den Vorschlag, das Mandatsgebiet aufzuteilen, was jedoch von den Arabern abgelehnt wurde. Angesichts der wachsenden Gefahr eines **Zweiten Weltkrieges** veränderten die Briten 1939 ihre Politik. Um die im gesamten Nahen Osten auf Selbstständigkeit drängenden arabischen Gruppen zu beruhigen, beschlossen die Briten im Mai 1939 die **weitgehende Einstellung der Einwanderung** von Juden und verkündeten ihre Absicht, aus Palästina keinen rein jüdischen Staat werden zu lassen, was zu einer Verschlechterung der britisch-zionistischen Beziehungen führte. Dies konnte jedoch die Palästinenser nicht beruhigen, die im Zweiten Weltkrieg den Anschluss an NS-Deutschland suchten, das sie als Verbündeten in der Auseinandersetzung mit Briten und Juden sahen.

2.2 *Die Aufgabenstellung ist komplex und muss genau gelesen werden. „Erläutern" (AFB II) heißt, dass Sie historische Sachverhalte durch Wissen und Einsichten in einen Zusammenhang einordnen sowie durch weitere Informationen und Beispiele verdeutlichen sollen. Zunächst müssen Sie sich fragen, was die „wesentlichen historischen Ereignisse des Jahres 1948" sind (Staatsgründung*

Israels, arabisch-israelischer Krieg, Flucht und Vertreibung von Palästinensern). Sie sollen den Leser also über unterschiedliche Bewertungen dieser Sachverhalte aufklären. Ausdrücklich wird sowohl die israelische als auch die palästinensische Perspektive gefordert. Abweichende Wahrnehmungen / Bewertungen innerhalb der beiden Gruppen können Sie anführen.

Für die **israelische Seite** stellten die Entwicklungen des Jahres 1948 einen großen Erfolg dar. Mit der Staatsgründung konnten sie den lange gehegten Wunsch nach einem **eigenen Nationalstaat** im Gebiet der jüdischen Ethnogenese seit der Antike realisieren und sich dabei auf das **Selbstbestimmungsrecht** der Völker berufen. Die Staatsgründung wurde als **Wiedergutmachung der unrechtmäßigen Vertreibung** durch die römische Besatzungsmacht nach dem jüdischen Aufstand (132–135 n. Chr.) gesehen. Man hoffte, damit die **Diaspora** endgültig zu beenden und künftige Verfolgungen der Juden verhindern zu können. Dabei muss man sich vor Augen halten, dass die **Shoah** Ende der 1940er-Jahre nicht nur stark im Bewusstsein der Juden verankert war, sondern darüber hinaus oft einen Teil der individuellen Biografien bildete. Stolz verwiesen die jüdischen Einwanderer darauf, die **kulturelle Entwicklung** der Region durch systematischen Landerwerb und den Aufbau gesellschaftlicher Organisationen gefördert zu haben. Legitimieren konnten die Juden ihr Vorgehen als **Reaktion auf die arabische Aggression** nach der jüdischen Annahme des **UN-Teilungsplans**, auch wenn es de facto schon nach dem UN-Beschluss zu einem Bürgerkrieg zwischen beiden Staaten gekommen war, der nach der Staatsgründung in den ersten **Palästinakrieg** überging. Der **Sieg des jungen Staates Israel** gegen den Angriff der arabischen Staaten stärkte das nationale Selbstbewusstsein der Juden zusätzlich.

Aus der **palästinensischen Perspektive** ergibt sich demgemäß eine völlig andere Bewertung der Ereignisse. Anders als die meisten Juden hatten die Palästinenser den UN-Teilungsplan abgelehnt und dagegen ein Widerstandsrecht beansprucht. Die Niederlage im ersten Palästinakrieg war für sie eine **Katastrophe**, da Hunderttausende ihre Heimat verloren, sei es durch **Flucht oder** durch **Vertreibung** durch die Israelis. Die **Niederlage** gegen Israel wurde **als Demütigung** empfunden. Viele **Gebiete**, die gemäß dem UN-Beschluss Teil des Palästinenser-Staates hätten werden sollen, wurden von Israel **besetzt**. Das Westjordanland kam an Jordanien, der Gaza-Streifen wurde von Ägypten verwaltet. Damit war ein **eigener Staat in weite Ferne gerückt**. Besonders negativ bewerteten die Flüchtlinge und Vertriebenen in den arabischen Nachbarstaaten diese Entwicklungen. Sie mussten dort in Lagern leben und wurden von den arabischen Staaten nicht integriert, um damit die Möglichkeit eines Palästinenser-Staates offenzuhalten. Sie beharrten auf ihrem „**Recht auf Rückkehr**", was ihnen Israel aber verweigerte.

3. *„Diskutieren" (AFB III) bedeutet, dass Sie zu einem Problem oder einer Behauptung eine Argumentation entwickeln, beide Seiten abwägen und zu einem begründeten Urteil kommen sollen. Das Problem sind in diesem Fall die Gestaltungsmöglichkeiten eines Friedensprozesses im Nahen Osten durch die USA, abzuwägen sind die Möglichkeiten und Grenzen. Der Zeitabschnitt wird eingeschränkt durch die Angabe „nach 1990", also die Zeit nach dem Ende des Kalten Krieges und der bipolaren Weltordnung. Beachten Sie, dass Formulierungen wie „Gestaltungsmöglichkeiten" oder „Friedensprozess" sehr offen sind. Das gibt Ihnen die Chance, diese Begriffe zu präzisieren. Die ausformulierte Lösung sollte Ihr Problembewusstsein zeigen und eine schlüssige Argumentation vorweisen. Dazu sollten Sie Einschätzungen entwickeln, die Sie anhand historischer Ereignisse oder Prozesse begründen. Ein wiederholtes Aufgreifen der Fragestellung kann Ihnen helfen, ein Abschweifen bzw. die Anhäufung unstrukturierten Detailwissens zu vermeiden. Fassen Sie am Ende Ihre Ergebnisse kurz und knapp zusammen.*

Seit Jahrzehnten schon prägt der Nahostkonflikt die internationale Politik. Zwar scheint das Zeitalter der Nahost-Kriege zwischen Israel und seinen arabischen Nachbarn beendet zu sein, aber zwischen Israelis und Palästinensern gibt es noch immer keinen Frieden. Zunehmend wurden klassische Staatenkriege durch eine **asymmetrische Kriegführung** zwischen der israelischen Armee und palästinensischen Widerstandsgruppen ersetzt. Nach dem Scheitern mehrerer Schlichtungsversuche ist der Weltgemeinschaft die Hoffnung auf eine rasche und endgültige Lösung des Konflikts abhanden gekommen, sodass inzwischen von einem **Friedensprozess** gesprochen wird. Doch welche Möglichkeiten haben die USA, diesen Prozess zu gestalten, also so auf beide Parteien einzuwirken, dass ein dauerhafter Frieden möglich wird?
Neue Gestaltungsmöglichkeiten eröffneten sich den USA durch den Zusammenbruch der Sowjetunion und das Ende des Kalten Krieges. Die USA sind seither die **einzige Supermacht** mit **immenser militärischer Stärke** und sehr **großem politischen Gewicht**. Vor 1990 war der regionale Nahostkonflikt mit der globalen bipolaren Ordnung verflochten. Somit mussten die USA auch im Nahen Osten mit der Sowjetunion um Einflussgebiete und Verbündete konkurrieren, was eine Beendigung des Konflikts erschwerte. Als Folge der Systemkonkurrenz des Kalten Krieges unterstützt Russland heute noch als Nachfolgestaat der Sowjetunion das despotische Syrien, das Israel bis heute nicht anerkennt. Die Entwicklungen der 1990er-Jahre zeigten, dass sowohl **Israel** als auch die **Palästinenser** die **Vermittlerrolle der USA akzeptieren**, die zu den Oslo-Abkommen führte, welche einen Rückzug israelischer Truppen aus besetzten Gebieten und den Aufbau einer palästinensischen Selbstverwaltung vorsahen. Im Jahr 2000 fanden in den USA Gespräche zwischen Israel und der PLO statt, die jedoch ergebnislos blieben. Anlässlich der „Zweiten Intifada" (2000–2005) schalteten sich die USA erneut in den Friedensprozess ein. Im Rahmen des „**Nahostquartetts**" aus USA, UNO, EU und Russland stellten sie eine „**Roadmap**" vor, die beiden Parteien den Weg zu einem Frieden wies. Diese Kooperation wirkte

sich positiv auf die Akzeptanz der Vorschläge aus, die auf eine „Zwei-Staaten-Lösung“ hinauslief, aber bis heute noch nicht verwirklicht werden konnte.

Das Scheitern mehrerer diplomatischer Initiativen zeigt schon, dass der Einfluss der USA auf die Friedens- und Kompromissbereitschaft der Beteiligten nicht überschätzt werden darf. Vielfach herrscht auch **Misstrauen gegen die USA** vor, denen vorgeworfen wird, im Nahen Osten in erster Linie **eigene Interessen** wie die Sicherung der Erdölzufuhr und die Kontrolle der Ölreserven sowie die Beherrschung der Seewege zu verfolgen. Aus arabischer Sicht stehen die USA zudem zu deutlich auf der Seite Israels.
Der Einfluss der USA wird auch durch **Komplexität, Intensität und Dauer des Konflikts** begrenzt. **Extremisten** auf beiden Seiten versuchen ein Voranschreiten des Friedensprozesses zu untergraben. Das wurde deutlich, als Friedensnobelpreisträger **Jitzchak Rabin** 1995 von einem ultraorthodoxen Juden **ermordet** wurde; sein Nachfolger als Ministerpräsident trieb den Bau jüdischer Siedlungen in den besetzten Gebieten voran. Dieser **Siedlungsbau** stellt einen Hauptstreitpunkt dar. Doch auch die USA konnten Israel nicht zu einem Stopp der Siedlungstätigkeit bringen. Verschärft wurde der Konflikt durch die Gewalttätigkeiten palästinensischer Extremisten, die im Zuge der **Zweiten Intifada** einen Höhepunkt erreichten. Radikale Palästinensergruppen wie die **Hamas** oder die **Al-Aqusa-Brigaden** verübten Selbstmordanschläge auf Israelis, was zu **Vergeltungsaktionen** der israelischen Armee, zum Bau einer 750 km langen **Sperranlage** um das Westjordanland sowie zur **gezielten Tötung** von sogenannten Feinden des Staates Israel führte. Zur Komplexität trägt auch die gesamte geopolitische Situation in der Großregion bei: **Syrien** etwa gilt als wichtiger Unterstützer und Geldgeber anti-israelischer Organisationen wie der **Hisbollah**, die vom Libanon aus operiert. Die für viele Anschläge verantwortliche Gruppierung wird auch vom **Iran** gefördert, dessen Präsident Ahmadinedschad dazu aufgerufen hat, Israel zu vernichten. Derzeit erwägt Israel eine militärische Operation, um den Iran vom Bau einer Atombombe abzubringen. Solange regionale Mächte wie Syrien und Iran das Existenzrecht Israels bestreiten und als Förderer einer extremistischen Politik auftreten, werden auch die USA den Friedensprozess nicht entscheidend voranbringen können. Die Handlungsmöglichkeiten scheinen sich auf die Entwicklung pragmatischer Friedenspläne, den Appell an beide Seiten und die Schaffung von Dialogmöglichkeiten zu beschränken.

4. *Der folgende Lösungsvorschlag greift die **Teilaufgabe c)** auf.*
Wie in vielen zusätzlichen Teilaufgaben ist auch in der Aufgabe zu 12/1 eine dialektische Erörterung gefordert (AFB III), in der also Argumente für und gegen die These gefunden werden sollen, dass es historische Grundlagen für ein europäisches Einheitsbewusstsein gebe. Die Aufgabe ist so gestellt, dass es nicht in erster Linie um politisch-weltanschauliche Meinungen zu Europa aus heutiger Sicht gehen kann, sondern um eine Argumentation auf der Grundlage historischer Zusammenhänge und Entwicklungen.

Die Frage nach möglichen historischen Grundlagen für ein europäisches Einheitsbewusstsein, die in der „Süddeutschen Zeitung" vom 05. 08. 2011 gestellt wurde, ist heute angesichts der Krise des Euro und der damit verbundenen Konflikte zwischen den einzelnen Staaten **aktueller denn je**. Offensichtlich sind sich die Völker Europas doch noch nicht nah genug, um zur Meisterung einer Krise genügend Vertrauen aufzubringen und über Trennendes hinwegzusehen.
Allerdings sprechen **aus historischer Perspektive** wichtige Aspekte für ein **europäisches Einheitsbewusstsein**. So ist in allen europäischen Staaten die seit dem hohen Mittelalter sich entwickelnde **Trennung von geistlicher und weltlicher Gewalt** zur Wurzel des weltlichen Staates geworden. Der **universalistische Reichsgedanke**, der sich vom Römischen Reich über das Frankenreich bis zum mittelalterlichen Reich als Ordnungsidee halten konnte, musste nun ersetzt werden durch eine weltliche Legitimation. Das politische Denken der **Aufklärung** mit den Leitaxiomen von **Freiheit und Gleichheit** schuf ein **Menschenbild**, das zum Kern eines europäischen Einheitsbewusstseins wurde. Fixiert wurde diese Vorstellung in Form der **Menschenrechte**, zu denen sich die souveränen Völker bekannten und bekennen. Auch das **Gebot der religiösen Toleranz** ist Bestandteil eines europäischen Bewusstseins, das sich nicht zuletzt in der Konfrontation mit fundamentalistischen Herausforderungen behaupten muss. Und schließlich können auch der **demokratische Sozialstaat** und die damit eng verknüpfte Vorstellung von **Solidarität** als Aspekte eines gesamteuropäischen Bewusstseins verstanden werden.
Die frühe Geschichte Europas war in hohem Maß von den **Traditionen des Römischen Reiches** bestimmt, die bis in die Neuzeit als prägende Ordnungs- und Organisationsideen fortwirkten, wie nicht zuletzt der Name des „Heiligen Römischen Reiches" belegt. Insbesondere die **römischen Rechtstraditionen** bilden auch in der Gegenwart den Kern eines gemeinsamen europäischen Rechtsbewusstseins.
Mit der **Befreiung der Wissenschaft** aus den Fesseln kirchlicher Dogmen seit der Renaissance setzte sich in Europa ein **Rationalismus** durch, der zum Siegeszug vor allem der **Naturwissenschaften** führte und als Bestandteil eines europäischen Einheitsbewusstseins gelten kann.

Auf der anderen Seite sind in der Geschichte Europas auch Tendenzen und Linien zu erkennen, die eher den **Mangel an Einheitsbewusstsein** belegen und Nähe verhindern. So sind von Anfang an nicht „die Europäer" Handelnde der Geschichte, sondern „**Völker**" und „**Nationen**" – vielleicht von den Kreuzzügen abgesehen. Das „Römische Reich" wurde von germanischen Völkern geschwächt und dann abgelöst vom Frankenreich, das sich später als „Heiliges Römisches Reich deutscher Nation" bis in die Neuzeit erhalten konnte. Dann aber wurde die **Nation zur staatenbildenden Größe**, wobei sich die Nationen des 19. Jahrhunderts meist in der **Abgrenzung** zu anderen definierten. **Ressentiments und Überlegenheitsvorstellungen** bildeten die Grundlage **nationaler Fremd- und Selbstbilder** und standen einem europäischen Einheitsbewusstsein im Wege beziehungsweise traten in Konkurrenz zu ihm.

Allzu oft führte die Entwicklung der Nationalstaaten mit ihrem Bemühen um innere Geschlossenheit und einem eigenen Staatsbewusstsein in Verbindung mit **sprachlicher, kultureller und religiöser Abgrenzung** von anderen Nationen zu einem Verlust an Nähe und damit zu Misstrauen, ja Feindschaft.

So könnte das Fazit lauten, dass in der Geschichte immer schon „Völker" und „Nationen" das Schicksal unseres Kontinents bestimmten, dass aber das Bewusstsein einer europäischen Zusammengehörigkeit mal stärker, mal weniger stark das Handeln dieser Völker und Nationen beeinflusste. Die Ethnogenese der Franken wie auch die Nationwerdung der Deutschen können dabei als Hinweise verstanden werden, wie Einheitsbewusstsein und politisch-staatliche Einigung in **Wechselbeziehung** treten.

Leerseiten verbilligen in diesem Fall die Herstellung des Buches!

Ihre Meinung ist uns wichtig!

Ihre Anregungen sind uns immer willkommen. Bitte informieren Sie uns mit diesem Schein über Ihre Verbesserungsvorschläge!

Titel-Nr.	Seite	Vorschlag

Bitte hier abtrennen

Lernen • Wissen • Zukunft
STARK

Bitte hier abtrennen

Zutreffendes bitte ankreuzen!

Die Absenderin/der Absender ist:

- ☐ Lehrer/in in den Klassenstufen: ______
- ☐ Fachbetreuer/in
  Fächer: ______
- ☐ Seminarlehrer/in
  Fächer: ______
- ☐ Regierungsfachberater/in
  Fächer: ______
- ☐ Oberstufenbetreuer/in
- ☐ Schulleiter/in
- ☐ Referendar/in, Termin 2. Staatsexamen: ______
- ☐ Leiter/in Lehrerbibliothek
- ☐ Leiter/in Schülerbibliothek
- ☐ Sekretariat
- ☐ Eltern
- ☐ Schüler/in, Klasse: ______
- ☐ Sonstiges: ______

Unterrichtsfächer: (Bei Lehrkräften!)

______

STARK Verlag
Postfach 1852
85318 Freising

22_VM9

Bitte ausfüllen und im frankierten Umschlag an uns einsenden. Für Fensterkuverts geeignet.

Kennen Sie Ihre Kundennummer? Bitte hier eintragen.

Absender (Bitte in Druckbuchstaben!)

Name/Vorname

Straße/Nr.

PLZ/Ort/Ortsteil

Telefon privat

Geburtsjahr

E-Mail

Schule/Schulstempel (Bitte immer angeben!)

(Bitte blättern Sie um)

J. GAITHER PRATT

PSI-
FORSCHUNG
HEUTE

Entwicklungen
der
Parapsychologie seit 1960

AURUM VERLAG · FREIBURG IM BREISGAU

Der Titel der bei The Scarecrow Press, Inc., Metuchen/N. J.,
erschienenen amerikanischen Originalausgabe lautet:
ESP RESEARCH TODAY
– A Study of Developments in Parapsychology Since 1960 –
Die autorisierte Übersetzung ins Deutsche besorgten
Eberhard und Christine Bauer

1976
ISBN 3 591 08020 9

Gesamtherstellung: Iris Druck & Verlag, Obernhain/Ts.
Printed in Germany

I.S.
L.A.D.
G.M.

Der besondere Dank des Verfassers gilt diesen Freunden und Kollegen, die die Vorbereitung dieses Berichtes über die jüngste Vergangenheit und derzeitige Lage der Parapsychologie nach Kräften unterstützt haben. Ebenso bin ich den anderen, die zu zahlreich sind, als daß ich sie namentlich erwähnen könnte, zu großem Dank verpflichtet.

VORWORT

Eines der markanten Symptome der gegenwärtigen »okkulten« Welle ist eine Bücherflut, mit der zumeist journalistische Verfasser parapsychologische Untersuchungen und Ergebnisse von ihrem vermeintlichen Sensationsgehalt her ausbeuten und marktgerecht verkaufen. Es scheint unausbleiblich, daß solche Spekulationsgeschäfte mit Psi den um Information bemühten Leser eher verwirren als über den Standort der heutigen Psi-Forschung sachgemäß aufklären.

J. Gaither Pratt geht in seinem Buch von dieser Einsicht aus und konstatiert ausdrücklich, daß »es für die Parapsychologen heutzutage von größter Wichtigkeit ist, daß ihre Arbeit *richtig* dargestellt und verstanden« wird. Wenn die Parapsychologie als Forschungsdisziplin auf die Unterstützung der Öffentlichkeit rechnen will, muß sie ihre Ergebnisse in einer Form präsentieren, die sowohl sachlich korrekt wie auch ohne spezielle Vorkenntnisse verständlich ist – beides Bedingungen, die dieses Buch erfüllt. Sein Verfasser gehört zu den wenigen wissenschaftlich arbeitenden Parapsychologen, die ihr Leben ganz dieser Forschung gewidmet haben – »I cast my life for parapsychology« (wie Pratt in seinem Buch *Parapsychology: An Insider's View of ESP* schreibt); zudem gibt es kaum einen weiteren Parapsychologen, der eine ähnliche Vielzahl von Forschungsinteressen aktiv vertreten hat und legitimiert wäre, darüber zu schreiben. Einige Angaben zu seiner Person dürften daher auch für den Leser der deutschen Ausgabe nützlich sein:

J. Gaither Pratt – geboren 1910 in Winston-Salem, North Carolina, USA – hat heute eine Position als 'full Professor' in Charlottesville an der parapsychologischen Abteilung der Medizinischen Hochschule der Universität Virginia inne. Schon während seines Psychologiestudiums an der Duke Universität in North Carolina fungierte er als Forschungsassistent bei J. B. Rhine, einem Begründer der experimentellen Parapsychologie. Mitte der dreißiger Jahre, nach Gründung des Parapsychologischen Laboratoriums an dieser Universität – der ersten Forschungsstätte dieser Art in der Welt – wurde er Rhines hauptamtlicher Mitarbeiter und hat als dessen maßgeblich tragender Schüler an der Etablierung der experimentellen Parapsychologie entscheidend mitgearbeitet. Sein Name ist mit mittlerweile historischen Psi-Experimenten verknüpft, die in der Pionierzeit dieses Labors durchgeführt wurden – den »Pearce-Pratt«- (1933/34) und »Pratt-Woodruff«- (1938/39) -Versuchsreihen. 1964, nach Professor Rhines Emeritierung und der Umwandlung des Universitätslabors in eine freie Forschungsorganisation, die »Foundation for Research on the Nature of Man« (F.R.N.M.), entschloß sich Pratt auf das Angebot von Professor Stevenson hin, an die Universität Virginia zu wechseln.

Pratts Forschungsarbeit hat sich in einer Vielzahl experimenteller Beiträge niedergeschlagen, die in den führenden angloamerikanischen Fachzeitschriften der Parapsychologie und auch anderen wissenschaftlichen Zeitschriften wie *Science* und *Nature* veröffentlicht wurden. Sein wissenschaftliches Interesse galt zuerst primär quantitativen Experimenten auf dem Gebiet der außersinnlichen Wahrnehmung, besonders der Untersuchung der Frage, welche Faktoren die ASW als Reaktionsprozeß beeinflussen und welche Einflußgrößen seitens der Versuchsperson und des Experimentators einen ASW-Test als psychologische Situation strukturieren. Er ist weiter Mitverfasser eines »Klassikers« der experimentellen ASW-Forschung – *Extra-sensory Perception after 60 Years* (1940, 1966) – und hat 1957 zusammen mit J. B. Rhine die Bilanz einer dreißigjährigen Forschungsarbeit in Form eines wissenschaftlichen Leitfadens vorgelegt, der 1962 in der von Hans Bender und Inge Strauch besorgten Übersetzung *Parapsychologie – Grenzwissenschaft der Psyche* (Bern/München: Francke) auch deutsch herauskam.

Abgesehen von diesen Publikationen, die sich an parapsychologische Spezialisten und interessierte Wissenschaftler anderer Disziplinen wenden, hat J. G. Pratt mehrfach den Versuch unternommen, breitere Schichten der Öffentlichkeit an Methoden, Ergebnisse und Probleme der Parapsychologie heranzuführen. Dies geschah zuerst 1964 mit der bereits oben zitierten *Parapsychology: An Insider's View of ESP*, einer Art parapsychologischen »Autobiografie«, 1973 mit *ESP Research Today* sowie mit dem jüngst erschienenen Buch *The Psychic Realm: What Can You Believe?* (New York: Random House 1975), das er zusammen mit der Schriftstellerin Naomi A. Hintze verfaßt hat.

Die Rhinesche Schule der Parapsychologie, zu deren maßgeblichen Exponenten Pratt ja lange gehört hat, wurde im deutschsprachigen Bereich durch zwei Übersetzungen Rhinescher Werke bekannt, einmal durch *Neuland der Seele* (1938, übersetzt von Hans Driesch) sowie durch *Die Reichweite des menschlichen Geistes* (1950, über-

und herausgegeben von Rudolf Tischner). In diesen Büchern werden in allgemeinverständlicher Form die klassischen Paradigmen der experimentellen ASW- und PK-Forschung abgehandelt sowie ihre Konsequenzen für das herrschende Welt- und Menschenbild erörtert. Vom wissenschaftsgeschichtlichen Standpunkt aus ist ein Vergleich mit *Psi-Forschung heute* aufschlußreich, der zeigt, wie das Spektrum der von der »herrschenden« parapsychologischen Meinung zugelassenen Themen breiter und bunter geworden ist, also Fragestellungen als legitim betrachtet werden, die zur »Hochblüte« des Paradigmas der Rhineschen Schule – der Beschränkung von Psi-Untersuchungen auf Laborexperimente – auf die Seite geschoben wurden. Man könnte beinahe sagen, daß die Parapsychologie sich wieder auf die Anfänge ihrer Wissenschaftsgeschichte im ausgehenden 19. Jahrhundert zurückbesinnt; Stichworte wie Spontanfälle, Spukforschung, Gedankenfotografie oder Reinkarnation mögen diesen Trend belegen.

Es kommt der Behandlung dieser kontroversen Themen im vorliegenden Buch sehr zustatten, daß Pratt keine Zeit und Mühe gescheut hat, auch zunächst phantastisch klingende Behauptungen – wie die der Gedankenfotografie von Ted Serios – mit der Haltung eines vorurteilsfreien Experimentators zu begegnen und auf ihren Wahrheitsgehalt hin zu überprüfen. Man braucht nur die Darstellung seiner Ted-Serios-Experimente (Kap. VI) mit dem zu vergleichen, was Otto Prokop (Gerichtsmediziner) und Wolf Wimmer (Jurist) in ihrem Buch *Moderner Okkultismus. Parapsychologie und Paramedizin* (Stuttgart: Fischer 1976) aus diesem Thema gemacht haben, um zu ersehen, wieviel die Tugend einer selbstkritischen und nicht dogmatisch fixierten Haltung in diesen Grenzbereichen gilt.

J. Gaither Pratt gilt heute vielleicht als der international aktivste Parapsychologe: wo immer sich auf der Welt etwas parapsychologisch Bedeutsames abspielte, war er als kritischer Zeuge oder Untersucher zur Stelle; dies wird deutlich am Beispiel der Psi-Forschung in der Sowjetunion, in deren Schilderung sechs Reiseerfahrungen eingehen (Kap. III), oder des tschechischen »ASW-Spezialisten« Pavel Stepanek aus Prag, mit dem Pratt über ein Jahrzehnt erfolgreich experimentiert hat (Kap. IV).

Am Beispiel von Kap. IX (»Parapsychologie als Wissenschaft«) läßt sich zeigen, wie innerhalb der letzten Jahre in die Psi-Forschung zunehmend wissenssoziologische Gesichtspunkte eingebracht werden. Organisations-, Ausbildungs- und Nachwuchsprobleme, Fragen der Institutionalisierung des Faches im Rahmen der »etablierten« Wissenschaften, Reflexionen über Sinn und Bedeutung der Psi-Forschung als

Teil des sozialen Systems Wissenschaft, Faktoren, die auf den parapsychologischen Fortschritt (Fortschritt?) Einfluß nehmen können – all dies sind Themen, deren vitale Bedeutung in diesem Buch deutlich herausgestellt werden – und das ist nur *ein* Verdienst.

Eberhard Bauer

Institut für Grenzgebiete
der Psychologie und Psychohygiene,
Eichhalde 12, 78 Freiburg i. Brsg.

EINFÜHRUNG

Auf die Frage: »Was halten Sie von ASW?« bekommt man selten die Antwort: »Was ist das?« Seit der Begriff »außersinnliche Wahrnehmung« (ASW) (»extrasensory perception«) vor fünfunddreißig Jahren in die englische Sprache eingeführt wurde, ist seine Abkürzung (ESP) weithin bekannt geworden.* Fast jeder im High-School-Alter und darüber kennt die Bedeutung von ESP. Aber diese spezielle Abkürzung bleibt im Unterschied z. B. zu LSD weitgehend Teil der Schriftsprache oder des Wortschatzes einzelner. In der Alltagssprache taucht dieser Begriff kaum auf.

Warum nicht?

Dies liegt zum Teil daran, daß nur wenige wissen, was sie von ASW wirklich halten sollen. Soll man daran glauben oder sie als Aberglauben betrachten, als wissenschaftliche Modetorheit? Soll man ASW für bewiesen oder für unmöglich halten? Ist sie ein legitimes Thema für eine wissenschaftliche Untersuchung? Wenn ja, welches Ziel verfolgt man damit? Man will natürlich die Fakten erfahren – aber was heißt das in diesem Fall? Werden die Forscher, die sich mit Problemen der ASW befassen, eines Tages nachweisen, daß es im Universum noch eine weitere Realitätsebene gibt – eine Wirklichkeit, die sich außerhalb der Gesetze von Physik und Chemie abspielt? Oder befaßt sich die Parapsychologie (so die übliche Bezeichnung für dieses Gebiet) wirklich nur mit Grenzgebieten der Physik?

Für das, was Parapsychologen treiben, ist auch noch eine andere Interpretation möglich, die wahrscheinlich von der Mehrzahl der heute auf konventionellen Forschungsgebieten arbeitenden Wissenschaftlern geteilt wird. Diese besagt, daß die Parapsychologen überhaupt keine Wissenschaft betreiben, da sie sich mit Dingen abgeben, die es nicht

* Diese Feststellung dürfte allerdings nicht ohne weiteres auf deutschsprachige Verhältnisse übertragbar sein; ASW hat hier sicher nicht den gleichen Bekanntheitsgrad wie das englische ESP. Umgekehrt ist »außersinnliche Wahrnehmung« als parapsychologischer Terminus älter als »extrasensory perception« (also keine Übersetzung aus dem Englischen); er taucht bereits 1924 als Titel einer Monographie des Arztes Gustav Pagenstecher auf. (Anm. d. Übs.)

gibt. Für jemanden, der diese Meinung vertritt, ist die sogenannte parapsychologische Forschung nichts weiter als der Versuch, abergläubischen Vorstellungen und Täuschungen ein wissenschaftliches Mäntelchen umzuhängen, indem man Methoden verwendet, die man von legitimen Wissenschaftsdisziplinen geborgt hat.

Wer eine solche geringschätzige Meinung von der ASW-Forschung hat, für den kann am Ende nur eines herauskommen: Eines Tages wird es jedem klar, daß hinter dem ganzen ASW-Unternehmen nicht mehr steckt als das, was jeder echte Wissenschaftler ohnehin von vornherein wußte – eine Suche nach etwas, was es nicht gibt.

Angesichts der Vielfalt der Meinungen zur ASW scheuen sich viele, darüber zu reden, da sie nicht wissen, was ihr Gesprächspartner davon hält. Läßt jemand erkennen, daß er das Thema ASW ernst nimmt, muß er damit rechnen, daß man ihn für leicht »übergeschnappt« hält. Umgekehrt wird einer leicht als ignorant oder engstirnig hingestellt, wenn er sich zu diesem Thema abschätzig äußert. So behält man gewöhnlich seine wahre Meinung darüber für sich.

Es gibt jedoch eine unverfängliche Möglichkeit, das ASW-Thema in einer alltäglichen Unterhaltung miteinzubeziehen: Man kann es humoristisch aufziehen, ohne positiv oder negativ Stellung dazu zu nehmen. Aber selbst eine solche Form der Anspielung ist selten zu hören, ausgenommen vielleicht unter Freunden und guten Bekannten.

Wortspiele mit den Anfangsbuchstaben dieses Begriffes finden sich häufiger gedruckt als gesprochen. So wird z. B. ESP als Aufhänger zu Werbezwecken benützt. Gewöhnlich geschieht dies ohne einen direkten Bezug zur wahren Bedeutung des Begriffes, aber im Vertrauen darauf, daß der betreffende Leser die Bedeutung der Abkürzung kennt und den kleinen Scherz zu würdigen weiß. Ein Unternehmer verwendete z. B. in einer Anzeige im *Wall Street Journal* die Buchstaben ESP als fettgedruckte Überschrift. Der Text darunter lautete: »Weil wir ESP haben, brauchen wir Sie. Denn ESP heißt für uns Extra Special People.«*

Oft kommen nach einem parapsychologischen Vortrag Zuhörer zu mir und berichten über ihre eigenen paranormalen Erfahrungen. Fast immer beginnen sie damit, daß sie normalerweise nicht über diese Dinge reden aus Angst, man könnte sie für komisch oder gar verrückt halten. Aber für sie ist es wichtig, sich mit jemandem auszusprechen, der diese Dinge ernst nimmt, der sie für ganz normal hält und dem sie vertrauen können.

---

* Etwa: besonders gute Leute. Das Wortspiel läßt sich mit der deutschen Abkürzung ASW nicht adäquat wiedergeben. (Anm. d. Übs.)

Hinweise auf die Popularität dieses Themas gibt es in Fülle. In Tageszeitungen wird häufig über parapsychische Phänomene berichtet, und die Sonntagsbeilagen enthalten oft allgemeine Artikel zur Parapsychologie. Es gibt sogar populäre Zeitschriften, die sich ausschließlich mit parapsychologischen Themen befassen. Es ist erstaunlich, wieviel Bücher es darüber heute gibt. Bestsellerlisten der letzten zehn Jahre enthielten fast immer einen Titel, der etwas mit Parapsychologie zu tun hatte. Was immer man von den in diesen Büchern beschriebenen Phänomenen halten mag, Tatsache ist, daß das Interesse daran selbst ein Phänomen darstellt. Die *New York Times* brachte in einem Artikel diese neue Entwicklung auf dem Büchermarkt auf den Nenner: »Propheten machen Profit«.

Praktisch all diese Bücher sind von Journalisten verfaßt worden, die sich darauf verstehen, fachspezifische Themen für ein breites Publikum aufzubereiten. Solche Autoren wollen sich offenbar mit ihren Fähigkeiten auch auf dem Gebiet der Parapsychologie versuchen. Warum sollte also angesichts dieser Bücherschwemme ein in der Forschung tätiger Parapsychologe auch noch ein Buch schreiben? Darum, weil es für die Parapsychologen heutzutage von größter Wichtigkeit ist, daß ihre Arbeit *richtig* dargestellt und verstanden wird. Leider müssen wir allzuhäufig feststellen, daß professionelle Journalisten dieser Notwendigkeit nicht völlig gerecht werden können. Mögen sie noch so sorgfältig und gewissenhaft arbeiten, sie sind nur selten in der Lage, die Forschungsarbeit aus der Sicht des Untersuchers wiederzugeben. Wenn sich der Durchschnittsleser nur an das halten kann, was diese Autoren über Parapsychologie verfassen, bekommt er unweigerlich ein verzerrtes Bild. Ich halte es daher für wichtig, daß die parapsychologische Forschung der Öffentlichkeit vom Standpunkt des Wissenschaftlers aus präsentiert wird.

Im Mittelpunkt der vorliegenden Darstellung, die diesem Mangel abhelfen soll, steht die Entwicklung der Parapsychologie während der sechziger und frühen siebziger Jahre. Das Buch beschreibt zwar unser Gebiet, wie es sich mir als aktivem Parapsychologen darbietet, ich möchte mir jedoch nicht anmaßen, für all die anderen Forscher zu sprechen. Die Parapsychologie weist mittlerweile so verschiedene Probleme, Methoden und Ergebnisse auf, daß ein einziges Buch nicht ausreicht, um das ganze Gebiet ausführlich abzuhandeln. Die Auswahl der Themen spiegelt somit zwangsläufig die persönliche Einstellung des Autors, seine Vorlieben und selbst seine Vorurteile wieder.

Ich habe bereits schon einmal für den Laien einen Überblick über die wissenschaftlich betriebene Parapsychologie gegeben. Dieses Buch – *Parapsychology: An Insider's View of ESP* (Parapsychologie:

ASW vom Standpunkt eines Insiders) (New York: Dutton 1966) – beschreibt, welche Stationen die Parapsychologie als organisierter Forschungszweig von ihren Anfängen in England 1882 bis Anfang der sechziger Jahre zurückgelegt hat. Ferner befaßte es sich mit der Bedeutung dieser Forschungsrichtung, besonders mit ihrem herausfordernden Charakter als einer wissenschaftlichen Revolution, der sich im Laufe der Jahre immer mehr verstärkt hat. Dieses Buch fährt mit der Darstellung der parapsychologischen Forschung an dem Punkt fort, wo das erste abbricht. Wer endgültige Resultate erwartet, sei davor gewarnt, allzuviel zu erhoffen. Die Parapsychologie ist ein Prozeß, den man nicht mit endgültigen Aussagen beschreiben kann. Sie stellt ein fortwährendes Bestreben dar, einem ständigen Wandel und Wachstum unterworfen, ein Versuch, dem Ziel immer näher zu kommen, die Natur des Menschen und seine Stellung in der Welt besser zu begreifen.

Das Gebiet der Parapsychologie hat sich auch in geographischer Hinsicht erweitert. Diese Forschung ist jetzt weltweit verbreitet. Um einen Überblick über das gesamte Gebiet zu gewinnen, muß man sich nicht nur in der Welt des Geistes umtun, sondern buchstäblich um den Erdball reisen. In den letzten zwanzig Jahren habe ich dies ausgiebig getan, und zwar immer mit dem Ziel, Wissenschaftler zu besuchen, die aktiv parapsychologische Forschung betreiben. Dieses Buch stellt einen Reisebericht dar, der jüngste wissenschaftliche Vorstöße in das Neuland der Seele schildert.

Kapitel I

DIE VIELFALT PARAPSYCHISCHER ERFAHRUNG*

Vor einiger Zeit traf ich einen Psychologen, der mich fragte, was für Forschungen ich denn betriebe. Als ich ihm sagte, ich hätte mit Untersuchungen auf dem Gebiet der außersinnlichen Wahrnehmung zu tun, meinte er: »Oh ja, ASW. Ungeheuer faszinierend! Nur zu schade, daß Sie meine Mutter nicht als Versuchsperson in Ihren Experimenten hatten.« Er sagte weiter, seine Mutter gehöre zu den Menschen, die im Volksmund Hellseher genannt würden. Sehr oft in ihrem Leben habe sie von Dingen gewußt, die sich in der Ferne abspielten und die sie unmöglich auf normalem Wege über einen der bekannten Sinne hatte erfahren können. Er erwähnte zwei Beispiele, von denen das eine seinen Bruder, das andere ihn selbst betraf und die sich während des zweiten Weltkrieges ereigneten, als sie verschiedenen Streitkräften angehörten.

Fall 1: Die Mutter schrieb seinem Bruder, sie habe geträumt, daß sein Flugzeug getroffen worden sei. Im Traum hatte er nach dem Fuß gefaßt, als wäre er verwundet worden. Dann sah sie, wie das Flugzeug in einem engen Tal Bruchlandung machte, und sie war dankbar, daß er ansonsten unverletzt geblieben war. Der Sohn schrieb zurück, sein Flugzeug sei tatsächlich getroffen worden. Ein Splitter hatte ein Stück von seinem Schuh weggerissen, und er faßte sich an den Fuß, um zu sehen, ob alles in Ordnung war. Er stellte fest, daß es nur ein Kratzer war. Das Flugzeug machte dann Bruchlandung in einem engen Tal, und wie durch ein Wunder trug er keine Verletzungen davon.

Fall 2: Das zweite Beispiel betraf einen Unfall, den mein Informant an Bord eines Schiffes hatte. Er erlitt eine leichte Schulterverletzung, und der Arm wurde in Gips gelegt, um den Heilungsprozeß zu beschleunigen. Er wollte seine Familie nicht beunruhigen und vermied es daher, in seinen Briefen auch nur ein Wort davon zu erwähnen. Doch seine Mutter schrieb ihm und fragte, warum er ihnen nichts von der verletzten Schulter und dem Arm in Gips gesagt habe.

Beide Beispiele, die allein zur Veranschaulichung wiedergegeben sind, verweisen auf eine ASW von Ereignissen, die sich in der Gegen-

* Anmerkungen zu diesem und den folgenden Kapiteln stehen auf Seite 185.

wart abspielten. Die Träumerin konnte auf die Gedanken oder den Gefühlszustand des fernen Sohnes (Telepathie), auf die physikalischen Ereignisse, in die sie einbezogen waren (Hellsehen), oder auf beides reagiert haben. Und sie stellen Erlebnisse dar, die sich allgemein akzeptierten wissenschaftlichen Prinzipien zufolge eigentlich überhaupt nicht ereignen können – jedenfalls, geht man einmal von ihrer Echtheit aus, nicht so, wie sie es zu tun scheinen. Doch diese Dinge passieren; sie sind weiter verbreitet, als man gewöhnlich annimmt, und für die vielen Menschen, die solche Erlebnisse haben, sind sie wahr. Eine Meinungsumfrage des Gallup-Instituts beschäftigte sich mit dieser Frage, und zehn Prozent der interviewten Personen gaben an, ein oder mehrere Erlebnisse gehabt zu haben, die sie von der Existenz der ASW überzeugten. Die neue Wissenschaft, die untersucht, was Erlebnissen wie den erwähnten und vielen anderen, die durch gewisse Gemeinsamkeiten miteinander verbunden sind, zugrunde liegt, ist die Parapsychologie. Das Gemeinsame dieser Erlebnisse besteht darin, daß sie alle auf die Fähigkeit des Menschen hinweisen, mit verborgenen und fernen Objekten oder Ereignissen in der Welt in direkte Interaktion zu treten. Auf diese Weise wußte die Mutter in den beiden Beispielen, was mit ihren Söhnen, die weit weg waren, geschah. Das Wissen war *direkt*, da die Information nicht durch die Sinne vermittelt worden sein konnte.

Wären die Parapsychologen ausschließlich auf die Sammlung von Anekdoten über Spontanerlebnisse aus dem täglichen Leben angewiesen, so wären sie bei ihrem Versuch, diese Erlebnisse wissenschaftlich zu untersuchen, auf große – vielleicht unüberwindliche – Schwierigkeiten gestoßen. Doch schon bald nach den ersten Anfängen ernsthafter Forschungsbemühungen auf diesem Gebiet vor fast einem Jahrhundert entdeckten die Forscher, daß sie nicht auf Menschen zu warten brauchten, die ihnen von merkwürdigen und unerwartet eingetretenen Dingen, die ihnen passiert waren, erzählten. Die Wissenschaftler und Gelehrten, die als erste ihre Aufmerksamkeit diesem Bereich zuwendeten, machten die Feststellung, daß sie bei ihren Forschungen auf diesem Grenzgebiet der menschlichen Natur durchaus die Initiative ergreifen konnten. Sie fanden heraus, daß bestimmte Menschen eine außersinnliche Wahrnehmung gelegentlich auf Wunsch zum Ausdruck bringen können. Und so wurde es dann möglich, diese geheimnisvollen psychischen Kräfte zu untersuchen. Man bereitete einen Test mit verborgenen Objekten oder unbekannten Ereignissen vor und forderte die Versuchsperson auf, mit Hilfe von ASW zu erkennen, was sie waren. Versuche dieser Art, die unter Bedingungen, die ständig erweitert und besser kontrolliert wurden, im Laufe der Jahrzehnte durchgeführt wurden, erbrachten wiederholt Erfolg. Es kann deshalb keinen Zweifel daran geben, daß sich die Parapsychologie zu einer experimentellen Wissenschaft entwickelt hat.

In den letzten neunzig Jahren sind sehr viele experimentelle Arbeiten auf dem Gebiet der ASW durchgeführt worden. Der weitaus größte Teil der Forschungsaktivität setzte Anfang der dreißiger Jahre ein, als Dr. J. B. Rhine an der Duke Universität in Durham auf Initiative und mit der Unterstützung des Psychologen William McDougall, Direktor des Psychologischen Instituts, das Parapsychologische Laboratorium gründete. In den dort entwickelten und später in der ganzen Welt verwendeten Testverfahren arbeitete man mit verdeckten Karten; man wollte sehen, wieviele Kartensymbole von den Versuchspersonen richtig erraten werden konnten. In Hunderten von Experimenten wurden Ergebnisse erzielt, die darauf hinweisen, daß einige Personen durchaus in der Lage waren, mehr Kartensymbole richtig zu erraten, als man aufgrund des Zufalls erwarten konnte, und das unter Bedingungen, die ASW als einzige mögliche Erklärung für die positiven Resultate zuließen.

Die Betonung des experimentellen Ansatzes in der Parapsychologie hat die Tatsache, daß diese Forschungsrichtung in dem Bemühen begann, sich mit von Ereignissen des täglichen Lebens gestellten Fragen auseinanderzusetzen, ein wenig in den Hintergrund gedrängt. Das Aufdecken der Bedeutung paranormaler Erlebnisse, wie sie unser tägliches Leben beeinflussen, ist noch immer das primäre, wenn auch ferne Ziel der Parapsychologie. So erfolgreich die Laboratoriumsforschung auch gewesen ist, sie hat doch keine schnellen und einfachen Antworten auf alle die von den parapsychologischen Erlebnissen gestellten Fragen gebracht. Folglich hatten die Parapsychologen in neuerer Zeit den Wunsch, die Berichte über Spontanphänomene noch einmal und genauer in Augenschein zu nehmen. Diese rätselhaften Erscheinungen sind noch immer der Prüfstein, an dem sich die Relevanz der experimentellen Forschung messen muß.

Die Parapsychologen haben nun erkannt, daß es viele Phänomene aus dem täglichen Leben gibt, die nicht ins Laboratorium gebracht werden können. Spukphänomene beispielsweise können nicht auf Befehl hervorgerufen werden. Aus diesem Grund ist es heute für viele Forscher zur Notwendigkeit geworden, eine Reihe von Phänomenen in ihrer natürlichen Umgebung zu untersuchen. Früher weitgehend vernachlässigte Aspekte der paranormalen Erlebnisse werden so in die wissenschaftliche Erforschung einbezogen, was letztlich zu einer Erweiterung der Parapsychologie als Wissenschaft geführt hat. Die Untersuchungsprojekte der sechziger und siebziger Jahre sind in der Tat durch diese Mannigfaltigkeit der Forschungsaktivität charakterisiert, die die größte Veränderung gegenüber der Arbeit der vorangegangenen beiden Jahrzehnte darstellt.

In diesem Kapitel soll die Vielfalt paranormaler Erlebnisse, wie sie aus dem täglichen Leben berichtet werden, anhand tatsächlich aufgetretener Fälle aufgezeigt werden. Von vielen dieser Fälle erfuhr ich durch Briefe oder aus Gesprächen. In allen Beispielen unternahm ich keinen Versuch, die Berichte auf ihren Wahrheitsgehalt zu überprüfen, ihr Illustrationswert wird dadurch jedoch in keiner Weise beeinträchtigt.
Ich möchte betonen, daß die in diesem Kapitel beschriebenen Fälle allein zur Veranschaulichung wiedergegeben sind. Sie sind ausgewählt worden, um die Vielfältigkeit von Spontanerlebnissen zu zeigen, die von denen, die sie erleben, als „paranormal" interpretiert werden. Es wird kein Versuch unternommen, die Frage zu klären, ob diese Interpretation in jedem Fall gerechtfertigt ist — ob jedes dargestellte Beispiel einen annehmbaren wissenschaftlichen Beweis für die parapsychologischen Vorgänge, die es nahelegt, liefert. Eine Reihe von Forschern haben Berichte über Spontanphänomene unter dem Aspekt untersucht, ob sie sich als wissenschaftliche Fakten dokumentieren und verifizieren lassen, und in meinen Augen ist das ein durchaus legitimes und zu honorierendes Forschungsanliegen. Einige der hier wiedergegebenen Fälle sind derart untersucht und in der wissenschaftlichen Literatur berichtet worden; der interessierte Leser kann sie dort nachschlagen und die Untersuchungsergebnisse seinem Urteil unterwerfen. Andere Fälle sind nicht auf diese Art untersucht worden, und tatsächlich würden einige von ihnen eine solch intensive Erforschung wohl auch gar nicht verdienen. Zu Zwecken der Veranschaulichung sind sie jedoch alle geeignet. Um zu betonen, daß dies die einzige beabsichtigte Verwendung ist, habe ich in allen Fällen das Erlebnis mit meinen eigenen Worten wiedergegeben und nicht den Originalbericht zitiert. Letzteres hätte bei einigen Lesern vielleicht unterschwellig den Eindruck erwecken können, daß ich die Erlebnisse für echt halte und daß auch andere sie so sehen sollten. Diese Frage stellt sich jedoch überhaupt nicht in diesem Zusammenhang; wir sind allein an den unterschiedlichen Formen rätselhafter Erlebnisse interessiert, wie sie im täglichen Leben vorkommen. Erscheint einem Leser dieses Thema nicht so interessant wie andere, die sich auf direktere Art mit der Forschung auseinandersetzen, so geht er vielleicht lieber gleich zu Kapitel II über.

Fall 3: Ein Ehepaar befand sich auf einer Autofahrt durch das Land. Eines Morgens bat die Frau ihren Mann, an diesem Tag besonders vorsichtig zu fahren. Sie habe geträumt, ein Streifenwagen sei plötzlich von rechts auf die Autobahn gekommen und direkt vor ihnen zur mittleren Fahrspur hinübergefahren. Sie erwachte, bevor es zu einem Zusammenstoß kam, doch mit dem Gefühl einer wirklichen Gefahr. Der Vorfall ereignete sich dann am darauffolgenden Tag, und zwar genau so, wie die Frau es im Traum gesehen hatte. Der Mann schrieb, allein die Tatsache, daß seine Frau ihm gesagt hatte, welche Richtung der Streifenwagen nach seinem plötzlichen Auftauchen nehmen würde, hätte es ihm möglich gemacht, einen Zusammenstoß zu vermeiden.

Dieser Fall ist ein Beispiel für Präkognition – die außersinnliche Wahrnehmung eines zukünftigen Ereignisses. In diesen präkognitiv erfaßten Zwischenfall war die Träumerin persönlich und kritisch einbezogen.

Fall 4: Ein Mann schrieb, er habe als Junge einen bestimmten lebhaften, immer wiederkehrenden Traum gehabt. In diesem Traum fing die eine Wand in seinem Zimmer Feuer und brannte bis zu einer bestimmten Höhe nieder, und ein kleiner Hund kam in den Flammen um. Nichtsdergleichen ereignete sich, solange seine eigene Familie in dem Haus wohnte, der Traum erfüllte sich jedoch für die Familie, die nach ihnen dort einzog. Die Leute hatten einen schwarzen Pudel, und als sie einmal fortgingen, ließen sie den Hund eingeschlossen im Haus zurück. Der Pudel spielte mit einer Streichholzschachtel und verursachte in dem Zimmer, das der Junge damals bewohnt hatte, ein Feuer. Die Wand brannte genau bis zu der Höhe ab, die er im Traum gesehen hatte.

In diesem Fall waren die vorausgesehenen Ereignisse an einen Ort geknüpft, mit dem der Junge zur Zeit des wiederkehrenden Traumes sehr eng verbunden gewesen war, zu der Erfüllung selbst und dem Zeitpunkt ihres Eintreffens hatte er jedoch keinen engen Bezug.

Fall 5: Ein Mann, der, wie er schrieb, sehr viele paranormale Erlebnisse gehabt hatte, berichtete von einem Vorfall, den er als junger Mann auf einer Geschäftsreise erlebt hatte. In einer Stadt, in der er sich ein paar Tage aufhalten mußte, fühlte er sich in einem Restaurant ganz besonders angezogen von einer schönen jungen Dame, die dort zufällig ebenfalls zu Abend aß. Er war entzückt, als es ihm gelang, die Bekanntschaft der jungen Dame zu machen und sie seine Einladung zum Essen für den folgenden Abend, seinem letzten Tag in der Stadt, annahm. Sie einigten sich, in einem bestimmten Restaurant außerhalb der Stadt, zu dem ein bestimmter Weg führte, ihr Essen einzunehmen. Als er am nächsten Abend die junge Dame traf, wurde er plötzlich von einem Gefühl des Grauens ergriffen. Dieses Gefühl war so stark, daß er sich dabei ertappte, wie er Ausreden erfand, warum er auf einmal seine Pläne ändern und sofort nach Hause fahren mußte. Er handelte nach seinem Gefühl, ohne einen vernünftigen Grund für sein Verhalten zu kennen, und verließ schon kurz darauf die Stadt. Zwei Tage später las er in der Zeitung seiner Heimatstadt die Nachricht, daß die junge Dame und ein Begleiter ausgeraubt und ermordet worden seien. Es hatte sich auf der Straße ereignet, durch die er mit dem Mädchen gekommen wäre. Das Verbrechen war nicht an dem Abend verübt worden, an dem er mit dem Mädchen ausgehen wollte, sondern an dem darauffolgenden.

Dieser Fall veranschaulicht zwei besondere Eigenschaften spontaner ASW-Erlebnisse. Die eine betrifft das Gefühl des Grauens, das den Mann beim Anblick der jungen Dame ergriff und das aus der Situation des Augenblicks heraus völlig unerklärlich war. Es bekam erst später einen Sinn, als er von der Tragödie erfuhr, die die junge Dame betraf. Es gibt keinen Grund zu der Annahme, daß das Verbrechen, das am folgenden Abend begangen wurde, irgendeine Gefahr für den Mann selbst bedeutet hätte, wäre es ihm gelungen, sein Gefühl des Entsetzens zu überwinden und die Verabredung einzuhalten. Die zweite bemerkenswerte Eigenschaft betrifft die Tatsache, daß das Gefühl, etwas sei nicht in Ordnung, ein Gefühl, das durch die Vernunft in keiner Weise gestützt wurde, so stark war, daß er sein Vorhaben, dem er mit so viel Vorfreude entgegengesehen hatte, aufgab. Allein aufgrund des außersinnlich wahrgenommenen Eindrucks unternahm er einen Schritt, den er, hätte er frei nach seinen Wünschen handeln können, vermieden hätte.

Fall 6: Die Frau eines Mannes, der regelmäßig mit dem Bus zur Arbeit fuhr, hatte einen Traum, in dem er bei einem Unfall schmerzhafte Verletzungen davontrug. Ihr Eindruck von der Art des Unfalls war recht undeutlich, da die Einzelheiten durch ein Gewühl von Menschen verdeckt waren. Sie sah jedoch in der Nähe sehr deutlich ein kleines Boot, wenn sie es auch in keiner sinnvollen Beziehung zu dem Unfall selbst sehen konnte. Sie erzählte ihrem Mann von dem Traum und bat ihn, besonders vorsichtig zu sein. Als er nicht zur gewohnten Zeit nach Hause kam, rief sie bei der Polizei an und erfuhr, daß ein Bus der Linie, die ihr Mann immer benutzte, in einen Unfall verwickelt worden war. Weitere Einzelheiten waren noch nicht bekannt; man wußte nur, daß es verletzte Fahrgäste gegeben hatte, die in das Krankenhaus in Englewood gebracht worden waren. Bevor sie das Krankenhaus anrief, beschloß sie, erst noch einmal einen Blick auf die Straße zu werfen, und da sah sie ihren Mann den Weg heraufkommen. Er hatte eine tiefe Schnittwunde am Mund und geschwollene Lippen. Er war bei dem Unfall verletzt worden und hatte nicht nur die sichtbare Schnittwunde davongetragen, sondern auch noch mehrere Zähne verloren. Als die Frau nach dem Unfallort fragte, erwiderte der Mann, der Unfall habe sich an einer Stelle ereignet, wo auf der einen Straßenseite Motorboote in einem Schaufenster ausgestellt waren.

In diesem Beispiel träumte die Frau nicht nur von dem Unfall selbst und der Menschenansammlung, sondern auch von einem Detail, dem kleinen Boot. Es spielte bei dem Unfall keine Rolle, markierte jedoch genau die Stelle, an der sich der Unfall ereignete. Daß das Boot von dem Mann bemerkt und gegenüber seiner Frau erwähnt wurde, deutet vielleicht darauf hin, daß es sich bei dem Traum um präkognitive Telepathie handelt – die Frau erlebte im voraus, was ihr Mann später bei dem Unfall erlebte.

Fall 7: Ein neunjähriges Mädchen war von seiner Familie, die in New York lebte, nach Kalifornien zu den Großeltern geschickt worden, um dort einen Teil seiner Sommerferien zu verbringen. An einem Mittwochnachmittag hörte die Mutter ihre Tochter plötzlich nach ihr rufen, und zwar so, als hätte sie große Angst. Das Rufen war so realistisch, daß sie dem Drang, vor die Tür zu gehen und nachzusehen, nicht widerstehen konnte, obwohl sie genau wußte, daß das Kind nicht da sein konnte. Sie deutete ihr Erlebnis zwar als Hinweis auf eine Gefahr, in der das Kind schwebte, hatte jedoch das Gefühl, daß alles in Ordnung kommen würde, und sie behielt den Vorfall und was sie darüber dachte, zwei Tage lang für sich. In den Abendstunden des Freitags fühlte sie dann irgendwie, daß sich das Kind nicht mehr in Gefahr befand, und am Sonnabend erzählte sie ihrem Mann von ihrer Erlebnissen der vergangenen Tage.

Etwa zwei Wochen später erfuhren die Eltern von den Großeltern, die sich nicht eher gemeldet hatten, um die Eltern nicht unnötig zu beunruhigen, was passiert war. Das kleine Mädchen hatte den Großvater zum Angeln begleitet und war von der Mole zum Auto zurückgeschickt worden, um etwas zu holen. Das Mädchen hatte der Versuchung nicht widerstehen können, auch einmal Auto fahren zu wollen, und es war ihm gelungen, die Handbremse zu lösen. Der Wagen war einen steilen Hügel hinabgerollt und bei einem Zusammenstoß schwer beschädigt worden. Das Mädchen war »vor Schreck wie gelähmt, es wies Beulen und Kratzer auf, und es bestand die Möglichkeit innerer Verletzungen«. Der Unfall hatte sich genau zu der Zeit ereignet, als die Mutter in New York das Kind rufen hörte, und der Arzt hatte den Großeltern erst am Sonnabend mitgeteilt, daß das Kind keine ernsthaften Verletzungen erlitten hatte.

Fall 8: Ein Mann befand sich auf einer sehr geräuschvollen Zusammenkunft im Hause seiner Mutter, als er plötzlich eine fremde Stimme ausrufen hörte: »Paß auf, Dick!« Als sein Sohn Dick, der in einem dreihundert Kilometer entfernten Ort studierte, das nächste Mal nach Hause kam, fragte ihn der Vater, ob diese drei Worte eine Bedeutung für ihn hätten. Der Sohn sagte, er sei nachts mit ein paar Freunden zum Fischen gegangen und habe versucht, von einer recht gefährlichen Stelle über dem Wasser aus zu angeln. Dann fing sein Fuß an wegzurutschen, und er war kurz davor, ins Wasser zu fallen. Ein Freund sah, was geschah, und rief die drei Worte, die der Vater gehört hatte, während ein anderer Freund Dick am Arm packte und ihn zurückzog. So genau, wie man im nachherein feststellen konnte, hatte sich dieser Vorfall zu der Zeit oder ungefähr zu der Zeit ereignet, als der Vater den Warnruf gehört hatte. In der Gruppe um den Vater herum hatte sonst niemand zu der betreffenden Zeit etwas Ungewöhnliches gehört.

Fall 7 und Fall 8 stellen zwei weitere Beispiele spontaner ASW dar, die sich auf Ereignisse bezieht, die in der Ferne gleichzeitig mit den parapsychischen Erfahrungen auftreten. Diese beiden Fällen gehören in die Kategorie der paranormalen »Rufe«. Die betreffende Person hört eine Stimme, die so deutlich und realistisch ist, als wäre der Rufer tatsächlich in der Nähe. Es wurden weiter keine Einzelheiten empfangen, und es bleibt der Person, die den Ruf gehört hatte, überlassen, ihn mit dem richtigen Menschen in Verbindung zu bringen und seine Bedeutung zu erkennen oder intuitiv zu erschließen. Im allgemeinen ist das charakteristisch für Fälle dieser Art. Ungewöhnlich an Fall 8 ist, daß der Vater die rufende Stimme nicht erkannte und sie nur durch den genannten Namen mit seinem Sohn in Verbindung brachte.

Erlebnisse, bei denen man etwas mit absoluter Sinneswirklichkeit hört, werden auditive Halluzinationen genannt. Man kann deshalb eine Verbindung herstellen zu Fällen (es werden hier keine spezifischen Beispiele wiedergegeben), in denen das paranormale Erlebnis darin besteht, eine Person zu sehen und zu erkennen, die in Wirklichkeit gar nicht da ist. Das Erlebnis eines Menschen, der eine solche visuelle Halluzination hat, unterscheidet sich in der Regel kaum von dem, das er hätte, wenn die Person tatsächlich anwesend wäre und er sie mit Hilfe seines Sehapparates wahrnehmen würde.

Fall 9: Eine Frau schrieb, sie habe, als sie sich am 10. September 1969 eine Fernsehsendung mit dem Künstler Art Linkletter ansah, eine Vorahnung gehabt, daß ihm oder einem Mitglied seiner Familie bald etwas Schreckliches zustoßen werde. Sie machte unter dem Datum des 10. Septembers folgenden Eintrag in ihr Buch, in das sie gewöhnlich ihre Träume und Vorahnungen schrieb: »Art Linkletter erlebt einen Todesfall oder eine Tragödie in seiner Familie.« Am 5. Oktober, als sie die Nachricht von dem Tod der Tochter Linkletters hörte, zeigte sie ihrem Mann den Eintrag. Er war, wie sie sagte, mit Tinte geschrieben, und es war nichts an ihm verändert worden.

Die relativ kurze zeitliche Distanz zwischen der Vorahnung und der nachfolgenden Tragödie und die recht spezifische Verbindung mit Art Linkletter rechtfertigen wohl, diesen Fall als ein Erlebnis vermutlich präkognitiver Natur ernst zu nehmen. Unter diesem Aspekt stellt er ein interessantes Beispiel für ein Erlebnis dar, das mit einem Menschen verbunden ist, den die voraussehende Person nicht persönlich kennt, und das zustande kam, als der Betroffene auf dem Fernsehschirm gesehen wurde. Bisher ist noch kein Versuch unternommen worden, den Wahrheitsgehalt des Berichtes zu überprüfen, was jedoch in einem nicht unbeträchtlichen Ausmaß möglich wäre; man müßte mit dem Ehemann in Verbindung treten und auch das Buch der Frau mit den besonderen Eintragungen überprüfen.

Fall 10: Eine Frau schickte einen Bericht über eine Reihe von Träumen, die sie zu verschiedenen Zeiten ihres Lebens gehabt hatte und in denen sie nicht zu erwartende Ereignisse fast genau so voraussah, wie sie später eintrafen. Im Zusammenhang mit diesen Erlebnissen machte die Schreiberin eine interessante Beobachtung. »Ich kann nicht mit absoluter Sicherheit behaupten, ich wüßte, wann ein Traum, den ich habe, einer von denen ist, die sich später erfüllen. Doch etwas scheint ihnen eigen zu sein, insofern als sie eher wie eine einzelne Farbaufnahme sind und keine Bewegungen und keine Szenenabfolge [zeigen], wie es in anderen Träumen der Fall ist.« Dieses Zitat ist hier nicht als typisch für alle Träume, die sich als präkognitiv herausstellen, wiedergegeben, sondern veranschaulicht nur eine besondere Form, die solche Träume bei einem einzelnen Menschen annehmen können. Jeder, der wiederholt paranormale Erlebnisse hat, entwickelt wahrscheinlich eine besondere Art und Weise, auf die er seine ASW-Fähigkeiten zeigt.

Die bisher geschilderten Beispiele weisen darauf hin, daß paranormale Erlebnisse im täglichen Leben, ob sie nun mit Ereignissen der Gegenwart oder solchen der Zukunft verknüpft sind, am häufigsten in Krisensituationen auftreten. Diese Beobachtung hat Wissenschaftler zu der Überlegung geführt, ob ein Unglück größeren Ausmaßes, in dem sehr viele Menschen die gleiche Krise durchleben, nicht vielleicht eine ganze Anzahl spontaner ASW-Erlebnisse hervorrufen würde. Wenn das der Fall wäre, könnte man aus der gründlichen Untersuchung spontaner paranormaler Erlebnisse, die sich alle auf die gleiche Katastrophe beziehen, vielleicht neue Einsichten in die Natur dieser Erlebnisse gewinnen. Unabhängig voneinander nahmen zwei Forscher die Gelegenheit wahr, spontane ASW-Erlebnisse zu untersuchen, die von zwei ganz unterschiedlichen Katastrophen ausgelöst worden waren.

Dr. Ian Stevenson von der Universität Virginia veröffentlichte 1960 die ersten Ergebnisse einer Untersuchung paranormaler Erlebnisse im Zusammenhang mit dem Untergang der *Titanic.* Fünf Jahre später folgte dann der Bericht über weitere, von ihm in Erfahrung gebrachte Fälle. Die Katastrophe hatte sich 1912 ereignet; die Ergebnisse aus beiden Untersuchungen der mit ihr verbundenen ASW-Erlebnisse sind hier unter »Fall 11« zusammengefaßt.

Fall 11: Dr. Stevenson war bei seiner ersten Untersuchung auf bereits veröffentlichte Berichte angewiesen. Es gelang ihm, zwölf verschiedene Fälle zusammenzutragen, die mit dem Unglück verknüpft zu sein schienen. In ihrer Art und den außersinnlich wahrgenommenen Einzelheiten wiesen diese Fälle beträchtliche Unterschiede auf. An dem einen Ende der Skala gab es Fälle wie die in einem Roman Ende des vorigen Jahrhunderts erschienene Beschreibung eines imaginären »unsinkbaren« Schiffes mit dem Namen *Titan* und seines Unterganges nach einem Zusammenstoß mit einem Eisberg. Die im Roman geschilderte Katastrophe stimmte in einer Reihe wichtiger Einzelheiten mit der *Titanic* selbst und den Umständen ihres Unterganges überein.

An das andere Ende der Skala könnten wir den Fall der Frau in New York setzen, die in der Nacht des *Titanic*-Unterganges von einem lebhaften Traum geweckt wurde. Im Traum hatte sie ihre Mutter in einem überfüllten Rettungsboot gesehen, das von den Wellen hin- und hergeworfen wurde. Die Frau weckte ihren Mann und erzählte ihm den Traum. Beide glaubten die Mutter noch in England; sie wußten nicht, daß diese ihre Pläne geändert und mit der *Titanic* England verlassen hatte. Als die Nachricht von der Katastrophe die New Yorker Zeitungen erreichte, war die Träumerin überrascht und entsetzt, als sie den Namen ihrer Mutter auf der veröffentlichten Passagierliste sah. Die Mutter überlebte das Unglück, und als sie nach New York kam, bestätigte sie, daß die Einzelheiten des Traumes ihre Situation zu ungefähr der Zeit genau beschrieben.

Nach der Veröffentlichung der ersten Untersuchung der *Titanic*-Fälle erfuhr Dr. Stevenson von sieben weiteren mit dieser Katastrophe verbundenen Erlebnissen. Alles in allem wiesen die neunzehn berichteten Fälle, abgesehen davon, daß sie alle Einzelheiten enthielten, die sie mit der *Titanic* in Verbindung brachten, untereinander ebenso viele Unterschiede auf wie die Mehrheit der Fälle, die mit verschiedenen

Krisen verknüpft sind. Zehn der neunzehn Erlebnisse waren präkognitiver Natur, sieben traten in der Katastrophennacht auf, und zwei schienen sich nach dem Unglück, jedoch bevor der betreffenden Person etwas zu Ohren gekommen sein konnte, ereignet zu haben.

Bei spontanen paranormalen Erlebnissen, die mit einzelnen Krisen verbunden sind, weisen die meisten Fälle einen engen persönlichen Bezug auf. Im Falle des *Titanic*-Unterganges hingegen war ein persönlicher Bezug nur in vier der neunzehn Fälle gegeben. Die Erlebnisse unterschieden sich beträchtlich hinsichtlich der Anzahl und Art der wahrgenommenen Einzelheiten sowie des Standortes, von dem aus das Unglück gesehen wurde.

Eine zweite Untersuchung paranormaler Erlebnisse, die mit einer größeren Katastrophe verknüpft waren, wurde ebenfalls von einem Psychiater, dem verstorbenen Dr. J. C. Barker aus London, durchgeführt. Er fuhr am 22. Oktober 1966 nach Aberfan in Wales. Es war der Tag, an dem eine ins Rutschen gekommene Kohlenhalde 144 Menschen getötet hatte. Die meisten Opfer waren Schulkinder; die Kohlenlawine hatte das Schulhaus auf ihrem Weg ins Tal unter sich begraben. Dr. Barker kam auf die Idee, daß dieses Ereignis vielleicht eine Reihe von Vorahnungen hervorgerufen hatte, die gesammelt und untersucht werden könnten. Er bemühte sich deshalb um die Mitarbeit des wissenschaftlichen Redakteurs der Londoner Zeitung *Evening Starnard* und ließ einen Aufruf veröffentlichen, in dem es hieß, daß jeder, der glaubte, das Unglück von Aberfan irgendwie vorausgesehen zu haben, eine Beschreibung seines Erlebnisses schicken sollte.

Es trafen insgesamt sechsundsiebzig Briefe ein, in denen präkognitive Erlebnisse geschildert wurden. Sechzig davon schienen vielversprechend genug, um weiter verfolgt zu werden. Am Ende gelang es Dr. Barker in vierundzwanzig Fällen, von einer oder mehreren Personen, denen der Betreffende vor Eintreffen der Katastrophe von seinem merkwürdigen Erlebnis erzählt hatte, eine Bestätigung des eingesandten Berichtes zu erhalten. Hier sind einige Beispiele, die aus den überprüften Fällen ausgewählt wurden.

Fall 12: Etwa zwei Wochen vor der Katastrophe sagte eine zehnjährige Schülerin der später zerstörten Schule zu ihrer Mutter: »Mami, ich habe keine Angst zu sterben.« Sie sagte weiter, sie würde dann bei Peter und June, zwei Schulfreunden, sein. Am Tag vor dem Unglück hatte sie einen Traum, den sie unter allen Umständen ihrer Mutter erzählen wollte. Der Traum handelte davon, daß sie zur Schule ging und die Schule nicht da war. »Etwas Schwarzes war überall heruntergekommen.« Am Unglückstag ging sie wie immer und ohne ein Zeichen von Widerstand zur Schule. Sie befand sich unter den Kindern, die getötet wurden, als die Kohlenlawine das Schulgebäude zerstörte, und im Gemeinschaftsgrab lag sie zwischen ihren beiden Freunden Peter und June.

Fall 13: Eine Frau schrieb, sie habe in der Nacht vor dem Unglück eine »Vision« gehabt. In dieser Vision sah sie, wie sie sagte, »zuerst ein altes Schulhaus in einem Tal, dann einen walisischen Bergmann und dann eine Kohlenlawine, die einen Berg herunterkam. [Und schließlich] einen kleinen Jungen mit Ponyfrisur, der zu Tode erschrocken dreinblickte.« Zwei Tage nach der Tragödie sah sie im Fernsehen einen Bericht über das Unglück in Aberfan und erkannte einige der Einzelheiten ihrer Vision wieder.

Fall 14: Eine Frau berichtete von einem Traum, den sie zwei Nächte vor der Katastrophe hatte. In ihm sah sie eine Anzahl von Kindern, die aus zwei Räumen zu entkommen suchten, und danach viele Menschen, die alle zum gleichen Ort liefen; einige weinten, andere hielten sich Taschentücher vor das Gesicht. Die Tochter dieser Frau bestätigte, daß ihre Mutter sie gleich am nächsten Morgen angerufen und ihr gesagt habe, an diesem Tag ganz besonders auf die Sicherheit ihrer beiden kleinen Großtöchter zu achten. Die Träumerin tat das, obwohl sie wußte, daß ihre eigenen Großtöchter den Kindern, die sie im Traum gesehen hatte, in keiner Weise ähnlich waren. Der Anruf zeigt, daß sie glaubte, ihr Erlebnis beinhalte eine wirkliche Warnung.

Fall 15: Eine Woche vor dem Unglück träumte eine Frau von schreienden Kindern, die in einem Bergarbeiterdorf unter einer Kohlenlawine begraben wurden. Schreiend wachte sie auf. Freunde bestätigten, daß sie ihnen den Traum vor dem Eintreffen der Katastrophe erzählt hatte.

Die erwähnten Beispiele sind recht typisch für die übrigen Fälle in der Sammlung. Frauen schickten etwa fünfmal so viele Berichte wie Männer, und viele Einsender behaupteten, noch andere präkognitive Erlebnisse gehabt zu haben. Die Mehrheit der Personen, die Vorahnungen von dem Unglück gehabt zu haben glaubten, hatten weder einen Verwandten, der von dem Unglück betroffen war, noch einen anderen persönlichen Bezug zu dem Ort oder dem Ereignis.

Dr. Barker stellt keinen Anspruch, daß seine Untersuchung, von wissenschaftlichen Gesichtspunkten aus betrachtet, ideal war, und er präsentiert seine Ergebnisse nicht als überzeugenden Beweis für Präkognition. Im besonderen sei an seiner Untersuchung zu bemängeln, daß die Erlebnisse dem Untersuchenden erst nach dem Eintreffen des Unglücks mitgeteilt wurden. Barker diskutiert Möglichkeiten, wie dieser Mangel bei zukünftigen Katastrophen behoben werden könnte, und er beschreibt einen ersten in dieser Richtung unternommenen Schritt. In London wurde für ein Jahr auf Probe ein »Frühwarnsystem für Katastrophen« eingeführt; Menschen, die Vorahnungen von drohenden Ereignissen haben, können ihre Berichte an diese zentrale Stelle schicken, ohne erst abzuwarten, ob sich ihre Voraussagen erfüllen. Ähnliche Zentren sind in neuerer Zeit auch in New York und in Toronto eingerichtet worden, bisher ist jedoch noch keine dieser Stellen mit praktischen Ergebnissen an die Öffentlichkeit getreten.

Bis zu dem Nachweis der Durchführbarkeit dieser Idee, die sich, vorausgesetzt, die Zentren werden richtig gefördert, als wirklich wertvoll erweisen könnte, können wir es uns erlauben, eine abwartende Haltung einzunehmen. Eine Registrierung von Vorhersagen vor dem Auftreten der betreffenden Katastrophe würde den wissenschaftlichen Wert spontaner präkognitiver Erlebnisse beträchtlich erhöhen. Es ist durchaus vorstellbar, daß ein solches Zentrum im Laufe der Zeit so weit entwickelt würde, daß vor einem drohenden Unglück gewarnt werden könnte. Die Vernunft und die Vorsicht sagen uns jedoch, daß dieses Ziel, falls es überhaupt jemals erreicht werden sollte, weit in der Zukunft liegt.

Wir gehen jetzt von den zahlreicheren Formen paranormaler Erlebnisse, die die ASW betreffen, über zu jenen, in denen es zu physikalischen Phänomenen kommt, die mit Hilfe der bekannten physikalischen Gesetze nicht erklärt werden können. Die Umstände lassen vermuten, daß es sich bei den Vorfällen um eine »Wirkung der Psyche auf die Materie« (»mind over matter«) oder die Beeinflussung physikalischer Objekte oder Ereignisse durch psychische Kräfte handelt, ohne daß eine der bekannten physikalischen Energien benutzt wird. Vorkommnisse dieser Art werden in der Parapsychologie Psychokinese (abgekürzt: PK) – »psychisch ausgelöste Bewegung« – oder Telekinese – »Fernbewegung« – genannt. Auch hier können wir zur Veranschaulichung Erlebnisse aus dem täglichen Leben anführen.

Fall 16: Die Frau eines Psychologen an einem College, an dem ich einen Vortrag über Parapsychologie hielt, erzählte von einem ungewöhnlichen Erlebnis, das sie gemeinsam mit ihren Eltern hatte. Sie saßen im Wohnzimmer, als sie plötzlich sahen, wie der Lampenschirm der Tischleuchte für einen Moment langsam nach oben schwebte und dann wieder ebenso langsam zum Ausgangspunkt zurückkehrte. Innerhalb von zwei Minuten klingelte das Telefon, und ein Verwandter teilte ihnen mit, daß der Großvater gerade gestorben sei.

Fall 17: Am Ende eines Vortrages wartete eine Zuhörerin, bis die meisten anderen gegangen waren, und fragte dann, ob ich an einem Haus interessiert sei, in dem es anscheinend spukte. Als ich ihr eine positive Antwort gab, sagte sie, sie hätte in ihrem Haus unerklärliche Geräusche gehört, und es gebe dort Geister, die sogar Fußabdrücke zurückließen. Sie würde mir alle Einzelheiten mitteilen, wenn ich einmal zu ihr hinauskommen wollte.

Als ich wenige Tage später kam, führte mich meine Gastgeberin durch ein schönes Bauernhaus im Kolonialstil, das sie und ihr Mann vor etwa fünfzig Jahren von seiner Großmutter als Hochzeitsgeschenk erhalten hatten. Sie machte mich insbesondere auf einen Raum aufmerksam, der im oberen Stockwerk lag und vom mittleren Flur aus zu erreichen war. Sie hatten das Haus nach der Hochzeit bezogen, und schon bald darauf war ihr Mann für einige Zeit auf eine Geschäftsreise gegangen. Nach seiner Abreise saß sie in jenem Zimmer im Obergeschoß und nähte. Sie saß einer Tür zugekehrt, hinter der eine Treppe zu einem nicht ausgebauten Speicher führte. Plötzlich hörte sie schwere Schritte, die langsam vom Speicher herunterkamen. Im ersten Moment bestand für sie kein Zweifel daran, daß sich jemand so lange auf dem Boden versteckt hatte, bis er sicher war, daß sie allein war, und nun kam er herunter, um sich zu zeigen.

Sie saß ganz still und starrte auf die geschlossene Tür zur Treppe. Die Schritte kamen bis zum untersten Treppenabsatz direkt vor der Tür und hörten dann auf. Die Frau wartete eine, wie es ihr schien, Ewigkeit darauf, daß sich die Tür öffnete, doch nichts geschah. Schließlich stand sie auf, ging leise zur Tür und riß sie auf. Die Treppe war leer. Sie suchte nach einem Gegenstand, der die Treppe hinuntergerollt sein und ein Geräusch hervorgerufen haben könnte, das sie für die Schritte gehalten hatte. Doch sie fand nichts. Sie suchte den Speicher nach Fußspuren und anderen Hinweisen ab, entdeckte jedoch nichts Ungewöhnliches.

Danach lebte das Ehepaar aus wirtschaftlichen Gründen eine Reihe von Jahren in einer entfernten Stadt, und das Haus stand leer. Dann starb der erste Mann; meine Gastgeberin heiratete wieder und zog mit ihrem zweiten Mann in das Haus. Sie begannen, die Räume, die sie nicht selber brauchten, in den Sommermonaten zu vermieten. Im Winter wurden diese Räume nicht benutzt und waren abgeschlossen.

Vor ein paar Jahren im Frühjahr sagte nun die Dame des Hauses dem Mädchen, die oberen Räume auszulüften und sauberzumachen und insbesondere den Eichenpollen zu entfernen, der jedes Jahr durch die Mauerrisse eindrang und überall eine dünne Schicht feinen Staubes bildete. Kurz darauf kam das Mädchen wieder herunter und fragte, wer denn in dem Raum mit der Treppe zum Speicher gewesen sei. Auf die Antwort, daß niemand dort gewesen sei, erwiderte das Mädchen: »Oh doch, jemand ist dort gewesen. Kommen Sie und sehen Sie selbst die Fußabdrücke, die hinterlassen wurden.«

Als meine Gastgeberin nachsehen ging, fand sie dort nebeneinander zwei Paar Fußabdrücke. Sie nahmen ihren Anfang an der geschlossenen Tür zur Bodentreppe, beschrieben einen kreisförmigen Bogen durch das Zimmer und endeten am Fuße der Treppe zum Speicher. Die einen Fußspuren rührten von dem großen Fuß eines barfüßigen Mannes her, die anderen schienen von den Schuhen eines kleinen Mädchens zu stammen. Es war nichts zu hören gewesen in dem Raum, und man fand auch sonst keinen Hinweis auf die Herkunft der Fußspuren. Die Frau war sicher, daß niemand, der die Fußspuren auf normale Weise hinterlassen hätte, in dem Zimmer gewesen war. Die Hausbewohner regten sich über diesen unerklärlichen Vorfall nicht weiter auf, waren jedoch an allem interessiert, das ihnen zu einem Verständnis verhelfen könnte. Sie versprachen, mich sofort zu benachrichtigen, sollte sich wieder etwas ereignen.

Ich suchte das Haus nach drei Jahren erneut auf und erfuhr, daß in der Zwischenzeit alles ruhig gewesen sei. Was für Kräfte auch immer beteiligt gewesen sein mochte, um beim ersten Mal das Geräusch von Schritten und dann später die Fußabdrücke hervorzurufen (im Fall der Fußspuren können wir aufgrund des Beweismaterials nicht mit Sicherheit annehmen, daß sie von nichtmenschlichen Urhebern stammen), sie sind anscheinend nicht besessen darauf, für einen Forscher in Erscheinung zu treten. Doch an späterer Stelle werden wir sehen, wie Wissenschaftler in anderen, ähnlich gelagerten Fällen ihre Erfindungsgabe einsetzten, um mit der Untersuchung der aufgekommenen Fragen zu beginnen, ohne auf das Auftreten der »Geister« warten zu müssen.

Neben der Gallup-Umfrage weisen auch andere Erhebungen darauf hin, daß annähernd zehn Prozent der Erwachsenen in der Bevölkerung glauben, spontane paranormale Erlebnisse gehabt zu haben. Auf der Grundlage dieser zehn Prozent können wir annehmen, daß – vorsichtig geschätzt – hundert Millionen derzeitig lebende Menschen ASW aus erster Hand kennen. Diese Schätzung ist wahrscheinlich noch viel zu niedrig; sie liegt nicht nur unter zehn Prozent aller lebenden Erwachsenen, sondern berücksichtigt auch Kinder mit paranormalen Erlebnissen nicht. Eine neuere umfangreiche Untersuchung bei Grundschulkindern in Indien legt nahe, daß auch in dieser Altersgruppe ASW-Erlebnisse im täglichen Leben weit verbreitet sind.

Die menschliche Natur produziert anscheinend eine große Anzahl von Erlebnissen der Art, wie sie die Parapsychologen durch ihre Untersuchungen dem Verständnis näherzubringen versuchen. Spontane

ASW-Erlebnisse überwiegen bei weitem die Anzahl guter Leistungen, die Forscher im Experiment aus ihren Versuchspersonen herauslocken konnten, denn es treten in der ganzen Welt täglich Tausende von parapsychologischen Erlebnissen auf. Was wurde nun unternommen, und wieviel mehr könnte noch getan werden, um diese »Bodenschätze« der Parapsychologie nutzbar zu machen? Seit den Anfängen der systematischen Erforschung dieses Gebietes waren Forscher an dieser Frage interessiert. Frühe Forschungsbemühungen richteten sich auf die Sammlung von Berichten über Spontanphänomene und die Weiterverfolgung der Fälle, die auf ihre Echtheit überprüft werden konnten. Die Forscher glaubten, daß spontane Erlebnisse einen wirklichen Wert als wissenschaftliches Beweismaterial hätten, wenn nur ihre Echtheit über jeden vernünftigen Zweifel hinaus bewiesen werden konnte.

Dann schien seit den dreißiger Jahren der experimentelle Ansatz sehr viel erfolgversprechender zu sein als früher. Folglich nahm das Interesse an spontanen Fällen ab, und die Betonung der wissenschaftlichen Untersuchung parapsychologischer Phänomene trat weitgehend in den Vordergrund. Anfang der fünfziger Jahre richtete sich das Forschungsinteresse dann erneut auf die paranormalen Spontanphänomene des täglichen Lebens. Dr. J. B. Rhine vom Parapsychologischen Laboratorium der Duke Universität machte den Anfang und rief die Parapsychologen auf, dem Fallmaterial neue Aufmerksamkeit zu widmen. Die Spontanphänomene sollten jedoch unter einem Gesichtspunkt studiert werden, der sich von dem Ansatz der Pioniere auf dem Gebiet der Parapsychologie deutlich unterschied. Anstatt sich für das Fallmaterial unter dem Aspekt ihrer wissenschaftlichen Beweiskraft zu interessieren, sollten die modernen Forscher die vielen Berichte nur in Hinblick auf Anregungen durchgehen, die dann im parapsychologischen Experiment verwirklicht werden konnten.

Dr. Louisa E. Rhine setzte diesen Vorschlag in die Tat um. Sie begann, Fallberichte zu sammeln, und nahm zunächst die in der Literatur erwähnten Fälle auf, denen sie dann im Laufe von fünfzehn Jahren viele weitere Berichte über paranormale Erlebnisse, die ihr geschickt wurden, hinzufügte. 1965 enthielt ihre Sammlung annähernd fünfzehntausend Fälle. Andere Forschungszentren folgten ihrem Beispiel und begannen auch, eine Sammlung von Fallberichten anzulegen. Als Dr. Rhines Sammlung groß genug war, um eine sinnvolle Analyse zu ermöglichen, stellte sie zunächst einmal aufgrund experimenteller Ergebnisse und des Studiums des Materials Kategorien auf, denen sie dann die einzelnen Fälle zuordnete. Sie stellte fest, daß alle *Arten* der experimentell nachgewiesenen parapsychischen Phänomene – Telepathie, Hellsehen und Präkognition –

in den Berichten repräsentiert waren. Spontanfälle aus dem täglichen Leben, die physikalische Effekte betrafen, entsprachen ebenfalls dem experimentellen Beweismaterial für Psychokinese – »die Wirkung der Psyche auf die Materie«.

Dr. Rhine stellte fest, daß die drei Arten der ASW im täglichen Leben in vier verschiedenen Erlebnis*formen* auftraten. Zwei dieser Formen bezogen sich auf Träume; die eine betraf realistische Träume, die das ferne oder zukünftige Ereignis direkt und genau aufzeigten, die andere unrealistische Träume, in denen der Bezug zu dem betreffenden Ereignis nur indirekt oder symbolisch war. Die beiden Formen von ASW-Erlebnissen, die im Wachzustand auftraten, waren intuitive Gefühle oder vage Eindrücke, die mit der zeitlich oder räumlich fernen Situation verbunden waren, und Halluzinationen, in denen die Information wirklichkeitsnah vermittelt wurde.

Die Spontanfälle psychokinetischer Natur beinhalten eine fünfte Erlebnisform. Es kam zu einem physikalischen Vorfall, der mit Hilfe des bekannten Gesetzes von Ursache und Wirkung einfach nicht erklärt werden konnte und der zeitlich mit einer Krise in der Ferne zusammenfiel. Dr. Rhine nimmt in diesen Fällen an, daß die Person, die den unerwarteten Vorfall beobachtete, ihn auch verursachte. Unbewußt sei ihr auf außersinnlichem Wege ein Eindruck von einer Krise, die in der Ferne stattfand, vermittelt worden, jedoch zu einer Zeit, da alle anderen Wege, die zu einem bewußten Erleben dieses Eindruckes führen könnten, blockiert waren. Deshalb sei Psychokinese benutzt worden, um das physikalische Ereignis hervorzurufen und damit der Person zu »signalisieren«, daß etwas passiert war.

Es gibt jedoch Fälle, die sich nur schwer mit dieser Hypothese vereinbaren lassen. Ein Beispiel ist der erwähnte Fall mit den Schritten und den Fußspuren (Fall 17), in dem es keine Krise gab und dennoch physikalische Effekte auftraten, die auf einen nichtmenschlichen Urheber hindeuteten. In solchen Fällen würden wir gut daran tun, uns beide Möglichkeiten, die eines menschlichen als auch die eines nichtmenschlichen Urhebers, offenzuhalten und abzuwarten, bis neue Fakten uns den Weg zu der richtigen Interpretation weisen.

Seit den sechziger Jahren vertreten einige Parapsychologen den Standpunkt, daß das Forschungsinteresse erneut auf die gründliche Untersuchung ausgewählter Spontanberichte gelegt werden sollte. Dieser Standpunkt, dessen Hauptvertreter Stevenson ist, bedeutet eine Rückkehr zu dem Interesse, das die frühen Forscher dem Fallmaterial entgegengebracht hatten. Das neue Interesse ist aus der Erkenntnis entstanden, daß einige Fallberichte Psi-Phänomene aufweisen, die im Experiment nicht hervorgerufen werden können. (Der Ausdruck »Psi«

wird verwendet, wenn man sich ganz allgemein auf alle Arten parapsychologischer Fähigkeiten bezieht.) So widmen sich wieder einmal einige Forscher mit Sorgfalt, aber auch mit Vorsicht, Fallberichten, deren Echtheit überprüft werden kann, und stellen auf diese Weise einen engeren Kontakt des Forschungsgebietes her zu seinen Wurzeln im täglichen Leben, aus denen es entstanden ist und die es noch immer nähren und aktivieren.

Kapitel II

Moderne Parapsychologie – Ein Panoramablick

Dieses Buch stellt einen Ausflug in das Gebiet der modernen Parapsychologie dar. Wie ein Tourist bei der Besichtigung einer fremden Stadt bei bestimmten Sehenswürdigkeiten länger verweilt, so sollte an dieser Stelle eine Pause eingelegt werden, um sich einen summarischen Überblick über das Gebiet zu verschaffen. Gewöhnlich wird dem Touristen erst am Ende der Führung ein zusammenfassender Überblick geboten, wenn die bereits aus der Nähe besichtigten Einzelheiten zusammengefaßt werden können, um einen nachhaltigen Eindruck vom Ganzen zu vermitteln. Bei einem Ausflug in die geistige Welt geht man besser umgekehrt vor. Ein allgemeiner Überblick zu Beginn hat mehrere Vorteile. Er macht nicht nur die verschiedenen Forschungsrichtungen deutlich, sondern auch die logischen Verbindungen zwischen ihnen. Behandelten die Kapitel nur Einzelthemen, könnte man fälschlicherweise meinen, daß sie das ganze Gebiet erschöpften. Ein allgemeiner Überblick unterstreicht auch die Wichtigkeit solcher Forschungsarbeiten, die in den späteren Kapiteln nicht erwähnt werden.

Am Anfang waren es Berichte über parapsychische Erlebnisse im täglichen Leben, die die Aufmerksamkeit auf noch offene Fragen lenkten. Am häufigsten wurde über spontane Psi-Erfahrungen berichtet, bei denen Personen Kenntnisse von sich entfernt abspielenden Vorgängen erhielten, von denen sie mittels bisher bekannter Sinnesorgane nicht wissen konnten. Seltener traten Störungen auf, an denen materielle Objekte beteiligt waren, für die sich keine normalen Ursachen finden ließen und deren Umstände den Verdacht nahelegten, daß die geheimnisvollen Vorgänge eine besondere psychologische oder persönliche Bedeutung hatten.

Die Wissenschaftler, die sich dafür interessierten, begannen naturgemäß, solche Behauptungen kritisch zu untersuchen. Sie stellten fest, daß die Häufigkeit parapsychischer Erfahrungen nicht gleichmäßig in der Bevölkerung verteilt war. Die größte Gruppe der befragten Stichprobe konnte sich an kein überzeugendes parapsychisches Erlebnis erinnern. Eine große Zahl, obschon immer noch eine Minorität, erinnerte sich an ein oder zwei solcher Erlebnisse in ihrem Leben. Eine noch kleinere Gruppe gab an, schon viele paranormale Erlebnisse gehabt zu haben. Aufgrund dieser ungleichen Verteilung parapsychischer Erfahrungen interessierten sich die Forscher besonders für solche Berichterstatter, die auf dem fraglichen Gebiet offenbar besonders ausgeprägte Fähigkeiten besaßen – vor allem nachdem sich herausgestellt hatte, daß manche von ihnen ihre besondere Begabung unter den von den Untersuchern festgesetzten Versuchsbedingungen mehr oder weniger auf Kommando unter Beweis stellen konnten. Im ersten Stadium der Parapsychologie als experimenteller Wissenschaft lag das Hauptgewicht auf der Untersuchung ausgewählter *Versuchspersonen.* Heutzutage nimmt man jedoch an, daß praktisch jeder von uns parapsychologische (oder Psi-) Fähigkeiten besitzt; die Auswahl von Versuchspersonen richtet sich weitgehend nach praktischen Gesichtspunkten, z. B. danach, welche Personen sich für das jeweilige Experiment am besten eignen.

Man könnte aufgrund der Entwicklung der Parapsychologie bis 1960 den Eindruck gewinnen, daß diese drei Zugangsmöglichkeiten, nämlich Fallstudien, die Untersuchung ausgewählter Versuchspersonen und Experimente mit beliebigen Versuchspersonen, zusammen angewandt, zu keinem vollen Erfolg führen. Das überwiegende Interesse an paranormalen Spontanerfahrungen, das die Frühzeit der Parapsychologie charakterisiert, trat in den Hintergrund, als sich die Forschung auf die Untersuchung ausgewählter Versuchspersonen zu konzentrieren begann. Darauf folgte in den späten dreißiger sowie den vierziger und fünfziger Jahren eine Periode, in der sich die Versuchsplanung auf ganz bestimmte Fragestellungen konzentrierte. Die wenigen Psi-Forscher, die während jener Jahrzehnte die Meinung vertraten, man sollte mit ausgewählten Versuchspersonen experimentieren, bildeten nur Ausnahmen, die die Regel bestätigten.

Betrachtet man die Parapsychologie der sechziger Jahre, so zeigt sich, daß dieser historisch gewonnene Eindruck nicht länger zutrifft. Heutzutage sind in der Forschung alle drei Zugangsarten vertreten. Der Einfachheit halber nenne ich diese drei Schwerpunkte den kasuistischen, den versuchsperson-zentrierten und den prozeß-orientierten Zugang. Die Tatsache, daß alle drei Forschungsmöglichkeiten heute in der Parapsychologie aktiv verwendet werden, bildet den Hauptgegensatz zur Forschungssituation der vorausgegangenen Jahrzehnte. Die gegenwärtige Periode zeichnet sich durch eine lebhaft betriebene Suche nach neuen Erkenntnissen über ASW aus, durch den Wunsch, den Faktor Psi durch neue Forschungsmethoden besser zu verstehen.

Die Forscher auf dem Gebiet sind offener geworden, indem sie Behauptungen oder Problemen nachgehen, die früher übergangen oder ignoriert worden sind. Man findet nicht mehr die allgemeine Tendenz, bestimmte Gebiete aus dem Rahmen der wissenschaftlich betriebenen Parapsychologie auszuklammern. Dies hat zur Folge, daß man heute eine größere Vielfalt von Fragestellungen antrifft und die Forschungsarbeit interessanter geworden ist. Unter den Forschern auf dem Gebiet besteht die stillschweigende Übereinkunft, daß jeder die Fragestellung verfolgen kann, die ihn interessiert. Die parapsychologische Forschung ist wieder in Bewegung geraten und zu einer verheißungsvollen wissenschaftlichen Disziplin geworden.

Es gibt eine Reihe von Untersuchungen über mögliche Zusammenhänge zwischen ASW und verschiedenen Bewußtseinszuständen. Diese Fragestellung lag auf der Hand, da parapsychische Erfahrungen so wenig vorhersagbar sind, daß sie von ganz bestimmten Bewußtseinszuständen abhängig sein könnten. Ist dies der Fall, so kann man vielleicht definierte Bewußtseinszustände ausfindig machen, die die ASW-Leistung ermöglichen oder verstärken. Diese Forschung wird von verschiedenen Seiten vorangetrieben. Nehmen wir z. B. die Beziehung zwischen Hypnose und ASW – eine Fragestellung, die in den Anfangsjahren der wissenschaftlichen Psychologie im Zentrum der Forschung stand. In der Tat wurde die Hypnose als spezielles parapsychisches Phänomen betrachtet, das zu Recht als solches untersucht wurde. Selbst nachdem sich herausstellte, daß dies nicht der Fall war, ging die Forschung weiterhin davon aus, daß man vielleicht mit Hilfe des hypnotischen Zustands die ASW-Leistung fördern könnte. Nach Gründung der Society for Psychical Research in London im Jahre 1882 wurde über eine Reihe erfolgreicher ASW-Experimente berichtet, bei denen die Versuchspersonen hypnotisiert waren; andererseits stammen aus der gleichen Zeit sehr erfolgreiche Experimente, bei denen keine Hypnose eingesetzt wurde. Allerdings wurden keine Kontrollversuche durchgeführt, in denen man die Ergebnisse derselben Versuchspersonen mit und ohne hypnotische Suggestion miteinander verglich. Da sich kein eindeutiger Beweis dafür fand, daß die Anwendung der Hypnose in ASW-Versuchen zu positiven Ergebnissen führt, ließen die Forscher Anfang der dreißiger Jahre diese Fragestellung fallen. Daran änderte sich zumindest im Westen bis Anfang der sechziger Jahre praktisch nichts. Wie aus zwei neueren Sammelreferaten zum Thema Hypnose und ASW hervorgeht – vgl. die Arbeiten von Honorton und Krippner sowie Van de Castle in den »Anmerkungen« – nahm von diesem Zeitpunkt an die Anzahl diesbezüglicher Forschungsarbeiten deutlich zu, wobei der Akzent auf einem direkten experimentellen Vergleich des ASW-Erfolgs mit bzw. ohne Hypnose lag. Beide Arbeiten kommen zu dem Schluß, daß die ASW-Leistungen der Versuchspersonen durch Hypnose gesteigert werden. Sie unterstreichen jedoch die Notwendigkeit weiterer Experimente, um die Beziehung zwischen Hypnose und ASW weiter zu erhärten. Dies gilt besonders für die Erforschung der Wirkungsweise der hypnotischen Suggestion bei der Verbesserung der ASW-Leistung.

Während der letzten zehn Jahre wurden weitere interessante Fragen im Zusammenhang mit Hypnose aufgeworfen. Eine davon lautet, ob eine geeignete Versuchsperson durch schweigend gegebene Befehle des Hypnotiseurs, die sie telepathisch aufnimmt, in hypnotische Trance versetzt und aus dieser wieder herausgeführt werden kann. Wieder eine andere Fragestellung untersucht, ob die ASW-Fähigkeit einer Versuchsperson durch Hypnose so trainiert werden kann, daß der Proband auch hinterher im Wachzustand in der Lage ist, seine Fähigkeit unter Beweis zu stellen. Beide Fragestellungen gehören zu speziellen Themen, die in späteren Kapiteln diskutiert werden.

Die Entwicklung von Pharmaka zur Vorbeugung oder Heilung körperlicher Erkrankungen hat in der Geschichte der modernen Medizin eine Hauptrolle gespielt. Von daher überrascht es nicht, daß die Entdeckung von Tranquilizern, gefolgt von der Entdeckung psychedelischer Drogen, die das Bewußtsein unmittelbar verändern können, weithin als Vorläufer einer vergleichbaren Revolution bei der Behandlung von Geisteskrankheiten angesehen wird. Es stellte sich auch die Frage, ob sich Substanzen wie Psilocybin oder LSD mit ihren ausgeprägten Veränderungen des subjektiven Erlebens auch als ASW-auslösend erweisen würden. Es wurden mehrere Untersuchungen in dieser Hinsicht durchgeführt, die jedoch keinen klaren Nachweis erbrachten, daß eine der vorhandenen Drogen die ASW-Leistung steigern könnte. In einigen Untersuchungen gab es zwar schwache Effekte, doch ermutigen sie zusammengenommen nicht zu der Hoffnung, daß Drogen der Schlüssel zu verborgenen Psi-Kräften ist.

Es ist vielleicht ein Glücksfall für die Parapsychologie, daß die betreffenden Drogen keine Steigerung der ASW-Fähigkeit zu bewirken vermochten. Anderenfalls hätten sich die Forscher einer Situation gegenübergesehen, in der sie zwar über eine Methode zur verbesserten Kontrolle der betreffenden Fähigkeiten verfügt, diese aber nicht anzuwenden gewagt hätten. Auf jeden Fall wird zur Zeit die Beziehung zwischen Drogen und ASW nicht mit Nachdruck untersucht; die Forschung auf diesem Gebiet wird vermutlich so lange stagnieren, bis man eine neue wirksame Droge entdeckt hat, die nicht illegal ist und die der Forschung neue Impulse vermitteln kann.

Wir untersuchen jetzt einen weiteren Bewußtseinszustand in seiner Beziehung zur ASW, der so alltäglich ist, daß wir dazu neigen, uns über ihn keine Gedanken zu machen. Ich meine den normalen Schlafzustand und seinen regelmäßigen Begleiter, den Traum. Da beides bei jedem Menschen sowie bei den meisten anderen höherorganisierten Spezies auftritt, erregen sie nicht mehr unsere Neugierde. Jahrhundertelang hat die Wissenschaft die rätselhafte Natur von Schlaf und Traum weitgehend vernachlässigt. Dies hing aber größtenteils damit zusammen, daß man keine Methode zur Untersuchung dieser Vorgänge besaß.

Das Interesse der Parapsychologen an Träumen hat einen besonderen Grund. Sammlungen von Berichten paranormaler Spontanfälle zeigen, daß sich die Mehrzahl dieser Erfahrungen auf Träume bezieht. Dies legt den Schluß nahe, daß der Traumzustand für die Entfaltung von ASW-Fähigkeiten besonders geeignet sein könnte. Bis vor kurzem konnte sich der Forscher praktisch nur in Wachträumen folgende Möglichkeit ausmalen: gäbe es nur eine Methode, den Traum eines Menschen zu beeinflussen oder mit einer schlafenden Versuchsperson zu experimentieren, welche ASW-Kontrolle wäre dann möglich! Doch niemand konnte sich vorstellen, wie dies zu bewerkstelligen war, da der Traum ein besonders flüchtiges Gebilde zu sein schien und einer experimentellen Untersuchung kaum zugänglich. Dies hat sich geändert, seit die physiologische Untersuchung des Schlafverlaufes zu neueren Entdeckungen geführt hat. Mittels Elektroden, die an Kopfhaut und Schläfen befestigt werden, wurde es möglich, den individuellen Schlaf-Traum-Verlauf im Verlaufe einer Nacht in Form von bestimmten Mustern von Hirnaktionsströmen und Augenmuskelbewegungen aufzuzeichnen. Die Forscher können jetzt unter anderem nachweisen, wann ein Traum beginnt, wie lange er dauert und wann er endet. Weckt man die schlafende Versuchsperson unmittelbar nach Ende des Traumes auf, kann sie sich praktisch immer daran erinnern, wovon sie geträumt hat. So konnte die Versuchsperson sofort ihren erinnerten Traum auf Tonband sprechen.

An der psychiatrischen Abteilung des Maimonides Hospital in Brooklyn, New York, wird unter Leitung von Dr. Montague Ullmann und Dr. Stanley Krippner ein Forschungsprojekt zur Untersuchung von Telepathie in Träumen durchgeführt, das von diesen wissenschaftlichen Erkenntnissen profitiert. Ein typisches Experiment ist folgendermaßen aufgebaut: Nach Auswahl einer geeigneten Versuchsperson schläft diese mehrere Nächte im Laboratorium. Zu Beginn des Experiments kommt die Versuchsperson an einem bestimmten Abend ins Labor und geht im entsprechenden Raum zu Bett. Dann kommt aus dem Nachbarzimmer der Experimentator und befestigt zur physiologischen Ableitung die Elektroden an Kopfhaut und im Augenbereich. Anschließend überwacht er an seinem Platz im Nebenzimmer die Aufzeichnungen des Polygraphen.

Die Versuchsperson schläft wie üblich ein. Im Laufe der Nacht erkennt der Experimentator nebenan anhand der Aufzeichnung, wann die Versuchsperson zu träumen begonnen hat. Sofort drückt er auf einen Knopf neben sich und betätigt damit einen Summer in einem Zimmer eines entfernt gelegenen Krankenhausflügels. Dort hält sich eine Versuchsperson auf, die für diese Nacht die Rolle des Senders oder Agenten für telepathische Träume übernommen hat. Der Agent hat die Reproduktion eines lebhaften Gemäldes vor sich, die er nach einem Zufallsverfahren aus ähnlichem Material ausgewählt hat und die sonst niemand kennt. Auf das Summersignal hin beginnt er sofort, sich auf das ausgewählte Gemälde zu konzentrieren, und versucht, es telepathisch auf die träumende Versuchsperson zu übertragen.

Stellt der Experimentator anhand seiner Aufzeichnung fest, daß die Traumphase zu Ende ist, gibt er dem Agenten nochmals ein Signal, das diesem anzeigt, daß er sich wieder entspannen kann. Nun weckt der Experimentator durch eine Sprechanlage die schlafende Versuchsperson auf. Er bittet diese um ihren Traumbericht, der auf Tonband aufgenommen wird. Das Experiment wird in der Nacht so oft wiederholt, wie die Versuchsperson träumt. Auch während aller weiteren Traumphasen dieser Nacht konzentriert sich der Agent auf das Signal hin immer auf das eine Bild, das als Zielvorlage für diese Nacht ausgewählt worden ist. Am nächsten Morgen bittet der Experimentator die Versuchsperson, ihre Erinnerungen an alle Träume der vergangenen Nacht zusammenzufassen.

Eine Versuchsserie mit einer solchen telepathischen Traumbeeinflussung dauerte in der Regel acht Nächte. Am Ende der Serie lagen also den Untersuchern insgesamt acht Zielbilder und acht Gruppen von Träumen vor, die aus den einzelnen Versuchsnächten stammten. Die Traumberichte und die Zielbilder wurden so gut gemischt, daß ihre ursprüngliche Zusammengehörigkeit nicht mehr zu erkennen war. Für eine spätere Identifizierung wurden sie kodiert und alle Hinweise auf ihre ursprüngliche Abfolge sorgfältig entfernt. Die verschlüsselten Traumberichte und Zielbilder wurden dann einer Reihe von Beurteilern übergeben, die Grad und Art einer eventuellen Übereinstimmung zwischen Traumberichten und Zielvorlagen feststellen sollten. Damit wollte man nachprüfen, wie eng die Zuordnung zwischen den Zielbildern und den dazugehörenden Traumberichten der Versuchsperson ausfiel. Eine enge Übereinstimmung zwischen dem Zielbild, auf das sich der Agent konzentriert hatte, und dem Trauminhalt der Versuchsperson von dieser Nacht müßte in den Einstufungen der Beurteiler zum Ausdruck kommen, falls der Agent die Träume erfolgreich telepathisch beeinflußt hatte.

Die Einstufungen der Beurteiler wurden statistisch ausgewertet. Bei mehreren Versuchsserien war die korrekte Zuordnung von Bildern und Traumberichten so erfolgreich, daß die Wahrscheinlichkeit für ihr zufälliges Auftreten nur eins zu tausend beträgt; normalerweise wird die Zufallshypothese in der Wissenschaft dann zurückgewiesen, wenn die Wahrscheinlichkeit für das Auftreten eines bestimmten Ereignisses eins zu fünfzig beträgt. Aufgrund dieser statistisch signifikanten Ergebnisse kamen die Experimentatoren zu dem Schluß, daß sich in den Träumen ihrer Versuchspersonen tatsächlich die Zielbilder wiederfanden, auf die sich die abgeschirmten Agenten über eine Entfernung hin konzentriert hatten.

Soviel zu der hier angewandten Untersuchungsmethode und zu dem Nachweis der Experimentatoren, daß damit eine telepathische Beeinflussung gelungen war. Nachdem sie auf dieser Basis zu einer positiven Schlußfolgerung gelangt waren, gingen sie einen Schritt weiter und untersuchten die Beziehungen zwischen einzelnen Traumberichten und spezifischen Zielbildern. Dabei stellte sich zwischen manchen Träumen und ihren entsprechenden Zielbildern eine beinahe phantastisch anmutende Übereinstimmung heraus. Als z. B. die Untersucher bei einem Kongreß der Parapsychological Association (der Gesellschaft der wissenschaftlich tätigen Parapsychologen) über die Ergebnisse einer Experimentalserie berichteten, projizierten sie das Bild eines Boxkampfes, das als Zielbild fungiert hatte, und verlasen gleichzeitig den Traumbericht der Versuchsperson. Dieser Bericht war so anschaulich und detailgetreu, daß man nicht einmal als unmittelbarer Betrachter des Zielbildes eine bessere Beschreibung hätte geben können.

Die Untersuchungen der Maimonides-Gruppe werden schon seit zehn Jahren ohne Unterbrechung durchgeführt. An dem Projekt ist ein Team von drei hauptberuflich tätigen Forschern mit ihren Assistenten beteiligt. Zur Zeit versucht man, durch Variation experimenteller Methoden das Wesen der telepathischen Übertragung zu erhellen, die, wie sich zeigte, im Traumzustand möglich ist. Eine solche Methode besteht z. B. darin, daß man eine Versuchsperson – anstatt sie normal einschlafen zu lassen – in hypnotische Trance versetzt und dann durch geeignete Suggestionen Träume induziert. Die ersten bereits veröffentlichten Resultate lassen den Schluß zu, daß man mit dieser Methode ebenfalls Träume telepathisch beeinflussen kann.

Das Beispiel der Maimonides-Gruppe hat auch andere Forschungszentren mit Schlaf-Traum-Labors dazu angeregt, ein solches Experiment zu wiederholen oder weiterzuentwickeln. So sieht z. B. eine geplante Studie am Schlaf-Traum-Labor der Universität Virginia vor, als Versuchspersonen und Agenten solche Personen auszuwählen, die miteinander verwandt sind und in einem engen emotionalen Kontakt stehen, z. B. ein Kind als Versuchsperson und seine Mutter als Agent. Oder man könnte für einen solchen Versuch auch ein eineiiges Zwillingspaar heranziehen, das angibt, im täglichen Leben häufig miteinander in einem telepathischen Kontakt zu stehen.

Beurteilt man diese Experimente allein aufgrund bereits vorliegender Ergebnisse, so zeigt sich, daß die heutige Wissenschaft die überkommenen Vorstellungen über die Rolle der Träume, die sich im Volk gehalten haben, ernst nehmen muß – Vorstellungen, die bisher zum Bereich des Volksaberglaubens gerechnet wurden. Auf der Basis harter Daten und soliden wissenschaftlichen Beweismaterials können wir es nun als erwiesen betrachten, daß ein Mensch mit seinen Gedanken auf irgendeine Weise, direkt und auf Entfernung, die Träume eines anderen Menschen beeinflussen kann. Hätte die Psi-Forschung allein diese eine Tatsache nachgewiesen, die wissenschaftliche Bedeutung wäre schon unabsehbar. Aber die Parapsychologie hat nicht nur dieses, sondern auch viele weitere Ergebnisse vorzuweisen.

Eine andere Forschungsrichtung befaßt sich mit der Frage, ob eine schwache emotionale Erregung, die der Versuchsperson nicht bewußt wird, als Indikator einer ASW-Reaktion dienen kann. Mr. Douglas Dean vom Newark College of Engineering hat mehrere Jahre lang Experimente nach folgendem Plan durchgeführt: zur Registrierung schwacher emotionaler Erregungen der Versuchsperson verwendete er einen Plethysmographen. Dieses Gerät zeichnet durch wechselnde Blutzirkulation bedingte Volumenschwankungen auf; der Finger einer Versuchsperson wird z. B. in einer emotionalen Stressphase weniger stark durchblutet als sonst, da dann vorwiegend die lebensnotwendigen inneren Organe mit Blut versorgt werden. Diese Änderungen des Fingervolumens registriert der Plethysmograph im angrenzenden Raum in Form einer fortlaufenden graphischen Darstellung. Da dieses Gerät auch sehr schwache emotionale Veränderungen sichtbar macht, erwies es sich als ideal für die geplante experimentelle Untersuchung.

Man bat eine für das Experiment ausgewählte Versuchsperson, die Namen von zehn Personen anzugeben, die für sie stark emotional besetzt waren. Es konnte sich dabei um Personen handeln, zu denen sie eine sehr starke positive oder auch negative Beziehung hatte. Der Experimentator wählte dann aus dem Telephonbuch völlig willkürlich zehn Namen aus, die weder ihm noch der Versuchsperson bekannt waren. Darauf schrieb er die zwanzig Namen einzeln auf je eine Karte. Nun wurde die Versuchsperson an den Plethysmographen angeschlossen und gebeten, so entspannt und ruhig wie möglich in einem Sessel zu sitzen. Nach diesen Vorbereitungen begab sich der Experimentator in den angrenzenden Raum und mischte die zwanzig Karten, wobei die Namen verdeckt waren. Dann deckte er von dem Stoß eine Karte nach der anderen auf und schaute dabei jeden Namen an.

Die Versuchsperson tat ihrer Meinung nichts anderes, als ruhig in ihrem Sessel zu sitzen, wie es die Instruktion vorsah. Die bei vielen Durchgängen durch den Kartenstapel gewonnenen Aufzeichnungen zeigten jedoch, daß sie unbewußt auf die beiden Gruppen von Namen unterschiedlich reagierte. Die Analyse der Plethysmogramme ergab, daß sich der Erregungszustand der Versuchsperson signifikant änderte, je nachdem, ob der Experimentator die emotional besetzten oder die neutralen Namen aus dem Telephonbuch ansah. Aufgrund der Versuchsbedingungen ließ sich die beobachtete Differenz nicht vernünftig erklären; es blieb nur der Schluß übrig, daß für die unterschiedlichen emotionalen Reaktionen der Versuchsperson ASW verantwortlich war.

Meistens treten spontane Psi-Erfahrungen in Krisensituationen auf. Paranormale Erlebnisse von sich entfernt abspielenden Vorgängen beziehen sich in der Regel auf persönliche Krisen oder bedrohliche Situationen. Dieses Merkmal solcher Erlebnisse deutet darauf hin, daß ASW eng mit emotionalen Zuständen gekoppelt ist. Doch die meisten ASW-Untersuchungsmethoden im Labor bestehen aus Routine-Experimenten, bei denen Versuchspersonen immer wieder eine bestimmte Reihe von Zahlen oder Symbolen erraten müssen. Der übliche ASW-Test schläfert eher das Interesse der Versuchsperson ein, als daß er eine emotionale Beteiligung weckt.

Mrs. Thelma Moss, graduierte Psychologiestudentin an der Universität von Kalifornien in Los Angeles (UCLA), ging von der Überlegung aus, daß man mehr über die Natur der ASW-Übermittlung erfahren könnte, wenn man größeren Wert auf die emotionalen Aspekte der Versuchssituation legte. Sie wollte die Laborsituation mehr den spontanen Bedingungen des täglichen Lebens angleichen, unter denen ASW gewöhnlich auftritt. Sie führte aus diesem Grunde eine Untersuchung durch, bei der jeweils zwei Versuchspersonen in das Labor kamen. Die eine befand sich in einem schalldichten Raum, während sich die andere in einem bequemen Sessel mit Mikrophon und Tonbandgerät entspannte. Die Versuchsperson im schalldichten Raum fungierte als »Sender« und wurde einer Reihe stark affektbelasteter Situationen ausgesetzt: sie mußte z. B. ihren nackten Fuß eine Minute lang in einen Eimer mit Eiswasser halten, Bilder von Greueltaten in einem Konzentrationslager der Nazis oder von der Ermordung und dem Begräbnis Präsident Kennedys betrachten, sich einige Lichtbilder von verführerisch bekleideten Pin-up-girls ansehen und so weiter. Während dieser Zeit sprach die andere Versuchsperson, der »Empfänger«, alle Gedanken und Einfälle in das Mikrophon, die ihr gerade in den Sinn kamen.

Nach der Sitzung wurde das Tonband abgeschrieben und einige Beurteiler mußten anhand der Aufzeichnungen die Reihenfolge angeben, in der der isolierte »Sender« die völlig verschiedenen emotionalen Erfahrungen durchgemacht hatte. Nachdem die Resultate von dreißig Paaren von Versuchspersonen ausgewertet waren, stellte sich heraus, daß die Einstufer anhand der Eindrücke des Empfängers bis zu einem gewissen Grad die affektbeladenen Erfahrungen identifizieren konnten, mit denen der Sender zur gleichen Zeit konfrontiert war. Das Zuordnungsverfahren erbrachte ein so signifikantes Ergebnis, wie man es unter Zufallsbedingungen bei tausend solcher Experimente nur einmal erwartet hätte.

Mrs. Moss erlangte mit dieser Arbeit den Doktorgrad in Philosophie. Danach wurde sie Mitglied des Lehrkörpers der UCLA und setzte in dieser Position ihre ASW-Untersuchungen in ähnlicher Richtung fort. Ihre Ergebnisse schmälern natürlich nicht die große Zahl erfolgreicher ASW-Experimente, die mit den üblichen quantitativ-statistischen Methoden durchgeführt worden sind. Ihre bisherige Arbeit hat vor allem gezeigt, daß bei ASW-Versuchen der Einfluß affektgeladener Situationen unter kontrollierten Bedingungen untersucht werden kann. Ihre Vorgehensweise hat der Forschung eine neue Dimension eröffnet und trägt zum besseren Verständnis der komplexen Faktoren bei, die dem ASW-Geschehen zugrunde liegen.

Die bisher erwähnten Untersuchungen hatten alle die Abhängigkeit der ASW von bestimmten Bewußtseinszuständen zum Thema. Kann man einen Schritt weitergehen und wechselseitige Beziehungen zwischen ASW und hirnphysiologischen Zuständen untersuchen? Die gebräuchlichste Methode zur Untersuchung der Gehirnfunktionen ist die Elektroenzephalographie (oder EEG), durch die die elektrische Hirnaktivität mittels am Kopf befestigter Elektroden abgeleitet wird. Es ist ganz natürlich, daß sich parapsychologische Forscher für die Frage zu interessieren begannen, ob ASW-Leistungen mit EEG-Aufzeichnungen in Beziehung gebracht werden können. Wir haben bereits oben gesehen, wie das EEG und ähnliche Verfahren beim Versuch, Träume telepathisch zu beeinflussen, eingesetzt worden sind. Dabei wird das EEG freilich nur zur Feststellung der Traumphasen verwendet; bisher zumindest enthalten die Ergebnisse noch keinen Hinweis, daß sich die EEG-Aufzeichnungen während eines telepathisch induzierten Traumes von denjenigen eines gewöhnlichen Traumes unterscheidet.

Das derzeitige Forschungsinteresse hat mit dem EEG selbst zu tun: Kann man eine Beziehung zwischen einem bestimmten im EEG aufgezeichneten Hirnmuster und dem ASW-Erfolg einer Versuchsperson nachweisen? Im Zentrum der Forschung steht der Alphawellen-Rhythmus, eine bestimmte Hirnaktivität, die mit einem entspannten psychischen Zustand einhergeht. Erste Untersuchungen deuten darauf hin, daß die Wahrscheinlichkeit für eine erfolgreiche ASW-Leistung größer ist, wenn im EEG der Alpharhythmus vorherrscht.

Das Interesse der Parapsychologen an EEG-Untersuchungen nahm deutlich zu, nachdem man in jüngerer Zeit entdeckt hatte, daß Versuchspersonen die Kontrolle über ihren Alpharhythmus erlernen können. Dr. Joe Kamiya leitete das EEG mit einem Gerät ab, das der Versuchsperson ein akustisches Signal lieferte, wenn in ihrer Hirnaktivität der Alpharhythmus vorherrschte. Die Versuchspersonen waren instruiert, das Signal möglichst lange zu »halten«. Dr. Kamiya fand heraus, daß manche Versuchspersonen auf diese Weise die Kontrolle über ihren Alpharhythmus erlernen konnte. Sie waren dazu in der Lage auch ohne zu wissen, warum das Signal ertönte. Man kann sich leicht vorstellen, wie aufregend für die Parapsychologen diese Entdeckung war. Wenn die ASW-Leistung mit der Hirntätigkeit zusammenhängt, die durch den Alpharhythmus angezeigt wird, und wenn Versuchspersonen lernen können, sich in das Alphastadium zu versetzen, könnte dies nicht dazu führen, daß sie die willentliche Kontrolle über ihre ASW-Leistung erlernen können? Die Forschung der letzten zehn Jahre hat diese Frage lediglich aufgeworfen und einen Weg gezeigt, wie man vorgehen könnte. Das nächste Jahrzehnt wird zeigen, welche Antwort die Forschung darauf findet.

Wir wenden uns nun einer bestimmten Gruppe von Untersuchungen zu, die behauptete parapsychologische Fähigkeiten spezieller Art untersucht. Manche solcher Behauptungen wurden bereits so ausgiebig untersucht, daß ich auf sie ausführlicher eingehen und sie daher in späteren Kapiteln behandeln möchte. Dazu gehören Themen wie Gedankenfotografie, Spukphänomene und Reinkarnation. An dieser Stelle gehe ich auf bestimmte andere Behauptungen ein, die von Parapsychologen erforscht werden.

Manche Menschen behaupten, über bestimmte Heilkräfte zu verfügen, die jenseits dessen liegen, was die moderne Schulmedizin für möglich hält. Dazu gehört z. B. Mr. Estabany, ein jetzt in Canada lebender ehemaliger ungarischer Armeeoffizier, der angibt, in seinen Händen besondere Heilkräfte zu besitzen. Als Dr. Bernard Grad von der McGill Universität vor etwa zehn Jahren davon erfuhr, beschloß er, in einer vorurteilsfreien wissenschaftlichen Einstellung eine Untersuchung durchzuführen. Daraus wurde eine Reihe von Experimenten, die sich über einige Jahre erstreckte. Die von ihm in mehreren Forschungsberichten veröffentlichten Ergebnisse machten es überaus wahrscheinlich, daß solche Heilkräfte tatsächlich existierten.

Im ersten Experiment, das 1960 in Zusammenarbeit mit Dr. Remi Cadoret von der Winnipeg Medical School durchgeführt wurde, entfernte man bei Labormäusen jeweils ein Stück Haut und verfolgte in einem kontrollierten Test die Heilungsgeschwindigkeit dieser oberflächlichen Wunden. Man teilte die Versuchstiere in drei Gruppen ein: die erste Gruppe wurde von Mr. Estabany behandelt, indem er seine Hände in die Nähe der Käfige hielt; bei der zweiten Gruppe taten dies Personen, die nicht behaupteten, über irgendwelche Heilkräfte zu verfügen; die dritte Gruppe wurde überhaupt keiner Behandlung unterzogen. Die von Mr. Estabany so behandelten Tiere zeigten eine schnellere Heilung als die beiden Kontroll-Gruppen.

Grad hat seither an der McGill Universität eine Reihe anderer Experimente durchgeführt, um Estabanys Einfluß auf lebende Organismen zu untersuchen. So versuchte z. B. Estabany Versuchskulturen ausgesäter Gerstenkörner zu behandeln, indem er seine Hände ohne Berührung in ihre Nähe hielt, während andere gleichartige Kulturen nicht behandelt wurden. Wiederum erhielt man positive Resultate: eine bessere Auskeimung und ein schnelleres Wachstum der behandelten Gerste im Vergleich zu der unbehandelten. Bei anderen Versuchen hielt Estabany einfach seine Hände in Nähe geschlossener Wasserflaschen, mit denen später die Gerste begossen wurde; andere Flaschen, die das Wasser für die Kontrollgerste enthielten, wurden nicht behandelt. Der Samen, den man mit dem »behandelten« Wasser begossen hatte, keimte und wuchs signifikant schneller als der Kontrollsamen, der mit dem unbehandelten Wasser begossen worden war. In einem weiteren Experiment wurde untersucht, ob Estabany die Wachstumsrate von Schimmelpilzen beeinflussen konnte. Die Ergebnisse dieser Laborexperimente untermauerten die Existenz besonderer Heilkräfte. Später wurde mit Estabany eine weitere unabhängige Untersuchung in einem anderen Labor vorgenommen; die Ergebnisse stimmen, wie aus einem Referat auf einer Jahrestagung der Parapsychological Association hervorgeht, mit den früher von Grad gewonnenen überein.

Einen anderen Zugang zum Problem der unorthodoxen (»geistigen«) Heilung wählte das Ehepaar Graham und Anita Watkins vom Institute for Parapsychology in Durham, N.C. Sie untersuchten, ob eine Versuchsperson in der Rolle eines »Heilers« die Dauer beeinflussen konnte, nach der mit Äther narkotisierte Mäuse wieder zu sich kamen. Für jeden Versuch wurden zwei Mäuse gleichzeitig und unter standardisierten Bedingungen betäubt. Beide Tiere wurden dann nebeneinander vor die Versuchsperson gelegt und nach einem Zufallsverfahren wurde eines davon ausgewählt, das die Versuchsperson so schnell wie möglich wieder aufwecken sollte. Die Ergebnisse einer großen Anzahl von Experimenten mit vielen Einzelversuchen unter verschiedenen Bedingungen haben mit großer Regelmäßigkeit gezeigt, daß diejenigen Mäuse, auf die sich die Versuchspersonen »konzentrierten«, schneller aus der Narkose erwachten als die anderen.

Anhand des bisher gewonnenen Beweismaterials muß man die Frage, ob es besondere Heilkräfte gibt, die eine parapsychologische Erklärung erfordern, positiv beantworten – zumindest was die eine Versuchsperson betrifft. Wir brauchen uns in diesem Stadium noch nicht festzulegen, ob die Existenz solcher Kräfte endgültig bewiesen ist. Ihre Auwirkungen wären so revolutionär, daß man in der Forschung mit äußerster Sorgfalt vorgehen muß, bevor man eine endgültige Schlußfolgerung wagen kann. Im Moment genügt die Feststellung, daß man damit begonnen hat, diese Frage wissenschaftlich anzugehen und das Problem der unorthodoxen Heilung unter modernen Laborbedingungen zu untersuchen. Die bisherigen Ergebnisse haben schon ihren Zweck erfüllt, wenn sie sicherstellen, daß weitere Untersuchungen auf diesem Gebiet durchgeführt werden, sobald sich dafür entsprechende Möglichkeiten finden.

Daß Tiere bei Psi-Experimenten, wie denen von Grad und Watkins, verwendet wurden, heißt noch nicht, daß solche Organismen dabei eine aktive Rolle spielen. Sie schienen eher als empfindliche Detektoren zu dienen, die durch die Psi-Fähigkeiten des Menschen eine Veränderung erfuhren.

Das parapsychologische Interesse an Tieren ging noch weiter und hat zu der Frage geführt, ob Organismen, die auf der Evolutionsskala unter dem Menschen stehen, ebenfalls über Psi-Fähigkeiten verfügen. Man hat diese Frage bisher nur unter dem Gesichtspunkt erforscht, ob ASW bei der Herausbildung tierischer Verhaltensweisen als Faktor beteiligt ist. Dr. R. L. Morris hat vor kurzem eine Forschungsübersicht veröffentlicht, aus der hervorgeht, daß das Interesse an Psi bei Tieren schon viele Jahre zurückreicht, daß aber mit der wirklichen Erforschung dieser Frage erst in den fünfziger Jahren am Parapsychologischen Laboratorium der Duke Universität begonnen wurde. Man beschäftigte sich zu dieser Zeit vor allem mit drei tierischen Verhaltensweisen: den Berichten über Haustiere, die ihren verzogenen Besitzer über weite Strecken hinweg nachspürten und diese am neuen Wohnort auch fanden, wo die Tiere vorher noch nie gewesen waren; dem Heimfindevermögen von Tauben aus verschiedenen Richtungen über weite Entfernungen, nachdem man sie ohne vorherige Flugerfahrung in einem unbekannten Gebiet freigelassen hatte; und schließlich Experimente mit Katzen in Situationen mit beschränkter Wahlmöglichkeit, wo die Tiere keine ausreichenden sensorischen Hinweise für die »richtige« oder »falsche« Wahl hatten. Die Ergebnisse all dieser Untersuchungen stützen die Hypothese von Psi bei Tieren, reichten aber nach Meinung der beteiligten Forscher nicht für eine endgültige Schlußfolgerung aus.

Die oben zitierte Übersicht (vgl. die »Anmerkungen« zu diesem Kapitel) erwähnt eine neue und anscheinend vielversprechende Forschungsrichtung, die von dem Zoologischen Institut einer französischen Universität eingeschlagen wurde. (Obwohl die Untersucher in parapsychologischen Kreisen wohlbekannt sind, haben sie angesichts der Geringschätzung, mit der man der Parapsychologie heutzutage noch in Frankreich begegnet, ihren Forschungsbericht unter einem Pseudonym veröffentlicht.) Sie verwendeten eine voll automatisierte Versuchsanordnung, mit der das Verhalten einer Maus in einem Käfig registriert wurde; der Käfig war zweigeteilt und seine Bodenhälften wurden abwechselnd in regelmäßigen Abständen nach einem Zufallsverfahren elektrisch schwach geladen. Die Maus konnte durch einen Sprung über eine niedrige Barriere von der einen Käfighälfte in die andere gelangen. Das Experiment sollte zeigen, ob das Versuchstier überzufällig den elektrischen Schlag vermeiden konnte, indem es vorher in die andere Käfighälfte sprang.

Die französischen Forscher fanden heraus, daß die Maus in einem statistisch signifikanten Ausmaß den elektrischen Schlag vermeiden konnte, wenn sie nicht durch einen vorher erlittenen Schock außer Gefecht gesetzt worden war. Dieser experimentelle Ansatz wurde von Dr. Jay Levy und seinen Mitarbeitern am Institute for Parapsychology wiederholt und ausgebaut; ihre Ergebnisse erschienen in den letzten Jahrgängen des *Journal of Parapsychology*. Auf dem Jahreskongreß der Parapsychological Association an der Universität Edinburgh im September 1972, wo diese Ergebnisse referiert wurden, zeigte sich, daß die französischen zusammen mit den amerikanischen Experimenten bereits acht verschiedene Versuchsreihen umfassen, jede mit sehr signifikanten Ergebnissen.* Hier kann nicht auf weitere Einzelheiten der automatisierten Versuchsanordnung eingegangen

* Die Beweiskraft der erwähnten Untersuchungen ist 1974 vom Institute for Parapsychology offiziell zurückgezogen worden, nachdem Mitarbeiter des

werden, durch die man bei der Verhaltensanalyse der Versuchstiere solche Versuche, bei denen ASW auftreten konnte, von denen unterschied, wo dies nicht möglich war. Wer sich für dieses Thema weiter interessiert, sollte zuerst die Übersicht von Morris lesen und dann die Berichte im *Journal of Parapsychology*.

Auf einen Punkt, der den Laien zunächst überraschen mag, möchte ich noch kurz eingehen. Die Versuchstiere verwenden ihre ASW-Fähigkeit nicht dazu, sich einer bereits vorhandenen Situation anzupassen, sondern an ein zukünftiges Ereignis, das erst nach ihrer Entscheidung durch Zufall festgelegt wird. Die Mäuse zeigen offenbar gelegentlich ein präkognitives Verhalten; für ihr erfolgreiches Vermeiden derjenigen Käfighälfte, die einen Moment später unter Strom gesetzt wird, gibt es keine andere Erklärungshypothese, die sinnvoll ist.

Eine Erfahrung, die zwar weit verbreitet ist, über die aber nur ungern gesprochen wird, ist das Gefühl, den eigenen Körper zu verlassen. Manchmal besteht diese Erfahrung aus dem Gefühl, nur eine kurze Distanz von seinem Körper getrennt zu sein, z. B. über ihm zu »schweben« und auf ihn herabblicken zu können. Dann wieder hat man während einer »out-of-the-body«*-Erfahrung das Gefühl, sich an einen entfernten Ort begeben zu haben. Die betreffende Person ist gewöhnlich davon überzeugt, daß sie das, was sich dort abspielt, beobachten und daß sie gelegentlich sogar auf die materielle Welt einwirken kann. Jedoch kann der Betreffende praktisch nie andere Personen dazu bringen, ihn zu sehen, noch kann er sich auf andere Weise bemerkbar machen. Trotzdem ist er überzeugt, daß er tatsächlich in einem etwas unüblichen Sinn des Wortes »gereist« ist und daß er dies später durch einen genauen Bericht von dem beweisen kann, was sich dort zur entsprechenden Zeit abgespielt hat.

Es ist leicht einsehbar, daß Berichte über solche Erlebnisse für die Parapsychologen eine Herausforderung darstellen. Die Autoren, die sich mit diesem Thema eingehend befaßt haben, beschränkten sich jedoch darauf, ihre eigenen Erfahrungen zu schildern oder die Berichte anderer zu sammeln. Um zu überprüfen, bis zu welchem Grad sich sol-

Rhineschen Instituts Dr. Levy betrügerische Manipulationen nachgewiesen haben; vgl. zu den Auswirkungen des weltweit bekannt gewordenen »Levy-Skandals« die Stellungnahmen von J. B. Rhine: A new case of experimenter unreliability. *Journal of Parapsychology 38* (1974), 215-225, sowie: Second report of a case of experimenter fraud. *Journal of Parapsychology 39* (1975), 306-325. (Anm. d. Übs.)

* Wörtlich: »außerhalb des Körpers«. Die englische Bezeichnung wurde anstelle von »Astralwanderung« oder »Seelenreise« in die deutsche Parapsychologie übernommen. (Anm. d. Übs.)

che Behauptungen tatsächlich objektivieren lassen, muß man Untersuchungen unter kontrollierten Bedingungen durchführen. Erste Versuche dieser Art wurden in den letzten Jahren begonnen.

Dr. Charles T. Tart von der Universität Kalifornien in Davis hat am intensivsten die Frage untersucht, ob solche Erfahrungen paranormale Aspekte aufweisen. Er experimentierte bisher hauptsächlich mit einer jungen Frau, die angab, häufig »out-of-the-body«-Erlebnisse zu haben. Sie hatte oft das Gefühl, zur Decke »hochzuschweben«, während sie im Bett schlief. In diesem Zustand konnte sie nach ihrer Aussage alles im Raum überblicken, genauso, als ob sich ihr Körper in dieser Position befände. Tart vereinbarte mit ihr, daß sie vier Nächte lang in seinem Laboratorium schlafen sollte. Nachdem sie in dem entsprechenden Raum zu Bett gegangen war, befestigte Tart EEG-Elektroden an ihrem Kopf. Diese führten zu einer Sammeldose, die am Kopfende des Bettes an der Wand befestigt war. Die Kabel waren lang genug, so daß sich die Versuchsperson im Schlaf ungehindert bewegen konnte. Sie konnte ihren Kopf allerdings nur etwa sechzig Zentimeter vom Kissen heben. Es war nicht möglich, die Elektroden zu entfernen oder die Kabel aus der Sammeldose zu ziehen, ohne daß dies sofort auf der EEG-Aufzeichnung im angrenzenden Raum sichtbar geworden wäre.

An der Wand war ungefähr eineinhalb Meter über dem Kopf der Versuchsperson ein Bord angebracht. Jeden Abend wurde nach einem Zufallsverfahren eine fünfstellige Zahl ausgewählt, die der Experimentator auf das Bord legte, wobei er sorgfältig darauf achtete, daß die Versuchsperson die Zahl nicht sehen konnte. Sie konnte somit die Zahl nur dann erkennen, wenn sie tatsächlich ihren Körper »verlassen«, zur Decke »schweben« und von dort aus die Zahl auf dem Blatt lesen konnte. Zwar hatte die Versuchsperson in den ersten drei Nächten im Schlaf das Gefühl zu »schweben«, sie sei jedoch davon aufgewacht, bevor sie die nötige Höhe erreicht hätte, um von oben auf das Regal sehen zu können.

In der vierten Nacht wachte sie auf und berichtete, es sei ihr gelungen, zur Decke »hochzuschweben«. Dann nannte sie die fünfstellige Zahl, die sie von dort aus gelesen hatte; sie war richtig. Tart diskutiert in seinem Artikel verschiedene Möglichkeiten, wie die Versuchsperson die Zahl ohne ASW erkannt haben konnte. (Die parapsychologische Erklärung würde Hellsehen oder Telepathie im Schlafzustand heranziehen oder – als spezielle Form der ASW – ein »out-of-the-body«-Erlebnis nach ihrer Schilderung.) Konnte die Versuchsperson in ihrem Schlafanzug einen Teleskopstab mit einem Spiegel versteckt haben? Konnte sie vielleicht ihren Kopf weit genug heben, um eine

Spiegelung der Zahlen auf der Wanduhr zu erkennen? Zwar glaubt der Experimentator nicht, daß diese Erklärungen tatsächlich zutreffen, doch sie bleiben denkbare Möglichkeiten. Abgesehen davon, daß die Versuchsperson die richtige Zahl angab, zeigte ihr EEG in allen vier Versuchsnächten eine Reihe ungewöhnlicher Muster. Tart betrachtet seine Ergebnisse zwar nicht als zwingend, hält sie aber für ermutigend und befürwortet weitere Untersuchungen in dieser Richtung.

Auf wieder einem anderen Gebiet, dem Weiterleben nach dem Tode, wurden größere Forschungsanstrengungen unternommen. In der ersten Hälfte der neunzigjährigen Geschichte der Parapsychologie stand dieses Thema im Zentrum des Interesses. Man untersuchte damals hauptsächlich Medien oder Sensitive, die behaupteten, Botschaften von Verstorbenen zu übermitteln. Eine Anzahl hervorragender Wissenschaftler und Gelehrter, wie z. B. William James, Oliver Lodge und F. W. H. Myers, nahmen an diesen Untersuchungen teil und wurden persönlich davon überzeugt, daß die Aussagen der betreffenden Medien so spezifisch zutreffend waren, daß sie nicht durch Zufall oder einen geschickten Kombinationsschluß erklärt werden konnten. Sie stimmten darin überein, daß das Medium zutreffende Informationen mitteilte, die es nicht auf bisher bekanntem sensorischem Wege erhalten haben konnte. Nach ihrer Meinung konnte man jedoch nicht zwingend entscheiden, ob diese Informationen tatsächlich von überlebenden Personen stammten oder ob sie das Medium durch seine eigenen ASW-Fähigkeiten erhalten hatte. Es war vorstellbar, daß das Medium entscheidende Fakten den Anwesenden telepathisch »abgezapft« oder diese hellseherisch alten Briefen oder anderen Aufzeichnungen entnommen hatte. Das Unbewußte des Mediums brauchte dann nur noch diese Auskünfte entsprechend zu dramatisieren, um den Eindruck zu erwecken, es lägen Botschaften von Verstorbenen vor.

Nachdem 1930 an der Duke Universität zum ersten Mal ein Laboratorium zur systematischen Untersuchung der ASW eingerichtet wurde, verlagerte sich für mehrere Jahrzehnte der Schwerpunkt der Forschung von mediumistischen Untersuchungen zu kontrollierten Laborexperimenten. Erst in letzter Zeit beschäftigen sich Parapsychologen wieder mit Fragen der Medialität. Dies heißt natürlich nicht, daß man sich von Laborexperimenten ab- und solchen Untersuchungen zugewandt hätte. Es ist vielmehr so, daß sich einige Parapsychologen wieder für das Problem des Überlebens interessieren und mit Medien arbeiten, was für diese Fragestellung wichtig ist, während sich andere Kollegen auf eine streng experimentelle Richtung beschränken. Die parapsychologische Forschung hat dadurch zweifelsohne eine Bereicherung erfahren, daß sie sich nicht immer wieder auf alten eingefahrenen Bahnen bewegt.

Die erneute Zuwendung zum Problem des Überlebens hat bereits deutlich gezeigt, daß die mit diesen Untersuchungen seit jeher verbundenen Schwierigkeiten noch größer geworden sind, da sich die wissenschaftliche Parapsychologie jahrzehntelang nicht mehr um die Erforschung der Medien gekümmert hat. Während dieser Zeit fühlten sich die Personen, die sich im Besitze medialer Fähigkeiten glaubten und die eine wissenschaftliche Untersuchung durchaus begrüßt hätten, von den Forschern übergangen. Sie haben nun nicht einfach untätig abgewartet; manche von ihnen haben ihre Gabe praktisch verwertet und versucht, trauernden Hinterbliebenen in ihrer Not angebliche Botschaften ihrer Verstorbenen zu übermitteln. Dies hatte zur Folge, daß solche Personen nicht mehr an eine Zusammenarbeit mit Wissenschaftlern gewöhnt waren. Die Forscher standen daher nicht nur vor der Aufgabe, den Kontakt mit begabten Medien wieder herzustellen, sondern auch ihr Vertrauen und ihre Mitarbeit zu gewinnen. Wie aus einigen Forschungsarbeiten hervorgeht, ist dies in manchen Fällen gelungen. Obwohl es Anzeichen für einen Fortschritt gibt, steckt die Erforschung der Medialität immer noch in den Kinderschuhen, und erst weitere Untersuchungen können zeigen, was man erreichen kann.

In der Zwischenzeit wurden die Methoden, die man zur Untersuchung freier medialer Aussagen entwickelt hat, weiter verbessert. Es handelt sich hierbei um das Problem, inwieweit man tatsächlich zutreffende Aussagen von bloßem Raten und Phantasieren unterscheiden kann. Ich habe kürzlich zwei Beiträge zur Methodologie mediumistischer Untersuchungen, die zum erstenmal vor vielen Jahren erschienen sind, neu überarbeitet wieder veröffentlicht. Mr. W. G. Roll und Dr. D. S. Burdick haben ebenfalls eine verbesserte Auswertungsmethode, die Genauigkeit medialer Aussagen betreffend, vorgelegt. Ebenso beschrieb Dr. Ian Stevenson eine Methode, durch die das Medium bei der Entfaltung seiner Fähigkeiten seinen gewohnten Rahmen beibehalten kann und die ihm keine fremden Versuchsbedingungen aufzwingt. All dies dokumentiert das fortwährende Interesse an diesem Problem und die Bereitschaft der Forscher, jede Gelegenheit, die sich bietet, zu ergreifen, um mit Medien zu experimentieren.

Das erneute Interesse am Problem des Überlebens wurde durch den Ausgang des berühmten »Seelen-Prozesses« in Phoenix zusätzlich bestärkt, der entscheiden sollte, wer als Erbe eines Vermögens von ungefähr 250 000 Dollar in Frage kam, das James Kidd für die Erforschung dieser Frage ausgesetzt hatte. In den verschiedenen Gerichtsverfahren, die zur Ermittlung des rechtmäßigen Erben angestrengt wurden, kam immer wieder die Geschichte dieses Sonderlings, eines Goldgräbers, zur Sprache, der spurlos verschwand, jedoch ein handschriftliches Testament hinterlassen hatte, in dem er bestimmte, daß sein Vermögen der Erforschung des Lebens nach dem Tode dienen sollte, ohne allerdings den Erben namentlich zu nennen. John Fuller hat in seinem Buch *The Great Soul Trial* (Der große Seelenprozeß) den Prozeßverlauf detailliert geschildert; sein Buch wurde jedoch unmittelbar nach dem ersten Gerichtsentscheid geschrieben, in dem die ganze Summe dem Barrows Neurological Institute zur Erforschung des Gehirns zugesprochen wurde. Dieses Institut hatte in seinem Antrag konstatiert, daß es sich um die Frage, ob die Seele den Tod überleben kann, nicht kümmern würde und daß es nicht die Absicht hätte, dieses Problem zu erforschen.

Ein paar Antragsteller, die abschlägig beschieden worden waren, darunter die American Society for Psychical Research in New York sowie die Psychical Research Foundation in Durham, N.C., wandten sich an die nächsthöhere Instanz. Schließlich kam die Angelegenheit vor das oberste Gericht des Staates Arizona, das die Entscheidung zugunsten des Neurologischen Instituts aufhob und den Fall zur Neuverhandlung an die untere Instanz zurückverwies, die entscheiden sollte, wer von vier Antragstellern, darunter auch die beiden obengenannten, als Erbe in Frage kam. So wurde im Juli 1971 – etwa zwanzig Jahre nach James Kidds Tod und über fünf Jahre nach Verhandlungsbeginn – das Vermögen der American Society for Psychical Research zugesprochen. Selbst dann noch unternahmen einige der abgewiesenen Antragsteller Schritte, um diese Entscheidung rückgängig zu machen, was die Juristen für weitere fünzehn Monate beschäftigte.

Ende 1972 ist es sicher, daß die Gelder bald der ASPR zufließen werden, einer hochqualifizierten Organisation, die ohne Zweifel die Forschung betreibt, die der Erblasser im Sinne hatte. Darunter fallen sicher auch Themen, die in diesem Kapitel erwähnt wurden, wie auch Fragestellungen, die hier nicht zur Sprache gekommen sind. Zum Beispiel sollen in Indien Beobachtungen von Ärzten und Krankenschwestern am Sterbebett gesammelt werden, wobei man besonders auf solche Dinge achten wird, die die Patienten sagen und tun und die vermuten lassen, daß die Sterbenden ein »neues Leben« jenseits der Schwelle des Todes wahrnehmen. Solche Untersuchungen, die bereits mit Hilfe amerikanischer Ärzte und Krankenschwestern durchgeführt worden sind, führten zu wichtigen Ergebnissen, und die indische Studie soll einen Vergleich der Ergebnisse aus zwei ganz verschiedenen Kulturen ermöglichen.

Als letztes Beispiel parapsychologischer Fragestellungen greifen wir hier das Problem des ortsgebundenen Spuks heraus. Die Phänomene umfassen ein weites Spektrum. So werden z. B. Schritte vernommen, obwohl niemand da ist, von dem sie stammen können; oder man findet Fußspuren an einer Stelle, wo niemand gewesen sein konnte (wie im Fall 17 in Kapitel I). Verschiedene Geräusche werden berichtet, eine menschliche Gestalt erscheint, manchmal nur schwach und verschwommen, dann wieder so täuschend echt, daß man sie mit einer lebenden Person verwechselt. Weiter gibt es Schilderungen von merkwürdigen Gerüchen, unerklärlichen Temperaturschwankungen, vagen Gefühlen, daß etwas Unsichtbares zugegen ist, und anderen unbehaglichen Empfindungen. Die Vielfalt der Phänomene, die dem ortsgebundenen Spuk zugerechnet werden, ist nahezu unerschöpflich. Nimmt man solche Behauptungen überhaupt ernst, werden sie zum Gegenstand einer parapsychologischen Untersuchung.

Wie wir schon am Beispiel der Medien und anderer Themen sahen, ignorierten die Parapsychologen jahrzehntelang weitgehend auch Berichte von ortsgebundenen Spukphänomenen. Erst ein weiter gespanntes Forschungsinteresse hat zur Folge gehabt, daß auch dieser Bereich wissenschaftlich angegangen wurde. Verglichen mit früheren Untersuchungen dieser Art gingen die Parapsychologen diesmal mit mehr Phantasie und Initiative ans Werk. Sie begnügten sich nicht nur mit dem Sammeln von Zeugenberichten, sondern nahmen eine systematische psychologische Untersuchung des Ortes vor, an dem die Phänomene angeblich auftraten. Mehrere Medien wurden einzeln durch die Räume eines Spukhauses geführt; dem Führer waren keine Einzelheiten bekannt und er konnte daher die empfangenen Eindrücke nicht unbewußt beeinflussen. Jedes Medium gab mit Hilfe der speziellen Begabung, die es für das »Aufspüren« überlebender Entitäten haben mochte, diejenigen Stellen in Haus und Garten an, wo es deren Gegenwart »wahrnahm«. Jede Versuchsperson wurde zusätzlich gebeten, die Erscheinung zu beschreiben; diese Beschreibungen wurden mit den Aussagen der Zeugen verglichen, die das Phantom gesehen oder auf andere Weise »wahrgenommen« hatten.

Diese Untersuchungen erbrachten signifikante Resultate, was bedeutet, daß die Eindrücke verschiedener Medien ähnlich ausfielen, was auch beim Vergleich der Aussagen von Medien und Zeugen der Fall war. Die Untersucher legen jedoch Wert auf die Feststellung, daß solche Ergebnisse nicht beweisen, daß es ortsgebundenen Spuk wirklich gibt. Die Schwierigkeit liegt darin, daß es bestimmte Vorstellungen darüber gibt, wie eine Erscheinung auszusehen hat und in welchen Teilen des Hauses es am ehesten spukt. Es ist daher vorstellbar, daß die Übereinstimmung zwischen Medien und Zeugen teilweise auf Grund solcher gemeinsam geteilter Vorstellungen zustande kam. Weiter muß man sich die Frage stellen, ob diese Übereinstimmung nicht auf eine paranormale Verbindung seitens der an der Untersuchung Beteiligten zurückgeht. Wie bei so vielen anderen parapsychologischen Projekten gilt auch hier, daß es bei dem jetzigen Stand der Forschung nicht so sehr darauf ankommt, endgültige Schlußfolgerungen zu ziehen; was wirklich zählt, ist die Tatsache, daß die Untersuchungen intensiv und einfallsreich vorangetrieben werden und daß die bisher erhaltenen Resultate die Bedeutung einer Weiterarbeit unterstreichen. Wenn dies geschieht, kommt der Zeitpunkt für Schlußfolgerungen von selbst.

Bei diesem Panoramablick über die Parapsychologie heftete sich unser Blick hauptsächlich auf die hervorstechenden Merkmale des Gebietes. Bevor wir jedoch einige von ihnen näher betrachten, sollten wir uns an die Tatsache erinnern, daß die auffallenden Sehenswürdigkeiten nicht mit der täglichen Arbeit der Parapsychologen verwechselt werden dürfen. In Wirklichkeit bilden den größten Teil der Forschungsarbeit immer noch Basisprobleme der experimentellen Parapsychologie. So wie sich das Leben in einer Großstadt hauptsächlich im Gewimmel der Straßenfluchten abspielt und nicht in den wenigen Wolkenkratzern, so tritt auch der Großteil der parapsychologischen Untersuchungen bei einem Überblick über das Gesamtgebiet nicht hervor. Hier kommt es nur darauf an, die wichtigsten Forschungsrichtungen zu kennen. Doch nur die gesamte Forschungsarbeit trägt zum stetigen Fortschritt auf dem Gebiet bei. Dadurch kann vielleicht in manchen Fällen ein entscheidender Durchbruch vorbereitet werden. Hier können wir, wie gesagt, nur auf wenige Forschungsschwerpunkte eingehen.

Dr. Karlis Osis, Forschungsdirektor der American Society for Psychical Research in New York, begann vor wenigen Jahren damit, die Distanzabhängigkeit der ASW zu untersuchen. Da frühere Untersuchungen die Vermutung nahelegten, daß sich die Distanz auf die ASW-Leistung auswirken konnte, plante Osis neue Experimente, die diese Frage direkt überprüfen sollten. In zwei getrennten Untersuchungen sandte er Experimentatoren um die halbe Welt, die nach einem Zufallsverfahren verdeckte Zielbilder darboten, die Versuchspersonen hellseherisch zu erkennen versuchten. Die Ergebnisse wurden unter einer Reihe von Gesichtspunkten mit Hilfe aufwendiger statistischer Methoden analysiert. Obwohl die Untersucher ihre Experimente nur als exploratorisch betrachteten, sahen sie in ihren Ergebnissen Hinweise auf die Wirksamkeit eines Distanzfaktors bei der ASW, der noch abgeklärt werden muß. Ich möchte mit diesem Beispiel in erster Linie demonstrieren, wie ernst das Problem genommen wird, und gleichzeitig den Hintergrund für ASW-Versuche aus dem Weltraum aufzeigen, die weiter unten erwähnt werden.

Eine Reihe von Untersuchungen in den sechziger Jahren, besonders diejenigen von Dr. K. R. Rao, dem Direktor der Abteilung für Psychologie und Parapsychologie an der Andhra Universität in Waltair, Indien, wurden dem sogenannten »Bevorzugungs-Effekt« (»preferential effect«) gewidmet. Dieser Begriff soll folgenden Sachverhalt bezeichnen: gibt man Versuchspersonen in einem ASW-Test eine doppelte Aufgabe, die von ihnen verlangt, daß sie in verschiedenen Versuchsreihen unterschiedlich reagieren, pflegen die Versuchspersonen im einen Teil der Aufgabe signifikant besser abzuschneiden als im anderen. Daher ist vielleicht das Auffallendste an den Ergebnissen eines solchen Experimentes die Differenz zwischen den beiden Versuchsreihen für sich genommen. Die Trefferleistung bei der einen Versuchsreihe liegt dann mit größter Wahrscheinlchkeit über der Zufallserwartung, während diejenige der anderen Versuchsreihe darunter liegt. Dies wurde bei Untersuchungen, bei denen ein Bevorzugungs-Effekt auftreten konnte, allgemein festgestellt.

Die Erwähnung des unterzufälligen Abschneidens im vorhergehenden Abschnitt führt zu einem weiteren Schwerpunkt der heutigen experimentellen Parapsychologie. Damit ist die Tendenz mancher Versuchspersonen gemeint, in Experimenten signifikante Resultate zu erzielen, und zwar nicht, indem sie die gestellte Aufgabe erfolgreich lösen, sondern genau das Gegenteil davon tun. Fordert man sie auf, eine hohe Trefferleistung zu erzielen, so erreichen sie nicht einmal die erwartete Anzahl von Treffern, sondern am Ende des Experiments liegt ihre Gesamttrefferleistung signifikant unter der mittleren Zufallserwartung. Ein solches unbeabsichtigtes, aber bedeutsames Verfehlen der ASW-Zielobjekte nennt man Psi-Missing.

Weiterhin haben die Psi-Forscher die Streuung der Treffer der Versuchspersonen untersucht. Hauptsächlich richtete sich das Signifikanzkriterium danach, wie sich – anstatt der im Experiment erzielten Gesamttrefferleistung – die Treffer in den einzelnen Runs in Bezug auf die mittlere Zufallserwartung verhielten. Wieder fand man in den einzelnen Abschnitten des Run Unterschiede in der Streuung (oder *Varianz*, wie der statistische Begriff heißt). Bei der genauen Inspektion der Schwankungen in der ASW-Leistung zwischen mehreren Runs oder in verschiedenen Abschnitten eines Run erhielt man auf diese Weise eine leistungsfähige Technik, mit der man innerhalb der Versuchsserien kaum merkbare Einflüsse auf die Trefferleistung aufdecken kann.

Man kann sich kaum vorstellen, daß in ASW-Versuchen, in denen eine »hohe« mit einer »niederen Varianz« abwechselt, nicht gleichzeitig Psi-Hitting und Psi-Missing eine Rolle spielen. Von unserem derzeitigen Stadium aus gesehen scheinen solche Untersuchungen (wie auch die früher zitierten) den heutigen Wissensstand auf dem Gebiet der Parapsychologie eher zu komplizieren. Aber die Wissenschaftsgeschichte hat oft gezeigt, daß ein bestimmtes Gebiet eine Entwicklungsphase durchläuft, in der die Einzelergebnisse zusammenhanglos nebeneinander stehen und erst später mit Hilfe weniger allgemeiner Prinzipien verstanden werden. Ohne dieses frühere desorganisierte Stadium wäre ein Fortschritt, der Ordnung in das Chaos brachte, nicht möglich gewesen. Die Parapsychologie wird hoffentlich keine Ausnahme von dieser Regel machen und wie andere Wissenschaftsgebiete auch zu einem besseren Verständnis ihrer Phänomene kommen.

Angesichts der mangelnden Kontrollmöglichkeit von Psi-Leistungen bzw. des langsamen Fortschritts in dieser Richtung hat sich bei vielen Parapsychologen ein Gefühl der Enttäuschung eingestellt. Einige Forscher haben in dieser Situation zu einer gemeinsamen Anstrengung aufgefordert, um ein wiederholbares Experiment zu entwickeln; andere jedoch haben dem entgegengehalten, daß dies ein aus den Naturwissenschaften entlehntes Wunschziel ist, das nicht ohne weiteres auf die Parapsychologie anwendbar ist. Daß Parapsychologen geteilter Meinung sind, ist normal und durchaus zu begrüßen, unabhängig davon, welche Gruppe am Ende recht behält. Solange es einige Parapsychologen gibt, die sich um ein wiederholbares Experiment bemühen, wird dieses Ziel, sofern es überhaupt möglich ist, schließlich realisiert werden. Wenn andererseits diejenigen recht behalten sollten, die dieses Ziel als unerreichbar ansehen, werden sich deren frei gewählte und mit konzentrierter Anstrengung ausgearbeitete Forschungsmethoden schließlich als effektiver herausstellen, was den Fortschritt der parapsychologischen Erkenntnisse betrifft.

Ein anderes Forschungsgebiet, das in den letzten Jahren an Bedeutung gewann, betrifft die Verwendung von Testverfahren, in denen die Versuchsperson nach jedem Versuch durch »Feedback« sofort erfährt, ob sie einen Treffer erzielte oder nicht. Man übernahm aus den Konditionierungsexperimenten der Lernpsychologie die Erkenntnis, daß sich die Lernleistung einer Versuchsperson verbessern läßt, wenn sie unmittelbar nach Antwort erfährt, ob sie richtig oder falsch reagiert hat. C. T. Tart, den wir im Zusammenhang mit seinen oben erwähnten »out-of-the-body«-Experimenten kennengelernt haben, bemängelte an den meisten ASW-Versuchen, daß durch die Art und Weise, wie sie durchgeführt wurden, die Versuchspersonen nicht sofort erfuhren, wie ihre Ergebnisse ausgefallen waren. Tart beschrieb ein Gerät für automatische ASW-Versuche, das der Versuchsperson praktisch sofort mitteilte, ob sie einen Treffer erzielt hatte oder nicht. Dieses »ESPATEACHER« (von »ESP Automatic Teacher«) genannte Gerät wurde an der Universität Virginia gebaut, als Tart dort zum Mitarbeiterstab der Psychiatrischen Abteilung gehörte. In einer umfangreichen Versuchsserie mit diesem Gerät fand man keine Versuchspersonen, die dadurch ihre Trefferrate erhöhen konnten; dies hing vielleicht mit der Tatsache zusammen, daß niemand aus dieser Gruppe zu Beginn des Versuchs eine ausreichend hohe ASW-Begabung aufwies, die für die erwartete Leistungsverbesserung erforderlich war. In der Zwischenzeit wurde der ESPATEACHER im Forschungslabor der American Society for Psychical Research aufgebaut, wo die zahlreichen Besucher eine ausgezeichnete Gelegenheit bieten, das Gerät gründlich zu erproben. Es ist zu hoffen, daß sich unter diesen Bedingungen eine Versuchsperson mit hohen Trefferleistungen finden wird, die die Kontrolle über ihre subjektiven Faktoren erlernen kann, von denen ihre ASW-Leistung abhängt (so wie Dr. Kamiyas Versuchspersonen die Kontrolle über ihre Hirnwellen erlernten) und somit ihre Trefferleistung verbessern kann.

Schon seit mehreren Jahrzehnten haben immer wieder Forscher versucht, ein Gerät zum Testen der ASW zu entwickeln. In den dreißiger Jahren hat in England G. N. M. Tyrrell eine Testeinrichtung entworfen, die auf die Leistung einer bestimmten Versuchsperson zugeschnitten war. Im Ganzen gesehen war jedoch der Entwicklung und Anwendung automatischer ASW-Testgeräte nicht der Erfolg beschieden, um für die Forschung eine bahnbrechende Wirkung zu haben.

In den sechziger Jahren wurde dieses Thema wieder aktuell. Zu Beginn des Jahrzehnts entwickelten Mr. Everett F. Dagle und seine Kollegen an einem Forschungslabor der amerikanischen Luftwaffe in Massachusetts eine ASW-Testeinrichtung, die sie in einer einzigen Versuchsserie mit Studentinnen erprobten. Ihr Bericht darüber enthielt allerdings nur Zufallsergebnisse. Dann beschrieb um die Mitte des Jahrzehnts Tart seinen ESPATEACHER, den er später auch baute. Wir sind gespannt, ob er damit signifikante Resultate erzielen wird.*

Gegen Ende der sechziger Jahre entwickelte Dr. Helmut Schmidt, damals als Physiker in der Forschung bei den Boeing Flugzeugwerken

* In einer jüngsten Publikation – *The Application of Learning Theory to ESP Performance* (Parapsychological Monograph No. 15). New York: Parapsychologgy Foundation 1975 – hat Tart diese Erwartung eindrucksvoll bestätigt. (Anm. d. Übs.)

in Seattle tätig, ein voll automatisches elektronisches ASW-Testgerät, mit dem er in Experimenten mit ausgewählten Versuchspersonen einen ungewöhnlichen Erfolg erzielte. In seinen Publikationen beschreibt er dieses Gerät als betrugssicher, so daß man eine Versuchsperson bedenkenlos unbeobachtet damit arbeiten lassen kann, wobei es ihr überlassen bleibt, wie schnell sie ihre Wahlen trifft. (Allerdings wurde, wie Schmidt berichtet, auf diese Weise nur selten experimentiert.) Je drei Versuchspersonen nahmen an zwei Versuchsreihen mit erfolgreichen Ergebnissen teil: sie sollten mit Hilfe von ASW vorhersagen, welches von vier möglichen Zielsymbolen das Gerät einen Moment später auf Zufallsbasis auswählen würde. Durch ASW sollte ein zukünftiges Ereignis vorweggenommen, d. h. Präkognition getestet werden. In einer großen Zahl von Experimenten wurden signifikante Präkognitionsergebnisse erzielt, deren »Antizufallswahrscheinlichkeit« mindestens eins zu hundert beträgt. Aber die Experimente von Schmidt mit seinem Gerät sind insofern einzigartig, als die Versuchspersonen in beiden Serien einen Treffererfolg erzielten, der unter Zufallsbedingungen nur einmal unter einer Milliarde solcher Versuche erwartet werden kann. Der Experimentator räumt ein, daß die Möglichkeit einer psychokinetischen Beeinflussung des Gerätes seitens der Versuchsperson nicht ausgeschlossen werden kann, die dadurch eine Übereinstimmung des ausgewählten Zielsymbols mit ihrer Vorhersage erreicht. Beide Interpretationsmöglichkeiten sind parapsychologisch gleichermaßen relevant.

Es ist verständlich, daß dieses Experiment sowohl unter Parapsychologen wie auch Wissenschaftlern anderer Disziplinen Aufsehen erregt hat. Ein Grund dafür ist, daß die beschriebene automatische Testeinrichtung irrtumsfrei und betrugssicher arbeitet und daher die üblichen Alternativen zur parapsychologischen Hypothese ausschließt. Da Schmidts spezielle Kompetenz als Physiker in Entwurf und Konstruktion des Gerätes seinen Niederschlag gefunden hat, verdient diese Tatsache unseren Respekt.

Zweitens ist die Höhe der Testresultate bemerkenswert. Soweit Präkognition als parapsychologisches Konstrukt die Ergebnisse erklären kann, wirft dies erneut und mit besonderem Nachdruck die Frage auf, ob ASW auf bereits vorhandene Bedingungen, d. h. gegenwärtige oder schon vergangene, beschränkt bleibt. Wenn die Schmidtschen Ergebnisse tatsächlich auf Präkognition beruhen, geht aus ihnen hervor, daß in derartigen Versuchen ein hoher Trefferüberhang erzielt werden kann – ein Befund, der in den zahlreichen Präkognitionsexperimenten mit statistisch signifikanten Ergebnissen nicht mehr aufgetreten ist, seit die Soal-Goldney-Experimente mit Basil Shakelton als

Versuchsperson Anfang der vierziger Jahre zu der Annahme berechtigten, daß hohe ASW-Trefferleistungen auf Präkognition beruhen. Gehen die Resultate jedoch auf PK zurück, so weisen sie eine Höhe auf, die in Laboruntersuchungen dieser Psi-Form bisher unerreicht geblieben ist. In jedem Fall könnte sich die Arbeit von Schmidt als Durchbruch in der experimentellen Parapsychologie erweisen.

Der dritte Grund, warum dieser Ansatz soviel Beachtung findet, wurde zum erstenmal (soviel ich weiß) von einem mir befreundeten Physiker geäußert. Im Schmidtschen Experiment kommt das Prinzip des atomaren Zerfalls zur Anwendung, ein Prozeß, der auf einer Zustandsänderung basiert, die durch die Emission eines einzelnen Energiequantums zustande kommt. Seine Ergebnisse beruhen somit auf der Anwendung eines Prinzips, das sehr empfindlich ist hinsichtlich des Energiebetrags, der für das Zustandekommen eines erkennbaren Effekts erforderlich ist; sein Verfahren hat in seinen Grundzügen mit dem Ausschnitt des physikalischen Universums zu tun, in dem, wie die Physik entdeckt hat, die Ereignisse nicht mehr von exakten Gesetzen bestimmt werden, sondern auf einer Wahrscheinlichkeitsbasis beruhen (von daher der Begriff »Unbestimmtheits-Prinzip«). Mein Physikerfreund zeigte sich sehr von der Möglichkeit angetan, daß durch die Arbeit von Schmidt (und anderen, die seine Methode in der Foundation for Research on the Nature of Man, wo Schmidt bis 1974 zum Forschungsteam des Institute for Parapsychology gehörte, erfolgreich auf parapsychologische Probleme angewandt haben) vielleicht eine gemeinsame Basis für Physik und Parapsychologie geschaffen wurde, wo jede Disziplin auf die Ergebnisse der anderen angewiesen ist, um ihre eigenen Befunde verständlich zu machen.*

1963 führte Professor Evelyn Hutchinson, eine bedeutende Zoologin von der Yale Universität, als Gastredner auf dem Jahreskongreß der Parapsychological Association folgendes aus: »... Ich möchte Sie daran erinnern, daß wir in den nächsten paar Jahren vielleicht in der Lage sein werden, ASW-Experimente über eine weitaus größere Entfernung hinweg durchzuführen, als dies auf der Erde möglich ist, so daß die Ungewißheit, ob die Phänomene von der Entfernung unabhängig sind, durch wesentlich bessere Experimente als bisher möglich, wie z. B. über die Entfernung Mond – Erde, beseitigt werden kann. Es ist offenbar von großer Bedeutung, daß die Parapsycho-

* Eine für den deutschen Leser zugängliche Darstellung der experimentellen Ergebnisse von Helmut Schmidt findet sich in seinem Beitrag: Psi als Wechselwirkung zwischen geistigen Vorgängen und äußeren Quantenprozessen, in: Bauer, E. (Hrsg.): *Psi und Psyche. Festschrift für Hans Bender.* Stuttgart: Deutsche Verlags-Anstalt 1974, S. 187-196. (Anm. d. Übs.)

logie bis dahin weit genug sein wird, um eine solche Gelegenheit zu nutzen.«

Im Februar 1971 enthielten die Meldungen über den Mondflug von Apollo 14 den Hinweis, daß ein ASW-Experiment im Weltall durchgeführt worden war. Captain Edgar Mitchell, einer der Astronauten, hatte während des Flugs hin und zurück auf seine Initiative in seiner »Freizeit« einen solchen Test durchgeführt. Vor dem Start von Apollo 14 hatte er mit vier Personen, die angaben, über außergewöhnliche paranormale Fähigkeiten zu verfügen, ausgemacht, sie sollten versuchen, auf der Erde die ASW-Kartensymbole zu »empfangen«, die er aus dem Weltraum »senden« würde. Dieser Plan sollte ursprünglich geheim gehalten werden, bis die Resultate vollständig ausgewertet und später in geeigneter Form bekannt gegeben würden; aber einer der Empfänger konnte der Versuchung nicht widerstehen, seine Teilnahme bereits während des Weltraumunternehmens bekannt zu machen.

Dieser Verstoß gegen die Abmachung ließ Captain Mitchell keine andere Wahl, als die Hilfe von Parapsychologen in Anspruch zu nehmen, um seine Resultate zu analysieren und so rasch wie möglich einen exakten wissenschaftlichen Bericht darüber zu erstellen. Seine Publikation enthält einige Hinweise, daß mit Hilfe von ASW die Entfernung zwischen Erde und Raumkapsel erfolgreich überbrückt werden konnte. Aber verglichen mit anderen ASW-Experimenten ist der Erfolg nicht überwältigend – mit einem herkömmlichen Maßstab beurteilt beträgt die Wahrscheinlichkeit, daß das Gesamtergebnis des Experiments zufällig zustandekam, eins zu zwanzig; die Frage nach der Distanzabhängigkeit von ASW wurde somit bestimmt nicht vollständig und endgültig beantwortet. Aber als Pionierleistung reichte dieser erste Versuch aus, um ASW als mögliches Kommunikationsmittel in großem Maßstab zu erproben. Man braucht nicht viel Phantasie, um sich vorzustellen, daß Apollo 14 als das Ereignis in die Geschichte eingehen wird, bei dem der erste ASW-Versuch im Weltraum unternommen wurde.

Dieser allgemeine Überblick über die gegenwärtige Psi-Forschung muß hier abgeschlossen werden, obwohl eine Vielzahl von Einzelheiten und selbst allgemeine Themen nicht erwähnt wurden. Ich komme jetzt zu speziellen Themen, auf die ich ausführlicher eingehen möchte.

Kapitel III

Psi-Forschung in Russland

Die größte Überraschung, für die die Parapsychologie während der sechziger Jahre sorgte, war die aktive Psi-Forschung in der Sowjetunion. Wie man erfuhr, war das wissenschaftliche Interesse an sich dort nicht neu. Diese Pflanze im Garten der Wissenschaft war zu Beginn des Jahrhunderts nach Rußland importiert und in den zwanziger und dreißiger Jahren im Geheimen gepflegt worden. Dann brachte das unwirtliche politische Klima der stalinistischen Säuberungen die Forschung in den dreißiger Jahren zum Erliegen, und zwei Jahrzehnte lang ruhten die Wurzeln der Psi-Forschung im gefrorenen Boden des Kommunismus. Erst nach dem »Tauwetter«, das auf den Tod Stalins folgte, gelangte das Interesse der Russen an der Parapsychologie an die Oberfläche und ins Licht der Öffentlichkeit.

Daß ein ernsthaftes wissenschaftliches Engagement in der Psi-Forschung in diesem Teil der Welt an den Tag trat, hatte weitreichende Folgen. Die Massenmedien in der ganzen Welt brachten die Story groß heraus – in Rußland und in den benachbarten sozialistischen Ländern nicht weniger als im Westen. Für unsere Zwecke wichtiger waren die Auswirkungen auf einem höheren Diskussionsniveau. In Rußland wurden mehrere Bücher veröffentlicht, die sich ganz oder teilweise mit der Parapsychologie befaßten, und manche davon erschienen als Übersetzungen im Westen. Verschiedenfach wurde in den parapsychologischen Fachzeitschriften und anderswo der Versuch unternommen, das Interesse sowjetischer Wissenschaftler an der Psi-Forschung zu würdigen.

Diese Beurteilung erwies sich als besonders schwierig. Auch nach acht Jahren wurde noch keine Übereinstimmung hinsichtlich der Parapsychologie in Rußland erreicht. Um die Sache noch komplizierter zu machen: jüngste politische Entwicklungen in der UdSSR haben dort bis zu einem gewissen Grad das wachsende Interesse an Psi behindert. Niemand kann bisher sagen, worin und wie sehr die Parapsychologie einen Rückschlag erlitten hat. Aber es ist nicht notwendig, über alle Einzelheiten der Situation zu verfügen, um zu wissen, daß zur Zeit eine wichtige wissenschaftliche Entwicklung in Rußland stattfindet. Sie stellt ein neues Kapitel in der Geschichte der Wissenschaft dar, das noch unvollendet ist, aber diese Tatsache ist kein Grund, das Thema in diesem Zusammenhang nicht zu erwähnen. Die Ungewißheit über den endgültigen Ausgang der russischen Psi-Forschung kann die Anfänge nicht ändern und den so weit erkennbaren Gang der Ereignisse.

Einige westliche Beobachter haben den russischen Wirbel um Psi als »viel Lärm um nichts« abgetan. Ich glaube, sie begehen einen Fehler. Allein die Tatsache, daß Psi ein wissenschaftliches Interesse da erregt hat, wo man es kaum erwartet hat, wäre an sich schon von großer Bedeutung. Es stimmt jedoch, daß sehr unterschiedliche Berichte über den genauen Ablauf der Ereignisse bis heute vorliegen. Unter diesen Umständen sollte jeder, der seine Ansicht über das russische Interesse an Psi äußern möchte, zuerst klarlegen, was er beabsichtigt, und sich für diese Aufgabe ausweisen.

Mein berufliches Interesse hat mich sechsmal in die Sowjetunion geführt, um mit russischen Wissenschaftlern und anderen Personen, die auf parapsychologischem Gebiet tätig sind, Gespräche zu führen — dreimal während der sechziger Jahre, je einmal 1970, 1971 und 1972. Persönliche Kontakte sind natürlich kein gleichwertiger Ersatz für veröffentlichte Forschungsberichte. Aber persönliche Mitteilungen haben ihren Platz im wissenschaftlichen Austausch, besonders wenn es an formelleren Kommunikationsmöglichkeiten mangelt. So möchte ich über meine persönlichen Kontakte mit russischen Wissenschaftlern berichten und schildern, was ich über ihr Interesse an Psi erfuhr. Insbesondere möchte ich versuchen, meinen persönlichen Eindruck zu vermitteln, den ich bei diesen Besuchen hinsichtlich Art und Ausmaß des russischen Engagements in Sachen Parapsychologie gewonnen habe.

LENINGRAD, JUNI 1962

Westliche Parapsychologen hatten sich lange gefragt, ob die russischen Wissenschaftler der Psi-Forschung irgendwelche Aufmerksamkeit schenkten. Immer wenn wir von einem Wissenschaftler hörten, der in die UdSSR reisen wollte, pflegten wir ihn zu bitten, auf Reaktionen zu achten, die diese Forschung hervorrief, wie es im Westen der Fall war. Jeder Bericht enthielt die Feststellung, kein Hinweis sei dafür gefunden worden, daß russische Wissenschaftler an Parapsychologie interessiert seien. Aber die Personen, die wir baten, als unsere Beobachter zu fungieren, waren Psychologen, die nach Rußland reisten, um Psychologen zu besuchen. Dann wurde 1961 eine Notiz von einem obskuren amerikanischen Pressedienst veröffentlicht, des Inhalts, daß an der Universität Leningrad ein Laboratorium zur Erforschung der Telepathie errichtet worden sei. Dies – so die Notiz – geschah im Physiologischen Institut. Da dieser Schritt nicht von Psychologen unternommen worden war, war er allen unseren Kundschaftern entgangen.

Wir im Parapsychologischen Laboratorium der Duke Universität versuchten, durch Korrespondenz mehr über diese überraschende neue Entwicklung zu erfahren. Wir konnten Verbindung aufnehmen, doch das war alles. Der Leiter des neuen Laboratoriums antwortete freundlich und bestätigte die Nachricht, doch sonst nichts. Die russischen Wissenschaftler erwiesen sich in ihren Briefen erstaunlich zurückhaltend, was die Diskussion der Psi-Forschung betraf. Ich bemühte mich daher um eine Einladung nach Rußland, um mit den beteiligten Wissenschaftlern zu sprechen.

Die Einladung wurde ausgesprochen, und ich kam Anfang Juni 1962 in Leningrad an. Die Mitglieder der Leningrader Gruppe erwiesen sich als sehr diskussionsfreudig. Am ersten Besuchstag berichtete mir Professor L. L. Wassiliew, der Leiter des Physiologischen Instituts und Organisator und Direktor des Telepathie-Laboratoriums, über den Hintergrund des russischen Interesses an der Parapsychologie. Er hatte ein wissenschaftliches Buch verfaßt, das diese historischen Entwicklungen zusammenfaßte und auch einen Bericht seiner eigenen früheren Forschungen enthielt; diese Arbeit war in den dreißiger Jahren unterbrochen und bisher nicht veröffentlicht worden. Zu Beginn des folgenden Jahres wurde dieses Buch vom Leningrader Universitätsverlag veröffentlicht. Die englische Übersetzung erschien ebenfalls 1963 in Großbritannien.*

Professor Wassiliew berichtete mir, daß das gegenwärtige russische Interesse an Parapsychologie bis in die zwanziger und dreißiger Jahre zurückgehe. Es begann an der Universität Leningrad als Folge von Bechterews Telepathieversuchen mit Hunden. Dieser berühmte Gehirnphysiologe erhielt unerwartet die Möglichkeit, die Fähigkeit von Zirkushunden zu untersuchen, auf ihren Dresseur zu reagieren, *bevor* dieser ihnen das Signal, auf das sie dressiert worden waren, erteilt hatte. Die Untersuchungen führten zu dem Schluß, daß die Hunde auf die Gedanken des Dresseurs reagierten, somit eine telepathische Verbindung zwischen Mensch und Hunden bestand. Wassiliews Interesse an diesen Untersuchungen erwachte, als er bei Bechterew

---

* Eine deutsche Übersetzung mit dem Titel *Experimentelle Untersuchungen zur Mentalsuggestion* erschien 1965 im Francke-Verlag, Bern und München (zur Zeit vergriffen). (Anm. d. Übs.)

studierte. Nach dessen Tod setzte Wassiliew das aktive Interesse seines Lehrers an der Psi-Forschung fort, allerdings arbeitete er mit Versuchspersonen. Er hatte ebenfalls großes Interesse an Suggestion und Hypnose und entwickelte zusammen mit seinem Kollegen Methoden, um solche psychologischen Bedingungen in ihrer Psi-Forschung zu verwenden.

Ihre Untersuchungen erreichten mit einigen Experimenten einen Höhepunkt, bei denen Hypnose verwendet wurde. Den Anstoß hatte ihre Forschung durch die Versuche eines Pioniers der Psychiatrie, Pierre Janet, und anderer Forscher erhalten, die in Frankreich gegen Ende des letzten Jahrhunderts durchgeführt worden waren. Diese französischen Wissenschaftler berichteten, daß sie hypnotisierte Versuchspersonen dazu bringen konnten, auf Distanz auf unausgesprochene Befehle oder Gefühlsregungen des Hypnotiseurs zu reagieren. Professor Wassiliew schilderte mir russische Experimente in dieser Richtung, die mit drei besonders ausgewählten Versuchspersonen durchgeführt wurden. Bei diesen Experimenten suggerierte der Hypnotiseur jeweils zu zufällig ausgewählten Zeitpunkten in Gedanken, daß eine Versuchsperson, die entspannt in einem Liegestuhl lag, einschlafen, d. h. in hypnotische Trance fallen sollte. In den meisten Fällen geschah dies beinahe sofort. Später gab dann der Hypnotiseur – wiederum zu einem zufällig gewählten und der Versuchsperson unbekannten Zeitpunkt – den Befehl aufzuwachen, und diese gehorchte.

Um die Momente des Einschlafens und Aufwachens der Versuchsperson objektiv und fortlaufend registrieren zu können, entwickelte Wassiliew folgende Methode: Die Versuchsperson bekam einen mit Luft gefüllten Gummiball in die Hand mit der Instruktion, diesen rhythmisch zu drücken. Ein Schreiber mit fortlaufendem Papier zeigte dies an. Die Luftdruckschwankungen des Gummiballs wurden so lange auf dem Papierstreifen registriert, wie die Versuchsperson den Ball drückte; sobald sie in hypnotische Trance fiel, hörte sie damit auf. Somit zeigte die Aufzeichnung Beginn, Dauer und Ende der Trance an. Eine andere Markierung auf dem Streifen zeigte an, wann der Hypnotiseur in Gedanken seine Befehle zum Einschlafen und Aufwachen gab.

Professor Wassiliew berichtete, daß dieses Experiment insgesamt 260 mal wiederholt worden war und daß die Ergebnisse zu etwa 90 Prozent erfolgreich ausgefallen waren. Als der Erfolg anhielt, nachdem Hypnotiseur und Versuchsperson durch eine Entfernung von mindestens zwei Räumen bei geschlossenen Verbindungstüren voneinander getrennt worden waren, wurden die Untersucher davon überzeugt, daß sie es mit Telepathie zu tun hatten. Daraufhin wollten sie die Art des Einflusses zwischen Hypnotiseur und Versuchsperson untersuchen. Sie nahmen irgendeinen unbekannten Einfluß von einem Gehirn zum anderen an und vermuteten, daß etwas, das sich im Gehirn des Hypnotiseurs abspielte, eine Reaktion im Gehirn der Versuchsperson verursachte, die zu den beobachteten Wirkungen führte. Sie dachten an einen Strahlungseffekt mit elektromagnetischer Übertragung, etwa vergleichbar den Radiowellen.

Um diese Hypothese zu überprüfen, entwarfen sie ein Experiment, das unter Bedingungen durchgeführt werden sollte, die eine Übertragung solcher Wellen ausschlossen. Für diesen Zweck konstruierten sie sorgfältig eine große Bleikammer. Obere und untere Hälfte der Kammer wurden getrennt hergestellt. Als beide Hälften zusammengesetzt wurden, ruhte der obere Teil in einer Fuge des unteren; in diese Fuge wurde flüssiges Quecksilber gegossen, um eine luftdichte und durchgehende metallene Abdichtung zu gewährleisten. Um die Wirksamkeit dieser Vorrichtung als Abschirmung gegen Radiowellen zu prüfen, stellte man einen kleinen Sender hinein. Bei eingeschaltetem Sender konnte man von keinem Punkt außerhalb der Bleikammer ein Signal empfangen.

Dann war man so weit, das Telepathieexperiment fortzusetzen. Die Kammer war groß genug, daß sich der Hypnotiseur für die benötigte Zeitspanne darin aufhalten konnte, ohne daß die Luft erneuert werden mußte. Befand sich der Hypnotiseur in der Kammer und eine der ausgewählten hypnotisierten Versuchspersonen in einem entfernten Raum, wurden wiederum in Gedanken die Befehle, einzuschlafen und aufzuwachen, in zufälligen Intervallen gegeben. Zum Erstaunen der Forscher blieben die Experimente so erfolgreich wie zuvor.

In diesem Stadium beendeten die Forscher ihre Untersuchung. Sie hatten bis in die späten dreißiger Jahre experimentiert. Es war die Zeit der blutigen stalinistischen Säuberungen und somit nicht der Zeitpunkt, eine Forschung in Rußland fortzuführen, die bisher bestenfalls unorthodox, jetzt aber plötzlich zu gefährlich geworden war, um fortgeführt zu werden, da der unerwartete Ausgang dieses Experiments mit der orthodoxen kommunistischen Ideologie in Konflikt hätte geraten können. Ferner wurde die Drohung durch den Aufstieg Hitlers bereits offenkundig. Es schien keine andere vernünftige Möglichkeit zu geben, als die Untersuchungen einfach abzubrechen, die Ergebnisse zu den Akten zu nehmen und einen günstigeren Zeitpunkt abzuwarten, um sie wieder hervorzuholen. Dieser Zeitpunkt war erst Ende der fünfziger Jahre gekommen, als nach Stalins Tod ein Tauwetter in den Beziehungen zwischen Regierung und wissenschaftlich-kulturellem Leben einsetzte.

Es interessierte mich, von den Russen zu erfahren, was zum Zeitpunkt meines Besuches Gegenstand ihrer Forschung war. Nachdem mir Professor Wassiliew am ersten Tag über die frühere Arbeit berichtet hatte, befragten mich am zweiten Tag seine Mitarbeiter an der Universität sieben Stunden lang. Sie streiften die Vergangenheit, legten das Hauptgewicht jedoch auf die Gegenwart und wollten über alle Aspekte der Parapsychologie im Westen unterrichtet werden. Daher bestand ich am dritten und letzten Tag auf dem Recht, ihnen einige Fragen zu stellen, auf die sie antworten sollten. Bei dieser Gelegenheit war Professor Wassiliew durch akademische Prüfungen verhindert. Dies war mir recht, weil ich durch seine Abwesenheit die Möglichkeit hatte, die Meinungen der anderen zu erfahren und mir von der gesamten Gruppe ein Bild zu verschaffen. Die folgenden Fragen und Antworten fassen einen dreistündigen Meinungsaustausch zusammen; sie basieren auf Notizen, die ich unmittelbar nach dem Treffen niederschrieb:

Frage: Warum haben Sie dieses Laboratorium errichtet? *Antwort:* Hauptsächlich aus dem Grund, um herauszufinden, ob es ASW gibt oder nicht.

Frage: Warum denn? Der Direktor des Laboratoriums hat mir gesagt, er sei aufgrund seiner eigenen Resultate davon überzeugt, daß es ASW gibt. *Antwort:* Es stimmt, er ist davon überzeugt, ebenso einige andere Mitglieder unserer Gruppe. Aber selbst wenn wir alle von der Realität der ASW überzeugt wären, würde dies vom wissenschaftlichen Standpunkt aus nicht genügen. Eine Angelegenheit von solcher wissenschaftlicher Bedeutung wie die Frage, ob es ASW gibt, muß so sorgfältig abgeklärt werden, daß jedermann die Antwort akzeptiert, genau wie das Gravitationsgesetz, die Lichtgeschwindigkeit und andere Grundprinzipien der Wissenschaft.

Frage: Aber wenn Sie das Problem der ASW für so wichtig halten, warum warteten Sie dann bis 1960 mit der Errichtung Ihres Laboratoriums? *Antwort:* Sie würden dies nicht fragen, wenn Ihnen die Bedingungen in unserem Lande nach dem Überraschungsangriff im Juni 1941 bekannt wären. Die deutschen Armeen hatten Leningrad schnell eingeschlossen und die Stadt drei Jahre lang belagert. Die deutschen Flugzeuge konnten innerhalb von zwei oder drei Minuten starten, jeden Teil Leningrads bombardieren und für die nächste Bombenladung zu ihren Flugplätzen zurückkehren; zudem lag die ganze Stadt in der Reichweite deutscher Kanonen. Die Universität war völlig zerstört, ebenso die vorhandenen Laboratorien, die ihre Forschungsarbeit erst in den frühen fünfziger Jahren wieder aufnehmen konnten. Daher ist es nicht überraschend, daß ein neues Laboratorium erst einige Jahre später errichtet werden konnte.

Frage: Welche Richtung verfolgen Sie in Ihrer Forschung? Wiederholen Sie Professor Wassiliews frühere Experimente zur Mentalsuggestion? *Antwort:* Nein, wir haben dies nicht vor, weil wir das für einen Rückschritt halten. Seit jenen Forschungen wurde in der Wissenschaft viel erreicht, nicht nur in der Parapsychologie, sondern auch in anderen Disziplinen. Entdeckungen wurden gemacht, Fortschritte sowohl im Grundlagenwissen wie in der wissenschaftlichen Technologie erzielt, die sich auf das auswirken, was heute in der Psi-Forschung getan werden kann und soll. Was wir zu tun beabsichtigen, soll daher auf dem heutigen Stand der parapsychologischen Forschung sein – keine Versuche, wie sie vor 25 Jahren auf diesem Gebiet durchgeführt wurden.

Frage: Woran arbeiten Sie gerade? Haben Sie irgendwelche neuen Forschungsarbeiten abgeschlossen, über die ich meine Kollegen informieren kann? Können Sie mir darüber berichten? *Antwort:* Nein – weil wir noch keines unserer Projekte abgeschlossen haben und nicht gerne über unsere Forschungsarbeit sprechen, bevor sie abgeschlossen ist und wie üblich in der wissenschaftlichen Literatur publiziert wurde. Wir befinden uns immer noch in der Explorationsphase und auf der Suche nach geeigneten Versuchspersonen. Unsere Erkundungsexperimente waren teilweise vielversprechend. Wir stehen mit einigen Personen in Verbindung, die wir für sehr begabte Versuchspersonen halten, ebenso mit anderen, die als Agenten bzw. Sender in Telepathieversuchen erfolgreich zu sein scheinen. Bis jetzt diente unsere Forschung nur als Vorbereitung für die streng kontrollierten Experimente, die wir später durchzuführen hoffen.

Frage: Befassen Sie sich in Ihrer Gruppe mit den philosophischen Konsequenzen der parapsychologischen Forschung? *Antwort:* Nein, wir sind experimentell arbeitende Wissenschaftler, keine Philosophen. Aber wir können sagen, daß die Angehörigen des Philosophischen Seminars unserer Universität über die Existenz des Telepathielaboratoriums informiert sind. Sie interessieren sich sehr für unsere Arbeit und verfolgen ihren Fortgang mit großer Aufmerksamkeit.

Während unseres Informationsaustausches bemerkte einer der russischen Wissenschaftler, es läge bereits soviel Beweismaterial zugunsten der parapsychologischen Grundannahmen vor, daß es undenkbar sei, daß die Psi-Probleme nicht weiter wissenschaftlich erforscht würden. Man hatte mich zu Beginn gebeten, keine Zeit damit zu verschwenden und über Forschungsarbeiten zu berichten, die bereits im Westen publiziert worden waren. Man sei mit diesen schon vertraut und wolle etwas über die laufende Arbeit und neue Entwicklungen hören. Die Fragen und Bemerkungen bewiesen, daß dieser Wunsch durchaus den Tatsachen entsprach. Während meiner dreißigjährigen Forschungstätigkeit auf dem Gebiet der Parapsychologie habe ich an einer Vielzahl von Diskussionen mit Wissenschaftlern verschiedener Disziplinen teilgenommen; ich habe jedoch kaum eine Gruppe angetroffen, bei der ich mich so heimisch fühlte oder mit der ich soviel gemeinsam hatte wie mit den Wissenschaftlern von der Universität Leningrad.

Am Ende meines Besuches zeigten mir einige von der Gruppe die Universität. Höhepunkt des Rundganges war ein Höflichkeitsbesuch beim stellvertretenden Rektor, zu der Zeit höchster Vertreter der Universität Leningrad. Er erwähnte, daß die Verwaltung mit der Errichtung eines Laboratoriums zur Erforschung der Telepathie gezögert habe; er äußerte jedoch seine Befriedigung darüber, daß dieser Schritt erfolgreich war. Er zeigte sich überrascht, daß dieser Entwicklung in der Weltpresse soviel Aufmerksamkeit geschenkt wurde, und unterstrich, die Universität lege Wert darauf, daß ihre Handlungsweise richtig verstanden würde. Für sie war es ausschließlich ein wissenschaftliches Unternehmen, eine routinemäßige Zustimmung der Universitätsverwaltung zu einem Antrag von Wissenschaftlern der Fakultät, bei der Erforschung dieses Grenzgebietes zusammenarbeiten zu können.

MOSKAU UND LENINGRAD, NOVEMBER 1963

Auf dem Jahreskongreß des Parapsychological Association im September 1962 berichtete ich über meinen ersten Rußlandbesuch. Dieser Bericht kam anscheinend gut an; aber da genaue Informationen über die neue parapsychologische Forschung in Rußland fehlten, blieb ein Vakuum, das zu Spekulationen veranlaßte. So war es nicht überraschend, daß manche Spekulationen in Skepsis umschlugen. Es wurde z. B. in den *Newsletters* der Parapsychology Foundation, die früher enthusiastisch die Neuigkeit von der Errichtung von Professor Wassiliews Laboratorium berichtet hatte, ein Kommentar veröffentlicht, ein Laboratorium zur Erforschung der Telepathie hätte niemals in Leningrad existiert. Vom Standpunkt desjenigen, der dort gewesen war und mit den betreffenden Personen gesprochen hatte, war diese Enthüllung offensichtlich lächerlich. Dennoch begrüßte ich die Gelegenheit, achtzehn Monate nach meinem ersten Besuch eine weitere Rußlandreise machen zu können, um eventuelle Entwicklungen in Erfahrung zu bringen.

Diesmal führte mich mein Weg über Prag und Warschau nach Rußland, wo ich zuerst in Moskau Station machte. Dort hatte sich Eduard K. Naumov aktiv dafür eingesetzt, das Interesse an der Parapsychologie und am Austausch mit Parapsychologen anderer Länder zu steigern, und er war für diesen Teil meiner Reise mein Gastgeber. Ich kam in Moskau am Freitag, dem 22. November, gegen Mittag an und beabsichtigte, nur zwei Tage zu bleiben, bevor ich nach Leningrad weiterreiste. Aber Naumov bat mich um einen öffentlichen Vortrag über Parapsychologie, der im »Haus der Freundschaft« am Sonntagabend stattfinden sollte. Ich nahm seinen Vorschlag an und änderte meine Reisepläne entsprechend.

Der Aufenthalt in Moskau stellte in hohem Maß das begeisterte Interesse an diesem Gebiet unter Beweis, das weite Kreise von Wissenschaftlern und Laien teilten. Naumow war zu der Zeit an einem Institut zur Entwicklung von elektronischen Geräten für medizinische Zwecke beschäftigt; er teilte mir jedoch mit, er versuche ein Arrangement zu treffen, um hauptberuflich auf parapsychologischem Gebiet arbeiten zu können. Unter seinen wissenschaftlichen Kollegen, die an unseren Diskussionen in meinem Hotelzimmer teilnahmen, waren Mitglieder des Lehrkörpers der Universität sowie graduierte Studenten.

Wir sprachen nicht nur über Parapsychologie. Während ich mich an meinem ersten Besuchstag mit Naumov und zwei seiner Kollegen in meinem Hotel unterhielt, war Präsident Kennedy ermordet worden. Erst als Naumov einen Tag später mit einer größeren Gruppe wieder in mein Hotel kam, erfuhr ich die Neuigkeit. Wir unterhielten uns einige Minuten hilflos über dieses erschütternde Ereignis. Meine Besucher drückten ihre Sorge und Anteilnahme aus, während ich den ersten Schock auf diese Tragödie daheim zu bewältigen suchte.

Von wissenschaftlichem Interesse war der Fall Rosa Kuleschowa, der zwar außerhalb des Bereiches der Psi-Forschung lag, aber eng mit ihr verwandt war. Seit meinem letzten Besuch war Rosa Kuleschowa aufgrund ihrer Behauptungen, mit den Fingerspitzen »sehen« zu können, in Rußland und der übrigen Welt sehr bekannt geworden. Ich sprach mit einigen Wissenschaftlern, die Rosa in Moskau untersucht hatten. Sie waren zur Überzeugung gekommen, daß dieser Fall angesichts des vorhandenen Beweismaterials weiter wissenschaftlich erforscht werden sollte.

Zu diesem Zeitpunkt war man noch zu keinem endgültigen Urteil über die mit Rosa gewonnenen Ergebnisse gekommen. Meine Gesprächspartner schienen sicher zu sein, daß man die Ergebnisse nicht durch unzureichende Sicherheitsmaßnahmen gegen normale visuelle Reize, wie z. B. Schielen durch die Augenbinde, erklären konnte; aufgrund ihrer Beschreibung der Experimente konnte ich jedoch ihre Zuversicht nicht teilen. Sie waren überzeugt, daß bei den wichtigsten Resultaten der Versuchsperson ASW keine Rolle spielte. Bei wenigen Gelegenheiten hatte die Versuchsperson jedoch bemerkenswerte telepathische Fähigkeiten gezeigt und zwar unter Versuchsbedingungen, die sowohl normale sensorische Wahrnehmungen wie auch außergewöhnliche Lichtempfindlichkeit der Haut auszuschließen schienen. Wir stimmten alle darin überein, daß der Fall Rosa Kuleschowa keine vorrangige parapsychologische Bedeutung hatte; erst eine weitere Entwicklung in dieser Richtung würde daran etwas ändern. Da sich damals eine solche Wende nicht abzeichnete, befaßten wir uns mit diesen Experimenten nur am Rande.

Mein Vortrag am Sonntagabend im »Haus der Freundschaft« glich Dutzenden anderer Vorträge, die ich in den USA über Parapsychologie gehalten hatte. Doch genau das ist das Bemerkenswerte daran. Etwa 50 Akademiker und Intellektuelle, die sich für Parapsychologie interessierten, folgten einer öffentlichen Ankündigung und kamen, um einen Psi-Forscher über gegenwärtige Entwicklungen auf diesem Gebiet sprechen zu hören. Die Bedeutung liegt im Ort der Handlung, nämlich dem Zentrum der kommunistischen Bewegung. Der Anlaß, der diesen besonderen Moment hervorhob, war an sich trivial; aber er gab mir das Gefühl, daß die internationale Gemeinschaft der Wissenschaftler ein weltweites Forum darstellen könnte, in dem alle politischen Systeme Platz hatten. Parapsychologie schien hier zumindest von einigen Wissenschaftlern als Teil dieser geistigen Gemeinschaft akzeptiert zu werden.

Was die Parapsychologie betraf, so schien sich Leningrad im November 1963 nicht vom Juni 1962 zu unterscheiden. Die Begrüßung war genauso herzlich wie beim ersten Besuch. Eher schien der Empfang noch festlicher zu sein als beim ersten Mal. Mit Professor Wassiliews Gruppe traf ich mich diesmal zu einem Essen im Haus der Wissenschaftler, während das erste Treffen im Labor stattgefunden hatte. Wiederum hatten sich etwa zwölf Mitglieder zusammengefunden. Die meisten kannte ich schon von früher. Wie viele öffentliche Gebäude in Leningrad hatte das Haus der Wissenschaftler vor der Revolution dem Adel für andere Zwecke gedient. 1917 im Namen der arbeitenden Bevölkerung beschlagnahmt, wurde der Palast schließlich in eine Art Club für Wissenschaftler umgewandelt. Da nahezu nichts verändert wurde, hat man als Besucher das Gefühl, gleichzeitig in der Vergangenheit und Gegenwart zu leben.

Zu unserem Speisesaal im zweiten Stock gelangte man über eine breite Treppe mit verzierten Geländern. Die Tafel am Ende des Saals war mit schweren Platten, Silber und Gläsern gedeckt, verschiedene Weine und andere Getränke waren über ihre ganze Länge verteilt. Die Stimmung war zu Beginn des Banketts gleichzeitig düster, festlich und ungezwungen. Professor Wassiliew hieß mich willkommen, dann brachte er seinen Schock und seine Trauer angesichts der Ermordung Präsident Kennedys zum Ausdruck. Er schloß mit einem Toast auf bessere Beziehungen zwischen den Völkern durch besseres wissenschaftliches Verständnis der menschlichen Natur.

Wie bei dem zwanglosen Abendessen, das wir bei meinem ersten Besuch im Labor eingenommen hatten, empfand ich jetzt wieder, daß in der Sowjetunion eine gemeinsame Mahlzeit nicht von den anderen Gründen zu trennen ist, warum man sich trifft. Das Essen *war* das Treffen. Wir verbrachten zwei gemütliche Stunden mit den verschiedenen Gängen typischer russischer Gerichte: Suppe, schwarzes und weißes Brot, verschiedene Käsesorten, Fleisch, Mineralwasser und ein Nachtisch aus Kaffee und Gebäck. Zwei Dinge erinnerten mich hauptsächlich daran, daß wir in Leningrad und nicht in San Francisco oder Chicago waren: einmal der übliche Salat und frisches Gemüse, zum anderen die häufigen Trinksprüche, wenn uns die Anwesenden nacheinander spontan zum Zutrinken aufforderten.

Es war hauptsächlich ein geselliges Beisammensein. Wir unterhielten uns über die Entwicklung der Parapsychologie in Ost und West seit unserem ersten Treffen, aber weder meine Gastgeber noch ich hatten aufregende wissenschaftliche Neuigkeiten zu berichten.

Vom wissenschaftlichen Standpunkt aus war der Höhepunkt meines zweiten Leningrader Besuchs ein kleineres und ruhiges Treffen am zweiten Tag. Damals war ich mehrere Stunden mit Wassiliew und drei graduierten Studenten im Labor zusammen. Mrs. Helen Lenz, eine Sekretärin des Labors, fungierte als Dolmetscherin; sie machte das so perfekt, daß ich vergaß, daß wir in zwei Sprachen redeten. Obwohl Wassiliew russisch sprach, hatte ich das Gefühl, den Sinn seiner Worte direkt zu verstehen. Die für die Übersetzung nötige Zeit ermöglichte es mir, die vollständige Übersetzung seiner Bemerkungen festzuhalten.

Er sprach ausführlich über verschiedene Aspekte der Parapsychologie und darüber, welche Aussichten er und andere russische Wissenschaftler diesem Gebiet einräumten. Wassiliews Bemerkungen sollen hier mitgeteilt werden, damit auch andere seine Denkweise kennenlernen können. Sie folgen hier nicht wörtlich, sondern geben meine Aufzeichnungen von der Übersetzung wieder. Wassiliew sprach anscheinend aus dem Stegreif; hatte er einmal begonnen, so unterbrach nichts den Fluß seiner Gedanken und Worte. Er sprach wie ein Mann, der seine Gedanken sorgfältig überlegt hatte. Vielleicht sollte man den Leser, der mit der psychologischen und physiologischen Terminologie weniger vertraut ist, darauf hinweisen, daß die von Wassiliew benützten Begriffe nicht immer deutlich machen, was er meint. Trotzdem habe ich seine Gedanken so belassen, wie er sie geäußert hat. Für den Wissenschaftler sind sie in dieser Form nützlicher, da sie Wassiliews Einstellung zur Parapsychologie erkennen lassen, nachdem er gesehen hat, wie die Forschung auf diesem Gebiet von russischen Wissenschaftlern aufgenommen worden war.

Seine Bemerkungen verraten sein Bekenntnis zur physiologischen Betrachtungsweise, und sie tragen dazu bei, die Kluft zwischen ASW und manchen Phänomenen aus anderen Forschungsbereichen zu überbrücken. Sollten seine Gedanken einmal akzeptiert werden, erfordern sie eine revolutionäre Wandlung des wissenschaftlichen Weltbildes. Einige Wissenschaftler, die die Parapsychologie in einem anderen Licht sehen, haben vermutet, daß Wassiliew die ASW-Pille für andere sowjetische Wissenschaftler nur verzuckern wollte. Ich bin dagegen der Meinung, daß wir seine Feststellungen als solche akzeptieren sollten. Er sagte folgendes:

»Bis jetzt war die Parapsychologie in erster Linie psychologisch ausgerichtet. Vielleicht sollte sie sich eine Zeitlang an der Physiologie orientieren. Alle physiologischen Methoden sollten eingesetzt werden. Bei der Untersuchung der Mentalsuggestion [Telepathie] kommt man eher durch physiologische Messungen zu Ergebnissen. Die Information wird zuerst unbewußt aufgenommen und gelangt nur unter bestimmten Bedingungen ins Bewußtsein. Wenn man durch physiologische Methoden die verschiedenen daran beteiligten Reaktionen messen kann, werden die Ergebnisse – verglichen mit psychologischen Tests – stabiler und besser wiederholbar sein.

Wir könnten z. B. mit emotional besetzten Objekten mehr Erfolg haben. Diese führen zu verschiedenen emotionalen und somatischen Reaktionen, z. B. in den Drüsen, der glatten Muskulatur, der Haut usw. Aufzeichnungen solcher Reaktionen werden andere Wissenschaftler viel mehr überzeugen.

So wäre z. B. die Ausbildung einer bedingten Reaktion auf einen telepathischen Stimulus eine reizvolle Möglichkeit. Gelänge dies, so würden alle Physiologen die Parapsychologie sofort akzeptieren, die Psychologen würden sich anschließen und alle anderen Wissenschaftler auch.

Was wir brauchen, ist eine systematische Untersuchung eines parapsychischen Phänomens als Beispiel eines bestimmten physiologischen Effekts. Dies ist vielleicht vereinfacht ausgedrückt, aber es ist besser, mit einfachen Beispielen zu beginnen. Daher begrüße ich die Arbeit von Figar [F. untersuchte die Ähnlichkeit emotionaler Reaktionen bei zwei Personen, indem er die Durchblutungsänderung in den Fingern durch ein Plethysmogramm aufzeichnete]. Dies war nur ein erster Versuch, der weiterentwickelt und wiederholt werden muß. Meine eigenen Experimente vieler Jahre kann man ebensowenig als abgeschlossen betrachten.

Bekommt man im EEG Deltawellen, so ist die Versuchsperson eingeschlafen. Sie ist sich dieser Änderungen nicht bewußt. So wie wir Russen an die Parapsychologie herangehen, sollten wir alle vorhandenen Geräte einsetzen und – falls diese für spezielle Fragestellungen nicht ausreichen – neue entwickeln.

Für eine weitere Untersuchung der Telepathie benötigen wir mehr physiologische Daten. Einige Ergebnisse in dieser Richtung liegen bereits vor. J. G. P.: »Was kommt zuerst?« Wie soll man die ASW betrachten? Dafür gibt es zwei Möglichkeiten: einmal als Informationsaufnahme mittels unbekannter Sinnesorgane, wie z. B. bei elektrischen Fischen. Vielleicht haben Menschen unbekannte Rezeptoren, die auf Telepathie reagieren. Zum anderen kann der Rezeptor für Telepathie das Gehirn selbst sein. In diesem Fall wäre es richtiger, von einer ›Außer-rezeptorischen Wahrnehmung‹ zu sprechen.

Im ersten Fall halte ich es für falsch, den Prozeß als ›außersinnlich‹ zu betrachten. Der Begriff der ASW stimmt nur dann, wenn wir verschiedene bewußte und unbewußten Wirkungen auf die Gehirnstruktur annehmen. Darin liegt für Physiologen ein entscheidendes Hindernis. Sie alle stimmen mit den Reflexologen überein: alle Reflexe beruhen auf Rezeptoren. Aber die moderne Physiologie weist nach, daß man Reflexe ohne Rezeptoren ausbilden kann. Diese Ansicht ist experimentell untermauert. Bei Tieren, z. B. Vögeln und Fischen, ist es gelungen, bedingte Reflexe auf den Einfluß eines konstanten Feldes zu entwickeln. Das Tier an sich verfügt über keine spezifische Reaktionsmöglichkeit, aber das Feld als Reiz kann zu einem Auslöser für einen bedingten Reflex werden.

In einem Experiment wurde ein Magnet in die Nähe eines Aquariums gebracht. Gleichzeitig wurde ein Stromstoß durch das Wasser geschickt. Die Fische reagierten auf den Strom mit schnellen Bewegungen. Nach vielen Wiederholungen bewirkte das Magnetfeld allein die schnellen Bewegungen der Fische. Dieser Reflex ist selbst dann noch zu beobachten, wenn man die sensorischen Nervenbahnen zum Gehirn durchtrennt hat. Er erlischt nur, wenn eine bestimmte Hirnregion des Fisches zerstört wird.

Dieses Experiment führt zu dem Schluß, daß das Magnetfeld das Gehirn direkt beeinflußt. Hier haben wir einen ›außersinnlichen‹ Einfluß des Magnetfeldes. Anfangs ist es schwer, überhaupt einen Effekt eines Magnetfeldes festzustellen. Erst nach einem Konditionierungsprozeß werden seine Wirkungen sichtbar. Somit wurde mit der Pawlowschen Methode ein echter Fall von ASW bei Fischen bewiesen. Ich würde es begrüßen, wenn diese Methode in die Parapsychologie Eingang fände. Wäre das schlecht? Wenn nicht, so müssen wir mit Hilfe der Physiologie von dieser Methode profitieren.

Es gibt noch eine weitere Möglichkeit. Kann ein Mensch einen bedingten Reflex auf einen Reiz von 50 – 100 Hertz ausbilden? Reize solcher Intensität kann man als subliminal oder sogar außersinnlich betrachten. Daß dies möglich scheint, geht aus Experimenten von F. T. Petrow hervor. Diese ergaben, daß man bei Versuchspersonen Reaktionen auf niedere Frequenzen konditionieren konnte, die diese nicht bewußt empfanden. Die Reize konnten direkt zum Gehirn gelangen, da es dafür in der Peripherie keine Rezeptoren gibt. Daher kann man sagen, daß das Gehirn selbst beeinflußt wurde.

Lassen Sie mich dies genauer beschreiben. Nehmen wir an, im Zimmer nebenan erzeugt eine Hochspannungsquelle ein niederfrequentes Feld. In unserem Zimmer sitzt die Versuchsperson. Das Feld steht durch die Wand hindurch mit ihrem Gehirn in Verbindung. Als konditionierenden Reiz versetzen wir z. B. ihrer Hand einen elektrischen Schock. Über mehrere Wochen hinweg wird diese Prozedur dutzendemal wiederholt.

Mindestens zwei Versuchspersonen wurden konditioniert. Zuerst trat die neue Reaktion nicht immer auf, was anfangs für jeden bedingten Reflex zutrifft. Aber allmählich wurde die bedingte Reaktion immer regelmäßiger, bis sie schließlich immer auslösbar war. Weitere Experimente ergaben, daß man diese erworbene Reaktion hemmen konnte. Sie erlosch nach mehreren Versuchen ohne den Bekräftigungsschock. Versetzte man der Hand wieder einen Stromstoß, so trat der bedingte Reflex wieder auf. Die Versuchsperson begriff nicht, warum sie ihre Hand wegziehen mußte, da sie ja den Schock nicht spürte. Sie wußte nicht, daß sie unter dem Einfluß eines niederfrequenten Feldes aus dem benachbarten Zimmer stand.

Wahrscheinlich sollten wir mit der Pawlowschen Methode solche Experimente mit Hunden durchführen, um die Speichelreaktion zu untersuchen.

Wichtig ist ebenfalls eine andere experimentelle Richtung. Man hat in der Sowjetunion entdeckt, daß man mit Hilfe einer bedingten Reaktion zwischen zwei Regionen der Hirnrinde eine Verbindung herstellen kann. Die Schädeldecke eines Hundes wurde an zwei Stellen geöffnet. Die eine Öffnung legte den motorischen Cortex frei, durch die andere konnte man zum Sehzentrum gelangen. Ein konditionierter Reflex läßt sich auf folgende Weise auslösen: Man muß zuerst die Sehrinde mit einem schwachen Strom reizen, sofort danach die motorische Rinde. Ein Fuß bewegt sich. Diese Reihenfolge muß oft wiederholt werden. Schließlich bewirkt die Reizung der Sehrinde allein ein Zucken des Fußes. Im Cortex wurde eine neue Bahn geschaffen.

Wichtig sind für uns Forschungs- wie Methodenstrategien. Alle psychologischen Experimente, die in den vergangenen dreißig Jahren auf parapsychologischem Gebiet durchgeführt wurden, reichten nicht aus, um unsere Ziele zu erreichen, besonders die Einstellung anderer Wissenschaftler positiv zu beeinflussen. Wir müssen Methoden einsetzen, mit denen sie vertraut sind. Wir brauchen ein Trojanisches Pferd! Ich als Physiologe möchte, daß sich andere Physiologen an meiner Forschung beteiligen, sie verstehen und ihre Ergebnisse akzeptieren. Einige in dieser Richtung vielversprechende Experimente wurden bereits durchgeführt. Darunter sind auch die von mir beschriebenen Experimente; das Material wird zur Zeit für eine Veröffentlichung aufbereitet und soll als Band unserer *Proceedings* erscheinen. Die Berichte, die einmal in diesem Band enthalten sein werden, werden gerade zusammengestellt.

In der Sowjetunion stieß die Parapsychologie zuerst auf großen Widerstand, da zu ihrem Umfeld zu viele abergläubische Vorstellungen gehören. Eine meiner Aufgaben ist es daher, möglichst viele Wissenschaftler dazu zu bringen, die Parapsychologie als Wissenschaft zu akzeptieren. Von einem materialistischen Standpunkt aus halte ich alle unsere Probleme für tatsächlich vorhanden; daher müssen sie mit physiologischen Methoden angepackt werden.«

Wassiliew schloß mit dieser eindrucksvollen Feststellung, und wir verabschiedeten uns. Zu Beginn des Jahres 1966 erfuhr ich von seinem Tod und daß für das Telepathie-Laboratorium ein neuer Direktor ernannt worden war.

MOSKAU, JUNI 1968

Seit 1967 benützte Edward K. Naumow den Briefkopf »Institut für Technische Parapsychologie«; er unterhielt eine umfangreiche Korrespondenz mit Wissenschaftlern, die im Westen Psi-Forschung betrieben, wobei er als Direktor unterschrieb. In einem seiner Briefe teilte er mir mit, es sei ihm nach vielen Schwierigkeiten gelungen, diese neue Stelle ausschließlich für die Psi-Forschung einzurichten. Er lud ausgewählte ausländische Wissenschaftler ein, an einem internationalen Parapsychologie-Kongreß teilzunehmen, der im Dezember 1967 in Moskau stattfinden sollte. Aus nicht näher erläuterten Gründen wurde dieser Kongreß auf Mitte Juni 1968 verschoben. Ursprünglich sollte der Kongreß eine ganze Woche dauern, schließlich wurde er auf zwei Tage, den 24. und 25. Juni, beschränkt.

Da unerwartete Komplikationen auftraten, blieb bei dieser Zusammenkunft der wissenschaftliche Informationsaustausch begrenzt. Jedoch hatten die ausländischen Wissenschaftler hier eine ausgezeichnete Gelegenheit, die Einstellung der russischen Wissenschaftler zur Parapsychologie unter widrigen Umständen kennenzulernen. Indirekt schien von offizieller Stelle aus ein Druck auf die Kongreßplanung ausgeübt worden zu sein. Rückblickend lassen sich diese Hindernisse leicht als Teil eines sich versteifenden politischen Widerstandes gegen eine Liberalisierung des geistigen Lebens ausmachen; dies zeigte sich dramatisch im August 1968 bei der Invasion der Tschechoslowakei.

Wie aus vielem hervorging, wurde die ursprüngliche Ankündigung des Kongresses von Wissenschaftlern der ganzen UdSSR begeistert begrüßt. Einige von uns erfuhren von Naumov, daß zweihundert Titel an Kongreßreferaten eingereicht worden seien. Aber da er, unter Druck gesetzt, den Rahmen der Konferenz klein halten mußte, konnten nur einige der Referate angenommen werden. Das endgültige Programm umfaßte dreißig Teilnehmer, die sich gleichermaßen aus russischen Wissenschaftlern und ausländischen Gästen zusammensetzten.

Das Treffen fand im »Haus der Freundschaft« statt; dort hatten sich zur Kongreßeröffnung mehr als hundert Besucher eingefunden. In seiner Eröffnungsansprache ging Naumov hauptsächlich auf einen Artikel ein, der an jenem Morgen in der *Prawda* erschienen war und sich negativ mit Parapsychologie befaßte. Der Artikel bezog sich nicht speziell auf unseren Kongreß; er nahm vielmehr die Experimente mit einer bestimmten Versuchsperson aus Leningrad kritisch aufs Korn, die von einigen russischen Wissenschaftlern untersucht worden war. Der Artikel machte sich über deren Bericht lustig, sie hätten gesehen, daß sich in Gegenwart dieser Versuchsperson Gegenstände bewegt hätten, und zwar ohne jeden sichtbaren direkten Kontakt oder andere erkennbare normale Mittel.

Der Kongreßleiter reagierte scharf auf diesen Artikel. Aus der Art seines Auftritts und dem, was er sagte, wurde deutlich, daß er die Veröffentlichung des Artikels für unsere Pläne als äußerst ungünstig empfand; er war jedoch entschlossen, mit dem Kongreß fortzufahren. Die Veröffentlichung brachte den formalen Programmablauf weitgehend zu Fall, da sie einige russische Teilnehmer von einer aktiven Mitarbeit abhielt und diejenigen, die sich nicht abhalten ließen, einer erheblichen Belastung aussetzte.

Was wir an Reaktionen der russischen Kollegen auf diesen Druck von außen gegen die Parapsychologie beobachteten, war wertvoller als der begrenzte Austausch an speziellen Informationen, der unter diesen Umständen möglich war. Während des ersten Tages hielten eine Anzahl russischer Teilnehmer ihre Vorträge, während vermutlich ebenso viele ihre Referate zurückzogen. Ungefähr die Hälfte der russischen Referenten hatten Lehr- oder Forschungspositionen in Naturwissenschaften oder Mathematik inne. Ihre Vorträge befaßten sich mit dem Gebiet der Parapsychologie im allgemeinen oder ausgiebig mit Methoden anstatt mit speziellen, bereits abgeschlossenen Forschungsprojekten. Die anderen Redner hatten an ASW-Experimenten in der UdSSR teilgenommen. Manche, deren Namen auf dem Programm standen, sagten zu Beginn, sie sprächen nur für sich selbst und seien für die hier dargelegten Ansichten allein verantwortlich.

Ungefähr ein Dutzend ausländischer Besucher war anwesend, die meisten von ihnen Wissenschaftler oder Forscher, die in ihren Heimatländern aktiv auf parapsychologischem Gebiet arbeiteten. Folgende Nationen waren anwesend: Australien, Kanada, Tschechoslowakei, Finnland, Schweiz, England, Jugoslawien, Kanada und die Vereinigten Staaten. Naumov bestand darauf – vermutlich um den Druck auf die russischen Teilnehmer zu mildern –, daß jeder Besucher ein Referat halten sollte, auch wenn die meisten von uns vorher nicht damit gerechnet hatten, formell am Programm teilzunehmen. Am ersten Tag dauerte die Sitzung sechs Stunden.

Das Programm sah ursprünglich vor, daß am ersten Tag im Anschluß an die reguläre Sitzung ein wissenschaftlicher Film gezeigt werden sollte. Dieser zeigte die Leningrader Versuchsperson, die über besondere psychokinetische Fähigkeiten (»mind over matter«) verfügte. Doch als Folge des kritischen Artikels in der *Prawda* wurde die Erlaubnis zurückgezogen, diesen Film im »Haus der Freundschaft« vorzuführen. Naumov kam im Laufe des Tages zwei- oder dreimal auf diese unerwartete Schwierigkeit zu sprechen und versicherte, daß man sich erneut um eine Erlaubnis bemühte. Bevor wir uns vertagten, gab er bekannt, daß sich die Gruppe am nächsten Tag aufgrund einer Einladung in der tschechoslowakischen Botschaft treffen würde, wo man diesen Film wie auch andere sehen könne. (Ich habe inzwischen aus einer mir verläßlich erscheinenden Quelle erfahren, daß der *Prawda*-Artikel nicht eine offizielle Ablehnung der Parapsychologie wiedergab und daß die Zurücknahme der Einladung nur vom »Haus der Freundschaft« ausging.)

Diese Filmvorführung am Nachmittag des zweiten Tages dauerte nur zwei Stunden, stellte sich aber als Höhepunkt der Konferenz heraus. Ich gehe hier nur auf den einen Film mit Nina Kulagina ein, der besonders begabten Versuchsperson aus Leningrad. Dieser Film wurde von Dr. G. A. Sergejew aus Leningrad erläutert, der dort hauptsächlich die Untersuchungen leitete; der Streifen zeigte die Versuchsperson vor einem Tisch sitzend, auf dem sich eine Auswahl verschiedener Gegenstände befand. Zu Beginn des Experimentes konzentrierte sich die Versuchsperson mit starrem Blick und sichtlich angespannten Bewegungen ihrer Hände auf die Nadel eines gewöhnlichen Kompasses, der vor ihr lag. Nach kurzer Zeit zeigte die Kompaßnadel immer größere Ausschläge, bis sie schließlich zu rotieren begann. Wie wir erfuhren, war dies nur ein Vorversuch zum »Aufwärmen«; die Versuchsperson konnte dadurch entscheiden, wann sie zu den anderen Gegenständen auf dem Tisch übergehen konnte. Der Film zeigte dann den Versuch von Frau Kulagina, verschiedene nichtmetallische und nichtmagnetische Gegenstände auf dem Tisch ohne jeden sichtbaren Kontakt zu bewegen: Streichhölzer und leere Streichholzschachteln, ein Glas, die Plastikkappe eines Füllfederhalters und ähnliches. Diese Gegenstände wurden von den Versuchsleitern und anderen Zeugen ausgewählt und auf den Tisch gelegt, nachdem die Versuchsperson Platz genommen hatte und bereit war, mit ihrer Demonstration zu beginnen. Als sich Gegenstände bewegten, stülpten die Untersucher eine Plexiglashaube darüber; man konnte sehen, daß sich die Gegenstände darunter weiterbewegten. Während die Versuchsperson die Gegenstände beeinflußte, wurde sie gleichzeitig neurophysiologisch untersucht. An ihrem Kopf wurden Elektroden befestigt und, während sich die Gegenstände bewegten, deutlich ausgeprägte elektrische »Wellen« aufgezeichnet. Sergejew zufolge wurde die Amplitude der Wellen, die man vom Hinterkopf (dem visuellen Projektionszentrum) ableitete, zu diesem Zeitpunkt fünfzig Mal größer als normal, während sich die Ableitungen von anderen Stellen des Kopfes nicht veränderten. Die im Film gezeigten EEG-Aufzeichnungen schienen mit dieser Feststellung übereinzustimmen. Noch erstaunlicher war seine Feststellung, daß eine Elektrode, die sich nur in Nähe der Versuchsperson, aber nicht in direktem Kontakt mit ihr befand, starke Effekte registrierte, während sie erfolgreiche Leistungen zeigt.

Nach dem Treffen fragte mich Naumov nach meiner Meinung über den Film. Ich antwortete ihm, daß man allein aufgrund einer solchen Filmaufzeichnung nicht zu einer wissenschaftlichen Schlußfolgerung kommen könne, ich würde jedoch eine weitere Untersuchung des Falles eindeutig befürworten. Dies sei auch seine Meinung. Naumov hatte den Film Hunderten von russischen Wissenschaftlern in Forschungsinstituten im ganzen Land gezeigt, von denen etwa die Hälfte zur gleichen Ansicht kam. Die andere Hälfte meinte, da der Film offensichtlich Unmögliches zu zeigen scheine, müsse es sich um Betrug handeln.

LENINGRAD, OKTOBER 1970 UND FEBRUAR 1971

Dr. Jürgen Keil, ein befreundeter Psychologe von der Universität Tasmanien, gehörte ebenfalls zu den Teilnehmern der Moskauer Konferenz von 1968; wir waren beide der Ansicht, daß die aufregendste wissenschaftliche Neuigkeit dieses Kongresses der Untersuchungsbericht über Frau Kulagina war. Der Film über sie und Sergejews Kommentar dazu sollten unserer Meinung nach ausreichen, jeden aufgeschlossenen Wissenschaftler neugierig zu machen; jedoch waren weitere Untersuchungen nötig. Wenn die Berichte stimmten, war diese Entdeckung offensichtlich von größter wissenschaftlicher Bedeutung. Keil und ich überlegten daher, wie sich westliche Wissenschaftler an der Untersuchung dieser Versuchsperson beteiligen könnten. Wir hatten keine Zweifel, daß sich dieses Vorhaben lohnen würde, aber die Vorzüge des Plans garantierten keinen sofortigen Erfolg. Nach viereinhalb Jahren ist dieses Ziel immer noch nicht erreicht. Aber wir haben die Absicht nicht aufgegeben, und vielleicht ist auch ein gewisser Erfolg erzzielt worden. In diesem Abschnitt schildere ich die Schritte, die wir bisher unternommen haben.

Als Keil im Juni 1970 von Deutschland nach Tasmanien zurückkehrte, unterbrach er seine Reise in Leningrad, um Sergejew zu besuchen und sich nach dem Stand der Kulagina-Untersuchung zu erkundigen. Dieser zweitägige Besuch stellte sich als sehr nützlich heraus. Sergejew informierte Keil bereitwillig über die vielen erfolgreichen Experimente mit Frau Kulagina. Als Keil die Frage einer unabhängigen Untersuchung durch ausländische Wissenschaftler anschnitt, erwiderte Sergejew, er würde eine solche Untersuchung begrüßen, wenn sie sachgemäß durchgeführt würde.

Im September 1970 fuhr ich zusammen mit Champe Ransom, einem Mitarbeiter der Parapsychologischen Abteilung der Universität Virginia, nach Prag, um dort mit einer bestimmten Versuchsperson unsere ASW-Experimente fortzusetzen. Diese Prager Untersuchung wird in Kapitel IV eingehend dargestellt. Wir nützten daher die geographische Nähe zur UdSSR aus, um auf der Heimreise in Leningrad Halt zu machen. Wir kamen dort am 2. Oktober spät abends an; gleich am nächsten Morgen telefonierte eine englisch sprechende Intourist-Angestellte unseres Hotels in unserem Auftrag mit Sergejew. Er ließ ausrichten, er käme in einer Stunde in unser Hotel zusammen mit einem Kollegen, der dolmetschen könne.

Innerhalb der vereinbarten Zeit trafen Sergejew und Konstantin Ivanenko, ein junger Mathematiker und Computerspezialist, ein. Sergejew selbst ist Physiologe und Mathematiker, sein Spezialgebiet ist die Elektroenzephalographie und deren mathematische Auswertung. Wir erfuhren von ihm, daß die Kulagina-Untersuchungen, an denen auch Ivanenko beteiligt wäre, in ihrer Freizeit durchgeführt würden. Er habe sich aufgrund von mehr als zweihundert Experimenten völlig von der Echtheit ihrer Phänomene überzeugen können. Sie versuchten, jedes neue Experiment so zu planen, daß seine Ergebnisse objektiv und wissenschaftlich ausgewertet werden könnten und weitere Informationen über die Phänomene lieferten. Vor kurzem hatten sie folgende Entdeckung gemacht: Bewegte Frau Kulagina einen kleinen Gegenstand über einen unbelichteten Film, der mit lichtundurchlässigem Papier verpackt war, so fand sich auf dem später entwickelten Film eine Spur. Wo sich der Gegenstand bewegt hatte, sah der Film aus, als ob er belichtet worden wäre. Bewegte eine andere Person den gleichen Gegenstand auf normale Weise über den Film, war auf dem Negativ keine Spur zu finden.

Ich wollte wissen, ob Ransom und ich Kulagina treffen könnten, was Keil im Juni nicht möglich war, da sie nicht in der Stadt war. Sergejew rief sie sofort an, und sie stimmte zu, am Abend mit ihrem Mann und den beiden sowjetischen Wissenschaftlern in unser Hotel zu kommen. Ihr Mann, ein Ingenieur, hatte sich an der Untersuchung der ungewöhnlichen Fähigkeiten seiner Frau aktiv beteiligt, seit diese Ende 1963 entdeckt worden waren.

Wie verabredet, trafen wir uns am Abend in meinem Hotelzimmer. (Von meinen früheren Reisen wußte ich bereits, daß sich ein Rußlandbesucher nicht darum zu kümmern braucht, wie er jemand, den er treffen möchte, zuhause finden kann; der Betreffende kommt zu ihm.) Frau Kulagina war lebhafter und aufgeschlossener, als ich aufgrund ihrer Fotos und des Filmes erwartet hatte. Sie war schätzungsweise Mitte vierzig, was dazu paßte, daß sie während der Belagerung von Leningrad im zweiten Weltkrieg bei der Verteidigung eingesetzt war. Sie schien sich über die ausländischen Besucher zu freuen, die an ihren Fähigkeiten interessiert waren. Ihr freundliches Lächeln wurde durch Grübchen in ihren Wangen unterstrichen.

Ich hatte eine alte Polaroidkamera mit Film dabei, die ich Sergejew und Ivanenko am Vormittag gezeigt hatte. Als sie am Abend eintrafen, brannten sie darauf herauszufinden, ob Frau Kulagina auch auf Polaroidfilm ungewöhnliche Effekte erzielen könnte. Unsere Versuche blieben ergebnislos, nahmen aber einige Minuten unserer kostbaren Zeit in Anspruch. Wir baten dann Frau Kulagina, einige Gegenstände für uns zu bewegen. Wir würden zwar verstehen, daß dies für sie weniger interessant sei, doch hätten wir bisher nie die Gelegenheit gehabt, so etwas zu beobachten. Sofort begannen Sergejew und Ivanenko ihre Taschen nach geeigneten Objekten zu durchsuchen, worauf wir sagten, wir hätten für diesen Zweck selbst Gegenstände mitgebracht. Sie waren damit einverstanden, und wir legten eine Steichholzschachtel sowie einen Kompaß in einem Plastiketui auf den Tisch.

Frau Kulagina brauchte einige Minuten, bis sie für die Demonstration bereit war. Sie saß ruhig und offenbar in sich gekehrt am Tisch. Jemand machte den Vorschlag, wir sollten auf dem Flur warten, damit sie nicht in dieser Phase der Vorbereitung durch unsere Beobachtung nervös würde. Wir gingen alle hinaus, und ich stellte mich so hin, daß ich Frau Kulagina durch die offene Tür im Blickfeld hatte. Sie saß mit dem Gesicht zu mir an einem kleinen runden Tisch, wobei Streichholzschachtel und Kompaß vor ihr auf dem Tisch lagen. Sie streckte die Hände in Richtung Streichholzschachtel aus, schien sich sehr zu konzentrieren, und nach einer gewissen Zeit bemerkte ich, daß sich die Schachtel mehrere Zentimeter auf sie zu bewegte. Sie legte die Schachtel wieder in die Mitte des Tisches, worauf sich der Gegenstand wieder auf gleiche Weise bewegte.

Dann stellte mir ein ebenfalls anwesender Journalist einige Fragen, und Ransom nahm meinen Platz vor der offenen Tür ein. Er beobachtete, wie sich die Streichholzschachtel über den Tisch bis zum Kompaß bewegte, dann bewegten sich beide zusammen noch etwas weiter. Zu der Zeit gingen wir alle wieder ins Zimmer zurück.

Sergejew und Ivanenko wollten immer noch auf dem unbelichteten Polaroidfilm fotografische Effekte erzielen. Diesmal wollten sie herausfinden, ob auf dem Film etwas zu sehen wäre, wenn der Gegenstand, den Frau Kulagina bewegen wollte, die Filmrolle berührte. Man legte daher den Gegenstand auf den Tisch und obendrauf die Filmrolle. Auf Frau Kulaginas Seite lag die Filmrolle auf einem kleinen Holzblock, und unter das andere Ende der Filmrolle wurde der Versuchsgegenstand, ein kleiner nichtmagnetischer Metallzylinder, geschoben. Frau Kulagina konnte nur den Film und den Holzblock sehen. Sie wußte zwar, wo sich der Zylinder befand, konnte ihn aber während des Versuchs nicht sehen.

Ransom und ich rechneten nicht damit, daß sie den Zylinder bewegen, sondern daß sie sich nur auf ihn konzentrieren würde; danach würde der Film in der Polaroidkamera entwickelt und auf Effekte hin untersucht werden. Ich stand Frau Kulagina gegenüber am Tisch und beobachtete den Zylinder unter der Filmrolle. Ransom stand rechts von mir, wobei die Filmrolle den Zylinder vor ihm abschirmte. Kurz darauf beobachtete ich, wie sich der Zylinder langsam von mir weg bewegte, bis er unter der Filmrolle verschwand. Ich wandte mich an Ransom: »Haben Sie diese Bewegung gesehen?« Sofort kam Ransom zu mir herüber und stellte fest, daß sich der Standort des Zylinders im Vergleich zu vorher verändert hatte.

Danach entwickelten wir den Film in der Kamera auf übliche Weise. Wir fanden keine Belichtungsspuren. Dieser Fehlschlag hieß natürlich nicht, daß ein späteres Experiment mit der Polaroidkamera nicht zu positiven Ergebnissen führen konnte.

Unsere Besucher waren zwei Stunden bei uns gewesen, als Frau Kulagina sagte, sie sei müde. Dies kam nicht überraschend, da wir von Sergejew wußten, daß sie diese Demonstrationen sehr anstrengten, was sich u. a. im Anstieg ihrer Herzfrequenz auf einen Bereich zwischen 150 bis 240 Schlägen pro Minute ausdrückte. Auf meine Frage, ob wir sie am nächsten Tag wieder treffen könnte, erwiderte sie, dies sei nicht möglich, da sie mit ihrem Mann wegfahren würde. Darauf fragte ich sie, ob sie noch etwas weitermachen könne und ich sie dabei filmen dürfe. Sie war einverstanden, und es gelang mir, die Bewegung des kleinen Zylinders unter zwei verschiedenen Bedingungen aufzunehmen. Beim ersten Mal befand sich der Zylinder auf dem Tisch, umgeben von einer Anzahl Aquariumssteinchen, wobei ein großes Glas über das Ganze gestülpt war. Beim zweiten Mal zeigt der Film, wie sich der Gegenstand durch den Kies bewegt und dabei eine deutliche Spur hinterläßt. Bei dieser Aufnahme war das Glas entfernt. Dieser zweite Filmabschnitt ist sehr kurz, aber er zeigt die Bewegung deutlicher als der erste.

Mehr läßt sich über unsere eigenen kurzen und informellen Beobachtungen kaum sagen. Bevor wir Frau Kulagina bei diesem Besuch trafen, war unser Interesse an ihr bereits durch die Berichte anderer Forscher geweckt worden. Ich habe bereits den russischen Film erwähnt und die auf zahlreiche Experimente gestützten Beobachtungen sowjetischer Forscher; ich möchte weiteres Material zur Unterstützung der Echtheit der Phänomene kurz erwähnen. Dr. Zdenek Rejdak, ein tschechischer Psychologe, besuchte Frau Kulagina im Frühjahr 1968. Er veröffentlichte – zusammen mit den Ergebnissen sowjetischer Wissenschaftler – seine Beobachtungen in zwei wissenschaftlichen Zeitschriften, einer deutschen* und einer englischen. Im Paraphysical Laboratory wurden die russischen Kulagina-Filme sorgfältig analysiert und die Ergebnisse im *Journal of Paraphysics* veröffentlicht. Bei dieser Einzelbilduntersuchung der Filme wurde kein Hinweis auf Betrug entdeckt. Der Bericht schloß mit der Aufforderung, westliche Wissenschaftler sollten jede Möglichkeit wahrnehmen, unabhängige Experimente mit Frau Kulagina vorzunehmen.

Im Februar 1971 versuchten Keil und ich zum ersten Mal ernsthaft, mit Frau Kulagina eigene Experimente durchzuführen. Unsere Vorbereitungen, die wir mit den beteiligten sowjetischen Stellen getroffen hatten, schienen uns ausreichend zu sein, so daß wir, verglichen mit westlichen Maßstäben, davon ausgehen konnten, daß wir freundlich aufgenommen und bei unserer Arbeit unterstützt würden. Wir rechneten mit einem vierzehntägigen Aufenthalt.

Bei unserer Ankunft in Leningrad mußten wir jedoch feststellen, daß sich unser Treffen mit Frau Kulagina und der Beginn der experimentellen Arbeit mit ihr unerwartet verzögerten. Zwar besuchten uns Sergejew und Ivanenko sofort im Hotel, teilten uns aber mit, daß wir in den ersten drei Tagen nichts unternehmen könnten. Diese Zeit sei zur Vorbereitung der ersten Sitzung nötig, da sie es für uns arrangieren wollten, die Experimente im Physiologischen Institut der Universität Leningrad durchzuführen.

Vor Ablauf der drei Tage suchten uns Sergejew und Ivanenko wieder im Hotel auf und teilten uns mit, wir könnten die Experimente nicht im Rahmen der Universität durchführen. Die Physiologen waren der Ansicht, daß die Kulagina-Phänomene höchst umstritten seien und daß für eine Untersuchung, wie wir sie beabsichtigten, recht-

---

* Rejdak, Z.: Die psychokinetischen Phänomene von Nina Kulagina. *Zeitschrift für Parapsychologie und Grenzgebiete der Psychologie 12* (1970), S. 106-110 (Anm. d. Übs.)

zeitig die Einwilligung offizieller Stellen eingeholt werden müßte. Eine solche Untersuchung könnte nicht von Touristen als Privatsache durchgeführt werden. Sergejew ließ uns wissen, daß er unter diesen Umständen nicht weiter mit uns zusammenarbeiten könne, es stünde uns jedoch frei, mit Frau Kulagina direkt Kontakt aufzunehmen.

In den folgenden drei Tagen versuchten wir dies mehrmals. Es gelang uns nur, mit Hilfe eines Dolmetschers mit ihr zu telefonieren; was wir zu hören bekamen, waren nur höfliche Entschuldigungen, die uns im unklaren ließen, warum sie uns nicht sehen wollte.

Nach einer Woche setzten wir uns wieder mit Sergejew in Verbindung und machten deutlich, daß wir eine Erklärung erwarteten. Er und Ivanenko kamen wieder ins Hotel, und diesmal erzählten sie uns, was wirklich vorgefallen war. Etwa eine Woche vor unserer Ankunft hatte die »Stimme Amerikas« eine Sendung in russischer Sprache in die Sowjetunion ausgestrahlt. In dieser Sendung wurde Kulagina namentlich genannt, die Bewegung kleiner Gegenstände in ihrer Gegenwart beschrieben und berichtet, daß russische und ausländische Wissenschaftler auf einer internationalen Tagung die mit ihr durchgeführten Experimente diskutiert hatten. Diese Sendung hatte zur Folge, daß von offizieller Seite auf Frau Kulagina Druck ausgeübt wurde und sie uns daher unmöglich treffen konnte.

Sergejew und Ivanenko kannten die Informationsquelle dieser Radiosendung nicht. Keil und ich vermuteten dagegen sofort, daß es sich um die Besprechung eines populär geschriebenen Buches handeln müsse, das sich mit Forschungen auf dem Gebiet der Parapsychologie und anderen Grenzbereichen der Wissenschaft in der Sowjetunion befaßt. Bei dem internationalen Kongreß muß es sich um das Moskauer Treffen vom Juni 1968 handeln, da dieses in dem Buch beschrieben ist.

Worauf die Sendung auch immer zurückging, die Tatsache, daß sie kurz vor unserem Besuch gesendet wurde, hatte verheerende Folgen für unsere Pläne. Ein weiteres Gespräch mit Sergejew und Ivanenko verlief herzlich und konstruktiv. Unser Interesse an einer unabhängigen Untersuchung von Frau Kulagina unter Bedingungen, die die Aufmerksamkeit westlicher Wissenschaftler darauf lenken würde, war größer denn je. Doch das mußte die Zukunft zeigen. Da es für uns keinen Grund mehr gab, noch länger in Leningrad zu bleiben, verließen wir die Sowjetunion bereits nach neun Tagen.

Nach meiner Rückkehr setzte ich mich mit dem Washingtoner Büro der »Stimme Amerikas« in Verbindung und erhielt schließlich ein Manuskript der Sendung, die all den Ärger verursacht hatte. Wie wir vermutet hatten, handelte es sich um eine Besprechung des fraglichen Buches.

Aus unseren bisherigen Erfahrungen hatten Keil und ich zumindest das eine gelernt, daß ein internationales Forschungsvorhaben in der Sowjetunion leicht durchkreuzt werden kann. Dennoch hatten wir einen ungefähren Einblick gewonnen, wie eine erfolgreiche Vorgehensweise aussehen könnte. Wir entwickelten Pläne, um herauszufinden, ob *überhaupt* eine Taktik zum Erfolg führen konnte, wenn es um so ungewöhnliche Phänomene wie die von Nina S. Kulagina ging.

LENINGRAD, SEPTEMBER 1972

Nach der abgebrochenen Reise von 1971 versuchten wir, einen offizielleren Weg einzuschlagen. Eine Gruppe von sechs Wissenschaftlern aus vier Ländern, die zu verschiedenen für die Fragestellung relevanten Disziplinen gehörten, versuchte über offizielle Kanäle, von den sowjetischen Behörden eine Einladung zu erhalten, um einen Monat lang in Leningrad mit Frau Kulagina experimentieren zu können. Der Antrag wurde von den zuständigen Stellen der westlichen Regierungen befürwortet und an eine vorher vereinbarte Behörde in Moskau weitergeleitet. Nach einer gewissen Zeit trafen die Absagen ein. Das Antwortschreiben an die deutsche Behörde enthielt keine Erklärung, aber den USA gegenüber wurde als Grund die angebliche Tatsache angegeben, daß parapsychologische Probleme in der Sowjetunion nicht erforscht würden.

Diese Begründung war die diplomatische Umschreibung dafür, daß es in der UdSSR zu dieser Zeit kein Institut allein für die Erforschung dieses Gebietes gab und daß die offiziellen Stellen nicht bereit waren, eine internationale Zusammenarbeit bei solchen Untersuchungen zu unterstützen. Die Absage bedeutete nicht, daß kein Interesse an der Parapsychologie bei einzelnen Wisenschaftlern bestand, die in ihrer Freizeit nicht-offizielle Forschungen auf diesem Gebiet betrieben. Daß in Rußland das Interesse an der Psi-Forschung immer noch sehr lebendig ist, zeigte eine große internationale, nicht-offizielle Tagung, die im Juli 1972 in Moskau stattfand.

Unter diesen Umständen hielten Keil und ich einen weiteren Versuch für gerechtfertigt, mit Frau Kulagina auf nicht-offizieller Basis Experimente durchzuführen. Da wir gerade in Prag eine Untersuchung durchführten, benützten wir die günstige Gelegenheit, für fünf Tage nach Leningrad zu reisen; wir wollten dort versuchen, mit Frau Kulagina direkt Kontakt aufzunehmen, anstatt den Umweg über die sowjetischen Wissenschaftler zu wählen. Wir kamen am 24. September, einem Sonntag, an und suchten abends Frau Kulagina unangemeldet zu Hause auf, was wir für einen reinen Höflichkeitsbesuch hielten. Wir wurden herzlich empfangen und vereinbarten für den folgenden Dienstag eine Experimentalsitzung in unserem Hotel.

Wir hielten es für eine günstige psychologische Vorbereitung, wenn wir Frau Kulagina einige der Versuchsgegenstände zeigten, die wir mitgebracht hatten. Wir stellten daher ein paar Gegenstände auf den Tisch, genaugenommen auf die aufgeschlagenen Seiten unseres großen Reiseführers von Prag. Zu unserer Überraschung begann sich Frau Kulagina in der für sie charakteristischen Weise auf einen kleinen Plastikbecher zu konzentrieren; dabei sagte sie, sie hätte ihre Fähigkeiten ein Jahr oder länger nicht mehr erprobt und sei nicht sicher, ob sie diese noch besäße. Sie war anscheinend nicht sehr zuversichtlich, da sie sich nicht so anstrengte, wie wir dies in den Filmen gesehen hatten und wie auch ich 1970 beobachten konnte.

Plötzlich zog Frau Kulagina ihre Hände zurück, die sie in die Nähe des Gegenstandes gehalten hatte, und atmete einige Sekunden lang tief durch. Danach versuchte sie in einem neuen Anlauf, den Plastikbecher zu bewegen. Offenbar konzentrierte sie sich sehr stark, denn ihre Hände zitterten vor Anstrengung. Der leere Becher zwischen ihren Händen bewegte sich nicht, dafür aber zweimal ein kleiner Holzwürfel, den wir ungefähr zehn Zentimeter weiter auf das Buch gelegt hatten. Der Würfel glitt einen guten Zentimeter auf Frau Kulaginas linke Seite zu; das gleiche geschah nochmals fünf Sekunden später.

Keil und ich sahen beide Male die Bewegung des Würfels. Wir saßen beide die ganze Zeit Frau Kulagina gegenüber. Da sie nicht damit rechnen konnte, daß wir die Gegenstände vor sie hinlegen würden, konnte sie vorher keinerlei Vorkehrungen getroffen haben. Vor der Bewegung des Würfels fiel uns an ihrem Verhalten nichts Verdächtiges auf.

Kurze Zeit später zog ich einen hohlen Plastikwürfel mit einer Kantenlänge von etwa zehn Zentimeter hervor, in dem sich fest verschlossen zwei Spielwürfel und ein paar Aquariumssteinchen befanden. Frau Kulagina war offenbar davon fasziniert und begann, sich sofort darauf zu konzentrieren; anscheinend versuchte sie, die Spielwürfel in dem großen Plastikwürfel zu bewegen. Stattdessen bewegte sich dieser um einen halben Zentimeter. Wir zeigten dann Frau Kulagina, wie sie den Würfel mit einem Stückchen Klebstreifen auf dem Tisch befestigen konnte und ließen ihr das Ganze bis Dienstag zum Üben da. Wir hatten denselben Würfel nochmal, den wir bei diesem Treffen benützen wollten.

Doch dazu kam es nicht. Die Behörden hatten von unseren Plänen erfahren – Frau Kulagina und ihr Mann hatten darauf bestanden, daß das Treffen in unserem Hotel von Intourist organisiert werden und einer ihrer Dolmetscher dabei sein müsse – und Frau Kulagina ausdrücklich verboten, diese Verabredung einzuhalten.

Vielleicht war unser Besuch aber doch nicht vergeblich. In der Zwischenzeit habe ich auf Umwegen erfahren, daß Kulagina wahrscheinlich von jemand anderem untersucht wird. Was dies bedeutet, läßt sich nur vermuten. Für mich heißt dies, daß es sich die sowjetischen Behörden angesichts des großen Interesses ausländischer Wissenschaftler an Frau Kulagina nicht mehr leisten können, deren behauptete Phänomene zu ignorieren. Wenn tatsächlich dieses offizielle Interesse besteht, so muß die zukünftige Entwicklung zeigen, ob man positiv den Fall erforschen oder negativ die behaupteten Phänomene in Mißkredit bringen will.

Wir können aber jetzt schon mit Recht sagen, daß Frau Kulagina einen echten Beitrag zum Problem der psychokinetischen Wirkung auf statische Objekte geleistet hat. Durch sie wurden Wissenschaftler auf dieses vielversprechende Forschungsgebiet aufmerksam und dazu veranlaßt, nach weiteren Versuchspersonen mit dieser Fähigkeit zu suchen. Wenn Frau Kulaginas Begabung echt ist, kann sie nicht einmalig sein; der nächste Schritt besteht darin, das, was wir von ihr gelernt haben, bei der Untersuchung anderer Personen anzuwenden.

Wenn ich alle meine Eindrücke aus diesen sechs Rußlandreisen zusammenfasse und die Meinungen anderer Wissenschaftler, die auch 1968 an der Tagung und 1970, 1971 und 1972 an den Reisen teilgenommen haben, in Betracht ziehe – welches Bild der sowjetischen Psi-Forschung zeichnet sich dann ab?

Als erstes besteht kein Zweifel daran, daß in der Sowjetunion sowohl die breite Öffentlichkeit wie auch wissenschaftliche und intellektuelle Kreise an diesem Gebiet großes Interesse haben. Eine russische Teilnehmerin der Tagung von 1968 versicherte mir, sie sei davon überzeugt, daß von sowjetischen Wissenschaftlern eines Tages ein wesentlicher Beitrag zur Parapsychologie zu erwarten wäre. Der Glaube an parapsychische Phänomene sei im russischen Volk weit verbreitet, man könne praktisch in jedem Dorf mindestens einen Menschen finden, dem außergewöhnliche Fähigkeiten zugeschrieben würden. Daher hielte sie Frau Kulaginas Begabung nicht für einmalig.

Eine weitere unleugbare Tatsache ist der starke Widerstand, auf den die Parapsychologie in orthodoxen wissenschaftlichen Kreisen wie auch auf verschiedenen politischen Ebenen stößt. Als Anfang der sechziger Jahre Professor Wassiliew seine Bücher über ASW veröffentlichte, die in Rußland weit verbreitet waren, hatte es den Anschein, als ob die Parapsychologie dort nicht, wie in anderen Ländern, eine Phase der Kontroversen durchmachen müsse. Die Hauptrechtfertigung für das Interesse russischer Wissenschaftler an der Parapsychologie bestand in dem umfangreichen Beweismaterial, das in anderen Ländern in Sachen ASW vorlag. Aber während der letzten Jahre der Dekade, die zwischen meinem ersten und letzten Besuch liegt, scheint sich der Widerstand verstärkt zu haben. Naumov teilte nach der Konferenz von 1968 brieflich mit, daß neue Angriffe die Arbeit der Forscher noch weiter erschwerten, sie aber dennoch ihre Arbeit fortsetzten.

Daß Frau Kulagina durch die Erwähnung ihres Namens und ihrer ungewöhnlichen Fähigkeiten in einer »politisch motivierten« Rundfunksendung, die für Rußland bestimmt war, Schwierigkeiten bekommen konnte, ist für uns im Westen kaum vorstellbar. Doch besteht kein Zweifel, daß von offizieller Seite direkt oder indirekt Druck auf sie ausgeübt wurde. (Anlaß war ein Vorfall, von dem sie nichts gewußt und auf den sie keinen Einfluß hatte.) Unter diesem Druck wollte sie sich nicht mit zwei ausländischen Wissenschaftlern treffen, die damit fest gerechnet hatten. Dies ging schließlich so weit, daß damals die Echtheit ihrer Phänomene offiziell bestritten wurde; ich weiß jedoch nicht, ob diese Diskreditierung allgemein gilt oder nur zeitlich begrenzt war.

Den vielleicht nachhaltigsten Eindruck von der Psi-Konferenz in Moskau 1968 hinterließ die Gruppe um Naumov, ein fest zusammengehörendes und hoch motiviertes Team parapsychologisch aktiver Forscher. Zweifellos kann man angesichts dieses Potentials in den kommenden Jahren von sowjetischen Wissenschaftlern einen bedeutenden Beitrag zur Psi-Forschung erwarten, was auch die Meinung der oben erwähnten russischen Wissenschaftlerin war. Es hat jedoch keinen Sinn, darüber Spekulationen anzustellen.

Selbst wenn wir nur die Entwicklungen der sowjetischen Parapsychologie in den letzten zehn Jahren betrachten, kann man sagen, daß sie ein wichtiges Kapitel in der Geschichte der Parapsychologie darstellen, und zwar unabhängig von der zukünftigen Rolle der UdSSR auf diesem Gebiet. Ein echtes wissenschaftliches Interesse an *Problemen* der Parapsychologie hat selbst vierzig Jahre repressiver kommunistischer Herrschaft überstanden. Dieses latent vorhandene Interesse wurde sofort neu belebt, als dies durch politisches Tauwetter möglich wurde. Wassiliews Bücher und seine erfolgreiche Gründung eines Laboratoriums für ASW-Forschung in Leningrad setzten eine Bewegung in Gang, die das ganze Land ergriff. All dies spricht stark dafür, daß man in Rußland die Bedeutung der von der Parapsychologie aufgeworfenen Probleme zumindest erkennt. Ich zweifle daher kaum daran, daß die parapsychologische Forschung wenigstens auf nicht-offizieller Ebene aktiv fortgesetzt wird. Ich kann mir daher nicht vorstellen, daß die parapsychologische Forschung untergehen wird, solange auf der Welt noch Wissenschaft betrieben wird.

Kapitel IV

Pavel Stepanek: der tschechische ASW-Spezialist

Die Experimente mit Pavel Stepanek, einem Star unter den Versuchspersonen, sind das herausragende Beispiel für die ASW-Forschung der sechziger Jahre. Angesichts dieser Feststellung mag es zunächst sehr überraschen, daß er in Prag lebt. Die Geschichte der Entdeckung seiner ASW-Fähigkeiten und die Berichte über seinen bisherigen Beitrag zu diesem Forschungsgebiet liefern das Material zu einem überragenden Kapitel in der Geschichte der Parapsychologie.

Stepanek hat bis heute in Zusammenarbeit mit zwanzig verschiedenen Forschern und in Testsitzungen, die sich über einen Zeitraum von zehn Jahren erstreckten, höchst erfolgreiche ASW-Leistungen demonstriert. Bis Ende 1971 wurden achtundzwanzig Fachartikel über die Arbeit mit ihm veröffentlicht, und weitere Berichte über bereits abgeschlossene Untersuchungen sind geplant. Gegenwärtig werden die Experimente immer noch fortgesetzt, was natürlich nicht der Fall wäre, würde es nicht begründete Hoffnungen auf weitere Erfolge geben.

In den zehn Jahren der Forschungsarbeit mit Stepanek war es den Wissenschaftlern, die mit ihm arbeiteten, erlaubt, alle Vorsichtsmaßnahmen, die sie für wesentlich hielten, anzuwenden, solange er die Versuche nur in der gewohnten Weise durchführen durfte. Man mußte dieser außergewöhnlichen Versuchsperson das Recht zugestehen, ihre ASW-Fähigkeiten auf eine ganz bestimmte Art und Weise unter Beweis zu stellen, und man kann Stepanek deshalb durchaus einen Spezialisten nennen. Er ist wie ein Musikvirtuose, der allein ein Instrument beherrscht. Er hat im Laufe der Zeit seinen Darbietungsstil etwas geändert, kann aber noch immer nur in einer Sache glänzende Leistungen vollbringen.

In dieser Hinsicht ist Stepanek wie eine Reihe weiterer berühmter Stars unter den Versuchspersonen, die sich in der Parapsychologie einen Namen gemacht haben. Basil Shackleton und Gloria Stewart, die beiden Versuchspersonen Dr. S. G. Soals aus den vierziger Jahren, hatten nur dann Erfolg, wenn ein geeigneter telepathischer Sender das Zielobjekt in den ASW-Versuchen kannte. Van Dam, ein Holländer und Versuchsperson der frühen zwanziger Jahre, zeigte seine ASW-

Fähigkeiten zuallererst, indem er von seinen Mitschüler versteckte Gegenstände fand. Es wurde dann ein speziell auf ihn zugeschnittenes Experiment erfunden. Seine Aufgabe, die er mit überragendem Erfolg löste, bestand darin, mit der Hand über eine Art Schachbrett zu gehen, bis er glaubte, das Quadrat gefunden zu haben, auf das ein versteckter Beobachter in dem betreffenden Versuch blickte. Diese wenigen Beispiele veranschaulichen, daß eine Reihe von begabten ASW-Personen nicht in verschiedenartigen Tests Erfolg hatten, sondern sich auf eine Sache, die sie gut konnten, spezialisierten. Was Stepanek vielleicht einmalig erscheinen lassen mag, ist die besondere Art, wie er seine ASW-Fähigkeiten demonstriert; sie unterscheidet sich von allen Methode, die man bisher von anderen erfolgreichen Versuchspersonen kannte.

Bis zu den fünfziger Jahren war Prag für die meisten parapsychologischen Forscher nichts weiter als eine entfernte mitteleuropäische Stadt. Dann bekamen Parapsychologen im Westen Briefe aus Prag. Sie waren in der Sprache der angeredeten Personen – englisch, deutsch, holländisch – geschrieben und von einem jungen Doktor der Chemie, Milan Ryzl, unterzeichnet. Er sprach davon, daß er sich entschlossen hatte, dem Wissenschaftsgebiet, auf dem er seine Ausbildung erhalten hatte, den Rücken zu kehren, um sich ganz der parapsychologischen Forschung zu widmen.

Die Briefe Dr. Ryzls waren für andere Psi-Forscher von großem Interesse. Er sagte, er habe einen Weg entdeckt, wie man gewöhnliche Menschen trainieren könne, ASW-Leistungen zu vollbringen. Dieses Kunststück wurde, wie er sagte, durch eine besondere Anwendung der Hypnose erreicht. Es war unwichtig, ob Personen, die sich seinen Forschungen unentgeltlich zur Verfügung stellten, glaubten, Psi-Fähigkeiten zu besitzen. Viel wichtiger war die Frage, ob sie leicht hypnotisierbar waren und ob sie so lange mitmachen würden, wie der Experimentator es wünschte. Ryzl behauptete, mit seiner Methode etwa einen von zehn Menschen erfolgreich trainiert zu haben, eine Erfolgsrate, die er seinen Worten nach bei der Fortsetzung seiner Arbeit mit neuen Teilnehmern aufrechterhalten konnte.

In den fünfziger Jahren versuchten wir, die Mitarbeiter des Parapsychologischen Laboratoriums der Duke Universität, in enger Verbindung mit dieser Entwicklung zu bleiben. Von Zeit zu Zeit erfuhren wir, daß eine Versuchsperson, mit der Ryzl gearbeitet hatte, aus persönlichen Gründen aus der Forschung ausgeschieden war und daß der Experimentator bereits eine neue Person mit Erfolg für seine ASW-Tests trainiert hatte. Diese Nachricht war alarmierend. Parapsychologen in den Vereinigten Staaten hatten es gegen Ende der dreißiger Jahre irgendwie verlernt, paranormal begabte Personen zu entdecken. Viele Forscher rationalisierten ihr Versagen, indem sie sich sagten, daß es nicht länger von Bedeutung war, außergewöhnliche Versuchspersonen zu finden. Das Erkennungszeichen des erfolgreichen Versuchsleiters war die Fähigkeit, aus unausgelesenen Versuchspersonen ASW in einem kleinen, jedoch unmißverständlichen Ausmaß herauszuholen. Jeder, der im Laboratorium der Duke Universität oder an einem anderen Ort unter dem Einfluß dieses Forschungszentrums arbeitete, war in starkem Maße entmutigt, nach paranormal begabten Menschen als Versuchspersonen zu suchen.

Doch als Dr. Soal in England in den vierziger Jahren und Milan Ryzl in der Tschechoslowakei in den fünfziger Jahren begannen, erstaunliche ASW-Leistungen ausgelesener Versuchspersonen zu berichten, waren wir sofort interessiert. Soal war der festen Überzeugung, daß gute ASW-Versuchspersonen mit ihrer Begabung geboren werden und daß solche Personen sehr selten sind. Aufgrund seiner persönlichen Erfahrungen als Experimentator hatte er guten Grund zu dieser Überzeugung, denn er hatte die drei in Kartenexperimenten erfolgreichen Versuchspersonen, mit denen er während seiner langen Forschungskarriere arbeitete, nur durch emsiges Suchen entdeckt. Möglicherweise hatte er recht, doch die Ansprüche, die in Prag gestellt wurden, klangen nach etwas mehr. Welcher Parapsychologe wäre nicht interessiert, wenn ein Experimentator sagte, er habe immer überragende Versuchspersonen für seine Forschungen gehabt, da er das Geheimnis kenne, wie man gewöhnliche Menschen dahingehend trainieren kann, daß sie diese Rolle mit Erfolg einnehmen?

Im Jahre 1962 hatten sich die Nachrichten aus Prag so sehr angehäuft, daß eine Begutachtung aus erster Hand nötig war. Ich fuhr deshalb im Juni des Jahres auf meinem Rückweg von Rußland über Prag. Ryzl begrüßte mich am Flughafen und sagte, er hoffte, daß ich mich entschließen würde, ein Experiment mit seiner derzeitigen außergewöhnlichen Versuchsperson durchzuführen. Er sagte weiter, dieser Mann zeige seine ASW-Fähigkeiten in der denkbar einfachsten Versuchsform. Karten mit einer weißen und einer farbigen Seite zwischen lichtundurchlässigen Pappdeckeln wurden einzeln vor ihn hingehalten, und er sagte, ob die farbige oder die weiße Seite der verborgenen Karte nach oben zeigte.

Stepanek war etwa dreißig Jahre alt, unverheiratet und am Informationsschalter der Prager Stadtbücherei tätig. In jüngeren Jahren hatte er katholischer Priester werden wollen und gehofft, nach Amerika gehen zu können, um im Franziskaner-Kloster in Washington zu studieren und zu arbeiten. Die Gelegenheit kam jedoch nie, und er mußte seine Berufspläne ändern. Nach Absolvierung der Schule hatte er zuerst in einer Bank und dann in einem internationalen Hotel gearbeitet. In beiden Stellungen erteilte er Auskünfte und stand auch sonst im Dienste der Kundschaft beziehungsweise der Gäste. In den fünfziger Jahren wechselte er dann in die Bücherei über, und ab 1972 arbeitete er wieder in einer Bank.

Ein Jahr vor meinem Besuch hatte Stepanek angefangen, bei Ryzls ASW-Versuchen mitzumachen. Er hatte von den Experimenten mit Hypnose und einem Test für parapsychische Fähigkeiten gehört, die ein Wissenschaftler in Prag bei sich zu Hause veranstaltete. In erster Linie aus Neugierde hatte er eine Verabredung getroffen und war zu seiner ersten Sitzung gekommen.

Zu gegebener Zeit ergänzte Ryzl weitere Details dieser Geschichte. Die erste Sitzung verging, wie üblich, mit Gesprächen, die es dem Experimentator und der potentiellen Versuchsperson ermöglichen sollten, miteinander bekannt zu werden. Nur gegen Ende der Stunde wurde ein Hypnoseversuch unternommen. Stepanek schien für diesen Aspekt des Verfahrens keine sonderlich vielversprechende Versuchsperson zu sein. Dennoch hatte Ryzl am Schluß das Gefühl, daß Aussichten auf mehr Erfolg bei einer späteren Gelegenheit bestanden und ein weiteres Bemühen vielleicht rechtfertigten; eine zweite Verabredung wurde getroffen.

Bei der nächsten Zusammenkunft sah die Sache etwas besser aus; es gelang Ryzl, ein leichtes Stadium der Hypnose zu induzieren. Doch wieder gab es am Ende der Stunde wenig, was den Experimentator in dem Glauben bestärkt hätte, daß diese Testperson seine Anforderungen erfüllen würde. Bei der Verabschiedung war Ryzl nahe daran, ihm zu sagen, daß er nicht mehr zu kommen brauchte. Im letzten Moment änderte Ryzl dann seine Meinung und verabredete eine dritte Sitzung.

In dieser dritten Sitzung hatte Ryzl mehr Erfolg, die gewünschte Tiefe des hypnotischen Zustandes herbeizuführen. Er hatte jedoch den Eindruck, daß Stepanek seine Suggestionen, sich von allen aktiven und kritischen Gedanken zu befreien und zu lernen, die visuellen Vorstellungen unter Kontrolle zu bringen, nur widerstrebend befolgte. Dies aber war nach Meinung des Experimentators von großer Bedeutung für die späteren ASW-Tests. In Stepaneks Fall beschloß Ryzl, diese einleitenden Maßnahmen zunächst einmal zu beenden und zu sehen, was für Ergebnisse er auf Anhieb in einem ASW-Test, wie er im Laboratorium durchgeführt wird, erzielen würde.

Ryzl benutzte das Testmaterial, das für die vorangegangene Versuchsperson vorbereitet gewesen war und daher gerade zur Hand war. Es handelte sich dabei um den Versuch mit den verborgenen Karten, die auf der einen Seite weiß und auf der anderen Seite farbig waren. Zu jenem Zeitpunkt waren die verwendeten Farben weiß und schwarz. Laut Ryzl zeigte Stepanek von Anfang an so gute Ergebnisse, daß er sofort zu den außergewöhnlichen Versuchspersonen gezählt werden mußte. Die ersten Tests waren jedoch nur Probeversuche, und die Ergebnisse sind niemals publiziert worden.

Die Arbeit wurde weitergeführt, und ein Experiment nach dem anderen war von Erfolg gekrönt. Die Vorgehensweise variierte wenig in den ersten Wochen, außer daß einige Versuche mit verschiedenen Farben durchgeführt wurden. Ungefähr zwei Jahre später war es dann zum Standardverfahren geworden, Karten mit einer weißen und einer grünen Seite zu verwenden.

Das Versuchsmaterial, das ich nach meiner Ankunft zum ersten Mal sah, bestand aus den Karten und Umschlägen aus lichtundurchlässigem Karton. Die Karten selbst waren etwa fünfzehn Zentimeter lang und zehn Zentimeter breit. Die Kartonhüllen waren an jeder Seite etwa sieben Zentimeter breiter als die in ihnen steckenden Karten. Im Versuch zeigte die Öffnung der Hülle, die vom Versuchsleiter fest zugehalten wurde, immer von Stepanek weg. Es gab keine Möglichkeit, daß er einen Blick auf die verborgene Karte erhaschen und damit den Zweck des Experimentes zunichte machen konnte.

Als Ryzl vorschlug, ich sollte doch ein eigenes Experiment planen und ausführen, hatte er die Vorstellung, daß ich dann die volle Verantwortung für die Ergebnisse, die ich mit Stepanek bekam, übernehnen konnte. Ich antwortete auf seinen Vorschlag mit einem Gegenvorschlag. Psi-Forscher wissen aus Erfahrung, wie wichtig es ist, begabte Versuchspersonen ihre Fähigkeiten weiter in der gewohnten Weise zeigen zu lassen. Da allein meine Anwesenheit bei den Versuchen vermutlich bereits eine gewisse Belastung für Stepanek darstellen würde, machte ich den Vorschlag, wir sollten versuchen, ein Verfahren auszuarbeiten, das in die Richtung dessen ging, was Stepanek bereits gemacht hat, und das mir erlauben würde, die angemessene Durchführung der experimentellen Kontrollen zu bezeugen.

In unserem gemeinsam durchgeführten Experiment war es meine Aufgabe, mit zehn Karten in ihren Umschlägen in einen anderen Raum zu gehen, die Hälfte der Karten umzudrehen, wieder in die Hülle zu stecken und eine zufällige Reihenfolge der Hüllen herzustellen. Dieses Vorgehen sollte in jedem Versuch sicherstellen, daß die Karten wirklich verborgen und in angemessener Weise vermischt waren.

Waren diese Vorbereitungen für den nächsten Versuch abgeschlossen, brachte ich den Stapel Umschläge in den Raum, wo Ryzl mit Stepanek wartete. Beim Eintreten achtete ich sorgfältig darauf, daß die geschlossene Seite der Hüllen zu Stepanek zeigte, und reichte sie so dem zweiten Experimentator. Ryzl hielt einen Umschlag nach dem anderen waagrecht vor Stepanek hin, und dieser sagte, welche Seite der verborgenen Karte seiner Meinung nach oben lag. Ich saß an einem Tisch auf der anderen Seite des Raumes, von wo ich sowohl den Versuchsleiter als auch die Versuchsperson im Blickfeld hatte. Ich bemerkte, daß Ryzl die Hüllen immer mit dem geschlossenen Ende vor Stepanek hinhielt, während er das offene Ende fest zusammengedrückt zwischen Daumen und Fingern hatte. Stepanek gab seine Schätzung ab, ohne den Umschlag zu berühren. Jeder einzelne Versuch dauerte nicht länger als etwa zwei Sekunden.

Ich schrieb die Antworten Stepaneks auf und beobachtete, wie der Versuchsleiter den Umschlag zur Seite legte. Am Ende von jeweils zehn Versuchen registrierten Ryzl und ich gemeinsam die Lage der Karten. Er hob die obere Seite der Hülle leicht hoch, und ich schrieb die Lage der Karte auf und verzeichnete die Treffer; jeder von uns beobachtete den anderen dabei genau. Der Einfachheit halber nahmen wir uns die Karten so vor, wie sie in dem neuen Stapel, den Ryzl in den zehn Versuchen errichtet hatte, erschienen. Das bedeutete, daß die Hüllen nun in der umgekehrten Reihenfolge lagen und die oberste Karte des Stapels der letzten Schätzung Stepaneks zugeordnet werden mußte.

In diesem Experiment versuchte die Versuchsperson, mit Hilfe von ASW eine physikalische Situation oder Bedingung zu erkennen, von der zu der Zeit niemand auf normale Weise Kenntnis hatte. Es handelte sich in diesem Versuch also um Hellsehen im Gegensatz zu Telepathie, der Form der ASW, in der die Versuchsperson direkt auf die Gedanken oder einen anderen subjektiven Zustand eines anderen Menschen reagiert. Gerade vor meinem Eintreffen in Prag hatte ich in Rußland erfahren, daß die Wissenschaftler an der Universität von Leningrad ganz besonders an Telepathie interessiert waren.

Das Experiment, das von Ryzl und mir gemeinsam durchgeführt worden war, war erfolgreich. Mein Visum war nur für drei Tage gültig, und die Zeit reichte nicht, um so viele Versuche zu veranstalten, wie wir es gern getan hätten. Nichtsdestoweniger wiesen unsere Resultate eine Erfolgsrate auf, die so weit über den aufgrund des Zufalls zu erwartenden fünfzig Prozent lag, daß ein solcher Erfolg nur in einem von tausend Fällen rein zufällig zu erwarten ist. In einem sorgfältig geplanten und abgesicherten statistischen Experiment werden Ergebnisse, die durchschnittlich nur einmal in fünfzig bis hundert Fällen rein zufällig auftreten würden, bereits als ausreichender Hinweis darauf akzeptiert, daß wahrscheinlich nicht nur der Zufall im Spiel war. Man konnte deshalb auch nicht einfach sagen, die Ergebnisse, die Stepanek in diesen ersten Versuchen erzielte, seien nichts weiter als ein ungewöhnlicher Glücksfall, obwohl die Erklärung mit dem Zufall natürlich niemals aufgrund eines statistischen Ergebnisses vollkommen ausgeschlossen werden kann. Aus der Anwendung eines statistischen Tests möchte man im Grunde erfahren, ob man mit der Untersuchung auf der richtigen Spur zu sein scheint und ob weitere Forschungen in dieser Richtung voraussichtlich erfolgversprechend sein werden. Im vorliegenden Fall war die Bedeutung einer Fortsetzung der Arbeit durch eine große positive Abweichung von der Zufallserwartung angezeigt.

Und so fuhr ich dann ein paar Monate später zum zweiten Mal nach Prag. Diesmal konnte ich länger bleiben, so daß mehr Zeit für Experimente zur Verfügung stand, und es wurden noch bessere Ergebnisse als bei meinem ersten Besuch erzielt. Zu dem Zeitpunkt war der Forschungsbericht über die Ergebnisse der während meines ersten Aufenthaltes durchgeführten Versuche bereits veröffentlicht worden und hatte die Aufmerksamkeit der Parapsychologen im Westen auf diese neue Forschungsszene gelenkt. Die Nachricht von weiteren Erfolgen bei meinem zweiten Besuch verbreitete sich dann auch rasch.

Es zeigte sich, daß die Vorgänge in Prag auf andere Parapsychologen eine unwiderstehliche wissenschaftliche Faszination ausübten und auch mich immer stärker in ihren Bann zogen. Innerhalb von achtzehn Monaten nach meinem ersten Besuch fuhr ich zum dritten Mal nach Prag, um die Forschungsarbeit fortzusetzen. In meiner Begleitung befanden sich zwei Kollegen, ein Amerikaner und ein Holländer. Die im Entstehen begriffene ASW-Forschung in Prag zog in den nächsten Jahren noch viele weitere Besucher an; sie kamen aus England, Indien, Japan, Holland und den USA. Die meisten von uns fuhren eigens zu dem Zweck nach Prag, ASW-Versuche mit Stepanek durchzuführen. Dieser Tscheche, der so viele Wissenschaftler nach Prag lockte, führte dort noch immer ein Leben in der Stille und war doch wegen der erfolgreichen Demonstrationen seiner ASW-Fähigkeiten in weiten Teilen der Welt berühmt geworden.

Unter den ersten Besuchern befanden sich drei holländische Wissenschaftler, die nach Prag kamen, um mit Ryzl über seine angebliche Methode zu sprechen, wie man gewöhnliche Menschen dahin bringen kann, ASW einzusetzen. Als er sie vom Flughafen abholte, waren sie überrascht, als er ihnen die Möglichkeit anbot, ihr eigenes ASW-Experiment mit seiner Versuchsperson durchzuführen. Selbstverständlich nahmen sie sein Angebot sofort an. Wir werden ihre Resultate und die Konsequenzen, die sich aus ihrem Experiment ergaben, an späterer

Stelle näher betrachten.

Woher kam nun das plötzliche Interesse der Parapsychologen an Prag? Man kann dafür vier Hauptgründe anführen. Der erste war ganz einfach der Wunsch der Forscher, wirklich sicher sein zu können, daß die Psi-Hypothese die richtige Interpretation der so zuverlässigen und hoch signifikanten Leistungen Stepaneks war. Seit über zehn Jahren hatte kein Parapsychologe mehr überragende ASW-Leistungen von einer außergewöhnlichen Versuchsperson berichtet. Kritiker des parapsychologischen Beweismaterials sind es niemals müde geworden zu sagen, daß schon seit Jahren keine wirklich hervorragenden experimentellen Ergebnisse mehr erzielt worden seien. Ihre Schlußfolgerung lief darauf hinaus, daß die Forscher, die aus ihren Erfahrungen und aus den nachgewiesenen Mängeln ihrer experimentellen Verfahren gelernt und ihre Versuchsbedingungen verbessert hatten, mit den früher gemachten Fehlern auch die positiven Resultate beseitigt hatten. Wenn diese Forscher, die, wie die Kritiker meinten, klug genug geworden waren, sich nicht länger selbst zum Narren zu halten, nun feststellten, daß die Ergebnisse Stepaneks nur im Sinne der ASW zu interpretieren waren, so wäre damit eines der Hauptargumente, das von den Gegnern ins Feld geführt wird, widerlegt.

Der zweite Grund für das große Interesse an Prag betrifft die bereits erwähnte Behauptung Ryzls, er wisse, wie man Menschen mit Hilfe von hypnotischen Suggestionen in ASW trainieren könne. Noch weiß man in der Parapsychologie nicht, ob dieser Anspruch zu Recht besteht. Es war von Anfang an offensichtlich, daß die Art, wie Ryzl seine Forschung in Angriff nahm, eine adäquate experimentelle Überprüfung seiner Hypothese gar nicht zuließ. Er war über alles begeistert von seiner Idee, was man ihm wohl auch nicht übelnehmen konnte. Doch genau diese Begeisterung war es, die es schwierig machte, seine Ergebnisse zu interpretieren. Es konnte durchaus sein, daß allein Ryzls starker Glaube an das, was er *seiner* Meinung nach tat, indem er Hypnose anwendete, den Erfolg herbeigeführt hatte.

Schließlich wissen ASW-Forscher schon seit langem, daß die Beziehung zwischen dem Versuchsleiter und der Versuchsperson für ein erfolgreiches parapsychologisches Experiment von entscheidender Bedeutung ist. Ein Experimentator, der von dem, was er tut, zutiefst überzeugt ist, wird wahrscheinlich sehr viel eher eine neue Versuchsperson für die außersinnliche Wahrnehmung interessieren und sie motivieren, durch gute Leistungen im Test zu zeigen, daß sie diese Fähigkeiten besitzt. Vielleicht hatte Ryzl einfach nur mit Erfolg eine gute Beziehung zu einigen seiner potentiellen Versuchspersonen errichtet. In Anbetracht der Art und Weise, wie er seine Forschungen durchführte, kann man unmöglich entscheiden, ob die Hypnose bei seinen Erfolgen eine wesentliche Rolle spielte oder nicht.

Der dritte Grund für das weitverbreitete Interesse an der Arbeit mit Stepanek war, daß er seine ASW-Fähigkeiten in der Testsituation so gut – besser als die meisten Versuchspersonen in der Vergangenheit – unter Kontrolle hatte. Die außersinnlichen Wahrnehmungsprozesse sind subtil und schwer greifbar. Die psychologische Beziehung zwischen dem Experimentator und der Versuchsperson ist so wichtig, daß schon allein das Auftauchen eines Besuchers den positiven Ergebnissen ein Ende setzen kann.

Doch bei Stepanek war das nicht so. Er war mit fremden Versuchsleitern nicht nur in Ryzls Anwesenheit erfolgreich, sondern auch, wenn dieser nicht da war. Das zeigte sich erstmals, als die drei holländischen Wissenschaftler nach Prag kamen. Sie konnten nur zwei Tage bleiben, nichtsdestoweniger erzielten sie Ergebnisse, die aufgrund des Zufalls allein nur einmal in weit mehr als einer Billion Experimenten wie ihrem zu erwarten sind. Nach ihrer Rückkehr aus Prag schrieb mir einer von ihnen, sie seien voller Skepsis hingefahren und mit der Überzeugung, das Wunder der außersinnlichen Wahrnehmung erlebt zu haben, zurückgekommen.

Sie *selbst* waren über jeden Zweifel hinaus sicher, daß Stepanek eine echte ASW-Leistung gezeigt hatte, als sie jedoch wieder zu Hause waren, mußten sie feststellen, daß sie ihre skeptischen Kollegen nicht überzeugen konnten. Es wurde kritisiert, daß die Versuche in Ryzls Wohnung durchgeführt worden waren und daß sie sein Versuchsmaterial benutzt hatten. Ryzl hatte vor ihrer Ankunft alles vorbereitet, und sie hatten die Versuche dann in den beiden von ihm zur Verfügung gestellten Räumen und so, wie er es wollte, durchgeführt. Holländische professionelle Zauberkünstler, die gebeten wurden, sich die Versuchsprotokolle anzusehen, meinten, die Existenz von Gucklöchern und heimliche Signale zwischen Ryzl und der Versuchsperson seien unter den gegebenen Umständen nicht ausgeschlossen gewesen.

Diese Zweifel erschütterten nicht den Glauben der drei Wissenschaftler an die Echtheit ihrer Ergebnisse, sie erkannten jedoch, daß sie andere Skeptiker aufgrund ihrer Arbeit niemals würden überzeugen können. So wie die Dinge damals standen, war es für alle, die nicht selbst in Prag gewesen waren, sehr einfach, die Ergebnisse vom Tisch zu wischen. Einer von ihnen, ein Holländer, schrieb mir und sprach von der Sackgasse, in die man geraten war. Dann fragte er, eher belustigt: »Was fangen Sie nun mit dieser Misere an?«

Meine Reaktion war, einen dritten Besuch in Prag vorzubereiten. Diesmal nahm ich mein eigenes Versuchsmaterial mit. Es bestand aus einem Vorrat an weiß-grünen Karten, einer Anzahl lichtundurchlässiger Umschläge und ebenfalls lichtundurchlässigen äußeren Hüllen aus stärkerem Karton, als bisher verwendet worden war. Das stärkere Material wurde gewählt, da die Wissenschaftler im Physikalischen Institut der Universität von Amsterdam noch eine andere Frage aufgeworfen hatten, nämlich, ob die Kartonhüllen, die die drei holländischen Forscher benutzt hatten, dick genug waren, um weder Infrarotstrahlen noch Wärme durchzulassen.

Auf meinem Weg nach Prag machte ich in Amsterdam Station und studierte die Forschungspläne für weitere Projekte mit Stepanek. Im Labor des Physikalischen Instituts wurde geprüft, ob man mit Hilfe von Instrumenten die Farben der Karten, die in den neuen Papphüllen und den inneren Umschlägen steckten, feststellen konnte. Doch selbst mit dem empfindlichsten Instrument war das nicht möglich.

Ich bat die Wissenschaftler, einen aus ihrer Gruppe auszuwählen, der mich nach Prag begleiten sollte. Gemeinsam würden wir dann mit Stepanek ein Experiment durchführen, das die von ihrer früheren Arbeit aufgeworfenen Fragen beantworten sollte. Ausgewählt wurde J. G. Blom, wissenschaftlicher Assistent an der Universität von Amsterdam.

Der erste Schritt unseres Forschungsvorhabens war, Stepanek aus der Umgebung herauszunehmen, in der er bisher seine ASW-Versuche durchgeführt hatte. Ryzl war einverstanden, daß wir seine Versuchsperson ausliehen, und Blom und ich waren, wie wir gehofft hatten, mit Stepanek allein. Als erstes kümmerten wir uns um einen anderen Ort für die Versuche. Unseres Wissens wurde Ryzl dieser Ort erst nach Beendigung unserer Untersuchung bekannt. Überdies waren die Räume, die wir für die Versuche benutzten, so angelegt, daß niemand von draußen beobachten konnte, was in der Wohnung vor sich ging.

In den beiden Experimenten, die wir unter diesen Bedingungen ausführten, erhielten wir hochsignifikante Ergebnisse und konnten damit Stepaneks Fähigkeit, ASW in unterschiedlicher Umgebung zu demonstrieren, eindeutig nachweisen.

Mit unserem zweiten Experiment erreichten wir darüber hinaus noch ein anderes Ziel. In diesem Experiment waren die Karten in den festen Umschlägen, die zugeklebt waren und ihrerseits in den lichtundurchlässigen Hüllen steckten. Unsere Ergebnisse zeigten, daß Stepanek auf die verborgenen Karten reagierte und sie richtig benannte, was er eindeutig nur mit Hilfe von ASW getan haben konnte. Wegen der Bedeutung, die diese Untersuchungsergebnisse als neues Beweismaterial für die Existenz der ASW haben, möchte ich mir hier die Zeit nehmen, das Experiment und die erzielten Resultate etwas ausführlicher zu beschreiben.

Das Experiment war für vier Nachmittagssitzungen geplant; in jeder Sitzung sollten eintausend Einzelversuche durchgeführt werden, was einen Zeitaufwand von annähernd fünf Stunden bedeutete, die Pausen nicht mitgerechnet. Das Versuchsmaterial entsprach dem, das in der Universität von Amsterdam geprüft und gebilligt worden war. Vierzig Karten wurden durch kleine Zahlen kenntlich gemacht, die auf jede Seite – gerade Zahlen auf die grüne und ungerade Zahlen auf die weiße Seite – geschrieben wurden. Ferner wurden vierzig feste Umschläge, die ebenfalls auf jeder Seite numeriert wurden, und zwei Sätze von je acht Kartonhüllen verwendet.

Die Vorbereitungen für jede Testsitzung wurden von uns in meinem Hotelzimmer durchgeführt; außer uns war niemand anwesend. Nachdem wir die Zimmertür abgeschlossen hatten, breiteten wir ein großes Tuch aus schwerem Material über einen kleinen Tisch. Es reichte auf beiden Seiten des Tisches bis auf die Erde. Wir saßen einander gegenüber am Tisch; jeder von uns zog das Tuch zum Kinn hoch und band es fest. Unter dem Tuch mischte Blom dann die vierzig Karten mit großer Sorgalt, und ich tat das gleiche mit den vierzig Umschlägen. Anschließend – wir arbeiteten immer noch nach Gefühl unter dem Tuch – hielt ich einen der Umschläge mit der offenen Seite zu Blom hin, er steckte eine Karte hinein, und ich ließ den Umschlag auf den Boden fallen.

Wir setzten dieses Verfahren so lange fort, bis sich alle vierzig Karten in Umschlägen befanden, die dann sofort mit Klebstreifen verschlossen wurden. Am Ende wußte keiner von uns, welche Karte in welchem Umschlag war, geschweige denn, welche Farbe sich auf welcher Seite befand. Wir hatten ganz besonders darauf geachtet, einwandfreie Karten zu verwenden, damit man auf keinen Fall durch den Umschlag hindurch einen Hinweis auf die eine oder andere Kartenseite erhalten konnte.

An diesem Punkt hatten wir in unserem Besitz vierzig verborgene Karten, die als Hellsehzielobjekte für unsere Versuchsperson an diesem Tag verwendet werden sollten. Blom und ich hatten das vorbereitete Testmaterial in der Zeit zwischen den Vorbereitungen und unserem Eintreffen am Ort des Experimentes immer bei uns und ließen es nie aus den Augen.

Waren wir soweit, daß wir mit dem Experiment beginnen konnten, ging ich mit den vierzig zugeklebten Umschlägen und den äußeren Hüllen auf den Flur, schloß die Tür hinter mir und mischte die vierzig Umschläge sorgfältig. Dann nahm ich den ersten Satz von acht Hüllen und steckte die ersten acht Umschläge hinein. Hatte ich das getan, ging ich mit dem vorbereiteten Stapel von Zielobjekten zu meinem Kollegen. Wir achteten beide darauf, daß die Hüllen immer mit der geschlossenen Seite zu der Versuchsperson zeigten.

Ich kehrte sofort auf den Flur zurück, um die nächsten acht Versuche vorzubereiten. Blom nahm inzwischen die ersten acht Kartonhüllen und mischte sie unter dem Tisch außerhalb des Blickfeldes der Versuchsperson. Dann legte er sie vor Stepanek auf den Tisch. Dieser nahm eine Hülle nach der anderen von dem Stapel herunter und legte sie zur Seite, während er seine Schätzung hinsichtlich der Farbe der Kartenoberseite abgab. Blom beobachtete ihn dabei und schrieb seine Antworten auf.

Wenn Stepanek mit den acht Versuchen fertig war, was ich durch die Tür hören konnte, brachte ich das Material für die nächsten acht Durchgänge zum Tisch. Blom nahm die Umschläge der gerade abgeschlossenen Serie aus den äußeren Hüllen, und ich schrieb die Nummern, die auf der Oberseite der Umschläge standen, in doppelter Ausfertigung auf. Die Richtigkeit meiner Aufzeichnung wurde dann von Blom noch einmal kontrolliert. Auf diese Weise setzte sich das Experiment in jeder Sitzung so lange fort, bis wir hundertfünfundzwanzig Serien mit je acht Einzelversuchen durchgeführt hatten.

Am Ende der Versuchssitzung kehrten Blom und ich allein ins Hotel zurück; die Versuchsprotokolle und die vierzig numerierten Umschläge, die immer noch verschlossen waren, hatten wir bei uns. Wir stellten dann in doppelter Ausfertigung eine Tabelle mit den Ergebnissen des Tages auf, so daß jeder von uns nach Absolvierung unseres täglichen Pensums eine vollständige Aufzeichnung der Testergebnisse des betreffenden Tages in seinem Besitz hatte.

In der Beschreibung unseres Vorgehens sind die wesentlichen Merkmale des Verfahrens, das jeden Tag angewendet wurde, und die wichtigsten Sicherheitsmaßnahmen enthalten. Stepanek erzielte in den insgesamt 4000 Versuchen 2154 Treffer. Das sind nur 154 mehr als die fünfzig Prozent, die aufgrund des Zufalls zu erwarten sind; dennoch ist die Abweichung von der Zufallserwartung so groß, daß pures Glück oder der Zufall als sinnvolle Erklärung nicht in Frage kommen. Ein solches oder besseres Testergebnis ist aufgrund des Zufalls durchschnittlich nur einmal in mehr als einer halben Million Experimenten dieser Art zu erwarten.

Die guten Ergebnisse bezogen sich eindeutig auf die Karten und nicht auf die Umschläge, in denen sie verborgen waren. Unser Experiment war das erste, in dem die Umschläge für die Zielkarten im Verlauf der Versuche mehrmals ausgetauscht wurden. Stepanek reagierte also durch die beiden Pappschichten hindurch auf die Karten. In unseren Augen stellte diese Leistung Stepaneks für jeden, der bereit war, das Beweismaterial zu prüfen, einen überzeugenden Beweis für die Existenz der ASW dar.

An früherer Stelle sprach ich davon, daß es vier Gründe für das Interesse an der Arbeit mit Stepanek gab, von denen ich bisher drei erwähnt habe. Der erste bezog sich auf das anwachsende Beweismaterial – der überzeugendste Nachweis ist in dem oben beschriebenen Blom-Pratt-Experiment zu sehen –, das als Erklärung nur die ASW-Hypothese zuließ. Als nächstes betrachteten wir die Behauptungen Ryzls (der endgültige Nachweis steht noch aus), er habe eine Methode, mit der man die ASW-Fähigkeiten in gewöhnlichen Menschen mit Hilfe von Hypnose entwickeln könne, und Stepanek sei auf diese Weise trainiert worden. Drittens erwähnten wir die Fähigkeit Stepaneks, mit verschiedenen Experimentatoren gute Ergebnisse zu erzielen. Damit komme ich nun zu dem vierten Grund für das große Interesse an Prag.

Stepanek hatte in den Versuchen einen neuen und unerwarteten Effekt produziert, der sich als echte wissenschaftliche Sensation herausstellte. Die Suche nach seiner Bedeutung, nach dem Licht, das er auf die Natur der ASW werfen mochte, gab den Wissenschaftlern bei ihrer Arbeit ständig das Gefühl, möglicherweise kurz vor einem entscheidenden Durchbruch zu stehen. Die Geschichte dieser wissenschaftlichen Entdeckung ist noch nicht zu Ende geschrieben, und unsere Neugierde, wie sie wohl ausgehen mag, kann nicht befriedigt werden. Dennoch glaube ich, daß viele Leser die Geschichte so hören wollen, wie sie sich bisher entwickelt hat, und ungeachtet der Tatsache, daß sie am Ende in der Luft hängen werden. Dieser Bericht mag wie ein Fortsetzungsroman anmuten, der an der aufregendsten Stelle abgebrochen wird mit den Worten: »Fortsetzung folgt.«

Die Geschichte beginnt mit einer Versuchsserie, die Ryzl 1961, bevor ausländische Parapsychologen auf der Bildfläche erschienen, mit Stepanek durchführte. Ryzls Frau war bei diesen Experimenten seine Assistentin. Ihre Hauptaufgabe war, das Versuchsmaterial vorzubereiten; sie steckte hundert schwarz-weiße Karten in lichtundurchlässige Umschläge und klebte diese zu. Weder Ryzl noch Stepanek konnten auf normalem Wege von der Position der Karten in den Umschlägen Kenntnis haben.

Zur späteren Identifizierung numerierte Ryzl die Umschläge auf einer Seite und bildete vier Gruppen mit je fünfundzwanzig Umschlägen. Die Umschläge jeder Gruppe wurden mit der numerierten Seite nach unten wie ein Satz riesiger Spielkarten gemischt. Dann wurde Stepanek aufgefordert, die Farbe zu nennen, die seiner Meinung nach auf der im Umschlag verborgenen Karte nach oben zeigte, während der Umschlag waagerecht vor ihn hingehalten wurde. Nach jedem Durchgang wurde die Antwort Stepaneks neben die Kennziffer auf den Umschlag geschrieben.

Dieses Verfahren wurde so lange wiederholt, bis jeder der hundert verschlossenen Umschläge zehnmal an der Reihe gewesen war. Dann wurden die Angaben Stepaneks auf ihre Konsistenz untersucht, d. h., wie oft hatte er bei ein- und demselben Umschlag die gleiche Antwort gegeben? Der Erfolg des Experimentes als ASW-Test zeigte sich daran, daß Stepanek bei den meisten Umschlägen in der Mehrheit der Fälle die richtige Farbe genannt hatte. Nicht zu erwarten und rätselhaft war dagegen, daß mehrere Umschläge jedesmal falsch benannt worden waren. Hatte Stepanek auf die Karte und nicht auf den Umschlag reagiert, so hatte er in diesen Fällen konsistent die falsche Farbe genannt.

In diesem Experiment konnte Stepanek, wenn er seine Schätzungen abgab, die Umschläge immer sehen. Es war daher natürlich möglich, daß er sie aufgrund visueller Anhaltspunkte erkannte. Hatte er erst einmal bei einem Umschlag eine bestimmte Antwort gegeben, so mochte er sich bei dem Wiederauftauchen des Umschlags zu einem späteren Zeitpunkt daran erinnert haben und in der Mehrheit der Fälle in der gleichen Weise reagiert haben. Damit konnte man die signifikante Anzahl von Zielkarten, die er richtig benannt hatte, jedoch nicht erklären. Möglicherweise war die Konsistenz, die Stepanek bei den Umschlägen zeigte, auf der Basis der ASW entstanden. Diese Frage experimentell zu untersuchen, schien mir von großer Bedeutung zu sein. Man konnte das auch sehr einfach tun, indem man die Karten wie bisher in Umschläge, diese dann jedoch in größere lichtundurchlässige Hüllen stecken würde.

Anfang 1963 führten wir ein Experiment in dieser Richtung durch. Die gesamte Serie von fünftausend Einzelversuchen wurde abgeschlossen, bevor wir die Umschläge öffneten. Bereits im Verlaufe des Experimentes konnten wir feststellen, daß Stepanek auf einige Umschläge mit bemerkenswerter Konsistenz reagierte, während er andere ganz zufällig benannte.

Als wir uns unsere Aufzeichnungen auf den Umschlägen ansahen – die Karten waren immer noch in ihnen verschlossen –, konnten wir schon sehen, daß das Experiment hochsignifikante Ergebnisse gebracht hatte. Beispielsweise wurde ein bestimmter Umschlag in seiner äußeren Hülle in 143 Versuchen mit der einen Seite nach oben dargeboten; in 131 Versuchen sagte Stepanek »grün«, und nur zwölfmal sagte er »weiß«. Wurde der Umschlag in der Hülle mit der anderen Seite nach oben vor ihn hingehalten, sagte er in 44 Versuchen »grün«

und in 63 Versuchen »weiß«. Da der Umschlag wie alle anderen nach Zufall in der Hülle umgedreht wurde, konnte Stepaneks Tendenz, grün zu sagen, wenn die erste Seite des Umschlags oben lag, nicht darauf zurückgeführt werden, daß er gelernt hatte, die Hülle zu erkennen.

Wir nannten diese Tendenz Stepaneks, seine ASW-Fähigkeiten nur bei bestimmten Zielkarten zu zeigen, den »Fokusierungseffekt«. Die Frage war nun, warum er auf einige der verborgenen Karten so konsistent mit ASW reagieren sollte und auf andere überhaupt nicht, denn schließlich waren alle Karten identische physikalische Objekte. Wir wußten es nicht, doch wir fühlten uns ganz gewiß herausgefordert, den Grund dafür zu finden. Sollte es uns gelingen, die Hintergründe dieses augenscheinlichen Erfolgs Stepaneks, auf außersinnlichem Wege nur mit ganz bestimmten Zielobjekten zu interagieren, aufzudecken, so kämen wir vielleicht auch einen Schritt weiter in der Frage, wie jemand mit Objekten und Ereignissen außerhalb des Bereiches der Sinnesorgane in Kontakt treten kann.

Als Blom und ich dann 1963 nach Prag fuhren, hofften wir, den Fokusierungseffekt erneut nachweisen zu können und in dieser Richtung weiter voranzukommen. Doch in unseren beiden Experimenten fanden wir keinen Hinweis auf den Fokusierungseffekt. Er schien verschwunden zu sein, und wir konnten nicht sagen, ob er für immer oder nur vorübergehend verloren war.

Nach jenem Besuch war ich zweieinhalb Jahre lang nicht aktiv in die Forschungsarbeit mit Stepanek einbezogen. Dann nahmen Ryzl und ich 1966 an einem Seminar über Parapsychologie teil, das von der Andhra Universität in Indien veranstaltet wurde. Dort sagte er mir, er hätte vor etwa einem Jahr die letzten Versuche mit Stepanek durchgeführt. Die Ergebnisse waren nicht signifikant; folglich hatte er seine Arbeit mit ihm beendet und auch nicht die Absicht, sie wieder aufzunehmen. Stepanek wollte nun, daß ich ihn auf meiner Rückreise in Prag besuchte und ein paar ASW-Tests mit ihm durchführte. Er hatte sich bereits ein paar Tage Urlaub genommen. Ich war mit diesem Plan einverstanden und experimentierte fünf Tage lang mit Stepanek.

Unser neuer Beginn war erfolgreich. Seine Trefferquote lag weit außerhalb des Bereiches, den man aufgrund der Zufallsverteilung erwarten konnte. Doch es gab noch ein anderes auffälligeres Ergebnis, das mich weit mehr interessierte, und das war das Wiederauftauchen des Fokusierungseffektes in einer unerwarteten Form. Er zeigte sich diesmal nicht bei den in den Umschlägen verborgenen Karten, sondern bei den äußeren Hüllen. So wie die Dinge damals lagen, hatte dieses Resultat jedoch als Beweismaterial für ASW keinen Wert. Stepanek konnte auf sensorischer Basis eine Gewohnheit entwickelt haben, auf die äußeren Hüllen zu reagieren. Doch die Ergebnisse wiesen einige Merkmale auf, die es schwer machten, dies als die ganze Erklärung zu akzeptieren.

Der nächste logische Schritt war nun offensichtlich, mit den Hüllen so zu verfahren, wie wir es ursprünglich mit den Umschlägen getan hatten, und sie in noch größere lichtundurchlässige Behälter zu stecken. Das Antwortmuster, das sich hinsichtlich der Hüllen entwickelt hatte, setzte sich jedoch, nachdem dies geschehen war, unverändert fort.

Seit dieser Entdeckung arbeiten mehrere Wissenschaftler an einem Projekt mit dem Ziel, den Fokusierungseffekt näher zu erforschen. Stepanek hat die Universität von Virginia dreimal besucht, und ich habe mit verschiedenen Kollegen ein- oder zweimal im Jahr mit ihm in Prag gearbeitet.

Die Suche nach dem Schlüssel zu den hervorragenden Leistungen des Pavel Stepanek in diesem einfachen ASW-Test geht immer noch weiter. Die Forscher haben niemals ihre Arbeit unterbrochen und gefragt, ob die öffentliche Meinung ihre Bemühungen wohl für sinnvoll halten würde. Das Bedürfnis, unbekanntes Territorium wissenschaftlich zu ergründen, muß aus den Forschern selbst kommen. Wissenschaftler, die sich auf Forschungsneuland begeben, sind den Entdeckern zu vergleichen, die in sich den Zwang spürten, ihre Träume von großen Entdeckungen zu realisieren, und in entfernte und unerforschte Gebiete der Erde reisten.

In *The Guinness Book of World Records* (Guinness-Buch der Weltrekorde) aus dem Jahre 1970 ist Pavel Stepanek aufgeführt; ihm wird zugeschrieben, die besten ASW-Leistungen unter kontrollierten experimentellen Bedingungen gezeigt zu haben. Als Champe Ransom und ich im September 1970 nach Prag fuhren, nahmen wir das Buch als Geschenk für Stepanek mit. Wir erwähnten mit keinem Wort, daß auch er darin stand. Zwischen den Versuchen amüsierte Stepanek sich und uns damit, die Beschreibungen einiger der interessanten Weltrekorde vorzulesen. Dann fand er den Eintrag über sich selbst, und die nächsten Minuten gehörten zu den erregendsten und glücklichsten in seinem Leben.

Kapitel V

Der ASW-Wecker des Mr. van Vuurde

Wieviel Menschen haben wohl schon einen Wecker gestellt, wenn sie am nächsten Morgen früh aufstehen mußten, und dann die Erfahrung gemacht, daß sie unmittelbar vor dem Klingeln aufgewacht sind? Seit Beginn des technischen Zeitalters hat diese Erfahrung Millionen von Menschen davon überzeugt, sie könnten – wenn sie müßten – zu jeder beliebigen Zeit aufwachen. Soweit sich das nachprüfen läßt, schenkte bis zum Beginn der sechziger Jahre niemand dem Rätsel Beachtung, das sich hinter diesem alltäglichen Vorgang verbarg. Schließlich entschloß sich Mr. van Vuurde, ein in Kapstadt lebender Ingenieur, dieser rätselhaften Fähigkeit nachzugehen, die er bei sich selbst entdeckt hatte.

Er war sich natürlich darüber im klaren, daß er nicht sagen konnte, ob er durch ASW oder durch bloße Gewohnheit vor dem Klingeln aufwachte, solange der Wecker immer auf dieselbe Zeit gestellt war. Selbst wenn er nachwies, daß er nachts zu verschiedenen Zeiten aufwachen konnte, konnte er damit noch nicht beweisen, daß ASW im Spiele war, solange er die fraglichen Uhrzeiten kannte. Es mochte zwar wenig wahrscheinlich sein, daß eine innere physiologische Uhr mit wechselnder zeitlicher Einstellung dafür in Frage kam, aber er mußte mit dieser Möglichkeit rechnen. Was ihm vorschwebte, war ein Versuch, bei dem vor dem Schlafengehen eine bestimmte Aufwachzeit festgesetzt wurde, die er aber durch keine normalen Wahrnehmungsmöglichkeiten kennen konnte. Wie ließ sich feststellen, ob er zu einer ihm unbekannten Uhrzeit mit Hilfe von ASW aufwachen konnte?

Zur Lösung dieser Frage entwickelte van Vuurde einen einfachen, aber einfallsreichen Plan. Er benützte zwei Wecker, von denen der eine nicht mehr ging, aber dessen beide Zeiger noch mit Hilfe des rückwärtigen Knopfes bewegt werden konnten. Der andere war ein normal funktionierender Wecker. Für seinen geplanten Test legte van Vuurde jeden Wecker in eine Schachtel. Dann bastelte er eine Vorrichtung, mit der er den funktionierenden Wecker durch Zug an einer Schnur oder einen Hebeldruck sofort anhalten konnte.

Um zu testen, ob er durch ASW zu jeder Nachtzeit aufwachen konnte, ging van Vuurde folgendermaßen vor: Zuerst überzeugte er sich davon, daß der normale Wecker aufgezogen war und genau ging. Dann verstellte er an dem defekten Wecker, ohne auf die Zeiger zu schauen, die Uhrzeit, indem er an dem rückwärtigen Knopf so lange hin und her drehte, bis er ganz sicher war, daß er die angezeigte Zeit nicht wußte. Dann legte er den Wecker wieder in seine Schachtel zurück und achtete sorgfältig darauf, daß er dabei die Zeigerstellung nicht zu Gesicht bekam. Nach diesen Vorbereitungen erteilte er seinem Unbewußten den Befehl, ihn genau zu der Uhrzeit aufzuwecken, die der defekte Wecker anzeigte.

Wachte er nachts auf, brachte er sofort mittels der oben beschriebenen Vorrichtungen den in der Schachtel befindlichen normalen Wecker zum Stehen. Damit war für diese Nacht der Versuch beendet, und er konnte bis zum Morgen weiterschlafen. Am nächsten Tag protokollierte er beide Uhrzeiten: die Zielzeit des defekten Weckers und die Uhrzeit des von ihm nachts angehaltenen Weckers. Stimmten beide Zeiten überein, so markierte er natürlich einen Treffer, da er zu der vorher festgelegten, aber ihm unbekannten Zielzeit aufgewacht war. Dafür kamen nur Zufall oder ASW in Frage.

Manche Nächte blieben allerdings außer Betracht: Etwa jede dritte Nacht gaben die Zeiger des Zielweckers eine Zeit an, die außerhalb seiner gewohnten achtstündigen Schlafperiode lag. Oder es kam vor, daß er nachts einfach nicht aufwachte. Während im ersten Fall seine ASW-Fähigkeit auf keine Zielzeit ansprechen konnte, zählte im zweiten Fall die Nacht deshalb nicht, weil kein Versuch stattfand.

Nachdem van Vuurde diese Versuche mehrere Monate lang bei sich durchgeführt hatte, schrieb er an A. E. H. Bleksley von der Universität Witwatersrand in Johannesburg. Er beschrieb ihm seine Versuche und legte ihm eine Aufstellung seiner Resultate bei. Diese schienen Bleksley fast zu phantastisch zu sein. In seinem Antwortschreiben schlug er vor, daß sie bei zukünftigen Experimenten zusammenarbeiten sollten. Als erstes sollte van Vuurde den defekten Wecker nach Johannesburg senden. Dort wollte er, Bleksley, als Versuchsleiter die Zielzeit für jede Nacht auf dem Wecker einstellen, und van Vuurde konnte wie bisher versuchen, zu der entsprechenden Zeit aufzuwachen. Das Gesamtexperiment setzte sich aus 284 Einzelversuchen zusammen.

Die Zielzeit wurde nach einem Zufallsverfahren aus der normalen achtstündigen Schlafperiode der Versuchsperson bestimmt. Eine Zahlenfolge aus einer Tabelle für Zufallszahlen wurde in die Stunden und Minuten umgesetzt, die auf dem Zielwecker eingestellt wurden. Alle Aufzeichnungen des Experiments und der Wecker selbst wurden in einem Schrank unter Verschluß gehalten; war Bleksley abwesend, wurde außerdem die Tür zum betreffenden Raum abgeschlossen.

Bei seinen Versuchen zu Hause hatte van Vuurde in seinen Protokollen als Aufwachzeit genau die Minute eingetragen, in der sein Wekker angehalten worden war. Da acht Stunden 480 Minuten umfassen, betrug die Wahrscheinlichkeit 1 : 480, daß die Aufwachzeit der Versuchsperson rein zufällig mit der Zielzeit übereinstimmte.

Bei den von ihm geplanten Experimenten entschloß sich Bleksley, nicht nur dann einen Treffer zu verzeichnen, wenn die Versuchsperson ihren Wecker zur gleichen Minute wie die Zielzeit angehalten hatte, sondern auch eine Minute zuvor oder danach. Wenn allein Zufall im Spiele war, so mußte demnach die Versuchsperson im Durchschnitt einmal in 160 Nächten einen Treffer erzielen. Daher müßte man bei einer Gesamtzahl von 284 Versuchsnächten mit ungefähr zwei Treffern rechnen.

Im Gegensatz dazu ergaben Bleksleys Resultate, daß die Aufwachzeiten der Versuchsperson elfmal in diesem Genauigkeitsbereich der Zielzeit lagen. Elf Treffer scheinen auf den ersten Blick nicht sonderlich eindrucksvoll; wenn man jedoch dieses Ergebnis mit Hilfe der Binomialverteilung (die man von der Schule her kennt) mathematisch auswertet, so ergibt sich, daß die Wahrscheinlichkeit, in einer Serie von 284 Einzelversuchen elf oder mehr Treffer zu erzielen, 1 : 250 000 beträgt. Die Ergebnisse liegen somit weit über der mittleren Zufallserwartung. Bleksley zog daraus den Schluß, daß die Versuchsperson tatsächlich über die Fähigkeit verfügte, mit Hilfe von ASW aus dem normalen Schlaf aufwachen zu können. *Im Ganzen ergaben die Resultate, daß die Versuchsperson gelegentlich durch ASW von der Uhrzeit des Zielweckers Kenntnis bekam.*

Die bisher beschriebenen Resultate treffen nur dann zu, wenn man alle Einzelversuche zusammenfaßt. Das angegebene Signifikanzniveau gilt ebenfalls nur dann, wenn man das gesamte Experiment unter denselben Bedingungen durchführt und wenn sich die elf Treffer gleichmäßig auf den gesamten Zeitraum verteilen.

Die Bedingungen waren jedoch nicht immer gleich. Unter den einen Bedingungen erreichten die Resultate eine höhere Signifikanz, während sie unter anderen innerhalb der Zufallserwartung blieben. Dies bedeutet, daß die Ergebnisse signifikanter ausfielen, als es nach der oben angegebenen Trefferleistung den Anschein hat. Da die Trefferleistung ausreichend signifikant war, brauchte man keine weiteren ASW-Beweise mehr. Als der Versuchsleiter die unter verschiedenen Bedingungen zustandegekommenen Ergebnisse überprüfte, wollte er herausfinden, welche Schlüsse man daraus auf die Natur des ASW-Vorganges selbst ziehen konnte.

Ungefähr die Hälfte aller Versuche hatte stattgefunden, bevor die Versucnsperson mit dem Versuchsleiter Kontakt aufgenommen hatte. Mr. van Vuurde hatte sie während eines längeren Urlaubs in Holland durchgeführt. Dieser Abschnitt, im Bericht Experiment 1 genannt, umfaßte 135 Einzelversuche. Die Ergebnisse blieben im Bereich der Zufallserwartung.

Nach seiner Rückkehr nach Südafrika unternahm van Vuurde eine Geschäftsreise nach Johannesburg und besuchte Bleksley bei dieser Gelegenheit. Er hoffte auf bessere Resultate, nachdem er den Versuchsleiter persönlich kennengelernt hatte. Sie kamen daher überein, eine weitere Versuchsreihe durchzuführen, in der Publikation als Experiment 2 bezeichnet. Bei diesem zweiten Experiment, das 149 Einzelversuche umfaßte, erzielte die Versuchsperson acht Treffer. Dieser hochsignifikante Ausgang zeigt, wie wichtig die persönliche Beziehung zwischen Versuchsperson und Experimentator ist.

Bei diesem Experiment hatte der Versuchsleiter die Zielzeit für einige Nächte ausgewählt, ohne die Zeiger des defekten Weckers entsprechend einzustellen. Er hatte die Versuchsperson davon nicht informiert, um das Risiko zu vermeiden, deren Einstellung zum Versuch negativ zu beeinflussen. (Er achtete in diesem Fall sorgfältig darauf, daß die Zeiger auf eine Uhrzeit außerhalb der achtstündigen Schlafzeit van Vuurdes gestellt waren.) Insgesamt betrachtet, ergaben die Versuche unter dieser Bedingung nur Zufallsergebnisse. Es genügte also nicht, die Zielzeit nur auszuwählen, sondern die Versuchsperson erwartete, daß diese auch von dem defekten Wecker angezeigt wurde. Unterließ der Experimentator diesen Schritt, sprach van Vuurdes außersinnliche Fähigkeit nicht auf die aufgezeichnete Zielzeit an. Es entging ihm offenbar, daß der Versuchsleiter etwas ausließ. Wie immer protokollierte van Vuurde seine Aufwachzeit unabhängig davon, ob die Zielzeit auf dem Wecker eingestellt war oder nicht.

Der Experimentator wertete seine Ergebnisse auch unter anderen Gesichtspunkten aus. Er ermittelte, wie oft die Stundenzeiger der beiden Wecker übereinstimmten, auch wenn dies bei den Minutenzeigern nicht der Fall war. Umgekehrt kontrollierte er auch, wie oft die Minutenzeiger übereinstimmten und die Stundenzeiger nicht. Es ergab sich keinerlei Hinweis darauf, daß die Versuchsperson nur einen der Zeiger des Zielweckers außersinnlich wahrnahm. Erzielte sie einen Treffer, so standen *beide* Zeiger richtig.

Wie oben erwähnt, wertete Bleksley jedes Aufwachen der Versuchsperson zur Zielzeit plus minus einer Minute als Treffer. Nun prüfte er nach, ob van Vuurde auch in unmittelbarer Nähe dieses kritischen

Bereiches aufgewacht war. Er konnte nicht feststellen, daß die Versuchsperson zu früh oder zu spät aufgewacht war. Der ASW-Wecker arbeitete nach dem »Alles-oder-nichts«-Prinzip, das man auch sonst in der Wissenschaft kennt. Die Versuchsperson wachte gelegentlich zur festgesetzten Zielzeit auf; verfehlte sie die Zielzeit, dann jedoch gründlich.

Bleksley prüfte weiter nach, ob van Vuurde vielleicht ab und zu die Uhrzeiger miteinander verwechselt hatte. Angenommen, van Vuurde hätte die Zeiger vertauscht, wäre die Aufwachzeit dann ein Treffer gewesen? Die Antwort lautete: Nein. Oder stoppte die Versuchsperson mitunter ihren Wecker, wenn auf diesem und dem Zielwecker der Winkel der Uhrzeiger übereinstimmte? Auch das traf nicht zu. Diese Ergebnisse verstärkten die Annahme eines »Alles-oder-nichts«-Prinzips.

Das Ergebnis dieses Experiments lautet kurz und bündig: Die vermutete Fähigkeit der Versuchsperson konnte nachgewiesen werden, sogar über eine Entfernung von 1 500 Kilometern. Der ASW-Wecker des Mr. van Vuurde funktionierte zwar in diesem Experiment nicht sehr oft, dafür aber sehr präzise. So führte zwar dieser Versuch zum Nachweis einer ASW-Fähigkeit, die jedoch nicht praktisch eingesetzt werden kann. Die Ergebnisse haben bisher rein akademische Bedeutung. Das heißt, ihr Wert liegt allein im Erkenntniszuwachs und in der berechtigten Annahme, daß wir durch weitere Experimente dieser Art mehr über ASW erfahren werden.

Über die in diesem Kapitel beschriebenen Experimente wurde bis zum Zeitpunkt der Niederschrift – Januar 1973 – bisher nur eine relativ kurze wissenschaftliche Arbeit veröffentlicht.* Dies steht im Gegensatz zu den Untersuchungen, über die in den anderen Kapiteln dieses Buches berichtet wird. Alle anderen Themen repräsentieren Forschungsbereiche, über die bereits mehrere veröffentlichte Untersuchungsberichte vorliegen. Dies wirft die Frage auf, warum ich das Experiment mit dem ASW-Wecker für so wichtig halte, daß ich hier darauf eingehe. Dafür gibt es verschiedene Gründe, von denen ich die wichtigsten nenne:

1. Das Experiment ist von Fragestellung und Durchführung her einfach; vom wissenschaftlichen Standpunkt aus kann man dagegen aus

* Zum Zeitpunkt der deutschen Übersetzung ist ein weiterer Bericht erschienen. Vgl. Bleksley, A. E. H.: Summary of an experiment with a gifted subject on long-distance ESP during sleep, in: Ponyton, J. C., ed.: *Parapsychology in South Africa.* Johannesburg: South African Society for Psychical Research 1975, S. 42-50. (Anm. d. Übs.)

seinen Ergebnissen weitreichende Schlußfolgerungen ziehen. (Dies trifft auch für die anderen erfolgreichen Psi-Untersuchungen dieses Buches zu.) Doch Bleksleys Versuche machen uns deutlich, daß von den Fähigkeiten der menschlichen Psyche die außersinnliche Wahrnehmung nicht weniger Beachtung verdient, auch wenn ihr Nachweis auf einem sehr einfachen Test beruht. Man kann dieses Forschungsvorhaben mit dem Projekt Ozma vergleichen, das eine Zeitlang mit einem Radioteleskop in Green Bank, West Virginia, durchgeführt wurde. Man unternahm eine systematische Suche in der Absicht, aus dem Weltall Signale aufzufangen, die von intelligenten Wesen außerhalb unseres Sonnensystems stammten, vielleicht von einer hochentwickelten Zivilisation eines anderen Planeten. Bisher blieben Versuche dieser Art ohne Erfolg. Auf ähnliche Weise entwickelte van Vuurde einen Test, um festzustellen, ob er über eine innere Kraft verfügte, durch die er direkt, d. h. außerhalb der Sensomotorik, mit der Außenwelt kommunizieren konnte. Diese Begabung sollte sich dadurch bemerkbar machen, daß sie ihn zu einem Zeitpunkt aufweckte, von dem er durch bisher bekannte Sinnesorgane keine Kenntnis haben konnte. Man muß die Phantasie nicht überstrapazieren, um einzusehen, daß ein erfolgreicher Ausgang dieses Experimentes für die Wissenschaft von revolutionärer Bedeutung ist, vielleicht mehr, als dies beim Projekt Ozma der Fall gewesen wäre.

2. Als van Vuurde seinen zu Hause durchgeführten Versuch für erfolgreich hielt, setzte er sich mit Bleksley in Verbindung. Dieser unternahm die nötigen Schritte, um festzustellen, ob die Ergebnisse wiederholt und unter seinen Versuchsbedingungen bestätigt werden konnten. Dies war der Fall. Seit der Veröffentlichung des ersten erfolgreichen Experiments wurde eine zweite Versuchsreihe durchgeführt; sie brachte ähnliche Ergebnisse, die bisher noch nicht publiziert wurden. Dieses Experiment ist nur ein Beispiel unter vielen, die ich zitieren könnte, das beweist, daß ASW-Experimente im Prinzip *wiederholbar* sind. Zu den häufigsten Kritiken an der Psi-Forschung gehört der Einwand, ihre Ergebnisse seien nicht reproduzierbar. Aber sie sind es offenbar doch, wenn die wesentlichen Bedingungen bekannt sind, was Bleksleys Versuche auf einfache, aber wirksame Weise demonstriert haben.

3. Ein anderes Problem, das von den Parapsychologen selbst diskutiert wird, besteht darin, ob parapsychologische Untersuchungen, die von Amateuren durchgeführt werden, noch wertvolle Beiträge liefern können. Die in diesem Kapitel beschriebene Forschungsarbeit bestätigt dies. Der Amateurparapsychologe kann eine Untersuchung zumindest so weit durchführen, daß der erfahrene Forscher anhand einer ersten Auswertung entscheiden kann, ob sich eine Fortsetzung lohnt.

Hoffentlich wird es immer einige nicht professionelle Parapsychologen geben, die über wissenschaftliche Neugierde verfügen und auch sonst qualifiziert sind, um ihre eigenen parapsychischen Erfahrungen aufzuzeichnen oder ihre vermuteten Fähigkeiten einem Selbstversuch zu unterziehen. Hoffentlich wird es auch immer unter den professionellen Parapsychologen einen Professor Bleksley geben, der sich der Bitte eines Mr. van Vuurde nicht verschließt.

4. Schließlich bin ich der Meinung, daß es noch viele unausgeschöpfte Möglichkeiten gibt, mehr über das Wesen der ASW zu erfahren; dazu gehören weitere Versuche mit dieser Fähigkeit, zu einer unbekannten Zielzeit aufwachen zu können. Hier kann jeder, der diese Fähigkeit bei sich vermutet, feststellen, ob es sich dabei um ASW handelt. Die Parapsychologie steht bei der Erforschung der Frage, wie die außersinnliche Wahrnehmung funktioniert, erst am Anfang. Auch die in diesem Kapitel beschriebene Arbeit kann nur die Oberfläche ankratzen, obwohl die gewonnenen Erkenntnisse wertvolle Goldkörner darstellen. Wer tiefer schürft, kann auf eine Goldmine stoßen, die reiche wissenschaftliche Erkenntnisse abwirft.

Kapitel VI

Das Problem der Gedankenfotografie

Die Behauptungen einer sogenannten »Gedankenfotografie« sind nicht neu, sie gehen mehr als hundert Jahre bis zu den Anfängen der Fotografie zurück. Gewöhnlich waren auf den betreffenden Fotografien sogenannte »Extras« zu sehen, z. B. die Gesichter angeblich Verstorbener, die beweisen sollten, daß diese den Tod überlebt hatten und mit ihren Hinterbliebenen in Verbindung treten wollten. Solche Bilder wurden daher als »Geisterfotografien« bekannt, und ihre Produktion florierte als Zweig jener anrüchigen Geschäftemacherei, die vom Kummer der Hinterbliebenen profitierte. Mehr als andere Gebiete des Spiritismus entpuppte sich die Gedankenfotografie als ein Tummelplatz für Betrüger.

Unter diesen Umständen waren sich die Parapsychologen lange Zeit nahezu einig, daß die Gedankenfotografie nicht zu ihrem Forschungsgebiet gehörte. Diese Meinung änderte sich auch dann nicht, als zu Beginn des Jahrhunderts Dr. T. Fukurai, ein japanischer Literaturprofessor an der Kaiserlichen Universität von Tokio, zu diesem Thema verblüffende Ergebnisse veröffentlichte. Diese Publikation erregte jedoch bei den anderen japanischen Gelehrten, besonders den Naturwissenschaftlern, ein solches Ausmaß an Feindseligkeit, daß Fukurai auf seinen Lehrstuhl verzichten mußte.

Fukurais Experimente wurden im Ausland erst zwanzig Jahre später veröffentlicht. Seine Versuchspersonen hatten erstaunliche fotografische Bilder in Situationen erzielt, in denen der Experimentator und seine Mitarbeiter sicher waren, daß sie die Fotoplatten und andere wesentliche Versuchsbedingungen ständig unter Kontrolle hatten. Der auf Englisch erschienene Bericht liest sich heute, mehr als vierzig Jahre nach seiner Niederschrift, wie eine sorgfältig geplante parapsychologische Untersuchung. Doch als Fukurais Buch 1931 auf Englisch herauskam, schenkte man ihm im Westen wenig Beachtung. Es stieß weder auf großes Interesse noch auf Kritik. Seine Versuche wurden einfach zu den Rätseln gerechnet, die die Parapsychologen zwar zur Kenntnis nehmen, aber noch nicht ernsthaft angehen können.

Ende der fünfziger und Anfang der sechziger Jahre behauptete wieder jemand, er könne Gedankenfotografien erzeugen; er hieß Ted

Serios, ein Mann mit geringer Schulbildung und keinen weiteren Ambitionen außer seiner angeblichen Fähigkeit. Die Geschichte der Entdeckung seiner besonderen Begabung kann man in dem Buch *The World of Ted Serios** von Jule Eisenbud nachlesen. Es begann damit, daß sich Ted – wie er sich gerne nennen läßt – von einem Freund hypnotisieren und die Suggestion erteilen ließ, er könne jetzt die Stellen beschreiben, wo Schätze vergraben sind. Dieser Freund forderte Ted dann auf, sich auf die von ihm beschriebenen Stellen zu konzentrieren, während er die Kamera auf eine leere Wand richtete und den Auslöser betätigte. Auf den Polaroidaufnahmen waren zu ihrer Verblüffung gelegentlich Dinge zu sehen, die im Raum nicht vorhanden waren, wie z. B. eine Straßenszene oder ein bekanntes Denkmal, etwa das Monument von Washington.

Die beiden Freunde, damals Hoteldiener in Chicago, fanden zwar keinen vergrabenen Schatz, erkannten aber, daß sie etwas viel Aufregenderes entdeckt hatten und wandten sich Rat suchend an einen erfahrenen Hypnotherapeuten. Ted brachte weiterhin solche rätselhaften Fotos zustande, und schließlich versuchte man, Parapsychologen dafür zu interessieren. Wer in Chicago damals Zeuge dieser frühen Aufnahmen wurde, war von der Echtheit dieses Phänomens überzeugt; jeder kam zur Ansicht, dies müsse nun von Wissenschaftlern untersucht werden. Aber dazu waren die Bedenken gegenüber der Gedankenfotografie zu stark, so daß die Parapsychologen diesen Fall mehrere Jahre lang ignorierten.

Wissenschaftler anderer Disziplinen reagierten auf diesen Wunsch nach Hilfe etwas früher. Eine Zeitlang untersuchte eine bedeutende industrielle Forschungsgesellschaft mit einem großen Labor Teds Fähigkeit. Manche an den Versuchen Beteiligten berichteten privat von zahlreichen Erfolgen. Weder damals noch später berichtete irgendein Teilnehmer von Beobachtungen, die auf Betrug hinwiesen. Die Untersuchung wurde jedoch abgebrochen und ein Forschungsbericht nie veröffentlicht. Das einzige, was über Ted in diesen Jahren veröffentlicht wurde, waren populäre Artikel.

Endlich konnte ein Psychiater aus Denver, Dr. Jule Eisenbud, dazu überredet werden, an einer von Teds Demonstrationen teilzunehmen. Der einzige verblüffende Erfolg, den Ted an diesem Abend nach vielen Fehlschlägen gegen Ende der Sitzung erzielte, beflügelte Eisenbuds wissenschaftliche Phantasie. Er lud Ted daraufhin ein, für

* Die deutsche Übersetzung erschien 1975 unter dem Titel *Gedankenfotografie – Die Psi-Aufnahmen des Ted Serios* im Aurum Verlag, Freiburg i. Br. (Anm. d. Übs.)

weitere Experimente nach Denver zu kommen.

Eisenbud kam zu einem positiven Urteil über Teds Gedankenfotografie, machte sich jedoch keine Illusionen darüber, daß seine Ergebnisse allgemein akzeptiert würden. Dies hinge, so Eisenbud, von zwei Umständen ab: Entweder müßten andere Wissenschaftler Ted unabhängig untersuchen und die Ergebnisse der Denver-Gruppe eindeutig bestätigen, oder es müßten andere Versuchspersonen mit vergleichbaren Fähigkeiten gefunden werden, die zu einer wissenschaftlichen Untersuchung bereit wären.

Eisenbud trug seine Ergebnisse im September 1966 auf dem Jahreskongreß der Parapsychological Association in New York vor. Danach machte Dr. Ian Stevenson Eisenbud den Vorschlag, wir seien an einer unabhängigen Untersuchung von Serios in Charlottesville interessiert. Dieser Plan wurde verwirklicht, und im April und Anfang Mai 1967 führten wir dort vier Wochen lang mehrere Experimentalsitzungen mit Ted durch, bei denen er versuchte, Bilder in unsere Polaroidkameras zu projizieren. Zu weiteren Experimenten besuchte uns Ted 1968 und 1969.

Teds erster Besuch war zweifellos ein Erfolg. Wir erhielten eine Anzahl von Polaroidaufnahmen, die nicht mit dem zu erklären waren, was sich vor der Optik befand, als der Auslöser betätigt wurde. Pro Sitzung wurden durchschnittlich fünfzig Versuche durchgeführt. In einer Sitzung bekamen wir bei mehreren Versuchen Bilder des gleichen Gegenstandes, den wir jedoch nicht identifizieren konnten. In drei weiteren Sitzungen wurden eine Reihe von Gegenständen oder Szenen abgebildet, die wir erkennen konnten. Zwei andere Sitzungen ergaben keine ungewöhnlichen Bilder; die eine davon war jedoch nicht als formelle Sitzung geplant und bestand nur aus sechs Versuchen, die andere fand statt, als Ted unter den Folgen eines schmerzhaften Sturzes litt.

Die Sitzungen fanden alle abends im Abstand von etwa fünf Tagen statt. Jede dauerte etwa drei Stunden. Drei erfolgreiche fanden bei mir zu Hause statt, die vierte in einem Labor der Universität Virginia. Um zu veranschaulichen, wie Ted bei seinen Versuchen vorging und wie sich eine Sitzung im allgemeinen abspielte, möchte ich den zweiten erfolgreichen Abend beschreiben:

Ich hatte am gleichen Tag den benötigten Filmvorrat gekauft und immer bei mir behalten. Stevenson kam mit Ted an und brachte zwei Polaroidkameras mit, die wir benützen wollten. Ted saß entspannt in einer Ecke des Zimmers, vor sich die erste Flasche Bier an diesem Abend; am anderen Ende des Zimmers packte Stevenson die Kameras aus und legte in jede einen Film ein. Ich traf Vorbereitungen für meine Aufzeichnungen. Währenddessen plauderten wir mit Ted.

Einige Minuten, nachdem wir fertig waren, sagte Ted, er wolle jetzt beginnen. Beim ersten Versuch hielt ich ein kleines Pappröhrchen, das ich vorher angefertigt hatte, vor die Linse der Kamera, die Stevenson, etwa 60 Zentimeter von Ted entfernt, in Augenhöhe auf diesen richtete. (Ted hatte sich seit langem daran gewöhnt, bei seinen Versuchen durch ein solches Röhrchen in die Kameralinse zu blicken.) Während der nächsten Sekunden hob Ted den rechten Arm und schien sich mit aller Kraft zu konzentrieren. Als er mit dem Arm angespannt nach unten schlug, war dies für Stevenson das Signal, den Auslöser der Kamera zu betätigen. Nachdem Stevenson das Foto entwickelt hatte, inspizierten wir es beide.

Das Resultat war nur ein normales Bild. An den Ecken, wo der Kartonzylinder das Licht abgeschirmt hatte, war es dunkel, in der Mitte war ein verzerrter Teil von Teds Gesicht zu erkennen. Wir numerierten die Aufnahme und versahen sie mit unseren Anfangsbuchstaben.

In unregelmäßigen Abständen, wenn sich Ted gerade in Stimmung fühlte, folgten weitere Versuche. Von Kleinigkeiten abgesehen, blieben die hier beschriebenen Bedingungen im wesentlichen gleich. Die wesentliche Ausnahme bestand darin, daß Ted bei den meisten Versuchen den Zylinder selbst halten durfte. Dabei wurde er von den Experimentatoren besonders sorgfältig beobachtet. Bei den ersten 28 Einzelversuchen, die nahezu zwei Stunden dauerten, zogen wir nur normale Fotos aus der Kamera.

Der 29. Versuch brachte zum erstenmal eine völlig verschiedene Aufnahme. Auf dem Foto waren die Buchstaben »Va.« in Spiegelschrift zu erkennen; diese Abkürzung von Virginia erschien vor einem Hintergrund mit unregelmäßigen Umrissen. Später wurde dieser als eine Karte von Albemarle County identifiziert, in dem Charlottesville liegt. Die Karte war nicht seitenverkehrt.

Wir beendeten die Sitzung nach 46 Einzelversuchen. Noch zweimal, nämlich im 38. und 44. Versuch, erhielten wir ungewöhnliche Bilder, die beide das gleiche »Va.« und den Kartenausschnitt zeigten.

Am nächsten Morgen lud ich Ted in seinem gewohnten Lokal zum Frühstück ein. Unterwegs fragte ich ihm, ob er sich an irgendeine Glastüre mit den Buchstaben »Va.« erinnern könne. Mir war eingefallen, daß er die beiden Buchstaben vielleicht durch die Scheibe gelesen haben konnte. Er konnte sich nicht daran erinnern, und wir kamen an keiner derartigen Tür vorbei. Als Ted beim Frühstück eine Zigarette rauchte, machte er mich plötzlich auf den gläsernen Aschenbecher aufmerksam, der vor ihm stand. Dieser hatte auf der einen Seite zwei Ablagen für Zigaretten, auf der anderen eine aufgedruckte Reklame. Da Ted die beiden Einkerbungen zu sich her gedreht hatte, sah er die durch das Glas deutlich erkennbare Reklame von hinten. Sie enthielt die Abkürzung »Va.« in genau den gleichen Buchstaben wie auf Teds Aufnahmen. Dies geht eindeutig aus den beiden Abbildungen hervor, die Stevenson und ich in unseren Forschungsbericht aufnahmen.

Was soll man von einem solchen Ergebnis halten? Es steht fest, daß irgend etwas Außergewöhnliches passierte, als die drei merkwürdigen Aufnahmen entstanden. Wenn wir zu einer Schlußfolgerung kommen wollen, haben wir die Wahl zwischen zwei Möglichkeiten: Betrug oder Psychokinese. Nach allem, was wir bisher über Ted gehört hatten, waren Stevenson und ich der Meinung, daß seine Fähigkeit eine weitere Untersuchung verdiente. Bei unseren Experimenten mit ihm trafen wir eine Reihe von Vorkehrungen gegen Betrug. Vom Zeitpunkt des Kaufes bis zu seiner Entwicklung in unseren Kameras gaben wir den Film nie aus der Hand. Weiterhin sind wir sicher, daß sich niemand an den Kameras zu schaffen machte, da wir sie außerhalb der Sitzungen unter Verschluß hielten und sie sich während der Sitzungen in den Versuchspausen außerhalb Teds Reichweite befanden. Bei fast allen Versuchen (einschließlich der drei erfolgreichen) bediente einer von uns die Kamera. Manchmal hielt jeder von uns eine Kamera, die wir gleichzeitig auslösten; bei einem solchen Versuch bekamen wir mit beiden Kameras ungewöhnliche Bilder.

Ganz selten, wenn er darum bat, durfte Ted die Kamera halten und auch auslösen, er erzielte bei diesen Versuchen, relativ gesehen, nicht mehr Erfolge als bei den zahlreichen anderen, bei denen er die Kamera nicht berührte. Der Experimentator, der nach jedem Versuch die Aufnahme entwickelte, inspizierte diese sofort. Gewöhnlich fiel ihm ein ungewöhnliches Foto sofort auf. In jedem Fall wurden die Aufnahmen, ob normal oder nicht, numeriert und vom anderen Experimentator mit Initialen versehen.

Trotz der klaren Erfolge, die wir unter diesen Bedingungen erhalten hatten, konnten wir nicht mit letzter Sicherheit sagen, daß Ted seine ungewöhnlichen Fotos auf paranormale Weise erzielt hatte. Woran lag das? Allein an dem Umstand, daß wir nicht mit absoluter Sicherheit sagen konnten, was Ted mit seiner Hand tat (oder nicht tat), wenn er sie in die Nähe der Linse hielt. Wir wußten natürlich vor Beginn unserer Untersuchung, daß sich Ted an das ominöse Pappröhrchen gewöhnt hatte; wir beschlossen daher, ihn anfangs bei seinen ersten Sitzungen auf gewohnte Weise verfahren zu lassen. Wir waren uns jedoch völlig im klaren darüber, daß die Benützung dieses Zylinders unweigerlich zum Brennpunkt des Betrugsverdachts jedes Skeptikers werden würde.

Wir hatten unsere Untersuchung auf zwei Monate angelegt und gehofft, in dieser Zeit den Versuchsablauf und unsere Beobachtungsmethoden allmählich bis zu unserer völligen Zufriedenheit verbessern zu können. Leider entschloß sich aber Ted, Charlottesville schon nach einem Monat zu verlassen, so daß wir unser Ziel nicht erreichten. Wir waren jedoch recht weit gekommen, da wir unter Verwendung der Sicherheitsmaßnahmen unserer Vorgänger persönlich weitgehend überzeugt wurden, daß die Papierröhre tatsächlich nur das war, was sie zu sein schien — ein leerer und harmloser Gegenstand, gewissermaßen eine psychologische Krücke für Ted. Wir fertigten nicht nur diese Röhrchen selbst an und kennzeichneten sie mit unseren Initialen, sondern beobachteten auch, so scharf wir konnte, was Ted während der Versuche und dazwischen damit tat. Wann immer es einer von uns verlangte, überließ uns Ted bereitwillig das Papierröhrchen zur Inspektion, was häufig und in unregelmäßigen Abständen geschah. Nie fiel uns an seinem *Verhalten* etwas auf, was uns auch nur im geringsten verdächtig erschien.

Was Verdacht erweckte, waren allein die *Resultate.* Fast jeder schöpft dabei Verdacht, da sie so erstaunlich sind, daß sie unmöglich scheinen — es sei denn, es liegt ein geschickter Trick vor. Die natürliche Reaktion eines jeden, der zum erstenmal Zeuge eines Psychofotos von Ted geworden ist, besteht darin, diesen Versuch wiederholt zu sehen, wobei er mehr denn je darauf aus ist, jeden Trick zu entlarven. Gewöhnlich wiederholt ein Zauberkünstler, wie geschickt er auch sein mag, einen Trick nicht gerne vor dem gleichen Publikum. Zauberkünstler wissen, daß man einen Trick schlechter verbergen kann, wenn er vor Personen ausgeführt wird, die ihn schon einmal gesehen haben. Solche Beobachter wissen schon, was kommt, und können daher eher darauf kommen, wie der Trick funktioniert.

Ted zögerte dagegen überhaupt nicht, seine Begabung wiederholt unter Beweis zu stellen. Bei seinen Versuchen waren bisher mindestens hundert Beobachter mit verschiedenen Berufen und Qualifikationen zugegen, darunter auch Wissenschaftler, die gleichzeitig erfahrene Zauberkünstler waren. Zweifellos waren die meisten Beobachter zumindest am Anfang skeptisch. Sie konnten sich frei bewegen und jeweils die beste Beobachtungsposition einnehmen. Ohne sich davon stören zu lassen, machte Ted in Gegenwart der gleichen Beobachter mit seinen Versuchen weiter. Alles zusammengerechnet umfaßten die Experimente, denen er sich bereitwillig unterzog, mehrere tausend Einzelversuche und erbrachten sicher über tausend paranormale Aufnahmen. Kein Versuchsteilnehmer hat jemals etwas bemerkt, was auf Betrug hinwies.

All das läuft auf folgendes hinaus: Wenn Ted nur ein Zauberkünstler ist, dann vermutlich der größte, den es je gegeben hat. Man kann sich natürlich leicht eine Technik ausdenken, wie man ein verstecktes Mikrofilm-Linsensystem vor die Kameralinse in dem Moment plaziert, wenn die Kamera ausgelöst wird, um auf diese Weise ein Foto zu bekommen. Tatsächlich ist dies schon einigemal gelungen. Wie Eisenbud verschiedenfach herausgestellt hat, besteht jedoch ein gewaltiger Unterschied, ob man auf diese Weise im Selbstversuch ein Bild erzeugt, ohne sich darum kümmern zu müssen, ob ein Beobachter die dabei verwendete Methode entdecken könnte, oder ob man dies tausendmal tut, ohne daß dabei ein Mikrofilmsystem entdeckt wird, obwohl zahlreiche Beobachter mehrfach an diesen Versuchen beteiligt sind in der Absicht, einen Betrug aufzudecken. Wäre Ted ein Betrüger, so genügte eine ungeschickte Bewegung, ein Ausrutscher – und er wäre entlarvt. Es bleibt jedoch eine Tatsache, daß von all den Zeugen, die bei Teds erfolgreichen Versuchen zugegen waren, kein einziger jemals etwas beobachtet hat, was gegen die paranormale Interpretation spricht. Diesen Aspekt darf man nicht außer acht lassen. Für mich reicht dies aus, um den Fall Ted Serios und das Problem der Psychofotografie generell weiter zu erforschen.

Nun nochmals kurz zu unseren Versuchen mit Ted an der Universität Virginia. Wenn es nur nach uns gegangen wäre, so hätten die Ergebnisse der einmonatigen Versuchsreihe zusammen mit denen unserer Vorläufer genügt, um uns zufriedenzustellen. Aber da wir die Ergebnisse von Eisenbud und seinen Kollegen zu bestätigen versuchten, hätte ein einwandfreies und allgemein akzeptiertes Ergebnis eine wissenschaftliche Revolution bedeutet. In einer solchen Situation verlangt eine seriöse Forschung Vorsicht und keine voreiligen Schlüsse. Den Parapsychologen ist aus jahrelanger Erfahrung bekannt, daß starke Worte in den Schlußfolgerungen eines Forschungsberichts noch keine Garantie dafür sind, daß die Ergebnisse allgemein akzeptiert werden. Es wirkt vom wissenschaftlichen Standpunkt aus viel überzeugender, wenn die Publikation Anstoß für weitere Forschungen gibt. Wir glaubten, daß das bei uns der Fall war.

Wenige Monate später verlor Ted seine Fähigkeit, ein Zustand, der bis jetzt über vier Jahre andauert. Man kann dieses Verschwinden seiner Gabe vielleicht als Reaktion auf einen Angriff verstehen, den zwei Journalisten in der Zeitschrift *Popular Photography* gegen ihn verfaßt hatten. Die beiden waren auf ihre Anfrage hin von Eisenbud und Ted zu einem Wochenende nach Denver eingeladen worden. Wie sich herausstellte, konnte Ted in dieser Zeit keine überzeugenden Erfolge erzielen. Als Ted einmal die Hand in die Tasche steckte, kam dies den beiden Journalisten verdächtig vor, und sie ergriffen die willkommene Gelegenheit, eine sofortige Durchsuchung zu verlangen. Die Art und Weise, wie sie dies verlangten, beleidigte Ted offenbar; er erwiderte, sie hätten keinen Grund, ihn zu durchsuchen, da er keine ungewöhnlichen Fotos bekommen habe. Erst auf Eisenbuds Drängen hin stimmte Ted einer Durchsuchung zu, doch dann waren die Besucher nicht mehr daran interessiert. In ihren Artikeln machten sie später keinen Hehl daraus, daß sie Ted für einen Betrüger hielten, obwohl sie sich auf denkbar dürftiges Beweismaterial stützten. Nach diesem Angriff hat Ted nur noch selten Erfolge erzielt, und auch diese waren zum größten Teil – verglichen mit seinen früheren Leistungen – nur noch mittelmäßig.

Trotz dieser geringer gewordenen Erfolgsaussichten ergriffen Stevenson und ich die Gelegenheit, Ted im Juni 1968 an der Universität Virginia nochmals zu untersuchen. Im Gegensatz zu den verblüffenden Aufnahmen von 1967 enttäuschten die Ergebnisse, die wir 1968 bekamen. Allerdings waren diese Untersuchungen nicht gänzlich erfolglos. Auf einer Aufnahme war eine Reihe schwacher, aber deutlich erkennbarer paralleler Linien zu sehen, die mit nichts im Raum eine Ähnlichkeit hatten. Einige Fotos fielen ungewöhnlich dunkel aus, obwohl unsere Beobachtungen während der entsprechenden Versuche ergaben, daß das Licht ungehindert die Linse erreichen konnte. Eine Aufnahme stellte sich als beinahe vollkommen überbelichtet heraus, obwohl die Papierröhre über die Linse gehalten und ihre Öffnung von der Hand des Experimentators verdeckt worden war. Unter diesen Bedingungen hätten wir normalerweise eine unterbelichtete, wenn nicht gar völlig schwarze Aufnahme erhalten müssen.

Bei diesen Versuchen führten wir eine verbesserte Technik zur Kontrolle des Pappröhrchens ein, die wir von nun an beibehielten. Einer der Experimentatoren hatte das Röhrchen die ganze Zeit in der Hand, abgesehen von den fünf bis zehn Sekunden, in denen Ted es für den Versuch benötigte. Bevor ihm das Röhrchen übergeben wurde, mußte Ted beide Hände mit gespreizten Fingern hochhalten und hin und her drehen. Erst dann übergab ihm der Experimentator die Papprröhre. Ted mußte die Röhre immer so halten, daß sie zu sehen war, und durfte weder mit dieser noch mit der anderen Hand irgend etwas berühren. Sofort nach dem Versuch nahm der Experimentator die Röhre wieder an sich, inspizierte Teds Hände wie oben beschrieben und anschließend die Röhre selbst. Als Folge dieser neuen Vorsichtsmaßnahmen und der bereits früher durchgeführten waren für uns diese Ergebnisse wissenschaftlich gesehen von größerer Bedeutung, auch wenn die ungewöhnlichen Fotos bescheiden ausfielen. Auch diesmal schlossen wir unseren Bericht über diese Experimente mit der Feststellung, die Resultate hätten unser Interesse an Teds Fähigkeit weiter vergrößert und wir würden die Untersuchung mit ihm gerne fortsetzen. Es wäre uns natürlich am liebsten, wenn Ted seine alte Form wiedererlangen würde.

Im Oktober 1969 kam Ted noch einmal nach Charlottesville. Diesmal blieb er nur drei Tage. Die beiden einzigen Sitzungen blieben ohne Erfolg. Bei seinen Versuchen, Psychofotos zu erzeugen, strengte sich Ted nicht mehr so an wie bei seinen früheren Besuchen. Für uns, die Experimentatoren, war dies eine enttäuschende Erfahrung, und wir haben bis jetzt keinen Grund mehr, anzunehmen, daß die Dinge nochmals eine günstige Wende nehmen werden. Ich gebe jedoch die Hoffnung nicht auf, daß Ted seinen Enthusiasmus wiedererlangen und von neuem Erfolge erzielen wird.

Die Forschungsarbeit mit Ted Serios während der sechziger Jahre hat meiner Meinung nach die Aufmerksamkeit der Parapsychologen auf sich lenken können. Das Problem der Psychofotografie ist nun zu einem parapsychologischen Forschungsthema avanciert, obwohl man abwarten muß, ob dies so bleibt. Das wäre der Fall, wenn man mit Ted wieder erfolgreich experimentieren könnte, wozu durchaus eine Chance besteht. Tatsächlich hatte er im Laufe seiner merkwürdigen Karriere schon früher Zeiten gehabt, in denen er kein Bild zustande gebracht hatte. Eine dieser unproduktiven Phasen dauerte etwa zwei Jahre lang, und auch die jetzige Phase kann immer noch mit der Wiederkehr seiner unzuverlässigen Gabe enden.

Selbst wenn Ted in Zukunft mit weiteren erfolgreichen Experimenten Hervorragendes für die Forschung leisten könnte, würde dies allein nicht allen wissenschaftlichen Anforderungen genügen. Angenommen, er bringt eines Tages Psychofotos unter Bedingungen zustande, die alle Wissenschaftler überzeugen – mit Ausnahme der hartgesottensten Skeptiger –, können wir dann sagen, daß das Problem der Psychofotografie gelöst ist und die Wissenschaft es als erledigt betrachten darf? Sicherlich nicht. Erstens ist die Wissenschaft ein kontinuierlicher Prozeß, und ihre Fragestellungen sind niemals abgeschlossen. Zum zweiten bleibt die Forschung nicht bei einzigartigen Fällen stehen; sie möchte vielmehr die einmaligen Begabungen solcher Versuchspersonen verstehen lernen, damit diese den Charakter der Einzigartikeit verlieren. Auf lange Sicht hängt die Zukunft dieser faszinierenden Forschungsrichtung davon ab, ob man weitere Versuchspersonen mit vergleichbaren Fähigketen finden wird.

Kapitel VII

KANN MAN DEN POLTERGEIST ERKLÄREN?

Man könnte die Haltung der meisten Parapsychologen in den sechziger Jahren mit folgender Wendung umschreiben: Man riskiert zwar ein Auge, aber hält sich sonst heraus. Das neuerwachte Interesse an Spukfällen ist dafür ein gutes Beispiel. Die seit alters her behaupteten Phänomene begannen in den fünfziger Jahren die Parapsychologen wieder ernsthaft zu beschäftigen. Doch die mutige Hinwendung zu diesem neuen Forschungsthema brauchte ihre Zeit. Die Parapsychologen nahmen diesem herausfordernden Geschehen gegenüber eine betont reservierte Haltung ein, da Spuk den Rahmen der quantitativ-statistischen Laboratoriumsforschung sprengte.

Einen Wendepunkt stellte erst die Untersuchung der rätselhaften Vorgänge im Hause der Familie Herrmann in Seaford, Long Island, dar, die sich dort im Februar und März 1958 zugetragen hatten. Über unsere Untersuchung dieses Falles veröffentlichten W. G. Roll und ich einen detaillierten Bericht im *Journal of Parapsychology* (Juni 1958)*. Zuvor waren 25 Jahre lang in keiner der parapsychologischen Fachzeitschriften über eine vergleichbare Untersuchung eines Spukfalles berichtet worden. In meinem Buch, das sich mit den Entwicklungen der Parapsychologie in diesem Zeitraum befaßt, habe ich daher ein Kapitel den Seaford-Vorfällen gewidmet. Dies reichte damals zur Dokumentation des parapsychologischen Interesse an Spukphänomenen aus; aber jetzt würde ein einziger Fall den Entwicklungen in den sechziger Jahren auf diesem Gebiet nicht mehr gerecht.

Die Entwicklungen vollzogen sich so schnell, daß man sie alle kaum aufzählen kann. Die wichtigsten Ereignisse dieses Jahrzehnts auf dem Gebiet der Spukforschung begannen Ende 1960, als A. R. G. Owen, ein Mitglied des Lehrkörpers an der Universität Cambridge, durch Zeitungsmeldungen auf den Fall Sauchie in Schottland aufmerksam wurde. Dr. Owen fuhr hin und verschaffte sich selbst einen Eindruck von den Vorfällen. Er überzeugte sich davon, daß die physikalischen

* Vgl. die deutsche Zusammenfassung bei Pratt, J. G. & Roll, W. G.: Die Vorfälle in Seaford. *Zeitschrift für Parapsychologie und Grenzgebiete der Psychologie 2* (1958/59), S. 86-103. (Anm. d. Übs.)

Vorgänge, z. B. Klopfgeräusche und Bewegungen von Gegenständen, die in der Nähe eines elfjährigen Mädchens auftraten, mit den bekannten Gesetzen der Physik nicht zu erklären waren.

Gegen Ende des Jahrzehnts hatte die Untersuchung von Spukphänomenen solche Fortschritte gemacht,daß Professor Hans Bender von der Universität Freiburg i. Brsg. beim Kongreß der Parapsychological Association im September 1969 seine Präsidentenansprache über das Thema »Neue Entwicklungen in der Spukforschung« hielt. Somit war das Problem des Spuks – 1958 gerade erst als ernstzunehmendes parapsychologisches Problem akzeptiert – 1969 zum Hauptthema eines Treffens führender Wissenschaftler auf diesem Gebiet geworden. Was hatte in jenen zehn Jahren zu einem solchen Umschwung geführt?

Bevor ich darauf antworten werde, möchte ich einen typischen »Poltergeist«-Fall schildern. Die auch im angloamerikanischen Sprachraum übliche Bezeichnung bezieht sich auf eine Gruppe von Vorfällen, die seit Jahrhunderten bekannt ist. Der übliche Poltergeist-Fall umfaßt eine Reihe physikalischer Vorgänge wie Geräusche (Klopftöne, Knallgeräusche, Scharren usw.) und Bewegungen von Gegenständen (Geschirr, Besteck und anderem, einschließlich schwerer Möbel). Die Bewegungsabläufe sind in Art und Ausmaß sehr unterschiedlich. Ein Gegenstand kann einfach nur zu Boden fallen oder ein Stück weit geschleudert werden. Zerbrechliche Gegenstände gehen dabei in Stücke.

Die Vorfälle spielen sich am häufigsten im familiären Milieu ab, kommen aber auch in anderer Umgebung, z. B. in Geschäftsräumen vor. Sie treten spontan auf und halten eine unbestimmte Zeitlang an, z. B. wenige Stunden, mehrere Wochen oder gar Monate. Mittelpunkt der Phänomene ist gewöhnlich eine bestimmte Person, die im allgemeinen im Pubertätsalter ist oder kurz danach. Die Anwesenheit dieser Bezugsperson scheint für das Auftreten der störenden Ereignisse notwendig zu sein; typischerweise geschehen die Vorfälle an einem bestimmten Ort oder in einer bestimmten Situation und nur dann, wenn die Bezugsperson anwesend und wach ist. Nur selten wird jemand getroffen oder verletzt.

Wie der Name schon sagt, wurden Poltergeist-Phänomene früher einmal bösen Geistern oder armen Seelen zugeschrieben. Je mehr solcher Fälle untersucht wurden, desto weniger schien diese Denkweise angebracht. Das vorliegende Beweismaterial deutet stark darauf hin, daß die Störungen direkt von der Bezugsperson ausgelöst werden. Die erste Frage, die sich der Spukforscher stellen muß, lautet: Werden die Vorfälle von der Bezugsperson auf erklärliche Weise durch bewußten oder unbewußten Betrug ausgelöst? Wenn die Fakten einen Betrug nicht wahrscheinlich machen, kann eine parapsychologische Erklärung des Falles in Betracht gezogen werden. Eine solche Erklärung würde auf einer psychokinetischen Bewirkung basieren, die spontan auftritt und mehrmals wiederkehrt. Daher wurde vorgeschlagen, die alte Bezeichnung durch den parapsychologischen Terminus »wiederkehrende spontane Psychokinese«, abgekürzt RSPK (von »recurrent spontaneous psychokinesis«), zu ersetzen. Ich erwähne dies hier nur, um deutlich zu machen, von welchem Standpunkt aus die heutige Forschung auf diesem Gebiet die Phänomene angeht. Bei der folgenden Darstellung bleiben wir bei der üblichen Bezeichnung, solange sie nicht irreführend ist.

Allein die Vorstellung, daß sich Fälle der oben beschriebenen Art tatsächlich ereignen, wird in unserer aufgeklärten, von der Wissenschaft bestimmten Zeit als absurd empfunden. Wir sind geneigt, jeden Bericht dieser Art als bewußten Schabernack oder als Ergebnis unzureichender Beobachtung und als Mißdeutung normaler Ursachen aufgrund von Unwissenheit und Aberglauben abzutun. Es ist daher kaum verwunderlich, daß die Parapsychologen jahrzehntelang das Problem des Spuks beiseite geschoben bzw. verdrängt haben. Aber der Spuk selbst, das Zerbrechen von Geschirr und andere herumfliegende Gegenstände, hörten dadurch nicht einfach auf. So hat der Poltergeist gewissermaßen eine Renaissance erlebt, und man ging ernsthaft daran, ihn zu erforschen.

Viele sträuben sich heftig gegen die Vorstellung, daß Spuk ein Problem für eine wissenschaftliche Untersuchung sei. Eine solche Einstellung trifft man sogar in Akademikerkreisen an, was folgende wahre Begebenheit zeigt. (Um Peinlichkeiten zu vermeiden, lasse ich Namen und Orte weg.) Ein Mitglied des Lehrkörpers einer amerikanischen Universität mußte als Sachverständiger vor Gericht aussagen. Während des Kreuzverhörs befragte ihn der gegnerische Anwalt über sein Interesse an Spukphänomenen; er hoffte offenbar, die Glaubwürdigkeit des Sachverständigen erschüttern zu können, wenn er ihn als geister- und gespenstergläubig hinstellte. Der Sachverständige erwiderte, daß seiner Meinung nach noch kein endgültiges Urteil über die Realität der Spukphänomene gefällt werden könne, daß aber alles auf einen zwar ungewöhnlichen, aber echten Vorgang hindeute, der rein psychologisch erklärt werden müßte.

Später war in den Zeitungen die falsche Wiedergabe zu lesen, der Sachverständige habe die Ansicht vertreten, alle Spukfälle könnten physikalisch erklärt werden. Andere Mitglieder der betreffenden Universität waren über diesen Bericht verärgert. Sie hatten zwar nichts gegen die Feststellung einzuwenden, daß angebliche Poltergeistfälle rein physikalisch erklärt werden könnten, denn das entsprach auch ihrer Ansicht; was ihnen mißfiel, war die Tatsache, daß in der Öffentlichkeit bekannt wurde, daß sich ein Mitglied ihres Lehrkörpers für Spukprobleme interessierte.

So begegnet uns im Spuk einmal mehr ein noch nicht erklärtes Naturphänomen, Signal einer verborgenen Wirklichkeit, die erst seit kurzem wissenschaftlich erforscht wird. Wenn die Phänomene auch einer kritischen Nachprüfung standhalten, sollten wir sie dann als Herausforderung auffassen oder einfach ignorieren? Die Geschichte der Wissenschaft bietet dafür zahlreiche Beispiele. Wir müssen uns auch heute noch an den Gedanken gewöhnen, daß die Natur für uns Überraschungen bereithält. Vielleicht gehört der Spuk zu den größten Problemen der Parapsychologie; dennoch führt erst die wissenschaftliche Beschäftigung mit ihm langsam zu einem Fortschritt. Wenn einmal die Geschichte der Parapsychologie geschrieben wird, dürfte die Erforschung des Spuks ein wichtiges Kapitel darin ausmachen.

Im folgenden werde ich kurz ein paar Spukfälle darstellen, die in den sechziger Jahren von qualifizierten Wissenschaftlern untersucht wurden. Dabei handelt es sich um fünf Fälle, die vermutlich nur ein Zehntel von dem ausmachen, was im Laufe dieser Zeit öffentlich bekannt geworden ist. Die wichtigste Frage ist natürlich, ob sich die einzelnen Phänomene mit Hilfe bekannter wissenschaftlicher Gesetze erklären lassen. Das Material wird hier nicht unter dem Gesichtspunkt eines zwingenden Beweises präsentiert, sondern ob sich ein weiterer Einsatz in dieser Richtung lohnt.

Ferner werde ich besonders auf die Verbesserung der Untersuchungsmethoden in diesem Jahrzehnt eingehen, die unter Einschluß von Kameras und anderen Instrumenten objektivere Beobachtungen erlauben. Außer den wichtigsten Einzelheiten der Fälle selbst erwähne ich noch kurz die Untersuchungstechniken, die man jetzt zum besseren Verständnis der Spukphänomene einsetzt.

DER SAUCHIE-FALL (November 1960 bis Januar 1961)

Virginia Campbell wurde auf einer einsamen Farm in Irland als Nachkömmling geboren. Da ihre älteren Geschwister bereits aus dem Haus waren, wuchs sie praktisch allein mit ihren Eltern auf. Zum Spielen hatte sie nur ihren Hund Toby und eine Freundin; an beiden hing sie sehr.

Im Oktober 1960, Virginia war damals elf, zog sie mit ihrer Mutter nach Sauchie in Schottland, wo sie in der Familie ihres älteren Bruders wohnten. Dort mußte sich Virginia mit ihrer jüngeren Nichte Margaret ein Schlafzimmer mit einem Doppelbett teilen. Eines Abends, es war der 22. November 1960, als die beiden Mädchen zu Bett gegangen waren, riefen sie nach unten zu den Erwachsenen und beklagten sich über die Geräusche in ihrem Zimmer. Mit diesem Vorfall begann der Spukfall von Sauchie.

Das ereignisreichste Stadium der Vorfälle dauerte etwa fünfzehn Tage; danach traten noch zwei oder drei Monate lang vereinzelte Phänomene auf. Mehrere Persönlichkeiten der Gemeinde, ein Pfarrer, drei Ärzte und Viginias Lehrerin, wurden persönlich Zeuge der stärksten Phänomene. Als Dr. Owen, damals Mathematikprofessor am Trinity College der Universität Cambridge, von dem Fall erfuhr, beschloß er, der Sache nachzugehen. Nachdem er schriftlich und fernmündlich mit einigen der Beteiligten Kontakt aufgenommen hatte, wuchs sein Interesse, besonders als er erfuhr, daß die Zeugen, die nicht zur Familie gehörten, bereit waren, ihm ihre Beobachtungen mitzuteilen.

Im Januar 1961 fuhr Owen für drei Tage nach Sauchie, wo er die oben erwähnten Zeugen einiger Vorfälle, Virginia sowie ihre Familienangehörigen befragte. Aufgrund dieser Informationen wurde er persönlich davon überzeugt, daß einige der in den Zeitungen beschriebenen Vorfälle sich tatsächlich so abgespielt hatten und daß sie mit den bisher bekannten Naturgesetzen nicht erklärbar waren.

Diese eine Untersuchung bedeutete für Owens beruflichen Werdegang einen Wendepunkt. Er war sich der Bedeutung seiner Untersuchungsergebnisse sowie seiner Verantwortung als Wissenschaftler bewußt, als er sich entschloß, seine Kollegen an seinen Erfahrungen teilhaben zu lassen; er nahm daher eine systematische Sichtung zahlreicher anderer Spukfälle vor, die in der einschlägigen Literatur beschrieben sind. 1964 veröffentlichte er das Ergebnis seiner Analyse zusammen mit einem Bericht des von ihm untersuchten Falles. Den Titel seines Buches – *Can we explain the Poltergeist?* – habe ich als Überschrift für dieses Kapitel übernommen. Diese Zusammenfassung des Sauchie-Falles stützt sich auf Owens Bericht.

Am besten gebe ich Owens Meinung über den Fall mit seinen eigenen Worten wieder: »Ohne die detaillierten Schlußfolgerungen vorwegzunehmen, möchte ich jetzt schon festhalten, daß das erwähnte Material für mich die objektive Realität zweier Gruppen von Spukphänomenen zwingend beweist: die Entstehung von Geräuschen (Klopfen, Scharren, Poltern) sowie die paranormal verursachte Bewegung von Gegenständen. ... Es ist natürlich im Prinzip die Annahme möglich, daß eine einzelne Person einer Illusion oder Halluzination unterliegen könnte. Es ist jedoch völlig undenkbar, daß fünf zurechnungsfähige Personen zu verschiedenen Gelegenheiten zwei Wochen lang auf diese Weise getäuscht wurden. Wir müssen daher zum Schluß kommen, daß sie echte Geräusche gehört und die Bewegung realer Gegenstände wirklich gesehen haben.«

Owen bezog sich auf Berichte der oben genannten Zeugen, die manche Vorgänge selbst beobachtet hatten. Aufgrund dieser Zeugenaussagen kam er zu dem Schluß, daß die ungewöhnlichen Vorfälle tatsächlich stattgefunden hatten, auf normale Weise jedoch nicht erklärbar waren; ich beschränke mich hier auf einen kurzen Auszug der Zeugenberichte.

Die Lehrerin des Mädchens sagte aus, der Schulleiter habe ihr mitgeteilt, Virginia würde eine Zeitlang zu Hause bleiben, weil dort Poltergeistphänomene aufgetreten seien. Owen gegenüber sagte sie, ihr sei die Bedeutung dieses Wortes bisher nicht bekannt gewesen. Sie nahm an, es handele sich um eine seltene Krankheit, und da sie sich keine Blöße geben wollte, stelle sie keine weiteren Fragen.

Ein paar Tage später, so die Lehrerin, habe Virginias Mutter das Mädchen gegen Mittag wieder in die Schule gebracht. Kurz danach saß Virginia im Klassenzimmer an ihrem Platz; alle Schüler mußten etwas lesen, wobei nicht gesprochen werden dufte. Die Lehrerin bemerkte, daß der aufklappbare Teil von Virginias Pult auf und zu ging. Dann sah sie, daß Virginia beide Hände auf den Deckel preßte, als ob sie ihn festhalten wollte. Einen Augenblick lang sahen sie sich schweigend an, dann schloß sich der Pultdeckel und blieb zu.

Später bemerkte die Lehrerin zufällig, wie sich das leere Pult unmittelbar hinter Virginia langsam um zwei Zentimeter vom Boden hob und sachte zur Seite glitt, so daß es aus der Reihe der anderen Pulte hervorstand. Sofort vergewisserte sich die Lehrerin an Ort und Stelle, ob Schnüre oder ähnliches dafür in Frage kamen; sie fand nichts.

Am dritten Tag nach ihrer Rückkehr kam Virginia zum Pult der Lehrerin, um wegen einer Aufgabe etwas zu fragen. Sie stand seitlich vom Pult, etwas hinter der Lehrerin. Diese berichtete, ein Lineal vor ihr auf dem Tisch habe zu vibrieren begonnen, sich von ihr wegbewegt und sei schließlich zu Boden gefallen. Daraufhin legte sie ihre Hand auf den Tisch und bemerkte, daß dieser ebenfalls zitterte. Die von ihr aus gesehen rechte Seite des Tisches begann, sich von ihr wegzudrehen, so daß er schließlich in einem Winkel zur Ausgangsposition stehenblieb. Die Lehrerin mußte ihn erst wieder zurechtrücken, um sich richtig davorsetzen zu können. Virginia, die mit hinter dem Rücken verschränkten Händen dagestanden hatte, begann zu weinen und sagte: »Ich bin das nicht.«

Am 23. Januar, zwei Monate und ein Tag nach Beginn der Vorfälle, wurde zum letztenmal etwas Ungewöhnliches festgehalten: Eine Schale mit Blumenzwiebeln, die Virginia auf das Lehrerpult gestellt hatte, bewegte sich ähnlich wie vorher das Lineal über den Tisch.

Der Pfarrer, der am 23. November von der Familie geholt worden war, gab an, er habe Klopfgeräusche aus dem Doppelbett gehört, in dem Virginia lag. Das Bett stand nicht mit der Wand in Berührung und Virginia machte keine Bewegung. Der Pfarrer hielt die Hand auf das Kopfende des Bettes und spürte, daß dieses gleichzeitig mit den Klopfgeräuschen erzitterte. Ferner bemerkte er, daß eine große Truhe voll mit Bettwäsche zu wackeln begann und sich langsam vom Boden erhob. Sie bewegte sich ungefähr 45 Zentimeter über den Linoleumboden und dann wieder zurück.

Am folgenden Abend beobachtete dieser Zeuge, wie sich das Kopfkissen unter Virginias Kopf so weit drehte, bis es parallel zu ihrem Körper lag. Ihm fiel nicht auf, daß sich Virginia in irgendeiner Weise bewegt hatte. Auch diesmal sah er, daß sich die Wäschetruhe bewegte, und vernahm Klopfgeräusche.

Am Abend darauf saß der Hausarzt bei Virginia am Bett; sie war noch nicht eingeschlafen. Auf Verlangen des Arztes lag Virginia, die einen Schlafanzug anhatte, ohne Bettzeug auf dem Bett. Während sie bewegungslos dalag, hörte der Arzt mehrmals Klopftöne. Auch er wurde Zeuge, wie sich die Wäschetruhe, die die Wand nicht berührte, etwa 30 Zentimeter fortbewegte. Ihr Deckel ging mehrmals von selbst auf und zu. Am darauffolgenden Abend saß ein anderer Arzt bei Virginia im Schlafzimmer, der ähnliche Phänomene beobachtete.

Einige Tage darauf, am 1. Dezember, installierten die beiden Ärzte in Virginias Schlafzimmer ein Mikrophon, das an ein Tonbandgerät im angrenzenden Zimmer angeschlossen war. Zischen 23.30 Uhr und 0.15 Uhr zeichneten sie eine Fülle von Geräuschen auf, darunter auch eine Reihe von Klopftönen, ein lautes Knarren und Scharren und Virginias Aufschrei, als sich der Deckel der Truhe von selbst öffnete. Einige der Geräusche wurden für die BBC-Sendung »Scope« verwendet. Owen konnte bei seiner Untersuchung dieses Band ebenfalls abhören.

Der dritte Zeuge, eine Ärztin, war mit einem der oben erwähnten Ärzte verheiratet und war einmal mit ihrem Mann dabei, als sich einige Phänomene ereigneten. Nie geschah etwas, wenn Virginia nicht da war; war sie eingeschlafen, hörten die Phänomene immer auf.

Owen untersuchte die geologischen Besonderheiten der Gegend und fand keinerlei Hinweise auf Erdbeben, unterirdische Gewässer oder unstabile Bodenbeschaffenheit, die dafür in Frage gekommen wären. Solche Ursachen hätten in keinem Fall nur Gegenstände bewegen können, die sich in Virginias unmittelbarer Nähe befanden, und auch dann nur, wenn sie wach war. Auch eine unerklärliche vorübergehende Gewichtslosigkeit der Gegenstände hätte nicht die beobachteten Bewegungen bewirken könne. Es hatte eher den Anschein als wären die betroffenen Gegenstände von einer unbekannten Kraft bewegt worden. In Owens Worten: »Um zusammenzufassen: Die Poltergeistphänomene waren echt, sie konnten nicht auf Betrug, Erdbeben oder plötzliche Gewichtslosigkeit zurückgeführt werden.«

Der Sauchie-Fall ging daher Anfang der sechziger Jahre in die parapsychologische Literatur ein. Seine Besonderheit, verglichen mit anderen Fällen lag darin, daß sich eine Reihe der Vorfälle bei hellem Licht und in Gegenwart angesehener Beobachter abspielte, die sich als ausgezeichnete Zeugen herausstellten (manche von ihnen hielten ihre Beobachtungen sofort detailliert fest). Sie waren in der Lage, eine Bewegung oder ein Geräusch von Anfang bis Ende zu verfolgen und gleichzeitig Virginia und die anderen Anwesenden im Auge zu behalten. Kann man es Owen angesichts dieser Umstände verdenken, daß er sich für diesen Fall ernsthaft interessierte? Oder kann man ihm vorwerfen, daß er durch seine Untersuchung von der Echtheit des Falles überzeugt wurde, auch wenn er bei keinem Phänomen selbst dabeiwar?

DER OAKLAND-FALL (Juni 1964)

Wie immer man zu Spukvorgängen stehen mag, über eines sollte man sich im klaren sein: Spuk passiert nicht immer dann, wenn es dem Untersucher gerade paßt. Die Phänomene setzen unvermutet ein, nehmen einen unberechenbaren Lauf, wobei sie tief in das Leben der zufällig Betroffenen eingreifen, um schließlich ebenso schlagartig wieder aufzuhören. Es ist daher weitgehend eine Sache des Zufalls, ob ein an dem Fall Beteiligter in der Lage ist, sachgemäß zu beobachten und die Vorgänge genau aufzuzeichnen oder wiederzugeben. Nur dann kann ein solcher Fall wissenschaftliche Bedeutung haben.

Beim folgenden Fall war in erster Linie Mr. James Hazelwood, Gerichtsreporter bei der *Oakland Tribune*, Beobachter und Berichterstatter der Vorgänge. Diese traten im Juni 1964 in Oakland in seinem Büro auf. Als er mich zwei Jahre später in einem Hotel in Berkeley besuchte, um sich mit mir über diesen Fall zu unterhalten, erzählte er mir, daß er der ganzen Sache zunächst völlig skeptisch gegenübergestanden sei. Dennoch hätten ihn das, was er von anderen Beteiligten erfahren hätte, sowie seine eigenen Beobachtungen völlig davon überzeugt, daß es sich dabei um einen echten Spukfall gehandelt habe, der Fragen aufgeworfen habe, mit denen sich die Wissenschaftler erst noch vorurteilsfrei auseinandersetzen müßten.

Leider wurde in der parapsychologischen Literatur über die Untersuchung dieses Falles nicht so sorgfältig berichtet, wie dies eigentlich nötig wäre. Abgesehen von Hazelwoods detaillierter Fallbeschreibung hat noch Dr. Arthur Hastings die Zeugen befragt und ihre Berichte ausgewertet; Hastings, der zum Lehrkörper der Stanford Universität gehört, hatte bereits früher zusammen mit einem Kollegen die Untersuchung eines Spukfalles veröffentlicht. Es ging ihm wie Owen beim Sauchie-Fall: Er wurde persönlich davon überzeugt, daß sich beim Oakland-Fall tatsächlich viele Vorfälle zugetragen hatten, für die keine normale Erklärung möglich ist.

Wodurch wurde er so beeindruckt? Wiederholt wurde festgestellt, daß die für den Anschlag verantwortlichen Federn im Innern von elektrischen Schreibmaschinen ausgeleiert waren. Bei der Reparatur wurde festgestellt, daß die Federn so weit überdehnt waren, daß sie nicht mehr funktionierten. Der Mann vom Kundendienst meinte, die Federn hätten normalerweise die gleiche Lebensdauer wie die Maschine selbst, und nur sehr selten müßte eine einzelne erneuert werden. Es war noch nie vorgekommen, daß die Federn aller Maschinen im gleichen Büro auf diese seltsame Weise defekt geworden waren und ausgewechselt werden mußten – worauf wieder das gleiche geschah.

Die Leitungsknöpfe der Telephone leuchteten alle nacheinander auf, obwohl niemand telephonierte. Alle acht Telephonapparate des Büros rutschten über die Schreibtische und fielen krachend zu Boden, obwohl niemand in der Nähe war. Eine Kaffeemaschine, Kaffeetassen, Aschenbecher, eine Blumenvase und was sonst noch zu einer üblichen Büroeinrichtung gehört, fielen herunter, wurden zerrissen, weggeschleudert und zerbrochen und zwar unter Bedingungen, die keine normale Erklärung zuließen.

Eine ganze Stunde lang protokollierte Hazelwood Art und genauen Zeitpunkt der Vorfälle, die er beobachtete. Seine Liste umfaßte neun verschiedene Ereignisse, die sich ziemlich gleichmäßig über diesen Zeitraum verteilten. Unter anderem fiel das Fußpedal eines Diktiergerätes auf rätselhafte Weise von einem Schrank, traf einen etwas entfernt stehenden Tisch und fiel zu Boden; während des ganzen Vorgangs befand sich nur eine Person im Raum, die telephonierte, wobei sie dem Schrank den Rücken zukehrte. Im Treppenhaus wurden die Glühbirnen aus ihren Fassungen gedreht und zerbrachen beim Herunterfallen, obwohl alles darauf hinwies, daß sich dort niemand aufhielt. Aus dem Raum, in dem sich der Wasserkühler befand und in dem niemand war, ertönte plötzlich ein lauter Knall: Der Behälter für die Pappbecher war von der Wand gerissen und lag auf dem Boden, die Becher selbst waren rundherum verstreut. Das Metallgehäuse einer Schreibmaschine flog irgendwie durch ein offenes Fenster und fiel auf die Straße. Eine zwei Pfund schwere Kaffeekanne kam aus dem Schrank, in dem sie gewöhnlich stand, und fiel etwa drei Meter weiter zu Boden.

Die weitere Entwicklung des Falles zeigte, daß im Zentrum der Geschehnisse ein Redaktionsmitglied stand. Es handelte sich um Mr. John Orfanides, der gerade erst geheiratet hatte und irgendwie für die Phänomene verantwortlich war. Die Polizei nahm ihn daraufhin mit zum Verhör und setzte ihn unter Druck, um ein Geständnis zu erhalten. Schließlich gab er nach, obwohl er vorher erfolglos verlangt hatte, mit Hazelwood sprechen zu dürfen. Er gab an, er hätte alles geworfen, und die Polizeibeamten nahmen erleichtert seine Aussage zu Protokoll und schlossen damit den Fall ab, mit dem sie nichts Rechtes anzufangen wußten.

Am Tag, an dem die Polizei zu ihrem »Geständnis« kam, war Hazelwood zufällig nicht in der Stadt. Sofort nach seiner Rückkehr setzte er sich mit Orfanides in Verbindung und fragte ihn, warum er eine solche Aussage gemacht hätte. Dieser gab zur Antwort, die Polizei hätte ihn ständig unter Druck gesetzt, und er hätte keinen anderen Weg gesehen, endlich in Ruhe gelassen zu werden.

Dieser Fall soll hier nicht in erste Linie als Beispiel für echte Spukphänomene gelten. Er soll vielmehr die Schwierigkeiten veranschaulichen, die sich bei der Untersuchung solcher Fälle ergeben, und weiter deutlich machen, daß manchmal das Beweismaterial auch bei einem vermutlich echten Spukfall in mancher Hinsicht zu wünschen übrigläßt. So genau auch die Schilderung der Vorfälle seitens des Reporters und anderer Beobachter ausgefallen ist, in ihren vorliegenden Berichten fehlen häufig wesentliche Einzelheiten, die für die wissenschaftliche Urteilsbildung unerläßlich sind. In einer Hinsicht jedoch waren in diesem Fall die Phänomene charakteristischer für ein Spukgeschehen als im Sauchie-Fall: Die unerklärlichen Vorgänge konnten nicht direkt beobachtet werden. Sie geschahen hinter dem Rücken der einzigen anwesenden Person, im Raum, wo sich nur der Wasserkühler befand, oder im angeblich leeren Treppenraum – immer dann, wenn niemand zuschaute. Dies ist typisch für Spuk und für den Untersucher das Frustrierendste an der ganzen Sache.

Doch für die oben erwähnten rätselhaften Vorfälle mit den Federn im Innern der Schreibmaschinen traf dies nicht zu – hier gab es Beobachter. Wenn die Beschreibung zutrifft, kann man sich kaum vorstellen, daß die Feder-Phänomene auf normale Weise oder durch Betrug zustande kommen konnten – es sei denn, praktisch das ganze Redaktionsbüro hat sich an einer Verschwörung beteiligt. Somit kann man sich über die Ursachen den Kopf zerbrechen, und diese Haltung treibt die Forschung weiter.

DER MIAMI-FALL (Januar 1967)

Meistens erfährt der Parapsychologe von einem Spukfall zu spät. In der Regel sind zu diesem Zeitpunkt die Phänomene bereits schwächer geworden oder haben ganz aufgehört. Der Untersucher hat daher hauptsächlich die schwierige Aufgabe, das Vorgefallene so genau wie möglich zu rekonstruieren. Dabei ist er in erster Linie auf die Befragung der Zeugen oder deren Aufzeichnungen angewiesen; es kommt selten vor, daß es so qualifizierte Beobachter gibt wie im Sauchie-Fall.

Je mehr die Öffentlichkeit über Spukfälle aufgeklärt und je größer das wissenschaftliche Interesse daran ist, desto eher wird man über eine Art »Frühwarnsystem« von neuen Fällen erfahren. Der Miami-Fall bietet ein gutes Beispiel dafür, wie wichtig rechtzeitige Hinweise aus der Bevölkerung sein können.

Mitte Januar 1967 fiel den beiden Inhabern eines Großhandelsgeschäfts für Geschenkartikel und Souvenirs auf, daß ihre Verluste durch zerbrochene Waren deutlich zugenommen hatten. Der Schaden schien mit Julio Vasquez, einem neunzehnjährigen kubanischen Flüchtling, zusammenzuhängen, der gemeinsam mit einem anderen Angestellten die Aufgabe hatte, die Souvenirs aus den Versandkisten auszupacken und in die Regale zu stellen. Umgekehrt holte er bestellte Artikel zum Versand aus den Regalen.

Einer der Geschäftsinhaber ging einmal durch den Versandraum, als Julio dort gerade Bierkrüge in ein Regal stellte. Einer der Krüge fiel zu Boden und zerbrach. Der Besitzer drehte sich um und sagte zu Julio, er solle besser aufpassen und die Bierkrüge mit dem Henkel nach hinten ganz hinten in das Regal stellen. Um Julio zu zeigen, wie er es meinte, nahm er einen Krug aus der Kiste und stellte ihn in das Regal. Als er sich zum Gehen wandte, fiel dieser Krug zu Boden und zerbrach. Da sich Julio nicht bewegt hatte, war der Mann überzeugt, daß der Krug nicht auf normale Weise heruntergefallen sein konnte.

Nach diesem Vorfall ging es in den folgenden Tagen immer turbulenter zu: Die Phänomene steigerte sich in Ausmaß und Häufigkeit. Eine Angestellte einer anderen Abteilung hatte schon von Spukfällen gehört und vermutete, daß es sich auch hier um derartiges handeln könnte. Aus Furcht, ihr Geschäft könnte darunter leiden, ordneten die Besitzer zuerst an, daß niemand außerhalb der Firma über diese Vorfälle sprechen dürfe. Doch als sich die Phänomene immer mehr steigerten, ließen sie sich nicht mehr vertuschen.

Dann hörte die oben erwähnte Angestellte zufällig ein Rundfunkinterview mit Susy Smith, Autorin zahlreicher populärer Sachbücher über Parapsychologie. Mit Einverständnis der Geschäftsleitung rief sie beim Rundfunk an, setzte sich mit der Autorin in Verbindung und informierte diese über die rätselhaften Vorfälle an ihrem Arbeitsplatz.

Susy Smith ging diesem Hinweis sofort nach. Aufgrund der Informationen an Ort und Stelle gewann sie den Eindruck, daß der Versandraum des Geschäfts tatsächlich zum Schauplatz echter Poltergeist-Phänomene geworden war. Sie informierte daraufhin W. G. Roll, den Forschungsdirektor der »Psychical Research Foundation« (P. R. F.), von dem sie wußte, daß er sich für die Erforschung solcher Phänomene interessierte. Die P.R.F. ist eine unabhängige Organisation mit Sitz in Durham, North Carolina, die parapsychologische Phänomene daraufhin untersucht, inwieweit sie für das persönliche Überleben nach dem Tod relevant sind. Einer von Rolls Forschungsschwerpunkten ist die Untersuchung von Spukfällen.

Ich habe bereits früher erwähnt, daß Roll und ich den Seaford-Fall 1958 gemeinsam untersucht haben. Was wir damals am meisten bedauerten, war, daß wir erst gegen Ende der Vorfälle auf dem Schauplatz erschienen waren. Als mich Roll am Telephon fragte, ob ich mit ihm zusammen einen noch aktiven Spukfall in Miami untersuchen wolle, stimmte ich daher sofort zu.

Ich verbrachte insgesamt drei Wochentage am Ort der Handlung. Roll kam vor mir an und blieb länger da, ungefähr zehn Tage lang. In der Zeit, in der einer oder beide von uns die Angestellten unter schärfster Beobachtung hatten, zerbrachen etwa fünfzehn Gegenstände, wofür wir keine normale Erklärung fanden. Außerdem legten wir großen Wert darauf, eine möglichst genaue Schilderung der Ereignisse vor unserer Ankunft zu bekommen. Roll hat zusätzlich eine detaillierte physikalische Analyse typischer Verlaufsformen der Vorgänge vorgenommen und eine gründliche psychologische und ärztliche Untersuchung von Julio veranlaßt. In unserem gemeinsam veröffentlichten Bericht haben wir die Vorgänge detailliert geschildert und die Möglichkeit einer normalen Erklärung diskutiert. Roll hat in der Zwischenzeit die physikalischen und psychologischen Aspekte dieses Falles ausführlich dargestellt.*

Bei den Vorfällen in Miami stießen wir wieder auf die typische Schwierigkeit bei der Erforschung von Spukfällen: Die Gegenstände bewegten sich im Versandraum immer an solchen Stellen, die in dem Moment gerade niemand beobachtete. Dies traf auch für die früheren Geschehnisse vor der Ankunft der Untersucher zu. Es war schon zu Beginn aufgefallen, daß die Souvenirs besonders von einigen Stellen der Regale herabfielen, die weitgehend den Raum ausfüllten. Als das Team einer lokalen Fernsehstation mit seiner Ausrüstung anrückte, um den Poltergeist an Ort und Stelle zu filmen, richtete es seine Scheinwerfer und Kameras auf einen seiner Lieblingsplätze. Man wartete ein bis zwei Stunden – nichts geschah. Unterdessen gingen die Phänomene in anderen Teilen des Raumes weiter, die von Kamera und Beobachter nicht kontrolliert wurden.

Wie hier war es schon aus anderen Untersuchungen bekannt, daß man nicht damit rechnen konnte, daß sich die Gegenstände vor den Augen der Beobachter von ihren Regalen bewegten. Wir paßten uns daher der schwer faßbaren Natur der Phänomene so gut es ging an. Wir achteten darauf, daß wir in dem großen Raum regelmäßig auf und ab gingen, wobei wir kontrollierten, ob sich die Waren wie gewohnt in ihren Regalen befanden. Gingen wir nicht umher, nahm jeder an der Untersuchung Beteiligte einen Standort ein, von dem aus er das in seinem Bereich arbeitende Personal gut im Blickfeld hatte. Von beiden Beobachtungsposten aus konnte man den gesamten Raum überblicken. Die Konstruktion der Regale und die Anordnung der Waren ermöglichten eine freie Sicht. Die Untersucher konnten somit die im Raum arbeitenden Personen, besonders deren Arme und Hände, im Blick behalten, während die betreffenden Personen meistens nicht sehen konnten, ob sie beobachtet wurden. Mehrmals ersetzten wir einen auf mysteriöse Weise vom Regal gefallenen Artikel durch einen gleichen. Es war deutlich geworden, daß die Kraft, die die Gegenstände bewegte, sich mit Vorliebe an bestimmten Stellen bemerkbar machte; wir nützten dies aus und stellten dort unsere eigenen Gegenstände auf, die später ebenfalls Teil des rätselhaften Geschehens wurden.

Wir können zumindest soviel sagen, daß wir einige Gegenstände noch wenige Minuten, bevor sie auf unerklärliche Weise bewegt wurden, genau unter Beobachtung hatten. Wir waren uns sicher, daß in

* Zusammenfassend in seinem Beitrag: Kann man den Poltergeist mit dem Bandmaß fangen? in: Bauer, E. (Hrsg.): *Psi und Psyche. Festschrift für Hans Bender.* Stuttgart: Deutsche Verlags-Anstalt 1974, S. 169-186. (Anm. d. Übs.)

der Zeit, die zwischen unserer Kontrolle und dem mysteriösen Herunterfallen vergangen war, niemand in die Nähe der Gegenstände gekommen sein konnte. Wir haben niemals eine Schnur, eine Feder oder einen anderen Mechanismus entdeckt, womit eine Bewegung hätte bewerkstelligt werden können, zudem suchten wir ständig vor und nach den Ereignissen nach Anzeichen für eine betrügerische Manipulation.

Verschiedenfach ereigneten sich Vorfälle, als wir die beiden Angestellten im Auge hatten, die außer uns im Raum waren. Mehrmals unterhielten wir uns mit Julio, während der andere Versandgehilfe am anderen Ende des Raumes, wo keine Regale standen, damit beschäftigt war, einen Bestellzettel auszufüllen. In dieser Situation geschah es mehr als einmal, daß ein Artikel vom Regal fiel und hinter Julio zerbrach – und das, obwohl wir ihn beim Gespräch beobachteten; der Vorfall trug sich zudem an einer Stelle des Raumes zu, wo sich niemand befand und die wir in unserem Blickfeld hatten – ohne allerdings die Bewegung des Gegenstandes zu sehen.

Wie bereits erwähnt, waren die Vorfälle in der Hinsicht typisch für Spuk, daß sie sich der direkten Beobachtung zu entziehen schienen. Niemand würde hier den Anspruch erheben, daß Phänomene wie in diesem Fall dem *idealen* wissenschaftlichen Nachweis genügen könnten, die Bewegung der Gegenstände könne nicht mit bisher bekannten physikalischen Gesetzen erklärt werden; auf der anderen Seite wird niemand mit Recht sagen können, die Vorfälle verdienten keine weitere Aufmerksamkeit. Wir sind der Meinung, daß wir diesen Fall sorgfältig und umsichtig untersucht haben, und glauben daher, daß unsere Ergebnisse beträchtlich dazu beigetragen haben, daß Spukphänomene zu einer wissenschaftlichen Herausforderung geworden sind. Nach dem Miami-Fall zweifle ich nicht mehr daran, daß es Spuk tatsächlich gibt, aber Wissenschaft gibt sich nicht mit Überzeugungen zufrieden, sondern sucht Erklärungen.

Ich möchte diesen Fall mit einer kleinen Geschichte abschließen, die unsere Untersuchungsweise verdeutlichen soll. Am letzten Tag meines Aufenthaltes in Miami luden Roll und ich einen parapsychologisch interessierten Psychologen von der Universität Miami zur Besichtigung des Schauplatzes ein. An diesem Tag geschah weniger als sonst. Dennoch fiel, während sich Roll und der Psychologe in einem Vorzimmer aufhielten und ich den Versandraum beobachtete, ein Cocktailglas von einem Regal herunter und zerbrach. Roll und unser Bekannter hörten das Geräusch und kamen schnell zum Schauplatz, wo ich ihnen, so gut es ging, den Vorfall beschrieb.

Während ich mich noch mit dem Psychologen im Gang an der Stelle unterhielt, wo das Glas zerbrochen war, hörten wir ein lautes Geräusch aus einem anderen Gang. Der Psychologe lief den Gang hinauf, ich hinunter, und wir erreichten zwei bis drei Sekunden nach dem Geräusch die entgegengesetzten Enden des betreffenden Ganges, so daß wir beobachten konnten, ob sich jemand vom Ort des Vorfalls davonmachte. Wir fanden keinen Missetäter, dafür aber die Scherben eines Aschenbechers, die auf dem Boden zerstreut waren. Nichts ließ erkennen, warum der Aschenbecher heruntergefallen war.

Der Psychologe meinte, wir müßten der Sache auf den Grund gehen; er begann Pläne zu schmieden, ob man nicht in verschiedenen Ecken des Raumes Gestelle errichten sollte, auf denen freiwillige Studenten seiner Kurse Tag und Nacht Wache hielten. Er war allerdings nicht damit vertraut, wie schwer faßbar solche Phänomene, besonders in diesem Fall, waren.

Wichtiger in diesem Zusammenhang ist, was in den nächsten Minuten geschah.

Der Psychologe ging allein und leise durch die Gänge und zog behutsam manche Gegenstände bis an den äußersten Rand des Regals, wo sie gerade noch stehenblieben, ohne herunterzufallen. Er hoffte, diese Gegenstände würden nur so lange im Zustand eines labilen Gleichgewichts bleiben, bis er sich ungesehen davongestohlen hatte. Er wollte auf diese Weise feststellen, ob die Untersucher das Herunterfallen eines solchen Gegenstandes wieder für ein echtes Spukphänomen halten würden.

Da keiner der von ihm verrückten Gegenstände herunterfiel, konnte er seine Absicht nicht verwirklichen, die Untersucher auf die Probe zu stellen. Tatsächlich aber war es so, daß jeder manipulierte Gegenstand einem der Untersucher oder sonst jemandem praktisch sofort auffiel. Auf unsere Frage, warum sich die Gegenstände am äußersten Regalrand befänden, gab der Psychologe zu, daß er dies getan habe. Er hatte somit unbeabsichtigt bewiesen, daß der Versandraum so gut beobachtet wurde, daß seine Manipulation entdeckt wurde, mit der er ein normal oder betrügerisch verursachtes Zerbrechen der Gegenstände hatte erreichen wollen. Diese Geschichte mag den Leser vielleicht davon überzeugen, daß wir auch sonst jeden versuchten Betrug entdeckt hätten. Es war uns jedoch nie aufgefallen, daß irgendwelche Waren anders als sonst auf den Regalen standen.

DER ROSENHEIM-FALL (November bis Dezember 1967)*

Dieser Fall ereignete sich Ende November 1967 in einer Anwaltskanzlei der oberbayerischen Stadt Rosenheim. An einer zweieinhalb Meter hohen Decke befestigte Leuchtstoffröhren erloschen immer wieder, man stellte fest, daß sie um 90 Grad aus ihren Halterungen herausgedreht waren. Sicherungsautomaten sollten sich selbständig ausgelöst haben. Weiterhin wurden Telephonstörungen beobachtet: Gespräche wurden unterbrochen, und ein von der Post installiertes automatisches Prüfgerät registrierte Ferngespräche, die niemand geführt hatte. Auch andere unerklärliche Vorgänge, wie z. B. Knallerscheinungen, wurden in der Kanzlei registriert.

Da die Gefahr eines Unfalls durch herabfallende Leuchtstoffröhren bestand, wurden diese durch normale Lampenfassungen mit Glühbirnen ausgewechselt. Beleuchtungskörper begannen in den Büroräumen heftig zu schwingen. Man prüfte nach, ob Erschütterungen aus den über der Kanzlei liegenden Räumen dieses Pendeln der Lampen bewirken könnten, doch ergaben sich keinerlei Anhaltspunkte.

Da vermutet wurde, daß die Störungen im Stromversorgungsnetz der Stadtwerke die Ursache der Phänomene sein müßten, begann die Revisionsabteilung mit einer gründlichen Untersuchung. Auch zur Klärung der Telefonstörungen wurden eingehende Ermittlungen angestellt. Das Fernmeldeamt prüfte alle Störungsquellen nach und kam zu dem Schluß, daß das Wählen in der Kanzlei erfolgt sein müßte. Der Kanzleivorsteher wehrte sich entschieden gegen diese Unterstellung und wies darauf hin, es sei mehrfach beobachtet worden, daß die Zähluhr Gespräche registrierte, ohne daß gesprochen wurde.

Das Elektrizitätswerk begann mit einer objektiven Untersuchung, indem es zur ständigen Überwachung des fraglichen Stromkreises Spannungs- und Stromschreiber in der Anwaltskanzlei installierte. Die Registrierstreifen zeigten Ausschläge, die sich zu Vollausschlägen steigerten und teilweise gleichzeitig mit den ungewöhnlichen Phänomenen auftraten. Diese Erscheinungen hielten auch dann unvermindert an, als die Kanzlei durch ein direktes Kabel mit der Transformatorenzentrale verbunden wurde. Weiter traten starke Ausschläge auf, als

* Vgl. für die hier gegebene Darstellung die Arbeiten von Bender, H.: Der Rosenheimer Spuk – ein Fall spontaner Psychokinese. *Zeitschrift für Parapsychologie und Grenzgebiete der Psychologie 11* (1968), S. 104-112 sowie von Karter, F. & Zicha, G.: Physikalische Untersuchung des Spukfalles in Rosenheim 1967. *Zeitschrift für Parapsychologie und Grenzgebiete der Psychologie 11* (1968), S. 113-131. (Anm. d. Übs.)

das E-Werk später für eine Zeitlang statt der Netzspannung die Spannung einer 1,5-Volt-Monozelle an dem Eingang des entsprechenden Einschubs im Schreiber eingespeist hatte. Auffallend war ferner, daß nur während der Bürozeiten die Meßdiagramme die Ausschläge zeigten. Dieser Anhaltspunkt und andere Hinweise machten es wahrscheinlich, daß sie gar nichts mit Anomalien der Stromversorgung zu tun hatten, sondern durch eine auf den Schreibhebel wirkende »mechanische« Kraft entstanden sein mußten. Eine manuelle Betätigung des Schreibhebels war während der Zeit der Plombierung der Meßgeräte jedoch ausgeschlossen. Die außergewöhnlichen Erscheinungen begannen meist mit besonderer Stärke, wenn zwei im Büro beschäftigte junge Mädchen die Kanzlei betraten.

Bald wurde eine Differenzierung möglich: Die Erscheinungen schienen mit der 19jährigen Annemarie Sch. in Verbindung zu stehen. Die Abhängigkeit der Phänomene von ihrer Anwesenheit wurde deutlich, als beobachtet wurde, daß die Lampen hinter ihr zu schwingen begannen, als sie durch den Flur ging, die Beleuchtungskörper explodierten, die Scherben auf sie zuflogen.

Professor Hans Bender von der Freiburger Universität begann zusammen mit zwei Mitarbeitern am 1. Dezember 1967 mit einer Untersuchung. Gleich bei einer ersten Analyse der Phänomene zeigte sich eine unverkennbare Ähnlichkeit mit einem typischen Spukfall. Besonders die Tatsache, daß die Vorfälle nur dann auftraten, wenn Annemarie anwesend war, legte die Annahme nahe, daß die Störungen nichts mit der Stromversorgung zu tun hatten, sondern nach einer parapsychologischen Erklärung verlangten. Es schien, als ob Annemarie direkt den Schreibhebel des Stromschreibers beeinflussen würde und ebenso für die Störungen der Telefonanlage, das Schwingen der Lampen und die übrigen Phänomene als unbewußte Auslöserin in Frage kam.

Professor Bender bat zwei Physiker, Dr. F. Karger vom Institut für Plasmaphysik in München-Garching und Dipl.-Phys. G. Zicha von der Technischen Hochschule München, um eine gründliche Untersuchung der unerklärlichen Vollausschläge. Als die beiden Physiker 1968 in Freiburg am Kongreß der »Parapsychological Association« teilnahmen, wo der Rosenheim-Fall vorgestellt und diskutiert wurde, stellten sie ohne Vorbehalt fest, daß sie Kräfte beobachtet hatten, die zwar mit den vorhandenen Mitteln der experimentellen Physik festgestellt worden sind, sich jedoch mit den vorhandenen Mitteln der theoretischen Physik nicht erklären lassen. Bis jetzt, so führten sie aus, hätten die Naturwissenschaftler meist angenommen, daß die bekannten physikalischen Gesetze auch für die Beschreibungen des Menschen ausreichen würden daß also für Erscheinungen, die sich im Zusammenhang mit Menschen zeigten, keine prinzipiell neuen Wechselwirkungsmechanismen postuliert werden müßten. Diese Annahme sei durch die Ergebnisse dieses Falles in Frage gestellt worden. Phänomene, wie sie bei Spukfällen festgestellt würden, könnten Hinweise auf eine neue Art des Energieaustausches liefern. Eine weitere Erforschung dieser Phänomene, so schlossen die Physiker, würde Rückwirkungen auf unsere Kenntnis vom Wesen des Menschen selbst haben.

DER BREMEN-FALL (Juni 1965 – März 1966)

Auch dieser Fall aus Deutschland, der zeitlich etwas vor Rosenheim lag, wurde auf dem Freiburger Kongreß der »Parapsychological Association« vorgestellt. Wie es bei solchen Vorfällen typisch ist, wurde das Freiburger Institut durch Zeitungsberichte auf diesen Fall aufmerksam. Mehr noch als beim Miami-Fall ähnelten die unerklärlichen Störungen dem sprichwörtlichen »Elefanten im Porzellanladen«. Es wurde berichtet, daß in der Porzellanabteilung eines Lebensmittelgeschäftes in Bremen Tassen, Teller, Gläser, Vasen angeblich buchstäblich von den Regalen herunterspringen würden. Eine gründliche Untersuchung durch die Polizei und alle möglichen Sachverständigen ergab nicht den geringsten Hinweis auf die Ursache dieser Vorgänge. Dennoch schienen die Störungen auf unerklärliche Weise mit einem 14 Jahre alten Lehrling in Verbindung zu stehen. Der Tumult in der Porzellanabteilung hörte erst auf, als dieser entlassen wurde.

Bender und ein studentischer Mitarbeiter, G. Vilhjálmsson, untersuchten die Vorgänge zwei Tage nach des Lehrlings Entlassung. Obwohl der Fall aufgehört hatte, konnte nach ihrem Eindruck kaum ein Zweifel an der psychokinetischen Natur der Phänomene bestehen. Der Junge war unter schwierigen Umständen aufgewachsen und zur Zeit der Vorgänge hochgradig frustriert und in Auflehnung gegen seine Lebensumstände. Dieses Persönlichkeitsbild findet sich im allgemeinen bei spukauslösenden Personen, obwohl es offensichtlich keine Erklärung darstellt, denn nicht alle unglücklichen Jugendlichen werden zu Spukmedien.

Das Institut brachte den Jungen bei Pflegeeltern in Freiburg unter und verschaffte ihm eine Stelle als Lehrling in dem Betrieb eines Elektrikers. Im März 1966 wurden elektrische Leitungen im Keller eines Schulneubaues verlegt. Eine große Anzahl von Haken mußten in den Zementmauern befestigt werden. Mit Schlagbohrer wurden je zwei 8 mm breite Löcher in die Wände getrieben und der Haken dann mittels zweier Schrauben und zweier Plastikdübel befestigt. Der Vorarbeiter beobachtete, daß fast unmittelbar nach der Fixierung der Haken die Schrauben locker wurden. Am folgenden Tag sind nach dem Zeugnis mehrerer Beobachter sieben Haken aus der Zementwand mit den Dübeln herausgekommen.

Nachdem das Freiburger Institut von den Vorfällen benachrichtigt worden war, wurde in »erwartender Beobachtung« ein Experiment veranstaltet, an dem das Team des Instituts und einige andere Beobachter teilnahmen. Zwei Haken wurden in der Zementwand befestigt und auf ihre Festigkeit geprüft. Der Lehrjunge stand einen Meter von der Wand entfernt. In gespannter Aufmerksamkeit wurden die Schrauben beobachtet. Innerhalb von zwei Minuten waren sie lose; keiner der Beobachter hatte sie herauskommen sehen. Der Vorgang wurde mit Blitzlichtaufnahmen und Tonband dokumentiert.

Als im Lager des elektrotechnischen Betriebs ähnlich wie in Bremen Gegenstände von den Regalen sprangen und zerstört wurden, wurde der Junge wieder entlassen. Zu diesem Zeitpunkt wollten die Pflegeeltern nichts mehr mit einer weiteren wissenschaftlichen Untersuchung des Falles zu tun haben; der Junge wurde wieder zur Schule geschickt, wo sich nichts mehr ereignete.

Diese kurze Fallbeschreibung soll veranschaulichen, daß es möglich ist, das Auftreten unerklärlicher Vorgänge fotografisch festzuhalten. Es ist vorstellbar, daß in diesem Fall die spezielle Beschaffenheit des Phänomens eine eindeutige filmische Dokumentation verhinderte. Dennoch kann man aufgrund dieser Erfahrungen hoffen, daß man bei der Untersuchung künftiger Spukfälle Phänomene einwandfrei auf Film festhalten kann.

Wie schon eingangs erwähnt, stellen die hier erwähnten Fälle nur eine Auswahl dar. Während der letzten zehn Jahre wurden über zwanzig Spukfälle untersucht. Die meisten von ihnen wurden im parapsychologischen Schrifttum detailliert beschrieben oder werden noch veröffentlicht.

Man kann darüber spekulieren, welcher Prozentsatz aller Spukfälle den Parapsychologen tatsächlich bekannt und von ihnen wissenschaftlich untersucht wird. Nach meiner Vermutung ist dieser Prozentsatz recht gering, nicht mehr als zehn Prozent, eher weniger. In vielen Fällen mögen die Vorgänge nur von so kurzer Dauer sein, daß ihre wahre Natur gar nicht erkannt wird. Selbst wenn dies der Fall ist, ziehen es viele Familien vor, die merkwürdigen Vorfälle in ihrem Haus lieber über sich ergehen, als davon etwas an die Öffentlichkeit dringen zu lassen. In anderen Fällen kam die Nachricht vielleicht nicht bis zu einem interessierten Wissenschaftler oder sie erreichte ihn zu spät.

Je mehr die Öffentlichkeit über das wissenschaftliche Interesse an solchen Phänomenen Bescheid weiß, um so größer wird die Wahrscheinlichkeit, daß neue Fälle an die richtige Adresse gelangen. So kreisen die Parapsychologen langsam aber sicher die schwer faßbaren Spukerscheinungen ein. C. T. Tart, Psychologe wie ausgebildeter Elektroniker, der sich aktiv für Parapsychologie interessiert, hat einen Artikel veröffentlicht, der sich ausschließlich mit neuen objektiven Beobachtungs- und Aufzeichnungsmethoden befaßt, die bei künftigen Fällen eingesetzt werden sollten. Andere Wissenschaftler an einer technischen Hochschule arbeiten an der notwendigen instrumentellen Ausrüstung, wobei sie bereits vorhandene Vorstellungen modernisieren und weiter verbessern.

In der Regel wird heute jeder mutmaßliche Auslöser eines Spukfalles einer gründlichen psychologischen, medizinischen und psychiatrischen Untersuchung unterzogen. Oft werden die anderen beteiligten Personen miteinbezogen und sozialpsychologische Aspekte berücksichtigt. Umfangreiche Sichtungen älterer Fälle, wie z. B. in Owens Buch, enthalten zahlreiche Hinweise, die Wissenschaftler vielleicht bei der Lösung des Rätsels verwerten können. W. G. Roll versucht, ein psychologisches Konzept der bei Spukphänomenen beteiligten Kräfte sowie deren Angriffspunkt an physikalischen Gegenständen zu erarbeiten. Er hat eine Anzahl neuerer Fälle auf typische Muster hin analysiert.

Die Untersuchung von Spukfällen führt zwangsläufig zu der Frage, inwieweit ausschließlich noch unbekannte Fähigkeiten lebender Personen daran beteiligt sind. Man hat im großen und ganzen die alte Vorstellung aufgegeben, daß solche Phänomene durch überlebende Entitäten Verstorbener hervorgerufen würden; das gilt auch für die noch ältere Annahme, das Wirken böser Geister sei dafür verantwortlich. Man kann auf der anderen Seite jedoch nicht die Möglichkeit völlig ausschließen, daß für manche Fälle ein »gemischter« Typus in Frage kommt, bestehend aus lebenden und nicht-lebenden Auslösern, oder sogar nicht-lebenden Auslösern allein. Aber wir können mit ziemlicher Sicherheit sagen, daß die meisten, wenn nicht gar alle Spukfälle in den Bereich der Psychokinese als einer menschlichen Fähigkeit gehören. Unter bestimmten Umständen gerät diese Fähigkeit außer Kontrolle und wird zu *wiederkehrender spontaner* Psychokinese (RSPK).

Was die Erforschung solcher Fälle betrifft, so scheint sich der Kreis langsam zu schließen. Selbst wenn sich hinterher herausstellen sollte, daß er nichts enthält, so hat doch die Wissenschaft den Aberglauben durch Erkenntnis ersetzt und somit viel erreicht. Und wenn der Kreis *nicht* leer ist, wer kann dann genau sagen, was man erreicht hat? Wie ich schon sagte und hier wiederhole, bin ich als Forscher davon überzeugt, daß Phänomene, wie die hier beschriebenen, nicht nur vorkommen, sondern daß viele, vielleicht die meisten, echt sind.

Kapitel VIII

IST REINKARNATION EIN WISSENSCHAFTLICHES PROBLEM?

Wir haben uns an die atemberaubende Geschwindigkeit gewöhnt, mit der sich der Fortschritt in den Wissenschaften und besonders in den von ihnen abhängigen Technologien vollzieht. Als die ganze Welt über Lindberghs erfolgreiche Atlantiküberquerung jubelte – wer hätte damals geglaubt, daß der Mensch nur vier Jahrzehnte später den Mond erreichen würde? Und während wir uns bemühten, durch das Rauschen unserer primitiven Radios die Nachricht von jenem frühen Triumph des Menschen mitzubekommen, wer hätte sich damals träumen lassen, daß wir die ersten Schritte auf einem anderen Himmelskörper praktisch im gleichen Augenblick miterleben würden, in dem sie gemacht wurden? Von daher ist es nicht verwunderlich, daß uns die nüchternsten Versuche, das Leben im Jahre 2000 zu beschreiben, wie übertriebene Science Fiction vorkommen.

Der wissenschaftliche Fortschritt wird am ehesten da sichtbar, wo er unser tägliches Leben verändert. Aber es gibt Entwicklungen in Grenzbereichen der Forschung, die nicht so spektakulär sind, Entwicklungen, die sich auf unser tägliches Leben nicht unmittelbar praktisch auswirken, die aber am Ende unser Denken und Handeln nachhaltiger beeinflussen können. Solche Revolutionen in der Wissenschaft können manchmal später historisch genau festgehalten werden. Die Art und Weise, wie die Reinkarnations-Frage zu einem wissenschaftlichen Problem wurde, bietet dafür ein gutes Beispiel.

Die Frage, die in der Kapitelüberschrift gestellt wird, wäre zu Beginn des Jahres 1960 selbst Parapsychologen merkwürdig und völlig unangebracht vorgekommen. Doch schon vor Jahresende zeichnete sich eine Änderung dieser Situation ab. Dr. med. Ian Stevenson, Leiter der Neurologischen und Psychiatrischen Abteilung der Universität Virginia, veröffentlichte in jenem Jahr einen zweiteiligen Artikel, in dem er die wissenschaftlichen Arbeiten zur Reinkarnation von der Antike bis zur Neuzeit sichtete. Er hatte auch einige Fälle aufgenommen, die den Minimalansprüchen einer wissenschaftlichen Untersuchung zu genügen schienen.

Am Ende seiner Übersicht äußerte sich Stevenson positiv zu der Frage, ob sich eine wissenschaftliche Erforschung der Reinkarnation lohne. Er machte auch einige Vorschläge, wie man dabei vorgehen könnte und welche Gesichtspunkte der Forscher berücksichtigen müßte, wenn er versucht, das Beweismaterial, auf das er stößt, auszuwerten. Hatte der Leser der beiden Artikel den Eindruck gewonnen, daß die darin geäußerten Gedanken mehr waren als reine Schreibtischprodukte, so sollten ihm die nachfolgenden Ereignisse recht geben.

Stevenson veröffentlichte 1966 ein Buch mit den ersten Ergebnissen eigener Untersuchungen mutmaßlicher Reinkarnationsfälle. Aus seinem Buch ging hervor, daß er 1961 damit begonnen hatte, in solche Länder zu reisen, wo der Glaube an die Reinkarnation Teil der herrschenden Religion ist und wo Fälle von angeblicher Wiedergeburt tatsächlich relativ häufig sind. Wie der Autor schon in seinem Überblick anhand früheren Materials festgestellt hat, spielt sich der typische Fall so ab: Ein Kind beginnt früh, vielleicht mit zwei oder drei Jahren oder sobald es zu sprechen gelernt hat, von einem früheren Leben zu erzählen. Im Laufe der Zeit ergeben diese Erzählungen ein mehr oder weniger zusammenhängendes Bild von der Person, die das Kind vorgibt, gewesen zu sein, und von deren Lebensumständen. Dazu gehören Einzelheiten wie deren damaliger Vor- und Familienname, die Namen ihrer Brüder und Schwestern und in manchen Fällen auch von Frau und Kindern, ferner der Name des Ortes, wo sie gelebt haben, eine Beschreibung ihrer Wohnverhältnisse und Beschäftigung sowie wichtiger Ereignisse in ihrem Leben. Kurz gesagt, solche »Rückerinnerungen« haben Ähnlichkeit mit den Erzählungen alter Menschen, denen frühere Vorkommnisse aus ihrem Leben einfallen.

In einem entscheidenden Punkt unterscheiden sich jedoch viele bereits aufgezeichneten Fälle von Wiedergeburt von den üblichen Erinnerungen an vergangene Ereignisse des eigenen Lebens. Manche dieser Kinder erinnerten sich nicht nur an ihr früheres Leben, sondern hatten auch Heimweh und sehnten sich nach ihm zurück. Sie bestanden sogar darauf, in ihr »wirkliches« Zuhause zurückgebracht zu werden, und hörten damit nicht auf, bis man ihnen nachgab. Oft sorgten sich die Eltern wegen des sonderbaren Verhaltens ihrer Kinder und versuchten alles Mögliche, um sie von dieser Vorstellung abzubringen. Im einen Extrem konnte das Kind bestraft werden, im anderen hatten die Eltern nichts gegen diesen Glauben einzuwenden oder bestärkten ihr Kind noch darin.

Wie auch immer die anderen Familienmitglieder dazu standen, wenn das Kind lange genug auf seinem Wunsch bestand, in sein früheres Leben zurückzukehren, konnte es vorkommen, daß es jemand in die Stadt oder das Dorf mitnahm, wo sich das »rückerinnerte« Leben abgespielt haben sollte. Gewöhnlich wollte man mit diesem Besuch dem Kind dabei helfen, seine sonderbaren Phantasievorstellungen loszuwerden, doch manchmal erzielt man genau das Gegenteil davon. Oft fand man nämlich in dem betreffenden Ort eine Familie mit dem von dem Kind angegebenen Namen, auch war ein Familienmitglied mit dem entsprechenden Namen gestorben, dessen Lebensumstände zu dem paßten, an das sich das Kind angeblich erinnerte. Oft hatte das Kind sogar zutreffend die ungewöhnlichen Umstände beschrieben, unter denen diese Person ums Leben gekommen war.

Setzte sich die Familie des Kindes mit der anderen Familie, auf die sich die »Rückerinnerungen« offenbar bezogen, in Verbindung, so konnte eine Verabredung getroffen werden mit dem Ziel, die Fähigkeit des Kindes auf die Probe zu stellen, Personen und Gegenstände zu identifizieren, die es aus seinem früheren Leben gekannt haben wollte. Erwiesen sich die Angaben des Kindes in einer Reihe von Fällen tatsächlich als zutreffend, so konnte sowohl seine eigene Familie wie auch die Mitglieder der behaupteten früheren Familie von der Wahrheit seiner Aussagen überzeugt werden.

Stevensons wissenschaftliches Interesse an solchen Fällen führte ihn nach Indien, Thailand, Ceylon, Syrien, in die Türkei, den Libanon, Alaska, Brasilien und andere Länder. In einige dieser Länder kam er mehrmals. Bis 1966 hatte er mehr als sechshundert Fälle gesammelt, von denen etwa die Hälfte entweder von ihm selbst oder unter seiner Anleitung von in der entsprechenden Gegend ansässigen Mitarbeitern untersucht worden waren.

Die zwanzig Fälle, die Stevenson in seinem ersten Buch detailliert darstellte, wurden nicht unter dem Gesichtspunkt der stärksten Beweiskraft ausgewählt, sondern weil sie am besten die Vielfalt der Fälle und die verschiedenen Aspekte der Reinkarnationsforschung veranschaulichen. Was die Interpretation dieser Fälle betrifft, so kommt der Autor in diesem Buch zu keinem festen Schluß. Ja, er ist von einer endgültigen Schlußfolgerung sogar noch weit entfernt, obwohl er das Beweismaterial hinsichtlich seiner Erklärungsmöglichkeiten sorgfältig abwägt; er verhehlt nicht, daß seiner Meinung nach die Reinkarnationshypothese – im Vergleich zu Betrug, Personifizierung durch ASW und Besessenheit als den Alternativhypothesen – durch seine Ergebnisse an Wahrscheinlichkeit gewonnen hat.

Wer Einzelheiten über diese neuen wissenschaftlichen Untersuchungen erfahren will, sei auf das Buch verwiesen, das eine lohnende Lektüre darstellt. Hier müssen wir uns auf die Darstellung beschränken, wie Stevenson an dieses Forschungsgebiet heranging, auf dem er eine bahnbrechende Leistung vollbrachte. Wir folgen seiner Spur weit genug, um einen Eindruck von dem Gebiet zu bekommen, das er der Wissenschaft eingliedern möchte.

Wir gehen dabei am besten so vor, daß wir von den zwanzig im Buch dargestellten Fällen einen herausgreifen und diesen genauer betrachten. Dieser Fall kommt den Idealvorstellungen des Untersuchers insofern am nächsten, als er der einzige ist, den Stevenson praktisch von Beginn an persönlich verfolgen konnte; er war daher in der Lage, die Untersuchung in ihren entscheidenden Phasen, nämlich den ersten Versuchen des Wiedererkennens und der Verifizierung, selbst zu leiten. Er erfuhr von dem Fall, bevor die Familie irgendwelche Schritte unternommen hatte, um mit der anderen Familie, an die sich ihr Kind angeblich erinnerte, Kontakt aufzunehmen. Stevenson konnte daher eigene Aufzeichnungen über die „Rückerinnerungen" des Kindes an sein früheres Leben machen. Dann arrangierte er einen Besuch mit dem Kind in dem Dorf, in dem es sein früheres Leben verbracht haben wollte. Dort überwachte Stevenson selbst die »Erkennungs«-Tests und beobachtete das Verhalten des Kindes. Damit nehme ich aber schon die Geschichte vorweg, von der ich jetzt eine ausführliche Zusammenfassung nach Stevensons Buch geben werde.

Mitte März 1964 besuchte Stevenson im Libanon das Dorf Kornayel, etwa zwanzig Kilometer östlich von Beirut. Er hatte ein Empfehlungsschreiben auf Arabisch bei sich, das für einen Einwohner von Kornayel bestimmt war, von dem er sich Auskünfte über Reinkarnationsfälle erhoffte; der Verfasser des Briefes, der aus diesem Dorf stammte, hatte ihm erzählt, daß solche Fälle in der Gegend schon häufig vorgekommen seien. Es stellte sich heraus, daß die betreffende Person den Winter in Beirut verbrachte. Als Stevenson nach dem Weg fragte und dabei den Grund für seinen Besuch erwähnte, erfuhr er von einem Fall, wie er ihn suchte. Jemand erwähnte, daß in dem Dorf ein fünfjähriges Kind namens Imad Elawar lebe, das behauptete, sich an ein früheres Leben in einem Ort zu erinnern. Stevenson machte die Familie dieses Kindes ausfindig, und sie lud ihn ein, sich ihre Fassung der Aussagen anzuhören, die Imad schon machte, seit er eineinhalb bis zwei Jahre alt war.

Am Abend des 16. März und am folgenden Tag ließ sich Stevenson von Imads Eltern ihre Erinnerungen an das erzählen, was der Junge während der letzten drei Jahre von einem früheren Leben berichtet hatte. Wie schon erwähnt, hielt Stevenson dies schriftlich fest. Dieser Bericht enthielt sowohl die einzelnen Aussagen, die die Eltern von Imad gehört hatten, als auch deren Versuche, die Informationen so zusammenzufügen, daß das, woran sich der Junge angeblich erinnerte, einen Sinn ergab. Als Stevenson später die Aussagen der Eltern nachprüfte, stellte er fest, daß diese in den ersten Gesprächen nicht eindeutig unterschieden hatten zwischen dem, was Imad *gesagt* hatte, und dem, was sie seinen Aussagen *entnommen* hatten, um ein vollständiges Bild seines früheren Lebens zu gewinnen.

Der Junge hatte bis dahin im wesentlichen folgende Angaben gemacht: Er behauptete, daß er zu der Familie Bouhamzy gehörte, die etwa dreißig Kilometer südöstlich von Beirut in dem Dorf Khriby lebte. Abgesehen von diesen Angaben über Familie und Ort erwähnte Imad häufig eine Frau namens Jamileh, außerdem den Vornamen Mahmoud. Er beschrieb Jamileh als schöne, gutgekleidete Frau, die Schuhe mit hohen Absätzen und rote Kleider trug, die er oft für sie kaufte. Der Junge behauptete auch, eine Schwester mit Namen Huda gehabt zu haben, dazu erwähnte er eine Reihe anderer Namen, die er – ohne eine Blutsverwandtschaft anzugeben – als „Brüder" bezeichnete, wie es in dieser Kultur üblich ist. Dazu gehörten die Namen Amin, Mehibe, Adil, Talil (oder Talal), Said, Toufic, Salim, Kamel und ein Freund Yousef el Halibi.

Die Eltern nahmen an, daß Imad behauptete, er sei Mahmoud Bouhamzy gewesen, seine Frau habe Jamileh geheißen und er habe vier Söhne (Adil, Talil, Salim und Kamel) gehabt. Von den anderen Namen, die Imad erwähnt hatte, vermuteten sie, daß es sich um eine Schwester und Brüder in seiner Familie handelte.

Aus Imads weiteren Angaben schlossen die Eltern auf andere Einzelheiten, die mit Leben und Tod der Person zusammenhingen, die der Junge in seiner früheren Existenz scheinbar verkörpert hatte. Imad berichtete von einem Unfall, bei dem ein Mann von einem Lastwagen überfahren und dabei schwer verletzt worden war (unter anderem beide Beine gebrochen), woran er später gestorben sei. Imads Eltern vermuteten, daß er damit die Umstände meinte, unter denen Mahmoud Bouhamzy ums Leben gekommen war. Stevenson hielt in diesen ersten Gesprächen in Kornayel noch eine Reihe anderer Angaben fest, die sich auf spezifische Einzelheiten der früheren Existenz bezogen.

Die Dörfer Kornayel und Khriby sind in der Luftlinie zweiundzwanzig Kilometer voneinander entfernt, aber die einzige Verbindung zwischen ihnen ist eine kurvenreiche Bergstraße von nahezu vierzig Kilometern Länge. Der Verkehr zwischen den beiden Dörfern ist spärlich; trotzdem ging Stevenson sorgfältig jenen Fällen nach, in denen Personen aus der Nähe von Krihby, die etwas über die Familie Bouhamzy wußten, Kornayel besucht hatten und bei dieser Gelegenheit vielleicht etwas erzählt hatten, das auf irgendeine Weise zu Imad gelangt war und den Stoff für seine „Rückerinnerungen" an ein Leben in Khriby hergegeben haben konnte. Ich komme auf diesen Punkt später nochmals zurück, wenn ich mich mit der Interpretation dieses Falles und der Beweiskraft des Buches als Ganzem auseinandersetze.

Wann immer sich etwas ereignete, was bei ihm eine Erinnerung wachzurufen schien, redete Imad von Einzelheiten seines früheren Lebens, so auch im März 1964. Am zweiten Tag seines Besuches unternahm Stevenson mit Imad, dessen Vater und einem Dolmetscher eine Autofahrt nach Khriby. Bevor sie dort angekommen waren und seine früheren Aussagen nachgeprüft hatten, nannte Imad auf dieser Fahrt zehn weitere Einzelheiten über sein früheres Leben in Khriby, die Stevenson sofort schriftlich festhielt.

Die schriftlichen Aufzeichnungen von Imads Aussagen über ein früheres Leben enthielten insgesamt siebenundfünfzig Einzelheiten. Davon waren siebenundvierzig Aussagen älteren Datums, die die Eltern oder andere erwachsene Mitglieder von Imads Familie mitgeteilt hatten, die restlichen zehn hatte Stevenson auf der Fahrt nach Khriby von dem Jungen selbst gehört. Das Buch enthält eine Tabelle, in der die einzelnen Aussagen genau aufgeführt sind, außerdem die Natur oder Quelle ihrer Bestätigung sowie erläuternde Bemerkungen zu den meisten davon. Daraus ging hervor, daß einundfünfzig Einzelheiten richtig waren, sechs trafen nicht zu. Zu Stevensons Überraschung trafen die Aussagen jedoch nicht auf die Person zu, von der die Eltern glaubten, daß sie Imad früher angeblich gewesen sei. Es gab zwar einen Mann namens Mahmoud Bouhamzy in Krhiby, aber der war noch am Leben.

Schließlich stellte sich heraus, daß die Aussagen bis zu einem bestimmten Grad auf einen gewissen Said Bouhamzy zutrafen. Er war von einem Lastwagen überfahren worden, hatte dabei die von Imad beschriebenen Verletzungen erlitten und war an den Folgen dieses Unfalls gestorben. Man hatte jedoch Schwierigkeiten, die meisten anderen von Imads Aussagen mit den übrigen Lebensumständen Said Bouhamzys in Einklang zu bringen. An diesem Punkt der Untersuchung gewann Stevenson den Eindruck, daß sich die Erzählungen Imads (in der Interpretation seiner Eltern) auf wenige zutreffende Tatsachen reduzieren ließen, denen allerdings eine Fülle ungenauer Beziehungen und Umstände (die bloße Phantasieprodukte zu sein schienen) gegenüberstand.

Bei seinem zweiten Besuch in Khriby am nächsten Tag, dem 18. März, interviewte Stevenson hauptsächlich den Sohn von Said Bouhamzy (der, wie erwähnt, an den Unfallfolgen gestorben war); dieser hieß Haffez Bouhamzy und war am Tag zuvor nicht dagewesen. Dabei stellte sich heraus, daß Imads Eltern auch andere Angaben ihres Sohnes falsch interpretiert hatten. Haffez Bouhamzy prüfte dann nach, ob Imads Aussagen auf andere Mitglieder der Familie Bouhamzy zutrafen, die in Khriby gelebt hatten und dort gestorben waren. Er stellte fest, daß die Einzelheiten zu seinem Cousin Ibrahim Bouhamzy paßten, der mit seinem Onkel in einem Haus gelebt hatte, das nur neunzig Meter von Saids Haus entfernt war. Ibrahim war nicht verheiratet gewesen, hatte aber eine Geliebte namens Jamileh gehabt. Er war im Alter von fünfundzwanzig Jahren an Tuberkulose gestorben.

Imads Aussagen stimmten eng mit Einzelheiten aus Ibrahims Leben überein, so auch mit den Namen und den besonderen Erlebnissen seiner nahen Verwandten und seiner Freunde. Die ersten Verifizierungsversuche waren erfolglos geblieben, weil Imads Eltern falsche Schlüsse zogen, als sie versuchten, aus den Aussagen ihres Sohnes ein sinnvolles Ganzes zu machen. Dabei gingen sie über das hinaus, was Imad tatsächlich gesagt hatte, was sie auf entsprechende Fragen von Stevenson sofort zugaben.

Bis jetzt haben wir uns nur mit den verbalen Angaben Imads befaßt und inwieweit sie von den Personen bestätigt wurden, die Ibrahim noch gekannt hatten. Gewöhnlich werden die Eltern zum erstenmal aufgrund solcher Aussagen ihres Kindes auf die Möglichkeit einer Wiedergeburt aufmerksam, aber es gibt im Verhalten des Kindes noch andere Aspekte, die hinsichtlich des wissenschaftlichen Beweismaterials, das ein solcher Fall liefern kann, noch wichtiger sein können. Kann das Kind zum Beispiel Menschen und Örtlichkeiten wiedererkennen, die es von seiner früheren Existenz her zu kennen vorgibt? Wie ich schon oben erwähnt habe, bot der Fall Imad die seltene Gelegenheit, daß der Untersucher selbst zugegen sein konnte, als in Khriby mit dem Jungen solche Versuche zur Wiedererkennung durchgeführt wurden.

Das erste Wiedererkennen einer Person ereignete sich in Kornayel, und zwar vor Stevensons Besuch. Imad war damals vier Jahre alt und mit seiner Großmutter mütterlicherseits unterwegs. Ein Mann aus Khriby, dessen Vorname unter den von Imad angeblich erinnerten war, weilte in Kornayel auf Besuch und begegnete zufällig Imad und seiner Großmutter. Der Junge ging auf den Mann zu und umarmte ihn. Der Fremde war überrascht und fragte ihn: »Kennst Du mich?« Imad antwortete: »Ja, Du warst mein Nachbar.« Der Mann war ein Nachbar von Ibrahim Bouhamzy gewesen.

Nach diesem Vorfall nahmen Imads Eltern die Behauptungen ihres Sohnes ernster. Bis dahin hatte der Vater den Jungen gescholten, da er annahm, dieser hätte ein früheres Leben erfunden, und ihm Strafe angedroht, wenn er mit diesen Behauptungen nicht aufhören würde. Dadurch machte Imad solche Bemerkungen nur noch in Selbstgesprächen oder vertraute sich seiner Mutter und seinen Großeltern an.

Bei seinen Besuchen in Khriby schnitt Imad bei der Identifizierung von Häusern und Richtungen des Dorfes nicht besonders gut ab. Er zeigte auf ein Haus auf der anderen Seite eines Tales und sagte, dort hätte er gelebt; gleichzeitig machte er jedoch auf ein in der Nähe gelegenes Haus aufmerksam, das nicht das richtige war. Auf die Frage, in welcher Richtung das Dorf gelegen sei, in dem Jamileh gelebt habe, gab er diese richtig an. Allerdings konnte er die Häuser in der unmittelbaren Nachbarschaft von Ibrahims Haus nicht erkennen; aber Einwohner von Khriby sagte, daß sich im Laufe der Jahre das Ortsbild stark verändert habe.

Im wichtigsten Teil dieser Versuche zur Wiedererkennung wollte man herausfinden, ob Imad auch die Personen erkennen würde, die Ibrahim gekannt hatte, sowie Einzelheiten im Inneren „seines" Hauses. Eine zweite Tabelle in Stevensons Buch enthält sechzehn richtige Angaben, die Imad bei seinem Rundgang durch Ibrahims Haus in Begleitung von Ibrahims Mutter und dessen Schwester Huda machte. Imad hatte die beiden Frauen hier zum erstenmal gesehen; sie waren unerwartet aufgetaucht, als die Besichtigung beginnen sollte.

Stevenson wollte diesen Teil der Untersuchung so durchführen, daß Imad keinen Hinweis erhalten konnte, doch er verlor die Kontrolle über die Situation, als die Frauen den Jungen ins Schlepptau nahmen und mit ihm auf eigene Faust durch das Haus gingen. Der Dolmetscher und Stevenson folgten dichtauf, wobei der erstere sich die größte Mühe gab, zu verstehen, was Mutter und Schwester zu dem Jungen sagten und was dieser darauf antwortete. Der Dolmetscher sagte, er sei sicher, daß die Frauen fast immer nur direkte, nebensächliche Fragen gestellt hätten. (Ein paarmal war eine direkte Beobachtung nicht möglich, da die Dinge zu schnell passierten.)

Die Genauigkeit, mit der Imad bei der Besichtigung von Ibrahim Bouhamzys Haus sechzehn Angaben machte, und der Grad der Unwahrscheinlichkeit, daß er diese Informationen aus Dingen hätte erschließen können, die er im Haus gesehen hatte (dies stand jahrelang verschlossen), vergrößern die Beweiskraft des Falles als Ganzem erheblich. Wir können dem Untersucher nur beipflichten, daß es bedauerlich ist, daß er nicht – wie beabsichtigt – seinen eigenen Plan bei der Besichtigung verwirklichen konnte. Es wäre jedoch völlig ungerechtfertigt, diese Tatsache als Vorwand zu nehmen, um die Beweiskraft der zusätzlich gewonnenen zutreffenden Angaben völlig in Abrede zu stellen.

Betrachtet man den Fall Imad Elawar in seiner Gesamtheit, so macht er eine echte Beziehung zwischen den »Rückerinnerungen« Imads und den Erlebnissen des verstorbenen Ibrahim Bouhamzy überaus wahrscheinlich. Meine Zusammenfassung ist nur ein Abriß des ganzen Berichtes, der all die Einzelheiten enthält, die Stevenson herausfand, als er im März 1964 dreimal und im August desselben Jahres während einer zweiten Reise in den Libanon ein viertes Mal Khriby einen Besuch abstattete. In der englischen Ausgabe von Stevensons Buch umfaßt dieser Fall mehr als fünfunddreißig Seiten.* Wegen der besonderen Umstände, unter denen diese Untersuchung durchgeführt wurde, hat diese einen einmaligen Wert. Manche der anderen neunzehn behandelten Fälle liefern bessere Beispiele für bestimmte Aspekte solchen Beweismaterials. Wie das im einzelnen aussieht und wie dadurch die parapsychologische Interpretation des Beweismaterials an Wahrscheinlichkeit gewinnt, kann weiter unten besser verdeutlicht werden, wenn ich die Ergebnisse in ihrer Gesamtheit würdige. An dieser Stelle möchte ich jedoch die Frage der Interpretation aufwerfen und sie nur anhand des Imad-Falles so vollständig wie möglich beantworten.

Natürlich besteht die erste Frage darin, ob Imads Aussagen und die Beispiele seines zutreffenden Wiedererkennens tatsächlich in einem Ausmaß auf Ibrahims Lebensumstände zutreffen, das über die zu erwartenden zufälligen Übereinstimmungen hinausgeht. Bis zu einem gewissen Grad bleibt die Antwort auf diese Frage dem persönlichen Urteil vorbehalten. Was mich betrifft, so kann ich aufgrund der in diesem Fall vorliegenden Tatsachen nur zu einer bejahenden Antwort kommen.

Vielleicht stellt sich als nächstes die Frage, ob die Übereinstimmungen zwischen Imads Aussagen und Ibrahims Leben Ergebnis eines abgekarteten Spiels oder eines Betrugs waren. Stevenson hat das Für und Wider dieser Frage sehr sorgfältig abgewogen, wobei so vieles gegen Betrug spricht, daß wir diese Möglichkeit ruhig außer acht lassen können. Einmal wären die falschen Schlußfolgerungen, die Imads Eltern aus dessen Aussagen über sein früheres Leben gezogen haben, kaum zu erklären, wenn es sich nur um Betrug handeln würde. Zum zweiten hätten an einer betrügerischen Machenschaft mehrere Personen aus beiden Dörfern beteiligt sein müssen, was nur sehr schwer zu planen oder zu vertuschen gewesen wäre. Zum dritten hätten bei einem Betrug die betreffenden Personen für manche Abschnitte der

* In der deutschen Übersetzung steht der Fall auf S. 286 bis 330. (Anm. d. Übs.)

Untersuchung ihre Rollen sorgfältig einstudieren müssen. Die Hauptrolle hätte der fünfjährige Imad spielen müssen, der sowohl schauspielerisches Talent wie sorgfältiges Rollenstudium benötigt hätte, um auf Menschen und Örtlichkeiten in Khriby richtig reagieren zu können.

Ich teile Stevensons Meinung, daß man kein Motiv finden kann, das erklären würde, warum man den Fall als Betrug aufgezogen haben sollte. Man kann sich schwer vorstellen, daß jemand von einem solchen Komplott hätte profitieren können; im Gegenteil, die Beteiligten hätten viel zu verlieren gehabt. Selbst wenn man ein solches Motiv unterstellt, das nicht entdeckt worden war, läßt sich weder die Tatsache erklären, daß der Vater zuerst von Imads Erzählungen nichts wissen wollte, noch daß man dem Fall bis zum völlig unerwarteten Besuch Stevensons nicht nachgegangen war, der im Rahmen seiner umfassenden Untersuchung die Besuche in Khriby und anderen Orten selbst arrangiert hatte.

Die dritte Frage befaßt sich mit der Möglichkeit, ob sich der Fall auf Informationen zurückführen läßt, die Imad auf normale Weise erhalten und dann vergessen hat. Dies würde bedeuten, daß, nachdem eine bestimmte Zeit verstrichen war, in der Imad diese Informationen zu »Erinnerungen« umgearbeitet hatte, er unzusammenhängende Aussagen machte, die von den Erwachsenen in seiner Familie als angebliche »Rückerinnerungen« an ein früheres Leben umgedeutet wurden. Wie schon gesagt, suchte Stevenson sorgfältig nach möglichen Kontakten zwischen Personen aus Kornayel und Khriby. Was er dabei herausfand, macht es unwahrscheinlich, daß bei den seltenen Besuchen zwischen den beiden Dörfern Informationen zu Imad gelangt sein könnten, die später die Quelle seiner Angaben bildeten.

Diese Überlegungen, die hier nur kurz erwähnt, aber in Stevensons Buch ausführlich und gründlich erörtert werden, scheinen die Möglichkeit auszuschließen, den Fall Imad mit normalen Mitteln zu erklären. Wir werden daher auf Hypothesen mit parapsychologischen Erklärungen verwiesen. Es gibt jedoch andere Evidenztypen für eine parapsychologische Interpretation, für die der Fall Imad kein geeignetes Beispiel ist; um diese zu veranschaulichen, müssen wir uns daher mit den Ergebnissen der gesamten Auswahl des Buches, d. h. aller zwanzig Fälle, beschäftigen.

Stevenson betont, daß die Auswahl der Fälle nicht unter dem Gesichtspunkt des bereits verfügbaren, stichhaltigsten Beweismaterials erfolgt ist. Es geht ihm vielmehr darum, die Vielfalt solcher Fälle und die verschiedenen Evidenztypen zu illustrieren, die für die Reinkarnationsfrage von Bedeutung sind. Außer der Aufzählung von Einzelheiten, die in den Rückerinnerungen an ein früheres Leben enthalten sind, kommen noch drei andere Beweistypen hauptsächlich in Frage: erstens der Genauigkeitsgrad, mit dem das Verhalten des Kindes mit Leben und Persönlichkeit des Menschen übereinstimmt, den es zu verkörpern vorgibt. Dazu gehört beispielsweise, ob das Kind die gleichen Vorlieben wie die frühere Person zeigt, sich nach deren Zuhause und Familie sehnt und ob es entsprechende Erkennungs- und Gefühlsreaktionen zeigt, wenn es mit Menschen zusammentrifft, die es aus seinem früheren Leben gekannt haben müßte. Zweitens der Nachweis besonderer Fertigkeiten oder Spezialkenntnisse, die der Verstorbene besessen hatte und die das Kind nicht gelernt haben konnte. Drittens mißt Stevenson der Tatsache besondere Bedeutung zu, wenn am Körper der sich erinnernden Person ganz bestimmte Muttermale gefunden werden, die eine Ähnlichkeit mit Narben am Körper des Verstorbenen aufweisen oder mit Wunden in Beziehung gebracht werden können, die jener erlitten hatte. Häufig haben die Muttermale eine Ähnlichkeit mit Narben, die beim Abheilen von Wunden hätten entstehen können, an denen die frühere Person gestorben war.

Niemand wird bestreiten, daß die Untersuchung solcher Fälle mit großen Schwierigkeiten verknüpft ist. Obwohl Stevenson davor nicht die Augen verschloß, setzte er seine Untersuchungen fort. Er begab sich in den meisten Fällen, die er beschreibt, persönlich an Ort und Stelle und scheute keine Mühe, durch Interviews mit den am meisten betroffenen Personen die Tatsachen zu eruieren. War er dabei auf Dolmetscher angewiesen, so arbeitete er häufig in den einzelnen Interviews mit verschiedenen Dolmetschern zusammen, um so die Verläßlichkeit der erhaltenen Informationen zu überprüfen. Wie wir im Fall Imad gesehen haben, zögerte er auch nicht, später noch einmal an den Ort des Geschehens zurückzukehren, wenn sich bei der Auswertung seiner Ergebnisse eine Möglichkeit ergeben hatte, wie er durch eine erneute, persönlich vorgenommene Untersuchung des Falles das Beweismaterial weiter erhärten konnte.

Daß die Häufigkeit von Reinkarnationsfällen irgendwie mit kulturspezifischen Unterschieden zusammenhängt, ist offenkundig, nicht jedoch, warum und auf welche Weise. Man findet solche Fälle im allgemeinen in einer Bevölkerung, in der die Reinkarnation aus religiösen Gründen zur Tradition gehört; in den Vereinigten Staaten dagegen, wo diese Vorstellung kaum Anhänger hat, ist die Zahl der bekannt gewordenen Fälle gering. Könnte dies bedeuten, daß solche Fälle in manchen Kulturen deshalb so zahlreich sind, weil dadurch ein religiöser Glaube gestärkt wird, vielleicht durch eine unterschwellige Suggestion, die in der Eltern-Kind-Beziehung reziprok wirksam wird? Gibt es in unserer Gesellschaft vielleicht die Tendenz, daß Eltern solche

Fälle ignorieren oder verschweigen? Jedoch können Suggestionswirkung und gesellschaftliche Zustimmung nicht alle Tatsachen erklären, da Stevenson in vielen Fällen überzeugend nachweist, daß Eltern die Behauptungen ihres Kindes, früher schon einmal gelebt zu haben, mißbilligten.

Oftmals kann die Stichhaltigkeit der Fälle kaum in Abrede gestellt werden, besonders dann, wenn große Entfernungen vorliegen, zwischen den Dörfern nur ein geringer Informationsaustausch besteht, wenn die beiden Familien, was oft der Fall ist, verschiedenen Kasten angehören und somit gesellschaftlich getrennt sind, oder wenn das Kind typischerweise sehr früh beginnt, sich an sein früheres Leben »rückzuerinnern«. Und aus den schon im Fall Imad erwähnten Gründen können Betrug und verfälschte Erinnerungen an ganz normal erhaltene Informationen alle Einzelheiten eines Falles zusammengenommen nicht zufriedenstellend erklären.

Es gibt natürlich Fälle (und zwar recht häufig), in denen Kinder behaupten, schon einmal gelebt zu haben, und diese verwirrende Verhaltensweise fordert zu einer Untersuchung heraus. Selbst wenn solche Untersuchungen nur zu soziologisch oder psychologisch interessanten Erkenntnissen führten, würden sie sich trotzdem in hohem Maße lohnen. Stevenson ist jedoch der Meinung, daß sie auch wichtige Beiträge zur Parapsychologie liefern werden. Dies wäre der Fall, wenn sich herausstellen sollte, daß die Kinder ihre Informationen über die Verstorbenen mit Hilfe von ASW erhalten hätten und diese Einzelheiten (vielleicht mit Hilfe der Eltern, wie im Fall Imad) unbeabsichtigt zu Rückerinnerungen an ein früheres Leben dramatisch hochstilisieren. Aber man kann gegen eine einfache ASW-Erklärung einiges ins Feld führen. Stevenson weist darauf hin, daß diese Kinder außerhalb dessen, was mit ihren Behauptungen über ein früheres Leben zu tun hat, kaum Anzeichen einer ASW-Begabung erkennen lassen. Zudem lassen sich die anderen oben erwähnten Evidenztypen, die über das, was die Kinder sagen, hinausgehen, nicht ohne weiteres mit der Funktionsweise der ASW vereinen, wie sie uns aus anderen Situationen geläufig ist.

Dies soll nicht heißen, daß der Einwand gegen die ASW-Hypothese absolut zwingend ist, und Stevenson räumt bereitwillig ein, daß sich jeder darauf zurückziehen kann, der die Reinkarnationshypothese nicht ernsthaft in Betracht ziehen möchte. Umgekehrt wird natürlich Fallmaterial dieser Art keinen hartgesottenen Skeptiker davon überzeugen, daß parapsychologische Fähigkeiten, sei es ASW oder etwas anderes, daran beteiligt sind, weil er für alles einen Ausweg findet.

Doch wer wollte behaupten, Stevenson hätte seine Untersuchungen gar nicht durchzuführen brauchen, da es ja ohnehin verschiedene Interpretationsmöglichkeiten gibt? Oder wer wollte ihm verwehren, die Reinkarnationshypothese in Betracht zu ziehen, solange man mit der entfernten Möglichkeit rechnen muß, daß eine andere Erklärung dafür in Frage kommt? Beides muß ich verneinen. Wir können Occams Rasiermesser durchaus in Ehren halten (darunter wird in der Wissenschaft die Regel verstanden, daß das einfachere dem komplizierteren Erklärungsprinzip vorgezogen werden sollte, wenn beide möglich erscheinen), ohne uns allerdings damit, wie es Sir Alister Hardy formuliert hat, die Kehle durchzuschneiden.

Aufgrund des in seinem Buch vorgelegten Beweismaterials kommt Stevenson zu keiner endgültigen Schlußfolgerung. Dafür ist die Forschung seiner Meinung nach noch nicht weit genug. Er ist sich völlig im klaren darüber, wie sich seine Ergebnisse auf verschiedene Interpretationsmöglichkeiten auswirken – wie man sich überhaupt schwer vorstellen kann, daß er eine Erklärungsmöglichkeit übersehen hat; alles in allem genommen ist er der Meinung, daß, was die Interpretation der Fakten angeht, am ehesten die Reinkarnationshypothese oder die Besessenheit in Frage kommen (darunter versteht man die zeitweise Inbesitznahme des kindlichen Körpers durch ein außermenschliches Wesen, vermutlich die überlebende psychische Entität eines Verstorbenen). Angesichts dieser beiden Möglichkeiten begründet Stevenson, warum er die Reinkarnationshypothese beim jetzigen Stand für die wahrscheinlichere hält.

Damit erhebt Stevenson nicht den Anspruch, daß seine Ergebnisse die Reinkarnation als wissenschaftliches Faktum beweisen. Dies erreicht man vielleicht durch weitere Forschung – oder auch nicht. Die Bedeutung von Ian Stevensons Forschungsarbeit liegt darin, daß er der wissenschaftlichen Untersuchung ein Gebiet zugänglich gemacht hat, das vorher nur der Religion und dem Aberglauben zugerechnet wurde – beides Gebiete, die für die Forschung unzugänglich sind. Man kann sich kaum vorstellen, daß es Wissenschaftler gibt, die die Folge dieser Entwicklung nicht begrüßten, nämlich daß man ihre Methoden, wie schon öfters, auf einen Phänomenbereich anwenden konnte, der vorher nicht untersucht worden war. Niemand kann im voraus garantieren, wie ein bestimmtes Forschungsvorhaben ausgehen wird; diese Unsicherheit gehört grundlegend zur wissenschaftlichen Arbeit. Nimmt ein Forscher das Risiko auf sich, ein neues Grenzgebiet zu untersuchen, weil er meint, daß ein etwaiger Erfolg wertvolle neue Erkenntnisse verspricht, so verdient er eigentlich dabei die Unterstützung seiner Kollegen. Leider zeigt die Geschichte der Wissenschaft, daß deren Reaktionen genau gegenteilig ausfallen können.

Welche Vorstellungen auf positive oder negative Vorurteile stoßen, hängt stark von der jeweiligen Kultur ab. Für die meisten gebildeten Menschen der westlichen Welt ist die Vorstellung vermutlich ungewohnt, die Reinkarnation wissenschaftlich zu untersuchen. Dies heißt jedoch nicht, daß der Gedanke an eine Wiedergeburt falsch ist, zumal der Glaube daran in anderen Teilen der Welt weit verbreitet ist, was eher für seine Richtigkeit spricht. Trotzdem begegnete man wegen der im Westen vorherrschenden Einstellung zur Reinkarnation der Veröffentlichung von Stevensons Buch mit Erstaunen.

Nachdem sich meine eigene Überraschung darüber gelegt hat, bin ich jetzt der Meinung, daß Stevensons Arbeit eine neue wissenschaftliche Forschungsrichtung erfolgreich eröffnet hat. Wenn dadurch die Reinkarnation einmal zu einem allgemein akzeptierten Faktum werden sollte, so haben Ian Stevensons bahnbrechende Leistungen neues Beweismaterial beigebracht, das für eines der ältesten, meist untersuchten, folgenschwersten, aber schwierigsten Probleme von Bedeutung ist, die die Parapsychologen zu lösen versucht haben.

Ich meine damit das Problem, ob irgendein Teil der menschlichen Persönlichkeit den körperlichen Tod überlebt. In meinem früheren Buch befaßte ich mich in einem ganzen Kapitel mit den ernstzunehmenden Untersuchungen auf diesem Gebiet. Unter den damals behandelten Forschungsansätzen befand sich *nicht* die Reinkarnation, weil bis dahin noch nichts vorlag, was den Namen Forschung verdient hätte.

Nun, nachdem Stevenson dieser Forschungsrichtung den Anstoß gegeben hat, scheint diese gewichtiges Beweismaterial zu erbringen, das zugunsten der Überlebenshypothese spricht. Denn streng genommen kann es keine Reinkarnation geben, solange nicht nachgewiesen ist, daß ein Teil einer bestimmten Person sowohl den körperlichen Tod überleben als auch später als Teil der psychischen Ausstattung eines anderen Menschen in Erscheinung treten kann. Stevenson formulierte dies 1960 auf folgende Weise: „Eine weitere Erforschung angeblicher Wiederverkörperungserinnerungen könnte wohl dazu führen, daß Reinkarnation als die wahrscheinlichste Erklärung solcher Erlebnisse angenommen wird. Als Ergebnis solcher Forschungen können wir vielleicht überzeugendere Hinweise auf das menschliche Überleben des körperlichen Todes erhalten als aus allen anderen Beobachtungen. Bei mediumistischen Kommunikationen sind wir mit dem Problem konfrontiert, zu beweisen, daß ein Verstorbener weiterlebt. Bei der Analyse der Wiedergeburtserinnerungen besteht das Problem darin, zu beurteilen, ob ein heute Lebender schon einmal gestorben war. Es könnte sich herausstellen, daß dies die einfachere Aufgabe ist, die, mit genügend Eifer und Erfolg betrieben, entscheidend zur Frage des Fortlebens beitragen kann."

Die hier vorgenommene kurze Beschreibung der Reinkarnationsuntersuchungen reicht allein schon aus, um auf die in der Kapitelüberschrift gestellte Frage eine direkte Antwort zu geben: Ja, Reinkarnation ist ein legitimes wissenschaftliches Problem. Wie andere wissenschaftliche Fragestellungen auch, wird das Reinkarnationsproblem nur von solchen Wissenschaftlern in Angriff genommen, die sich dadurch besonders herausgefordert fühlen. Ian Stevenson hat dies klar unter Beweis gestellt. Zudem bringt er für diese Aufgaben viele andere Vorzüge mit, darunter besondere Erfahrung auf dem Gebiet der Interviewtechnik und das Vermögen, das so gewonnene Material auf seine Beweiskraft hin zu beurteilen. Die meisten der Mitarbeiter, die zu ihm gestoßen sind, liefern ständig unentbehrliche Beiträge zu seinen Forschungen. Obwohl ich zur Zeit nicht die Absicht habe, mich daran aktiv zu beteiligen, empfinde ich als Wissenschaftler Befriedigung angesichts der Tatsache, daß diese Forschungsarbeit weitergeht.

Kapitel IX

PARAPSYCHOLOGIE ALS WISSENSCHAFT

Auf die Frage nach der Stellung eines Forschungsgebietes in der modernen Wissenschaft gibt es viele Antworten, die aber alle in zwei Gruppen fallen. Zur einen Gruppe gehört, was die aktiven Forscher eines bestimmten Gebiets von ihrer eigenen Arbeit halten; die zweite Gruppe besteht aus den Ansichten über dieses Fach, die von Wissenschaftlern anderer Disziplinen geäußert werden.

Diese Frage hat auch in der Parapsychologie zwei Seiten, insofern macht die Psi-Forschung keine Ausnahme. Schauen wir jedoch näher hin, so unterscheidet sich die Situation der Parapsychologie durchaus, vielleicht ist sie sogar ohne Beispiel. Auf jedem Gebiet hat der einzelne Forscher den Wunsch, daß seine Kollegen seine Ergebnisse akzeptieren. Ganz ähnlich möchte jeder Wissenschaftsbereich seine gemeinsam erarbeiteten Ergebnisse von den Kollegen anderer Disziplinen akzeptiert wissen. Das Idealziel eines Forschers ist dann erreicht, wenn fachfremde Wissenschaftler zur gleichen Einschätzung seines Gebietes gelangen wie er und seine Kollegen. Dieses Ziel kann niemals völlig erreicht werden, aber der Gegensatz in der Beurteilung zwischen dem Insider und Outsider kann zumindest verringert werden. Für etablierte Forschungsbereiche, die sich gegenseitig akzeptieren, können die Unterschiede in der Beurteilung so weit abgebaut werden, daß eine gegenseitige Verständigung leicht möglich wird.

Es ist unschwer zu erkennen, daß zwischen der Parapsychologie und anderen Wissenschaftsbereichen immer noch ein Graben liegt, in den meisten Fällen sogar ein Abgrund. Nur wenige Parapsychologen sind heute der Ansicht, daß andere Wissenschaftler unser Gebiet als etablierten Forschungszweig betrachten. Aber das Akzeptiertwerden durch die Wissenschaft ist keine Sache des Alles-oder-Nichts; was das Erreichen dieses Zieles betrifft, gibt es fließende Übergänge. Obwohl es ganz unterschiedliche Beurteilungen darüber gibt, wo die Parapsychologie heutzutage steht, wird niemand, der mit der Psi-Forschung wirklich vertraut ist, ernsthaft bezweifeln, daß Fortschritte erzielt wurden. Zweifellos sind wir Parapsychologen in unserer Forschung gut vorangekommen.

Ebenso steht außer Frage, daß die Parapsychologen sich selbst ganz anders einschätzen, als sie heute im allgemeinen von Wissenschaftlern anderer Disziplinen eingeschätzt werden. Wenn man daher das Thema Parapsychologie als Wissenschaft objektiv betrachten möchte, muß man dies von beiden Seiten her tun. Niemand kann behaupten, daß er für diese schwierige Aufgabe ideale Voraussetzungen mitbringt. Wer in der Parapsychologie aktiv engagiert ist, neigt dazu, ermutigende Anzeichen eines Fortschritts überzubetonen, während ein Gegner dieser Forschung, der die Entwicklungen von außen her beurteilt, zu übertriebenem Pessimismus neigt. Ich werde mich bemühen, beiden Standpunkten, dem des Insiders wie dem des Outsiders, so gut ich kann, gerecht zu werden. So möchte ich als erstes ein Selbstporträt der Parapsychologie entwerfen. Im Vordergrund werden die Forscher stehen und wie wir unsere Tätigkeit und Leistungen einschätzen. Im Hintergrund kommen diejenigen Bedingungen zur Sprache, die den Forschern ihre Arbeit ermöglichen.

Aus den vorausgegangenen Kapiteln wurde deutlich, daß sich die heutige Parapsychologie mit einer Vielzahl von Fragestellungen befaßt. Wir versuchen, eine Reihe von Rätseln zu lösen, die mit bestimmten Seiten der menschlichen Psyche und Natur zusammenhängen – Probleme, die andere Wissenschaften übersehen oder vernachlässigt haben. Aber ein neues Wissenschaftsgebiet erfordert mehr als eine Ansammlung von Rätseln. Was versteht man dabei unter diesem »mehr«?

Unsere Probleme haben gemeinsam, daß sie sich alle mit unerklärlichen Vorfällen oder Phänomenen im Bereich menschlichen Erlebens und Verhaltens befassen. Aber das Geheimnisvolle allein legt noch nicht die Grenzen eines Wissenschaftsgebiets fest. Viele Themen der Psychologie, wie etwa Gedächtnis und Phantasie, kann man noch nicht ausreichend erklären, was auch bei anderen biologischen Wissenschaften der Fall ist. Aber diese Gebiete beanspruchen nur solche Probleme für sich, von denen man annehmen darf, daß man sie eines Tages mit Hilfe bereits bekannter wissenschaftlicher Prinzipien erklären kann.

Auf der anderen Seite lassen die rätselhaften Erscheinungen, mit denen sich die Parapsychologie befaßt, starken Zweifel daran aufkommen, ob sie überhaupt mit bisher bekannten wissenschaftlichen Prinzipien erklärbar sind. Die paranormalen Phänomene dürften eigentlich gar nicht existieren, wenn die von der Wissenschaft gegenwärtig akzeptierten Gesetze einmal als ausreichend zur Erklärung der gesamten Wirklichkeit betrachtet werden. Diese Phänomene legen daher den Verdacht nahe, daß im Weltbild der anderen Wissenschaften ein entscheidender Punkt übersehen wurde. Die Parapsychologie verspricht somit, durch die Untersuchung dieser übriggebliebenen Probleme unsere wissenschaftlichen Erkenntnisse entscheidend zu vermehren. Die Wissenschaftsgeschichte liefert für diese Selbsteinschätzung zahlreiche Beispiele und läßt das, was sonst wie ein Größenwahn erschienen wäre, zu einer durchaus realistischen Erwartung werden. Man braucht nur daran zu denken, wie die Untersuchung so simpler Phänomene wie der statischen Elektrizität oder die ersten Hinweise auf die Radioaktivität die wissenschaftlichen Erkenntnisse über die physikalische Wirklichkeit immens erweitert haben. Da die Rätsel der Parapsychologie alle mit lebenden Organismen zu tun haben, besonders mit dem Menschen, können wir jetzt schon sagen, daß ihre Erforschung unsere wissenschaftlichen Erkenntnisse von der Natur des Menschen entscheidend vertiefen wird.

Bis zu einem gewissen Grad unterscheiden sich die einzelnen Wissenschaftsgebiete durch ihre Forschungsmethoden. Was auf dem einen Gebiet eine geeignete Vorgehensweise ist, kann auf einem anderen völlig fehl am Platze sein. Obwohl die Parapsychologie wissenschaftliche Methoden verwendet, sind diese nicht in jedem Fall lediglich von anderen Gebieten übernommen. Das bereits vorhandene Handwerkszeug wird, sofern es brauchbar ist, adoptiert, aber immer *adaptiert,* manchmal sogar neu entwickelt, um den Erfordernissen spezieller Fragestellungen gerecht zu werden. So wie der Chemiker in Forschungsmethoden der Chemie geschult wird, der Biologe und Psychologe in den Methoden ihrer Gebiete, so verwendet auch der Parapsychologe seine eigenen Methoden. Obwohl sich die Vorgehensweisen der einzelnen Gebiete nicht einfach austauschen lassen, weisen sie alle gemeinsame Züge auf. Dies gilt auch für unsere Methoden, die wissenschaftlich und doch von den anderen verschieden sind.

Die parapsychologischen Methoden haben in dem Zeitraum von nahezu hundert Jahren, in dem sie entwickelt und angewandt wurden, zu einem Fundus an Erkenntnissen über bestimmte Probleme geführt. Einige dieser Ergebnisse werden als endgültig akzeptiert, während andere nur die Richtung anzeigen, in der die Forschung am ehesten zu einem befriedigenden Verständnis kommen kann. Wer sich über den heutigen Stand der Psi-Forschung ein fundiertes Urteil bilden möchte, muß sich über ihre Probleme, Methoden und Ergebnisse, die oben erwähnt wurden, gründlich informieren.

Eine wissenschaftliche Disziplin gewinnt nur in dem Maß an Bedeutung, wie es ihr gelingt, über ihre eigenen Grenzen hinaus bekannt zu werden; dieses Ziel wird in erster Linie durch wissenschaftliche Veröffentlichungen erreicht. Fast jeder Wissenschaftszweig hat seine eigenen Fachzeitschriften, und die Parapsychologie bildet darin keine Ausnahme. Einige Zeitschriften veröffentlichen ausschließlich Forschungsarbeiten und andere wissenschaftliche Beiträge, die sich mit unserem Gebiet befassen; sie erscheinen schon viele Jahrzehnte ohne Unterbrechung, so daß sie die gleiche Kontinuität aufweisen wie die Zeitschriften anderer Disziplinen.

Zusätzlich gibt es seit längerem Proceedings (Kongreßberichte) und Monographie-Reihen, die für umfangreichere Arbeiten bestimmt sind. Qualifizierte Parapsychologen haben zudem über ihre Forschungen in Buchform berichtet und dabei gelegentlich erste Ergebnisse von umfangreichen Forschungsprojekten mit aufgenommen. Andere Bücher, wie zum Beispiel dieses, fassen die Entwicklungen auf diesem Gebiet zusammen und interpretieren sie für den allgemein interessierten Leser oder für den Forscher einer anderen Disziplin, der den Wunsch hat, verläßlich informiert zu werden.

Den aktiven Psi-Forschern ist es nicht entgangen, daß es außer der von ihnen selbst verfaßten Literatur eine wahre Flut populärer Psi-Bücher gibt. Wir sind uns im klaren darüber, daß – während wir in mühsamer Kleinarbeit die Fundamente zu einer neuen Wissenschaft zu legen versuchen – andere nur darauf warten, unsere mühsam gewonnenen Ergebnisse auszubeuten und sie einer möglichst breiten Öffentlichkeit bekannt zu machen. Wir würden viel lieber in Ruhe und ohne Publizität unsere Forschung betreiben, zumal unsere Ergebnisse häufig so verzerrt wiedergegeben werden, daß wir dadurch in Verlegenheit gebracht werden und Schwierigkeiten bekommen. Da wir uns aber entschieden haben, Wissenschaftler und nicht Journalisten zu werden, haben wir im allgemeinen nicht das Recht, uns über jene zu beklagen, die sich umgekehrt entschieden haben. Wir müssen aber auch Ausnahmen machen und uns gegen solche Journalisten zur Wehr setzen, die vorgeben, qualifizierte Forscher zu sein und sich selbst fälschlicherweise als Parapsychologen ausgeben – was leider manche tun. Wir können unsere Kollegen, die auf anderen Wissenschaftsgebieten arbeiten, nur davor warnen, sich lediglich aufgrund von Informationen, die in den Massenmedien verbreitet werden, ein Urteil über unser Gebiet zu bilden.

Zu einem Selbstporträt der Parapsychologie gehören natürlich auch die Personen, die sich auf diesem Gebiet aktiv engagieren. Ich habe im Zusammenhang mit den in früheren Kapiteln behandelten Forschungsvorhaben schon viele Namen genannt, eine weit größere Anzahl jedoch, die ebenfalls eine Erwähnung verdient hätte, mußte ungenannt bleiben. Hier nur ein paar Bemerkungen, um uns Parapsychologen zu kennzeichnen:

Wir bilden einen ziemlich repräsentativen Querschnitt verschiedener wissenschaftlicher Berufe, wobei die verschiedenen philosophischen Einstellungen ziemlich gleichmäßig vertreten sind. Die Parapsychologie steht, was die Eingliederung in ein reguläres Universitätsstudium betrifft, erst am Anfang, und es wird sicher noch eine geraume Zeit dauern, bis sie wie andere Studienfächer reguläre Pflichtkurse anbieten kann und bis Studenten mit parapsychologischen Arbeiten einen akademischen Grad erwerben können. So wie es bis jetzt aussieht, muß man noch keine formellen Voraussetzungen erfüllen, um auf diesem Gebiet arbeiten zu können. Die meisten Forscher, die zur Parapsychologie gestoßen sind, haben ihr wissenschaftliches Training auf anderen Gebieten bekommen. Die meisten von uns haben zugunsten der Parapsychologie ihre berufliche Laufbahn mittendrin aufgegeben. Von den heute aktiven Parapsychologen haben die meisten eine Ausbildung in Botanik, Biologie, Mathematik, Physik, Medizin, Psychologie oder Philosophie absolviert, um nur die häufigsten Fächer zu nennen.

1957 wurde eine eigene Organisation zum Zusammenschluß wissenschaftlich tätiger Parapsychologen gegründet, die Parapsychological Association. Diese internationale Organisation kennt drei Arten von Mitgliedern: Die außerordentlichen Mitglieder (Associates) haben eine bestimmte Minimalausbildung oder berufliche Qualifikationen. Sie bereiten sich auf eine Forschungstätigkeit oder auf andere Beiträge zur Parapsychologie vor. Somit stellen die Associates die nächste Generation von Parapsychologen. Zu den Vollmitgliedern gehören die etablierten professionellen Forscher. Um Mitglied zu werden, muß man im allgemeinen eine Untersuchung durchgeführt und einen Bericht darüber in einer parapsychologischen Fachzeitschrift veröffentlicht haben. Schließlich gibt es noch die Ehrenmitglieder, die wichtige Beiträge zur Parapsychologie geleistet haben, wenn auch nicht direkt wissenschaftlicher Natur.

Die Parapsychological Association zählt jetzt ungefähr zweihundert Mitglieder, etwa je zur Hälfte Vollmitglieder und außerordentliche Mitglieder, wobei ihre Mitgliederzahl bemerkenswert schnell ansteigt. Mehr als die Hälfte ist in den USA ansässig. Die Association hält einen jährlichen Kongreß ab, auf dem ihre Mitglieder über ihre jüngsten wissenschaftlichen Ergebnisse referieren. In Übereinstimmung mit dem internationalen Charakter dieser Organisation finden diese Zusammenkünfte auch in den Ländern statt, wo es aktive parapsychologische Forschungszentren gibt. So fand 1964 der Jahreskongreß in Christ Church, einem der ältesten Colleges der Universität Oxford, statt, 1968 in der Bundesrepublik an der Universität Freiburg i. Br., 1972 an der Universität Edinburgh; der Kongreß 1976 wird in Holland an der

Universität Utrecht abgehalten.* Über die ersten vierzehn Jahreskongresse (1958 – 1971) wurden in den von der Association veröffentlichten jährlichen *Proceedings* berichtet, die seit 1972 unter dem Titel *Research in Parapsychology* fortgeführt werden und jährlich bei Scarecrow, Metuchen, New Jersey (USA) erscheinen.

Ein Gebiet, das so kosmopolitisch ist und seine eigene internationale Berufsorganisation aufweist, verdient sicher ein paar Worte über seine „Geographie". Die parapsychologische Forschung spielt sich in erster Linie an Universitätszentren ab, die über die ganze Welt verstreut sind und auf diesem Gebiet die führende Rolle einnehmen. In einem Vortrag an der Duke-Universität im Oktober 1969 zeichnete ich die Entwicklung der Parapsychologie als Universitätsstudium nach, zudem wurden in diesem Buch viele akademische Forschungszentren an den entsprechenden Stellen erwähnt. Wer sich für dieses Thema aus historischer Sicht interessiert, sei auf diesen Vortrag verwiesen, der unter dem Titel »William McDougall and present-day psychical research« veröffentlicht wurde.**

Man darf jedoch nicht einen anderen Teil der parapsychologischen »Geographie« übersehen, nämlich die unabhängigen Zentren, die auf diesem Gebiet forschen oder die Forschung unterstützen. Die ältesten davon sind die Society for Psychical Research (S.P.R.) in London, gegründet 1882, und die American Society for Psychical Research (A.S.P.R.), die einige Jahre später gegründet wurde und ihren Sitz in New York hat. Andere Länder wie Holland, Frankreich, Dänemark und Schweden haben nach dem Vorbild der englischen S.P.R. ähnliche Organisationen gegründet, die mehr oder weniger aktiv geblieben sind.

Die A.S.P.R. erlebt zur Zeit einen bedeutenden Aufschwung, besonders was ihr Forschungsprogramm, ihre Mitgliederzahl und Umfang und Qualität ihrer Publikationen betrifft. Sie ist die einzige wissenschaftliche Organisation in den Vereinigten Staaten, die der Förderung der Psi-Forschung dient und der jeder beitreten kann.

Die Parapsychology Foundation mit Sitz in New York City hat unter der Leitung ihrer Gründerin und Präsidentin, der verstorbenen Mrs. Eileen J. Garrett, die Arbeit von Forschern auf der ganzen Welt unterstützt, die finanzielle Hilfe benötigten. Außerdem hat die Parapsychology Foundation Konferenzen organisiert, an denen aktive Psi-

---

* Gastgeber ist das 1974 gegründete Parapsychologische Laboratorium dieser Universität, das zu dem ordentlichen Lehrstuhl für Parapsychologie – Inhaber: Prof. Martin Johnson – gehört. (Anm. d. Übs.)

** In: *Journal of the American Society for Psychical Research 64* (1970), 385-403. (Anm. d. Übs.)

Forscher sowie interessierte Wissenschaftler anderer Disziplinen teilnahmen. Die Foundation veröffentlichte auch eine Zeitschrift, das *International Journal of Parapsychology* (1968 eingestellt), und gibt jetzt die *Parapsychology Review* sowie eine Monographie-Reihe heraus. Sie verfügt über ein eigenes Verlagshaus, die Helix Press, in der eine Reihe wichtiger parapsychologischer Werke erschienen ist.

Das Institut für Grenzgebiete der Psychologie und Psychohygiene in Freiburg i. Br. wurde 1950 von Professor Hans Bender errichtet. Seit seiner Gründung hat es eng mit der Universität Freiburg zusammengearbeitet, an der Bender 1954 im Rahmen des Psychologischen Instituts einen Lehrstuhl für Grenzgebiete der Psychologie erhielt, der 1967 in ein Ordinariat für Psychologie und Grenzgebiete der Psychologie umgewandelt wurde. Das Fach Grenzgebiete der Psychologie/Parapsychologie wird in Forschung und Lehre berücksichtigt. Seit Benders Emeritierung 1975 wird der Lehrstuhl von seinem Nachfolger, Professor Johannes Mischo, weitergeführt; Bender selbst leitet weiterhin das Institut für Grenzgebiete der Psychologie. Dieses Institut gibt vierteljährlich die *Zeitschrift für Parapsychologie und Grenzgebiete der Psychologie* heraus.*

Die Foundation for Research on the Nature of Man (F.R.N.M.) ist eine private Institution, die in Durham, North Carolina, USA, ansässig ist. Unter Leitung von Dr. J. B. Rhine ist sie die Nachfolgeorganisation des Parapsychologischen Laboratoriums der Duke-Universität. Der Vorschlag, diese Trennung von der Universität vorzunehmen, kam von Professor Rhine und wurde von der Universitätsverwaltung angenommen. Mit Erreichen der Altersgrenze wurde Rhine emeritiert und dieser Entschluß wirksam.

Ebenfalls in Durham befindet sich die Psychical Research Foundation. Dieses unabhängige Zentrum wurde 1960 von Charles E. Ozanne gegründet und wird seit dessen Tod 1961 durch eine Stiftung von ihm weitergeführt. Den Gründungsstatuten zufolge ist die Foundation verpflichtet, speziell solche Forschungsvorhaben durchzuführen, die für die Frage von Bedeutung sind, ob irgendein Teil der menschlichen Persönlichkeit den körperlichen Tod überleben kann. Mr. W. G. Roll, der von Mr. Ozanne zum Forschungsdirektor ernannt wurde, leitet die Arbeit der Foundation seit ihrer Gründung.

Damit hätten wir die meisten unabhängigen Zentren aufgezählt, die im Westen auf unserem Gebiet wissenschaftlich arbeiten. Ferner gibt es eine Reihe anderer Zentren mit Bezeichnungen, die erwarten lassen, daß sie wichtige Beiträge zur Parapsychologie leisten; aber das, was sie

* Erscheint im Walter-Verlag, Freiburg i. Br. (Anm. d. Übs.)

an Aktivitäten und Ergebnissen aufzuweisen haben, wird kaum ihrem Anspruch gerecht, ernsthaft wissenschaftlich zu arbeiten. Bei näherer Betrachtung stellt sich heraus, daß einige dieser Zentren praktisch nur auf dem Papier existieren. Sie wurden offenbar in erster Linie deshalb gegründet, weil einige Personen einen Briefkopf gewissermaßen als offizielles Aushängeschild brauchten, um damit für ihre Veröffentlichungen und Vorträge über Psi-Themen werben zu können. Wieder andere Zentren verfolgen zwar keine versteckten Absichten dieser Art, führen aber wissenschaftlich klingende Namen (wobei die Bezeichnung »Foundation« besonders beliebt ist), die mehr seriöse Forschung versprechen, als sie an Aktivitäten und Ergebnissen tatsächlich aufzuweisen haben. In eine andere Kategorie fällt die lobenswerte Initiative örtlicher Gruppen, die mit dem Ziel gegründet wurden, Diskussionen und eine sachliche Beschäftigung mit dem Thema zu ermöglichen, qualifizierte Vortragsredner heranzuziehen und gelegentlich sogar Symposien zu veranstalten, oftmals an einem College oder einer Universität, deren Teilnehmer hauptsächlich aus den Reihen professioneller Parapsychologen stammen. Alle in diesem Abschnitt erwähnten Aktivitäten haben eigentlich mit Parapsychologie als Wissenschaft nichts mehr zu tun. Wie gesagt, ist manches davon für das Gebiet schädlich, anderes nützlich.

Die Zahl der parapsychologischen Forscher ist immer noch viel zu klein; daher ist nur zu hoffen, daß weitere wissenschaftliche Forschungszentren entstehen.

Auch Parapsychologen müssen ihren Lebensunterhalt verdienen. In den letzten Jahren hat niemand, der sich entschieden hat, auf diesem Gebiet zu arbeiten, von seinen eigenen Mitteln gelebt. Und da, wie erwähnt, die Parapsychologie an Hochschulen noch kein reguläres Studienfach ist, gibt es nur wenige akademische Positionen, die eine Aufteilung der Arbeitszeit in Forschung und Lehre gestatten.

Auf die Frage, wie die parapsychologische Arbeit unterstützt wird, gibt es verschiedene Antworten. Manche Wissenschaftler, die in anderen Fächern reguläre akademische Positionen inne hatten und sich für parapsychologische Probleme zu interessieren begannen, haben einzelne Forschungsprojekte in ihrer Freizeit durchgeführt. Diese Wissenschaftler konnten vielleicht Studenten als Versuchspersonen gewinnen, von denen einige später als Forschungsassistenten mitarbeiteten und schließlich selbständige Forschungen betrieben. Verliefen die Versuche erfolgreich und wurden veröffentlicht, veranlaßte dieser Erfolg im akademischen Rahmen einige wohlhabende Privatleute dazu, Geldmittel zur Verfügung zu stellen, damit die Arbeit fortgesetzt und vertieft werden konnte. Auf diese Weise wurde die Forschung früher und auch heute noch gefördert.

Vor kurzem wurde öffentlich bekannt, daß besonders in den sechziger Jahren die Parapsychologie auf solche Weise entscheidend gefördert wurde. Zu Beginn jenes Jahrzehnts gaben mehrere Zentren bekannt, daß ihnen aus anonymer Quelle erhebliche Geldmittel zugeflossen seien. Allmählich wurde es unter wenigen Parapsychologen, die zum »engsten Kreis« gehörten, bekannt, daß ein und derselben Wohltäter die Psi-Forschung an allen diesen Institutionen unterstützte, wobei er verlangte, daß in jedem Fall diese Stiftungen anonym bleiben sollten. Am meisten bedacht wurden die Foundation for Research on the Nature of Man, die American Society for Psychical Research und die Universität Virginia, außerdem gab es noch andere Empfänger. Erst nach dem frühzeitigen Tod von Mr. Chester F. Carlson, dem Erfinder der Xerographie, und der Eröffnung seines Testaments, wurde öffentlich bekannt, daß er die Quelle dieser Geldmittel gewesen war, der größten, mit denen die Psi-Forschung jemals unterstützt worden war. Mr. Carlsons Testament stellte die Fortführung dessen sicher, was er zu Lebzeiten begonnen hatte. Dies hatte zur Folge, daß der parapsychologischen Forschung auf Jahre hinaus ein Platz im wissenschaftlichen Neuland gesichert wurde.

Die Großzügigkeit einer einzelnen Person kann unmöglich alle finanziellen Bedürfnisse des Gebiets abdecken, nicht einmal der oben genannten Zentren. Mr. Carlsons großzügige Tat kann daher nicht als letzte Antwort auf die Frage der finanziellen Unterstützung verstanden werden. Sie wird hier vielmehr als Beispiel einer Entwicklung angeführt, die im Laufe der Jahre immer mehr an Bedeutung gewonnen hat. Diese Entwicklung muß sich auch in den kommenden Jahren fortsetzen, wenn ein qualifizierter Nachwuchs, der sich für Parapsychologie interessiert, in der Lage sein soll, auf diesem Gebiet zu forschen, ohne Zeit und Energie für die Beschaffung der Mittel verschwenden zu müssen.

Somit mag die Rolle des privaten Geldgebers, was den Fortschritt der Parapsychologie betrifft, im gegenwärtigen Stadium (und für die nächste Zukunft) sogar für das Fortbestehen des Faches entscheidend sein. Diese Schlußfolgerung scheint der Lage der Dinge zu entsprechen, wenn man die vergeblichen Anstrengungen betrachtet, die unternommen worden sind, um Forschungsmittel von den staatlichen Stellen zu erhalten, die in den letzten Jahren die Wissenschaft in den USA zum größten Teil finanziert haben. Ein Forschungszentrum stellte zum Beispiel an das National Institute of Mental Health einen Antrag auf finanzielle Unterstützung, um eine Telepathieuntersuchung in Träumen durchführen zu können. Der Antrag wurde von der üblichen Anzahl von Gutachtern geprüft, deren Beschluß, sinngemäß zusammengefaßt, so ausfiel: »Ausgezeichnete Versuchsplanung, aber dem Antrag auf Unterstützung sollte nicht entsprochen werden, da ASW unmöglich ist.« Der springende Punkt ist, daß die Unterstützung durch offizielle Stellen von der Zustimmung eines wissenschaftlichen Komitees abhängt und daß solche Komitees in der Regel konservative Entscheidungen fällen, da sie auch die Ansichten ihrer konservativsten Mitglieder berücksichtigen müssen. Der private Spender braucht keine Zustimmung eines Komitees.

Es ist jedoch erfreulich, berichten zu können, daß die gleiche Stelle einige Jahre später einen ähnlichen Antrag desselben Forschungszentrums positiv beschied: Das National Institut für Mental Health gewährte dem Maimonides Medical Center eine zweijährige Unterstützung für die experimentelle Untersuchung von Telepathie in Träumen.

Dieses Selbstporträt der Parapsychologie hat ein breites Spektrum von Themen behandelt, aber auch wichtige Aspekte unerwähnt gelassen. Worin besteht eigentlich der allgemeine Wert dieser Forschung? Was kann man für die Zukunft erwarten? Wie schnell und wie weit wird sich das Gebiet entwickeln und mit welchen Konsequenzen? Dies sind schwierige Fragen, über die nicht einmal die aktiven Forscher einer Meinung sind. Einige Überlegungen dazu folgen weiter unten. Zuerst müssen wir auf einige Reaktionen eingehen, zu denen die Parapsychologie bei Außenstehenden Anlaß gegeben hat. Wie versucht die Parapsychologie, ihr Ziel zu erreichen, von anderen Wissenschaftlern akzeptiert zu werden?

In den letzten Jahrzehnten wurden amerikanische Psychologen verschiedentlich über ihre Einstellung zur ASW-Forschung befragt. Auf die Frage, ob sie die ASW für einen legitimen Gegenstand einer wissenschaftlichen Untersuchung hielten, antwortete die überwiegende Mehrheit mit ja. Aber nur ein geringer Prozentsatz war der Meinung, daß das bisher gewonnene Beweismaterial ausreichen würde, um die ASW als erwiesene Tatsache zu betrachten. Selbst jene, die die ASW für wahrscheinlich hielten, waren in der Minderzahl. Die Psychologen haben offenbar im Prinzip nichts gegen die Parapsychologie als Wissenschaft einzuwenden, zögern aber, die Ergebnisse der ASW-Forschung zu akzeptieren.

In diesen Meinungsumfragen kam eine überraschende, aber auch aufschlußreiche Tatsache über die Psychologen zu Tage, die angaben, daß sie das ASW-Beweismaterial nicht akzeptierten. Auf die Frage, auf welchen Informationen ihre Meinung basierte, gab die große Mehrzahl zu, daß sich ihre Kenntnisse auf Berichte in Zeitungen oder anderen Massenmedien oder auf populär geschriebene Bücher beschränkten. Nur sehr wenige hatten Originalarbeiten, die etwa im *Journal of Parapsychology* erschienen waren, gelesen. Sie lehnten das Beweismaterial ab, ohne es überhaupt geprüft zu haben.

Die Meinungsumfragen unter Psychologen erstreckten sich beinahe über zwei Jahrzehnte (1937 bis 1955), lange genug, um erkennen zu lassen, ob in diesen Jahren die ASW-Forschung bei den Psychologen einen nachhaltigen Eindruck hinterließ. Aus den im *Journal of Parapsychology* veröffentlichten Ergebnissen geht hervor, daß der Prozentsatz der Psychologen, die ASW akzeptierten, mit dem Anwachsen des Beweismaterials allmählich zunahm. 1937 waren nur neun Prozent der älteren Mitglieder der American Psychological Association der Meinung, daß ASW entweder eine feststehende Tatsache oder zumindest wahrscheinlich sei. 1952 war die entsprechende Zahl schon auf siebzehn Prozent angestiegen. Von den jungen Psychologen, die 1950 oder 1955 der Association beigetreten waren, vertraten dreißig Prozent diese Meinung. Daraus läßt sich schließen, daß die Zeit für die Psi-Forschung arbeitet, besonders bei den jüngeren Psychologen.

Andererseits haben die Parapsychologen ihre Kritiker nicht zum Verstummen gebracht. Im Anschluß an die häufigen Angriffe auf die ASW-Forschung Ende der dreißiger Jahre war fünfzehn Jahre lang die Stimme der Gegner weitgehend verstummt. Dann veröffentlichte Dr. G. R. Price im August 1955 in *Science* einen langen Artikel, in dem er ausführte, daß die Wissenschaftler die Wahl hätten, entweder die Existenz der ASW zu akzeptieren oder das Beweismaterial mit der Begründung zurückzuweisen, daß es durch menschliche Irrtümer, Nachlässigkeit oder sogar direkten Betrug entstanden sein konnte. Price sagte weiter, daß man die ASW, im Lichte allgemein akzeptierter Prinzipien moderner Wissenschaft beurteilt, als Wunder bezeichnen müßte. Anstatt ein Wunder zu akzeptieren, empfahl er den anderen Wissenschaftlern, seinem Beispiel zu folgen und sich auf den Standpunkt David Humes, eines Philosophen aus dem achtzehnten Jahrhundert, zu stellen, der besagt, daß man diejenigen, die von Wundern berichten, wenn nötig als Lügner bezeichnen soll. Price, der das experimentelle Beweismaterial sorgfältig geprüft hatte, gab offen zu, daß man bei den besten Experimenten nur dadurch die Schlußfolgerung, daß ASW vorliege, vermeiden könnte, indem man unterstellte, die Experimentatoren selbst hätten durch bewußten Betrug dazu beigetragen, diese Ergebnisse zu erhalten.

Nun zu Beginn der siebziger Jahre sind weitere fünfzehn Jahre vergangen. Man kann nicht mehr behaupten, daß sich die Kritiker in Schweigen hüllen. Der aktivste Gegner der Parapsychologie war im letzten Jahrzehnt Professor C. E. M. Hansel, früher an der Universität Manchester und jetzt am Psychologischen Institut der Universität Wales in Swansea. Hansel folgte dem Vorbild von Price und vertrat den Standpunkt, daß kein in Anspruch genommener Beweis für ASW wissenschaftlich stichhaltig sei, solange man sich auch nur eine Möglichkeit vorstellen könnte, wie auch nur eine einzige Person durch Betrug zu den Resultaten hätte kommen können.

Im Unterschied zu seinen Vorgängern übte Hansel seine Kritik nicht nur vom Schreibtisch aus. Er betätigte sich als Detektiv am Ort der vermuteten Verbrechen, die er aufklären wollte. 1959 nahm er sogar eine Einladung zu einem kostenfreien Besuch des Parapsychologischen Laboratoriums der Duke Universität an. Dort beschäftigte er sich hauptsächlich mit zwei Experimenten, die bereits ein Vierteljahrhundert zurücklagen und die von diesem Laboratorium als erste experimentelle Nachweise für ASW herausgestellt worden waren. Hansel verfaßte zwei getrennte Kritiken, die zusammen mit den Erwiderungen der angegriffenen Experimentatoren im *Journal of Parapsychology* veröffentlicht wurden. Die Leser dieser Kontroversen schienen sich einig gewesen zu sein, daß Hansels Kritik wirksam entkräftet worden war.

Dieser Eindruck wurde noch dadurch bestärkt, daß Hansel einige Jahre nichts mehr von sich hören ließ, und so äußerte ich 1964 die Meinung, daß er sich wohl für immer von seinem auserwählten Schlachtfeld zurückgezogen hätte. Allerdings gaben mir die Ereignisse nicht recht, denn 1966 veröffentlichte Hansel ein Buch, in dem er das gesamte Gebiet der Parapsychologie unter Beschuß nahm. Er wiederholte darin nicht nur die bereits veröffentlichten Kritiken, die ja schon entkräftet worden waren, sondern er erweiterte seinen Angriff und versuchte, die ganze Psi-Forschung in Grund und Boden zu verdammen. Wer auf dem Gebiet der Parapsychologie nicht schon bewandert war, konnte nach der Lektüre dieses Buches leicht den Eindruck gewinnen, daß Hansel jede von den Psi-Forschern jemals aufgestellte Behauptung zerpflückt hätte. Keinem Parapsychologen bescheinigt er, jemals etwas Wertvolles geleistet zu haben, mit Ausnahme von Mr. Everett Dagle und dessen Kollegen vom Air Force Laboratorium in Massachusetts. Für die Konstruktion ihrer automatischen ASW-Testeinrichtung bekamen sie das Hanselsche Gütesiegel verliehen, allerdings erst dann, als aus ihrem Forschungsbericht hervorging, daß sie damit nur Zufallsresultate erhalten hatten. Hansel räumte ein, daß man vielleicht noch ein weiteres Jahr abwarten sollte, um den Forschern die Gelegenheit zu geben, mit diesem Gerät den Existenznachweis der ASW zu erbringen. Sollte dieser nicht möglich sein, dann sollte man die ASW-Forschung aufgeben, da sie für die Wissenschaft nichts erbringe.

Die meisten Kritiken an der ASW, die seit Hansels Buch veröffentlicht wurden, stammen indirekt aus dieser Quelle. Oft hatten sich die Rezensenten dieses Buches vorher überhaupt nicht über dieses Gebiet informiert. Viele machten den Fehler, Hansels Behauptungen für bare Münze zu nehmen. So wurden Rezensenten, die vorher nie öffentlich ein Interesse an der Parapsychologie bekundet hatten, dazu verleitet, in das vom Autor gefällte harte Urteil „schuldig" mit einzustimmen.

Aber auch einige gute Kenner der Psi-Forschung hatten Gelegenheit, Hansels Buch zu besprechen. Aus ihren Würdigungen ging hervor, welches fantastische Ausmaß an Ungenauigkeiten und sonstigen Fehldeutungen auf Hansels Konto geht. Tatsächlich ist die Zahl der Fehler im Vergleich zu den richtigen Angaben so groß, daß man sich mit Recht fragen kann, ob man dieses Buch nicht besser als Science Fiction bezeichnen soll. (Man kann in den »Anmerkungen« zu diesem Kapitel Zitate aus Rezensionen nachlesen, die sich mit einigen von Hansels Entstellungen befassen.)

Damit haben wir dieser eigenartigen Kritik genügend, wenn nicht gar zuviel Zeit geopfert. Hansels Angriff war von Anfang an so beispiellos und so beleidigend, daß er von vornherein verfehlt war. In der langen Wissenschaftsgeschichte stießen Forscher und Entdecker immer wieder auf große Schwierigkeiten, wenn sie versuchten, auf ihre neuen Erkenntnisse aufmerksam zu machen. Aber auch auf einem neuen Forschungsgebiet wurden selten unangenehme Entdeckungen mit der Begründung angegriffen, die Wissenschaftler, die sie berichten, müßten Betrüger sein. Zwar sind vereinzelt Fälschungen vorgekommen, aber in der langen Geschichte des menschlichen Strebens nach Erkenntnis war dies äußerst selten der Fall. Sie waren selten dafür verantwortlich, daß eine wissenschaftliche Entwicklung in eine falsche Richtung führte, oder höchstens nur für kurze Zeit. Von daher ist es nicht überraschend, daß sich die überwiegende Mehrzahl der Wissenschaftler keineswegs Hansel angeschlossen hat, ebensowenig, wie sie sich hinter Price gestellt hat, als es darum ging, alle fundierten Behauptungen der Parapsychologie als Betrug abzutun. Jeder Forscher, der auf welchem Wissenschaftsgebiet auch immer eigene Resultate veröffentlicht hat, weiß, daß er leichtfertige Betrugsbeschuldigungen, die sich gegen seine Ergebnisse richten, nicht völlig widerlegen könnte. Warum verlangt man dann dies von Parapsychologen?

Wir können unsere Bemerkungen über diese letzte Möglichkeit der Kritik sehr kurz halten. Wenn Hansel mit seinen Angriffen recht hat, dann sind die Parapsychologen in beruflicher Hinsicht bereits gestorben, obwohl es die meisten von uns offensichtlich nicht wissen. Wenn Hansel unrecht hat, so hat sein Fehler die Parapsychologie zwar einiges gekostet, aber sie wird seine destruktiven Versuche überleben, so wie eine Großstadt einen Aufruhr überlebt. Vielleicht hat er auf lange Sicht hin der Psi-Forschung sogar einen Dienst erwiesen. Wir Parapsychologen können nun die Schwierigkeiten, mit denen wir konfrontiert werden, besser beurteilen, und können, wie eine Stadt nach einem gewaltsamen Ansturm, die Lektion, die wir aus dieser »Katastrophe« gelernt haben, dazu verwenden, unsere Versuchsbedingungen und Methoden weiter zu verbessern, um so unser Gebiet vor den Donquichotterien künftiger Hansels zu bewahren. Unser Ziel sollte sein, in Zukunft den Aufwand an Zeit und psychischer Energie für ungerechtfertigte und verfehlte kritische Angriffe, die gut gemeint sein mögen, zu vermeiden oder zumindest so gering wie möglich zu halten.

Eine erfreuliche Wende bedeutet eine vor wenigen Jahren veröffentlichte Feststellung: In der Leserbriefspalte von *Science* vom 28. Januar 1972 erschien eine kurze Mitteilung von G. R. Price, die die Herausgeber mit dem Titel versahen: »Entschuldigung bei Rhine und Soal«. In seinem Brief von elf Zeilen schreibt Price, er sei zu der Überzeugung gelangt, daß er sich in seinem kritischen Artikel, der in *Science* (26. August 1955) erschienen war, J. B. Rhine gegenüber in höchstem Maße unfair verhalten habe. Er erinnert dann den Leser daran, daß sich dieser Artikel mit möglichem Betrug in der ASW-Forschung befaßt habe. Der Schlußsatz lautet: »Ich vermute, daß ich mit dem, was ich in diesem Artikel über S. G. Soal schrieb, ähnlich unfair gewesen bin.«

Trotz dieser Kritiken werden Wissenschaftler in herkömmlichen, etablierten Bereichen der Parapsychologie gegenüber immer aufgeschlossener. Die Veröffentlichung parapsychologischer Arbeiten in der wissenschaftlichen Literatur anderer Disziplinen nimmt zu. In erster Linie trug für die Gründung spezieller parapsychologischer Zeitschriften die Erfahrung bei, daß sich die Herausgeber bereits vorhandener Fachzeitschriften, wie zum Beispiel der Psychologie, weigerten, Forschungsarbeiten aus dem Bereich der Parapsychologie zu publizieren. In den vierziger und fünfziger Jahren schlug sich ein wechselseitiger Gedankenaustausch zwischen Psi-Forschung und anderen Bereichen in der wissenschaftlichen Literatur praktisch nicht nieder. In den sechziger Jahren hat sich dieses Bild geändert. Originalbeiträge aus der Psi-Forschung sind in einer Reihe von Zeitschriften erschienen, darunter dem *Journal of Abnormal Psychology* in den USA und in

Nature in England. Die Herausgeber mancher Zeitschriften haben ganze Nummern der Parapsychologie gewidmet, beispielsweise die Zeitschriften *Corrective Psychiatry and Journal of Social Therapy* (März 1966) sowie *International Journal of Neuropsychiatry* (September/Oktober 1966). Wissenschaftliche Bücher über Parapsychologie werden häufiger in psychologischen und medizinischen Fachzeitschriften rezensiert. Die Buchbesprechungen werden zunehmend von Parapsychologen verfaßt, anstatt, wie es früher oft geschah, von uninformierten Rezensenten, die der Herausgeber auf gut Glück dafür ausgesucht hatte, wenn das Rezensionsexemplar eintraf.

Diese Veröffentlichungen über die Grenzen des Gebiets hinweg bilden keine vollständige Aufzählung, sondern sind Beispiele für einen sich abzeichnenden Trend. Wenn dieser in den kommenden Jahren anhält, könnte er einen tiefgreifenden Wandel im Verhältnis zwischen Parapsychologie und anderen Wissenschaftsgebieten signalisieren. Es gibt wenig Grund anzunehmen, daß viele Wissenschaftler anderer Disziplinen die parapsychologischen Fachzeitschriften lesen. Aber sie lesen ihre eigenen Fachzeitschriften und das allgemeine wissenschaftliche Schrifttum. Sie sind vielleicht überrascht, wenn sie in ihren vertrauten Zeitschriften auf parapsychologische Artikel stoßen, was sie vielleicht neugierig darauf macht, was in diesen Arbeiten steht.

Den Parapsychologen wird in interdisziplinären wissenschaftlichen Publikationen noch immer nicht der gleiche Raum eingeräumt wie den Forschern anderer Gebiete. Die Annahme parapsychologischer Arbeiten ist noch immer mit frustrierenden Schwierigkeiten verbunden. Besonders führt die Praxis der Herausgeber, die Manuskripte anonymen Gutachtern zur Beurteilung zuzusenden, dazu, daß Arbeiten aus der Psi-Forschung abgelehnt werden.Die Gutachter sind gewöhnlich nicht über Parapsychologie informiert und die Herausgeber wählen wahrscheinlich dafür jemanden aus, der als Kritiker des Faches gilt. In den anonymen Beurteilungen, die die Autoren am Ende zu sehen bekommen, haben manche Gutachter offen zugegeben, daß ihre Empfehlung gegen die Annahme der Arbeit auf einem Vorurteil beruhte: »Ich glaube nicht an ASW«.

Die American Association for the Advancement of Science (AAAS) (Amerikanische Gesellschaft zur Förderung der Wissenschaft) ist die größte wissenschaftliche Organisation in Amerika. Die Association ist eine Dachorganisation, die kleinere wissenschaftliche Gesellschaften verschiedener Forschungsgebiete als Mitglieder aufnimmt.

Die Parapsychological Association (P. A.) hat in den sechziger Jahren viermal einen Antrag auf Aufnahme in die AAAS gestellt. Obwohl sie alle schriftlich niedergelegten Anforderungen für die Aufnahme erfüllte, wurde ihr Antrag trotzdem dreimal abgelehnt. Die jeweiligen Anträge wurden bereits in einer frühen Phase der Begutachtung abschlägig beschieden und nicht in die beratende Versammlung zugelassen. Die Einwände wurden nie deutlich formuliert, und 1968 gab die AAAS bekannt, sie würde ihre Aufnahmebestimmungen neu festlegen. In der Ankündigung wurde dieser Schritt speziell mit der P. A. in Verbindung gebracht, was die Erfolgsaussichten weiter zu verschlechtern schien. Der vierte Antrag der P. A. aus dem Jahre 1969 gelangte schließlich in der beratenden Versammlung der AAAS zur Abstimmung und wurde angenommen. Dieser Erfolg bedeutete einen weiteren Schritt zur Aufnahme der Parapsychologie in die wissenschaftliche Gemeinschaft.

Der Kampf zwischen orthodoxen Ansichten und herausfordernden neuen Ideen hat in der Wissenschaft eine lange Geschichte. Dieser Streit zieht sich durch die ganze Geschichte der Suche des Menschen nach einem besseren Verständnis des Universums. Dr. T. S. Kuhn hat in seinem Buch *The Structure of Scientific Revolutions** eine eingehende Analyse des Wesens der Wissenschaft vorgelegt, die selbst einen revolutionären Einfluß auf das Verständnis des wissenschaftlichen Prozesses hatte. Kuhn erwähnt in seinem Buch zwar nicht die Parapsychologie, aber es ist für den heutigen Standort unseres Faches so wichtig, daß hier näher darauf eingegangen werdensoll.

Kuhn trifft eine Unterscheidung zwischen normaler (oder gewöhnlicher) Wissenschaft und außerordentlicher (oder Pionier-)Wissenschaft. Die normale Wissenschaft spielt sich nur innerhalb bereits festgelegter Grenzen ab. Sie strebt ausschließlich eine Vertiefung von Detailkenntnissen innerhalb des bereits akzeptierten Erklärungsrahmens an und setzt neuen wissenschaftlichen Phänomenen, die dieses System gefährden würden, Widerstand entgegen. Umgekehrt befaßt sich die außerordentliche Wissenschaft mit neuen Erkenntnissen oder neuen Betrachtungsweisen bereits bekannter Tatsachen, die, wenn allgemein akzeptiert, eine entscheidende Veränderung der Erklärungsprinzipien erfordern würden, die die meisten Wissenschaftler zur Zeit als erwiesen betrachten.

Wir Parapsychologen wurden zum erstenmal von unserem Kollegen Dr. R. A. McConnell von der Universität Pittsburgh mit Nachdruck auf die Kuhnsche These hingewiesen. McConnell hat überzeugend gezeigt, daß Kuhns Beschreibung des Wissenschaftsprozesses

* Die deutsche Übersetzung ist unter dem Titel *Die Struktur wissenschaftlicher Revolutionen* 1967 im Suhrkamp-Verlag, Frankfurt a. M., erschienen. (Anm. d. Übs.)

auf die heutige Parapsychologie und ihr Verhältnis zu den übrigen Wissenschaftsgebieten zutrifft. Wir sollten über die Situation, in der wir uns befinden, nicht überrascht sein, sie entspricht vielmehr genau den Erwartungen. McConnell hat in seinem Artikel »The Structure of Scientific Revolution: An Epitome« (in: *Journal of the American Society for Psychical Research 62* (1968), 321-327) einen kurzen Abriß von Kuhns Buch gegeben, aus dem ich eine treffende Zusammenfassung unseres Themas entnehme: «Im wissenschaftlichen Prozeß wechseln sich zwei Phasen ab: die ‚normale Wissenschaft' und die ‚außerordentliche Wissenschaft'. Normale Wissenschaft heißt die gewohnte Forschungsarbeit, die auf akzeptierten Erklärungsmodellen beruht. Zum Beispiel haben in der Entwicklung der Mechanik das aristotelische, das newtonsche und einsteinsche Modell nacheinander ihre Gültigkeit gehabt. Kuhn bezeichnet diese Modelle als ‚Paradigmata'. Ein Paradigma muß zwei Merkmale aufweisen: Es muß beispiellos und erfolgreich genug sein, um eine beständige Gruppe von Anhängern anzuziehen, und außerdem offen genug und unfertig, um diesen Anhängern Probleme zur Lösung zu überlassen. Die außerordentliche Wissenschaft findet beim Übergang von einem Paradigma zum anderen statt.

Etwas genauer betrachtet, durchläuft die Entwicklung jeder Wissenschaft folgende Phasen:
- eine präparadigmatische Periode der Verwirrung;
- Beginn der reifen Wissenschaft mit dem Auftauchen eines Paradigmas, das sich aus einfachen Theorien herausschält;
- eine Periode normaler Wissenschaft, in der das Paradigma erforscht und weiter verfeinert wird;
- eine Krise, in der zunehmend unerklärliche Anomalien auftauchen;
- Herausbildung eines neuen Paradigmas;
- revolutionärer Kampf zwischen altem und neuem Paradigma;
- Sieg des neuen Paradigmas und Rückkehr zur normalen Wissenschaft.«

McConnell ist der Meinung, daß die heutige Parapsychologie – bezogen auf diese Abfolge – immer noch in der Anfangsphase steht. Diese Auffassung trägt sicher zum Verständnis unserer gegenwärtigen Situation bei. Gleichzeitig macht sie deutlich, welch langen Weg die Parapsychologie noch zurückzulegen hat. Es gibt keinen Anhaltspunkt dafür, wie lange es noch dauern wird, bis wir aus der »Phase der Konfusion« in das erste Stadium einer sich abzeichnenden Einigung über ein einheitliches Erklärungssystem eintreten werden. Die Wissenschaft, besonders die »außerordentliche« Wissenschaft, verträgt sich einfach nicht mit einem im voraus festgesetzten Leistungssoll. Die Zeit, die man zum Erreichen einer neuen Verstehensgrundlage und zur Entwicklung eines neuen Modells oder Paradigmas in der Wissenschaft einräumen sollte, ist die Zeit, die erforderlich ist, um dieses Ziel zu erreichen.

Dieses Kapitel befaßte sich mit einem großen Gebiet, den inneren Angelegenheiten der Parapsychologie und den Beziehungen zu anderen Disziplinen, alles Facetten dieses Faches als Teil der modernen Wissenschaft. Wir versuchen nun, Bilanz zu ziehen und die Bedeutung der einzelnen Fakten zusammengenommen zu würdigen.

Wer sich heute mit Psi-Forschung befaßt, interessiert sich wie seine Vorgänger vor hundert Jahren für bestimmte Ereignisse, die im Bereich menschlichen Erlebens und Verhaltens auftreten. Für diese Phänomene kann im Rahmen der von der heutigen Wissenschaft akzeptierten Prinzipien oder »Gesetze« keine befriedigende Erklärung gefunden werden. Angesichts dieser ungewohnten und unerklärlichen Behauptungen, Beobachtungen und Ereignisse sind wir uns im klaren darüber, daß unsere Forschung zu einer mehr oder weniger einschneidenden Veränderung des wissenschaftlichen Weltbilds führen kann.

Zuallererst war es jedoch notwendig, die Tatsachen sicherzustellen. Gab es wirklich geheimnisvolle Seiten der menschlichen Psyche, die der Wissenschaft entgangen waren, oder würde die Forschung ans Licht bringen, daß sich hinter diesen Behauptungen ganz gewöhnliche Ereignisse verbergen? Bei der Suche nach einer Antwort haben wir Methoden verwendet, die schon für das Aufspüren von Geheimnissen der Natur entwickelt und mit Erfolg eingesetzt worden sind. In manchen Fällen hat sich herausgestellt, daß es sich nur scheinbar um Geheimnisse handelte; diese Probleme wurden, da sie wahrscheinlich in den Rahmen der herkömmlichen Wissenschaft fielen, nicht weiter verfolgt. In einer Reihe anderer Beispiele hat sich jedoch bei näherer Prüfung ergeben, daß die Behauptungen nicht nur Einbildung, Übertreibung oder Folge einer Täuschung waren. Diese Nachprüfung untermauerte vielmehr die Behauptungen und vergrößerte eher die Schwierigkeiten (anstatt sie zu vermindern), die Fakten mit Hilfe allgemein akzeptierter wissenschaftlicher Prinzipien zu erklären.

Wir sind noch nicht in der Lage, ein Erklärungsgerüst anzubieten, das die Psi-Phänomene zufriedenstellend einordnen kann. Wir müssen daher unsere wissenschaftlichen Beobachtungen fortsetzen und weitere Daten sammeln. Dieses Stadium der Parapsychologie, in dem wir uns noch befinden, stellt nicht einfach einen ziellosen Prozeß dar, wie das Auflesen von Kieseln am Strand. Soweit möglich, hat die Forschung zum Ziel, zusammengehörende Tatsachen zu sammeln. Es handelt sich um hypothesengeleitete Untersuchungen, die auf früheren Ergebnissen beruhen.

Einige Parapsychologen haben es, wenn auch auf der schmalen Basis bereits verfügbarer Tatsachen, unternommen, organisierende Prinzipien oder Theorien zu entwickeln, die, falls sie sich als richtig erweisen sollten, eine gewisse Ordnung in das Chaos der über lange Zeit gesammelten Fakten bringen. Aber es bleibt jedem einzelnen überlassen, Vermutungen darüber anzustellen, ob irgendeine der bereits vorhandenen Theorien den Bewährungstest bestehen oder wie lange es dauern wird, bis eine bestimmte Theorie, sei sie schon vorgeschlagen oder erst noch zu entwickeln, sich als richtig erweisen und allgemein akzeptiert werden wird. Solche Überlegungen wie das Tempo des Fortschritts oder der Grad der Anerkennung sind für die Parapsychologie so wichtig wie für jedes andere Wissenschaftsgebiet. Sie haben einen großen Einfluß auf das Leben des einzelnen Forschers, ihre Bedeutung für die Wissenschaftsgeschichte mag jedoch nur begrenzt sein.

Die Aufrichtigkeit erfordert, daß ich an dieser Stelle offen ausspreche, was durch das Buch hindurch klar impliziert war: *Ich persönlich bin davon überzeugt,* daß die grundlegenden Aussagen der Parapsychologie eines Tages als Fakten akzeptiert werden. Wenn dies geschieht, muß die Wissenschaft erkennen, daß der Mensch Fähigkeiten besitzt, die vorher als nicht-existent oder nur als bedeutungslos angesehen wurden. Welche Bedeutung hätte unser verändertes Verständnis vom Wesen des Menschen? Wie würde sich diese in den kommenden Jahrzehnten und Jahrhunderten auf unsere weiteren Erkenntnisse über den Menschen auswirken?

Solche Fragen bringen den Parapsychologen in eine ähnliche Situation wie früher Benjamin Franklin. Dieser schrieb einmal in seinem *Journal,* ihn brächten die Fragen, welchen Wert denn seine Erforschung der Elektrizität hätte, ständig in Verlegenheit. Worin bestände ihr praktischer Nutzen? Franklin sagte weiter, er könne darauf keine zufriedenstellende Antwort geben. Daher luden er und seine Kollegen zum Abschluß einer Versuchsreihe ihre Freunde zu einer Elektrizitätsparty ein. Sie setzten alles ein, was ihnen an elektrischen Wunderdingen zur Verfügung stand; so entzündeten sie zum Beispiel ein Feuer unter dem Rost, indem sie einen Strom über die Oberfläche schickten, und erzeugten einen Funkenregen und andere unterhaltende elektrische Effekte. Heute überblicken wir natürlich die Entwicklungen auf dem Gebiet der Elektrizität seit Franklins Tagen. Für uns ist es klar, daß Franklin auch nicht annähernd die langfristigen Konsequenzen seiner Forschungsarbeit erkennen konnte.

So müssen auch wir zugeben, daß wir die langfristigen Konsequenzen für die Menschheit nicht in vollem Umfang vorhersehen können, die die ersten primitiven parapsychologischen Experimente – das einzige, was wir bisher haben – nach sich ziehen können. Aber wir können ihre Bedeutung abschätzen, was genügt, um sicherzustellen, daß die Forschung fortgesetzt wird, solange es diese Probleme zu lösen gilt. Als ich mit Professor Wassiliew in Leningrad darüber sprach, meinte er zusammenfassend, die Ergebnisse der Parapsychologie beeinflußten unser Verständnis vom Wesen des Menschen – eine Frage von größter Bedeutung für den Menschen und seine Zukunft, von der wir heute nur einen Bruchteil dessen wissen, was wir eigentlich wissen müßten.

Damit hat Wassiliew das ganze Problem kurz zusammengefaßt. Wir betreiben heute parapsychologische Forschung, weil wir bereit sind, unsere Lebensarbeit angesichts der Möglichkeit aufs Spiel zu setzen, daß es in der Natur des Menschen und anderer lebender Organismen noch etwas Unbekanntes gibt, das von der Wissenschaft zu Recht untersucht wird. Für viele von uns Psi-Forschern ist dieses Spiel bereits gewonnen. Angesichts des bisher Erreichten, sind wir zu der Überzeugung gelangt, daß sich die Parapsychologie zumindest mit *einigen* Phänomenen befaßt, die es wirklich gibt und die von keinem anderen Wissenschaftszweig untersucht werden. Doch dies genügt nicht. Wir müssen unsere Forschungsanstrengungen verdoppeln und wirksamere Wege suchen, um unsere Ergebnisse anderen mitzuteilen. Wir sind nicht nur darauf angewiesen, daß Wissenschaftler anderer Disziplinen unserem Forschungsgebiet Verständnis entgegenbringen, sondern wir müssen auch neue Mitarbeiter gewinnen.

In der Tat wird die Parapsychologie verschwinden, wenn es den heutigen Psi-Forschern nicht gelingt, unter den Studenten, die die kommende Generation von Wissenschaftlern darstellen, einige für ihr Gebiet zu interessieren. Dies ist kein Pessimismus, sondern eine schlichte Tatsache. Die Parapsychologie ist weder für solche da, die Wunder suchen, noch für solche, die sofort eine Antwort wollen. Sie braucht vielmehr Forscher, die der Möglichkeit, daß die Wissenschaft immer noch völlig neue Entdeckungen machen kann, aufgeschlossen gegenüberstehen – Entdeckungen, durch die wir manche Rätsel unserer Welt, die mit der kosmischen Ordnung der belebten Materie zu tun haben, besser verstehen können.

Auch die Wissenschaftler anderer Gebiete sind natürlich der Meinung, daß durch ihre Forschungsanstrengungen all die unbeantworteten Fragen über den Menschen gelöst werden. Viele von ihnen sind aufrichtig davon überzeugt, daß allein durch ihre Methode eine vollständige und endgültige Antwort auf die größte aller wissenschaftlichen Fragen ereicht werden kann. Umgekehrt glauben wir Parapsychologen, daß wir bei der Erforschung des Menschen einen direkteren Zugang eingeschlagen haben und daß wir wichtige Tatsachen untersuchen, die von den anderen Disziplinen vernachlässigt worden sind.

Es wird kaum einen Wissenschaftler auf irgendeinem Gebiet geben, der die Bedeutung der parapsychologischen Ergebnisse, wenn sie gut fundiert sind, in Abrede stellen wird. Nur eine künftige Forschung kann die Tatsachen sicherstellen und erreichen, daß sie ihrem Wahrheitsgrad entsprechend allgemein akzeptiert werden. Nur eine künftige Forschung kann klar aufzeigen, welche Behauptungen falsch sind, und das angestrebte Ziel erreichen, daß diese endgültig widerlegt werden. Am Ende wird ein verläßliches Wissen Aberglauben und verworrenes Denken ersetzen und dadurch zur Verbesserung zukünftiger Lebensbedingungen des Menschen beitragen.

Die Forschung, die sich in Zukunft mit diesen zentralen Fragen über den Menschen befassen soll, ist Aufgabe der Parapsychologie.

Anmerkungen

Der in diesem Buch gegebene Überblick über die Parapsychologie der Gegenwart ist als Einführung für Studenten und allgemein interessierte Leser gedacht. Die vorstehenden Kapitel haben somit hauptsächlich die Aufgabe, die Aufmerksamkeit des Lesers auf eine Reihe von Themen zu lenken, die das heutige Forschungsgebiet der Parapsychologie in Umrissen charakterisieren. Ich hoffe jedoch, daß das Interesse vieler Leser geweckt wurde und sie mehr über spezielle Fragen erfahren wollen, die sie jetzt kennengelernt haben. Dieser Abschnitt hat die Absicht, über weitere Literatur zu informieren, anhand derer man sich tiefer in die Parapsychologie einarbeiten kann. Diese Absicht kann dadurch am ehesten verwirklicht werden, daß man die zu den einzelnen Kapiteln gehörende Literatur in allgemeinen Hinweisen zusammenfaßt, anstatt einzelne Fußnoten anzubringen, die die Quellen für spezielle Angaben enthalten.

In der Parapsychologie gibt es wie in anderen Wissenschaften spezielle Fachzeitschriften, in denen Originalarbeiten und andere fachbezogene Untersuchungen veröffentlicht werden. Da auf diese Zeitschriften im folgenden wiederholt Bezug genommen wird, folgt hier die Liste der verwendeten Abkürzungen:

I.J.P.	International Journal of Parapsychology
J.A.S.P.R.	Journal of the American Society for Psychical Research
J.P.	Journal of Parapsychology
J.S.P.R.	Journal of the Society for Psychical Research
P.A.S.P.R.	Proceedings of the American Society for Psychical Research
P.P.A.	Proceedings of the Parapsychological Association
P.S.P.R.	Proceedings of the Society for Psychical Research
Z. P.G.P.	Zeitschrift für Parapsychologie und Grenzgebiete der Psychologie

Zusätzliche Erläuterungen zur deutschen Ausgabe stehen in eckigen Klammern [...].

Kapitel I

Die Fälle 3, 6, 7 und 8 sind folgendem Beitrag entnommen: Dale, L. A., White, R. & Murphy, G.: A Selection of Cases from a Recent Survey of Spontaneous ESP Phenomena. *J.A.S.P.R. 56* (1962), 3-47. Dieser Artikel behandelt detailliert siebzehn Fälle und enthält auch Informationen aus dem nachfolgenden Briefwechsel und den Zeugenaussagen. Er bietet ein gutes Beispiel, wie ausgewählte Fälle die Mühe wettmachen können, die eine sorgfältige Untersuchung erfordert. Ian Stevensons beide Artikel über ASW-Erfahrungen im Zusammenhang mit dem Untergang der *Titanic* (»Fall 11«) erschienen unter dem Titel: A Review and Analysis of Paranormal Experiences Connected with the Sinking of the *Titanic. J.A.S.P.R. 54* (1960), 153-171 und: Seven More Paranormal Experiences Associated with the Sinking of the *Titanic. J.A.S.P.R. 59* (1965), 211-225.

Die Fälle 12, 13, 14 und 15 stammen aus der Arbeit von J. C. Barker: Premonitions of the Aberfan Disaster. *J.S.P.R. 44* (1967), 169-181. Dr. L. E. Rhines Analysen ihrer Fallsammlungen erschienen in zahlreichen Fortsetzungen im *J.P.* zwischen 1951 und 1964. Die meisten ihrer Ergebnisse hat sie in ihrem Buch *Hidden Channels of the Mind* (New York: Sloane 1961) veröffentlicht.

Für eine gründliche Untersuchung von Fällen, bei denen die durch spontane psychische Erfahrungen erhaltene ASW-Information zwar Einzelheiten vermissen ließ, dennoch aber überzeugend ausfiel, vgl. Stevenson, I.: *Telepathic Impressions: A Review and Report of Thirty-five New Cases*. Charlottesville, Va.: University Press of Virginia 1970 (ursprünglich erschienen als Band 29 der *P.A.S.P.R.*)

Kapitel II

Detaillierte Informationen über die Entwicklungen der parapsychologischen Forschung sind in den oben angeführten speziellen Fachzeitschriften enthalten. Der Leser, der sich mit einem bestimmten Forschungsthema gründlicher beschäftigen möchte, sei auf diese Zeitschriften verwiesen, die in Spezial- oder einigen Universitätsbibliotheken vorhanden sind. [Eine solche Spezialbibliothek existiert im deutschsprachigen Bereich im Institut für Grenzgebiete der Psychologie und Psychohygiene, D 7800 Freiburg i. Br., Eichhalde 12.] Die wichtigsten Arbeiten zu den Hauptthemen dieses Kapitels werden in der Reihenfolge aufgeführt, wie sie in dem Kapitel behandelt werden.

Honorton, C. & Krippner, S.: Hypnosis and ESP: A Review of the Experimental Literature. *J.A.S.P.R. 63* (1969), 214-252.

Van de Castle, R. L.: The Facilitation of ESP Through Hypnosis. *The American Journal of Clinical Hypnosis 12* (1969), 37-56.

Ullman, M., Krippner, S. & Feldstein, S.: Experimentally-induced Telepathic Dreams: Two Studies Using EEG-REM Monitoring Technique. *International Journal of Neuropsychiatry 2* (1966), 420-437. Vgl. auch: Ullman & Krippner: *Dream Studies and Telepathy: An Experimental Approach.* New York: Parapsychology Foundation 1970 (Parapsychological Monographs, no. 12). [Ferner: Ullman & Krippner, unter Mitarbeit von Vaughan, A.: *Dream Telepathy*. New York: Macmillan 1973.]

Dean, E. D.: Plethysmograph Recordings as ESP Responses. *International Journal of Neuropsychiatry 2* (1966), 439-446.

Moss, T. & Gengerelli, J. A.: Telepathy and Emotional Stimuli: A Controlled Experiment. *Journal of Abnormal Psychology 72* (1967), 341-348.

Grad, B.: Some Biological Effects of the 'Laying on of Hands': A Review of Experiments with Animals and Plants. *J.A.S.P.R. 59* (1965), 95-129.

Watkins, G. K. & Watkins, A. M.: ... Resuscitation of Anesthetized Mice. *J.P. 35* (1971), 257-272.

Morris, R. L.: Psi and Animal Behavior: A Survey. *J.A.S.P.R. 64* (1970), 242-260.

Tart, C. T.: A Psychophysiological Study of Out-of-the-Body Experiences in a Selected Subject. *J.A.S.P.R. 62* (1968), 3-27.

Symposium: What Next in Survival Research? Diese Artikelserie beginnt im *J.A.S.P.R. 59* (1965), 146-166 (Roll, Murphy, Schmeidler, Whiteman) und umfaßt die Seiten 186-210 (Dommeyer, Tart, Wheatley), 309-337 (Scriven, Stevenson), sowie *J.A.S.P.R. 60* (1966), 23-31 (Pratt, Binkley) und 244-255 (Dean, Zorab, Roll).
(Pratt, Binkley) und 244-255 (Dean, Zorab, Roll).
Pratt, J. G.: *On the Evaluation of Verbal Material in Parapsychology.* New York: Parapsychology Foundation 1969 (Parapsychological Monographs, no. 10).

Moss, T. & Schmeidler, G.: Quantitative Investigation of a ‚Haunted House' with Sensitives and a Control Group. *J.A.S.P.R. 62* (1968), 399-410.

Osis, K. & Turner, M. E.: *Distance and ESP: A Transcontinental Experiment. P.A.S.P.R.27* (1968), 1-48.

Rao, K. R.: The Bidirectionality of Psi. *P.P.A.* no. 2 (1965), 37-59.

Stanford, R. G.: A Study of the Cause of Low Run-Score Variance. *J.P. 30* (1966), 236-242.
Tart, C. T.: Card Guessing Tests: Learning Paradigm or Extinction Paradigm? *J.A.S.P.R. 60* (1966), 46-55.
Schmidt, H.: Precognition of a Quantum Process. *J.P. 33* (1969), 99-108.
Mitchell, E. D.: An ESP Test from Apollo 14. *J.P. 35* (1971), 89-107.

Kapitel III

L. L. Wassiliew führte die sowjetischen Leser durch drei Bücher schrittweise in die Parapsychologie ein. *Mysterious Phenomena of the Human Psyche* (Moskau 1959) enthält Kapitel über allgemein anerkannte psychologische Rätsel (wie Schlaf und Traum) sowie andere Kapitel, die parapsychologische Themen behandeln. (Eine englische Übersetzung kam 1963 bei University Book, New Hyde Park, N. Y., heraus.) In seinem Buch *Long-Distance Suggestion* (Moskau 1962), das für den allgemein interessierten Leser geschrieben wurde, macht er nähere Angaben über die russische Telepathieforschung; das gilt auch für sein Buch *Experimental Research into Thought-Transference* (Staatsverlag der Universität Leningrad), das für den Wissenschaftler bestimmt ist. (Eine autorisierte Übersetzung davon wurde 1963 in England vom Institute for the Study of Mental Images veröffentlicht. Diese Organisation besteht nicht mehr; das Buch ist vergriffen und nur noch selten zu bekommen.) [Eine deutsche Übersetzung aus dem Russischen, besorgt von Hans-Volker Werthmann, kam 1965 unter dem Titel *Experimente zur Mentalsuggestion* beim Francke-Verlag, Bern und München, heraus. Diese Übersetzung ist ebenfalls vergriffen und nur noch selten zu bekommen.]

Meinungsumfragen zur Parapsychologie unter sowjetischen Wissenschaftlern haben ergeben, daß deren Einstellung (wie auch bei westlichen Wissenschaftlern) von ausdrücklicher Bejahung bis entschiedener Verneinung reicht. Eine typische Diskussion sowjetischer Wissenschaftler zu diesen Fragen enthält die Zeitschrift *The Soviet Review* vom Juni 1961. Der Artikel von N. Teodorovich: Soviet Studies of Parapsychic Phenomena, veröffentlicht im *Bulletin of the Institute for the Study of the U.S.S.R. 14* (1967), 16-28, zitiert eine Reihe russischer Veröffentlichungen, besonders aus dem nichtwissenschaftlichen Schrifttum, die sich mit Parapsychologie befassen. Dieser Artikel geht einer Reihe von Entwicklungen nach, die in Rußland zum Entstehen eines lebhaften Interessen an dieser Art der Forschung beigetragen haben können. [Einen weiteren instruktiven Beitrag zum »ideologischen Hintergrund« der sowjetischen Psi-Forschung enthält das im Auftrag der »Gesellschaft der Psychologen der UdSSR« verfaßte Gutachten »Parapsychologie – Fiktion oder Realität?« von W. P. Sintschenko, A. N. Leontjew, B. F. Lomow und A. R. Lurija, auf Deutsch erschienen in: *Sowjetwissenschaft-Gesellschaftswissenschaftliche Beiträge 27* (1974), 55-64.]

Über die Entwicklungen der sowjetischen Psi-Forschung berichteten verschiedene Wissenschaftler, die im Laufe der sechziger Jahre öfters Gelegenheit hatten, sich mit sowjetischen Kollegen, die auf diesem Gebiet arbeiten, zu unterhalten. Es handelt sich dabei um kurze Berichte in Fachzeitschriften und populären Veröffentlichungen; die Verfasser sind hauptsächlich Milan Ryzl, Zdenek Rejdak, Jürgen Keil und ich selbst. Wer diese Berichte selbst einsehen und vergleichen möchte, sei auf die Originalarbeiten verwiesen; er findet zudem eine ziemlich vollständige Literaturliste in der Fußnote auf S. 89 meines Artikels: Glimpses of the Psi Utopia? Reflections Upon an Amazing Account of a Journey Through Russia, Bulgaria, and Czechoslovakia. *J.A.S.P.R. 65* (1971), 88-102.

Den umfassendsten Bericht über die sowjetische Parapsychologie enthält das populär geschriebene Buch von S. Ostrander & L. Schroeder: *Psychic Discoveries Behind the Iron Curtain* (Englewood Cliffs, N. J.: Prentice Hall 1970), aber die dort behandelten Themen gehen weit über die Grenzen der Psi-Forschung hinaus, so daß der Nichteingeweihte von der in diesem Buch geschilderten Forschung ein falsches Bild gewinnen kann. [Die deutsche Übersetzung erschien 1971 unter dem Titel: *Psi – Die wissenschaftliche Erforschung und praktische Nutzung übersinnlicher Kräfte des Geistes und der Seele im Ostblock* im Scherz Verlag, Bern/München/Wien.

Eine gründliche Sichtung und Diskussion der Kulagina-Phänomene anhand der verfügbaren wissenschaftlichen Literatur unternehmen H. H. J. Keil, B. Herbert, J. G. Pratt & M. Ullman: Directly Observable Voluntary PK Effects: A Survey and Tentative Interpretation of Available Findings from Nina Kulagina and Other Known Related Cases of Recent Date. *P.S.P.R. 56* (1976), 197-235.]

Kapitel IV

Über die Experimente mit Pavel Stepanek wurden über zwanzig Forschungsberichte, verfaßt von beinahe ebensovielen verschiedenen Untersuchern, veröffentlicht. Diese Zahl wird noch zunehmen, da weitere Veröffentlichungen über bereits durchgeführte Experimente in Vorbereitung sind und weitere Untersuchungen geplant sind. Der erste Forschungsabschnitt wird durch eine Reihe von Artikeln im *J.P.* markiert, die mit der Ausgabe vom September 1962 beginnt und sich mit Unterbrechungen bis zum März 1967 fortsetzt. Eine Übergangsphase wird in zwei Beiträgen behandelt, die im *J.S.P.R.* vom September und Dezember 1964 publiziert wurden.

Die meisten Veröffentlichungen über den zweiten (und gegenwärtigen) Forschungsabschnitt erschienen im *J.A.S.P.R.* vom April 1967 und mit Abständen in einer Reihe darauffolgender Nummern. Sieben der Untersucher veröffentlichten einen gemeinsamen Forschungsbericht in *Nature 220* (1968), 89-91. John Beloff verfaßte daraufhin einen allgemeinen Artikel über die Arbeit mit Stepanek im *New Scientist 40* (1968), 76-77. In beiden Zeitschriften erschienen in späteren Ausgaben Diskussionsbeiträge, die sich zustimmend oder ablehnend mit Parapsychologie befaßten. [Eine umfassende Würdigung der Forschungsarbeit mit Stepanek zusammen mit einer vollständigen Bibliografie enthält die Darstellung von J. G. Pratt: A Decade of Research With a Selected ESP Subject: An Overview and Reappraisal of the Work With Pavel Stepanek. *P.A.S.P.R. 30* (1973), 1-78.]

Kapitel V

Dr. A. E. H. Bleksley veröffentlichte seinen ersten Beitrag über die van Vuurde-Versuche unter dem Titel: An Experiment on Long-Distance Telepathy. *J.P. 27* (1963), 1-15. Bei seinem Besuch an der Universität Virginia im Sommer 1969 berichtete er mir über seine weiteren erfolgreichen Versuche mit Mr. van Vuurde, die kurz darauf veröffentlicht werden sollten, vermutlich in der gleichen Zeitschrift. In der neuen Versuchsserie gelang es der Versuchsperson, ihre ASW-Fähigkeiten mit neuen Methoden unter Beweis zu stellen, wie auch auf die bereits bekannte Art, indem sie zu Zielzeiten aufwachte, die ihr durch normale sensorische Wahrnehmung nicht bekannt sein konnten. [Unter dem Titel: Summary of an Experiment With a Gifted Subject on Long-distance ESP During Sleep, hat Bleksley in der Zwischenzeit eine Bilanz seiner Experimente veröffentlicht, in: Ponyton, J. C. (Hg.): *Parapsychology in South Africa.* Johannesburg: South African Society for Psychical Research 1975, 42-50.

Kapitel VI

Die beiden Berichte von Stevenson und mir über unsere Untersuchungen mit Ted Serios an der Universität Virginia wurden im *J.A.S.P.R. 62* (1968), 103-129 und *63* (1969), 352-364 veröffentlicht. Der erste Artikel enthält eine Literaturliste über den Hintergrund dieses Problems. Wer sich mit dem Thema näher befassen möchte, findet in diesem Artikel weitere Quellenangaben, die über die in diesem Kapitel behandelte Thematik hinausgehen.

Seit Jule Eisenbud sein Buch *The World of Ted Serios* (New York: Morrow 1967) veröffentlicht hat, haben er und seine Mitarbeiter über Einzelversuche mit Serios detailliert berichtet. Einige dieser Experimente sind bereits in seinem Buch erwähnt, andere wurden jedoch erst später durchgeführt. Diese kürzeren Beiträge, mehr in einem »wissenschaftlichen« Stil verfaßt, sind in vieler Hinsicht überzeugender als die längeren, mehr erzählend geschriebenen Passagen des Buches. Diese neueren Veröffentlichungen von Eisenbud und seinen Mitarbeitern im *J.A.S.P.R.* stellen eine »Pflichtlektüre« für jeden dar, der versucht, sich über das fesselnde Problem der Gedankenfotografie ein eigenes Urteil zu bilden. [Für die deutsche Ausgabe seines Buches, die 1975 als *Gedankenfotografie. Die PSI-Aufnahmen des Ted Serios* im Aurum Verlag, Freiburg i. Br., erschienen ist, hat Eisenbud ein Nachwort verfaßt, das auch als »Epilog zu Ted Serios« in der *Z.P.G.P. 17* (1975), 251-257 nachgedruckt wurde.]

Kapitel VII

Die Präsidentenansprache von Hans Bender behandelte in erster Linie deutsche Spukfälle, die in den beiden letzten Jahrzehnten von dem Freiburger Team untersucht wurden. Die englische Fassung wurde 1971 in den *Proceedings of the Parapsychological Association* no. 6, für das Jahr 1969 veröffentlicht.
[Die deutsche Übersetzung erschien unter dem Titel: Neue Entwicklungen in der Spukforschung, in: *Z.P.G.P. 12* (1970), 1-18 und wurde in erweiterter Form aufgenommen in die Aufsatzsammlung von Hans Bender: *Telepathie, Hellsehen und Psychokinese.* München: Piper Verlag 1972, 40-67.] A. R. G. Owen widmet Kapitel 5 seines Buches *Can We Explain the Poltergeist?* (New York: Helix Press 1964) seiner eigenen Untersuchung des Sauchie-Falles. Den größten Teil seines Buches nehmen Beschreibung und Analyse zahlreicher anderer Fälle ein, die schon vorher veröffentlicht worden sind. Sein Buch

stellt einen guten Gesamtüberblick über das ältere Fallmaterial dar und bietet eine systematische Durchleuchtung dieses Materials.

Der aktivste amerikanische Spukforscher in den sechziger Jahren ist W. G. Roll gewesen, der im Zusammenhang mit dem Miami-Fall erwähnt wurde. Im *J.A.S.P.R. 62* (1968), 263-308 und *63* (1969), 123-174 veröffentlichte er die ausführlichen psychologischen Analysen der von ihm untersuchten Fälle; weitere Berichte sind in Vorbereitung. [Eine allgemeinverständlich geschriebene Zusammenfassung dieser Fälle enthält sein Buch *The Poltergeist* (New York: New American Library 1973), das 1976 auf Deutsch erscheinen wird: *Der Poltergeist* (Freiburg i. Br.: Aurum Verlag).] Der Tart-Artikel über die Methodologie bei Spukuntersuchungen erschien im *J.A.S.P.R. 59* (1965), 190-201, der Roll-Pratt-Bericht über »The Miami Disturbances« im *J.A.S.P.R. 65* (1971), 409-454.

Kapitel VIII

Ian Stevenson: The Evidence for Survival from Claimed Memories of Former Incarnations. *J.A.S.P.R. 54* (1960), 51-71 (Teil I) und 95-117 (Teil II). Teil I gibt einen Überblick über die zu dieser Zeit verfügbaren Fälle aus der Literatur, Teil II analysiert die Daten im Hinblick auf verschiedene Interpretationsmöglichkeiten und überprüft Vorschläge für weitere Forschungen. [Die beiden Artikel erschienen auf Deutsch unter dem Titel: Beweisen ‚Rückerinnerungen' frühere Inkarnationen? in: *Neue Wissenschaft 10* (1961/62), Heft 2, 49-66 (Teil I) und Heft 3, 111-130 (Teil II).]

In seinem Buch *Twenty Cases Suggestive of Reincarnation* (New York: American Society for Psychical Research 1966) legt Ian Stevenson erste Ergebnisse eigener Reinkarnations-Untersuchungen vor. Aus diesem Werk geht hervor, daß Stevensons Forschungsvorschläge, mit denen er seine frühere Übersicht abgeschlossen hatte, nicht zu optimistisch ausfielen hinsichtlich der Möglichkeit, eigene Untersuchungen über Fälle angeblicher Rückerinnerungen an ein früheres Leben durchzuführen. [Die deutsche Übersetzung beruht auf der 1974 erschienenen erweiterten zweiten Auflage und lautet: *Reinkarnation. Der Mensch im Wandel von Tod und Wiedergeburt* (Freiburg i. Br.: Aurum Verlag 1976).]

Anmerkungen zu Laboratoriumsuntersuchungen der Psychokinese

Die in diesem Buch diskutierten physikalischen Phänomene (die offensichtlich »telekinetische« Begabung von Nina Kulagina, das Problem der Gedankenfotografie von Ted Serios und Spukuntersuchungen) gehören alle in den Forschungsbereich der Psychokinese (oder PK). Ein Vierteljahrhundert lang, von 1935 bis 1960, befaßten sich die Untersuchungen zur Frage einer direkten Wirkung der Psyche auf Materie (»mind over matter«) hauptsächlich mit Würfelexperimenten im Labor. Versuchspersonen sollten fallende Würfel so beeinflussen, daß eine bestimmte Würfelzahl möglichst oft erschien oder daß die Würfel an einer bestimmten Stelle liegenblieben. Es wurde eine große Anzahl von Experimenten dieser Art veröffentlicht, die einen statistisch signifikanten Nachweis für PK erbrachten. Auf diese Forschungsrichtung wurde hier nicht eingegangen, da sie in den sechziger Jahren nicht in dem Maße im Mittelpunkt stand wie die Untersuchung der spektakuläreren physikalischen Phänomene. Louisa E. Rhine gibt in ihrem Buch *Mind over Matter* (New York: Macmillan 1970) einen guten und umfassenden Überblick über PK-Experimente im Labor.

Kapitel IX

Das Buch von Thomas S. Kuhn: *The Structure of Scientific Revolutions* erschien 1962 als Band II/2 der *International Encyclopedia of Unified Science* bei der University of Chicago Press. Es ist auch als gesonderte Paperback-Ausgabe erhältlich. [Die deutsche Übersetzung kam 1967 beim Suhrkamp-Verlag, Frankfurt a. M., unter dem Titel *Die Struktur wissenschaftlicher Revolutionen* heraus, eine Taschenbuchausgabe 1973.]

Das Büchlein von R. A. McConnell: *ESP Curriculum Guide* (New York: Simon and Schuster 1971) ist für Lehrer an High School und College bestimmt, die ihren Schülern und Studenten eine Einführung in die Parapsychologie geben wollen. Das Buch ist auch für den allgemein interessierten Leser geeignet, der mehr über diese Forschung erfahren möchte, und es enthält zudem einfache Anweisungen zur Durchführung von ASW- und PK-Tests.

Das längst benötigte maßgebliche Nachschlagewerk zur Parapsychologie wurde von Rhea Amelia White und Laura Abbott Dale verfaßt. Es wurde 1973 bei der Scarecrow Press, Metuchen, N. J. unter dem Titel *Parapsychology: Sources of Information* (sinnigerweise abgekürzt als PSI) verlegt. Die wachsende Zahl von Studenten jeder Richtung sowie anderer Leser findet darin die benötigten Informationen. Auch die immer häufigeren Anfragen von Bibliothekaren läßt erkennen, daß ihnen das wachsende Leserinteresse an der Parapsychologie nicht entgangen ist. Wir können jetzt solche Anfragen guten Gewissens mit dem Hinweis beantworten: »Die Antwort auf Ihre Fragen finden Sie in dem Buch von White & Dale, das in Ihrer Stadtbücherei vorhanden sein sollte; wenn nicht, so bitten Sie darum, daß es angeschafft wird.« [Ein entsprechendes Nachschlagewerk in deutscher Sprache gibt es bisher noch nicht.]

Um die unterschiedliche Art und Weise kennenzulernen, in der einmal Parapsychologen, zum anderen Fachfremde das Buch von C. E. M. Hansel (*ESP: A Scientific Evaluation.* New York: Scribner 1966) beurteilen, seien die Rezensionen von »Insidern« bzw. »Outsidern« zur Lektüre empfohlen. Zwei gute Beispiele für kritische Würdigungen aus der Sicht der »Insider« sind die Besprechungen von Ian Stevenson im *J.A.S.P.R. 61* (1967), 254-267 und Charles Honorton im *J.P. 31* (1967), 76-82. Zwei Beispiele, wie Gegner der Parapsychologie in der Nachfolge des Hanselschen Angriffes das Gebiet beurteilen, liefern die Besprechungen von S. S. Stevens in: *Contemporary Psychology 12* (1967), 1-3 und Eliot Slater in: *British Journal of Psychiatry 114* (1968), 653-658. Beide Rezensionen gaben zu weiteren Diskussionen in den Leserbriefspalten dieser Zeitschriften Anlaß, und die Pro- und Contra-Briefe zu der Slater-Besprechung sind interessant und informativ.

Die Besprechungen von Hansels Buch durch qualifizierte Rezensenten, die beurteilen können, welche Behandlung die Parapsychologie in diesem Buch erfuhr, haben an vielen Beispielen gezeigt, wie ungenau seine Beschreibungen von ASW-Experimenten und anderer Untersuchungen ausgefallen sind. Die gravierendsten Fehler wurden durch die oben erwähnten Rezensionen und die darauffolgende publizierte Korrespondenz aufgedeckt. Ein aufschlußreiches Beispiel, das dort nicht erwähnt wird, ist bei Alan Gauld in seinem Buch *The Founders of Psychical Research* (London: Routledge & Kegan Paul 1968) nachzulesen. Aus Appendix B dieses Buches geht hervor, welche Ungenauigkeiten sich Hansel bei der Beschreibung der S.P.R.-Untersuchungen des Bostoner Mediums, Mrs. Piper, zuschulde kommen ließ (»Eine Vielzahl falscher Behauptungen, die von rationalistischen Kritikern über Mrs. Piper verbreitet wurden, sind bequem zugänglich aneinandergereiht worden ...«).

Empfohlene Literatur

Die folgende Liste enthält empfohlene Bücher, die im vorangegangenen Abschnitt, den »Anmerkungen« zu den einzelnen Kapiteln, noch nicht erwähnt worden sind. Manche der aufgeführten Titel ergänzen den historischen Hintergrund der gegenwärtigen parapsychologischen Epoche, auf die sich dieses Buch beschränkt. Andere Werke behandeln das Gebiet der Parapsychologie vom philosophischen oder theoretischen Standpunkt aus. Wieder andere befassen sich mit speziellen Forschungsgebieten, wie z. B. dem Problem des persönlichen Überlebens des Todes. Obwohl manche der Bücher teilweise die gleiche Thematik behandeln, sind sie dennoch verschieden. Jedes von ihnen gibt Standort und Denkweise des betreffenden Verfassers unverwechselbar wieder. So braucht der Leser, der mit dem Gebiet noch nicht vertraut ist, nicht zu befürchten, Zeit zu verschwenden, wenn er Werke über dieselben Themen liest. Abgesehen von diesen allgemeinen Bemerkungen möchte ich es jedem Leser überlassen, selbst eine Auswahl zu treffen, was sicher in seinem Sinne ist.

[Für die vorliegende Übersetzung wurden zusätzlich deutsche Standardwerke berücksichtigt, die durch ein hochgestelltes Sternchen* gekennzeichnet sind. Zusätze des Übersetzers in eckigen Klammern.]

Beard, Paul: *Survival of Death: For and Against.* London: Hodder and Stoughton 1966.

*Bender, Hans: *Unser sechster Sinn. Telepathie, Hellsehen und Psychokinese in der parapsychologischen Forschung.* Stuttgart: Deutsche Verlags-Anstalt 1971 (erschienen auch als rororo-Taschenbuch 6796).

*Bender, Hans (Hrsg.): *Parapsychologie. Entwicklung, Ergebnisse, Probleme.* Darmstadt: Wissenschaftliche Buchgesellschaft ³1974.

Broad, C. D.: *Lectures on Psychical Research.* New York: Humanities Press 1962.

Ciba Symposium: *Extrasensory Perception.* New York: Citadel 1966 (Paperback-Ausgabe). (Eine Sammlung von Artikeln und Diskussionsbeiträgen, die ein Symposium über ASW bilden, das 1955 von der Ciba Foundation in London veranstaltet wurde.)

*Driesch, Hans: *Parapsychologie. Die Wissenschaft von den »okkulten« Erscheinungen.* Zürich: Rascher [3]1952 (auch als Taschenbuch der Reihe: Geist und Psyche, Bd. 2030, München: Kindler 1975).
Ducasse, C. J.: *A Critical Examination of the Belief in a Life After Death.* Springfield, Ill.: Thomas 1961.
Hart, Hornell: *The Enigma of Survival: The Case For and Against an After Life.* Springfield, Ill.: Thomas 1959.
Heywood, Rosalind: *Beyond the Reach of Sense.* New York: Dutton 1961.
Heywood, Rosalind: *ESP: A Personal Memoir.* New York: Dutton 1964.
Johnson, Raynor: *The Imprisoned Splendour.* New York: Harper 1953.
*Mattiesen, Emil: *Das persönliche Überleben des Todes.* 3 Bde. Berlin: Gruyter 1936 – 1939, [3]1968.
*Moser, Fanny: *Das große Buch des Okkultismus.* Olten/Freiburg i. Br.: Walter 1974 (fotomechanische Neuauflage des 1935 in 2 Bde. erschienenen Werkes: *Okkultismus. Täuschungen und Tatsachen*).
Murphy, Gardner & Dale, L. A.: *Challenge of Psychical Research.* New York: Harper 1961.
Murphy, Gardner & Ballou, Robert (eds.): *William James on Psychical Research.* New York: Viking Press 1960.
Myers, F. W. H.: *Human Personality and its Survival of Bodily Death* (S. Smith, ed.), Hew Hyde Park, N. Y.: University Books 1961. (Gekürzte einbändige Ausgabe des zweibändigen Werkes von 1903.)
Pratt, J. G.: *Parapsychology: An Insider's View of ESP.* New York: Dutton 1966.
Pratt, J. G., Rhine, J. B., Smith, B. M., Stuart, C. E. & Greenwood, J. A.: *Extra-Sensory Perception After Sixty Years.* Boston: Bruce Humphries 1966 (Erstveröffentlichung 1940.)
Rao, K. Ramakrishna: *Experimental Parapsychology* Springfield, Ill.: Thomas 1966.
Rhine, J. B.: *Extra-Sensory Perception.* Boston: Bruce Humphries 1964 (Paperback-Ausgabe). (Erstveröffentlichung 1934.)
Rhine, J. B. & Pratt, J. G.: *Parapsychology. Frontier Science of the Mind.* Springfield, Ill.: Thomas 1957. [Ins Deutsche übertragen von Hans Bender und Inge Strauch: *Parapsychologie. Grenzwissenschaft der Psyche.* Bern/München: Francke 1962.]
Rhine, Louisa E.: *Hidden Channels of the Mind.* New York: Sloane Associates 1961.
Rhine, Louisa E.: *Mind over Matter.* New York: Macmillan 1970. [Ins Deutsche übertragen von Helga Künzel: *Psychokinese. Die Macht*

des Geistes über die Materie. Genf: Ariston 1977.]
Schmeidler, G. R. (ed.): *Extrasensory Perception.* New York: Atherton 1969.
Schmeidler, G. R. & McConnell, R. A.: *ESP and Personality Patterns.* New Haven, Conn.: Yale University Press 1958.
Sinclair, Upton: *Mental Radio.* Springfield, Ill.: Thomas 1962 (überarb. zweite Aufl., Erstveröffentlichung 1930). [Ins Deutsche übertragen von Rosemarie Doepner: *Radar der Psyche.* Bern/München/Wien: Scherz 1973.]
Smythies, J. R. (ed.): *Science and ESP.* New York: Humanities Press 1967.
Soal, S. G. & Bateman, F.: *Modern Experiments in Telepathy.* New Haven, Conn.: Yale University Press 1954.
Stevenson, Ian: *Telepathic Impressions: A Review and Report of Thirty-five New Cases. Proceedings of the American Society for Psychical Research,* vol. 29, June 1970. New York: American Society for Psychical Research.
Thouless, R. H.: *Experimental Psychical Research.* Baltimore: Penguin Book 1963 (Paperback-Ausgabe).
Thouless, R. H.: *From Anecdote to Experiment in Psychical Research.* London: Routledge & Kegan Paul 1972.
*Tischner, Rudolf: *Geschichte der Parapsychologie.* Tittmoning/Obb.: Pustet 1960.
Tyrrell, G. N. M.: *Apparitions* (1942) and *Science and Psychical Phenomena* (1939). New Hyde Park, N. Y.: University Books 1961. [Eine deutsche Ausgabe von *Apparitions* wird im Walter Verlag, Olten/Freiburg i. Br., vorbereitet.]
Tyrrell, G. N. M.: *The Personality of Man.* Baltimore: Penguin Books 1947 (Paperback-Ausgabe) [Ins Deutsche übertragen von Hans Bender und Inge Strauch: *Mensch und Welt in der Parapsychologie.* Bremen: Schünemann 1972.]
West, D. J.: *Psychical Research Today.* New York: Hillary House 1954 (Paperback-Ausgabe).

Register